AI도 혹하는 뉴스

AI도 혹하는 뉴스

인공지능 시대 무엇이 뉴스가 되나

이창재 지음

머리말

말그대로 다사다난했던 2024년 SBS가 선정한 국내외 주요 뉴스는 다음과 같았다. 국내 뉴스는 ①45년 만의 비상계엄… 대통령 탄핵소추 ②무안 제주항공 여객기 참사 ③소설가 한강, 한국 첫 노벨문학상 수상 ④27년 만의 의대 증원 발표… 의정 갈등 ⑤국민의 힘 참패로 끝난 22대 총선 ⑥파리 올림픽 금메달 13개… 역대 최다 타이 ⑦아리셀 공장 화재 ⑧서울 시청역 앞 역주행 사고 등이었고, 국제 뉴스는 ①돌아온 트럼프… 세계 지각변동 예고 ②우크라 전쟁에 북한군… 북·러 '위험한 밀착' ③지연되는 휴전… 참혹한 삶 ④'저항의 축' 파괴… 중동 판세 재편 ⑤거대 플랫폼과의 전쟁… 범죄 수사. 아동 보호 ⑥이번엔 '난기류'… 달아오른 지구의 역습 ⑦지켜지지 않은 약속… 사도광산 '따로' 추도식 ⑧트럼프 당선에 폭등… 비트코인 '10만 달러' 돌파 ⑨상상이 현실로… 민간 우주시대 '활짝' 등이었다. SBS 이외의 방송과 신문과 방송 등 레거시 미디어가 선정한 주요 뉴스도 비슷했다.

그렇다면 인터넷에서 관심과 주목을 받은 기사는 무엇이었을까? SBS 뉴스 홈페이지에서 조회수 많은 10위까지의 기사를 보면 ①파는 사람도 "왜 사 가지?"… 보는 족족 쓸어 가자 베트남 '발칵'(6/27), ②[포착] 100년에 한 번 피는 '행운의 꽃' 보시고 복 받으세요(1/6), ③애지중지 키웠지만 갈아엎는 농민들… "내다 팔수록 적자"(6/24), ④하지원 주례에 이효리 축가까지… 화제의 결혼식 당사자 누구?(3/11), ⑤15초 만에 지상 추락해 폭발… 수백 미터 밖에서도 '와장창'(7/1), ⑥떼로 몰려와 쑥대밭으로… 배수확 앞둔 농가들 '날벼락'(8/22), ⑦약초 캐다 깜짝… 야산서 '4,600여 명 분량' 몰래 키웠다(10/24), ⑧'일용 엄니' 배우 김수미 심정지로 별세… 향년 75세(10/25), ⑨정우성, 모델 문가비 아들 친부… "아이 끝까지 책임질 것"(11/24), ⑩**'선관위' 계엄군 297명… "부정선거 의혹 수사 목적"(12/5)** 등이었다. 보았듯이 같은 SBS 뉴스 컨텐츠인데, 10위의 계엄 관련 기사를 제외하고는 텔레비전 보도와는 차이가 있었다.[1]

유튜브에서는 어땠을까? 조회수 10위까지 아이템을 보면 ①[숏츠] 승강기에서 심정지… 함께 탄 간호사가 살렸다(23/11/30), ②[숏츠] #아시안게임 #시상식(23/10/04), ③[숏츠] 참을 수 없었던 남성, 주차된 차들 부쉈다(2/20), ④병실 옮기자 드러난 사실… CCTV 본 가족들 '충격'(1/17), ⑤[숏츠] 29점 쏘고 웃었는데… 희망 꺾어 버린 제덕쿵야(8/1), ⑥[숏츠] 카드 주운 여고생들 대처에… "센스 미쳤다" 화제(5/27), ⑦[숏츠] 하루종일 땅 파다가 '뭔가 번쩍'… 대박났다(1/28), ⑧[숏츠] "중국이 중국했네"… 수상했던 마라톤에 '난리'(4/16), ⑨[숏츠] 북한 여자 체조 선수, 한국 기자가 인사하자…(7/22), ⑩기상캐스터도 떨며 눈물… 600만 명에 "반드시 대피"(10/9) 등이었다. 1,2위 기사는 23년도 뉴스였지만 24년도에도 여전히

---

1) 이어 11~20위는 가지마다 가위질 흔적… 수확 앞두고 단감마을 '발칵'(10/26), 이재명, 부산 방문 중 흉기 피습… 현장서 용의자 검거(1/2), '손가락 모양' 건물에 부글부글… 2,600억 들였는데 흉물로(6/26), '로또 청약'에 청약홈 마비… "대기 24시간 · 대기자 17만 명"(7/29), 살려 주세요 피로 물든 바다… 피서객 습격한 정체 '아찔'(7/5), [포착] "이런 졸업장 받으면 누구라도 눈물 날 것 같아요"(1/11), [속보] 미 알래스카서 더글러스 DC-4 여객기 추락… 탑승자 수 확인 안돼(4/24), 생수 대란 벌어지는 중… 밤 9시부터 모여든 송도 주민들(6/26), [Pick] "벌써 적중"… 노스트라다무스가 400년 전 남긴 2024년 예언 '눈길'(1/7), 이러다 놓치겠다 출국장 200m 줄… 인천공항 혼란, 왜(12/20) 등이었다.

많이 소비가 됐다. 이렇듯 SNS에서 관심과 주목을 받는 뉴스는 전통 미디어와는 내용도 전달 형식도 달랐다.[2]

　뉴미디어 출현 이후 뉴스의 형식과 내용이 변화하기 시작했다. 정형화된 기사체가 아니라 한 줄의 텍스트, 한 장의 휴대전화 사진도 생생한 뉴스가 될 수 있게 된 것이다. 이처럼 인터넷의 등장으로 뉴스 생산과 분류, 형식이 모두 변화하고 있다. 궁극적으로 인터넷은 뉴스의 범주를 획기적으로 넓혔다. 즉 평범한 시민들이 만드는 시민저널리즘과 언론사들의 관심을 벗어난 언저리 뉴스의 부각 등 뉴스의 개념이 변화하고 있고 네티즌들은 이런 뉴스에 더 관심을 갖는다.

　아침에 일어나자마자 현관 앞에 놓인 신문을 읽고, 저녁이면 TV 앞에 앉아 저녁 뉴스를 보던 때가 있었다. 요즘은 기자들도 누가 신문과 TV로 뉴스 볼까 하고 의문을 나타낸다. 실제로 2022년 TV 뉴스 하루 평균 이용시간을 보면 41.5분으로 2012년 55분에 비해 10분 이상 줄었고 계속 줄고 있다. 특히 20대와 30대 경우 2023년 한국언론진흥재단의 언론 수용자 조사에 따르면 하루 평균 TV 뉴스와 시사 프로그램 평균 이용시간이 각각 16.5분, 26.9분으로 나타났다. 또 이용 장소 상관없이 지난 일주일 동안 종이신문을 읽었다고 응답한 비율이 20대의 경우 3%, 30대는 8%에 불과했다. 그럼에도 불구하고 여전히 사람들은 관심있고 중요한 뉴스를 보고 찾고 있다. 나아가 AI 시대에 알고리즘은 사용자의 관심사와 검색 기록을 분석해 맞춤형 뉴스 피드를 제공하고 이를 통해 사용자들은 자신의 관심

---

2) 이어 11~20위는 [숏츠] 삼겹살집에서 막국수 시켰더니…(1/8), [숏츠] 세계 최대 회전초밥집… '광어 초밥' 알고 보니(3/25), [숏츠] 먼저 숨진 남편의 유산… 의대생들 '눈물의 환호'(2/28), [숏츠] "귀여워서 난리 났어요"… 8강전 최고 명장면(?)(8/1), 북 도발에 K9 대응사격 해병들 "밀고 봤다"(1/18), [숏츠] "자리 30개? 오히려 좋아"… 요즘 유행한다는 영화관들(4/8), [숏츠] 모든 걸 쏟아내는 김원호… 경기 중 장면 '뭉클'(8/1), [숏츠] 17일 만에 숨진 딸, 병실 CCTV 보니…(7/26), [숏츠] "강제로 뚝 끊어요" 인기 폭발한 카페(2/15) 등이었다.

분야에 맞는 뉴스를 더 쉽게 접할 수 있다. 이는 잠재적 뉴스 소비층인 MZ 세대가 뉴스를 찾고 이용할 수 있는 기회를 제공할 수 있다.

그렇다면 이른바 레거시 뉴스 미디어들은 무한경쟁 시대에 어떻게 뉴스 이용자들의 주목을 끌 수 있을까? 이것이 이 책을 쓰고자 한 목적이다. 뉴스 제작자들에게 가장 고민스러운 작업은 독자나 시청자를 사로잡을 뉴스 아이템과 이슈를 찾는 것일 것이다. 이를 위해서 2024년 한 해 동안 SBS 보도국에서 날마다 생산한 8뉴스, 일반기사, 뉴스영상, 모닝와이드, 오뉴스, 뉴스브리핑, 스브스프리미엄, 나이트라인, SBS Star, 굿모닝 연예, 뉴스딱, 오!클릭, 비디오머그, 스브스뉴스, 취재파일 등 매일 1~4백여 개 뉴스 꼭지를 검토했다. 이 가운데 조회수가 높은 기사와 댓글이 많은 기사를 날마다 골라서 비교 분석했다. 또 유튜브 조회수 100만이 넘는 아이템을 유형화하여 뉴스 이용자들이 주목하는 기사의 특성을 포착했다. 이를 통해서 뉴미디어와 올드미디어를 관통할 수 있는 뉴스 아이템과 이슈는 무엇이며 어떤 포맷이 뉴스를 전달하는 데 효과적인지 파악하고자 했다.

분석결과 뉴스 이용자들은 의견과 반응이 상호작용하는 '소통하는 뉴스'와 분노, 슬픔, 공포, 재미 등 감성을 공유하고 '공감하는 뉴스', 그리고 사회가 당면하고 있는 이슈와 일자리, 복지, 교육, 거버넌스, 환경 쟁점 등을 심층 취재하고 분석한 '깊이 있는 뉴스'에 주목했다. 이 책은 1장에서 AI시대에 과연 뉴스는 어떤 가치를 가지며 어떻게 변화하고 있는지 등 뉴스의 개념과 가치에 대해 정리했다. 2장에서는 '소통하는 뉴스'란 무엇이며 그 필요성과 근거를 사례 등을 통해 살펴봤다. 3장에서는 '공감하는 뉴스'의 유형과 그 기원 그리고 다양한 사례를 짚어봤다. 4장에서는 한국 사회가 당면하고 있는 과제와 이에 대한 뉴스 이용자의 관심을 분석하고 이를 통해 '깊이 있는 뉴스'의 사례를 제시했다. 마지막 5장에서는 TV뉴스

리포트 형식에만 국한되지 않고 다양한 뉴스 전달 형식과 방법을 뉴스 기사 분석을 통해 종합했다. 이제 신문과 TV가 보도하면 독자와 시청자가 수용하던 시대는 끝났다. 이 책을 통해서 뉴스 경쟁력을 높이고 뉴스 이용자들의 선택을 받을 수 있도록 뉴스 제작과 편집을 발전시킬 수 있는 계기가 되기를 바란다. 끝으로 항상 곁을 지켜준 아내 정희승과 딸 미현에게 감사의 마음을 전한다.

2025년 4월 이창재

차례

머리말 ··· 5

제1부 달라지는 뉴스

1. 올드 미디어 ··· 19
　1) 뉴스의 발달 ··· 19
　2) 미디어 효과 ··· 29
　　(1) 대효과 이론 (2) 제한효과 이론 (3) 중효과 이론 (4) 강효과 이론

2. 디지털 미디어의 등장 ··· 50
　1) 매체결정주의 ··· 51
　2) 디지털 미디어 ··· 58
　　(1) 컨버전스와 유비쿼터스 (2) 참여와 공유 (3) 콘텐츠의 변화

3. 뉴스의 변화 ··· 78
　1) 소통 중심 ··· 82
　2) 공감 강화 ··· 89
　　(1) 공감의 발달 (2) 미디어와 공감
　3) 관심 전환 ··· 99
　　(1) 심층탐사보도 (2) 온라인 심층탐사보도 (3) 데이터 저널리즘 (4) 솔루션 저널리즘 (5) 시민 저널리즘

제 2 부 소통하는 뉴스

1. 커뮤니케이션의 시작 ··· 130
    1) 커뮤니케이션의 발달 ··· 130
    2) 언어의 진화 ··· 134
    3) 커뮤니케이션의 함의 ··· 136
2. 언어 커뮤니케이션 ··· 143
    1) 언어의 기능과 특성 ··· 143
    2) 언어와 사고 ··· 148
    3) 언어와 정보공유 ··· 152
3. 비언어적 커뮤니케이션 ··· 156
4. 컴퓨터 매개 커뮤니케이션
    (Computer-Mediated Communication) ··· 160
    1) CMC의 정의 ··· 161
    2) CMC에 대한 관점 ··· 163
    3) CMC의 영향 ··· 170
5. 소통하는 뉴스 ··· 173
    1) 논쟁적 이슈(Controversial Issue) ··· 175
    2) 갈등적 이슈(Conflictual Issue) ··· 202
    3) 당위적 이슈(Reasonable Issue) ··· 231

제 3 부 공감하는 뉴스

1. 감정 ··· 264
    1) 감정의 역할 ··· 264

2) 비언어적 감정 표현　　　　　　　　… 266

　　3) 감정과 행동　　　　　　　　　　　… 269

2. 마음　　　　　　　　　　　　　　　　… 272

　　1) 공감과 이타주의　　　　　　　　　… 272

　　2) 마음 읽기　　　　　　　　　　　　… 275

3. 미디어의 발달　　　　　　　　　　　　… 280

　　1) 구어시대　　　　　　　　　　　　… 280

　　2) 문자의 출현　　　　　　　　　　　… 282

　　3) 중세의 커뮤니케이션　　　　　　　… 290

　　4) 인쇄술　　　　　　　　　　　　　… 293

　　5) 신문　　　　　　　　　　　　　　… 302

　　6) 라디오 등장　　　　　　　　　　　… 307

　　7) 텔레비전의 탄생　　　　　　　　　… 310

　　8) 소셜 미디어　　　　　　　　　　　… 313

4. 공감하는 뉴스　　　　　　　　　　　　… 315

　　1) 분노　　　　　　　　　　　　　　… 316

　　2) 슬픔　　　　　　　　　　　　　　… 338

　　3) 공포　　　　　　　　　　　　　　… 345

　　4) 재미　　　　　　　　　　　　　　… 362

　　5) 스토리　　　　　　　　　　　　　… 370

　　6) 이색 황당　　　　　　　　　　　　… 380

제 4 부　깊이 있는 뉴스

1. 저널리즘의 변천　　　　　　　　　　… 402

   1) 저널리즘의 관점 ·· 403

   2) 기자의 역할 ·· 405

   3) 황색언론(Yellow Journalism) ·· 406

   4) 감시견(Watchdog)으로서 폭로 언론 ·· 409

   5) 뉴욕타임스 ·· 411

   6) 저널리즘의 변화 ·· 414

   7) 국민의 알 권리 ·· 416

2. 심층·탐사보도 ·· 419

   1) 허친스 위원회(Hutchins Commission) ·· 419

   2) 메카시즘의 충격 ·· 422

   3) 탐사언론 ·· 424

   4) 심층보도 ·· 426

3. 깊이 있는 뉴스 ·· 431

   1) 교육 ·· 434

   2) 복지 ·· 442

   3) 일자리 경제 ·· 457

   4) 환경 ·· 470

   5) 거버넌스 ·· 480

   6) 북한과 중국 ·· 496

제 5 부   확산하는 뉴스

1. 올드 미디어의 영향 ·· 509

   1) 대중신문 출현 ·· 509

   2) 라디오 열풍 ·· 513

3) 텔레비전의 등장 ··· 515
2. 뉴미디어의 확산 ··· 518
　　1) 포털 뉴스의 부상 ··· 519
　　2) 유튜브 저널리즘 ··· 521
　　3) 뉴스 소비 방식의 변화 ··· 524
3. 뉴스 소비 변화에 적응한 미디어들 ··· 528
　　1) 해외 미디어 ··· 530
　　2) 한국의 밀레니얼 미디어 ··· 535
　　3) 국내 전통 미디어 ··· 536
4. 콘텐츠의 유형 ··· 539
　　1) 숏츠 ··· 540
　　　(1) 소통하는 뉴스 아이템 (2) 공감하는 뉴스 아이템 (3) 깊이 있는 뉴스 아이템
　　2) 비디오 머그 ··· 550
　　3) 모아보는 뉴스 ··· 556
　　4) 현장 영상 ··· 564
　　5) 이슈 라이브 ··· 568
　　6) 자막뉴스 ··· 571

맺음말 ··· 576
참고문헌 ··· 581
찾아보기 ··· 584

제1부
달라지는 뉴스

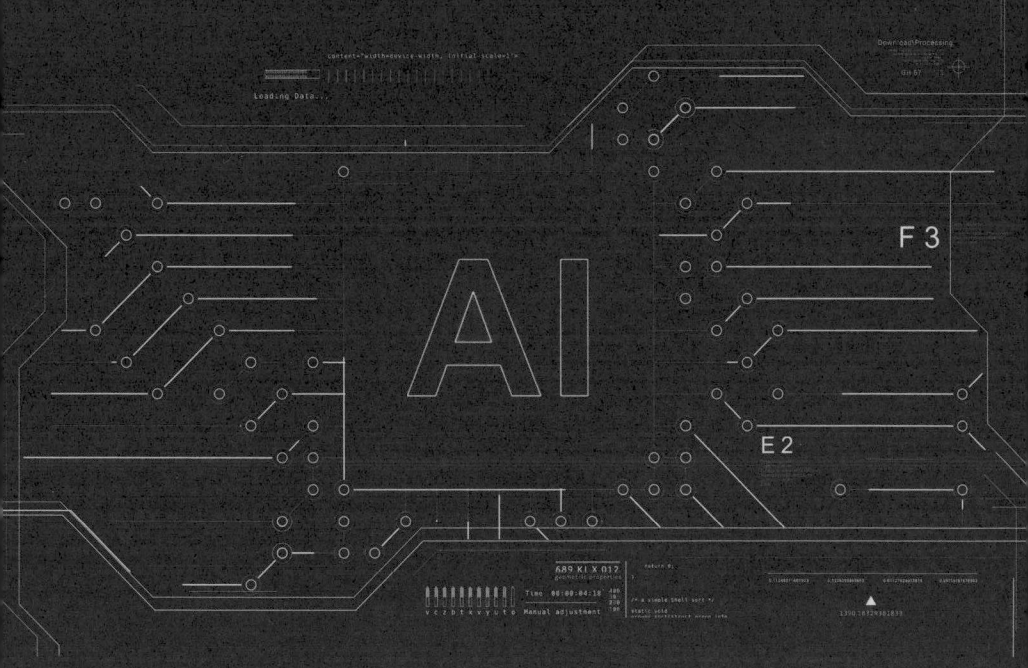

'N번방 사건'은 2018년 하반기부터 2020년 3월까지 텔레그램, 디스코드, 라인, 위커, 와이어, 카카오톡 등의 메신저 앱을 이용하여 피해자들을 유인한 뒤 협박해 성착취물을 찍게 하고 이를 유포한 디지털 성범죄 사건이다. 이 사건은 국내외에서 큰 주목을 받았으며, 가해자들의 신상 정보 공개와 관련한 여론 역시 뜨거웠다. 범인들의 신상이 공개되면서 사회적 이슈로 떠오르게 되었다.

그런데 'N번방 사건'은 전문적인 기자가 아니라 대학생 취재팀인 '추적단 불꽃'이 아동·청소년 불법 음란물을 공유하는 텔레그램 채팅방에 대한 잠입 취재를 하면서 처음 윤곽을 드러냈다. 이어 국회 온라인 청원사이트에 '텔레그램에서 발생하는 디지털 성범죄를 해결해달라'는 청원이 올라오면서 주목을 받기 시작했다. 취재팀의 신고로 경찰 수사도 본격화됐다. 사건의 실체는 'n번방'으로 알려진 여러 채팅방 중 가장 악명이 높은 '박사방'의 운영자 조주빈과 공범들이 경찰에 검거되면서 밝혀졌다. 이후 여론은 조씨의 신상 공개를 두고 들끓었다. 그의 신상을 공개하고 포토라인에 세워 달라는 내용의 청와대 국민 청원이 200만명을 넘어서 역대 최다를 기록하기도 했다.

이 취재로 제22회 국제앰네스티 언론상 시상식에서 '추적단 불꽃'은 특별상을 받았다. 2020년 4월 언론사에 소속되지 않은 한국기자협회 비회원으로서 '이달의 기자상' 특별상을 수상했다. 5월에는 국회에서 n번방 방지법이 통과되었다. 뉴스통신진흥회에서 '추적단 불꽃'의 후속 취재물인 〈취재 윤리와 시기 모두 놓친 'n번방' 보도〉가 특별상을 수상했다. 6월 한국방송학회의 정기학술대회에서도 특별상을 수상했다. 한국방송학회는 이 보도가 기성 매체에서도 보기 드문 탐사 저널리즘의 전형을 보여 줬으며, 저널리즘 학자들이 학생 저널리즘의 성과를 인정했다는 점에서 특별한 의미가 있다고 평가했다.

지난 2023년 7월에는 서울 서이초등학교에서 근무하던 한 교사가 교내에서 스스로 목숨을 끊어 교육계와 사회에 큰 충격을 주었다. 경찰은 사건과 관련하여 범죄 혐의점을 찾지 못해 수사를 종결했지만, 교사들의 학부모 갑질 폭로가 미투 운동으로 이어지면서 수 년간 학부모들이 교사들에게 해 왔던 갑질 행태가 수면 위로 드러났다. 이 과정에서 의정부호원초등학교 교사 2명의 사망사건과 일명 '왕의 DNA'로 알려진 교육부 사무관 갑질 사건 등이 잇따라 밝혀졌다. 마침내 2023년 8월 교육부는 「교권 회복 및 보호 강화 종합방안」을 발표했고, 사망한 교사는 2024년 2월 순직이 인정되었다. 사회적 파장을 일으킨 이 사건의 발단은 신문 방송의 보도에 의한 것이 아니라 현직 교사가 온라인 커뮤니티에 이른바 서이초 '연필 사건'을 올리면서 시작되었다.

2018년 평창 동계올림픽을 앞두고 '여자 아이스하키 남북 단일팀 추진' 소식이 나오면서 소셜 네트워크 서비스(SNS)를 중심으로 공정성 논란이 일었다. 국제아이스하키연맹(IIHF)가 남북 단일팀에 한해 엔트리를 23명에서 35명으로 늘려 주면서 우리나라 선수 23명, 북측 선수 12명을 합쳐 단일팀 '코리아'가 결성됐다. 하지만 2030세대는 SNS를 통해서 "남북 단일팀 추진은 4년 동안 땀 흘린 선수들의 꿈을 짓밟는 행위", "스포츠맨십을

헤치는 정치 개입"이라며 단일팀 추진에 반대했다. 스포츠에 정치가 개입했다는 불만과 함께 단일팀 구성으로 올림픽 출전권을 자력으로 확보한 우리 선수들이 출전에서 피해를 볼 수 있다는 우려가 일면서 단일팀을 반대하는 목소리도 작지 않았다. 이는 1991년 세계탁구선수권대회와 같은 해 세계청소년축구선수권대회에 있었던 남북 단일팀에 대한 반응과는 현저한 차이가 있었다.

위 사례들은 그 동안의 미디어 의제설정 과정과는 다른 것이었다. 오히려 소셜미디어를 통해 먼저 이슈화된 주제가 역으로 기존 뉴스 미디어에 수용되는 '역의제 설정'이 나타난 것이다. 그 동안 이슈 발생은 언론 보도를 통해 독자 반응의 순으로 의제가 전달되었지만, 뉴미디어 시대에서는 네티즌들이 이슈화한 주제가 먼저 뉴스 매체로 전달되는 경우가 늘어나고 있다. 이런 '역의제 설정'은 사회적 변화와 관심에 영향을 미치고 있다.

1

올드 미디어

디지털 미디어가 출현하기 전까지 이른바 대중 매체라고 불리던 올드 미디어는 대중성과 획일성, 일방성, 동시성, 수동성 등의 특징을 가지고 있다. 그리고 신문, 잡지, 서적, 포스터, 전단 등의 활자 매체와 TV, 영화 등의 영상매체, 그리고 라디오, 음반 등의 음성매체들이 이런 속성을 지닌 채 발전해 왔다.

1) 뉴스의 발달

뉴스(News)는 뉴스 가치에 의해 선택된 사실로 일반에게 아직 알려지지 않은 새로운 소식이며 일반적으로 시사성이 있다고 판단되는 보도내용이라 할 수 있다. 뉴스는 사실을 기반으로 하지만, 기자나 편집자의 가치관이나 신념에 따라 선택되고 재구성된다는 점에서, 완전히 객관적이지 않을 수 있다. 뉴스는 전달되는 매체에 따라 신문, 텔레비전, 라디오, 인터넷 등으로 구분될 수 있다.

"뉴스"라는 단어는 14세기 중세 영어에서 처음 등장했으며, "new"의 복수형에서 유래했다. 그 이전에는 뉴스 대신에 타이딩스(tidings)라는 말이 사용되었는데, 이는 정보의 우연적, 그때 그때의 전달을 의미한다.[3] 이

---

3) 이상철, 『언론발달사』, 일지사, 1992. p167~170.

를 테면 초기 과학자들은 자신의 발명이나 발견 또는 아이디어를 널리 알리기 위해 수백 통의 편지를 쓰거나 인쇄해서 돌렸다. 편지는 특히 한 가지 사실이나 몇 가지 사실을 원거리에까지 전달하는 데 안성맞춤이었다. 이 같은 편지는 주로 라틴어로 쓰여졌고 인쇄기가 등장하면서 라틴어 대신에 불어, 영어 등의 자국어 사용이 증가했다. 중세 이전 거리의 만담가(storyteller), 방랑시인(bard), 악사(minstrel), 민요가수(ballad singer) 등은 모두 타이딩스의 전달자들이었다.

뉴스란 타이딩스와 같은 정보의 우연한 전달이 아니라 최신의 정보를 의도적이고 정기적으로 수집하고 전달 처리하는 것이다. 이 같은 예로 푸거(Fuggers) 뉴스를 들 수 있다. 독일 오스버그(Ausburg)의 푸거 가문은 14세기부터 16세기까지 유럽에서 가장 성공적인 무역상 겸 금융업의 대부로 알려져 있다. 그들은 유럽 전역에 통신원을 파견하여 시장 정보, 정치 소식, 풍문, 소비자 동향 등을 실시간으로 파악했다. 이러한 정보 수집과 전달 시스템 덕분에 푸거 가문은 막대한 부를 축적할 수 있었고, 유럽의 정치와 경제에 큰 영향을 미쳤다.

특히, 푸거 가문은 합스부르크 가문과 긴밀한 관계를 유지하며, 막시밀리안 황제에게 중요한 정보를 제공하기도 했다. 이처럼 푸거 가문은 세계 최초로 정기적인 뉴스와 정보 수집 시스템을 구축하여, 근대 뉴스 전달 방식의 기초를 마련했다고 볼 수 있다. 푸거는 유럽 각국의 정부와 긴밀한 관계를 유지하면서 다양한 정보를 수집했다. 이러한 정보는 뉴스레터 형태로 정리되어 여러 언어로 작성되었다. 푸거의 뉴스레터는 당시의 중요한 정보 채널 중 하나였으며, 이는 지금의 뉴스레터와 비슷한 역할을 했다고 볼 수 있다. 이 뉴스레터를 통해 그는 정치, 경제, 군사 등 다양한 분야의 정보를 얻고 이를 바탕으로 더 큰 영향력을 행사할 수 있었다.

뉴스의 개념은 시간이 지나면서 변화 발전했다. 초기에는 서한신문과 필사 신문처럼 상인계층이나 정치계층 등 특정 계층을 위한 정보 전달 수단이었지만, 페니 신문시대에 들어서면서 대중에게 접근 가능한 형태로 변모하게 되었다. 페니 신문은 19세기 초반 미국에서 시작된 저가 신문으로 주로 노동자 계층을 대상으로 했다. 이는 산업화로 인해 도시 인구가 증가하고, 대중의 정보에 대한 요구가 커지면서 가능해졌다. 또한, 인쇄술의 발전과 같은 커뮤니케이션 기술의 발전도 중요한 역할을 했다. 이러한 변화는 뉴스가 특정 계층의 전유물이 아니라 대중 모두가 접근할 수 있는 정보로 자리 잡게 하는 데 큰 기여를 했다. 뉴스의 개념이 이렇게 변하게 된 배경에는 사회적, 기술적 변화가 큰 영향을 미친 것이다.

18세기는 신문 발행이 활발해지면서 뉴스 매체의 역할이 크게 확장된 시기였다.[4] 영국의 〈데일리 커런트(Daily Courant)〉와 미국의 〈보스턴 뉴스레터(Boston News-Letter)〉는 각각 1702년과 1704년에 발행되어 본격적인 신문의 시작을 알렸다. 당시 대도시의 형성과 인구 증가로 구어 뉴스와 같은 전통적인 미디어는 한계에 부딪혔고, 인쇄 기술의 발전과 함께 신문이 중요한 소통 매체로 자리 잡게 되었다. 많은 작가, 지식인, 선구자들이 자신의 생각을 널리 알리기 위해 신문 발행에 앞장섰고, 이는 신문이 대중을 위한 정보 전달 수단으로 성장하는 데 큰 기여를 했다. 1825년 무렵에는 미국에서 이미 유럽보다 더 많은 종류의 신문이 발행되었고, 미 대륙 각지에 사는 주민들에게 배달되는 체계가 갖춰져 있었다.

신문의 발전은 사회적, 경제적, 정치적 변화에 대한 대응으로 이루어졌다. 정치 권력이 집중되면서 공식적인 통로 외에도 다양한 메시지를 전달

---

4) 채백. 『세계언론사』. 한나래. 1996. p263~264.

할 필요성이 생겨났고, 초기 신문은 정치 및 사회 정보, 광고, 상업 정보 등 다양한 메시지의 조합으로 구성되었다. 영국에서는 시민 전쟁과 공화정 기간을 통해 신문의 형식이 확립되었고, 산업 혁명 기간을 통해 새로운 대중 저널리즘 형태가 출현했다. 1830년대 서구에서는 대중(大衆)의 등장으로 뉴스가 특정 계층에서 보통 사람 중심으로 바뀌게 되었고, 이에 따라 뉴스의 주제도 다양해지고 흥미 중심으로 변화했다. 이 시기에 성이나 범죄와 같은 선정성이 강조되기 시작한 것도 흥미로운 변화 중 하나다.

나아가 기술 혁명은 뉴스의 개념을 크게 변화시켰다. 철도, 전신, 기선의 출현은 뉴스가 보다 확실하고 직접적인 현장 중심, 그리고 사실 중심으로 바뀌는 데 중요한 역할을 했다. 증기선의 사용은 1800년대 초반에 시작되었고, 1819년에는 증기선이 대서양을 횡단했으며, 1838년에는 정기 노선이 개설되어 유럽과 미국 대륙 간의 교통과 통신에 혁명적인 변화를 가져왔다. 또한, 기차는 1825년 영국, 1827년 프랑스, 1829년 미국에서 각각 개통되어 육상 교통의 큰 변화를 가져왔다. 미국에서는 1850년까지 철도의 길이가 9,000마일에 달해 전국을 연결하게 되었다.

특히 1844년 사무엘 모스(Samuel Morse)가 워싱턴과 볼티모어 간의 전신을 성공적으로 연결하면서 뉴스 전달 방식에 혁명적인 변화를 가져왔다. 전신의 도입으로 뉴스가 유럽에서 미국으로 전달되는 시간이 수주 또는 수일에서 수분으로 단축되었다. 이로 인해 뉴스의 개념은 하루를 주기로 하게 되었고, 중요한 사건이라도 그날을 지나면 뉴스로서 가치가 크게 줄어들게 되었다. 전신의 출현은 뉴스의 신속성과 정확성을 크게 향상시켰으며, 이는 현대 뉴스 미디어의 기초를 다지는 중요한 계기가 되었다. 이러한 변화는 뉴스가 보다 즉각적이고 현장 중심으로 바뀌는 데 큰 영향을 미쳤고 대중에게 중요한 정보 전달 수단으로 자리 잡게 되었다.

라디오의 발명은 여러 기술적 혁신의 결과였다. 전화(1876)와 무선전신(1896)의 발명은 라디오 탄생의 직접적 원인이었다. 1877년에는 뉴욕과 보스턴 간에 전화로 음악이 전달되었고, 1893년에는 헝가리 부다페스트에서 전화로 뉴스와 음악을 12시간 동안 전달할 수 있었다.[5] 1895년에서 1896년 사이에 굴리엘모 마르코니(Guglielmo Marconi)가 무선통신법을 발명하면서 라디오의 가능성이 열렸다. 이후 1906년에 리 드 포리스트(Lee de Forest)가 신호를 증폭하고 전송하는 3극 진공관을 발명하면서 라디오 방송이 가능해졌다. 라디오 방송의 보급은 수신기의 보급과 함께 이루어졌고, 이는 진공관을 포함한 통신 산업의 성장을 촉진했다. 이러한 기술적 혁신은 라디오가 대중에게 중요한 정보 전달 수단으로 자리 잡는 데 큰 역할을 했다.

타이타닉 호의 침몰 사건은 결과적으로 라디오 성장에 큰 기여를 했다. 1,522명의 희생자가 발생한 이 사고 이후, 1912년에 라디오 법이 의회를 통과했다. 정부는 한 채널만 사용하던 당시 상황을 해결하기 위해 방송법을 제정했고, 무선 통신 체계를 관리하기 시작했다. 무선국은 방송하기 전에 상무성의 허가를 받아야 했다. 1927년 미국 의회는 새로운 라디오 법을 통과시켰다. 이 법은 '전파는 국민의 것이다'라는 내용을 포함했고, 연방 라디오 위원회를 설립했다. 이를 통해 소수의 엘리트가 대중을 대상으로 방송국을 운영할 수 있게 되었다.[6]

라디오 방송은 다른 무선통신과는 달리 수신 음성을 감상할 수 있는 품질을 갖추어야 했다. 1920년 1월에 미국 워싱턴의 아나코스티아 해군비행장에서 군악대 연주가 세계 최초로 방송 전파를 통해 송출되었다. 같은 해

---

5) 이상철. 『언론발달사』. 일지사. 1992. p273.
6) 조맹기. 『현대 커뮤니케이션 사상사』. 나남. 2009. p325~6.

11월, 피츠버그의 웨스팅하우스사의 KDKA국이 개국하면서 제29대 하딩 대통령 선거 결과를 방송하였고, 이는 정규 방송국의 시초였다. 또한, 오늘날과 같은 광고방송을 하는 방송국의 시초는 1922년에 개국한 AT&T의 뉴욕 방송국 WEAF이었다.

영국에서는 1920년에 마르코니 무선회사에 의해 실험방송이 시작되었고, 1922년 영국방송공사(BBC)가 설립되어 최초의 뉴스 프로그램을 방송했다. 프랑스는 1921년에 국영방송을 시작했고, 독일은 1923년에 방송을 시작했다. 중파방송인 AM 방송의 송신전력이 증대되면서 도달거리가 늘어나고 혼신 문제가 발생하자, 초단파(VHF)를 사용한 FM방식이 도입되었다. FM방식은 수신 음질이 양호하고 스테레오 방송이 가능하다는 장점이 있어 서양에서는 일찍부터 초단파대 FM방송이 실시되었다. 특히 유럽에서는 여러 나라가 국경을 접하고 있어 초단파방송이 라디오의 주류를 이루게 되었다. 이러한 기술적 발전은 라디오 방송의 품질을 크게 향상시키고, 더 많은 청취자에게 고품질의 방송을 제공하는 데 기여했다.

텔레비전의 발전 역시 여러 기술적 혁신이 있었다. 브라운관은 독일 스트라스부르 대학의 카를 페르디난트 브라운(Karl Ferdinand Braun)이 개발한 것으로 텔레비전의 상징이 되었다. 1927년 미국의 발명가 필로 판스워스가 세계 최초로 전자식 텔레비전의 시험 제품을 만들어 브라운관을 이용해 전기 신호를 영상으로 바꾸었다. 1930년에 RCA에서 일하던 기술자 블라디미르 즈보리킨이 세계 최초로 전자식 텔레비전을 완성하였고, RCA는 1931년 7월 21일에 첫 시험 방송을 하였다. 이후 독일, 영국, 소련, 프랑스 등에서 기계식 주사 방식으로 텔레비전 실험 방송을 시작했다. 1935년 독일은 본격적으로 텔레비전 방송을 시작하였고, 이듬해 베를린 올림픽 대회의 실황 중계를 텔레비전으로 방송했다. 당시 기계식 주사 기준의 주사선 수는 180이었지만, 주사선 수가 400이 넘는 전전자식(全電子式) 텔레비전 방송은 1935년 영국에서 시작되었다. 1937년에는 기계식 주사가 중단되고, 전전자식 방송이 정식 방송으로 채택되었다. 이러한 발전은 오늘날 텔레비전 방송의 기초를 다지는 중요한 계기가 되었다.

텔레비전 뉴스는 1941년에 미국 CBS가 뉴욕 방송국에서 소규모 시청자를 대상으로 매일 15분짜리 뉴스 보도를 시작한 것이 시초였다. 당시 뉴스 보도는 강의 형식으로 뉴스 진행자가 지휘봉을 들고 지도 앞에서 뉴스를 전달하는 방식이었다. 1950년대에 들어서면서 뉴스 진행자가 정장을 입고 데스크에 앉아 카메라를 향해 뉴스를 전달하는 방식이 보편화되었다. 텔레비전의 영향력이 커지면서 뉴스 앵커의 힘도 강화되었다. '앵커맨(Anchorman)'이라는 용어는 1952년에 던 휴이트가 미국 정당들의 전당대회를 취재하면서 만들어낸 신조어로, 뉴스 진행자를 가리키게 되었다. 이 용어는 육상 릴레이 주자를 의미하는 단어에서 유래했으며, 뉴스가 앵커 맨을 중심으로 진행된다는 뜻을 담고 있다.

텔레비전과 함께 뉴스 앵커의 영향력을 보여 주는 사례가 있다. 미국의 1984년 대통령 선거 당시에 주요 TV 방송국의 앵커들이 뉴스를 보도하면서 각 정당 후보인 레이건과 먼데일에 대해 특정 후보를 지지하는 발언이나 편향적 보도가 이루어지지는 않았지만, ABC 방송의 앵커 피터 제닝스는 레이건을 언급할 때면 미소를 짓는 것이 관찰되었다. 사회 심리학자들이 전국에서 유권자들을 대상으로 선거가 끝난 뒤에 어느 방송을 주로 보았으며, 누구를 지지했는지를 조사하였더니, ABC 시청자 가운데 레이건을 지지한 사람의 비율이 CBS나 NBC 시청자들에 비해 높게 나타났다. 그러자 제닝스의 미소가 레이건을 대통령으로 만드는 데 기여했다는 주장이 나오게 되었다. 이러한 주장에 대해 제닝스는 터무니없는 말이라고 반박했다. 원래 레이건 지지자들이 ABC 방송을 많이 시청하였다고 볼 수도 있기 때문이었다.

그러자 한 사회 심리학자는 레이건 지지자가 제닝스 뉴스를 많이 시청한 것인지, 아니면 제닝스의 미소가 레이건을 지지하게끔 만든 것인지를 밝혀 보고자 실험을 시행하였다. 가상의 정치인을 양당후보로 내세우고, 앵커가 두 후보에 대한 보도를 하면서 특정 후보를 언급할 때만 미소를 짓도록 하였다. 반면 다른 조건에서는 전혀 미소를 짓지 않도록 하였다. 실험에 참가한 사람들은 먼저 자신이 민주당을 지지자인지 아니면 공화당을 지지자인지를 밝히도록 하였다. 보도를 접하고 앵커와 두 후보에 대한 평가를 하게 한 결과, 자신이 지지하는 정당후보를 언급할 때 미소 짓는 앵커에 대하여 더 큰 호감을 갖는 것으로 나타났다. 이는 레이건 지지자들이 제닝스 보도를 보았을 가능성이 있음을 시사한다. 흥미로운 결과는 앵커가 자신들이 반대하는 후보를 언급할 때 미소를 짓는 조건에 있던 참가자들에게서 자신의 지지 후보에 대한 호감이 감소하고, 상대 후보에 대한 호감이 증가된 결과가 나타났다. 이 결과는 제닝스의 미소가 레이건에게 도움이 되었음을 의미하는 것이기도 했다.[7]

뉴스는 우리의 생활과 의사결정에 큰 영향을 미친다. 뉴스는 우리의 생활 방식이나 구매 결정에 영향을 줄 수 있으며, 더 크게는 정치적인 선택과 같은 중대한 결정에도 영향을 미칠 수 있다. 뉴스가 되기 위해서는 '새롭다'는 것이 전제되어야 하며, 그 새로움은 일상성을 깨뜨릴 만한 정도의 변화가 돼야 한다는 의견이 많다. 독자의 입장에서 볼 때, 색다른 요소를 지닌 새로움은 그들의 관심을 끌게 된다. 그러나 새롭게 발생한 사건이나

---

7) 한규석, 『사회심리학의 이해』, 학지사, 2002, p41.

인물에 대해 독자가 관심을 갖는 이유는 그것이 그들의 생활에 중요한 의미를 부여하거나 흥미를 끌기 때문이다. 따라서 뉴스가 되기 위해서는 새로움뿐만 아니라 중요성과 흥미성도 높아야 한다. 하지만 각 사건이나 이슈의 중요성과 흥미성에 대한 판단은 기자에 따라 다를 수 있다.[8] 뉴스 가치는 언론사에 따라서 대상 독자가 달라 독자의 흥미를 끌 만한 요소도 다르기 때문에 상대적이지만 영향성, 시의성, 저명성, 근접성, 이상성 등의 요소 중 하나 이상을 가지고 있을 경우 뉴스가 될 가능성이 높다.

중요성(significance)이란 어떤 사건이나 이슈를 독자들이 얼마나 중요하게 생각하는가를 말한다. 예를 들어 비행기 사고와 자동차 사고를 비교할 경우 비행기 사고의 중요도가 더 높다고 볼 수 있다. 이러한 중요성을 판단하는 기준에는 다음과 같은 것들이 있다.

첫째, 시의성(timeliness)이다. 지난 2024년 7월 1일 밤 서울시 중구 서울시청 부근에서 68세 남성이 운전한 차량이 역주행 도중 인도로 돌진해 9명이 사망하고 가해자와 동승자를 포함해 7명이 다쳤다. 운전자는 차량 급발진을 주장했고 이후 급발진 사고 보도가 이어졌다. 또 같은 규모의 사건일 경우 24시간 전에 발생한 사건보다는 30분 전에 발생한 사건이 더욱 중요하게 처리된다.

둘째, 저명성(prominence)이다. 관련 인물의 저명성이 높은 경우가 낮은 경우보다 중요성이 크다. 대통령이나 유명인이 외국에 나가게 되면 뉴스가 되지만 보통 사람이 외국에 나가면 뉴스가 되지 않는다.

셋째, 근접성(proximity)이다. 뉴스 이용자에게 가까운 곳에서 발생한 사건의 중요성이 크다. 여기서 거리란 단지 지리적 거리뿐만 아니라 심리

---

8) 서정우, 한태열, 차배근, 정진석 공저. 『신문학이론』. 박영사. 2001. p201~210.

적 거리까지 포함한다. 서울에서 일어난 건물 화재 사건은 외국에서 일어난 건물 화재사건보다 지리적 거리가 가깝다는 점에서 중요하다. 반면에 가까운 일본에서 일어난 사건보다는 멀리 떨어진 미국 로스앤젤레스 한인타운에서 발생한 사건이 심리적 거리가 가깝다는 점에서 보다 중요하게 다뤄진다.

넷째, 영향성(consequence)이다. 뉴스 이용자에게 미치는 영향의 범위가 규모가 클수록 그리고 그 영향이 즉각적일수록 중요성이 크다. 전염병 발생이나 휘발유 값 인상, 의정 갈등 등은 전 국민에게 즉각적이고 광범위하게 영향을 미칠 수 있으므로 그 중요성이 크다고 볼 수 있다.

흥미성(interest)이란 어떤 사건이나 이슈를 독자들이 재미있게 그리고 흥미 있게 생각하는 정도를 의미한다. 일반적으로 다음과 같은 요소들이 있을 때 더 흥미를 느낀다고 볼 수 있다. 첫째, 이상성(unusualness)이다. 정상으로부터 일탈한 비일상적인 사건이 뉴스가 된다. 기이하거나 기대하지 않았던 사건들은 독자의 흥미를 끌게 된다. 음주 때문에 부른 대리기사가 무면허 운전자이거나 겨울에 개나리 꽃이 피고, 길 잃은 개가 수백 킬로미터를 헤매 주인에게 돌아왔다는 기사들은 이러한 이상성에서 뉴스 가치를 인정받은 것이다. 둘째, 유머(humor)이다. 웃음을 불러일으키는 재미있는 사건들에 관한 이야기는 독자들에게 늘 환영을 받는다. 일례로 중국에서 동전으로 190만 원 벌금 냈다가 사법 자원 낭비라며 또 벌금을 받은 기사가 있었다. 셋째, 로맨스(romance)다. 연애나 모험, 공상적인 요소를 포함하는 서정적인 사건들은 독자들의 흥미를 유발시킨다. 예를 들면, 헐리우드 스타인 제니퍼 로페즈와 벤 애플렉의 결혼과 파경, 영국 다이애나 왕세자비의 삶을 다룬 기사나, 세계일주를 한 사람의 모험담에 관한 기사 등을 들 수 있다.

뉴스의 선정에서는 중요성뿐만 아니라 흥미성도 같이 고려하기 때문에 수용자들이 좀더 재미있게 뉴스를 접할 수 있다. 뉴스가 단순히 중요한 정보만을 전달한다면, 많은 사람들이 흥미를 잃을 수 있다. 하지만 흥미를 끌기 위한 선정적인 보도는 종종 비판을 받기도 한다. 이러한 비판은 뉴스가 공중의 관심을 끌기 위해 과도하게 자극적이거나 논란이 되는 주제에 집중하고, 일상적인 사람들의 삶이나 중요한 사회적 이슈를 간과한다는 점에서 비롯된다.

2) 미디어 효과

그 동안 사회의 의제 설정(agenda setting)은 매스미디어가 어떤 이슈에 많은 관심을 기울이는가에 따라 여론을 형성할 수 있다고 생각해 왔다. 다시 말해, 특정 주제에 대해 매스미디어가 주목하고 많이 다루면 실제 그렇지 않더라도 대부분의 사람들이 그 이슈를 중요하게 평가하도록 만든다는 것이다. 특히 기자나 전문 편집자에 의해 뉴스가 취사 선택돼야 사회적 관심을 끄는 문제를 제기할 수 있고 이런 과정이 여론을 유도하는 데 중추적인 역할을 한다고 믿어 왔다. 이런 미디어 효과에 대한 체계적인 연구는 방송매체가 등장 이후 본격화됐다. 방송매체는 이전의 매체와는 달리 그 효과가 강력했고 즉각적이기 때문이었다. 다만 미디어 효과에 대한 이론은 시대에 따라 변화가 있었다.[9]

특히 매스 미디어가 본격적으로 등장하기 시작한 1920~30년대부터 그 효과를 중심적으로 밝혀 보고자 하는 학문적 노력이 미국에서 나타났다.

---

9) 브라이언트& 톰슨, 『미디어 효과의 기초』, 한울아카데미, 2005, p75~77.

미디어 효과란 미디어가 대중의 태도, 행동, 지식, 인식, 감정 등에 미치는 영향을 의미한다. 이는 다양한 방식으로 나타나는데, 정보 전달에서부터 특정 이슈에 대한 태도 형성, 캠페인 등을 통한 행동 변화, 그리고 문화적 가치, 행동, 관습을 형성하고 전파한다. 매스 미디어 효과이론은 시대에 따라서 대효과이론에서 제한 효과이론, 중효과이론 그리고 강효과이론으로 이어졌다.

(1) 대효과 이론

생방송 '머큐리 극장'은 미국의 라디오 드라마 시리즈로 영화 감독이자 프로듀서, 각본가, 배우인 오슨 웰스가 제작과 진행을 맡았다. 오슨 웰스와 존 하우스먼이 설립한 머큐리 극단이 브로드웨이에서 큰 성공을 거두자 CBS에서 웰스에게 라디오 시리즈 제작을 의뢰했고, 1938년 7월 11일을 시작으로 매주 고전 소설이나 희곡을 각색한 1시간짜리 라디오 드라마를 방송했다. 웰스가 주역을 맡았고, 하우스먼 같은 머큐리 극단의 배우와 제작진들이 시리즈에 참여했다. 이 시리즈는 호평에도 불구하고 경쟁 프로그램 때문에 청취율은 높지 않았다. 그러다 인기를 얻게 된 계기는 할로윈 에피소드인 우주전쟁편부터였는데, 전반부를 드라마가 아닌 뉴스 형식으로 진행했다.

1938년 10월 30일 '머큐리극장'에서는 〈화성으로부터의 침공(The invasion from Mars)〉이라는 공상 과학극을 내보냈다. 8시에 시작한 머큐리 극장은 시그널과 함께 공상과학극을 시작한다고 고지했다. 이어 간단한 뉴스와 일기예보가 나갔고, 12분후부터는 "거대한 운석이 뉴저지주 한 공장에 떨어졌다"는 긴급 뉴스가 전해졌다. 그리고 목격자들의 인터뷰와 화성인이 그 물체로부터 나오고 있다는 소식이 뒤를 이었다. 그 후 45분 동안

CBS는 뉴스 보도의 형식으로 화성인들이 도시를 점령하고 있다는 내용을 전달했다. 미군의 동원령과 각료회의가 소집되었고, 화성인과 격전이 벌어지고 있다는 소식들이 잇따랐고 내무부장관의 담화문까지 전달됐다. 화성인이 뉴욕으로 접근해 오고 있으며, 사상자가 속출하고 있다는 소식이 이어졌다. 극적인 상황을 더하기 위해 아나운서는 침묵했고 무선기사들의 긴박한 호출 소리와 대답 없는 상황이 연출됐다.

이어 5초 동안 방송을 중단한 후, 아나운서는 지금 청취자는 공상과학 방송극을 듣고 있다는 멘트를 들려줬다. 그 뒤에 연출자가 등장해 머큐리 극장의 방송 내용을 해설했다. 아나운서는 다시 이 방송극은 허버트 조지 웰스(H.G. Wells)의 공상과학 소설인 『우주전쟁』을 각색한 〈화성으로부터의 침공〉이라는 방송 프로그램이었다고 덧붙였다. 하지만 CBS가 방송 전후와 중간 몇 차례에 걸쳐 실제 상황이 아니라 공상과학극이라는 것을 설명했던 것과 상관없이 그 결과는 엄청난 사회적 파장을 일으켰다. 많은 사람들이 이 뉴스를 실제 상황으로 인식했다. 방송을 청취한 많은 사람들이 공황상태에 빠졌으며, 이 과정에서 부상자와 물질적 피해가 속출했다. CBS는 공개 사과했고, 미국 연방커뮤니케이션위원회(FCC)는 방송극에서 보도 형식 사용을 금지했다.[10] 이후 시리즈와 오슨 웰스는 큰 명성을 얻게 되고 캠벨 수프사가 시리즈의 스폰서가 되면서 12월 9일부터 제목이 캠벨 극장으로 바뀌게 됐다.

영화와 라디오가 대중화하기 시작한 1920년대에서 1940년대에 이르기까지의 많은 매스커뮤니케이션 연구들은 매스미디어가 사람들의 태도나 의견을 쉽게 변화시킬 정도로 그 힘이 막강하다고 주장하였다. 대효과

---

10) 김은규, 『라디오 혁명』, 커뮤니케이션북스, 2013, p43~44.

이론은 매스미디어의 효과에 관한 최초의 이론으로서 매스 미디어의 효과가 무차별적이고 즉각적이며 강력하다는 주장이다. 대효과 이론은 행동주의 심리학 즉 자극(Stimulation)과 반응(Response)의 S-R 모델에 기반을 두고 있다. 미국의 사회학자이자 커뮤니케이션학을 개척한 라스웰(Harold D. Lasswell)은 논문을 통해 커뮤니케이션학의 기틀이 되는 S-M-C-R-E 모델을 만들었다. 즉 커뮤니케이션이란 송신자(Source or Sender)가 전달하고자 하는 메시지(Message)를 적절한 수단, 곧 채널(Channel)을 통해 수신자(Receiver)에게 전달하는 과정이다. 이 과정에서 수신자가 송신자에게 보이는 반응(Effect)이 나타나며, 이러한 피드백(feedback) 과정은 반복적으로 일어난다. 이러한 S-M-C-R-E 모델은 커뮤니케이션학의 발전에 많은 기여를 하게 된다.

정치학자이기도 한 라스웰은 선전 연구에 집중했다. 그는 1차 세계대전 동안 스위스, 영국, 독일, 프랑스 등에서 데이터를 모아서 선전 메시지를 분석했고, 이 연구로 1926년에 시카고 대학에서 박사학위를 받았다. 이 내용은 1927년에 『세계대전에서의 선전기술』이라는 책으로 출간되었고, 이 책 덕분에 라스웰은 선전 연구자로 유명해졌다.[11] 1937년에 선전분석연구소는 매스 미디어를 통한 선전의 설득력에 대한 공중의 두려움을 확인하고 이와 관련된 연구를 목적으로 설립되었다. '선전분석연구소'는 1938년 정치선전에 흔히 사용되는 7가지의 전략을 다음과 같이 제시했다.

첫째는 낙인 찍기(Name Calling)다. 상대를 '빨갱이', '독재자' 등으로 공격하여 증오의 대상으로 만드는 기법이다. 둘째, 미사여구의 일반화(Glittering Generalities)다. 듣기 좋은 미사여구를 사용하여 상대의 주장과

---

11) 조맹기, 『현대 커뮤니케이션 사상사』, 나남. 2009. p323.

가치를 저하시키는 방법이다. 셋째, 전이(Transfer)다. 상징이나 유명 인사의 명성을 활용하여 메시지를 전달하는 기법이다. 넷째, 증언(Testimonial)이다. 명망가나 평판이 좋은 단체의 발언을 이용하는 방법이다. 다섯째, 서민화(Plain Folks)다. 일반인의 평범한 이미지를 빌려 메시지를 전달하는 기법이다. 여섯째, 카드 속임수(Card Stacking)다. 일부 사실만을 선별하여 왜곡된 정보를 전달하는 방법이다. 마지막으로 밴드 왜건(Band Wagon)이다. 떠들썩한 분위기를 조성하여 사람들을 부화뇌동하게 만드는 전략이다. 당시 많은 사람들은 히틀러 같은 독재자가 매스 커뮤니케이션 미디어를 선전 메시지로 가득 차게 함으로써 미국에서 권력을 장악할 수 있음을 걱정했다. 이 때문에 선전 효과를 이해하기 위한 노력으로 연구가 실시되었다.

대효과 이론의 대표적 이론으로는 마법의 탄환 이론(magic bullet theory)과 피하주사이론(hypodermic needle theory) 등이 있다.[12] 이 학설에 따르면 매스 미디어의 메시지는 목표물만을 정확하게 맞추어 쓰러뜨리는 '마법의 탄환'처럼 수용자 대중에게 직접적이고 즉각적이며 강력한 효과를 갖는다. 당시 수용자에 대한 관점도 포박된 수용자(Captive Audience)로 매스 미디어의 메시지에 대해 수동적이고 기계적으로 반응하는 존재로 여겨졌고 비이성적이며 자율적인 능력이 부족한 존재로 간주되었다. 대중사회에서 고립된 원자와 같은 존재로서 사회적 상호작용이 결핍된 상태였기 때문에 매스 미디어의 메시지가 무차별적이고 즉각적이며 매우 강력한 효과를 가진다고 여겨졌다. 이 이론은 1930년대 행동주의 심리학과 대중사회 이론을 배경으로 발전했다. 당시에는 대중이 전통적인 사회

---

12) 브라이언트& 톰슨. 『미디어 효과의 기초』. 한울아카데미. 2005. p 68~72.

적 유대와 규범에서 벗어나 고립된 존재로 여겨졌기 때문에, 매스 미디어의 메시지가 획일적으로 수용자에게 영향을 미친다고 생각되었다. 이 이론들은 나치 독일의 선전과 같은 역사적 사례를 통해 그 영향력을 설명하려 했지만, 이후 연구에서는 미디어의 영향이 보다 복잡하고 다층적이라는 점이 밝혀졌다.

(2) 제한효과 이론

제한효과 이론(Limited Effects Theory)은 소효과이론 또는 한정효과이론으로 불리기도 한다. 이 이론은 매스 미디어의 영향력이 기존의 태도나 가치, 신념을 강화하는 데 그친다는 관점에서 출발하며 매스 미디어의 효과가 강력하지 않으며, 한정적이라는 점을 강조한다. 제한효과 이론의 배경은 제1차 세계대전 후 사회가 안정되면서 대효과 이론의 과학적 엄밀성에 대한 의심이 생겨났고 대효과 이론이 과학적으로 엄밀하지 않다는 비판이 제기되었다. 1940년대에 등장하여 1960년에 조셉 클래퍼(Joseph Klapper)에 의해 공식화된 제한효과 이론은 1940년대 말에서 1960년대 말까지 거의 20년 동안 매스 미디어 효과이론에서 지배적인 학설이었다. 라자스펠드 등은 매스 미디어가 사람들의 정치적 태도를 변화시키기보다는 기존의 태도나 가치관을 강화하는 데 더 큰 영향을 미친다는 연구 결과를 제시했다.

제한효과 모델(limited effects model)은 조셉 클래퍼가 1960년에 출판한 저서 『매스 커뮤니케이션의 효과(The Effects of Mass Communication)』를 통해 널리 알려졌다.[13] 이 모델은 1920년대부터 1950년대까지의 미디어

---

13) 브라이언트 & 톰슨. 『미디어 효과의 기초』 한울아카데미. 2005. p 72~73.

효과 연구를 종합하여 매스 커뮤니케이션의 효과가 제한적이라는 결론을 내렸다. 클래퍼는 매스미디어가 여러 중개 변인과 연관되어 기능하며, 유일한 원인이 아니라 하나의 요소로서 수용자의 기존 자세를 강화하는 방향으로 작용한다고 주장했다. 그는 개인의 선택적 과정, 집단 규범, 의견 지도자의 역할 등을 중개요인으로 제시했다. 이 모델은 탄환이론에 대한 각성에서 제기되었으며, 대중매체의 효과가 직접적이고 강력하다는 기존의 강효과 이론과는 다르게 매스미디어의 효과가 제한적이고 선별적이라는 점을 강조했다.

제한효과 이론의 성립에는 심리학과 사회학의 연구가 중요한 역할을 했다. 특히 예일대학교의 사회심리학자 칼 호블랜드(Carl Hovland)와 컬럼비아 대학교의 사회학자 폴 라자스펠드(Paul Lazarsfeld)의 연구가 핵심적이었다. 칼 호블랜드는 1942년부터 1945년까지 미국 육군에서 설득 연구를 수행했다. 그는 통제된 실험을 통해 훈련용 또는 동기 부여를 위한 영화를 본 군인들의 태도 변화를 측정했으며, 그 결과 선전 목적의 영화가 정보 전달에는 효과적이지만, 태도 변화를 유발하는 데는 미약하다는 사실을 발견했다.

또 컬럼비아대의 라자스펠드, 베렐슨(Bernard Berelson), 가우데트(Hazel Gaudet) 같은 사회학자들은 1940년 미국 대선에서 미디어의 효과를 연구하기 시작했다. 그들은 '유권자 선택'(The People's Choice) 이라는 연구를 통해 미디어가 사람들의 투표 결정에 어떤 영향을 미치는지 조사했다. 이 연구에서 연구자들은 패널조사 방법을 사용해 사람들의 태도 변화를 추적했다. 그 결과, 미디어에 의해 완전히 태도가 바뀐 사람은 거의 없었고, 대부분의 사람들은 다른 사람들의 영향을 더 많이 받았다는 결론을 얻었다. 즉, 미디어보다는 주변 사람들의 의견이 더 큰 영향을 미쳤다는 것이다.[14] 매스미디어 메시지는 '의견주도자'(Opinion leader)라 불리는 영향력 있는 시민들에게 도달한 다음, 이들을 통해 다른 사람들에게 전달되었다. 이러한 과정을 커뮤니케이션의 2단계 유통(two-step flow of communication) 가설이라고 불렀다.

따라서 폴 라자스펠드와 칼 호블랜드 같은 사회과학자들은 매스미디어가 수용자 개인에게 미치는 효과가 제한적이라는 점을 강조했다. 라자스펠드의 연구는 커뮤니케이션 연구의 영역을 크게 확장시키는 계기가 되었다. 초창기 커뮤니케이션 연구는 주로 제도 권력을 행사할 수 있는 사람들이 기획한 미디어의 효과에 집중되어 있었다. 그러나 라자스펠드 등은 세계대전 시기의 선전 포스터, 라디오, 심리전단 등 미디어의 도구적 가치에만 집중했던 기존의 연구 관점에서 벗어나서 사람들 사이의 네트워크, 일차집단, 지역공동체 내부의 대인 커뮤니케이션이라는 새로운 연구 영역을 개척했다. 이를 통해 미디어와 대인관계 네트워크를 통한 새로운 사상, 태도, 행동, 제품, 유행, 뉴스 등의 사회적 전파를 탐구하는 확산 연구의 성립과 발전에 크게 기여했다. 이러한 연구들은 인간과 미디어의 관계를 새롭게 조명하며, 사회과학으로서 언론학의 지평을 넓히고 깊게 만드는 데 중요한 역할을 했다.

칼 호블랜드는 설득 커뮤니케이션에 큰 관심을 가지고 다수의 연구를 수행했다. 그는 주로 태도와 의견을 종속 변인으로 다루는 실험 연구를 통해 설득의 효과를 분석했다. 이러한 연구는 실험실에서 정교하게 측정될 수 있었기 때문에 더 정확한 결과를 도출할 수 있었다. 호블랜드는 설득이란 커뮤니케이션 행위의 효과적인 관점에서 이해돼야 한다고 주장했다.

---

14) 조맹기. 『현대 커뮤니케이션 사상사』. 나남. 2009. p236~7.

그는 인간의 커뮤니케이션 행위가 궁극적으로 메시지를 통한 태도 변화 과정에 초점을 맞추어야 한다고 생각했다. 이러한 기본 가정은 그가 설득 커뮤니케이션 영역에 대한 광범위한 연구 업적을 남기게 했고, 그를 설득 커뮤니케이션의 아버지로 불리게 했다. 호블랜드의 연구는 설득 커뮤니케이션의 다양한 측면을 다루었으며, 그의 연구 결과는 오늘날에도 여전히 중요한 참고 자료로 사용되고 있다. 예를 들어, 그는 메시지의 제시 순서, 전달자의 신뢰성, 수용자의 특성 등이 설득 효과에 미치는 영향을 연구했다.

이후 호블랜드는 1949년 연구에서 사람들에게 제2차 세계대전 당시 연합군을 지지하는 내용의 선전영화 한 편을 보여 주었다. 그 뒤에 5일이 지났을 때 영화를 본 사람이나 보지 않은 사람이나 생각에 있어서 별 차이가 없었다. 그러나 9주가 지난 후에는 영화를 본 사람이 영화를 안 본 사람보다 연합군에 한층 호의적인 반응을 보였다. 호블랜드는 정보의 출처나 세세한 내용은 시간이 지나며 차차 잊혀지고, 핵심 내용만이 기억에 남아 이와 같은 현상이 일어난다고 분석하고 이를 '수면자 효과'라고 명명하였다.

(3) 중효과 이론

1970년대에 가까워지면서 미국의 커뮤니케이션 학자들은 매스미디어의 실제 영향력이 생각보다 크다고 믿었고 매스미디어의 효과를 다시 평가하는 움직임이 있었다. 그래서 매스미디어의 효과를 더 넓게 보게 되었고, 사람들의 태도나 행동 변화뿐만 아니라 생각에도 영향을 미친다고 주목하게 되었다.

중효과 이론은 2단계 유통 가설에 대한 비판에서 시작되었다. 정보의 사회적 수용이 반드시 2단계로 제한되지 않고, 다단계를 거쳐 진행될 수 있다는 점을 강조했다. 또한, 효과 개념을 재정립하여 단기간의 심리적 변화를 넘어, 장기간에 걸쳐 누적적으로 나타나는 인간 의식의 형성과 변화, 그리고 매스미디어의 사회적, 문화적 제도에 대한 거시적 영향을 주목했다. 특히, 수용자에 대한 관점이 획기적으로 변화했다. 매스미디어가 "인간에게 무엇을 하는가" 대신 "인간이 매스미디어를 통해 무엇을 하는가"라는 패러다임으로 전환되었다. 중효과 이론에서는 수용자를 능동적이고 목표 지향적인 존재로 보며, 수용자들이 자신의 욕구를 충족시키기 위해 적극적으로 미디어를 선택하고 이용한다고 보았다. 1970년대 이후부터 최근까지 연구된 매스미디어의 장기적이고 누적적인 효과 연구의 대표적인 결과로는 이용과 충족 이론과 의제 설정 이론 등이 있다.

뉴스의 현실적 효과 가운데 가장 기초적이면서도 중요한 것은 뉴스가 사회적으로 무엇이 중요한 문제인지를 결정하는 역할을 한다는 것이다. 이 이론은 의제설정 효과로 불리며, 미디어가 특정 이슈를 강조하고 보도하는 방식이 뉴스 이용자의 인식에 큰 영향을 미친다고 설명한다. 의제설정 효과 이론에 따르면, 미디어는 단순히 정보를 전달하는 것이 아니라, 그 정보가 중요하다고 강조함으로써 사회적 의제를 설정한다.[15]

노스 캐롤라이나 대학교의 맥스웰 맥콤즈(Maxwell McCombs)와 도널드 쇼(Donald Shaw)는 1968년 미 대통령 선거에서 매스 미디어가 각각의 정치 캠페인에 관한 의제를 설정함으로써 정치적 이슈에 대한 태도에 영향을 미친다는 가설을 검증했다. 이 연구는 노스 캐롤라이나의 채플힐(Chapel Hill)에서 이루어졌기 때문에 '채플힐 연구'로 알려져 있다. 이들은 부동층 유권자 100명 대상으로 미국에서 가장 문제가 되는 이슈가 무

---

15) 강상현·채백 엮음.『디지털 시대 미디어의 이해와 활용』. 한나래. 2009. p168.

엇인지 열거하라는 질문을 통해 유권자의 이슈 인식 조사한 뒤에 가장 많이 접하는 매스 미디어의 선거관련 뉴스 내용분석 연구했다. 그 결과 주요 뉴스항목에서 미디어가 강조한 이슈와 그 이슈에 대한 유권자의 인식 간에서 상관관계가 매우 높았다. 즉 다양한 캠페인 주제에 대한 미디어의 강조와 그것을 중요하다고 받아들이는 유권자의 인식 간에 상당한 유사성이 존재했다. 따라서 미디어는 사람들이 어떻게 생각할지(what to think)를 전달하는 데 효과적이지는 않더라도 무엇에 관해 생각해야 하는지(what to think about)를 결정하는 데 매우 효과적이라는 결론을 얻었다.

신문, 텔레비전 방송과 같은 전통적인 미디어는 권위와 영향력이 '위에서 아래로' 흐르는 수직적 구조를 가지고 있다. 그러나 인터넷과 소셜 네트워크의 등장으로 인해 이러한 구조는 급격한 변화를 겪고 있다. 이제는 모든 사람이 정보와 영향력의 원천이 될 수 있는 '수평적 미디어'가 성장하고 있다. 이러한 변화는 의제 설정 이론에도 영향을 미쳤다. 어떤 사람들은 의제 설정 과정이 뉴미디어에서도 계속되고 있다고 생각한다. 특히 소셜 미디어 플랫폼에서는 인기 있는 사용자가 팔로워에게 어떤 내용을 표시할지 선택할 수 있으며, 사용자는 자신이 팔로우하고 싶은 계정과 보고 싶은 뉴스를 선택할 수 있다. 이로 인해 의제 설정의 힘이 하향식 대신 수평적으로 분산되고 있다. 또 소셜 미디어는 특정 이슈를 강조하거나 새로운 이슈를 부각시키는 데 중요한 역할을 하고 있다. 예를 들어, X(트위터)와 같은 플랫폼에서는 특정 해시태그나 트렌드가 빠르게 확산되어 많은 사람들에게 영향을 미칠 수 있다.

'이용과 충족 이론'은 왜 사람들은 미디어를 이용하며, 미디어 이용을 하도록 사람들에게 동기부여하는 것은 무엇이고 그로 인해 충족되는 것은 무엇인가를 설명하는 이론이다. 이 이론은 수용자들의 미디어 이용 행태를 보여 준다는 점에서 매스 커뮤니케이션 이론 중에서 가장 폭넓게 적용되는 이론이다. 국내에서도 TV 시청자 조사나 광고 이용 행태 조사 등에서 활용하고 있다. 이용과 충족 연구는 몇 가지 전제를 갖는데, 첫째로 수용자는 능동적이고, 그들의 미디어 이용은 목적 지향적이다. 둘째, 미디어는 욕구 충족 면에서 다른 미디어와 경쟁한다. 셋째, 사람들은 자신의 미디어 이용, 관심, 동기에 대해 충분히 인식하고 있다. 넷째, 특정 미디어나 내용을 욕구와 연결시키는 가치판단은 사람마다 다르다는 것이다.[16]

1940년대부터 연구자들은 라디오 청취자의 이용 및 충족 이론의 관점에서 패턴을 보기 시작했다. 이 당시 대표적인 연구로는 헤르타 허조그(Herta Herzog)의 라디오 드라마 청취 요인 연구가 있다. 허조그는 100명의 라디오 드라마 청취자를 인터뷰하여 드라마 청취 이유를 조사했고, 정서적 해소, 유희, 청취 후담 등 세 가지 유형을 제시했다. 1959년 엘리후 카츠(Elihu Katz)는 이용과 충족 이론을 제안했는데, 이는 매스 커뮤니케이션 연구에서 설득의 대안으로 제시되었다. 이 이론은 사람들이 동일한 매스 미디어 메시지를 각기 다른 목적에 따라 이용한다고 주장한다. 카츠의 접근법은 '미디어가 수용자에게 무엇을 하는가'가 아니라, '수용자가 미디어를 이용해서 무엇을 하는가'에 초점을 맞추고 있다. 이는 수동적 수용자론에서 능동적 수용자론으로의 전환을 의미한다.

1969년 제이 블룸러(Jay Blumler)와 데니스 맥퀘일(Denis McQuail)은 1964년 영국 선거를 연구하면서 사람들이 특정 정치 프로그램을 시청하는 동기를 조사했다. 이 연구는 시청자의 동기를 분류하고, 시청자의 필요에 따라 시청자를 분류함으로써 매스미디어의 잠재적 효과를 이해하고

---

16) 브라이언트·올리버, 『미디어 효과이론』, 나남신서, 2010, p205.

자 했다. 이 연구는 1972년 연구의 토대를 마련하는 데 중요한 역할을 했으며, 이후 이용과 충족 이론으로 발전했다. 이 이론은 사람들이 미디어를 이용하는 이유와 그로 인해 충족되는 욕구를 설명했다. 블룸러와 맥퀘일의 연구는 사람들이 미디어를 통해 정보를 얻고, 오락을 즐기며, 사회적 상호작용을 강화하는 등 다양한 동기를 가지고 있음을 밝혀냈다.

이용과 충족 이론은 케이블 TV와 같은 미디어의 등장으로 더욱 주목받게 되었다. 히터와 그린버거(Heeter and Greenberg)의 1985년 연구에서는 개인의 '채널 레퍼토리' 개념이 도입되었다. 이 연구에 따르면, 사람들은 평균적으로 약 9개의 채널을 정기적으로 시청하며, 이 채널들의 번호와 위치를 정확하게 기억하고 있었다. 또한, 습관적 시청 행위가 다수 발견되었으며, 능동적 시청자는 더욱 철저하고 통제된 채널 탐색 전략을 활용했다. 레비(Levy)의 1980년 연구에서는 VCR 이용자가 단순 TV 뉴스 시청자에 비해 더 높은 수준의 능동성을 보였다는 결과도 있었다.

프레임(틀짓기) 효과란 같은 사안에 대한 뉴스라고 할지라도 그 뉴스의 이야기 줄거리가 구성되는 방식에 따라 이용자의 현실에 대한 인식과 해석이 달라진다는 것을 보여 준다.[17] 1991년 미국의 미디어학자 로버트 엔트먼은 미국의 주요 언론이 1983년 발생한 소련 전투기의 대한항공(KAL)기 격추사건과 1988년 발생한 미 해군 함정의 이란 항공(IA)기 격추사건을 어떻게 보도했는지 연구해 발표했다. 그는 두 사건이 민간 항공기에 대한 군의 격추 사건이고 승무원과 승객 전원이 사망했다는 점에서 유사하지만, 타임·뉴스위크·뉴욕타임스·워싱턴포스트·CBS 저녁뉴스 등 미국의 5개 주요 언론은 이들 두 사건을 전혀 다른 프레임에 따라 보도했다

---

17) 강상현·채백 엮음. 『디지털 시대 미디어의 이해와 활용』 한나래. 2009. p171.

고 분석했다. 엔트먼은 미국 5개 언론사가 KAL기 격추를 구 소련군의 고의적 행위라고 보도했으나, IA기 격추는 미 해군의 인간적 실수였다는 관점에 따라 보도했다고 설명했다. 이들 매체가 KAL기 격추는 생생한 사진을 곁들여 보도한 반면 IA기 격추는 사진을 사용하지 않았던 것 등은 이 관점에 기반한 보도라는 것이다.

프레임이란 선택, 강조, 축소, 배제 등을 통해 보도 대상의 특정 측면이나 속성을 두드러져 보이게 함으로써 언론이 사회 현안에 대해 의미를 제시하고 문제가 무엇인지 강조하는 핵심적인 주제의 구성 또는 보도 주제에 대한 중심적인 견해를 말한다. 따라서 프레임 효과는 미디어가 어떻게 틀을 설정하고 의미를 만들어 내는가에 대한 설명이다. 하나의 이슈에는 여러 측면을 갖고 있는데, 미디어는 어떤 측면만을 선택적으로 강조한다. 프레임 이론은 미국의 사회학자 어빙 고프만(Erving Goffman)이 처음 제안한 개념으로, 이후 다양한 연구자들에 의해 발전되었다. 이 이론은 미디어가 단순히 정보를 전달하는 역할을 넘어서 정보를 어떻게 구성하고 제시하는지가 따라 대중의 인식에 큰 영향을 미친다는 점을 강조한다.

캘리포니아 대학 교수 아헹가(Shanto Iyengar)는 범죄, 테러, 빈곤, 실업, 인종 불평등을 포함한 정치적 문제에 대한 에피소드 및 주제별 뉴스 프레임이 미치는 영향을 조사했는데, 연구 결과는 뉴스 프레임이 대중의 인식과 태도에 미치는 영향을 잘 보여줬다. 그의 연구에 따르면, 빈곤에 대한 짧은 에피소드별 뉴스 보도를 시청한 사람들은 빈곤의 책임을 개인에게 돌리는 경향이 더 강했다. 반면, 상대적으로 긴 시간의 주제별 뉴스 보도를 시청한 사람들은 빈곤의 책임을 사회적 구조나 정부에 돌리는 경향이 더 높았다. 아헹가는 텔레비전 뉴스가 빈곤 문제를 개인의 게으름이나 기능 장애로 프레임해 빈곤의 책임을 개인에게 전가한다고 주장했다.

이는 빈곤 문제를 해결하려는 정부의 노력을 지지하지 않게 만들고, 사회적 책임을 모호하게 만드는 결과를 초래하게 된다. 이 연구는 미디어가 특정 이슈를 어떻게 프레임 하는가에 따라 대중의 인식과 행동이 크게 달라질 수 있음을 보여줬다.

(4) 강효과 이론

강효과 이론은 매스 미디어가 매우 강력한 영향을 미칠 수 있다는 관점을 제시한다. 이 이론은 매스 미디어의 메시지가 정교하게 작성되고 적절한 환경에서 전달될 때, 수용자에게 강력한 효과를 유발할 수 있다고 주장한다. 1970년대에 대효과론 중 하나로 등장한 강효과론은 몇 가지 배경을 가지고 있다.

첫째는 시어스와 프리드먼(Sears & Freedman)이 1967년에 선택적 노출을 조사한 연구들을 검토한 결과, 사람들이 지지하는 정보에 대한 일반적인 심리적 선호가 그렇게 단순하지 않다는 결론을 내렸다. 앞서 초기 한계 효과 이론은 선택적 지각과 선택적 노출에 따라 사람들이 자신이 이미 지지하는 정보만 선택적으로 받아들인다는 가정을 기반으로 했다. 둘째, 1950년대와 60년대에 텔레비전이 새로운 미디어로 등장하면서, 기존의 미디어보다 훨씬 강력한 호소력을 가지게 되었다. 이는 미디어의 영향력을 재평가하게 만든 중요한 요소가 되었다. 셋째는 사회적 변화로 사회의 분화와 전문화, 사회적 소수자의 존재에 대한 인식, 다양한 사회적 요구의 분출 등이 사회적 설득에 대한 관심을 높였다. 이러한 변화는 미디어가 사회적 설득의 중요한 도구로 인식되게 만들었다. 따라서 강효과 이론은 미디어가 단순히 정보를 전달하는 역할을 넘어, 사회적, 정치적, 경제적 변화를 이끌어 낼 수 있는 강력한 도구임을 강조한다. 이 이론은 미디어의 영향력을 이해하는 데 중요한 틀을 제공한다.

노엘레-노이만의 침묵의 나선 이론(the spiral of silence theory)은 강력한 미디어 효과를 설명하는 대표적인 이론 중 하나이다.[18] 이 이론은 사람들이 사회적 고립을 두려워하여 다수의 의견에 동조하려는 경향이 있다는 것을 강조한다. 침묵의 나선 이론에 따르면, 매스미디어는 특정 이슈에 대한 지배적인 의견을 형성하고, 사람들은 이 지배적인 의견에 동조하지 않으면 고립될 것을 두려워해 침묵하게 된다. 이로 인해 지배적인 의견은 더욱 강해지고, 반대 의견은 점점 더 약해지는 나선형의 과정을 거치게 된다. 이 이론은 매스미디어가 여론 형성에 미치는 강력한 영향을 잘 보여주며, 사람들이 자신의 의견을 표현하는 데 있어 사회적 압력과 고립의 두려움이 어떻게 작용하는지를 설명한다.

이러한 현상은 1971년에서 1972년에 걸친 서독의 사형제도에 관한 공중의 여론을 분석한 결과에서 밝혀졌다. 초기 사형제도에 대한 찬성 또는 반대 여론의 비율은 거의 비슷한 분포를 보였으나 매스미디어에 의해 이 문제가 논의되기 시작하자 여론 및 분위기는 현저한 변화를 보였다. 조사 결과 대부분 사람이 국민의 대다수가 사형 제도에 대하여 반대한다고 생각하고 있었다. 그 이유는 첫째로 당시 서독의 매스미디어들이 대체로 사형 제도에 대한 반대의 논조를 펼치고 있었고, 둘째로 사형 제도에 반대하는 여론이 우세하다고 인식되면서 사형 제도 찬성자들로 하여금 침묵하게 만들었기 때문이다. 노엘레-노이만은 매스미디어가 여론의 지지나 반대와 같은 의견의 분포를 전달하는 과정에서 사람들에게 자신의 의견이 우세한 여론에 속하면 그 의견을 더욱 표명하도록 하고, 자신의 의견이 열

---

18) 브라이언트& 톰슨. 『미디어 효과의 기초』. 한울아카데미. 2005. p 76.

세에 속한다면 침묵하게 한다고 주장했다. 이것은 다시 다른 사람들을 적극적으로 표현하게 하거나 침묵하게 함으로써 소용돌이의 과정이 일어나게 된다.

노엘레-노이만의 침묵의 나선 이론은 여론 형성 과정에서 개인의 사회적 환경에 대한 민감성을 강조한다. 그녀는 인간이 이성적 존재라고 하기보다는 고립을 두려워하는 존재로서 사회적 환경과 외부 상황에 매우 민감하다고 보았다. 즉 사람들은 자신이 고립되지 않기 위해 다수의 의견에 동조하려는 경향이 있다. 이는 개인의 확신과 자신감이 자신과 동조하는 사람들의 숫자에 비례하기 때문이다. 따라서 사람들은 자신의 판단보다 사회적 합의를 더 중요하게 여긴다. 이러한 관점에서, 침묵의 나선 이론은 사람들이 사회적 고립을 피하기 위해 다수의 의견에 동조하고, 소수 의견을 표현하는 것을 꺼리게 되는 과정을 설명한다. 이는 미디어가 여론 형성에 미치는 강력한 영향을 잘 보여 준다.

제3자 효과(Third Person Effect)는 사람들이 매스미디어의 영향력을 평가할 때, 자신보다는 다른 사람들에게 더 큰 영향을 미친다고 생각하는 지각적 편향을 의미한다.[19] 이는 사람들이 자신은 미디어의 영향을 잘 분별할 수 있다고 믿는 반면, 다른 사람들은 그렇지 못할 것이라고 생각하는 경향을 설명한다. 예를 들어, 선정적인 텔레비전 프로그램이 일반 사람들에게는 나쁜 영향을 미칠 것이라고 생각하면서도, 자신은 그런 프로그램을 봐도 영향을 받지 않을 것이라고 믿는 경우가 이에 해당한다. 또한, 왜곡된 보도를 보아도 자신은 그것을 인식할 수 있는 분별력을 가지고 있지만, 일반 사람들은 그 보도를 그대로 믿어 잘못된 판단을 할 것이라고 생

---

19) 강상현·채백 엮음. 『디지털 시대 미디어의 이해와 활용』. 한나래. 2009. p165.

각하는 경우도 포함된다. 제3자 효과는 사람들이 저질의 방송 프로그램을 비난하면서 규제해야 한다고 주장하는 한편, 자기 자신은 그런 프로그램을 태연하게 보는 현상에서도 나타난다. 이는 미디어의 영향력을 과소평가하거나 과대평가하는 경향을 잘 보여 준다.

1983년 제3자 효과 가설을 처음 기술한 사회학자 데이비슨(W. Phillips Davison)은 2차 세계대전 중 흑인이 이오지마에서 선전전을 벌이지 못하게 하려는 일본의 시도를 알게 되면서 이에 대해 처음으로 관심을 끌었다고 설명한다. 당시 일본군은 서태평양의 섬 이오지마에 주둔하고 있는 흑인 병사와 백인 장교로 편성된 미군 부대에 전단을 살포했다. 흑인 병사들에게 투항하라는 내용이었다. 그런데, 정작 전단에 영향을 받은 건 흑인 병사가 아니라 백인 장교들이었다. 이들은 흑인 병사들의 탈영을 우려해 부대를 철수시켰다. 또 몇 년 후, 외교 정책에 대한 언론의 영향력을 결정하기 위해 서독 언론인들을 인터뷰하던 중 데이비슨은 기자들에게 그들의 사설이 독자들에게 미치는 영향을 평가해 줄 것을 요청했다. 비록 그들의 주장을 뒷받침할 증거는 발견되지 않았지만, 공통된 반응은 "사설은 여러분과 저 같은 사람들에게는 거의 영향을 미치지 않지만, 일반 독자들은 상당히 많은 영향을 받을 것 같다."는 것이었다. 두 일화에서, 의사소통의 영향을 평가한 당사자들은 자기 자신보다 다른 사람들에게 더 큰 미디어 효과를 추정했다.

제3자 효과로 인해 사람들은 자신의 태도와 행동에 변화를 일으킬 수 있다. 이는 메시지 자체의 직접적인 영향보다 다른 사람들이 그 메시지에 의해 영향을 받을 것이라는 가정 때문에 발생하는 일종의 '간접적인 효과'다. 예를 들어, 미 국회의원에 대한 연구에서는 여론조사 결과 발표가 자신보다 유권자들에게 더 큰 영향을 미친다고 인식할수록 여론조사 결과 발표를 제한하는 선거법을 적극 지지하는 것으로 나타났다. 또한, 사회적으로 바람직하지 못하거나 유해한 메시지에 대해 타인들이 더 영향을 받기 때문에, 취약한 타인들을 보호하기 위해 검열이나 메시지 제재를 가해야 한다는 논리도 강하게 드러났다. 이러한 제3자 효과는 미디어가 사회적 규제와 정책 결정에 미치는 영향을 잘 보여 준다. 미디어 효과에 대한 지각적 편향이 궁극적으로 사람들의 태도와 행동에 변화를 유발할 수 있다는 점에서 미디어의 역할과 책임에 대한 논의가 중요하다.

제3자 효과는 단순히 수용자에게만 국한되지 않고, 편집자나 기자와 같은 미디어 제작자에게도 영향을 미칠 수 있다. 편집자나 기자는 기사 내용에 동의하지 않을 사람들을 고려하여 편집 방식을 조정할 수 있다. 이는 미디어 콘텐츠의 제작 과정에서도 제3자 효과가 작용할 수 있음을 보여 준다. 실증 연구에 따르면 부정적인 내용의 메시지, 의도된 설득 메시지, 일탈적이거나 사회적 용인 정도가 낮은 이슈, 낮은 품질의 메시지의 경우 제3자 효과가 더 크게 나타났다. 또한, 메시지 내용이 수용자의 이익과 관련이 적거나 관여도가 높은 이슈일수록 제3자 효과가 더 크게 나타났다. 이러한 연구 결과는 미디어가 어떻게 메시지를 구성하고 전달하는지에 따라 대중의 인식과 행동이 크게 달라질 수 있음을 시사한다. 제3자 효과는 미디어의 영향력을 이해하는 데 중요한 개념으로, 미디어 제작자와 수용자 모두에게 중요한 영향을 미친다.

또 역 3자 효과(Reverse Third-Person Effect)가 있다. 역 3자 효과 또는 제 1자 효과(First-Person Effect)는 미디어 메시지가 자신에게 긍정적인 결과를 줄 것이라고 생각할 때, 타인들보다 자신에게 더 큰 영향을 미친다고 지각하는 현상을 말한다. 예를 들어, 건강에 좋은 식습관을 장려하는 미디어 메시지를 접했을 때, 사람들은 자신이 그 메시지의 영향을 받아 더 건강한 식습관을 가질 것이라고 생각하지만, 다른 사람들은 그 메시지의 영향을 덜 받을 것이라고 생각할 수 있다. 이는 사람들이 긍정적인 메시지에 대해 자신이 더 큰 영향을 받을 것이라고 믿는 경향을 보여 준다. 이러한 역 3자 효과는 미디어 메시지가 수용자에게 미치는 영향을 이해하는 데 중요한 개념으로서 긍정적인 메시지에 대한 수용자의 반응을 설명하는 데 유용하다.

계발효과 이론(Cultivation Theory)은 텔레비전이 시청자에게 미치는 장기적인 영향을 설명하는 이론으로, 1960년대 펜실베니아 대학교의 커뮤니케이션 학자인 조지 거브너(George Gerbner)가 주도한 문화지표 연구 프로그램에서 시작되었다.[20] 이 이론은 텔레비전이 지속적으로 일관성 있는 내용을 전달함으로써 시청자들이 현실 세계에 대해 특정한 이미지를 형성하게 만든다고 주장한다. 거브너의 연구에 따르면, 텔레비전을 많이 시청하는 사람들은 현실 세계가 매우 위험한 곳이라는 세계관을 형성하게 되는데, 이를 "잔혹한 세상 신드롬(mean world syndrome)"이라고 한다. 이는 텔레비전이 폭력적이고 부정적인 내용을 반복적으로 보여줌으로써 시청자들이 현실 세계를 과도하게 위험하고 폭력적인 곳으로 인식하게 만드는 현상이다.

계발효과 이론은 매스 미디어가 수용자 개인의 태도나 의견을 단기간에 변화시키기보다는, 수용자가 속해 있는 사회나 집단의 문화적 규범을 강화하거나 형성함으로써 수용자의 인식과 행위에 장기적이고 간접적인 영향을 미친다고 본다. 이는 미디어가 사회적, 문화적 규범을 형성하고 강화하는 데 중요한 역할을 한다는 것을 강조한다.

---

20) 브라이언트 & 톰슨, 『미디어 효과의 기초』, 한울아카데미. 2005. p 78.

이처럼 미디어 효과이론은 시대에 따라 대효과에서 제한적 효과, 중효과, 강효과이론으로 변화해 왔다. 하지만 21세기에 들어서면서 인터넷 등 뉴미디어 기술의 급속한 발전은 미디어 이용 패턴을 크게 변화시키고 있다. 즉 인터넷과 소셜 미디어의 등장으로 '역의제 설정' 효과가 나타나는 등 미디어 효과 연구가 더욱 복잡해졌다. 소셜 미디어는 사용자 간의 상호작용을 통해 정보가 확산되며, 알고리즘은 사용자 맞춤형 콘텐츠를 제공하여 개인화된 미디어 경험을 제공한다. 이러한 변화는 미디어 효과 연구가 단순히 미디어의 메시지 전달 효과를 넘어서, 사회적 맥락과 개인적 요인을 고려하는 방향으로 발전하고 있음을 보여 준다. 따라서 미디어 효과가 다양한 요인에 의해 복합적으로 영향을 받게 되며 미디어가 수용자들의 인식과 태도에 장기적으로 영향을 주게 되는 것이다.

2
디지털 미디어의 등장

『이기적 유전자』에서 리처드 도킨스는 현대의 상황이 또다시 새로운 종류의 복제자로 넘어가는 문턱에 있다고 했다. 그에 따르면 DNA 복제자는 자신을 위해 자기를 담고 있는 생물의 신체인 '생존 기계'를 만들었다. 그 장비의 일부로 신체는 컴퓨터, 즉 뇌를 진화시켰다. 뇌는 언어와 문화적 전통이라는 수단으로 다른 뇌와 의사소통을 할 수 있는 능력을 진화시켰다. 그러나 문화적 전통이라는 그 새로운 환경은 새로운 종류의 복제자가 생겨날 가능성을 열어 놓았다. 새로운 복제자는 뇌와 뇌를 통해서 인공적으로 만들어진 물건, 예컨대 책이나 컴퓨터 같은 것 속에서만 존재할 수 있는 정보의 패턴들이다. 나아가 뇌, 책, 컴퓨터가 존재하면 이 새로운 복제자들은 뇌에서 뇌로, 뇌에서 책으로, 책에서 뇌로, 뇌에서 컴퓨터로, 컴퓨터에서 컴퓨터로 번식할 수 있다. 그는 이것을 유전자(gene)와 구별하기 위해 밈(meme)이라고 불렀다.[21] 이런 관점에서 디지털은 밈과 같은 새로운 정보 전달 방식이다.

디지털 미디어는 현대 사회를 근본적으로 변화시키고 있다. 디지털 미디어를 통해 누구나 쉽게 정보에 접근할 수 있고 사람들 간의 소통 방식을 혁신적으로 변화시켰다. 전통적인 비즈니스에서 전자상거래, 디지털 마

---

21) 리처드 도킨스, 『눈먼 시계공』, 사이언스 북스, 2004, p261.

케팅, 그리고 원격 근무 등의 발전은 비즈니스의 효율성을 높이고, 더 많은 기회를 제공한다. 이 뿐만 아니라 스트리밍 서비스, 온라인 게임, 소셜 미디어를 통한 콘텐츠 공유 등이 디지털 미디어에 의해 활성화되면서, 엔터테인먼트와 문화 소비의 방식이 다양화하고 있다. 그 영향은 계속해서 증가할 것으로 전망된다. 이런 뉴미디어에 대한 이해와 대응은 더 나은 사회적 상호작용과 지식 공유를 위해 중요하다. 디지털 미디어의 발전과 함께 커뮤니케이션 이론 중 하나인 매체결정주의는 중요한 시사점을 제공한다. 디지털 미디어는 정보의 생산과 소비 방식을 혁신적으로 변화시키며, 사회적 상호작용과 문화 형성에 큰 영향을 미치고 있기 때문이다. 이러한 변화는 매체결정주의적 관점에서 이해할 수 있으며, 기술과 매체가 사회 변화를 주도하는 중요한 요소임을 보여 준다.

1) 매체결정주의

매체결정주의는 마셜 맥루언과 해롤드 이니스와 같은 학자들에 의해 발전된 이론으로 매체나 기술이 사회의 구조와 문화에 결정적인 영향을 미친다는 관점을 제시한다. 이 이론은 미디어가 단순한 메시지 전달 도구를 넘어 사회와 문화를 형성하고 변화시키는 중요한 요소임을 강조한다.

이니스는 문명이 번영하고 쇠퇴하는 이유와 내부의 문화적 변화가 주로 어떤 커뮤니케이션 미디어를 사용하는지에 따라 달라진다고 보았다. 문명은 그들의 영토와 시간에 대한 통제를 통해 유지되는데, 이런 문명들은 영토의 크기와 지속 기간에 따라 평가될 수 있다. 커뮤니케이션의 편향은 특정 미디어가 정보를 전달할 때 공간적 혹은 시간적 특성을 가진다는 것을 의미한다. 예를 들어, 어떤 미디어는 먼 거리까지 빠르게 정보를 전달할 수 있지만 시간이 지나면 정보가 사라질 수도 있고, 다른 미디어는 오래 보존되지만 전달 속도가 느릴 수도 있다. 이니스는 이러한 특성들이 문명에 어떤 영향을 미치는지 연구했다.[22]

해롤드 이니스(Harold Innis)는 미디어를 시간편향 매체와 공간편향 매체로 구분했다. 시간편향 매체(Time-biased Media)는 내구성이 강하고 지속적이며, 돌이나 진흙과 같은 매체를 의미한다. 반면, 공간편향 매체(Space-biased Media)는 빠르게 전송되고 널리 퍼질 수 있는 매체를 의미한다. 또 매체를 통제하는 집단이 사회적 힘을 행사한다고 보았으며, 매체를 지배하려는 경쟁이 사회 집단 간에 벌어진다고 주장했다.

그의 연구는 두 권의 주요 저서인 『제국과 커뮤니케이션』 과 『커뮤니케이션 편향』에 잘 나타나 있다. 시간편향적 매체는 역사와 전통에 대한 관심을 조장하고, 종교의 성장과 위계적 조직을 촉진하며 축소적 제도를 지향한다. 따라서 돌에 기록을 남겼던 고대 이집트는 시간편향적 매체가 지배했던 사회로, 역사와 전통을 중시하는 사회 구조를 형성했다. 공간편향적 매체는 내구성과 지속성이 약하지만, 수송이 용이한 매체로 종이와 파피루스가 그 예이다. 따라서 파피루스 종이와 도로가 발달했던 로마 제국은 공간편향적 매체가 지배했던 사회로서 제국의 성장과 세속적 권위를 중시하는 사회 구조를 형성했다. 이니스의 이론은 커뮤니케이션 미디어가 단순한 정보 전달 도구를 넘어 사회와 문화에 깊은 영향을 미친다는 점을 강조한다.

맥루언의 이론은 기독교 신화를 새로운 방식으로 해석하는 데 기반을 두고 있다. 이를 통해 그는 현대 미디어의 심리학과 생태학을 더욱 정교하

---

22) 대니얼 J. 치트럼. 『미디어와 시대정신의 탄생』. 컬처룩. 2024. p278.

게 연구할 수 있었다. 에덴 동산과 낙원 추방, 그리고 낙원 회복 대신에 맥루언은 부족화(구전 문화), 탈부족화(표음 문자와 인쇄술), 재부족화(전자 미디어)를 제시했다. 이니스가 커뮤니케이션과 사회 조직의 관계에 주로 관심을 가졌다면, 맥루언은 미디어 기술이 인간의 감각에 어떤 영향을 미치는지에 더 중점을 두었다.[23]

다시 말해서 맥루언은 이니스와 같이 미디어 기술이 사회변동의 원인이라고 주장했지만 차이가 있었다. 맥루언은 미디어의 기술적 특성과 인간 감각의 변화를 중시한 반면에 이니스는 미디어의 사회적, 경제적 영향과 시간적, 공간적 편향을 중점적으로 연구했다. 이니스는 커뮤니케이션 기술이 사회조직에 영향을 주고 그 결과 문화에 영향을 준다고 생각한 반면, 맥루언은 커뮤니케이션 기술이 인간의 감각에 영향을 준다고 봤다. 따라서 한 시대의 지배적 커뮤니케이션 양식이 인식의 성격을 결정하고 이 인식을 통해서 인간의 의식구조가 결정된다고 주장했다.

마셜 맥루언은 그의 저서 『미디어의 이해』(Understanding Media)에서 "미디어는 메시지다(The medium is the message)"와 "미디어는 인간의 확장(The medium is the extension of man)"이라는 개념을 제시하며 현대 미디어 이론에 큰 영향을 미쳤다. 그는 미디어가 단순한 정보 전달 도구를 넘어 인간의 감각과 인식을 변화시키는 중요한 요소라고 보았다.

맥루언은 미디어 자체가 메시지보다 더 중요하다고 주장했다. 미디어의 형식이 그 내용보다 더 큰 영향을 미친다는 점을 강조하며, 미디어가 인간의 경험과 사회 구조를 어떻게 변화시키는지에 주목했다. 또 맥루언은 전자미디어의 발전이 전 세계를 하나의 거대한 마을인 지구촌(Global Vil-

---

23) 대니얼 J. 치트림. 『미디어와 시대정신의 탄생』. 컬처룩. 2024. p308.

lage)으로 연결할 것이라고 예견했다. 그는 텔레비전과 같은 전자미디어가 지리적 거리를 극복하고, 전 세계 사람들을 실시간으로 연결할 수 있는 가능성을 강조했다. 1967년에 출간된 『미디어는 맛사지다』(The Medium is the Massage)에서는 미디어가 인간의 감각을 자극하고 변화시키는 방식을 탐구했다. 그는 미디어가 인간의 촉각을 포함한 다양한 감각을 확장시키는 역할을 한다고 보았다.

맥루언은 인쇄 혁명과 텔레비전으로 대표되는 전자미디어가 서구 문명에 끼칠 영향을 예견했다. 그는 인쇄 매체가 시각 중심의 문화를 형성하고, 전자미디어가 시각과 청각을 동시에 자극하며 새로운 형태의 사회적 상호작용을 가능하게 할 것이라고 보았다. 이러한 이니스와 맥루언의 이론은 현대 디지털 미디어의 사회적 영향력을 이해하는 데에도 중요한 시사점을 제공한다.

맥루언이 주장한 미디어는 몸의 확장이며, 사람의 감각 비율을 재분배하고 미디어가 바로 메시지라는 것이다. 맥루언의 매체에 대한 개념은 단순한 매스미디어에 국한되지 않고 훨씬 넓은 의미에서 인간이 고안한 도구나 기술까지도 포함하고 있다.[24] 맥루언은 미디어를 단순히 정보 전달 수단으로 보지 않고, 인간의 감각과 신체 기능을 확장하는 도구로 보았다. 예를 들어, 자동차는 다리의 확장, 문자는 시각의 확장, 의복은 피부의 확장, 전자회로는 중추신경계의 확장으로 설명했다. 이러한 관점에서 새로운 기술이나 발명품도 모두 새로운 매체로 간주할 수 있다.

나아가 책은 시각의 확장으로, 멀리 있는 지식과 정보를 눈으로 읽을 수 있게 한다. 라디오는 청각의 확장으로, 멀리 있는 소리를 귀로 들을 수 있

---

24) 맥루언. 『미디어의 이해』. 커뮤니케이션북스. 1997. p422~429.

게 한다. 전화는 목소리의 확장으로 멀리 있는 사람과 대화할 수 있게 한다. 그리고 인터넷은 전체적인 감각의 확장으로, 전 세계의 정보를 손쉽게 접근하고 소통할 수 있게 한다. 맥루언의 이론은 특히 현대의 디지털 시대에 더욱 중요해졌다. 인터넷, 스마트폰, 소셜 미디어 등은 우리의 커뮤니케이션 방식과 일상 생활을 크게 변화시켰다. 이러한 변화는 단순히 정보의 전달 방식뿐만 아니라, 우리의 사고방식, 사회적 상호작용, 그리고 문화 전반에 걸쳐 깊은 영향을 미치고 있다.

맥루언은 인류의 역사란 인간의 기능과 역할을 확대하기 위한 도구나 기술, 즉 매체의 발달사라고 주장한다. 예를 들어, 책을 많이 읽는 사람은 시각적 자극이 많아져 시각의 비율이 높아지고, 전화를 많이 사용하는 사람은 청각의 비율이 높아진다는 것이다. 문자 이전의 부족 사회에서는 모든 감각이 균형 있게 작용하는 공감각의 세계에 살았다고 주장했다. 이들은 시각, 청각, 후각 등 다양한 감각을 통해 현실을 인식했다.

특히 구텐베르크의 인쇄술 발명이 인류 역사에서 중요한 전환점이라고 보았다. 인쇄술은 독립된 활자를 사용한 최초의 대량생산 방식으로, 인간의 시각을 크게 확장시키는 데 기여했다. 맥루언은 인쇄술이 인간의 감각과 인식을 변화시켰을 뿐만 아니라, 사회 구조에도 큰 영향을 미쳤다고 주장했다. 인쇄 미디어는 인간을 시각 중심으로 변화시키고, 구두 커뮤니케이션을 중심으로 한 시간적 구조의 사회를 인쇄 미디어를 중심으로 한 공간적 구조로 변화시켰다. 이로 인해 권위와 권력의 중심이 교회에서 국가로 이동했으며, 중앙집권적 정부와 민족주의가 성장하게 되었다. 맥루언의 이러한 분석은 미디어가 단순한 정보 전달 수단을 넘어, 사회와 문화 전반에 걸쳐 깊은 영향을 미친다는 것을 보여 준다.

인간은 감각을 통해서 모든 정보를 지각하고 반응하며 이를 통해서 사고와 행동의 변화를 한다. 따라서 감각의 변화는 사회와 문화 양식의 변화로 이어진다. 맥루언에 따르면 미디어에 의한 인간의 감각 배분은 역사적으로 3단계로 구분된다.

1단계 구두(Oral) 시대에는 복수 감각이 지배하는 부족사회 체제로, 주로 구두 커뮤니케이션을 통해 정보를 전달했다. 이때는 시각, 청각, 촉각 등 다양한 감각이 사용되었다. 2단계 문자(Literate) 시대는 구텐베르크의 인쇄술 발명 이후로 시각 중심의 커뮤니케이션이 주를 이루게 되었다. 이는 사회를 탈부족화 시대로 전환시키며, 개인주의와 분업화가 촉진되었다. 3단계 전자(Electric) 시대는 전기 매체의 등장으로 다시 복수 감각이 활성화되었고, 사회는 재부족화 시대로 이동했다. 이 시기에는 텔레비전, 라디오 등 다양한 전자 매체가 인간의 감각을 확장시키며, 그의 저서『구텐베르크 은하계』에서 이러한 이론을 바탕으로 '지구촌'(global village)개념을 제시했다.

맥루언에 따르면 구텐베르크의 시각적 시대가 끝나고 전기 시대에 접어들면서, 현대 인간은 텔레비전, 라디오, 영화, 전화, 전신, 컴퓨터 등 여러 미디어로부터 다양한 메시지를 동시에 받아들이게 되었다. 이제 사람들은 단순히 시각만을 사용하는 것이 아니라 모든 감각을 동원하여 많은 메시지를 받아들이고 있다. 디지털 미디어 시대에는 인터넷과 스마트폰의 발달로 시각, 청각, 촉각이 모두 중요한 역할을 하게 되었다. 말하자면, 터치스크린은 촉각에 반응하고, 영상과 소리는 시각과 청각을 동시에 자극한다.

맥루언은 미디어가 우리의 오감을 확장시키면서 감각의 내부뿐만 아니라 미디어의 내부에도 새로운 배분 비율이 만들어진다고 주장했다.[25] 예

---

25) 맥루언.『미디어의 이해』. 커뮤니케이션북스. 1997. p61.

를 들어, 유성 영화의 등장으로 영화의 화면이 바뀌었고, 라디오의 출현으로 신문의 보도 형식이 변화했다. 또한, 텔레비전의 등장으로 라디오 프로그램의 편성이 크게 바뀌었으며, 다큐멘터리 소설의 형식도 변화하게 되었다.

따라서 미디어는 단순히 메시지를 담는 그릇이 아니다. 일반적으로 사람들은 미디어가 메시지, 즉 내용을 전달하는 매체일 뿐이며 중요한 것은 메시지라고 생각해 왔다. 사람들은 메시지의 의미가 미디어에 있는 것이 아니라 그 미디어를 어떻게 사용하는가에 달려 있다고 믿어 왔지만, 마셜 맥루언은 이를 정면으로 부정했다. 그는 "미디어는 메시지다"라고 정의했다.

사람들은 텔레비전 프로그램의 폭력성이나 선정성이 문제라고 지적하지만, 맥루언은 텔레비전과 같은 매체가 시청자에게 시각적이고 청각적인 자극을 동시에 제공함으로써 그 자체로 자극적이고 선정적인 특성을 지닌다고 보았다. 따라서 프로그램의 내용을 바꾼다고 해도, 텔레비전이라는 매체의 본질적인 자극성은 변하지 않는다고 주장했다. 즉, 매스미디어의 내용은 그것을 전달하는 매체의 기술과 분리해서 생각할 수 없으며, 사실상 사람이나 사회에 영향을 미치는 것은 그 내용이 아니라 그 매체라는 점을 강조하고 있다.

그의 설명에 따르면 신문의 경우 정보를 텍스트와 이미지로 전달한다. 신문은 독자가 정보를 분석하고 해석하는 데 시간을 들이게 만든다. 따라서 신문이라는 미디어의 형식이 독자의 사고 방식을 형성하는 데 중요한 역할을 한다. 기사의 내용이 무엇이든, 신문이라는 미디어 자체가 독자의 인식과 행동에 영향을 미친다. 나아가 소셜 미디어는 사용자 간의 **빠른 상호작용**과 정보 공유를 가능하게 한다. 소셜 미디어의 형식은 짧고 즉각적인 콘텐츠 소비를 촉진하며, 이는 사용자들이 정보를 **빠르게 소비하고 반**

응하게 만든다. 게시물의 내용이 무엇이든, 소셜 미디어라는 미디어 자체가 사용자들의 행동과 사회적 상호작용에 큰 영향을 미친다.

미디어의 발달사를 보면 인간은 오랫동안 비언어적 표현과 언어를 통해 효과적인 대면 커뮤니케이션을 해 왔지만, 기록성과 이동성에 제약이 있었다. 이로 인해 메시지를 기록할 수 있는 문자가 등장하게 되었다. 초기 문자는 모양을 형상화한 상형문자였지만, 이후 소리를 시각화한 표음문자로 발전했다. 문자의 등장은 문명을 탄생시키고 사상과 종교의 발달을 촉진했다. 파피루스와 종이의 발명은 거대 제국의 형성을 가능하게 했다. 필사 시대에도 구두 커뮤니케이션은 여전히 주요 의사소통 수단이었기 때문에 문자는 소리에 익숙한 사람들에게 낯선 것이었다.

이후 구텐베르크의 인쇄술은 구두 커뮤니케이션 시대의 쇠퇴를 가져왔다. 인쇄술의 등장은 지식의 축적과 수요에 따른 필연적인 결과였으며, 인류는 시각 중심의 사회로 변화했다. 시각 중심의 선형적 사고는 근대 과학과 언어의 사유화, 관점의 고정화를 초래했다. 20세기에 들어서면서 방송 매체의 출현으로 미디어는 또 한 번 변화를 겪었다. 사람들은 익숙한 소리 덕분에 라디오에 빠르게 적응했다. 영상까지 갖춘 텔레비전의 등장으로 수백 년 동안 이어져 온 시각 중심의 사회는 쇠퇴하고, 복수 감각의 사회로 변화했다. 그러나 방송 매체는 일방향적이라는 한계가 있었고, 이를 보완할 수 있는 쌍방향 미디어에 대한 요구는 여전히 남아 있었다.

2) 디지털 미디어

미국 MIT미디어 연구소의 네그로폰테는 1995년 출간한 『디지털이다(Being Digital)』를 통해 현시대가 아톰(atom)의 시대에서 비트(bit)의 시대로 가고 있다고 했다. 그는 디지털 기술이 기존의 아날로그 미디어를 변화시키고, 다양한 형태의 정보를 하나의 시스템 내에서 자유롭게 유통할 수 있게 만들었다고 설명했다. 네그로폰테는 비트가 정보의 최소 단위로서 물리적 경계를 초월해 빠르게 이동할 수 있는 특성을 지니고 있다고 했다. 이를 통해 오디오, 비디오, 데이터가 혼합된 멀티미디어 환경이 가능해졌다고 주장했다.

인터넷은 대표적인 디지털 미디어다. 인터넷의 기본 아이디어는 1969년 미 국방성이 인터넷의 전신이 된 아르파넷(ARPANET)의 개발에 착수하면서 시작됐다. 그 목적은 소련의 핵공격을 받아도 계속 작동할 수 있는 컴퓨터 통신망을 구축하는 것이었다. 당시만 해도 하나의 호스트 컴퓨터가 작동을 중지하면 이와 연결된 통신망 전체가 불능 상태에 빠질 가능성이 있었다. 이러한 상황에 대비하여 송수신되는 정보를 패킷(packet)이라는 작은 단위로 나누어서 여러 경로를 통해서 보내는 방법이 개발되기에 이른 것이다.

최첨단 무기 개발 연구 등의 군사적 목적으로 주로 사용되던 이러한 통신망은 미 국립과학재단 통신망(NSFNET)이 1986년에 설치·가동되면서 보다 많은 교육기관들과 정부기관, 기업 등이 자신들의 통신망을 여기에 연결하기 시작했고 이것이 오늘날의 인터넷으로 발전하기에 이르렀다. 인터넷은 그 엄청난 잠재력에도 불구하고 1990년까지만 해도 주로 대학이나 연구기관의 학자들과 연구원을 중심으로 사용되었다. 그러다가 1991년에 유럽 미립자 물리연구소(CERN)의 팀버너스 리에 의해 하이퍼텍스트를 주고받는 월드와이드웹(World Wide Web)이라는 아이디어가 제안되고, 그 후 1993년에 모자이크, 1994년에 넷스케이프 등의 웹 브라우저(Web browser)가 개발되었다. 웹 페이지를 둘러볼 수 있는 프로그램인 웹 브라우저의 등장으로 인터넷은 일반인들의 폭발적인 관심을 끌게 되었다.

인터넷이 급속히 확산될 수 있었던 것은 그 체계가 인간의 뇌와 비슷해 정보를 효율적으로 전달하기 때문이다. 두뇌는 한 부분이 손상되더라도 그 손상된 부분을 우회해서 예전의 기능이 되살아 날 수 있다.[26] 수십 억에 이르는 신경세포들은 신경색이라는 연결체에 의해서 아주 촘촘한 망 조직을 이루고 있어서, 한 세포는 적어도 10만 개의 이웃 세포와 일정한 정보를 주고받고 있는 식으로 서로 간에 항상 아주 활발한 정보교환을 하고 있다. 이런 신경망 조직은 중층적이고 비위계적이라는 특징을 지니고 있다.[27] 그래서 신경망 조직 안의 어느 한 부분에 어떤 자극이 있게 되면 그로 인하여 동시다발적이거나 병렬적인 반응이 일어나게 된다. 다시 말하자면 하나의 자극에 의하여 관련된 신경망 전체가 고르게 활성화하는 것이다.

신경망 조직에서 노드(node)는 중요한 역할을 한다. 노드는 정보처리의 기본 단위로서, 언어처리나 정보처리 작업이 노드 간의 연결을 통해 이루어진다. 이러한 연결의 유형은 정보나 지식의 내용에 큰 영향을 미치게 된다. 신경망 모델에서는 노드들이 서로 연결되어 네트워크를 형성하며, 이 네트워크를 통해 정보가 전달되고 처리된다. 예를 들어, 인공 신경망에서는 입력 노드, 은닉 노드, 출력 노드가 서로 연결되어 학습과 예측을 수행한다. 이러한 구조는 말했듯이 인간의 뇌가 정보를 처리하는 방식과 유사하게 설계되었다.

인터넷에서의 노드(node)는 웹 페이지 하나를 의미하며, 하이퍼텍스트

---

26) 배식한. 『인터넷, 하이퍼텍스트 그리고 책의 종말』. 책세상. 2000. p75.
27) 김진우. 『언어와 인지, 촘스키의 내재이론 분석』. 한국문화사. 2004. p182.

의 기본 단위다. 노드는 독립적인 정보를 담고 있으며, 링크(link)를 통해 다른 노드와 연결된다. 이러한 구조는 하이퍼텍스트가 다양한 정보를 비선형적으로 연결할 수 있게 해 준다. 하이퍼텍스트의 노드와 링크 구조는 전통적인 선형적 정보 전달 방식에서 벗어나, 사용자가 필요에 따라 정보를 자유롭게 탐색할 수 있도록 한다.[28] 이는 마치 두루마리를 폈다 감았다 하는 것과 유사하게, 정보를 스크롤하며 탐색하는 방식과도 비슷하다.

인터넷이 등장하면서 커뮤니케이션 패러다임이 크게 변화했다.[29] 먼저 통합 미디어적 성격으로 인터넷은 텍스트뿐만 아니라 동영상, 음성파일, HTML 문서 등 다양한 디지털 정보를 자유롭게 포괄할 수 있게 했다. 이로 인해 정보의 확장이 단순히 텍스트 양의 증가를 넘어서게 되었다. 둘째, 인터넷을 통해 사용자는 어디에 있든지 상관없이 커뮤니케이션할 수 있게 되었다. 이는 기존의 물리적 제약을 극복한 혁신이다. 셋째, 인터넷은 상호작용성이 높은 플랫폼이다. 초기 설계 목적이 분산과 정보 공유였기 때문에 사용자들은 적극적으로 정보를 선택하고 활용할 수 있다. 넷째, 인터넷에서 정보는 순차적인 시간 흐름이 아닌 불연속적 단절과 이어짐을 통해 재구성된다. 독자들은 필요한 부분부터 선택적으로 정보를 습득할 수 있다. 이러한 변화로 인터넷은 커뮤니케이션의 새로운 패러다임을 열었다. 상호작용성, 정보 확장, 물리적 제약의 해소 등을 통해 우리의 소통 방식이 혁신되었다.

1990년대 이후 등장한 새로운 미디어는 정보채널의 통합성과 상호연결성을 주요 특성으로 가지고 있다. 즉 디지털 미디어는 다양한 형태의 정보를 통합하여 제공하며, 사용자들 간의 상호작용을 촉진하는 환경을 제공

---

28) 배식한, 『인터넷, 하이퍼텍스트 그리고 책의 종말』, 책세상, 2000. p57.
29) 성동규, 『사이버커뮤니케이션』, 세계사, 2002. p79~84.

한다.[30] 예를 들어, 하나의 디지털 플랫폼에서 신문 기사를 읽고, 텔레비전을 시청하며, 원하는 영화를 선택해 볼 수 있는 멀티미디어 환경이 조성되었다. 또한, 지구 반대편에 있는 사람들과 쉽게 소통할 수 있는 네트워크가 형성되었다. 이러한 환경은 사회적 상호작용을 지속시키고, 의미를 공유하는 데 큰 역할을 한다. 디지털 미디어 기술은 사람들 사이의 상호작용 방식을 변화시키며, 우리의 소통 방식을 혁신하고 발전시키는 중요한 역할을 하고 있다. 이러한 변화는 미디어가 단순한 정보 전달 수단을 넘어서 사람들 간의 관계 형성과 의미 공유를 촉진하는 중요한 도구로 자리 잡게 했다.

(1) 컨버전스와 유비쿼터스

정보의 디지털화는 정보의 동등한 질을 뜻한다. 즉 정보의 처리와 송신, 저장을 단 하나의 기계 즉 컴퓨터로 한다는 것이다. 정보의 디지털화로 정보는 0과 1의 비트 값으로 바뀌게 된다. 이는 네그로폰테가 말한 아톰과 비트의 수렴 현상이다. 사물조차도 디지털로 바뀌고 있다. 즉 이머니(e-money)나 이북(e-book)처럼 만질 수 있었던 사물이 이제는 디지털화 된 정보로 바뀌게 된 것이다. 따라서 디지털화로 매체 간의 경계가 점차 흐려지고 있다. 신문과 잡지, 라디오, 텔레비전, 영화, 책, 인터넷폰, 웹TV 등 여러 매체들이 예전엔 매체에 따라 별도의 저장방법으로 저장했다. 신문은 텍스트로, 라디오는 음성으로, 텔레비전 및 영화는 화상으로 했지만 현재는 모든 매체의 저장방법이 흡수 통합되어 매체간 구별의 정점이 없어졌다. 이는 정보 접근성을 크게 향상시켜 인터넷과 소셜 미디어를 통해 누구나 쉽

---

30) 김영석 『설득 커뮤니케이션』 나남출판. 2005. p67.

게 다양한 정보를 얻을 수 있으며, 이는 지식의 확산과 공유를 촉진한다.

디지털 컨버전스는 하나의 기기와 서비스에 모든 정보통신기술을 묶은 새로운 형태의 융합을 말한다. 이러한 현상은 크게 유선과 무선의 통합, 통신과 방송의 융합, 온라인과 오프라인의 결합 등이 있다. 컨버전스는 '한 곳으로 모이는 수렴'의 의미를 갖는다. 일반적으로 '하나로 합친다' 또는 '경계가 무너지면서 사실상 하나가 된다'는 포괄적 의미를 갖고 있으며, 이종 제품간, 비즈니스 모델간, 산업간 결합 또는 융합의 의미로 주로 사용되고 있다. 컨버전스가 적용된 대표적인 사례라고 하면 스마트폰, 스마트 TV, 복합기 등을 들 수 있다. 즉 미디어 융합 혹은 커뮤니케이션 양식의 융합(convergence of communication mode)이란 디지털 미디어와 같이 하나의 미디어 시스템 내에서 각종 상이한 정보유형이 수렴되고 정보유통이 단일한 채널을 통해 이루어지는 현상을 의미한다.

컨버전스는 다양한 형태로 나타날 수 있다. 먼저 기술적 컨버전스다. 정보통신기술(ICT), 미디어, 가전제품 등이 융합되어 새로운 형태의 제품과 서비스를 창출한다. 예를 들어, 스마트폰은 전화, 인터넷, 카메라, 음악 플레이어 등의 기능을 하나로 통합한 대표적인 사례다. 둘째, 산업적 컨버전스다. 서로 다른 산업 간의 경계가 허물어지고 융합되는 현상이다. 예를 들어, 자동차 산업과 IT 산업의 융합으로 자율주행차가 개발되고 있다. 셋째, 미디어 컨버전스다. 전통적인 미디어(신문, TV 등)와 디지털 미디어(인터넷, 소셜 미디어 등)가 융합되어 새로운 형태의 콘텐츠와 커뮤니케이션 방식을 제공한다. 이는 뉴스 소비와 생산 방식을 혁신적으로 변화시키고 있다. 넷째, 사회적 컨버전스다. 다양한 사회적 요소들이 융합되어 새로운 문화와 사회적 현상을 만들어 낸다. 예를 들어, 글로벌화와 지역화가 동시에 진행되는 글로컬라이제이션(glocalization) 현상이 있다. 끝으로 디지털 컨버전스다. 디지털 기술을 중심으로 다양한 제품과 서비스가 융합되는 현상이다. 이는 고속 인터넷, 클라우드 컴퓨팅, 사물인터넷(IoT) 등의 발전과 함께 이루어지고 있다. 이러한 다양한 형태의 컨버전스는 우리의 생활과 산업 전반에 걸쳐 큰 변화를 가져오고 있다.[31]

매체간, 장르간 벽이 허물어지는 미디어 컨버전스는[32] 음악과 영화, 광고가 결합된 뮤직 비디오, 실사영화와 애니메이션, 컴퓨터 그래픽의 결합, 컴퓨터와 텔레비전의 융합현상 등에서 찾아볼 수 있다. 그 결과 매체이용에 있어서 수용자의 편리성이 더욱 증진될 뿐만 아니라 문화의 내용도 훨씬 풍부해지게 된다. 이외 포스트모더니즘적 경향의 사례로서 자주 인용되는 대중문화와 고급문화 사이의 경계 소멸이 있다. 예를 들어 음악에서 대중음악과 클래식이 결합하는 크로스오버와 같은 현상도 이런 전반적인 경계소멸 현상과 맥을 같이 하는 것으로 설명해볼 수 있을 것이다.

인터넷은 컴퓨터 매개 커뮤니케이션(CMC: Computer-Mediated Communication)이라는 새로운 미디어 영역을 창조하며, 방송과 통신의 전통적인 구분을 허물었다. 인터넷의 다양한 기능들, 예를 들어 전자우편(e-mail), 게시판(bbs), 파일 전송 기능(FTP), 포털 서비스 등은 편지, 공적 토론, 운송, 정보 서비스 등의 커뮤니케이션 요소들을 전자적 형태로 통합하고 융합했다. 이러한 미디어 융합 현상은 정보 수용자가 중심이 되는 미디어 환경을 조성하여, 기존의 수동적인 수용자 개념을 능동적이고 정보 추구적 수용자 개념으로 변화시켰다.[33] 앨빈 토플러가 말한 프로슈머(prosumer) 개념은 디지털 미디어 시대의 수용자를 잘 설명한다. 프로슈머는 생산하고,

---

31) 이상일. 『컨버전스IT가 미래BUSINESS를 지배한다』. NT미디어. 2010. p17~9.
32) 권태환·조형제·한상진 편. 『정보사회의 이해』. 미래 M&B. 2003. p344.
33) 김영석. 『디지털미디어와 사회』. 나남출판. 2002. p49~50.

교환하며, 소비하는 특성을 지닌 개인을 의미한다. 이러한 변화는 우리의 커뮤니케이션 방식과 정보 접근 방식을 혁신적으로 변화시켰다.

1974년 니콜라스 네그로폰테 MIT 교수는 유비쿼터스(Ubiquitous) 컴퓨팅이라는 새로운 컴퓨팅 패러다임을 제시했다. 앞으로는 컴퓨터가 장난감, 아이스박스, 자전거 등 가정 내 모든 물건과 공간에 존재하게 될 것이며, 우리는 컴퓨터를 의식하지 않고 장소에 상관없이 이용할 수 있게 된다는 것이다. 주위 모든 사물에 통신과 컴퓨팅을 가능하게 함으로써 사용자는 언제 어디서나 유용한 소프트웨어의 도움을 받게 된다. 당시에는 혁명적이었던 유비쿼터스 컴퓨팅 패러다임은 이제 우리 생활 곳곳에 다가와 있다. 스마트폰을 비롯해 TV, 냉장고, 에어컨 등의 스마트 가전 그리고 스마트 카, 스마트 팩토리 등으로 발전해 왔다.

한국언론진흥재단의 「디지털뉴스리포트 2023 한국」에 의하면 한국 응답자의 53%는 유튜브를 통해 뉴스를 이용하는 것으로 조사됐다. 이는 전년도 같은 조사에 비해 9%p 증가한 수치이며, 46개 조사대상국 평균(30%)보다 23%p나 높은 결과다. 이 때문에 한국은 2017년을 기점으로 기존 방송뉴스를 유튜브 채널에서 클립 형태로 이용하고, 관심 있는 뉴스 해설 기반의 유튜브 채널을 구독 형태로 소비하는 방식이 보편화되고 있다.

유비쿼터스는 말그대로 '언제 어디에나 존재한다'는 뜻의 라틴어로, 사용자가 컴퓨터나 네트워크를 의식하지 않고 장소에 상관없이 자유롭게 네트워크에 접속할 수 있는 환경을 말한다. 1988년에는 미국의 사무용 복사기 제조회사인 제록스의 마크 와이저(Mark Weiser)가 '유비쿼터스 컴퓨팅(ubiquitous computing)'이라는 용어를 본격적으로 사용하였다. 당시 와이저는 유비쿼터스 컴퓨팅을 메인프레임과 퍼스널컴퓨터(PC)에 이어 제3의 정보혁명을 이끌 것이라고 주장하였다. 유비쿼터스는 단독으로 쓰이지는 않고 유비쿼터스 통신, 유비쿼터스 네트워크 등과 같은 형태로 쓰인다. 곧 컴퓨터에 어떠한 기능을 추가하는 것이 아니라 자동차·냉장고·안경·시계·스테레오장비 등과 같이 어떤 기기나 사물에 컴퓨터를 집어넣어 커뮤니케이션이 가능하도록 해 주는 정보기술(IT) 환경 또는 정보기술 패러다임을 뜻한다.

유비쿼터스 컴퓨팅은 "5C의 5-Any"를 지향한다. 즉 유비쿼터스 컴퓨팅은 수많은 지능형 컴퓨터들이 우리의 일상생활 속으로 스며들어 밖으로 들어나 보이지 않는 조용한 상태(Calm)에서 서로 유기적으로 연결(Connectivity)되어 협조함으로써, 언제 어디서나 컴퓨팅(Computing) 기능을 활용할 수 있으며, 우리들에게 필요한 정보나 서비스(Content)를 맞춤 방식으로 즉시 제공하여 사람-사물은 물론 사물-사물 통신(Communication)도 가능하여 우리의 삶의 질을 향상시키는 새로운 컴퓨터 환경인 '5C'사회를 지향한다. 또 '5-Any' 즉, 언제(Anytime), 어디서나(Anywhere), 어떠한 통신망(Any-network)으로 누구나(Anyone), 모든 기기(Any-device)에서 원하는 정보를 자유자재로 주고받을 수 있는 신기술개념을 뜻하는 것이다.[34]

유비쿼터스 사회에서 네트워크는 매우 중요한 역할을 한다. 특히 커뮤니케이션 분야에서 상호작용의 주요 논점은 미디어 기술이 이용자로 하여금 다른 정보 제공자와 직간접적으로 커뮤니케이션할 수 있도록 발전할 수 있는가에 초점이 맞춰져 있다. 기존의 방송 미디어는 매스 커뮤니케이션의 특성상 이러한 기능을 충분히 제공하지 못했지만, 뉴미디어와 멀티미디어는 정보 유통의 쌍방향성과 상호작용성을 기술적으로 보장해 준다. 디지털화로 인해 전 지구적 컴퓨터 네트워크가 가능해졌고, 이

---

34) 고민정, 김명주, 『유비쿼터스의 이해』, 이한미디어. 2012. p16~7.

는 한국에서 미국 방송을 보고 들을 수 있고, 미국에서 한국 신문과 방송을 볼 수 있게 하는 등 중앙화와 탈중앙화가 동시에 진행되는 글로컬라이제이션(Glolocalization)을 촉진한다. 전자적 미디어에 의해 상호 연결된 개인들은 새로운 관계를 형성하거나 가상의 네트워크, 즉 전자적 공동체(community)를 만들기도 한다. 따라서 디지털 미디어가 사회적 관계를 재구성한다는 논리는 이러한 상호 연결적 기능에 근거를 두고 있다.

(2) 참여와 공유

인터넷의 대중화에 따라 사회 곳곳에서 영향력을 키워왔던 개인들이 이제는 미디어 영역에서도 목소리를 높이게 됐는데, 이른바 1인 미디어 시대가 등장한 것이다. 이제는 누구나 정보를 공유하고 생산·가공하여 의견을 자유롭게 표출할 수 있는 수신자 겸 송신자의 형태로 진화하게 되었다. 따라서 참여, 개방, 협업이라는 특징을 가진 웹2.0과 미디어의 콘텐츠 서비스를 자유롭게 제공할 수 있는 쌍방향 인터넷 환경 조성, 그리고 PC, 스마트폰의 확산으로 '1인 미디어'가 등장하고 발전하였다. 이를 기반으로 한 1인 미디어는 네티즌이 직접 꾸미고 참여하여 자신만의 트렌드를 추구할 수 있게 되었다. 즉 1인 미디어는 온라인으로 사람들과 관계를 맺고, 신뢰할 수 있는 정보를 제공하며, 이용자들에게 편리함을 극대화해 준다. 따라서 새로운 아이디어와 사용자들 간의 상호작용을 촉진하는 강력한 커뮤니케이션 도구라고 할 수 있다.[35]

인터넷의 대중화 이후 온라인 커뮤니케이션의 장으로 등장하게 된 텍스트 1인 미디어는 블로그, 미니홈피, X(트위터) 등의 사용자를 급속도로 증

---

35) 이호영·김희연·정부연·장덕진·김기훈. 『소셜 미디어의 성장과 온라인 사회관계의 진화』. 정보통신정책연구원 기본연구 2011. p34~109.

가시켰으며, 이러한 커뮤니티의 변화로 인해 고전적 커뮤니티 구조인 송신자와 수신자의 구조에서 수평적 구조의 커뮤니티 현상을 가속화했다.

1인 오디오 미디어인 팟캐스트는 애플의 아이팟(ipod)과 방송(Broadcasting)을 결합해 만든 신조어로 개인의 채널을 운영하며 음성메시지의 형태로 의사전달을 한다. 지난 2011년 '나는 꼼수다' 열풍처럼 기존의 라디오와 달리 팟캐스트는 개인적인 커뮤니케이션 공간으로 개인의 의견을 필터링 없이 제시하고 TV나 기존의 미디어가 전하지 못했던 정치적인 문제점들을 직설적으로 청취자에게 전달했다.

멀티미디어 시대로 접어들면서 '1인 미디어'는 청각과 시각적 요소를 더욱 발전시켜 영상의 형태로 시청자들로 하여금 더욱 생동감과 현실감을 느끼게 했으며 접근성을 높임으로써 인기가 높아졌다. 그 중에서도 '실시간 스트리밍'이 다양한 분야에서 활발히 사용되고 있다. 예를 들면 비디오 게임 전용 라이브 트위치(Twitch), 페이스북라이브, 인스타라이브, 유튜브라이브 그리고 아프리카tv 등이 있다. 실시간 스트리밍은 개인의 일상뿐 아니라 영화홍보, 실시간 현장 사건 전달 등에 사용된다.

지난 2021년 이집트에서 한 남자가 생방송 중인 기자의 휴대전화를 훔친 혐의로 체포됐다. 영국 일간지 가디언에 따르면 뉴스사이트 'youm7'의 기자 마흐무드 라게브는 카이로 거리에서 지진 여파를 촬영하던 중이었다. 이때 오토바이를 탄 한 남자는 지나가다가 촬영 중이던 기자의 휴대전화를 훔쳤고, 휴대전화를 훔친 남성은 기자의 생방송을 보고 있던 시청자들에게 의도치 않게 그의 얼굴을 노출했다. 당시 2만명 이상이 기자의 라이브 스트리밍을 시청하고 있었는데, 휴대전화를 훔친 남성의 영상이 소셜미디어에 유포되면서 많은 사람들이 해당 남성을 찾는 데 참여했다. 뉴스사이트 youm7은 이 남성이 몇 시간 후 집에서 체포된 뒤 경찰서로 이송

됐고 결국 범죄를 자백했다고 전했다.

국내의 경우 걸그룹 EXID의 노래 '위아래'는 발매 당시 반응이 없었다. 그런데, 곡이 발표되고 3개월이 지난 뒤 이른바 '역주행'을 보이며 1위를 차지했다. 그 시작은 2014년 EXID의 파주 한마음 위문 공연 당시 한 유튜버가 직접 촬영한 '직캠'이었다. 이 직캠이 각종 인터넷 사이트와 SNS를 중심으로 폭발적으로 퍼져 나가면서 '위아래' 노래가 다시 차트에 진입하더니 사라질 뻔한 걸그룹 EXID를 부활시켰다.

페이스북과 유튜브, 왓츠앱, 인스타그램, 틱톡 등 소셜 미디어(social media)는 웹 2.0시대에 맞춰 소셜 네트워크의 기반 위에서 개인의 생각이나 의견, 경험, 정보 등을 서로 공유하고 타인과의 관계를 생성 또는 확장시킬 수 있는 개방화된 온라인 플랫폼을 의미한다. 양방향성을 활용하여 이용자들이 자발적으로 참여하고 정보를 공유하며 콘텐츠를 만들어 나가는 특성이 있다. 소셜 미디어는 방송매체의 일방적 전달을 사회적 매체의 대화로 전환시키고, 이용자들이 콘텐츠 소비자인 동시에 콘텐츠 생산자가 되는 것을 가능하게 함으로써 정보의 민주화와 개방화를 촉진시키고 있다.

디지털 미디어 기술의 도입으로 조직의 성격과 통제 방식 역시 변화하고 있다. 네트워크로 이루어진 미디어 기술은 상호연결성과 실시간 정보교환을 강조하며, 권위나 위계에 의한 통제보다는 실무와 작업 특성에 따라 유동적으로 통제권이 부여된다. 이로 인해 기존의 수직적이고 수평적인 조직 구조가 변화하고, 조직은 다양한 상황에 유연하게 대응할 수 있는 신축성을 갖게 된다. 전문가들은 네트워크 미디어에서 중앙집중적인 시스템보다는 다원적이고 탈중앙집중적인 조직 구조로 변화할 가능성이 높다고 보고 있다. 이러한 변화는 네트워크가 기존 조직 구조를 새롭게 형성하는 데 영향을 미치고 있다. 네트워크 미디어의 도입은 조직의 효율성과 유연성을 높이는 동시에 새로운 창구와 접근 방식을 통해 조직을 혁신하고 발전시키는 기회를 제공한다.

(3) 콘텐츠의 변화

'스낵 컬처'는 현대인의 바쁜 일상 속에서 짧은 시간에 쉽게 즐길 수 있는 문화 콘텐츠를 소비하는 트렌드를 의미한다. 스마트폰의 보급과 함께 이러한 트렌드는 더욱 확산되고 있다. 초기에는 5~10분 정도의 짧은 콘텐츠가 주를 이루었지만, 이제는 30초에서 1분짜리 콘텐츠가 더 많아지고 있다. 이는 긴 콘텐츠를 자투리 시간에 끝까지 보기 부담스럽기 때문이다. 스마트폰을 통해 언제 어디서나 인터넷에 접속할 수 있게 되면서, 갈수록 짧고 간편한 콘텐츠가 인기를 끌고 있는 것이다. 스낵 컬처는 웹툰, 웹 소설, 웹 드라마 등 다양한 형태로 나타나며, 이러한 콘텐츠는 출퇴근 시간이나 점심시간 등 짧은 시간에 쉽게 소비할 수 있다. 또한, 콘텐츠 제공자와 소비자가 실시간으로 상호작용하며 소통할 수 있는 환경을 제공한다. 이러한 트렌드는 디지털 미디어의 발전과 함께 더욱 가속화되고 있으며, 현대인의 라이프스타일에 큰 영향을 미치고 있다.

언어상대성 가설에서 워프(Whorf)는 우리가 가질 수 있는 개념과 지각의 종류는 우리가 말하고 있는 특수한 언어나 언어들에 의해서 영향을 받게 된다고 주장하였다. 즉 상이한 언어를 사용하는 사람들은 상이한 양식으로 세상을 지각하게 된다는 것이다. 이것을 언어상대성 가설이라고 부르는데, 이는 이 가설이 사고는 그것을 전달하는 데에 사용된 언어에 의존한다고 제안하기 때문이다. 따라서 구조가 서로 다른 언어를 쓰는 사람들은 각기 서로 다른 방식으로 세계를 보게 된다.

예컨대, 영어에서는 눈(雪)에 대해서 한 개의 단어만 있지만 에스키모는 4개의 단어를 가지고 있다. 결과적으로 에스키모어를 말하는 사람은 영어를 말하는 사람이 지각할 수 없는 눈에 대한 차이들을 알 수 있다. 이와 비슷하게 영어에는 쌀에 대해서 한 개의 단어가 있지만, 미얀마에서 쓰이는 언어인 가로어는 껍질을 벗긴 것과 벗기지 않은 것, 요리된 것과 되지 않은 것에 대한 것과 쌀의 여러 다른 종류와 상태에 대한 단어들이 있다. 따라서 워프는 개념과 문법의 일부는 서로 영향을 주고받으며 형성되며, 문법이 달라지면 개념 서술법도 달라진다고 결론지었다.[36)]

이처럼 커뮤니케이션을 위한 미디어도 언어와 같아서 디지털 미디어는 이전의 미디어와는 전혀 다른 방식으로 세상을 지각하는 매체이다, 연속적인 나타나던 아날로그 방식이 0과 1의 디지털 방식으로 완전히 대체된 것이기 때문에 디지털 미디어는 아날로그가 아닌 디지털 방식으로 이해를 해야 한다.

디지털 미디어가 이전의 미디어와 가장 큰 차이점을 보이는 것은 비선형적 특성을 갖고 있다는 것이다. 즉 정보의 습득과정이 선형적이고 시간순차적인 기존의 매체와 달리 디지털 미디어는 시간적 순서에 따르지 않고 무작위로 정보를 습득하고 제공할 수 있다. 이것을 잘 보여 주는 것이 하이퍼텍스트 방식이다. 하이퍼 텍스트는 1960년대 컴퓨터 개척자 테오도르 넬슨(Theodore Nelson)이 만든 컴퓨터 및 인터넷 관련 용어이다. 하이퍼텍스트는 텍스트 또는 문장을 앞에서부터 차례로 보는 방식이 아니라 필요에 따라 책의 페이지를 자유자재로 넘나들면서 열람할 수 있는 방식의 텍스트이다. 또 영상과 소리를 하나의 텍스트 안에 모두 담을 수 있

---

36) 앳킨슨 등, 『심리학 개론』, 박영사, 1988, p320.

으며, 마우스 클릭을 통해 알고 싶은 항목이나 사항으로 이동해 가면서 텍스트를 열람할 수 있는 멀티미디어형 텍스트가 가능하게 됐다.[37] 즉 월드와이드웹(World Wide Web)은 비선형적인 정보검색이 가능한 하이퍼텍스트(hypertext) 방식의 미디어이다.

하이퍼링크와 쌍방향성의 결합은 사용자들이 기존 텍스트의 선형성, 고정성, 유한성의 제약에서 벗어나게 했다. 하이퍼텍스트는 사용자가 한 텍스트 안에서 자유롭게 이동하며 필요한 정보를 습득할 수 있게 한다. 사용자들은 텍스트를 건너뛰어 읽거나, 각주로 이동하거나, 다른 텍스트를 참고하거나, 더 나은 텍스트를 찾아 읽기를 멈추는 등의 다양한 방식으로 정보를 탐색할 수 있다. 이는 기존의 선형적이고 고정된 정보 습득 방식과는 크게 다르다. 또한, 컴퓨터와 현대적인 소프트웨어의 도입으로 텍스트의 이동 능력이 크게 향상되었다. 이는 한 블록에서 다른 블록으로 쉽게 이동할 수 있게 하여 정보 접근성을 높였다. 이러한 비선형적 정보 습득 방식은 디지털 미디어의 중요한 특징 중 하나로, 사용자 경험을 크게 향상시킨다. 결과적으로 이러한 특성들은 콘텐츠 이용자의 정보 소비 방식을 혁신적으로 변화시키고 있다.

이에 따라 콘텐츠도 달라지고 있다. 첫째, 콘텐츠의 다양성으로 디지털 미디어는 다양한 형식의 콘텐츠를 뒷받침한다. 텍스트, 이미지, 오디오, 비디오, 3D 그래픽 등 다양한 형태의 콘텐츠가 생산되고 소비되고 있다. 나아가 디지털 미디어는 지역적 경계를 허물어 버렸다. 국내에서 만든 콘텐츠가 전 세계에서 사랑받고 있으며, 유튜버와 게임 스트리머 등이 국경을 넘어 활동하고 있다.

---

37) 권태환·조형제·한상진 편. 『정보사회의 이해』. 미래 M&B. 2003. p42-43.

둘째, 소셜 미디어 플랫폼과 콘텐츠는 더욱 중요해지고 있다. 특히 유튜브, X(트위터), 인스타그램 등은 사용자들이 콘텐츠를 소비하고 생산하는 주요 플랫폼이 되었다. 이제 모든 산업은 플랫폼과 콘텐츠에 집중되고 있으며, 이는 새로운 비즈니스 커뮤니케이션을 만들어 내고 있다.

셋째, IT 기술은 콘텐츠 제작 분야에서도 큰 변화를 가져왔다. 이제 콘텐츠를 자동으로 생성하고 개인화하는 기술이 발전하고 있다. 즉 자동화된 기사 작성, 음성 합성, 그래픽 디자인 등이 가능하게 됐다. IT기술 발달로 등장한 유튜버들은 자본과 기술이 없어도 컴퓨터와 웹캠만으로 어디서든 촬영할 수 있게 되면서 다양한 콘텐츠가 소비자의 선택의 폭을 넓혔다. 예를 들어 '먹방(먹는 방송)', '겜방(게임하는 방송)', '톡방(토크하는 방송)' 등 새롭고 다양한 채널이 현재에도 생겨나고 있다. 유튜브에서 인기 있는 컨텐츠는 다음과 같은 예이다.

① 일상 브이로그(Vlog)는 처음 유튜브를 시작하는 사람들이 가장 쉽게 접근할 수 있는 컨텐츠라고 할 수 있다. 일기를 쓰듯이 내 일상을 기록으로 남기고 사람들과 공유하며 나라는 사람자체가 컨텐츠가 되는 동영상이다. 고가의 장비 없이도 개인이 갖고 있는 스마트폰 만으로 시작해도 충분하다.

② ASMR 채널은 많은 사람들에게 편안함을 제공하며, 명상이나 불면증 치료 목적으로도 활용된다. ASMR은 자율 감각 쾌락 반응(Autonomous Sensory Meridian Response)의 줄임말로, 주로 청각을 중심으로 하는 시각적, 청각적, 촉각적, 후각적, 혹은 인지적 자극에 반응하여 나타나고 형언하기 어려운 심리적 안정감이나 쾌감 따위의 감각적 경험을 일컫는다. 이러한 현상은 다양한 소리, 시각적 자극, 심지어는 물리적 접촉으로도 발생할 수 있다. 유튜브에서는 다양한 트리거로 인해 ASMR를 느낄 수 있는

비디오를 만들고 공유하는 사람들이 많이 활동하고 있다.

③ 먹방 채널의 경우 전세계에서 먹방(MUKBANG)이라는 단어를 사용할 정도로 한국의 먹방 컨텐츠는 정말 독보적이다. 지난 2024년 7월 유튜브 채널 가로세로연구소가 라이브 방송을 통해 사이버 렉카 연합회에 소속된 일부 유튜버들이 쯔양에게 과거사를 폭로하지 않는 조건으로 수천만 원의 거금을 갈취하는 정황이 담긴 녹취를 폭로하였고 이어 쯔양이 직접 수익금 갈취, 데이트 폭력, 협박, 공갈 등의 범죄 피해를 스스로 밝히면서 큰 사회적 이슈가 되었다. 쯔양은 인터넷 방송인으로 구독자가 1천만 명이 넘고 주로 먹방 영상을 게시하는 유튜브 크리에이터다.

④ 인포테인먼트 채널은 교육 채널과 비슷하지만 주로 흥미로운 사실과 이야기로 시청자들에게 재미를 주는 것이 목적이다. 일례로 '꽉잡아윤기'는 쇼트트랙 선수인 곽윤기가 운영하는 유튜브 채널로 이 채널에서는 쇼트트랙 종목의 경기 중계, 분석, 선수 생활 등 다양한 내용을 다루며, 곽윤기의 다방면 예능감과 화기애애한 모습들을 볼 수 있다. 뛰어난 입담과 다양한 콘텐츠로 관심을 받고 있으며, 올림픽 기간이 아닌 일상적인 모습도 공유하고 있다.

⑤ 게임(Gaming)채널은 비디오 게임이나 보드게임과 관련된 영상을 제작하는 채널로, 가장 인기 있는 유형 중 하나이다.

⑥ 리뷰(Reviews) 채널은 제품 리뷰, 영화 비평 등을 통해 시청자들에게 다양한 제품과 서비스의 품질에 대해 알려 주는 채널이다.

⑦ 튜토리얼 및 사용법(How-to & Tutorials) 채널은 자동차 수리부터 화장까지 어떤 일을 하는 방법을 알려 주는 채널이다.

⑧ 재능 채널은 자신이 가진 재능을 여러사람에게 보여 주는 컨텐츠다. 예를 들어 노래, 악기 연주, 피규어 조립, 3D펜, 요리 등 자신의 재능을 영

상으로 만들어 사람들과 공유한다면 내 매력을 보여 주는 좋은 컨텐츠가 될 수 있다. 저스틴비버도 유튜브에 노래 부르는 영상 올리고 스타가 됐다.

⑨ 펫튜브는 반려동물의 일상을 공유하는 유튜브 채널을 말한다. '펫튜브'는 반려동물의 뜻하는 펫(pet)과 유튜브(youtube)를 합성한 신조어로 이러한 채널은 귀여운 반려동물의 일상을 브이로그 형식으로 담아낸다.

⑩ 모음(Compilation) 채널은 다른 제작자들이 만든 콘텐츠를 하나의 영상으로 압축하여 공유하는 채널이다. 이러한 채널은 "배꼽 빠지게 웃긴 동물 모음"과 같은 다양한 주제의 영상을 한 번에 즐길 수 있도록 한다.

형태적으로는 숏폼(Short-form)같은 길이가 짧은 콘텐츠가 인기를 끌고 있다. 유튜브의 숏츠(Shorts), 인스타그램의 릴스(Reels) 등 전 세계에서 1분 내외의 짧은 영상인 숏폼 콘텐츠가 유행하고 있다. 트윗의 길이가 140자로 짧은 X(트위터)나 틱톡, 스냅챗과 같은 플랫폼은 숏폼의 대표적인 예이다. 2010년대 후반 들어 생겨나 2020년대 들어 크게 유행하고 있다. 길어야 10분 이내이다. 일부 숏폼 플랫폼은 영상 길이를 제한하고 있기 때문에 빨리 감기를 하거나 빨리 말하는 등의 방법이 동반되기도 한다.

숏폼 콘텐츠 플랫폼인 틱톡(TikTok)의 유행으로 출퇴근 시간이나 휴식 시간에 즐길 수 있는 오락성 숏폼 콘텐츠가 대중화됐다. 실제 숏폼 콘텐츠의 주요 소비층은 세로 화면이 익숙한 10대와 20대며 세분되는 수용자층에 발맞춰 각종 소셜미디어도 '숏츠', '릴스'라는 독자적인 숏폼 콘텐츠 서비스를 출시했다. 또한 각종 저작물을 자유롭게 수정하고 배포할 수 있는 자유 문화(Free Culture)의 발달은 숏폼 콘텐츠의 유행에 불을 지폈다. 동영상 수용자들이 기존 영상을 자유롭게 수정하고 배포할 수 있게 돼 숏폼 콘텐츠가 대중적 문화로 자리 잡았다는 것이다. 실제로 드라마의 재미있는 대사가 등장하는 부분들을 편집하거나 결합하는 리믹스(Remix) 작업을 자발적으로 하는 문화가 발달하고 있다.

　기존 TV 영상이나 영화 같은 '롱폼' 콘텐츠의 경우 수용자들의 읽고 쓸 수 있는 능력인 '리터러시'를 요구한다. 반면 숏폼 콘텐츠는 롱폼 콘텐츠의 핵심 장면을 골라 짧게 제공한다는 점에서 롱폼 콘텐츠보다 효율적으로 정보를 전달한다. 기존 드라마나 뮤직비디오의 주요 부분을 요약해 제공하는 서머리 콘텐츠(Summary Content)는 빠르게 영상의 메시지를 파악할 수 있다는 점에서 수용자들의 인기를 끌고 있다. 숏폼 콘텐츠는 이러한 특징들 덕분에 현대인의 라이프스타일에 잘 맞는다고 할 수 있다.

　소비자 데이터 플랫폼인 오픈서베이에 따르면, 2023년 우리나라 국민의 약 70%가 숏폼 콘텐츠를 시청하는 것으로 나타났다. 이는 전년도와 비교해 약 12% 높아진 수치로, 해가 거듭될수록 숏폼 시청자 수는 늘어나고 있다. 숏폼 콘텐츠는 스마트폰과 함께 등장했다. 숏폼 콘텐츠는 스마트폰 특유의 '세로 화면'에 맞게 제작돼 젊은 세대 사이에서 인기가 높다. 특히 TV와 같은 '가로 화면'에 익숙한 세대와 달리, 어렸을 때부터 스마트폰과 같은 디지털 기기 사용이 익숙한 디지털 네이티브(Digital Native) 세대인 10대와 20대를 중심으로 숏폼이 유행하고 있는 것이다.

　따라서 디지털 미디어의 등장은 현대 사회에 여러 가지 중요한 함의를 가지고 있다. 첫째, 디지털 미디어는 정보 접근성을 크게 향상시켰다. 인터넷과 소셜 미디어를 통해 누구나 쉽게 다양한 정보를 얻을 수 있으며, 이는 지식의 확산과 공유를 촉진한다. 예를 들어, 블로그나 포털 사이트를 통해 사용자들은 자신의 의견과 경험을 공유하고, 다양한 소스에서 정보를 얻을 수 있다. 둘째, 디지털 미디어는 소통 방식을 혁신했다. 소셜 미디어 플랫폼은 개인 간의 소통과 네트워킹을 강화하며, 실시간 채팅과 영상 통화는 더 직접적이고 생생한 상호작용을 가능하게 한다. 이는 지리적 제약을 극복하고, 글로벌 네트워크를 통한 연결을 강화한다. 셋째, 디지털 미디어는 미디어 소비 패턴에도 큰 변화를 가져왔다. 사용자 맞춤형 광고와 콘텐츠 추천 시스템은 사용자의 관심과 선호도를 분석하여 맞춤형 정보를 제공하며, 구독 서비스와 스트리밍 플랫폼의 성장은 미디어 소비 방식을 변화시키고 있다. 끝으로 디지털 미디어는 사회 구조와 문화에도 큰 영향을 미쳤다. 정보의 빠른 확산과 공유는 사회적 지식의 확장과 다양성을 가져오며, 새로운 비즈니스 모델의 출현을 촉진한다.

3

뉴스의 변화

2014년 12월에 테러 용의자의 자백을 받아 내기 위해 미 중앙정보국(CIA)가 행해온 가혹한 고문 행위가 세상에 공개되며, 「CIA 고문보고서」가 뉴스 미디어의 중요한 이슈로 등장했다. 이 보고서가 폭로되었을 때 주요 매체들이 내보낸 헤드라인은 거의 비슷했다. 하지만 뉴스 사이트 '버즈피드'는 '영상 하나로 요약되는 CIA 고문 보고서'라는 제목으로 쿠엔틴 타란티노 감독의 영화 '저수지의 개들'에 나오는 고문 장면(5초 분량)과 함께 "CIA의 고문에 못 이겨 수감자가 거짓 자백을 했다"는 내용을 실어 경쟁사들을 압도했다.

디지털 미디어의 발전으로 뉴스의 정의와 소비 방식이 크게 변화했다. 이제 하나의 작은 정보나 사진 한 장만으로도 우리에게 무언가 주목할 만하거나 흥미롭거나 의의가 있는 것에 대해 알려 준다면 그것이 바로 뉴스다.[38] 뉴스는 더 이상 전통적인 언론사들에 의해서만 규정되지 않는다. 온라인에서 뉴스를 공유하고 소비하는 데에는 언론사에 의존하지 않고도 가능하기 때문이다. 뉴스 취재와 논평에도 누구나 참여할 수 있다. 이러한 변화는 뉴스를 더 다양하고 개인화된 방식으로 접근할 수 있게 해 주며, 뉴스 이용자로서 그 역할을 확장시켰다.

---

38) 크리스토퍼 앤더슨 등. 『뉴스를 묻다』 한울. 2019. p115.

인터넷 등장 이후 뉴스는 기존과 완전히 다른 형식과 내용으로 진화하게 됐다.[39] 또 상호작용적 미디어라 이용자들은 뉴스에 자유롭게 의견을 다는 데서 나아가, 이용자끼리 의견을 교환하는 일까지 가능해졌다. 게다가 인터넷뉴스는 문자, 음향, 영상 등 멀티미디어적 요소를 모두 담고 있어 기존의 어떤 미디어보다 생생한 뉴스 현장을 접할 수 있게 됐다. 이런 미디어의 등장은 뉴스 소비의 변화로 이어졌다. 뉴스 이용자들은 더 이상 수동적인 독자, 청취자, 시청자가 아닌 뉴스 소비자이자 생산자, 유통의 주체로 변신하게 된 것이다. 즉 자신의 의견을 밝히고 다른 이용자들과 공감을 형성해 나가는 적극적인 뉴스 이용자로 변화했다.

이는 일방향적 뉴스 전달에서 상호작용적 소통으로 발전했다고 볼 수 있다. 조직 없이 조직된 대중이 집단행동과 조직의 능력을 발휘할 수 있게 되면서 과거에는 사소했을 정치적 문제도 거대한 이슈로 부각되는 세상이 되었다. 실제로 2024년 4월 국회의원 선거를 앞두고 정치 유튜브 채널이 '호황'을 맞이했다. 유튜브 정치 채널은 정치적 성향이 있는 이용자들과 소통하며 이슈를 형성하고 더 나아가 정치에 참여하는 형태로 영향력이 막강해졌다. 언론사나 전문 언론인이 아닌 개인이 뉴스를 생산하고 유통하는 '유튜브 저널리즘(Youtub Journalism)' 시대가 온 것이다.

이런 변화의 중심에는 뉴스를 함께 공유하고 소비하며 소통하는 뉴스 이용자들이 자리 잡고 있다. 기존의 뉴스는 주로 사회의 오피니언 리더와 전문 기자들이 생산하고 소비하는 엘리트의 장르였다. 하지만 이제 뉴스 이용자들은 기자들이 생산한 뉴스에 반응하는 수준에서 나아가 스스로 뉴스를 생산하는 주체로 변신하고 있다. 이는 뉴스를 평범한 개인들

---

[39] 김경희, 『뉴스 소비의 변화와 뉴스의 진화』 언론정보연구 49권 2호, 2012, p5~36.

이 생산하고 유통하며 이용하는 대중적인 장르로 재탄생 시키고 있다고 할 수 있다. 지난 1998년 '드러지 리포트'가 미국의 주요 방송사나 신문사들 보다 앞서 클린턴 미국 대통령과 백악관 인턴 르윈스키 스캔들을 특종 보도했다. 드러지 리포트는 CBS 매점 직원으로 일했던 매트 드러지(Matt Drudge)가 만든 1인 인터넷 매체였다.

인터넷이 확산되기 전까지 우리 사회에서 주요 의제가 무엇인지를 알려주는 역할은 신문·방송 등 매스미디어가 담당해 왔다. 미디어 의제란 신문이나 텔레비전 등 미디어에서 중요하다고 강조하는 이슈 또는 대상을 의미하며, 공중 의제는 사람들이 중요하다고 생각하는 이슈나 대상을 말한다. 그러나 인터넷이 확산된 이후에는 미디어에서 선정된 의제 이외에도 뉴스 이용자들이 선정한 의제가 공중 의제에 영향을 미치는 현상을 쉽게 확인할 수 있다.

지난 2009년 이른바 '미네르바 사건'이 사회적 관심을 끌었다. 미네르바라는 필명으로 활동했던 인터넷 논객 박대성씨는 포털사이트 다음 아고라에서 2008년 하반기 미국 투자은행인 리먼 브라더스의 부실과 환율폭등 및 금융위기의 심각성, 그리고 당시 대한민국 경제 추이를 예견하는 글로 주목을 받았다. 이 때문에 박씨는 허위사실유포 혐의로 체포 및 구속되었다가 무죄로 석방됐다. 다음 아고라는 인터넷 유저들끼리 토론이나 대화를 하고, 청원을 할 수 있는 인터넷 광장 성격의 서비스였다. 박씨는 '미네르바'라는 필명으로 2007년 10월부터 2008년 11월까지 약 80개의 글을 남겼다. 이 글들은 누적 조회수 730만여 건, 댓글 3만 3천여 개, 답변글 2천여 개를 기록했다. 그의 글은 인터넷 뉴스뿐 아니라 방송 메인 뉴스와 신문에서도 중요한 뉴스로 다뤄졌고 추적60분 등에 방영되는 등 사회적 이슈가 되었다.

이에 앞서 2002년 6월 13일에 발생한 미군 장갑차에 의한 여중생 사망은 당일 까지만 해도 속보 형식으로 짤막하게 '여중생 2명이 미군 장갑차에 치여 사망'으로 보도되기만 했고 관심을 받지 못했다. 당시 2002 한일 월드컵이 한창 진행 중이었으므로 국민들의 관심은 모두 사고 다음 날에 치러진 한국 대 포르투갈전에 쏠려 있었던 데다 그 경기에서 한국이 승리하고 조 1위로 16강에 진출하면서 기사 자체가 묻혔다. 그러다가 인터넷 한겨레 자유토론방에 '앙마'라는 아이디의 네티즌이 광화문 앞 촛불시위를 제안했고, 11월 30일 첫 촛불집회가 열렸다. 인터넷 신문인 오마이뉴스는 촛불집회 전 과정을 톱 화면에서 보도했고, 오마이뉴스의 계속된 보도는 다른 매체에도 영향을 주어 주요 언론들도 이 사건을 메인 뉴스로 다루기 시작했다. 그 결과 한미 관계가 대통령 선거의 주요 이슈로 부각되었고, 2002년말 주요한 사회적 의제로 떠올랐다. 이처럼 뉴스 이용자가 제기한 의제가 미디어의 의제로 부각된 사례로 점점 더 늘어 가고 있다.

특히 소셜 미디어의 등장은 뉴스의 소비와 생산 방식을 크게 변화시켰다.[40] 뉴스는 이제 하이퍼텍스트를 통해 더 깊이 있게 다루어지고, 독자와의 상호작용으로 대화형 저널리즘을 만들어가고 있다. 소리와 영상이 협력하는 멀티미디어 형태로 제공되기도 한다. 소셜 미디어 시대의 뉴스는 "인쇄하기 적합한 것(fit to print)"에서 "클릭하기 적합한 것(fit to click)"으로 변했다. 뉴스는 이제 일방적으로 읽거나 듣는 것이 아니라, 클릭해서 '좋아요'를 누르고, 공유하고, 댓글로 의견을 표현하는 방식이 됐다. 그래서 뉴스의 '보도 가치'뿐만 아니라 '공유 가치'도 중요해졌다. 언론은 발행부수나 시청률보다는 트래픽, 추천 수, 점유율 같은 새로운 방식으로 사람들의 관심을 파악하고 있다. 이런 변화는 뉴스의 접근성과 다양성을 높이

---

40) 김경모 등, 『AI 시대 저널리즘 미리보기』, 한울, 2024. p151~152.

고, 사용자 경험을 더 풍부하게 만든다.

1) 소통 중심

지난 2016년 설 연휴기간 동안 한 지상파 방송사는 〈톡하는대로〉라는 파일럿 프로그램을 방영했다. 〈톡하는대로〉에서 누리꾼인 시청자들은 댓글로 출연자들이 어디로 떠날지, 여행지에 무엇을 타고 갈지, 어떤 걸 먹을지 등 지극히 사소한 부분까지 결정한다. 실제로 "두 번째 댓글로 움직입니다", "48번째 댓글에 따르겠습니다"라고 밝힌 출연자들은 예상 밖의 상황에 처하기도 하고 남성 출연자가 누리꾼의 요청에 따라 난생 처음 네일 아트를 받기도 하였다. 이른바 댓글로 소통하는 '댓글리케이션'의 과한 사례지만 이 프로그램은 젊은층이 하루 종일 스마트폰을 쥐고 살아가는 생활 패턴과 '공감', '좋아요' 등을 누르며 실시간으로 반응하는 콘텐츠 소비 방식을 적절하게 활용했다.

쏟아지는 온라인 게시물 속 누리꾼의 관심을 사로잡는 것 중에 하나가 댓글이다. '댓글리케이션'이란 세태를 반영한 댓글과 커뮤니케이션을 합친 신조어다. 댓글은 인터넷 게시물 밑에 남길 수 있는 짧은 글로 코멘트(comment) 또는 리플(reply)이라고도 한다. 인터넷 게시물에 독자의 의견을 표할 수 있는 대표적 소통 방식이다. 댓글을 통해 다양한 대화와 논리적인 토론 및 토의가 이루어지기도 하고, 감정적인 반대 표현이나 지극히 단순한 맞장구와 같은 일도 이루어지기도 한다. 댓글이 네티즌들의 토론과 지식 공유 수단으로 자리 잡으면서 '댓글 저널리즘'이 새로운 문화 트렌드를 형성하였다. 특히 '양방향적 속성'을 갖고 있는 댓글은 특정 이슈에 대해 정보를 공유하고 의견을 나누는 방식을 통해 영향력을 행사하였다.

뉴스 기사 등 원문을 읽고 나서 독자가 다양한 의견들을 작성하게 되고 그것이 또 다른 독자들에게 원문에서 주는 것 이외의 정보를 제공한다는 의미에서 '댓글 저널리즘'이라는 용어가 사용되기 시작하였다.

뉴욕타임스의 2021년 9월 5일자 뉴욕판 기사 "당신의 의견이 우리를 더 좋게 만드는 방법(How Your Comments Make Us Better)"은 뉴스 댓글의 중요성과 그 역할에 대해 설명하고 있다.[41] 이 기사는 커뮤니티 디렉터가 작성했으며, 댓글을 통해 이 신문이 독자와 어떻게 소통하고 있는지를 보여 준다. 뉴욕타임스의 커뮤니티 팀은 독자의 반응을 수집하고 이를 기자들에게 전달하여 독자의 요청과 관심에 부합하는 기사를 작성할 수 있도록 돕고 있다. 이는 뉴욕타임스의 사명 중 하나인 독자가 세상을 이해하는 데 도움을 주는 것과 연결된다. 댓글은 독자와 매체를 연결하고 관계를 증진하는 데 중요한 역할을 한다. 현재 뉴욕타임스 웹사이트와 스마트폰 어플리케이션에서 가장 활발하게 사용되는 기능 중 하나가 바로 댓글이다. 뉴욕타임스의 댓글은 80% 이상이 구독자에 의해 작성되며, 구독자 10명 중 1명 정도가 매주 댓글을 읽는다고 한다. 독자의 의견을 수렴하고 이를 반영하는 과정에서 매체와 독자 간의 신뢰와 관계가 더욱 강화될 수 있다.

점점 영향력을 키워가고 있는 댓글문화는 '댓글 전쟁'으로 이어지기까지 한다. 관련해 명예훼손·모욕으로 접수된 사건은 2010년 22,777건에서 2020년 79,910건으로 10년 사이 약 4배가량 급증했다. 2006년에는 2,735건에 불과했다. 이는 SNS의 사용이 급증하면서 자유로운 의사 표현이 가능해진 사회적 여건 때문으로 보인다.

여기에다 소셜 미디어들은 항상 휴대하는 스마트폰 위주의 인터페이스

---

41) 최진순 기자의 온라인저널리즘의 산실 www.onlinejournalism.co.kr

를 가지고 있기 때문에 무엇보다 정보 전달 속도가 매우 빠르며 급박한 재난 상황이나, 중요한 소식들이 순식간에 퍼지는 데 가장 중요한 매개체 역할을 하고 있다. 지난 2022년 8월 평일 퇴근 시간 내린 폭우로 서울 시내 교통이 마비되자 X(트위터)를 통해 실시간으로 교통 정보를 활발하게 주고받았다. X(트위터)에서 사람들은 실시간 도로 상황과 지하철 운행 정보, CCTV 확인 방법 등을 활발히 공유하며 서로의 안전 귀가를 기원했다. 이 외에도 국가교통정보센터(@HappyTraffic), 서울교통공사(@seoul_metro), 서울시도시고속도로(@smartroad) 서울시 교통정보과(@seoultopis), TBS 교통방송(@tbsseoul), 경기도교통정보센터(@16889090) 등이 시민들의 편의를 위해 공식 트위터 계정에서 실시간 교통 정보를 제공했다.

이제 뉴스 소통은 단순한 정보 전달을 넘어서는 복잡한 사회적 과정이다.[42] 특히 디지털 미디어와 소셜 네트워크 서비스(SNS)의 발달로 인해 뉴스는 더 이상 일방적인 정보 전달 수단이 아니라, 사회적 경험과 문화적 산물로서 역할을 하고 있다. 19세기 전신과 같은 초기 커뮤니케이션 기술은 주로 정보를 전달하는 역할을 했다. 하지만 SNS 등 뉴미디어를 통해 뉴스는 정보 전달을 넘어, 개인의 정보, 의견, 감정까지 공유할 수 있는 플랫폼이 되었다. 따라서 뉴스는 정보 전달을 넘어서 사회적 경험과 문화적 맥락 속에서 이해되어야 한다. 보았듯이 하이퍼링크와 같은 디지털 기술은 뉴스 소비 방식을 변화시켰고 1인 미디어의 등장은 개인이 직접 뉴스를 생산하고 유통할 수 있는 환경이 조성되었다. 이러한 변화는 뉴스 이용 경험을 풍부하게 하고, 새로운 뉴스 소통 문화를 만들어내고 있다.

먼저 뉴스 소통은 송신자에서 수신자로 일방적으로 전달되는 것이 아니

---

42) 『SNS 뉴스 소통: 다중성과 구술성』 박선희. 언론정보연구 제49권 제2호. 2012.

라, 양방향으로 교환되는 과정이기 때문이다. 즉 SNS에서 뉴스는 전달 행위가 아니라, 이야기하고 공유하는 행위로 나타난다. '트윗', '멘션', '좋아요' 등의 기능들은 상대방에게 반응을 보이며 감정을 교류하는 이야기 행위를 보여 준다. 리트윗(RT)과 공유하기 버튼을 누르는 것은 소식을 나누는 행위로 볼 수 있다. 따라서 스마트폰을 통해 글을 올리는 행위는 쓰기보다는 말하기에 가깝고, 타임라인을 보는 행위는 읽기보다는 듣기에 가깝다. 이러한 변화는 뉴스 이용 행위를 문자성보다는 구술성에 가깝게 만든다. 뉴스는 이제 단순한 정보 전달이 아니라, 사회적 경험과 감성적 교류의 중요한 부분이 되었다.

지난 2010년 현대자동차 비정규직 노동자들은 비정규직 노동자에 대한 차별과 고용불안에 항의하여, 20여일간 공장 점거투쟁을 벌일 당시에 스마트폰을 이용해 X(트위터)에 글을 올림으로써 투쟁소식을 전했다. X(트위터) 계정을 가진 한 조합원의 건의로 50여 명의 조합원들에게 X(트위터) 교육이 있었다. 이후 스마트폰으로 고스톱 게임 정도만 즐기던 조합원들이 매일같이 자신들의 소식을 외부로 전파했고 점거농성이 뉴스에 나오지 않는다고 탓하는 사람보다 X(트위터)에 어떤 글을 올릴지 고민하는 사람이 늘기 시작했다. 현대차 비정규직 점거농성장 계정을 중심으로 매일같이 자신들의 소식을 나르면서 각자 적게는 100여 명에서 많게는 1천여 명씩 급속도로 팔로워를 늘렸다. 이들의 활동으로 한 포털에서 '현대차 비정규직 파업'이 실시간 검색순위 1위가 되기도 했다.

SNS는 매체에 대한 태도와 커뮤니케이션 방식에 따라 다양한 형태의 소통을 가능하게 한다. 이를 통해 SNS는 정보 전달을 넘어서 정서적 커뮤니티를 유지하고 강화하는 역할을 한다. 트윗, 리트윗, 좋아요, 공유하기 등은 정서적 커뮤니티를 유지하고 강화하는 사교적 습관 행위로 작용한다.

나아가 특정 이슈에 관한 정보를 공유하고 의견을 교환하며 토론하는 네트워크 공론장의 가능성을 보여 준다. SNS 뉴스 소통은 다양한 사람들이 연결된 약한 연결망에서는 의례적 커뮤니케이션의 기제로 작용할 수 있다. 반면 정치성향이나 이념이 유사한 강한 연결망에서는 정보 교환을 통해 네트워크 구성원들을 결속시키는 수단으로 활용될 수 있다.

SNS 연결망 구조를 분석한 연구에 따르면, SNS도 유사한 성향이나 의도를 가진 사람들끼리 연결되는 호모필리(Homophily) 현상을 보인다. 이러한 다양한 소통 형태와 연결망의 특성은 SNS 뉴스 소통을 더욱 풍부하고 다양한 경험으로 만들어 준다. 뉴스 소통이 단순한 정보 전달을 넘어, 사회적 경험과 정서적 교류의 중요한 부분이 되는 것을 볼 수 있다.

지난 2022년 이태원 사고 당시 사고 피해자의 가족이나 친구들이 사고 당시 피해자를 도와줬던 '은인을 찾고 싶다'는 게시물을 온라인에 올려 미담이 널리 공유되는 사례도 많았다. 한 X(트위터) 이용자는 "이태원 참사 사상자 동생입니다"라고 자신을 소개하며 "저희 언니 소지품을 보던 중에 뉴발란스 맨투맨이 들어 있어서 누군가 도와 주신 거 같아 부모님께서 찾고 싶어하신다"는 글을 올리기도 했다. 또 다른 이용자는 트위터에 친구를 찾는 글을 올렸고 이후 "많은 분들이 도움주신 덕에 연락이 닿을 수 있었다"며 "진심으로 감사한다"고 전하기도 했다.

또한 SNS에서 뉴스 소통은 스몰 토크와 유사한 의례적인 커뮤니케이션 방식으로 이루어진다. 의례적 교감(phatic communion)은 사교적인 목적에서 단순히 몇 마디 말을 교환하여 관계를 형성하는 의사 소통이다. 이러한 교감은 정보적인 측면보다는 관계적인 측면을 강조한다. 뉴스의 상세한 내용은 링크 형식으로 제공되기도 하지만, SNS에서 뉴스 소통은 기본적으로 의례적 교감 안에서 이루어진다. 다시 말해, 뉴스 전파자는 뉴스를 전달함으로써 '네트워크에 공존하고 있다', '서로 연결되어 있다'는 느낌을 공유하는 것이다. 특히 페이스북의 '친구'나 X(트위터)의 '팔로워'와 같은 은유는 온라인 관계의 친밀성과 수평성을 나타내기 위한 것이지만, 이러한 은유는 SNS 뉴스 소통이 친구들과 소식을 나누는 것처럼 친밀하다는 것을 시사한다.

'아이스 버킷 챌린지'는 근위축성 측색 경화증, 이른바 루게릭 병에 대한 관심을 환기하고 기부를 활성화하기 위해 한 사람이 머리에 얼음물을 뒤집어쓰는 방식으로 이루어져있다. 2014년 여름 미국의 한 골프 채널에서 얼음물로 이 도전을 시작했다. 이 동영상을 본 루게릭 병 환자 팻 퀸은 본인의 동영상을 페이스북에 올리면서 소소한 유행으로 번지기 시작했다. 이후 이 동영상을 본 피트 프레이츠라는 전 보스턴 칼리지의 야구 선수가 트위터에 관련 내용을 올리면서 전세계적으로 유명해지기 시작했다. 한편 브라질의 축구선수 네이마르는 아이스 버킷 챌린지에 참여할 때 2014년 FIFA 월드컵에서 자신을 다치게 한 수니가를 지목했고, 수니가가 이를 받아들여 화제가 되었던 적도 있다.

'아이스버킷 챌린지' 이후로 다양한 챌린지들이 등장했는데, 그 중에서도 2016년 '마네킹 챌린지'와 국내에서는 2020년 '아무 노래 챌린지'가 손꼽힌다. 이 챌린지들은 각각의 방식으로 사람들의 참여와 관심을 끌었으며, 코로나19 시대에는 의료진들에게 감사의 의미를 전하는 '덕분에 챌린지'가 확산되어 공적 가치까지 더해졌다. 이러한 챌린지들은 사회적 상황과 관심사를 반영하며, 많은 사람들이 참여하고 공유하는 플랫폼으로 기능하고 있다.

나아가 SNS에서는 일상 이야기가 전통적 의미의 뉴스와 구별되지 않고 '뉴스'로서 이용되며, 많은 사적인 스몰 토크(small talk)들이 서로 얽혀 공적 담론을 만들기도 한다. 뉴스는 이제 전문가 집단의 게이트키퍼를 거쳐 전달되는 정보로만 제한되지 않는다. 사람들이 커뮤니케이션하는 과정에서 교환되는 사회적인 이야기로 개념이 확장되고 있다. 블로그와 같은 온라인 매체의 등장으로 뉴스 경계가 확장되거나 이동하여 '정보 혹은 지식, 의견으로서 뉴스'가 이를 넘어 '소식으로서 뉴스'로 변화하고 있다. 이러한 변화는 뉴스가 더욱 다양한 형태로 소비되고 생산되며, 이용자들이 뉴스에 더욱 적극적으로 참여하고 있다는 것을 보여 준다.

퍼거슨 사태(Ferguson unrest)는 2014년 8월 마이클 브라운 총격 사건 이후 미국 미주리주 퍼거슨에서 2주간 발생한 시위 및 시민 불복종 사태이다. X(트위터)에서는 총격 사건 이후 단기간에 360만건에 달하는 트윗을 기록하며 가장 뜨거운 관심을 모았다. 미국 전역에서 민감한 사회적 문제로 떠오른 '퍼거슨 사태'는 X(트위터)에서 다양한 관점과 의견을 가진 토론으로 이어지며 인종차별이라는 화두에 다시 한번 불을 지폈다.

SNS는 다양한 형태의 정보를 쉽게 접할 수 있는 플랫폼이다. 뉴스, 기사, 사진, 동영상 등을 통해 우리의 지식과 시각을 넓히고 새로운 아이디어를 얻을 수 있다. SNS를 통해 우리는 자신의 의견을 표현하고 다른 사람들과 토론할 수 있다. 이러한 환경은 구술 사회와 유사한 측면을 지니며, 사회 연결망을 통해 관계를 형성하고 유지하는 데도 중요한 역할을 한다. 이와 함께 SNS는 뉴스를 실시간으로 전달할 수 있어, 사건이 발생하자마자 많은 사람들이 빠르게 알 수 있고 여러 소셜 미디어 플랫폼에서 다양한 뉴스 소스를 따를 수 있어, 한 가지 뉴스에 대해 여러 시각을 접할 수 있다. 사용자들이 뉴스에 대해 의견을 나누고 피드백을 남길 수 있어, 더 많은 사람들이 뉴스에 참여할 수 있다. 이런 SNS 특징은 뉴스 소통에 큰 영향을 미치고 있다.

2) 공감 강화

코로나19 팬데믹 동안 많은 사람들이 소셜 미디어를 통해 서로를 지원하고 격려했다. 예를 들어, #집콕(#StayHome) 캠페인은 사람들이 집에 머물며 바이러스 확산을 막기 위해 노력하는 모습을 공유하며 공감을 이끌어 냈다. 인스타그램의 '집콕 스티커'는 출시 일주일 만에 1억 회 이상 사용되었으며, 이는 사람들이 집에 머물며 바이러스 확산을 막기 위해 노력하는 모습을 공유하며 공감을 이끌어 냈다. 또 인스타그램에서는 '#우리들의 영웅 의료진 여러분 감사합니다' 스티커를 통해 의료진에 대한 감사의 마음을 표현하는 캠페인이 진행되었다. 많은 사람들이 이 스티커를 사용하여 의료진에게 감사의 메시지를 전하며 공감을 나누었다. 틱톡에서도 #집콕생활 해시태그를 사용한 영상이 15만 개 이상 제작되었고, X(트위터)에서는 #집콕 해시태그가 2020년의 해시태그 3위에 올랐다.

인스타그램의 '소상공인 지원' 스티커는 소상공인들을 돕기 위한 캠페인으로 사용자들이 이 스티커를 통해 소상공인들의 이야기를 공유하고 지지하는 모습을 보여 주었고 유튜브 사용이 증가하면서 많은 사람들이 #홈쿡, #집콕과 같은 새로운 트렌드를 공유하며 자발적으로 사회적 거리 두기를 실천했다. 이러한 움직임은 소셜 미디어를 통해 확산되며 많은 사람들에게 공감을 불러일으켰다.

(1) 공감의 발달

공감이란 타인의 사고나 감정을 자기 내부로 옮겨와 이에 동조하고, 자기도 그렇다고 느끼는 심적 상태를 뜻한다. 이러한 공감 능력은 인간의 본능이고 선천적인 것이다. 미국의 경제 사회학자인 제러미 리프킨은 수렵 시대에서 현대에 이르기까지의 인류의 역사를 서술하면서 공감하기 위한 에너지-커뮤니케이션 관계의 변화에 따른 의식 변화의 과정을 '역사'라고 보았다. 따라서 인류는 중세의 '신앙의 시대'에서 계몽주의가 불러일으킨 '이성의 시대'를 거쳐 현재는 '공감의 시대'로 가고 있다고 말한다. 오늘날 정의하는 공감이라는 것은 근대 낭만주의의 유산으로 낭만주의는 사실상 이성의 시대를 지배했던 모든 권위에 도전하는 운동으로서, 세계를 유기적인 관계에서 바라보고 인간은 천성적으로 인정이 많고 사회적이라고 믿었으며, 진보란 상상력으로 자기만족과 공동체 의식을 배양하는 것이라고 보았다.

사람들이 친구를 위해 희생하는 일은 드문 일이 아니다. 매일 사람들은 친구에게 조언을 하거나 시간을 내어 주기도 하고, 위급 상황에서는 바로 달려가 도와주기도 한다. 이런 행동들은 일상에서 흔히 볼 수 있다. 하지만 자연 선택이라는 개념은 본질적으로 경쟁적이다. 자연 선택은 생물이 다른 개체보다 더 잘 번식할 수 있게 만드는 과정이라서, 본질적으로 이기적이다. 그런데도 친구를 돕는다는 것은 희생하는 사람이 큰 비용을 치르지만, 그 혜택은 친구에게 돌아가게 된다. 이 점이 자연 선택과는 다르게 작용하는 면이다.[43]

인간 사회가 시간이 지나면서 더 복잡해지고 협조적으로 변해온 이유에 대해 진화심리학자 로버트 라이트(Robert Wright)는 인간 협동의 확대는 세 가지 주요 특징 덕분이라고 한다.[44] 첫째는 인지적 수단으로 인간은 세계가 어떻게 작동하는지 이해하는 능력을 가지고 있다. 이는 지식과 요령을 공유하고, 물자와 정보를 넓은 범위에 전파하는 능력으로 이어진다.

---

43) 데이비드 버스, 『진화 심리학』, 웅진 씽크빅, 2012. p418.
44) 스티븐 핑커, 『빈 서판』, 사이언스 북스, 2004. p300.

이러한 능력은 교역을 통해 이득의 기회를 확대시킨다. 둘째, 언어는 기술의 공유를 가능하게 하고, 거래를 성사시키며, 합의를 시행하게 하는 중요한 도구이다. 언어 커뮤니케이션을 통해 사람들은 복잡한 아이디어를 전달하고, 협력을 촉진할 수 있다. 셋째는 감정으로 인간은 동정, 신뢰, 죄의식, 분노, 자긍심 등의 감정을 통해 새로운 협동자를 찾고, 그들과의 관계를 유지하며, 착취의 가능성을 막아 협동 관계를 보호한다. 이러한 감정은 협력을 강화하고, 사회적 유대를 공고히 한다.

이를 뒷받침하듯 내생적 성장 이론으로 유명한 경제학자인 폴 로머(Paul Michael Romer)는 자원의 물리적 한계가 아니라, 개념적 재배치를 통해 경제 성장을 이룰 수 있다는 점을 강조한다.[45] 이는 기존 자원을 새로운 방식으로 활용하여 더 많은 가치를 창출하는 방법을 보여 준다. 예를 들어, 사람들은 난방, 의사소통, 정보 저장 방법이 필요한 것이지 석탄, 구리선, 종이 자체가 필요한 것은 아니다. 이러한 필요는 물리적 자원을 더 많이 사용한다고 해서 충족되지 않는다. 대신 기존 자원을 재배치하는 새로운 개념들 즉 조리법, 설계, 기술 등을 통해 우리가 원하는 것을 더 많이 얻어 낼 수 있다. 석유는 단지 오염 물질에 불과했지만, 연료로 사용되면서 고래 기름을 대체하기 시작했다. 모래도 유리 제조에만 사용되었지만, 이제는 마이크로칩과 광섬유를 만드는 재료로 사용된다. 이러한 접근은 자원의 효율적 사용과 혁신을 통해 경제 성장을 촉진하는 방법을 보여 준다.

폴 로머의 두 번째 요점은 개념이 "비경합재(nonrival goods)"라는 것이다. 비경합재는 한 사람이 사용하거나 다른 사람이 동시에 사용할 수 있는

---

45) 스티븐 핑커. 『빈 서판』. 사이언스 북스. 2004, p418.

재화로서 정보로 구성되어 있어 저렴한 비용으로 복제할 수 있다. 예를 들어, 빵 만드는 조리법, 건물의 청사진, 쌀 재배 기술, 의약 제조법, 유용한 과학 법칙, 컴퓨터 프로그램 등이 이에 해당한다. 이러한 비경합재는 주는 사람이 손해를 보지 않고도 다른 사람에게 줄 수 있다.

비경합재의 힘은 인간의 진화사에서도 발견된다. 인류학자 존 투비와 어빈 드보어는 수백만 년 전 우리의 조상들이 환경의 인과적 관계를 모형화할 수 있는 정신적 연산 방법을 진화시켰다고 주장한다. 이를 통해 인간은 언어와 사회적 인식을 발전시켜 기술 정보를 낮은 비용으로 공유하고 협동할 수 있게 되었다. 따라서 인간의 실제적 지능은 기술 정보를 낮은 비용으로 공유할 수 있는 언어와 사람들로 하여금 속지 않게 함으로써 협동하게 하는 사회적 인식 등과 함께 진화했고 이는 인간이 개념의 힘으로 살아가는 종으로 진화하는 데 중요한 역할을 했다.

이러한 특징들은 비제로섬 게임의 원리와도 연결된다. 비제로섬 게임의 원리는 현대 사회에서 공감과 협력을 촉진하는 데 중요한 역할을 한다. 비제로섬 게임에서는 양측이 서로를 돕고 해치지 않도록 자제하는 능력이 중요하다. 이를 통해 자원을 효율적으로 나누고, 갈등을 해결하는 다양한 기술이 발전하게 된다. 현대에 소셜 미디어는 이러한 비제로섬 게임의 원리를 실현하는 중요한 도구로 작용하고 있다. 사람들은 소셜 미디어를 통해 정보를 공유하고, 협력하며, 공통의 이익을 추구할 수 있다. 예를 들어, 코로나19 팬데믹 동안 소셜 미디어를 통해 자발적으로 사회적 거리 두기를 권장하는 움직임이 확산되었고, 이는 많은 사람들에게 공감을 불러일으켰다. 이러한 사례는 소셜 미디어가 공감과 협력을 촉진하는 데 얼마나 중요한 역할을 하는지를 잘 시사한다.

사회 심리학자 조너선 하이트(Jonathan Haidt)의 연구는 인간의 도덕 감정과 그 기능을 체계적으로 설명하는 데 큰 기여를 했다.[46] 그의 연구에 따르면, 도덕 감정은 다양한 방식으로 인간의 행동을 유도하고 사회적 규범을 유지하는 데 중요한 역할을 한다. 즉 타인을 비난하는 감정인 경멸, 분노, 혐오와 같은 감정은 사기꾼을 처벌하게 하는 작용을 한다. 타인을 칭찬하는 감정인 감사, 고양시키는 감정, 도덕적 경외, 감동 등은 이타주의자에게 보상하는 기능을 한다. 타인의 고통을 느끼는 감정인 동정, 공감, 연민은 어려운 수혜자를 도와주는 기능을 한다. 자의식적 감정인 죄의식, 수치, 당혹은 남을 속이지 않거나 속인 결과를 바로잡는 기능을 한다는 것이다.

나아가 어떤 생물들은 자기 자신을 희생하고 다른 생물에게 이익을 주는데, 생물학자들은 이것을 이타주의라 부른다. 경쟁적인 세상에서 이타성이 새롭거나 특이하지 않다는 것은 더 큰 의문으로 이어진다. 이타주의가 본능적이라는 방증으로 첫째, 인류 문화 전반에 걸쳐 사회적 교환이 나타나고, 우리 조상들이 살던 수렵 채집인 문화에서도 빈번히 발견된다는 증거가 있다. 둘째, 흡혈박쥐처럼 사람과 거리가 먼 동물들도 사회적 교환을 한다는 점이다. 셋째, 침팬지, 비비, 마카크 원숭이 같은 다른 영장류들도 서로 도와주는 행동을 보여 준다. 이 모든 증거는 이타성이 수백만 년 전까지 거슬러 올라가는 오래된 행동이라는 걸 시사하고 있다.[47]

이타주의는 특히 생물들이 어떻게 협력하고 생존하는지에 대한 깊은 통찰을 제공한다. 연고적 이타주의는 유전자를 공유하는 친척들 사이에서 발생하는 이타주의로 자신의 적합성을 희생하면서도 친척의 생존 가능성을 높이는 행동을 말한다. 이는 유전적 이익을 극대화하는 전략으로 가족

---
46) 스티븐 핑커. 『빈 서판』. 사이언스 북스. 2004. p 425, 475.
47) 데이비드 버스. 『진화 심리학』. 웅진 씽크빅. 2012. p419.

애의 진화적 기초가 된다. 반면 호혜적 이타주의는 서로 도움을 주고받는 관계에서 진화한다. 협력자들이 서로 돌보고 지원함으로써 생존 가능성을 높이는 방식으로 이는 사회적 동물들 사이에서 흔히 볼 수 있으며, 사기꾼들을 피하거나 응징함으로써 협력의 이익을 극대화한다.

다니엘 뱃슨(Daniel Batson)의 '공감-이타주의 가설'에 따르면, 사람들이 다른 사람에게 공감을 느끼면 그로부터 얻을 수 있는 것과 상관없이 그들을 돕는다고 한다. 이는 인간이 진정한 이타주의적 행동을 할 수 있다는 것을 보여 준다. 반면, '공감-기쁨' 가설은 다른 사람이 안도하는 것을 보는 즐거움 때문에 도움이 자발적으로 이루어진다고 설명한다.

공감과 소통에서 가장 중요한 도구는 언어다. 처음에는 말하는 언어, 그 다음에는 쓰는 언어가 생겼다. 언어는 우리의 인식을 돕고 지능을 높여 준다. 마치 길을 안내하는 표지판처럼 말이다. 복잡한 생각이나 개념도 공유하고, 비판하고, 기록할 수 있게 해 준다. 또한 다양한 관점에서 볼 수 있으며, 쉽게 기억하고 이동할 수 있게 해 주는 큰 역할을 한다.[48] 나아가 언어는 단순히 의사소통의 도구를 넘어서, 우리의 생각과 감정을 표현하고 공유하는 수단이다.[49] 언어를 통해 우리는 서로의 생각과 정보를 직접적으로 전달할 수 있다. 이는 문자, 말, 글 등을 통해 이루어진다. 또 은유와 환유 같은 언어적 기법을 통해 우리는 듣는 사람에게 새로운 관점이나 관계를 암시적으로 전달할 수 있다. 이는 언어의 풍부함과 창의성을 보여 준다. 언어는 뇌에서 정보의 저장과 조작을 위한 도구로도 사용된다. 이는 우리가 경험한 사실들을 기억하고, 이를 바탕으로 새로운 아이디어를 창출하는 데 도움을 준다.

---

48) 대니얼 데닛. 『마음의 진화』. 사이언스 북스. 2006. p238.
49) 스티븐 핑커. 『빈 서판』. 사이언스 북스. 2004. P 350, 370.

따라서 뇌의 복잡성은 언어를 통해 주변 세계에서 일어나는 중요한 사실들을 등록하고 처리하는 능력에서 비롯된다. 이는 우리의 생존과 적응에 중요한 역할을 한다. 언어는 이러한 다양한 기능을 통해 인간의 사회적, 인지적 능력을 확장시키고, 협력과 공감을 촉진하는 중요한 역할을 한다. 인류학자 로빈 던바(Robin Dunbar)에 따르면 언어의 기원이 정보 전달이 아니라, 사회적 결속을 강화하는 데 중요한 역할을 했다. 그는 언어가 원래 '수다 떨기'와 같은 사회적 상호작용에서 비롯되었다고 주장한다. 수다 떨기는 사회적 결속을 강화하는 데 매우 효과적이다. 기술적 정보는 누구에게나 전달될 수 있지만, 사회적 정보는 특정 그룹 내에서만 공유된다. 이는 집단 생활을 하던 인류의 생존에 중요한 역할을 했기 때문이다. 실제로 대학 구내 식당에서의 대화를 분석 결과, 학문적인 이야기는 20%에 불과하고 나머지는 대부분 수다였다는 점도 이를 뒷받침한다.

(2) 미디어와 공감

지난 2018년 미국 매사추세츠공대(MIT) 연구진은 가짜뉴스의 온라인 확산 속도를 진짜뉴스와 비교하는 연구 결과를 국제학술지 '사이언스'에 게재했다. 연구 결과 가짜뉴스의 온라인 확산 속도는 진짜뉴스보다 평균 6배나 빨랐다. X(트위터) 사용자 1500명에게 도달하는 시간을 기준으로 했을 때 가짜뉴스는 평균 10시간이 걸렸으나 진짜뉴스는 60시간이 걸리는 것으로 확인됐다. 가장 빨리 퍼진 가짜뉴스는 가장 느리게 퍼진 진짜뉴스보다 무려 20배 빨랐다. 특히 이슈 파급력이 강한 정치 분야의 가짜뉴스는 다른 분야보다 더 강하고 빠른 전파력을 보였다. 정치와 관련한 가짜뉴스의 전파 속도는 다른 가짜뉴스보다 3배 더 빨랐으며, 대부분 최소 4만 5000회 이상 리트윗 되는 것으로 나타났다. 이는 사용자들이 뉴스 혹은 가짜 뉴스의 어떤 속성에 주목해 공유했기 때문인데, 연구진은 그 속성을 놀람과 혐오스러움이라고 분석했다. 사람들은 새롭고 기이하고 비상식적으로 혐오스러운 소식일수록 다른 사람들과 더 공유하는 경향을 보였다는 것이다.[50]

커뮤니케이션(communication)에서 'com'은 공유를 뜻하는데, 의사 소통인 커뮤니케이션을 보는 또 다른 관점은 공유의 관점이다. 커뮤니케이션이란 동일한 대상을 같이 경험하는 것이다. 전화는 동일한 내용을 두 사람이 같이 경험한다. 인터넷사이트는 게시판을 같이 읽고 쓰며 공유한다. 이렇게 공유의 관점은 의미의 공유와 이해에 중점을 두고, 의미의 생산과 교환 소비방식에 초점을 맞춘다. 사실 커뮤니케이션의 개념은 '메시지 전달(S-M-C-R-E)'의 개념 이전에 '공유의 개념'이었다. 커뮤니케이션의 형태 중에 S-M-C-R-E 모델로 설명이 안 되는 것들이 있다. 사람들은 모닥불을 피우면 이를 둘러싸고 모두가 모닥불을 응시한다. 이와 마찬가지로 미디어 이벤트의 경우 즉, 월드컵 결승전이 방영될 때 모든 지구인이 텔레비전을 시청한다. 이는 전지구적인(global village) 행위라고 할 수 있고 마샬 맥루언은 이것을 재부족화 및 2차 구술로 설명했다. 정보 전달(S-M-C-R-E)로는 설명되지 않고, '공유'로 이해되는 커뮤니케이션 방식인 것이다.

커뮤니케이션은 미디어에 따라 다양한 영향을 받아 왔다. 이미 맥루언은 라디오가 청각을 통해 사람들에게 깊은 감동을 주고, 개인적인 경험을 제공하는 매체로서 역할을 강조했다.[51] 특히, 오슨 웰스의 방송 드라마 〈화성으로부터의 침입〉은 라디오의 강력한 청각 이미지를 잘 보여 주는 사례이다. 이 방송은 많은 청취자들에게 실제로 화성이 침입한 것처럼 느끼게 했고, 이는 라디오의 몰입감과 상상력을 자극하는 힘을 잘 보여 준

---

50) 김경모 등, 『AI 시대 저널리즘 미리보기』, 한울, 2024. p153.
51) 채백, 『세계언론사』, 한나래, 1996. p238, 246.

다. 라디오의 이러한 힘은 단순히 대본 작가들의 능력 때문만은 아니다. 라디오는 청각을 통해 사람들의 잠재의식에 깊이 작용하며, 부족의 뿔피리나 북소리와 같은 본질적인 역할을 한다. 이는 라디오가 사람들에게 일종의 감동 상태를 유발할 수 있는 이유 중 하나이다. 오슨 웰스의 이 방법을 실제로 라디오에서 사용한 것은 히틀러였다.

라디오는 정보 전달의 속도를 높이고, 세계를 하나의 작은 마을처럼 만들었다. 이는 마셜 맥루언의 "지구촌" 개념과도 일맥상통한다. 또한 라디오는 다양한 언어와 문화를 부활시키는 데 중요한 역할을 했다. 예를 들어, 인도에서는 여러 공용어가 존재하기 때문에 각 언어별로 라디오 네트워크가 형성되어 있다. 아일랜드, 스코틀랜드, 웨일스 등지에서는 라디오의 등장 이후로 오래된 모국어가 다시 부활하는 현상이 나타났다. 이스라엘에서도 히브리어가 부활하는 데 라디오가 큰 역할을 했다.

전파와 위성 중계 기술의 발전은 전 세계를 실시간으로 연결하여 사건 현장을 생생하게 전달하는 데 큰 역할을 하고 있다. 이러한 기술은 지리적 거리감을 없애고, 전 세계를 하나의 '촌락'처럼 느끼게 만든다. 이는 마치 한 마을에 사는 사람들이 옆집에서 일어나는 일에 민감하게 반응하는 것과 비슷한 현상이다. 텔레비전의 생방송이나 위성 중계를 통해 전달되는 뉴스는 사건의 현장감을 극대화하여 시청자들에게 전달한다. 이는 시청자들이 사건을 직접 목격하는 것과 같은 효과를 주어, 시차 판단과 객관적 판단을 어렵게 만들 수 있다. 이러한 현상은 전자시대의 대중 매체에서 더욱 두드러지며, 현대인의 생활과 환경에 큰 영향을 미친다.[52]

인터넷 뉴스의 등장 이후 이용자들의 뉴스 이용 동기가 크게 변화했다.

---

52) 맥루언. 『미디어의 이해』. 커뮤니케이션북스. 1997. P 431-434.

첫째, 뉴스 콘텐츠와의 상호작용을 통해 '교감자로서의 동기'가 중요해졌다. 이 동기는 세 가지로 나눌 수 있는데, 하나는 뉴스 콘텐츠와의 교감 동기로 이용자들이 뉴스 콘텐츠 자체와 깊이 교감하고, 이를 통해 정보를 얻고자 하는 동기다. 또 하나는 기자와의 교감 동기로 뉴스를 생산한 기자와의 교감을 통해 뉴스의 신뢰성을 높이고, 기자의 관점과 이야기에 공감하는 동기다. 마지막은 다른 이용자와의 교감 동기로 뉴스를 매개로 다른 이용자들과 소통하고, 의견을 나누며 공감대를 형성하는 동기다.

둘째, '공감 형성 동기'는 자신의 생각이나 경험을 뉴스 콘텐츠로 제작해 많은 사람들과 소통하고 공감하고 싶은 욕구를 반영한다. 이와 같은 동기는 뉴욕타임스 온라인 포럼 참여자들이 다양한 뉴스에 대해 그들의 의견을 밝힘으로써 뉴욕타임스 기사에 노출되어 많은 사람들과 소통하고 싶어 한다는 연구 결과에도 잘 나타나 있다.[53]

셋째, '의제 설정 동기'는 자신이 중요하다고 생각하는 사회적 의제를 여러 사람들에게 알리고, 이를 통해 사회적 인식을 변화시키고자 하는 동기다. 이는 이용자들이 직접 뉴스를 생산하고 출판하는 행위로 이어지기도 한다. 이러한 동기들은 뉴스 이용을 넘어 뉴스 생산의 직접적인 동기로 작용하며, 현대 미디어 환경에서 중요한 역할을 하고 있다.

셔키 교수의 저서 『군중이 온다: 조직 없는 조직화의 파워』에서 소개된 휴대폰 분실 사건은 이런 동기의 사례다. 이 사건은 '디그(Diggs)'라는 뉴스사이트에 실리면서 큰 주목을 받았다. '디그'는 사용자들이 기사를 올리고, 다른 사용자들이 점수를 매겨 뉴스의 중요도를 판단하는 방식으로 운영된다. 이 사건이 많은 사람들에게 공감을 불러일으킨 이유는 누구에게

---

53) 김경희 등. 『시민기자로서의 블로거의 활동 동기와 뉴스 생산 과정』. 미디어 경제와 문화. 2008년 가을호 제6-4호. p47.

나 일어날 수 있는 휴대폰 분실이라는 사소한 사건이었기 때문이다. 많은 사람들이 이 사건에 공감하고, 이를 통해 뉴스의 중요도가 높아졌다. 결국, 휴대폰을 주워서 사용한 소녀는 검거되었다.[54]

나아가 디지털 미디어의 발달로 가족과 우정 등 전통적 가치가 중요해질 것이라고 랜드(RAND) 연구소의 마틴 밴 더 맨덜은 예측했다.[55] 그는 15~20년 후 삶의 모습을 살펴보면, 우선 가족관계가 더욱더 긴밀해질 것으로 봤다. 유럽 등의 이혼율에서 보듯 오늘날의 가족관계는 바람직하다고 볼 수 없지만 통신기술의 발달은 가족끼리 더 가깝게 만들어 줄 것이다. 여행 중인 할머니 할아버지가 가족과 떨어진 상태에서도 손자 손녀들의 숙제를 도와줄 수 있다. 원격 이동통신 기술이 있기 때문이다. 이에 따라 가족이라는 단위는 미래에도 매우 중요한 역할을 담당할 것이다. 친구도 마찬가지다. 이제 유럽뿐만 아니라 중국에서도 사람들은 사이버 카페에서 서로 화면을 보면서 잡담을 나누거나 메신저로 안부를 묻는다. 이처럼 기술의 발달은 시간과 공간적으로 떨어져 있는 가족과 친구 간의 소통이 가능할 수 있게 했다. 더 중요한 것은 디지털 미디어의 특성이 가족과 친구의 가치를 다시 깨닫게 했다는 것이다. 이것은 앞서 말했듯이 디지털 미디어의 감각적이고 참여적이고 공유의 특성이 사이버 상의 공동체뿐만 아니라 가족과 친구 간의 관계에서도 그대로 나타난 것이다.

3) 관심 전환

미국의 철학자 매슈 크로포드(Matthew Crawford)는 "관심은 오직 사

---

54) 김경희, 『뉴스 소비의 변화와 뉴스의 진화』, 언론정보연구 49권 2호, 2012. p5~36.
55) SBS 서울디지털포럼 엮음, 『유비쿼터스의 최전선』, 미래M&B, 2005. p67.

람들만이 많이 가지고 있는 자원이다."라고 말했다. 주목 경제(Attention Economy)는 인간의 주의력과 관심을 희소한 자원으로 간주하는 경제 이론으로 이 개념은 1971년 경제학자 허버트 사이먼(Herbert A. Simon)이 처음 제안했다. 정보가 풍부해지면서 사람들의 관심이 점점 더 중요한 자원이 되었다는 점을 강조했다. 현대 사회에서는 정보가 넘쳐나기 때문에 사람들의 주의력은 매우 제한적이고 귀중한 자원이 된다. 따라서 기업과 미디어는 사람들의 주의를 끌기 위해 경쟁한다. 주목 경제는 소비자의 관심과 필요, 욕구 등을 파악해 맞춤형 서비스를 제공하는 것을 목표로 한다. 예를 들면 인터넷 쇼핑몰에서 개인화된 상품 추천이나 맞춤형 광고가 이에 해당한다. 디지털 플랫폼인 유튜브, 넷플릭스, 아마존 등은 사용자의 데이터를 분석하여 개인 맞춤형 콘텐츠를 추천한다. 이는 사용자가 더 오래 플랫폼에 머물도록 유도한다. 주목(관심) 경제는 정보의 과잉 속에서 사람들의 주의를 효과적으로 끌고 유지하는 방법을 찾는 데 중점을 두는 것이다.

 한국언론진흥재단의 「2021 소셜 미디어 이용자 조사」결과에 따르면 이용자의 70.1%가 정보와 뉴스를 얻기 위해서 소셜미디어를 이용한다고 응답했다. 인터넷과 소셜 미디어가 등장하면서 이용자들의 뉴스 소비 방식도 변화했다. 이용자들은 관심 있는 이슈를 검색한 뒤 뉴스를 이용한다. 오늘날 뉴스 이용자들은 관심 있는 아이템을 소셜 미디어에서 검색한 후 노출된 뉴스 중에서 읽고 싶은 뉴스를 선택한다. 소셜 미디어는 뉴스가 확산하고 수용자들이 다양한 반응을 드러내는 플랫폼 역할을 한다.[56] 디지털 소셜 네트워크는 뉴스 생산자와 수용자를 직접 연결하고, 뉴스 생산자

---

56) 김경모 등, 『AI 시대 저널리즘 미리보기』, 한울, 2024. p165.

와 수용자 간, 그리고 수용자와 수용자 간의 즉각적인 상호작용을 가능하게 한다. 이러한 변화는 뉴스 소비의 패턴을 더욱 개인화하고, 실시간으로 반응을 주고받을 수 있는 환경을 조성한다.

특히 10대 청소년들은 다양한 플랫폼을 통해 뉴스를 짧게 소비하는 경향이 있다.[57] 청소년들은 모바일과 PC 인터넷(80.3%), 텔레비전(69.1%), 인공지능 스피커(14.4%), 라디오(10.8%), 종이신문(8%), 잡지(4.7%) 등 여러 경로로 뉴스를 접하고 있다. 인터넷에서도 포털(63.7%), 온라인 동영상(63.3%), SNS(49.3%), 메신저 서비스(46.9%), 인터넷 뉴스 사이트(17.1%), 언론사 홈페이지(15.3%), 온라인 커뮤니티(7.0%) 등 다양한 플랫폼을 이용하며, 2019년과 비교해 언론사 홈페이지를 제외한 모든 플랫폼에서 뉴스 이용률이 높아졌다. 이러한 변화는 청소년들이 짧은 시간에 다양한 정보를 빠르게 소비하려는 경향을 반영한다. 더불어 스마트폰의 보급과 함께 짧고 간결한 콘텐츠가 인기를 끌고 있다.

지면의 제약이나 마감 시간에서 상대적으로 자유로워진 뉴스 텍스트는 소리와 문자, 영상이 결합된 멀티미디어로 수용자에게 다가갈 수 있게 되었으며, 미디어의 쌍방향성은 수용자의 참여 영역을 확장시키며 뉴스 생산과 의제 설정 과정을 변화시켰다.[58] 소셜미디어 시대의 수용자는 단순히 뉴스 소비를 넘어 참여하고, 공유하며 영향력을 행사하고 뉴스에 새로운 가치를 더해 가고 있다. AI 기술의 발전으로 뉴스의 가치는 계속해서 진화하고 변화할 것이다. 정보와 지식이 무제한으로 생산되는 정보화 시대에 뉴스의 공급은 기하급수적으로 늘어났지만, 수용자의 요구와는 불일치를 이루고 있다. 이는 정보 과잉 시대에 오히려 뉴스 부족 현상이 나

---

57) 한국언론진흥재단, 〈2022 10대 청소년 미디어 이용 조사〉
58) 김경모 등, 『AI 시대 저널리즘 미리보기』 한울. 2024. p142~3.

타나고 있다.

한국언론진흥재단이 발행한 「디지털 뉴스 리포트 2022 한국」에 따르면 2022년에 전 세계적으로 뉴스를 회피하는 이용자의 비율이 크게 늘었다. 조사대상 46개국의 '뉴스 회피' 평균 비율은 69%, 한국은 평균보다는 조금 낮은 67%였다. 뉴스를 회피하는 이유로 독일, 프랑스, 핀란드 등 36개국 이용자들은 "정치, 코로나 바이러스와 같은 주제를 너무 많이 다룬다"를 꼽았다. 미국, 영국, 그리스, 나이지리아 등 9개국 이용자들은 "뉴스가 내 기분에 부정적인 영향을 미친다"를 들었고 한국 이용자들은 유일하게 "뉴스를 신뢰할 수 없거나 편향적이다"를 뉴스 회피의 가장 큰 이유로 답했다.

한국 이용자들이 뉴스를 회피하는 이유로 꼽은 내용과 비율을 살펴보면 ①뉴스를 신뢰할 수 없거나 편향적이다. (42%) ②정치, 코로나 바이러스와 같은 주제를 너무 많이 다룬다. (39%) ③뉴스가 내 기분에 부정적인 영향을 미친다. (28%) ④많은 양의 뉴스가 쏟아져 지쳤다. (26%) ⑤회피하고 싶은 논쟁에 휘말리게 된다. (19%), ⑥시간이 충분하지 않다. (15%), ⑦얻은 정보로 할 수 있는 것이 없다고 느낀다. (15%), ⑧뉴스를 따라가거나 이해하기 어렵다. (11%) 순이었다. 또 영국 옥스퍼드대 부설 로이터저널리즘연구소가 발간한 '디지털 뉴스 리포트 2023'을 보면, 한국의 경우 뉴스 전반에 대한 신뢰는 28%로 아시아·태평양 국가 가운데 최하위를 기록했다.

하지만[59] 주목해 볼 점은 뉴스 회피가 모든 뉴스에서 일어나지는 않는다는 것이다. 한 연구에 따르면 이용자들은 특정 주제의 뉴스를 피하는 것으로 나타났는데, 특히 국내 정치(62%), 범죄·개인 안전(21%) 등 기존 미디어에서 가장 주요하게 다뤄온 의제들이다. 여기에서도 뉴스를 기피하

---

59) 천현진. 『뉴스의 위기와 언론사의 생존 전략』, 〈신문과 방송〉 2023년 11월호

는 큰 이유 중 하나는 뉴스가 내 기분에 부정적인 영향을 미치는 것이 싫기 때문이라는 것이다. 따라서 뉴스 이용자들은 뉴스를 회피하지 않기 위한 방안으로 '긍정적인 뉴스'(47%)를 가장 많이 제시했고 이어 '해결책을 제시하는 뉴스'(42%)를 꼽았다. 결국 이용자들이 뉴스를 외면하지 않게 하려면 긍정적인 뉴스를 담아내고 우리 사회의 문제를 어떻게 해결할지에 대한 솔루션을 제시할 수 있는 뉴스가 필요한 것이다.

여기에다 한국의 경우처럼 추락한 신뢰를 다시 높이기 위해서는 뉴스는 진실을 추구해야 한다. 『저널리즘의 기본 요소』에서 빌 코바치와 톰 로젠스틸은 저널리즘의 첫 번째 의무가 진실 추구에 있다고 강조한다. 하지만 단순히 진실을 추구한다고 해서 진실에 도달할 수 있는 것은 아니다. 저널리즘에서 진실을 정의하고, 진실을 찾기 위한 구체적인 방법이 필요하다. 저널리즘의 진실 추구는 사실 확인의 규율을 통해 이루어지며, 이는 기자들이 객관적이고 투명한 방법으로 정보를 수집하고 검증하는 과정을 포함한다. 또한, 기자들은 독립성을 유지하며 권력에 대한 감시자 역할을 수행해야 한다. 이러한 원칙들은 저널리즘의 신뢰를 회복하고, 수용자들에게 정확하고 신뢰할 수 있는 정보를 제공하는 데 중요한 역할을 한다.

(1) 심층탐사보도

탐사보도는 저널리즘의 기본이자 차별점을 보여 줄 수 있는 분야이다. 영화 '스포트라이트'의 모델 마틴 배런 편집장은 2016년 9월 미국에서 열린 '엑설런스 인 저널리즘(Excellence in Journalism)' 콘퍼런스에서 탐사보도에 대해 이렇게 말했다. "저널리즘을 한다는 것은 보도를 통해 세상을 바꾸는 것, 잘못된 것을 밝혀내는 것이며 탐사보도야말로 저널리스트들의 핵심 소명이다. 언론사는 다시금 탐사보도에 역량을 쏟아야 한다.

필요한 자원이 없다면 만들어서라도 해야 한다. 훌륭한 탐사보도는 언론에게 세상 어떤 기관도 얻을 수 없는 엄청난 신뢰를 부여한다."

〈뉴욕타임스〉가 30년만에 〈유에스에이 투데이〉를 제치고 구독자 수 기준 미국 2등 신문이 될 수 있었던 바탕에는 심층탐사보도에 있었다. 성역 없는 심층 보도로 잘 알려진 〈뉴욕타임스〉는 잘 알다시피 뉴욕에 본사를 둔 미국의 일간지로 국내 및 국제 뉴스를 다루며 의견 기사, 조사 보고서 및 리뷰 등을 게재한다. 2024년 2월 기준으로 이 신문은 디지털 전용 구독자 970만명, 인쇄판 구독자 66만명을 확보해 인쇄 발행 부수 기준 미국 내 2위 신문이 됐다.[60] 이 신문은 2023년 현재 137개의 퓰리처상을 수상해 지금까지 퓰리처상을 가장 많이 받은 언론사이다. 최대 10여 명에 이르는 별도의 탐사보도팀을 두는 것은 물론, 각 부서에 2~4명씩 탐사기자를 추가 배치해 3개월~1년에 걸친 추적 취재 성과를 기사로 내놓고 있다.

뉴욕 타임스의 대표적 심층 탐사보도는 '국방부 비밀 보고서' 보도로 1972년 퓰리처상을 수상했다. 이른바 펜타곤 페이퍼(Pentagon Papers)는 미국이 베트남 전쟁에 군사개입을 강화하는 구실로 삼았던 통킹 만 사건이 조작이었다는 내용 등을 담은 미국 국방부의 기밀문서이다. 1945년부터 1967년까지 미국 정부가 정치·군사적으로 베트남 전쟁에 개입한 역사를 담은 1급 기밀문서로 미국 국방부(펜타곤)에 의해 작성되었다. 이 문서의 정식 명칭은 '미국-베트남 관계, 1945-1967'이다. 극비 문서였던 펜타곤 페이퍼는 1971년 6월 13일자 〈뉴욕타임스〉를 통해 세상에 알려졌다. 펜타곤 문서 작성에 관여하였던 군사 분석 전문가 대니얼 엘스버그(Daniel Ellsberg)가 베트남전쟁의 진실을 알리기 위하여 〈뉴욕타임스〉의 닐 쉬한

---

60) 미국 내에서 발행 부수 1위 신문은 월스트리트저널(WSJ)이다.

(Neil Sheehan)에게 복사본을 건네 주었고, 닐 쉬한은 '펜타곤페이퍼로 본 미국의 군사개입 확대 과정 30년'이라는 제목으로 기사를 작성하였다. 이후 〈워싱턴포스트〉도 이를 보도하였다.

펜타곤 문서가 폭로되자 미국 국민들은 큰 충격에 빠졌고, 반전운동은 더욱 확산되었다. 닉슨정부는 국가기밀 누설혐의로 두 신문사를 제소하여 1심에서 보도 정지 판결을 이끌어 냈으나, 2심 연방 대법원은 신문사의 언론자유를 옹호하는 판결을 내렸다. 당시 휴고 블랙(Hugo Black) 판사는 "미국 헌법이 언론자유를 보장한 것은 정부의 비밀을 파헤쳐 국민들에게 알리도록 하기 위해서였다"라는 유명한 말을 남겼다.

탐사보도는 사건 자체보다는 그 사건의 이면을 적극적으로 파헤치는 언론보도 방식이다. 특히 정부나 관리 또는 기업 등의 부정부패를 언론기관이 독자적으로 조사·취재하여 깊이 파헤쳐서 폭로한다. 탐사언론(investigative journalism)은 19세기 말에서 20세기 초에 성행했던 폭로언론(muckraking)의 정신을 계승한 것으로, 객관주의 언론이 터부시해 왔던 보도의 주관성을 재생시키고 언론의 심층보도 욕구를 만족시키려는 것이다. 탐사언론의 성격을 가장 잘 말해 주는 예로는 1974년의 워터게이트사건 보도, 일본 사상 최대의 정치자금 스캔들인 1976년 록히드 사건 보도, 그리고 동료가 의문의 폭탄 테러로 숨지자 정재계-마피아 검은 연결 밝히려 미국 전역서 뭉친 38명 탐사기자의 1976년 '애리조나 프로젝트'등을 들 수 있다.

미국을 대표하는 탐사보도인 워터게이트 사건의 시작은 이렇다. 미국 대통령 선거 분위기가 무르익어 갈 무렵인 1972년 6월 17일 토요일 아침에 5명의 남자들이 워싱턴 DC에 있는 워터게이트 호텔에 있는 민주당 사무실에 새벽에 침입했다가 붙잡혀서 조사를 받고 있다는 경찰보고가 워싱턴 포스트지를 비롯한 모든 언론사에 알려졌다. 워싱턴 포스트지에서는 1935년부터 37년째 경찰기자를 하고 있는 고참기자 알 루이스(Al Lewis)가 이 사건을 취재하기 시작한다. 경찰 출입 베테랑 기자인 루이스는 워싱턴 DC 경찰청장이 직접 워터게이트 호텔 사건 현장에 나와 있는 것을 볼 때부터 뭔가 이상하다는 것을 느끼게 된다. 경찰은 현장 조사를 통해 민주당 사무실에서 여러 개의 도청장치를 찾아 냈다. 다음 날 일요일 아침 워싱턴 포스트지는 루이스와 밥 우드워드(Bob Woodward), 칼 번스타인(Carl Bernstein)이라는 세 사람의 이름으로 '민주당 사무실에 도청 장치를 설치하려던 5명이 붙잡혔다'(5 Held in Plot to Bug Democrats' office here)라는 제목의 기사를 1면에 실었다. 이 기사와 함께 붙잡힌 5명의 남자들 가운데 4명은 마이애미에 있는 반 카스트로 단체와 연관되어 있다는 번스타인 기자의 특종 취재기사도 함께 게재했다. 워싱턴 포스트지는 또 당시 CBS 방송국의 드라마로 인기를 끌고 있던 미션 임파서블(Mission Impossible)을 연상시키는 미션 인크레더블(Mission Incredible)이라는 제목의 사설을 통해서 이번 사건은 드라마 속에 나오는 "만약에 당신이나 당신 부하가 임무수행 중에 죽거나 붙잡힐 경우 우리는 당신을 전혀 모른다고 할 것입니다"라는 말을 연상시킨다고 결론을 내렸다.

사건 발생 이후 한 달이 넘은 8월 1일, 우드워드와 번스타인은 구체적인 사실을 열거하며 범인들이 닉슨 대통령 재선 운동본부와 연결되어 있다는 기사를 썼다. 이렇게 되자 이미 공화당의 대통령 후보로 확정된 닉슨 대통령은 워싱턴 포스트에 대한 세무 조사와 워싱턴 포스트지가 소유한 지방 TV방송국을 빼앗는 등의 경제적 제재를 가할 것을 논의하기 시작한다. 이런 분위기 속에서 닉슨 대통령은 재선 운동본부 핵심인 전 법무장관 존 미첼(John Mitchell)이 이번 사건에 깊숙이 관련돼 있으며, 전국적으로 닉슨 행정부가 벌이고 있는 정치적 음모의 단적인 사례라는 우드워드와 번스타인 기자의 특종기사가 연일 워싱턴 포스트지 1면에 실린다.

이 무렵 그레이엄 여사는 우드워드 기자가 취재와 기사 방향에 어려움을 겪을 때마다 어디에서 극비리에 만나서 도움을 받는 결정적인 제보자가 있으며, 브래들리 편집국장을 비롯한 소수의 편집국 간부들이 이 사람을 '딥 스로트'(Deep Throat)라고 부른다는 사실을 알게 된다. 워터게이트 사건 당시 '워싱턴 포스트'기자 밥 우드워드에게 제보를 했던 사람은 지난 2005년 6월 신원을 밝혔다. 당시 FBI 부국장이었던 마크 펠트씨가 자신이 워터게이트 사건에 관한 제보를 했던 주인공이라는 사실을 미 잡지 〈배니티페어(Vanity Fair)〉에 털어놨다.

워싱턴 포스트의 워터게이트 사건 보도가 지지부진 하던 가운데, 1972년 10월 27일 크롱카이트가 진행하는 CBS 메인뉴스는 22분의 뉴스 시간 가운데 14분이라는 시간을 할애해 워터게이트 사건 특집 1편을 방송했다. 그리고 앞으로 11일 동안 워터게이트 사건을 매일 집중보도 하겠다는 예고까지 내보냈다. 하지만 닉슨 대통령은 재선에 성공하고 닉슨 행정부는 취재거부와 도청, 방송 면허 갱신 불허 등을 통해 그 동안 적대적 언론사와 언론인에 대한 탄압을 시작한다.

이어 1973년 1월 8일 워터게이트 사건에 대한 재판이 시작된다. 예상했던 대로 관련자들은 고위층의 개입여부를 부인한 채 자신들의 범행 자체에 대한 유죄를 인정한다. 그런데, 재판에서 자신들의 단독범행이라며 유죄를 인정했던 제임스 맥코드(James McCord)는 담당 판사에게 편지를 보내 자신의 형을 감해 준다면, 워터게이트 사건 재판에서 위증이 저질러졌으며, 입을 다물라는 압력을 받은 사실, 그리고 고위층이 개입했다는 사실들을 모두 털어놓겠다면서 이럴 경우 자신의 생명이 위험하지 않을지 우려하고 있다고 밝힌다. 워싱턴 포스트가 그 동안 주장해 왔던 워터게이트 기사가 사실이라는 결정적인 증거가 나온 것이다. 마침내 1973년 퓰리처상은 워터게이트 사건을 끈질기게 보도한 워싱턴 포스트의 우드워드와 번스타인 기자에게 돌아간다. 결국 1974년 8월 9일 미국 역사상 처음으로 닉슨은 대통령직에서 물러나게 됐다. 이렇게 해서 2년여에 걸쳐 닉슨 행정부에 맞선 워싱턴 포스트의 워터게이트 사건 보도는 막을 내리게 됐다.[61]

미라이 학살 사건은 엄격한 통제로 1년간 철저히 은폐되었다. 국방부는 이 사건을 은폐하려고 했으나 사진기자 로널드 해벌(Ronald Haeberle)이 찍은 학살 당시의 사진이 〈라이프(Life)〉지를 통해 1969년 세상에 공개되고 프리랜서 기자인 시모어 허시(Seymore Hersh)에 의해 학살이 폭로되었다. 시모어 허시 기자는 한때 AP통신의 국방부 출입기자였으나 데스크와의 불화로 뛰쳐나와 프리랜서로 활동 중이었다. 1969년 10월 하순 국방부의 한 소식통이 허시 기자에게 넌지시 이 기사를 던졌다. 허시 기자는 현지출장은 물론 사건의 장본인인 켈리 중위와 인터뷰까지 성공했다. 〈라이프〉와 〈루크〉지에 기사를 팔려 했으나 모두 신경 쓰지 않았다. 그러나 워싱턴 포스트의 벤저민 브래들리 국장은 달랐다. 허시의 기사는 워싱턴 포스트의 1969년 11월13일자 1면에 보도돼 엄청난 반향을 일으켰다.

베트남 전쟁 중인 1968년 3월 16일 남베트남 미라이에서 발생한 미군에 의해 벌어진 이 사건은 민간인 대량 학살이었다. 347명에서 504명으로 추정되는 희생자는 모두 비무장 민간인이었으며 상당수는 여성과 아동이었다. 희생자 중에는 17명의 임산부와 173명의 어린이 그리고 5개월 미만의 유아 56명이었다고 한다. 더욱이 몇몇 희생자는 성폭력이나 고문을 당하

---

61) 최희준, 『미국 방송기자는 학벌이 나쁘다?』, 에세이, 2006, p156~174.

기도 하였다. 이 사건에는 미군 26명이 가담하였으나 입대한 지 4개월 2주밖에 되지 않은 윌리엄 켈리 소위만이 유죄 판결을 받았다. 베트남의 미라이촌에서 일어난 미군의 베트남 양민 학살을 폭로한 이 보도로 허쉬는 퓰리처상을 수상하였다.

1990년대 말, 미국 보스턴의 지역 언론이었던 〈더 보스턴 글로브(The Boston Globe)〉에서는 한 신부의 성범죄 문제를 취재하게 되었다. 이 취재과정에서 〈더 보스턴 글로브〉는 신부 한 명뿐만 아니라 다른 여러 사제들까지도 연루된 수많은 성범죄 사건들이 몰래 은폐되었다는 정황을 포착하게 되었고, 다년간의 자료 수집 끝에 이것이 몇 십 년 동안 조직적으로 벌어지고 은폐된 일이라는 사실을 알게 되었다. 그리고 자료가 상당히 모인 2002년 이 신문의 탐사보도 전문 부서 '스포트라이트' 팀은 가톨릭 사제들의 아동 성범죄 실태를 세상에 알렸다. 이후 600편이 넘는 후속보도를 하며 미국뿐만 아니라 전 세계 가톨릭 교계에서 동일한 범죄가 계속되어 왔다는 사실을 집요하게 파헤쳤다. 당시 교황이었던 베네딕토 16세는 교황 자리에서 물러났다. 역사상 처음 있는 일이었다.

앞서 〈더 보스턴 글로브〉는 이 사태가 보스턴뿐만 아니라, 다른 지역에서도 벌어진다는 것을 알았지만, 일단 첫 기사를 보도할 당시에는 보스턴 지역으로만 한정 지어 보도하였다. 상당한 위험을 감수한 보도였는데, 보스턴은 가톨릭 우세 지역인데다 언론사 기자 상당수도 가톨릭 신자였다. 2015년 영화 《스포트라이트》에서 이같은 범죄사실과 폭로과정에 대해 상세히 다루고 있다. 이 충격적인 보도는 미국 전역으로 퍼져, 타 지역의 언론사도 이에 응답하여 각 지역에서 가톨릭 교회의 성범죄를 폭로하는 기사가 연이어 쏟아졌다. 이렇게 북미 뉴잉글랜드 지방에서 시작한 가톨릭을 향한 폭로는 유럽과 남미 국가까지 퍼져 나가게 되었다. 성폭행이 만

연한 것과 별개로 당시 교회 측의 대응 또한 공분을 샀는데, 자신들이 표방하는 도덕성이나 종교적 사명을 지키기는커녕 사건을 축소하고 진실을 가리려는 모습을 보였기 때문이다.

(2) 온라인 심층탐사보도

이제 뉴미디어 언론은 전통적인 레거시 미디어와 대등하게 경쟁하면서 저널리즘의 전통을 이어가고 있다. 2010년에 온라인 언론사로는 최초로 퓰리처상을 받은 〈프로퍼블리카(ProPublica)〉는 미국의 비영리 인터넷 언론이다. 공공의 이익을 위한 '돈과 권력으로부터 독립'을 표명한다. 탐사보도는 정규직원들이 제작하고 협력 언론사들에 무료로 배포되어 보도된다. 〈프로퍼블리카〉 기자들과 협력 언론사들이 함께 기사를 작성하기도 한다. CBS 60분(60 Minutes), ABC 월드 뉴스, 비지니스 위크, CNN, 프론트라인, 로스앤젤레스 타임스, 뉴욕 타임스, 뉴스위크, USA 투데이, 워싱턴 포스트, 허핑턴 포스트, 내셔널 퍼블릭 라디오(NPR) 등 90개 이상의 언론 매체들과 협력관계에 있다.

미국 뉴욕 맨해튼에서 2007년에 설립된 비영리 탐사전문 온라인 언론사 〈프로퍼블리카〉는 공공의 이익을 위한 독립적인 보도를 지향하고 있다. 16년간 〈월스트리트 저널〉의 편집국장을 맡아 왔던 폴 스타이거는 당시 회사가 언론재벌 루퍼트 머독에게 넘어가자 이 매체 창간 주역의 한 명으로 새 출발에 나섰다. 〈프로퍼블리카〉는 비용부담 등으로 대부분의 언론사가 꺼리는 탐사보도에 집중해 기사가 중편소설 분량에 가까울 만큼 길고, 몇 년에 걸친 취재를 바탕으로 기사를 쓴다. 게다가 이런 기사를 자사 웹사이트에 올리고 동시에 원하는 언론사에 무료로 제공해 보도하도록 한다. 또 자본으로부터의 독립을 위해 광고도 받지 않는다. 말 그대로

'비영리'인 것이다. 이는 금융업으로 억만장자가 된 허버트 샌들러(Herbert Sandler)가 이 회사에 1000만달러을 기부해 가능했다.

〈프로퍼블리카〉는 2005년 허리케인 카트리나로 인한 뉴올리언스의 한 병원에서 의료진이 소생 가망성이 없다고 판단되는 환자들을 안락사 시킨 사실을 2년 반의 취재를 통해 밝혀냈다. 이 보도는 2010년 온라인 매체로는 처음으로 퓰리처상을 받은 사례다. 또한 〈프로퍼블리카〉 기자들은 금융회사들이 부동산 거품을 조장하고 고객들이 얼마나 큰 손실을 입었으며 금융위기가 얼마나 심화되었는 지를 일리노이주의 한 헤지펀드 회사인 '매그니타'사의 사례를 심층 취재해 두 차례에 걸쳐 보도했다. 이러한 노력으로 뉴욕의 컬럼비아대 퓰리처상 위원회는 '월스트리트 머니 머신'이라는 기사를 2011년 국내보도 부문 수상작으로 선정했다. 특히, 이 기사는 온라인으로만 게재된 첫 퓰리처상 수상작이라는 기록을 남겼다.

프랑스의 대표적인 비영리 인터넷 언론사는 〈메디아파르(Mediapart)〉가 있다. 〈메디아파르〉는 공공의 이익을 위한 독립적인 보도를 지향하고 있다. 이 언론사는 2008년 프랑스의 유력 일간지인 르몽드의 전 편집인인 에디 플레넬을 주축으로 르몽드의 퇴직 기자들이 모여 설립한 인터넷 뉴스 사이트다. 이 언론사는 상업 광고를 전혀 싣지 않고 오로지 구독자의 구독료에 의존하여 운영되는 언론으로, 매달 9유로의 구독료를 받고 있다. 유료 회원 수는 10만여 명에 이른다.

〈메디아파르〉는 지난 2010년 화장품 재벌 로레알의 상속녀 릴리앙 베탕쿠르와 재산 관리인의 대화를 도청한 테이프를 토대로 베탕쿠르가 사르코지 등 프랑스 정치 거물들에게 거액의 정치 자금을 살포했다는 의혹을 폭로했다. 또한 2012년에는 사르코지 대통령이 2007년 대선을 앞두고 리비아의 카다피로부터 5000만 유로의 정치 자금을 받았다는 의혹을 폭로한 바도 있었다. 이러한 대형 스캔들로 결국 사르코지는 재집권에 실패하고 사회당의 올랑드가 대통령이 당선되었다. 〈메디아파르〉는 독립적인 탐사 보도를 통해 프랑스 사회의 문제를 조명하고 있으며, 그들의 노력은 많은 사람들에게 가치 있는 정보를 제공하고 있다.

2024년 퓰리처상 언론부문 수상작을 보면 퓰리처상의 대상 격인 공공부문(public service) 퓰리처상은 전통적인 대형 신문사를 제치고 온라인 비영리 탐사보도 언론사인 〈프로퍼블리카〉가 '법원의 친구들(Friends of the Court)' 시리즈로 단독 수상했다. 이 시리즈는 미국 대법관들을 매수하려는 억만장자들의 행태를 집중적으로 다루며, 결과적으로 미국 대법원이 대법관들의 품위 유지를 위한 행동강령을 제정하도록 이끌었다. 〈프로퍼블리카〉는 이로써 퓰리처상을 일곱 번째 수상하게 되었다.[62]

시카고의 〈인비저블 인스티튜트(Invisible Institute)〉는 최근 4년간 4편이 퓰리처상을 수상했다. 2007년 '게릴라 기자' 제이미 칼벤에 의해 설립된 이 언론사는 탐사 보도, 멀티미디어 스토리텔링, 인권 공론화, 공개 정보 큐레이션 등을 통해 시카고 경찰의 만성적인 비리와 흑인·여성 인권 문제에 특화된 탐사보도를 진행하고 있다. 2024년은 시카고 남부 지역 내 흑인 여성과 소녀들의 실종 사건과 경찰의 무성의한 대응을 다룬 '시카고의 실종(Missing in Chicago)' 시리즈로 '시티 뷰로(City Bureau)'와 함께 지역보도 부문에서 퓰리처상을 수상했다.

〈룩 아웃 산타크루즈(Lookout Santa Cruz)〉는 캘리포니아주 산타크루즈를 기반으로 2020년 11월 창간된 디지털 신문로 미국 지역 신문의 쇠퇴를 연구한 미디어 분석가인 켄 닥터(Ken Doctor)에 의해 설립됐다. 〈룩

---

[62] 『AI가 불러온 나비효과… 강소 언론사들의 약진』 시사저널 1814호.

아웃 산타크루즈〉는 2023년 캘리포니아에서 발생해 1000곳 이상의 주택과 상업 시설을 파괴하고 많은 이재민을 낳은 재앙적인 홍수와 산사태에 대한 상세하고 신속한 보도로 속보 보도 부문 퓰리처상을 수상했다.

이밖에도 우수작 가운데는 〈KFF 헬스뉴스(KFF Health News)〉가 공공부문에서, 의료전문 비영리 탐사보도 기관 〈스탯(Stat)〉이 탐사보도 부문에서, 〈텍사스 트리뷴(Texas Tribune)〉이 해설보도 부문에서, 〈더 마샬 프로젝트(The Marshall Project)〉가 피처 라이팅 부문에서 각각 수상했다. 성공하는 소규모 언론사의 공통점은 타깃 오디언스에 특화된 접근을 통해 독자들에게 좀 더 맞춤화된 정보를 제공해 신뢰와 충성도를 높이고 있다는 사실이다. 특히 해당 커뮤니티와 긴밀한 관계를 유지해 이들로부터 강력한 지지를 이끌어내고 있다.

(3) 데이터 저널리즘

디지털 환경에서 생성되는 대규모 데이터를 뜻하는 빅데이터는 오늘날 여러 분야로 퍼지고 있다. 언론계 역시 예외는 아니어서 취재보도 과정에서 데이터 활용은 일반적으로 자리 잡았다. 특히 언론에 대한 사회적 불신이 높아지면서, 빅데이터를 활용한 '데이터 저널리즘'을 통해 언론의 객관성을 회복하고자 하는 노력이 이뤄지고 있다.

데이터 저널리즘(Data Journalism)이란 저널리즘으로 만들어 낸 기사를 뒷받침하기 위해 데이터를 수집, 분류, 구성, 분석, 시각화, 출간하는 행위다. 단순히 통계 수치를 활용하는 것을 넘어 데이터 분석을 통해 새로운 사실을 찾아내어 보도하는 것이다. 거대 데이터를 수집하여 분석하고, 현상과 사건을 좀 더 심층적이고 과학적으로 구성한다. 온라인으로 기사를 읽는 시대에 신문기사들의 구독력을 올릴 수 있는 방안 중 하나로 데이터 저널리즘이 꼽힌다. 언론매체가 차별성을 확보할 수 있는 전략이다.

지난 2013년 미국 퓰리처상위원회가 '기획보도' 부문 수상작을 발표했을 때 언론계는 큰 충격을 받았다. 이들을 충격에 빠뜨린 건 기사의 독특한 '형식'에 있었다. 뉴욕타임스가 공개한 인터랙티브 뉴스 '스노우폴(snow-fall)'은 미국 워싱턴주 캐스케이드산맥을 덮친 눈사태를 다룬 온라인판 재난 보도 기사다. 웹페이지를 여는 순간 산등성이를 넘실대는 눈보라가 화면을 뒤덮는다. 화면 아래로 이동하면 눈보라를 밀어내며 텍스트 기사가 뜬다. 그 밑으로는 산맥 지형을 360도 돌려 가며 볼 수 있는 양방향 그래픽이 펼쳐지고, 그 여백을 현장 사진 묶음과 음성 인터뷰가 채운다. 66개의 모션그래픽과 사진, 지도, 비디오 등 다양한 멀티미디어가 워싱턴주 캐스케이드산맥을 덮친 눈사태의 모습을 생생히 재현해 냈다.

이후 2020년 〈워싱턴포스트〉는 20만 명 이상 사망자를 기록한 미국의 코로나19 현황을 보여 주는 '트랙커(추적자)' 페이지를 화면에 게시해 미국 전체와 주별 확진자·사망자 발생현황 등을 보여 주는 다양한 그래픽을 소개했다. 국내의 경우 2020년 코드포코리아(Code For Korea) 시빅해커들이 마스크 대란 당시 정부가 공개한 마스크 공급·재고 데이터를 바탕으로 공적 마스크 재고량을 약국별로 확인할 수 있는 앱을 만들어 시민들의 마스크 구입을 돕고 공적 마스크 공급 정책의 효용성을 높이는 데 기여했다. 정부가 마스크 데이터를 공개한 지 4일 만이었다. 시빅 해커란 사회문제나 일상생활 속 불편사항을 디지털 기술을 활용해 해결하자고 나선 시민 개발자들을 일컫는 말로 '시민 해커'라고 부르기도 한다. 시빅 해킹은 시빅 해커들의 문제 해결 행위를 말한다.

데이터 저널리즘의 원조격인 보도는 〈가디언〉지의 '영국 의회 지출 경비 스캔들'(The United Kingdom Parliament expenses scandal) 기사다.

〈가디언〉지는 크라우드 소싱을 통해 하원의원 지출 내역을 수집해 공개된 45만 8천여 건의 청구서들을 모두 스캔해 사이트에 게시한 후 독자들에게 '흥미롭지 않음', '흥미롭지만 아는 내용', '흥미로움', '즉시 조사하라'의 4개 항목으로 평가하게 했다. 2만 7천여 명의 독자들이 약 절반에 가까운 22만여 건에 대한 청구서에서 문제점을 제기했다. 이에 앞서 온라인 신문인 〈데일리 텔레그래프〉가 예산 기록과 관련 문서를 입수하였고, 2009년 5월 8일부터 세부내용을 매일 연속 보도하기 시작하였다. 〈텔레그래프〉지의 보도를 시작으로 몇 주 동안 영국 언론에는 의회 예산 부정 지출 폭로가 지면을 장식했다. 이후 의원에게 승인된 활동 수당과 지출이 오남용된 사실이 광범위하게 드러나면서 영국 국민들은 분노를 금치 못했다. 그 결과 각 의원들의 공식적인 사과와 자진 환수, 의원직 사퇴, 당 퇴출, 당선무효, 은퇴 선언 등이 잇따랐다.

영국의 통신사 로이터(Reuters)는 2012년 '불평등한 미국(The Unequal State of America)'이라는 기사를 시리즈로 제작했다. 부제는 '미국의 수입 불평등에 대한 정부의 역할'이다. 이 시리즈는 부유층과 빈곤층의 격차를 보여 주기 위해 지니계수와 소득률 등의 통계기법을 활용했다. 그리고 수입과 가난을 보여 줄 수 있는 경제 데이터 30년 치를 분석했다. 이를 통해 일자리를 구할 수 없고 빈곤선 아래에서 생활하는, 자녀가 없고 취업 연령대에 있는 성인의 절반가량이 연방 정부의 5개 주요 빈곤퇴치 지원 프로그램 가운데 아무것도 도움을 받지 못하고 있다는 것을 밝혀냈다.

미국의 비영리 탐사보도 매체 〈프로퍼블리카〉는 '처방 확인(Prescription Checkup)'이라는 뉴스 어플을 만들었다. 이 어플은 의사의 이름을 입력하면 해당 의사가 효과가 비슷한 약품과 비교해 유명 제약사의 약을 얼마나 처방했는가를 보여 준다. 이를 토대로 2016년 미국 전역의 의료인

160만 명이 작성한 처방전 12억 건을 분석한 보도했다. 이에 따르면 업계 금품을 많이 받은 의사일수록 비싼 유명 약 처방비율이 더 높았다. 예컨대 내과의사의 경우 금품을 받지 않은 의사의 유명 약 처방율은 평균 약 20%지만 5천달러 이상 받은 의사의 처방률은 평균 30%였다. 이는 정보공개와 폭로를 넘어 독자들의 삶에 직접 관련된 내용을 상세히 담은 데이터 뉴스의 예다.

2016년 만들어진 SBS의 '마부작침'은 방대한 데이터 속에서 송곳 같은 팩트를 찾다는 슬로건 아래 데이터 저널리즘을 수행하고 있다. 현재까지 마부작침은 비급여 진료비 데이터 280만 건을 전수 분석해, 동네별로 비급여 진료비를 비교할 수 있도록 한 '깐깐하게'(2023)와 인공지능을 활용해 언론사 뉴스 데이터를 분석하고 정치인에 대한 여론 변화를 실시간으로 보여 준 '폴리스코어'(2023~) 등 다양한 콘텐츠를 선보였다.

나아가 현대인의 삶과 생활을 바꾸고 있는 인공지능(AI)은 언론계에도 예외 없이 영향력을 확대하고 있다. 취재 방식부터 기사 전달·소비까지 뉴스 산업의 구조를 바꿀 것이라는 전망이다. 실제로 2024년 퓰리처상 수상작들 가운데 취재 과정에서 AI를 활용해 숨겨진 패턴을 발견하고 이를 바탕으로 의미 있는 결과를 도출한 기사들이 선정됐다.[63]

시카고 경찰의 실종자 문제를 취재한 '시카고의 실종(Missing in Chicago)' 시리즈의 경우, 〈인비저블 인스티튜트〉와 〈시티 뷰로〉의 기자들이 주디(Judy)라는 기계 학습 도구를 활용하여 2000년부터 2021년까지 약 3만 건에 달하는 경찰에 대한 불만 사항 공식 기록을 분석하고 성차별적이거나 거짓 의심 패턴을 발견했다. 이런 기술적 혁신이 더욱 정확하고

---

63) 『AI가 불러온 나비효과… 강소 언론사들의 약진』, 시사저널 1814호

효과적인 취재를 가능하게 해 주었다. 또 국제보도 부문 수상작인 뉴욕타임스의 가자 전쟁 보도 '하마스가 이스라엘군에 대해 알고 있던 비밀(The Secrets Hamas Knew About Israel's Military)'은 인공위성 이미지를 대상으로 AI 비교 분석 메커니즘을 활용해 가자 지역에서 폭탄 구덩이를 찾아내기 위해 기계 학습 도구를 사용했다. 방대한 영상 이미지 분석을 통해 민간인들에게 위협이 된 2000파운드(907kg) 대형 폭탄 사용을 폭로하고, 이스라엘의 잔악한 군사행동이 민간인에게 미친 영향을 입체적으로 조명했다. 이러한 두 편의 수상작 사례는 저널리즘에서 AI와 기계 학습이 어떻게 혁신적으로 사용될 수 있는지를 보여 주었다.

(4) 솔루션 저널리즘

앞서 신문협회 연구에서 보았듯이 뉴스 이용자들은 뉴스를 회피하지 않기 위한 방안으로 '긍정적인 뉴스'(47%)를 가장 많이 제시했고 이어 '해결책을 제시하는 뉴스'(42%)를 꼽았다. 솔루션 저널리즘은 사회 문제에 대응하는 엄밀한 취재 보도다.[64] 이는 문제를 드러내는 것뿐만 아니라 문제 해결 과정에 대한 증거를 기반으로 하는 보도 기법을 의미한다. 솔루션 저널리즘은 단순히 문제를 지적하는 것이 아니라 기존 솔루션을 제시하는 방식으로 사회적 변화를 이끌어내는 역할을 한다. 이를 통해 독자들이 더욱 적극적으로 참여하고 신뢰를 회복할 수 있도록 돕는다. 솔루션 저널리즘은 부정적인 뉴스와 함께 중요한 역할을 하며, 문제 해결에 초점을 맞춘 보도를 통해 사회적 변화를 촉진한다.

솔루션 저널리즘 접근 방식을 연구 및 교육하는 비영리 기관인 미국의 솔

---

64) 미국 '솔루션저널리즘네트워크': "해결책을 말하자 독자가 돌아왔다". 〈신문과방송〉 2018년 11월호

루션저널리즘네트워크(Solution Journalism Network, SJN)가 정리한 솔루션 저널리즘의 네 가지 요건은 첫째로 솔루션 저널리즘은 문제에 대한 대응에 집중한다. 이는 문제를 드러내는 것뿐만 아니라 그 대응의 효과를 다루는 것을 의미한다. 둘째, 좋은 솔루션 저널리즘은 우리가 무엇을 할 수 있는지에 대한 인사이트를 담고 있어야 한다. 독자들이 이해하고 참여할 수 있는 교훈을 전달해야 한다. 셋째, 솔루션을 제안할 때는 근거에 기반한 보도가 필요하다. 해법이 무엇을 바꿀 수 있는지 구체적으로 설명하고, 데이터로 그 영향을 입증해야 한다. 넷째, 완벽한 해법은 없다. 특정 지역에서 효과적인 해법이 다른 지역에서는 작동하지 않을 수 있다. 이러한 한계를 지적하고 콘텍스트 안에서 해법을 설명해야 한다. 솔루션 저널리즘은 문제 중심의 저널리즘을 보완하여 독자들이 더 나은 이해를 갖고 사회적 변화에 참여할 수 있도록 도와준다. 이러한 접근 방식은 뉴스 소비자들에게 더욱 의미 있는 정보를 제공하고, 뉴스의 신뢰도를 높이는 데 도움이 된다.

미국의 경우 〈뉴욕타임스〉나 〈시애틀타임스〉 같은 대형 언론은 물론, 지역의 중소 언론에서도 솔루션 저널리즘을 표방하는 기사를 어렵지 않게 접할 수 있다. 〈시애틀타임스〉의 '에듀케이션 랩(Education Lab)'이나 〈클리브랜드 플레인 딜러(Cleveland Plain Dealer)〉의 '납성분 페인트 보도' 사례는 이미 솔루션 저널리즘의 대표적 사례로 유명하다.

〈시애틀타임스〉의 에듀케이션 랩(Education Lab)은 2013년부터 솔루션 저널리즘을 조직 차원에서 실행해 성과를 낸 대표적인 사례로 꼽힌다. 이 랩은 고등학교 중퇴 비율을 낮추고 기회의 불평등을 해소하기 위해 다양한 실험을 진행했다. 대학 강의를 고등학교에 도입하거나 지역사회 현안을 놓고 토론하는 등의 새로운 시도를 지역 사회와 언론이 공동으로 실험하면서 시행착오의 경험을 공유했다. 에듀케이션 랩의 연재 독자 780명에 대한 설문조사 결과, 이 기사들을 통해 교육에 대한 참신한 정보를 얻었다고 응답한 독자들이 절반 이상이었다. 또한, 87%는 대안 제시에 초점을 맞춘 기사에 고마움을 느꼈다고 밝혔으며, 교육자의 84%는 에듀케이션 랩의 기사 내용을 놓고 다른 사람과 대화할 용의가 있다고 응답했다. 이러한 기사를 통해 문제를 다루는 효과적인 방법을 알게 된 독자들은 교육에 대한 관심과 이해를 높일 수 있었다.

미국 클리블랜드 지역지 〈플레인딜러(Plain Dealer)〉의 사례는 솔루션 저널리즘의 효과적인 예시 중 하나다. 이 신문은 2014년에 저소득층 거주지인 쿠야호가 카운티의 많은 집들이 1978년부터 사용이 금지된 납 성분 페인트로 칠해졌다는 사실을 보도했다. 이로 인해 지역 어린이들이 각종 질병의 원인이 될 수 있다는 우려가 제기되었다. 다른 지역 언론도 비슷한 보도를 내놓았지만 큰 반향을 불러오지 못했다.

그러나 〈플레인딜러〉 기자들은 솔루션 저널리즘 교육을 받은 후 완전히 새로운 기사를 약 20차례 발행했다. 이 중 하나는 '과거 뉴욕주 로체스터에서 납 페인트 문제가 발생했을 때 로체스터시와 주민들이 관련자를 엄벌하고 지방정부 법을 바꿔 문제를 해결했다'는 내용이었다. 이 새로운 기사가 나오자 클리블랜드 정치인들은 이 문제를 무시하지 않았으며, 여론도 문제 해결을 요구했다. 결국 시 정부는 주민 공청회를 개최하고 납 페인트 사용 감시 체계를 강화하며 예산과 인력을 늘렸다. 이런 사례를 통해 솔루션 저널리즘이 사회적 변화를 이끌어내는 데 어떤 역할을 하는지를 명확하게 보여 준다. 이들 기사의 공통점은 문제점만을 제기하는 기존 방식에서 문제의 해결방법을 적극적으로 기사에 담는 솔루션 저널리즘을 시도한 결과 독자의 관심이 크게 늘고, 현실의 문제 해결에 좀 더 다가갔다는 것이다.

솔루션저널리즘네트워크(SJN)는 지역지일수록, 규모가 작은 언론일수록 솔루션 저널리즘이 더욱 효과적이라고 주장한다. 〈타임스 프리 프레스(Times Free Press)〉는 빈곤 문제를 솔루션 저널리즘의 관점에서 1년간 9회에 걸쳐 기획 시리즈로 다뤘다. 그 후 독자의 사이트 체류 시간이 300% 증가했고, 2017년에는 퓰리처상 후보에도 올랐다. 오하이오주 맨스필드의 소규모 지역 신문 〈리처드 소스〉(Richard Source)는 법정관리 직전 솔루션 저널리즘을 시도했고, 보도가 반향을 일으켜 7만 달러의 후원을 받아 회생했다. 프랑스의 〈니스-마틴(Nice-Matin)〉은 폐간 직전의 경영난을 겪고 있었지만 솔루션 저널리즘 실험 이후 유료 구독자가 70% 증가하고 페이지뷰는 300%, 체류시간은 400% 증가해 경영난에서 탈출했다. 이러한 사례들은 솔루션 저널리즘이 어떻게 사회적 변화를 이끌어내는 데 효과적인 방법이 될 수 있는지를 시사한다.

솔루션저널리즘네트워크(SJN)는 독자들이 솔루션 저널리즘을 좋아한다고 강조한다. 문제만 제기하는 골치 아픈 기사는 읽기도 싫지만, 대안을 제시한 기사에는 좀 더 눈길이 간다는 것이다. 2014년 SJN과 텍사스대학은 공동으로 성인독자 750명을 대상으로 실험을 했다. 동일한 주제로 기존 방식으로 쓴 기사와 솔루션 저널리즘 방식으로 쓴 기사로 A/B 테스트를 진행했고, 그 결과 기사에 대한 호감도, 기사가 수록된 매체에 대한 호감도, 기사 공유의사 등 모든 면에서 솔루션 저널리즘 기사가 앞섰다. 따라서 솔루션 저널리즘이 독자들에게 더욱 흥미로운 정보를 제공하고 긍정적인 영향을 미칠 수 있다는 것을 알 수 있다.

(5) 시민 저널리즘

지난 2010년 1월 아이티의 수도 포르토프랭스 남서쪽 25km, 지하

13km 지점에서 발생한 리히터 규모 7.0의 강진으로 사망자는 22만 명이 넘었으며 부상자 수는 30만 명에 달하였다. 지진이 발생하자 재난 상황을 기자가 아닌 현지 시민들이 소셜 미디어를 통해 실시간으로 보도했다. X(트위터)와 페이스북, 플리커, 유튜브 등 각종 소셜 미디어가 아이티 지진 소식 전달에 총동원됐다. 지진 현장에 있는 사람들이 사진이나 동영상을 찍어 플리커, 유튜브에 올리고 이 사실을 X(트위터)로 알렸고 이를 본 사람들은 리트윗(퍼뜨리기)을 통해 전 세계 트위터 사용자들에게 전했다. X(트위터)를 통해 접한 속보는 신문에 보도된 하루 전 상황도 아니고 텔레비전에 나오는 서너 시간 전 상황도 아니었다. 실시간에 가까운 현재 상황이었다.

미국 공영 라디오 방송인 NPR은 아이티 지진 취재에 X(트위터)를 활용했다. NPR 소셜 미디어 담당 데스크는 지진 발생 직후 X(트위터)에서 '아이티에 계신 분은 알려 주세요'란 트윗을 했고 아이티 사람들의 X(트위터) 리스트를 만들어 모니터링 했다. 소셜 미디어는 아이티를 돕는 데도 활용됐다. 아이티 출신 음악가 위클레프 진은 자신의 X(트위터) 팔로어(독자) 130만 명에게 금전적 지원을 호소했고, 미국 적십자는 트위터를 통해 1천만 달러를 모았다. 페이스북 인기 게임 팜빌(FarmVille)에서는 아이티 돕기 기금을 모으기 위해 가상 상품인 흰 옥수수를 팔았다.

지난 2008년 쓰촨성 대지진을 세계에 알리는 데도 중국의 '시민 기자'들이 큰 활약을 했다. 대지진을 처음 전 세계에 알린 매체는 미국의 웹사이트 '트위터 닷컴(Twitter.com)'이었다. 중국 현지의 네티즌이 지진 발생 사실을 이 웹사이트를 통해 전 세계에 처음 알린 것이다. 베이징(北京), 상하이(上海), 청두(成都)에 거주하는 X(트위터) 사용자들은 진앙을 보여 주는 지도, 흔들리는 건물과 직원들이 대피한 텅 빈 사무실 등의 사진들을 인터넷을 통해 빠르게 전파했다. 상하이의 '아나(Ana)'는 "지금은 다시 정상적으로 숨을 쉬고 있지만, 건물 31층에서 지진을 느끼는 것은 결코 즐겁지 않다"는 글을 트위터 닷컴에 올렸다.

지진 직후 학생들이 책상 밑으로 숨고 수천명의 사무직원들이 건물 밖으로 몰려나오는 광경들은 곧 동영상 사이트 '유튜브(YouTube)'에 올랐다. 지진 발생 당일인 5월 12일, 시시각각 기하급수적으로 늘어나는 피해 상황 속보는 미국에 본사를 둔 인터넷 블로그 '고다미스트(Gothamist.com)'의 상하이 지부인 '상하이스트닷컴(Shanghaiist.com)'이 전파했다. 상하이스트닷컴은 이날 하루 90건의 속보를 띄우며 인터넷 속보에서 앞서갔다. 한 블로거는 12일 오후 4시39분 이 사이트에 "거대한 지진이 임박했다는 소문이 마얼캉(馬爾康)현의 마탕촌에서 지진 발생 이전부터 퍼져 있었다"며 음모론을 제기했고, 이에 관할 쓰촨성 아바 자치주 지진국은 즉각 "사실이 아니다"고 공식 부인해야 할 정도였다. 상하이스트닷컴에는 이밖에 '피해지역을 찍은 첩보위성 사진이 구조작업에 이용되고 있다' '이번 지진 피해자들은 중국의 경제성장이 낳은 희생자들'이라는 네티즌들의 주장까지 실었다.

결국 중국의 관영 매체들은 최근 발생한 지진에 대해 사망자 수와 실종 어린이, 파괴된 병원 등의 상황을 실시간으로 보도했다. 중국중앙TV(CCTV)는 정규 방송을 중단하고 쓰촨성 지진 발생 상황을 생중계했으며, 드라마 프로그램도 중단하고 피해지역 주민과 생존자들의 인터뷰를 방송했다. 이러한 접근은 2003년 사스 발생 시 보여줬던 비밀주의와는 사뭇 다른 모습이었다.

지난 2010년 자스민 혁명은 튀니지의 26살 청년이 부패한 경찰의 노점상 단속으로 생존권을 위협받자 분신하면서 시작되었다. 이 혁명은 '소셜 네트워크 서비스(SNS) 혁명'으로 불리며, 페이스북, X(트위터), 블로그 등의 인터넷 플랫폼을 통해 급속히 확산되었다. 튀니지에서는 반정부 시위대가 포스터를 제작하여 페이스북과 X(트위터)에 올리는 등 SNS를 활용하여 시위를 조직화했다. 이집트에서는 인터넷 접속 차단에도 불구하고 프록시 사이트, 사설 인터넷망(VPN), SNS 전용 앱 등 다양한 경로로 반정부 시위와 관련된 뉴스를 확산시켰다. 또한 알자지라 방송은 소셜 네트워크 차단에 대항하여 자체 취재한 시위 현장 사진을 플리커에 올리고, 구글은 트위터 차단 시 일반 유선전화를 이용해 음성메시지를 남기면 곧바로 X(트위터)로 전송해 주는 서비스(speech-to-tweet)를 제공하여 음성 메시지를 X(트위터)로 전송했다.

튀니지에서 시작된 아랍의 봄은 중동과 북아프리카 지역에서 발생한 전례 없는 시위 운동 및 혁명의 물결로서 2010년 12월 이후 알제리, 바레인, 이집트, 이란, 요르단, 리비아, 모로코, 예멘 등 여러 지역에서 대규모 반정부 시위가 발생했다. 시위에서는 파업 참여, 데모, 행진, 집회뿐만 아니라 소셜 미디어를 통한 조직, 의사 소통, 인식 확대가 중요한 역할을 했다. 특히 튀니지, 이집트, 예멘에서의 반정부 시위는 정권 교체로 이어졌으며, 이는 혁명으로 불리게 되었다. 이러한 사례들은 SNS 뉴스가 다양한 플랫폼을 통해 유통되는 과정을 보여 주며, 뉴스플랫폼의 상호연계성이 혁명과 사회적 변화에 어떤 역할을 하는지를 명확히 시사한다. SNS는 정치적 급변기에서 집단행동과 의제 폭발의 촉매 역할을 하며, 기존 미디어를 보완하고 새로운 미디어 역할을 한다.

더 실질적인 사례도 있다. 미국의 한 지역신문(The Spokesman Review)은 1993년대 초반에 '피자신문' 이라는 개념을 만들어 냈다. 이 신문은 1,500명 이상의 지역주민에게 피자를 제공하고 자사 신문이나 지역문제에 관한 뒤뜰 대담을 열었다. 그 결과 수많은 지역주민들의 의견을 모으고 지역의 현안 이슈를 개발하는 한편 신문과 지역주민 간의 유대감을 강화하는 소득을 얻었다. 이 신문의 이러한 전략은 지역언론과 지역공동체 간의 강한 연결 고리를 만드는 것이야 말로 지역언론의 신뢰도를 높이고 경쟁에서 이기는 핵심요소임을 강조하는 것이다. 이 신문은 미국에서 '시민 저널리즘' 프로젝트를 실행하고 있는 수백 개 신문 가운데 하나다. 독자의 목소리를 듣고자 하는 시민저널리즘은 미국 지역언론의 위기를 해결하기 위한 하나의 대안이며 언론의 역할에 대한 자성에서 출발했다. 그런 점에서 시민저널리즘은 한국 언론이 유의해서 살펴봐야 할 대상이다.

디지털 시대는 일반 시민이 기자가 되어 소셜 미디어 및 기타 디지털 플랫폼을 통해 자신의 뉴스와 관점을 전파하고 공유할 수 있도록 했다. 이것은 전통적인 뉴스 소스에 대한 대안을 제공할 수 있는 시민 저널리즘으로 이어졌다. 시민 저널리즘은 일반 시민들이 뉴스와 정보를 수집, 보도, 분석, 보급하는 과정에서 적극적인 역할을 하는 형태의 저널리즘이다. 인터넷, 소셜 미디어, 모바일 앱, 블로그, 포럼 등을 포함한 다양한 디지털 미디와 플랫폼은 시민들이 뉴스를 더 쉽게 접하고 공유할 수 있도록 도와준다. 따라서 시민들은 전문 기자보다 빠르게 속보를 전하고 주류 언론이 놓친 사각지대를 커버해 보도할 수 있게 됐다. 이를 통해서 다양한 시각과 의견을 제공하여 공론장을 확장해 뉴스 생태계를 변화시키고, 더 많은 사람들이 정보를 공유하고 의견을 표현할 수 있게 해 주고 있다. 따라서 시민들이 뉴스를 만들고 공유함으로써 사회적 변화를 이끌어 낼 수 있는 것이다.

시민 저널리즘의 맹아는 1999년 시애틀에서 전개된 세계무역기구(WTO) 반대시위에서 싹 텄다. 세계 각국에서 모인 수만명의 시위대는 휴대전화와 노트북 등 첨단 전자장비를 동원, 인터넷을 중심으로 정보를 공유하고 시민들의 요구 사항을 표현했다. 국내에서는 오마이뉴스가 "모든 시민은 기자다"라는 모토를 가지고 2000년 2월 22일에 창간하였다. 오마이뉴스는 일반인 독자들이 쓴 기사들을 게재하는 일반인 기자 체제를 운영하고 있다. 독자(네티즌) 중에 누구나 오마이뉴스 사이트에서 기자로 가입할 수 있고 기사를 올릴 수 있다. 실제로 전문 기자가 아닌 일반인과 네티즌들이 기자라는 타이틀을 내걸고 누구나 기사를 올릴 수 있다. 미국 《타임지》는 《오마이뉴스》를 대표적인 사용자 창작 컨텐츠인 UCC(User Created Content) 사이트의 하나로서 세계의 시민참여 저널리즘을 선도하고 있다고 소개하면서 "블로거들의 참여로 만들어지는 《허핑턴 포스트》에 비유할 수 있다."라고 평가하기도 하였다. 오마이뉴스는 시민들이 더 적극적으로 정보를 찾고 공유하는 문화를 조성했고, 전통적인 언론과의 대안적인 정보 공급원으로 자리매김해 시민저널리즘 발전에 기여했다.

인터넷과 디지털 정보 기술에 AI까지 등장하면서 전통적인 저널리즘 환경이 급변하고 있다. 이 같은 저널리즘 환경 변화에서 뉴스 개념은 전통과 변화의 기로에 서있다. 현재 미디어 세상에서는 다양한 주체가 콘텐츠를 생산하고, 퍼뜨리고, 이용자들은 더 보고 싶은 것을 더 편한 곳에서 이용한다. 볼 것도 늘어나고 사람들이 이용하는 채널도 바뀐 지금의 미디어 세계에서 뉴스의 위상도 전과 같지 않고, 사람들이 보고 싶어 하는 것도 전과 같지 않으며, 뉴스를 보는 방식 또한 이전과 같지 않다. 하지만 저널리즘의 본질이자 핵심이라고 말할 수 있는 진실 추구와 감시 기능은 앞으로도 여전히 유효할 뿐만 아니라 저널리스트가 맡아야 할 역할이다. 따라서 저널리즘의 가치는 고수하면서 젊은 세대가 뉴스에 쉽게 접근할 수 있도록 다양한 디지털 플랫폼 특성에 맞는 뉴스 공급 전략이 필요한 것이다.

제2부
소통하는 뉴스

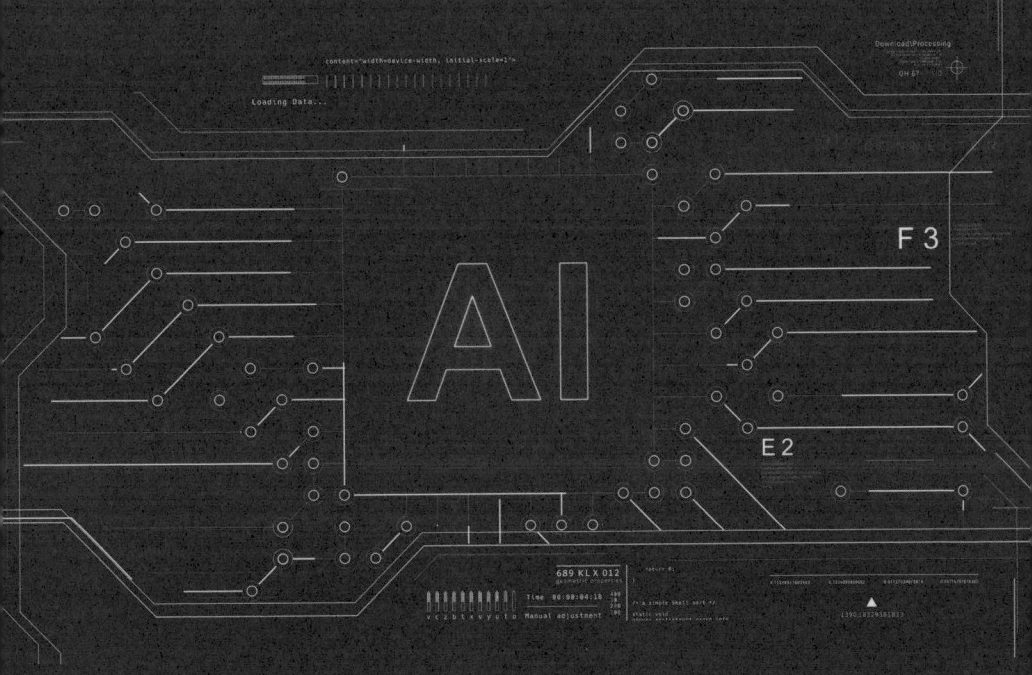

인간이 태어날 때부터 말을 하지도 듣지도 못하고 다른 사람들과 어떤 형태의 소통도 하지 못한 상태에서 자란다면 어떻게 될까? 이런 의문을 실제로 실험한 사람이 있었다고 한다. 13세기 신성로마제국의 황제였던 프레데릭(Frederick)은 인간이 세상에 태어나 아무런 언어도 가르치지 않으면 그 아이는 커서 어떤 언어를 사용할 것 인지가 궁금해했다. 당시 공용어인 라틴어를 말할 것인가, 그렇지 않으면 고전에 속하는 히브리어나 그리스어를 할 것인가 하는 것이 관심사였다. 그는 이 궁금증을 풀기 위해 실제로 갓난아이 몇 명을 실험대상으로 삼았다고 한다. 정확한 실험을 위해서 갓난 아이들과 접촉이 허용된 사람은 유모로 제한을 했다. 또 유모들도 먹이고, 목욕을 시키는 외에 일체의 언어적, 비언어적 커뮤니케이션을 하지 못하도록 했다. 그렇게 한 결과는 어떠했을까? 말을 못하게 되었을까? 아니면 알아들을 수 없는 이상한 소리를 냈을까? 불행히도 아이들은 얼마 가지 않아 모두 죽어 버렸다고 한다.[65]

이것은 커뮤니케이션이 인간에게 얼마나 중요한 것인가를 단적으로 보여 주는 일화이다. 커뮤니케이션의 단절이 사람을 죽음에 이를 수 있게 할 수 있기 때문이다. 결국 커뮤니케이션은 공기나 물처럼 인간 생존에 필수

---

65) 이상철, 『언론발달사』, 일지사. 1992. p176.

적인 요소이다. 하지만 커뮤니케이션은 인간만의 유일한 행위가 아니다. 다만 인간은 언어 등의 다양한 커뮤니케이션 수단을 통해서 의사소통을 할 수 있게 되었다.

커뮤니케이션은 동적이며, 연속적일 뿐만 아니라 지속적이고 취소할 수 없으며 상호 작용적이다.[66] 사람들은 상황, 상대방의 반응, 그리고 자신의 감정에 따라 의사소통 방식을 조절한다. 때로는 열정적으로 이야기하고, 때로는 차분하게 말하며, 때로는 유머를 섞어 표현하기도 한다. 이러한 동적인 특성은 우리가 상호작용하며 세계를 이해하고 소통하는 데 필수적이다. 커뮤니케이션은 우리 생활의 모든 순간에 존재한다. 우리가 깨어 있을 때도, 잠자고 있을 때도, 심지어 꿈 속에서도 의사소통은 계속된다. 이는 우리 뇌가 항상 활동하고 있기 때문이다. 말로 표현하거나 글로 기록하며, 심지어 비언어적인 방식으로도 의사소통이 이루어진다.

또한 의사소통은 취소할 수 없다. 일단 입으로 말하거나 의미 있는 표정을 짓거나 감정을 표출하게 되면 그것을 다시 지울 수 없기 때문에 한 번 메시지를 보내면 원상태로 돌릴 수 없다. 사과나 부인한다고 해서 일어난 것을 지울 수는 없다. 의사소통은 참여자들에게 상호 영향을 미친다. 우리는 자발적이고도 지속적으로 다른 사람과 접촉하는데, 다른 사람들은 우리의 말과 행동에 반응을 하며 우리는 스스로의 말과 행동에 반응한 후 타인의 반응에 또 반응한다. 이러한 행위와 반응의 순환이 인간 의사소통의 기본이 된다.

---

[66] 버커 등, 『언어 커뮤니케이션』, 한국문화사, 2003, p5.

1

커뮤니케이션의 시작

커뮤니케이션은 꿀벌의 춤이나 돌고래의 음파에서 보듯이 인간에게만 있는 행위는 아니다. 하지만 인류는 직립 보행을 시작하면서 인간 외 동물들과는 다른 커뮤니케이션 행위를 발전시켜왔다. 인간의 뇌가 진화하는 과정에서 정보 처리와 생존 전략은 중요한 역할을 했다.[67] 예를 들면 식량과 맹수 등에 대한 환경적 정보는 우리가 어떻게 살아남을지 결정하는 데 영향을 미쳤다. 이러한 정보 처리는 우리 뇌의 발전과 복잡성 증가를 원동력으로 삼았다. 유기체들은 자원을 효율적으로 사용하기 위해 선택을 한다. 어떤 정보를 얻는 데 드는 비용이 예상 수익보다 낮으면, 그 정보를 얻는 것이 합리적이다. 이 예상 수익은 궁극적으로 생존과 번식과 관련이 있다. 다세포 동물은 신경계를 통해 정보를 수집하고 판단한다. 정보가 많아질수록 보상도 커지기 때문에 추가 비용을 들이는 것이 합리적이다. 따라서 인간은 공동체 생활을 하며 더 많은 정보를 얻기 위해 비언어적, 언어적 커뮤니케이션을 발전시켰고 이는 미디어 발달로 이어졌다.

1) 커뮤니케이션의 발달

대략 700만 년 전 새로운 존재가 아프리카의 열대 밀림에서 등장해서 광

---

67) 스티브 핑커, 『마음은 어떻게 작동하는가』, 소소, 2007. p280~281.

활한 사바나 지역을 돌아다니기 시작했다.[68] 그들이 바로 오스트랄로피테쿠스였고 이후 수백만 년 동안 세계를 지배한 직립 보행 영장류인 호미니드(Hominid)였다. 사실 직립보행은 힘들고 위험스러운 행위이다. 골반이 엄청난 부담을 지탱할 수 있어야만 한다. 필요한 강도를 유지하려면 산란관이 상당히 좁아져야만 하기 때문이다. 이러한 직립 보행에 따른 골격의 변화는 여러 가지 문제를 동반했다. 첫째, 산모가 아기를 낳을 때 엄청난 고통을 겪게 되었다. 골반이 좁아져 있어 출산이 어려웠고, 이로 인해 산모와 아기의 사망률이 증가했다. 둘째, 아기의 머리가 좁은 공간을 통해 빠져나오기 위해서는 뇌가 작아야 했다. 따라서 신생아는 오랫동안 돌보아야 했고, 이는 남성과 여성 간의 긴밀한 커뮤니케이션을 요구하게 되었다.

오스트랄로피테쿠스 아파렌시스는 약 390만 년 전부터 290만 년 전까지 플리오세 기간에 존재했던 원시 인류 종이다. 이 종은 많은 화석이 발견되었는데, 그 중에서 가장 유명한 화석은 '루시'라는 이름의 여성 화석이다. 루시는 1974년 에티오피아의 아파르 지역에서 고인류학자 도널드 조핸슨이 이끄는 탐사 조사단에 의해 발견되었다. 루시의 화석은 두 발로 걸어다녔다는 점에서 최초의 인류라고 할 수 있으며, 나무에서 내려와 사바나로 이동했을 가능성이 높다. 그런데, 루시와 그 동료들은 나무에서 내려와서 왜 숲을 빠져나오게 되었을까? 그 이유는 기후 변화에 있었다. 당시 카리브해와 태평양 사이의 파나마 지협이 서서히 솟아오르면서 태평양에서 대서양으로 흐르는 조류가 단절되었고, 극지방으로 흐르던 난류의 방향이 바뀌면서 북위도 지역에는 갑자기 극심한 빙하기가 시작되었다. 그 결과 계절적으로 가뭄과 추위가 찾아오게 된 아프리카는 점진적으로 밀

---

68) 빌 브라이슨. 『거의 모든 것의 역사』 까지. 2003. p463~473.

림이 사바나로 바뀌게 되었다.

탁 트인 사바나 지역에 발을 들여놓음으로써 초기 인류들은 훨씬 더 심하게 노출되게 되었다. 맹수들을 보기 위해서 이들은 똑바로 걷게 되었지만, 반면에 더 쉽게 눈에 뜨일 수도 있게 되었다. 현대 인류도 여전히 야생에서는 취약한 종이다. 거의 대부분의 짐승들은 우리보다 더 강하고, 더 빠르고, 더 예리한 이빨을 가지고 있다. 공격에 직면하면 인류는 두 가지 장점만을 가지고 있다. 우리는 전략을 짜낼 수 있는 뇌를 가지고 있고, 위험한 물체를 던지거나 휘두를 수 있는 손을 가지고 있다는 것이다. 그래서 우리는 육체적 취약점을 감당할 수 있었고 이러한 능력은 우리가 생존과 번영을 이루는 데 도움이 되었다.

호모 하빌리스(Homo habilis)는 약 230만년에서 140만년 전에 제4기 플라이스토세에 살았던 화석인류다. 이 종은 도구를 사용하는 능력으로 알려져 있어 "손재주 좋은 사람"이라는 뜻의 이름을 가지고 있다. 평균 키는 약 130~160cm이었고, 뇌 용량은 약 600~850cc 정도였다. 호모 하빌리스는 도구를 처음 사용한 초기 인류로, 인간과 침팬지 사이의 원시적인 상태에 있었으며 뇌 크기는 루시보다 크게 발달했다.

이후 등장한 호모 에렉투스(Homo erectus)는 약 200만 년 전에서 10만 년 전까지 아프리카, 아시아, 시베리아, 인도네시아, 루마니아 등에서 생존한 화석인류다. 이 종은 최초로 완전한 직립보행을 한 인간으로 알려져 있으며, 뇌 용량은 약 1100~1200cc 정도였다. 호모 에렉투스는 사냥, 도구 사용, 불 사용 등의 행동을 통해 인류 진화에 큰 역할을 한 종으로 알려져 있다. 또한 집단생활의 흔적을 남겼고, 처음으로 늙고 병은 동료를 돌보아 주었다. 두개골에는 언어와 관련된 뇌의 전두엽 부분인 브로카 영역이 있었다는 사실도 밝혀졌다.

상당한 기간 동안 에렉투스는 여러 지역에 정착을 했고, 이들 초기의 에렉투스는 아시아의 자바인과 베이징인, 유럽의 호모 하이델베르겐시스와 마지막으로 호모네안데르탈렌시스로 진화했다. 그 후 지금으로부터 대략 10만 년쯤 전에 더 영리하고 유연한 종이며, 오늘날 살고 있는 우리 모두의 선조가 아프리카 평원에 등장해서 두 번째로 퍼져 나가기 시작했다.

직립 보행을 시작한 인류는 신체적으로나 정신적으로 급격한 변화를 겪게 됐는데, 인간의 커뮤니케이션 역시 예외가 아니었다. 특히 남녀간의 커뮤니케이션은 종의 번식을 위해서 반드시 필요한 것이었다. 인간은 두 다리로 서게 되고 두 다리로 걸음을 걷게 되면서 직립을 하게 되었기 때문에 성적 상징으로부터 나오는 메시지의 반 이상이 숨겨져 버리게 되었다. 그 대신 남자와 여자가 앞을 가리게 되었고 서로 대면성을 확립하게 된 것이다. 이는 언뜻 평범해 보였지만, 사실은 대단히 중대한 사건이었다.[69]

이런 변화는 발정기를 상실하는 것과 연결이 된다. 동물은 대체로 일정한 발정기를 가지고 있다. 그 리듬에 따라서 교미를 하게 되는 것인데, 인간은 이 발정기를 잃어버렸기 때문에 짝짓기의 일정한 주기를 잃어버리고만 것이다. 발정기가 없다고 하는 것은 교미를 자연의 리듬에 따랐던 일정한 기간에 더 이상 얽매이지 않는다는 것을 의미한다. 바꿔 말하면 연중 언제나 매료되는 대로 발정을 하게 된 것이다. 그래서 자연환경의 색깔·형태, 피부의 상태, 살의 모양에 따라 짝짓기가 행해지는 것이 아니라, 그 외의 커뮤니케이션에 의해서 상대에게 성관계의 의사를 전달하지 않으면 안 되게 된 것이다. 이로 인해 다른 동물과 차별화된 커뮤니케이션의 수단의 필요성이 생기게 된 것이다. 이로써 표정의 다양성을 촉진하게 되었고, 몸

---

69) 마쓰오카 세이코. 『정보의 역사를 읽는다』. 넥서스. 1998. p83.

짓의 발달을 가져왔으며, 그리고 언어의 발생의 한 원인이 된 것이다.

2) 언어의 진화

인간 언어는 소리를 사용하는 신호 체계인데, 이것은 많은 수의 동물 의사소통 체계가 공유하는 특징이다.[70] 동물 의사소통에는 종종 신호와 보내진 메시지 사이에 연관관계가 있으며, 그 체계는 주로 유전적으로 고유하다. 반면 인간 언어에서 상징은 대체로 자의적이며, 그 체계는 한 세대에서 다음 세대로 힘들여져 전해져야 한다. 언어의 이중성과 전위성, 즉 소리와 의미로 분리되는 구조와 시간과 공간을 초월해 사물과 사건에 대해 이야기할 수 있는 능력은 동물에게는 찾아볼 수 없는 특성이다. 또 창조성, 즉 새로운 발화를 생산할 수 있는 능력은 동물이 소유한 자연적인 의사소통 체계에서는 거의 존재하지 않는다. 끝으로 유형화와 구조 의존성 또한 독특한 언어 자질이다. 언어 유형화에는 고립어와 교착어 등 형태론적 유형과 어순에 다른 유형 등이 있다. 구조 의존성은 의문문과 수동문 등 문장 구조의 원칙이다. 요약하자면, 언어는 자의적인 소리 신호의 유형화된 체계로서 구조 의존성, 창조성, 전위성, 이중성, 문화적 전달의 특징을 지니고 있다.

인간 두뇌의 크기는 지난 30만년 동안 급격한 변화가 일어났고 약 10만년 전에는 현생 인류의 크기에 다다랐다. 하지만 인간이 이룩한 기술적 창의성, 즉 돌, 뼈, 뿔 등으로 만든 온갖 종류의 도구 발명은 불과 4~5만년 전에 일어난 일이다. 매장 풍습, 동굴 벽화와 악기 등에 나타난 예술성, 몸치

---

70) 진 에이치슨, 『언어학 개론』, 한국문화사, 2003. p25.

장, 교역 등도 비슷한 시기에 형성되었다. 우리는 약 4만년 전부터 지속적인 기술 혁신을 이뤄왔다. 바로 이것이 몇 가지 의문점 등을 제시한다. 현생 인류가 나타난 시기와 기술혁명이 일어난 시기 사이에는 왜 5만년이라는 세월이 필요했으며, 어떤 선택 압력이 인간의 두뇌 용량을 급증하게 만들었고 어떻게 언어가 진화되었는가 하는 것이다.[71]

영국의 고고학자 미센(Steven Mithen)은 저서『정신의 선사학(The Prehistory of the Mind)』에서 인간 정신의 진화를 진화 심리학과 인지 고고학을 결합하여 이 문제를 분석했다. 그는 인간 정신을 특정 작업에 적응한 각기 다른 단위들로 구성된 것으로 설명한다. 이들 단위는 인류 역사를 통해 점점 효율적이고 독립적으로 발전했다. 언어는 사회적 기능을 수행하기 위해 진화했다. 초기에는 사회적 상호작용을 위한 도구로 시작했으나, 문법 능력이 발달하면서 단위 간의 장벽을 허무는 역할을 하게 되었다. 지난 5만년 전에 이러한 장벽이 무너지며 창의력이 폭발적으로 증가했다. 미센은 인간 정신의 진화를 세 가지 단계로 설명한다. 아프리카 초기 인류는 기본적인 생존과 사회적 상호작용을 위한 정신 능력을 발달시켰고 빙하기 시대의 네안데르탈인은 도구 사용, 사회적 협력, 문화적 요소를 발전시켰다. 이어 현대인은 이러한 단계를 거쳐 형성된 모듈러(modular) 정신을 가지고 있어 다양한 지능 영역이 모듈처럼 작동하게 됐다.

미센은 세 가지 단위, 즉 사회적 지능, 기술적 지능, 보다 효율적인 섭식에 필요한 동물과 식물에 대한 지식을 의미하는 자연사에 관한 단위가 따로 존재한다고 설명한다. 사회적 지능은 영장류의 보편적인 특성이다. 영국의 인류학자 던바(Robin Dunbar)는 사회적 두뇌 가설(Social Brain

---

71) 존 메이나드 스미스·에올스 스자스마리,『40억년 간의 시나리오』전파과학사. 2001. p255~260.

Hypothesis)을 제시하여 왜 원숭이와 유인원들이 비정상적으로 큰 뇌를 가지고 있는지 설명하려고 했다. 이 가설은 복잡하게 결합된 사회 집단에서 살아가는 인간과 다른 원숭이들이 더 큰 뇌를 발달시킨 것으로 주장한다. 이 가설은 사회적 지능(Machiavellian Intelligence)이라고도 불리는데, 이는 상호작용과 사회적 관계를 이해하고 조절하는 능력을 의미한다. 사회적 지능은 우리가 다른 사람의 의도, 감정, 욕망을 이해하고 예측하는 능력을 포함한다. 기술적 지능은 도구 사용, 문제 해결, 기술적 역량 등을 포함한다. 인간은 도구를 만들고 사용하는 능력을 통해 기술적 지능을 발전시켰다.

따라서 미센은 문법을 포함한 언어 능력이 약 5만년 전에 진화했다고 주장하며, 이는 문화적 변화와 함께 독립적으로 존재하던 정신 단위들의 벽을 무너뜨렸다고 설명한다. 이러한 주장은 우리 인류의 발전과 문화적 변화를 이해하는 데 중요한 열쇠이다. 언어는 우리가 생각을 표현하고 사회적 상호작용을 하며 지식을 전달하는 핵심적인 역할을 한다. 문법은 단어를 조합하여 의미를 만들고, 문장을 구성하는 규칙을 제공한다. 따라서 문법의 발달은 우리가 더 정확하고 효과적으로 의사 소통할 수 있게 해 주었다.

3) 커뮤니케이션의 함의

인류학자들은 우리가 태어날 때 반드시 충족해야 하는 욕구를 가지고 있다고 주장한다. 이러한 욕구들은 인간의 행동을 크게 영향을 미치며, 종의 생존과 즐거움을 찾는 행위, 안정, 세력권을 결정한다.[72] 먼저 인간은 생존을 위해 커뮤니케이션을 발전시켰다. 이를 통해 도움을 요청하거나

---

72) 버커 등, 『언어 커뮤니케이션』 한국문화사, 2003, p48~51.

위험을 경고하며, 자원을 공유할 수 있다. 이러한 능력은 사회적 유대감을 강화하고 집단의 생존 가능성을 높인다. 둘째, 인간은 본능적으로 즐거움을 찾고 안정감을 추구한다. 이는 행동과 선택에 큰 영향을 미치며, 사회적 지위나 성취를 통해 자신을 표현하고자 하는 욕구로 나타난다. 셋째, 안정은 인간의 기본적인 욕구 중 하나로, 마음의 평정을 유지하고 균형을 찾는 데 중요한 역할을 한다. 안정이 결여되면 불안감이 증가하며, 이는 커뮤니케이션을 통해 해소하려는 경향이 있다. 넷째, 인간은 경계를 인식하고 그 안에서 안정감을 느낀다. 경계는 보호와 안전을 제공하며 개인의 정체성을 확인하는 데 중요한 역할을 한다. 집, 학교, 사회적 그룹 등 우리가 속한 모든 경계는 정체성과 안정감을 강화한다. 다섯째, 인간은 커뮤니케이션을 통해 평판을 형성하고 사회적 지위를 높인다. 정보를 공유함으로써 중요한 인물로 인식되며, 평판은 아름다움, 재능, 전문성, 신뢰, 부 등 다양한 자산을 통해 형성된다.

커뮤니케이션의 목적은 크게 영향력 행사와 정보교환, 감정표현의 세 가지로 정리할 수 있다.[73] 하지만 이 세 가지 목적은 각각 독립적인 것이 아니라 메시지가 전달될 때 동시에 달성되는 것이다. 커뮤니케이션의 이유에 대해서 심리학자인 슈츠(William Schutz)는 욕구이론을 통해 사람들이 서로 만나 커뮤니케이션을 하는 이유를 세 가지 즉 애정욕구, 소속 욕구, 통제 욕구로 구분하여 제시했다. 이외에도 커뮤니케이션의 목적은 매우 다양하고 복합적이다. 정보 전달, 이해 증진, 관계 형성, 협력 촉진, 문제 해결, 사회적 연결 유지, 정체성 표현 등 다양한 목적을 통해 인간 생활의 거의 모든 측면에 영향을 미치고 있다. 효과적인 커뮤니케이션은 개인

---

73) 이제영. 『커뮤니케이션과 미디어』. 시간의 물레. 2011. p48.

의 삶과 사회 전체의 질을 향상시키는 데 중요한 역할을 한다.

먼저 정보를 전달하는 것은 커뮤니케이션의 기본적 기능 중 하나다. 개인이나 조직은 메시지를 전달함으로써 지식이나 데이터를 공유하고, 필요한 행동을 유도한다. 이 과정에서 오해가 없도록 명확하게 전달하는 것이 중요하다. 또 이해를 증진시키는 역할도 커뮤니케이션의 중요한 목적이다. 상호 이해는 사람들 간의 신뢰를 쌓고 갈등을 해결하는 데 기여한다. 효과적인 커뮤니케이션을 통해 서로의 입장을 이해하고 공감할 수 있고, 이는 협력과 관계 형성에 매우 중요하다.

관계 형성 또한 커뮤니케이션의 핵심 목적이다. 가족, 친구, 동료, 고객 등과의 관계를 유지하고 발전시키기 위해서는 지속적인 커뮤니케이션이 필요하다. 커뮤니케이션은 감정을 표현하고, 지지를 주고받으며, 유대감을 강화하는 데 필수적이다. 또한, 커뮤니케이션은 협력을 촉진하는 역할을 한다. 팀워크와 조직의 목표 달성을 위해서 효과적인 커뮤니케이션이 필요하다. 이를 통해 구성원들은 서로의 역할을 이해하고 협력하여 공동 목표를 달성할 수 있다.

문제 해결 역시 커뮤니케이션의 주요 목적 중 하나다. 갈등 상황에서 효과적인 커뮤니케이션을 통해 문제의 원인을 파악하고 해결책을 모색할 수 있다. 이는 개인적인 문제뿐만 아니라 조직 내 갈등 해결에도 중요한 역할을 한다. 커뮤니케이션은 사회적 연결을 유지하는 데도 중요한 역할을 한다. 사람들은 커뮤니케이션을 통해 사회적 네트워크를 형성하고 유지한다. 이는 사회적 지원을 제공받고, 외로움을 해소하며, 사회적 상호작용을 통해 자신을 발전시키는 기회를 제공한다. 마지막으로, 커뮤니케이션은 개인의 정체성을 확립하고 표현하는 데 중요한 도구다. 사람들은 자신의 생각, 감정, 가치관 등을 커뮤니케이션을 통해 표현하고, 이를 통해 자신을 이해하고 타인에게 자신을 알릴 수 있어. 이 과정은 개인의 자기인식과 자존감 형성에 큰 영향을 미친다.

커뮤니케이션은 매우 복잡하고 다층적이며 언어적 또는 비언어적 메시지를 통해 생각과 감정을 주고받고 이해하는 과정이다. 이 과정은 의도적일 수도 있고, 우연적일 수도 있으며, 감정에 따른 것일 수 있다.[74] 이 과정을 통해서 머릿속의 막연한 생각이나 느낌을 구체화하고 명확하게 표현할 수 있고 생각들을 끄집어내어 일정한 범주 안에서 조사하고 정리할 수 있다. 또 서로의 생각과 감정을 더 잘 이해하게 되어, 원활한 상호작용이 가능하며 명확한 커뮤니케이션을 통해 문제를 더 효과적으로 해결할 수 있다. 신뢰와 이해를 바탕으로 한 커뮤니케이션은 인간관계를 강화한다. 이러한 요소들은 커뮤니케이션이 단순한 정보 전달을 넘어, 인간의 생각과 감정을 표현하고 이해하는 중요한 도구임을 보여 준다. 결국 다른 생각들을 더할 수도 있게 된다.

따라서 커뮤니케이션 행위는 다섯 가지로 분석될 수 있는데,[75] 첫째는 의미의 공유다. 커뮤니케이션은 상호작용적인 과정으로, 발신자와 수신자 간의 의사소통을 원활하게 이루어지게 한다. 부호화, 전달, 해독화, 피드백의 단계를 거쳐 의미를 공유하고 합의를 이끌어내는 것이 중요하다. 이러한 과정을 통해 불협화음을 줄이고 상호간의 이해를 높일 수 있다.

둘째, 커뮤니케이션은 의도성을 띠는 행위다. 정보가 단순히 존재하는 것만으로는 커뮤니케이션이 이루어지지 않으며, 그 정보에 커뮤니케이션적 의미를 부여하고 의도적으로 활용할 때 비로소 커뮤니케이션 과정에 포함된다.

---

74) 버커 등. 『언어 커뮤니케이션』. 한국문화사. 2003. p5.
75) 김우룡·장소원. 『비언어적 커뮤니케이션론』. 나남출판. 2004. p20~27.

셋째, 커뮤니케이션은 본질적으로 상징적이다. 언어적이든 비언어적이든, 메시지는 상징체계를 통해 전달되고 해석된다. 이 과정에서 의미의 손실이나 왜곡이 발생할 수 있으며, 이는 오해를 초래할 수 있다. 이처럼 커뮤니케이션은 의미를 있는 그대로의 모습이 아니라 매개를 통해 상징적으로 표현할 수밖에 없다는 데서 항상 오해의 소지를 안고 이루어진다.

넷째, 커뮤니케이션은 상호작용이며, 이는 참여자들 간의 상호 영향을 통해 이루어진다. 즉 커뮤니케이션은 혼자서는 이루어지지 않으며 참여자들은 서로에게 영향을 주고받으면서 최종적 커뮤니케이션 결과를 결정한다는 뜻이다. 따라서 커뮤니케이션은 이미 인간관계의 함축을 내포하고 있다. 이러한 상호작용성은 커뮤니케이션이 단순히 정보 전달이 아니라, 인간관계와 사회적 맥락 속에서 의미를 형성하고 변화시키는 과정임을 보여 준다.

다섯째, 커뮤니케이션은 정적인 것이 아니라 동적인 과정이다. 이는 상호작용성과 밀접하게 연결되어 있으며, 참여자들은 서로의 반응에 따라 메시지를 지속적으로 수정하고 발전시켜 나간다. 또한, 커뮤니케이션은 단순한 정보 교환이 아니라, 참여자들의 과거 경험, 지식, 태도, 배경 등이 누적되어 이루어지는 복합적인 과정이다. 이러한 선행조건들은 현재의 커뮤니케이션에 영향을 미치고, 현재의 커뮤니케이션은 미래의 커뮤니케이션에 영향을 주는 밑받침이 된다.

인간의 커뮤니케이션은 전선으로 연결된 두 대의 팩스가 단순히 팩스를 주고받는 행위가 아니다.[76] 그것은 예민하고, 교활하며, 재고할 줄 아는 사회적 동물들이 교대로 벌이는 일련의 표현행위다. 커뮤니케이션은

---

76) 스티브 핑커. 『언어본능(Language instinct)』. 소소. 2004. p336.

단순한 정보 전달이 아니라, 사람들 간의 복잡한 상호작용과 감정, 의도를 포함한 총체적인 과정이다. 우리가 말을 하거나 비언어적 신호를 보낼 때, 이는 단순한 메시지 이상의 의미를 전달하며, 상대방의 마음에 직접적인 영향을 미친다. 이러한 관점에서 보면, 커뮤니케이션은 서로의 마음을 공유하고 이해하는 중요한 행위다.

결국 커뮤니케이션은 정보 전달과 관계 형성, 문제 해결, 자아표현, 문화 전달 등 다양한 효과를 가지고 있다. 먼저 커뮤니케이션은 자아 정체성을 형성하는 데 중요한 역할을 한다. 우리가 다른 사람들과 소통하면서 자신과 타인을 구별하고, 나와 너, 우리와 그들 같은 개념을 형성하게 된다. 이러한 과정은 개인의 자아 인식뿐만 아니라 사회적 정체성 형성에도 큰 영향을 미친다.

둘째, 커뮤니케이션을 통해서 공동체를 유기적으로 형성하게 된다. 집단 생활을 통해서 각자의 역할이 정해지고 조직이 구성된다. 공동체 생활의 유지는 커뮤니케이션을 통해서 가능하기 때문이다. 즉 공동체와 사회가 형성된다.

셋째, 커뮤니케이션을 통해서 '우리 의식' 과 여론이 형성된다. 소통을 통해서 모인 의견은 우리라는 동료의식과 여론을 만든다. 특히 인쇄술의 발명은 커뮤니케이션과 여론 형성에 큰 변화를 가져왔다. 구텐베르크가 발명한 인쇄술은 책과 문헌을 대량으로 생산할 수 있게 하여 지식과 정보의 보급을 가속화시켰다. 인쇄술 덕분에 사람들은 자국의 언어로 된 책을 쉽게 접할 수 있게 되었고, 이는 민족주의 감정을 강화시켰다. 또한, 신문과 같은 대중매체의 발전은 시민들이 공통적으로 갖고 있는 의견, 즉 여론을 형성하고 표출하는 데 중요한 역할을 했다. 이러한 여론 형성은 민주주의 발전에 기여하게 되었다.

넷째, 커뮤니케이션을 통해 정보를 얻게 된다. 소통을 통해 우리는 다양한 정보를 습득하고, 이를 통해 개인의 존재와 주변 환경을 이해하게 된다. 이는 유형의 정보뿐만 아니라 무형의 개념과 존재에 대한 이해도 포함된다.

다섯째, 커뮤니케이션은 기억 형성에 중요한 역할을 한다. 개인 기억과 집단 기억 모두 커뮤니케이션을 통해 형성되고, 이러한 기억들은 우리의 지식과 사고에 큰 영향을 미친다. 개인 기억은 우리가 직접 경험하고 소통한 내용을 바탕으로 형성되며, 이는 우리의 정체성과 사고방식을 형성하는 데 중요한 역할을 한다. 반면, 집단 기억은 공동체나 사회가 공유하는 기억으로, 역사적 사건이나 문화적 경험을 통해 형성된다. 이러한 집단 기억은 사회적 정체성과 공동체 의식을 강화하는 데 기여한다. 이처럼 커뮤니케이션은 단순한 정보 전달을 넘어, 기억을 형성하고 지식을 축적하며, 복잡한 사고를 가능하게 하는 중요한 과정이다.

따라서 커뮤니케이션은 단순한 의사 전달을 넘어, 학문, 종교, 정치, 경제, 법률, 예술 등 다양한 사회적 행위를 가능하게 한다. 이러한 활동들은 커뮤니케이션을 통해 쌓인 개인과 집단적 기억이 상호작용하면서 이루어진다. 예를 들어, 학문 분야에서는 연구자들이 서로의 연구 결과를 공유하고 토론함으로써 지식을 확장하고 발전시킨다. 종교에서는 신앙과 교리를 전파하고, 공동체를 형성하는 데 커뮤니케이션이 중요한 역할을 한다. 정치에서는 정책과 이념을 전달하고, 시민들의 의견을 수렴하여 민주주의를 실현한다. 이처럼 커뮤니케이션은 인류 문명의 출발점이자 형성 과정인 것이다.

2

언어 커뮤니케이션

인간의 정보 전달의 방법은 크게 유전자에 의한 것과 언어에 의한 것으로 나눌 수 있다.[77] 그런데 유전자와 언어의 체계의 공통점은 일련의 독립적인 많은 소단위들로 이루어져 있어서 거의 무한하게 많은 정보들을 창출할 수 있고 전달할 수 있다는 것이다. 유전자의 경우, A(아데닌), T(티민), G(구아닌), C(사이토신)의 네 종의 염기 배열로 엄청나게 많은 다양한 종류의 단백질을 합성할 수 있으며 이들 단백질로 헤아릴 수 없을 정도의 다양한 형태를 만들 수 있다. 생명이 탄생한 후 지금까지 40억년 동안 수십억 종의 생명체가 지구상에 존재할 수 있었던 까닭도 이 때문이다. 언어도 마찬가지다. 서로 다른 30~40개의 소리 단위 즉 음소(phoneme)로 많은 단어를 만들 수 있으며 그것들을 문법에 맞게 배열하여 만든 문장으로 끝없이 많은 의미를 전달할 수 있다.

1) 언어의 기능과 특성

언어는 의사소통 기능 이외에도 정보를 저장하고 사고 과정을 수행하는 방식과 같은 여러 가지 기능과 능력을 갖고 있다.[78] 언어는 의미를 전달하

---

77) 존 메이나드 스미스·에올스 스자스마리, 『40억년 간의 시나리오』, 전파과학사, 2001, p251.
78) 길이만, 시정곤, 최숙희, 『인간 컴퓨터 언어』, 역락, 2006, p19.

기 위해서 상징을 사용하는데 동물에게서 사용되는 상징들은 대개 일정한 유형이 있다. 동물의 의사소통 방식은 주로 생존과 관련된 직접적인 신호를 전달하는 데 중점을 두고 있으며, 이는 인간의 언어와는 다른 점이다. 예를 들어 동물이 머리를 숙이는 것은 복종을 의미하고, 숨을 들이마시거나 머리나 깃털을 뻗쳐서 몸집을 팽창시키는 것은 침략공격이나 지배의 의사표시다. 또한 소리도 일관성을 띠고 있다. 고음의 찍찍거리는 소리는 지배를 의미하며, 짧고 빠른 소리는 경계를 의미한다. 또 꿀벌의 춤은 특정한 방향과 거리에 있는 식량의 위치를 알려 주는 매우 구체적인 신호이다. 동물의 의사소통 체계는 복합적으로 다른 의미를 추가하지는 못하고 또 상징 상호간에 어떤 체계적인 관계가 없다. 그러나 언어가 되려면 그 단위 조합의 자유로움과 관계문의 문맥의 자유로움이 있으며 상호간에 체계적인 관계가 있어야 한다.

언어는 커뮤니케이션에 있어서 다양한 기능을 수행한다. 사람이 언어를 사용하는 방식은 단어의 유용성뿐만 아니라 언어의 기능에 따라서도 달라진다. 이러한 기능들은 일반적으로 감정적 기능(emotive), 사교적 기능(phatic), 인지적 기능(cognitive), 수사적 기능(rhetorical), 인지 기능(identifying) 등 다섯 가지로 분류된다.[79]

감정적 언어는 화자(話者)의 느낌과 태도, 감정을 표현하는 데 사용된다. 감정 언어는 감정을 함축하는 단어들을 채택한다. 사교적 언어는 의사소통을 하는 과정에 참여하는 사람들간 관계를 강화시켜 준다. 인사, 작별인사, 담소에 사용되는 언어의 기능은 사교적인 언어의 측면이다. 인지적 언어의 기능은 정보를 전달하는 것으로 인지 언어는 지시적인 경향

---

79) 버커 등. 『언어 커뮤니케이션』 한국문화사. 2003. p102.

이 있다. 수사적 언어의 목적은 생각과 행동에 영향을 주는 데 있다. 화자는 함축적인 어휘를 사용하여 설득을 한다. 언어의 확인 기능은 사물에 이름을 부여하는 것이 주가 된다. 그래서 우리가 무엇에 대해 말하고자 하는지 명백히 할 수 있다. 인지는 또한 무언 가에 이름을 짓는다는 것 이외에 많은 의미를 내포하고 있다. 산스크리트어에서 이름을 짓는다는 것은 "gna(know)"로부터 파생됐다. 이름 짓기는 사람을 규정하고 의사소통에 영향을 미친다. 성경책, 창세기 편에 아담은 동물들에게 이름 붙여 주는 권한을 받음으로써 동물들을 소유할 수 있는 권력을 지니게 됐다고 나와 있다. 따라서 언어는 감정을 표현하고, 관계를 강화하고, 정보를 전달하고, 타인을 설득하고, 이름을 짓는 등 다양한 기능을 수행한다. 언어 커뮤니케이션은 이와 같은 다양한 기능이 어우러져 이뤄지는 것이다.

언어는 특별한 성질을 가지고 있는데, 첫 번째는 스위스의 언어학자 페르디낭 드 소쉬르가 말한 기호의 임의성 즉 소리와 의미는 완전히 관습적인 결합이다.[80] 페르디낭 드 소쉬르가 말한 기호의 임의성 개념은 언어학에서 매우 중요한 인식이다. 언어 기호가 소리(기표)와 의미(기의)로 구성되며, 이 둘의 결합이 임의적이라는 점은 언어의 유연성과 창의성을 가능하게 한다. 예를 들어, "개"라는 단어는 그 자체로 개와 물리적 연관이 없지만, 우리는 이 단어를 통해 개라는 개념을 떠올릴 수 있다. 이는 언어 공동체 내에서 사회적 합의와 반복 학습을 통해 이루어진다. 이러한 임의성 덕분에 우리는 새로운 단어를 만들고, 기존 단어를 다양한 맥락에서 사용할 수 있다. 또한, 언어의 임의성은 문화와 사회적 변화에 따라 언어가 진화할 수 있게 한다. 새로운 기술이나 개념이 등장하면, 우리는 이를 표현하

---

80) 스티브 핑커, 『언어본능(Language instinct)』, 소소, 2004, p118~124.

기 위해 새로운 단어를 만들거나 기존 단어에 새로운 의미를 부여할 수 있다. 예를 들어, "클릭"이라는 단어는 원래 물리적인 소리를 나타내지만, 이제는 컴퓨터 마우스를 사용하는 행위를 의미하기도 한다. 언어의 이러한 특성은 인간의 사고와 의사소통을 더욱 풍부하고 다채롭게 만들어 준다.

두 번째는 헬름 폰 훔볼트의 "언어는 유한한 매체를 무한히 이용한다"는 말이 언어의 창의성과 무한한 표현 가능성을 잘 설명해 준다. 이산조합(離散組合) 체계는 언어의 이러한 특성을 잘 설명해 준다. 유한한 수의 단어와 문법 규칙을 통해 무한한 수의 문장을 생성할 수 있는 능력은 인간 언어의 독특한 특징 중 하나다. 이는 자연계의 대부분의 혼합 체계와는 크게 다르다. 혼합 체계에서는 각 요소의 속성이 평균화 되거나 뒤섞여 새로운 속성을 만들어낸다. 예를 들어, 물감 배합의 경우 서로 다른 색의 물감을 혼합하면 새로운 색이 만들어진다. 빨간색과 파란색을 섞으면 보라색이 된다. 이 과정에서 각 색의 속성이 평균화 되어 새로운 색이 나타난다. 다양한 재료를 혼합하여 새로운 요리를 만드는 과정에서도 혼합 체계가 적용된다. 또 여러 가지 소리가 혼합되어 새로운 소리를 만들어낸다. 오케스트라에서는 다양한 악기의 소리가 혼합되어 아름다운 음악을 만들어낸다. 날씨는 대기 중의 다양한 기상 요소가 혼합되어 형성되는데, 온도, 습도, 바람 등이 결합되어 특정한 날씨 조건을 만들어낸다.

하지만, 언어의 이산조합 체계에서는 각 단어와 문법 규칙이 조합되어 새로운 의미를 생성한다. 이는 언어의 방대함과 자율성을 잘 설명해 준다. 문법은 단어를 조합하여 의미를 생성하는 규칙을 제공하며, 이를 통해 우리는 무한한 수의 문장을 만들어 낼 수 있다. 이는 우리가 다양한 상황에서 다양한 의미를 표현할 수 있게 해 준다. 예를 들어, 음소의 조합의 경우 "cat"(고양이), "bat"(방망이), "rat"(쥐) 등의 예에서 c, b, r 음소를 교체하여 완전히 다른 단어를 만들 수 있다.[81] 또 단어의 조합의 경우 "The cat sat on the mat."(고양이가 매트 위에 앉았다.), "The dog sat on the mat."(강아지가 매트 위에 앉았다.), "The cat sat under the table."(고양이가 테이블 아래 앉았다.) 등처럼 단어를 바꾸거나 위치를 변경하여 새로운 문장을 만들 수 있다. 문장 구조의 조합의 경우는 "She loves reading books."(그녀는 책 읽기를 좋아한다.), "Reading books makes her happy."(책 읽기는 그녀를 행복하게 한다.), "Books she loves are mostly fiction."(그녀가 좋아하는 책은 대부분 소설이다.) 등처럼 동일한 단어들을 사용하되 문장 구조를 다르게 하여 다양한 문장을 생성할 수 있다. 촘스키의 생성 문법 이론은 이러한 언어의 특성을 잘 설명하며, 인간이 유한한 수의 문법 규칙을 사용하여 무한한 수의 문장을 생성할 수 있음을 보여준다. 이는 언어가 단순한 기호의 조합을 넘어서, 복잡한 구조와 규칙을 통해 다양한 의미를 만들어 낼 수 있음을 의미한다.

언어는 뇌에서 매우 특별한 위치를 차지하고 있다.[82] 인간의 언어 능력은 주로 대뇌피질의 특정 영역, 특히 브로카 영역과 베르니케 영역에 의해 통제된다. 이 두 영역은 언어의 생성과 이해에 중요한 역할을 한다. 브로카 영역은 주로 언어 생성과 관련이 있으며, 이 영역에 손상이 있을 경우 브로카 실어증이 발생하여 말하기가 어려워진다. 베르니케 영역은 주로 언어 이해와 관련이 있으며, 이 영역에 손상이 있을 경우 베르니케 실어증이 발생하여 말은 유창하지만 의미가 없는 말을 하게 된다.

반면, 영장류의 기본적인 발성은 뇌간과 변연계와 같은 더 원시적인 뇌 구조에 의해 통제된다. 이 구조들은 감정과 밀접하게 연관되어 있어, 웃

---

81) https://ko.wikipedia.org/wiki/
82) 스티브 핑커, 『언어본능(Language instinct)』, 소소, 2004, p118~124.

음, 울음, 신음, 고통의 외침 등과 같은 감정적 발성을 조절한다. 이러한 발성은 의식적인 통제보다는 본능적이고 자동적인 반응에 가깝다. 흥미롭게도, 피질 하부의 구조는 투렛 증후군에서 나타나는 무의식적인 욕설이나 브로카 실어증 환자들이 사용할 수 있는 유일한 언어와 같은 특정한 발성도 통제한다. 이는 언어와 감정적 발성이 뇌의 다른 부분에서 기원하고 통제된다는 것을 보여 준다. 이러한 뇌의 구조와 기능은 언어와 감정적 발성이 어떻게 다르게 처리되는지를 잘 설명해 준다.

2) 언어와 사고

철학이라는 학문이 생긴 이래 철학자나 언어철학자들의 화두 가운데 하나는 언어와 사고가 어떤 관계인가 하는 것이었는데, 언어는 사고의 한 표현 수단에 지나지 않는다는 주장이 항상 우세였다. 그런 사고방식의 대표적인 예가 바로 유명한 칸트(Kant)의 과자 판형의 비유였다. 그에 따르면 자연의 사물 자체는 원래는 일종의 밀가루 반죽인데, 이것에서 요리사격인 인간이 개념이라는 이름의 과자 판형을 가지고 일정한 모양의 과자들을 찍어내게 되면 그것은 일정한 형태를 갖게 된다는 것이다.[83] 즉 개념은 사물 자체를 이해하고 표현하기 위해 사용하는 도구이며 언어는 개념을 표현하는 수단이다.

언어와 사고의 관계를 이해하는 데는 언어 상대성 가설과 인지주의 접근이 주요 이론으로 다뤄진다. 인지주의 접근은 사고가 언어에 우선한다는 관점으로 언어 습득 장치와 같은 개념을 제안한다. 반면 언어 상대성

---

83) 김진우, 『언어와 인지, 촘스키의 내재이론 분석』, 한국문화사, 2004, p79~82.

가설은 언어가 사고에 영향을 미친다는 이론으로, 강한 형태와 약한 형태로 나뉘어진다. 강한 언어 상대성 가설은 언어가 사고를 결정짓는다고 주장한다. 즉, 언어를 사용하는 방식이 우리의 사고 방식을 완전히 형성하고 제한한다고 보는 입장이다. 예를 들어, 언어에 따라 색상을 인식하는 방식이 다를 수 있다. 에스키모어는 눈의 다양한 상태를 구분하는 단어가 있어, 그들은 눈을 더 세밀하게 인식할 수 있다. 약한 언어 상대성 가설은 언어가 사고에 영향을 미친다고 보지만, 그것이 전적으로 결정적인 요소는 아니라고 주장한다. 언어는 사고를 조건부적으로 형성하며, 다양한 인지 요소와 상호작용한다. 이 관점은 언어가 우리의 사고를 일부 제한하지만, 다른 인지 능력도 중요하다고 보는 입장이다.

19세기 말에 이르러서는 일부 철학자나 언어학자들이 이른바 언어 우위론을 내세우게 되었다. 언어가 사고보다 더 먼저라는 관점으로 인간의 사고는 대상에 이름을 지어 붙이는 언어의 능력에 의해 제약을 받는다는 것이다. 예를 들어 무지개의 색이 7가지 색깔이라고 언어로 인식을 하고 무지개를 보면 그 일곱 가지 색깔밖에 안 보인다는 것이다. 그런 사람 가운데서 가장 대표적인 사람이 바로 훔볼트(Humboldt)나 소쉬르(Saussure), 워프(Whorf), 촘스키(Chomsky) 등이었다.

훔볼트는 언어학과 철학 및 언어와 사고가 밀접한 관계를 맺고 있다는 점에 주목하고, 그에 대한 이론을 가장 먼저 체계화하고 "언어는 인간의 사고와 관련 있을 뿐 아니라, 인간이 세상을 인식하는 방법인 세계관까지 결정한다"고 했다. 소쉬르가 구조주의 언어학의 원조답게 처음부터 극단적인 언어 우위적인 사고방식을 가지고 있었다. 그는 "언어가 없다면 사고란 일종의 희미한 성운(星雲)에 지나지 않는다. 미리 존재하는 상념은 없으며, 언어가 나타나기 이전에는 아무것도 분명하지가 않다"라고 말했다.

워프는 사피어-워프 가설(Sapir-Whorf hypothesis)로 유명하며 한 사람이 세상을 이해하는 방법과 행동이 그 사람이 쓰는 언어의 문법적 체계와 관련이 있다는 언어학적인 가설을 세웠다. 또 "언어는 우리의 행동과 사고의 양식을 결정하고 주조한다"고 말했다. 촘스키는 언어와 사고가 독립적이라고 주장했다. 그는 언어 습득 장치(LAD, Language Acquisition Device)를 제안하여 인간이 태어날 때부터 언어를 배울 수 있는 선천적 능력을 가지고 있다고 보았다. 이 이론은 언어가 보편적인 인지 구조에 의해 지배되며, 이 구조는 전 세계 모든 언어에 공통적으로 존재한다고 주장한다.

언어는 의미전달을 위해서 상징체계가 필요하며 상징체계는 소리와 의미로 구성되어 있다.[84] 언어학자 소쉬르의 주장에 따르면 상징의 의미는 그 상징이 지칭하는 대상이 아니라 심적인 실체(mental entity)다. 앞서 보았듯이 소쉬르는 언어를 '기표(signifier)'와 '기의(signified)'의 결합으로 이루어진 자족적인 기호의 체계로 이해하였다. 이때 기의는 자족적으로 존재하는 것이 아니라 기표에 의해 의미를 부여받는 존재로 여겨지는데 '기의'는 어떠한 대상이 지닌 의미를 뜻하며, '기표'는 그 의미를 지닌 대상을 표현하는 명칭을 의미하는데, 이들의 결합은 필연적이거나 자연스러운 것이 아니다.

예를 들어, 단어 "사과"는 우리가 먹는 과일을 가리키는 기호다. 이 단어는 우리가 실제로 먹는 사과와 그 의미를 연결시킨다. 따라서 "사과"라는 단어는 그 자체로 의미를 갖지 않고, 우리가 먹는 과일에 대한 의미를 표현하는 명칭으로 기능한다. 또 우리말의 나무는 그 소리가 /나무/인데 바로 이것이 기표가 되고, 여기에 대응하는 의미 목(木)이 바로 기의가 된다. 이때 /나무/와 목(木)의 관계는 자의적인 관계이다. 즉 필연적인 관

---

84) 길이만, 시정곤, 최숙희. 『인간 컴퓨터 언어』. 역락. 2006. p15.

계가 아니라 우연한 관계라는 말이다. 소쉬르는 언어가 사회적 산물이어서 기표와 기의 즉, 단어와 개념간의 관계는 사회적 용인을 전제로 한다고 보았다. 이와 같은 심적 과정들은 수많은 지각, 관념, 심상, 가설, 기억 등을 우리 마음 속에서 처리한다. 이런 실체들은 모두 심적 표상(mental representation)이거나 상징들인데, 그 중에서도 언어는 대표적인 상징이라고 할 수 있다.

인간은 어떻게 대상을 두뇌 속에 인식하여 사고할 수 있을까? 이에 대해 인지심리학자 스티븐 핑커(Steven Pinker)는 기존의 지식으로부터 새로운 지식을 추론하는 것이 인간의 사고라고 정의하고, 사고 과정은 개념을 표상(representation)하는 것으로부터 시작된다고 설명하고 있다. 표상은 개념을 의미하는 상징물로 나타내는 것으로 우리가 두뇌 속에서 정보를 처리하고 저장하는 방식 중 하나다. 언어는 이러한 표상을 통해 개념을 전달하고 공유하는 도구다. 언어를 통해 우리는 추상적인 개념을 단어, 문장, 그림, 수식 등으로 표현하며, 이를 통해 사고를 구조화하고 전달한다.[85]

핑커는 인간의 사고라는 것이 결국 외부 환경에 있는 대상의 개념을 표상하는 것이며 이를 위해서 상징을 이용하는 것이고, 개념들 사이의 논리적 관계를 표상하기 위해서 상징의 배열을 사용하는 것이라고 설명한다. 사고 언어는 물리적 상징체계 가설 또는 마음에 관한 연산 혹은 표상 이론으로 불리는 사고이론의 핵심이다.[86] 따라서 인간의 사고는 마음의 표상구조와 연산절차에 의해 이해된다고 한다. 표상구조와 연산절차라는 측면에서 보면 언어와 사고는 많은 공통점을 가지고 있어, 언어가 사고의 필수적인 요소가 아니라 하더라도 최소한 사고방식에 결정적인 영향력을

---

85) 길이만, 시정곤, 최숙희. 『인간 컴퓨터 언어』. 역락. 2006. p25~27.
86) 스티브 핑커. 『언어본능(Language instinct)』. 소소. 2004. p108~114.

끼칠 가능성은 있다.

최근 심리학에서는 인간의 지식은 정보의 단순한 축적이 아니라 논리, 규칙, 개념, 추론, 상, 연결망 등과 같은 심적 표상(mental representation)들로 이루어져 있으며, 이 심적 표상에 작용하는 심적 연산절차를 통해 사고나 행동이 이루어진다고 가정한다. 이러한 관점에서 인간의 사고는 마음의 표상구조와 연산절차에 의해 이해될 수 있다. 언어도 이러한 심적 표상의 중요한 한 측면이다. 우리는 언어를 통해 개념을 표현하고 전달하며, 논리적인 연결과 추론을 수행한다. 이러한 언어적 표상은 우리의 사고를 구조화하고 다른 사람과 의사소통하는 데 도움이 된다. 따라서 언어와 사고는 서로 긴밀하게 연결되어 있다. 우리는 언어를 의사소통 이외에도 다양한 경우에 사용한다.[87] 정보를 저장하고 다시 끄집어내는 것은 물론이고, 혼자 생각하면서 중얼거리는 것에 이르기까지 언어는 다양한 방법으로 사고의 기능을 돕고 있다. 이런 까닭에 훔볼트(Humboldt)는 언어를 의사소통의 수단일 뿐만 아니라 사고와 자기표현의 수단이라고 말했으며, 촘스키(Chomsky)도 언어는 인간 사고의 본질과 특성까지도 반영한다고 본 것이다.

3) 언어와 정보공유

스티븐 핑커는 언어가 정보를 전달하기 위해 자연 선택에 의해 발전한 매우 중요한 능력이라고 주장한다. 그는 문법의 복잡한 구조가 커뮤니케이션을 위해 너무 잘 설계되어 있어서, 단순히 큰 뇌의 우연한 부산물이라고 할 수 없다고 한다. 문법은 모든 언어에 공통적으로 있는 명사, 동사,

---

87) 길이만, 시정곤, 최숙희. 『인간 컴퓨터 언어』. 역락. 2006. p13.

형용사, 전치사 같은 중요한 어휘 범주를 포함한다. 또한, 문장의 구조를 결정하는 규칙도 포함하고 있어서, 정확한 의미를 전달하기 위해 어떤 단어가 문장에서 어느 위치에 있어야 하는지를 정하는 선형 순서 규칙도 있다. 모든 언어에는 동사에 사건이 일어난 시제를 나타내는 어미가 있고, 이 외에도 필수적이고 보편적인 문법적 요소들이 많이 있다.[88]

이 때문에 언어를 통해 우리는 서로의 생각과 감정을 명확하게 표현하고, 문자를 통해서 직접적으로 소통할 수 있다.[89] 즉 언어는 단순한 소통 수단을 넘어, 우리의 사고와 인지 능력에 깊이 영향을 미치는 중요한 도구다. 언어를 통해 우리는 복잡한 개념을 이해하고, 추상적인 아이디어를 표현하며, 과거의 경험을 기억하고 공유할 수 있다. 특히 은유와 환유 같은 언어적 기법은 우리의 사고를 확장시키고, 새로운 관점을 제시하는 데 큰 역할을 한다. 예를 들어, "시간은 돈이다"라는 은유는 시간의 가치를 강조하고, 우리가 시간을 어떻게 관리해야 하는지에 대한 새로운 시각을 제공한다. 또한, 언어는 뇌의 여러 부분을 활성화시키며, 인지적 유연성을 높이는 데 기여한다. 언어를 사용하여 문제를 해결하거나 계획을 세우는 과정에서 우리는 뇌의 다양한 영역을 활용하게 된다.

다윈은 언어를 "기술을 획득하기 위한 본능"이라고 했다. 다윈의 언급처럼, 언어는 단순한 의사소통 도구를 넘어 지식의 교환과 축적에 중요한 역할을 한다. 언어를 통해 우리는 개인의 경험과 지혜를 집단 전체가 활용할 수 있게 하며, 이는 집단의 지식을 확장시키는 데 큰 기여를 한다. 언어는 다른 사람들의 시행착오나 경험을 통해 지식을 얻을 수 있게 하여, 직접적인 탐험이나 실험보다 훨씬 효율적인 학습을 가능하게 한다. 이는 집단 생

---

[88] 데이비드 버스, 『진화 심리학』, 웅진 씽크빅, 2012. p619.
[89] 스티븐 핑커, 『빈 서판』, 사이언스 북스, 2004. p370.

활과 문화 형성에 중요한 역할을 하며, 전문 기술의 공유와 협력을 통해 더 복잡하고 발전된 사회를 구축할 수 있게 한다. 또한, 언어는 문화의 전달과 보존에도 중요한 역할을 한다. 언어를 통해 우리는 세대 간 지식과 전통을 전달하고, 이를 통해 문화적 정체성을 유지할 수 있다. 언어는 또한 새로운 아이디어와 혁신을 촉진하는 도구로서, 사회의 발전과 변화를 이끄는 중요한 역할을 한다.

언어는 인간의 삶에 필수적인 도구로, 지식과 경험을 공유하는 핵심적 기능을 한다. 뛰어난 지능을 가진 종이 서로 소통하지 않고 고립적으로 살아간다면, 그들이 얻은 지식과 경험은 제한된 범위 내에서만 활용될 것이다. 이는 큰 낭비일 뿐만 아니라, 사회 전체의 발전을 저해할 수 있다. 언어를 통해 우리는 힘들게 얻은 지식을 친족과 친구들과 공유할 수 있으며, 이는 개인뿐만 아니라 집단 전체에 큰 보상을 가져다준다. 한 사람이 새로운 사냥 기술을 발견하면, 이를 언어를 통해 다른 사람들에게 전달함으로써 집단 전체가 그 기술을 활용할 수 있게 된다. 이는 집단의 생존 가능성을 높이고, 더 나아가 사회의 발전을 촉진한다. 또한, 언어는 단순한 정보 전달을 넘어, 감정과 생각을 표현하고, 사회적 유대감을 형성하는 데도 중요한 역할을 한다. 언어를 통해 우리는 서로의 감정을 이해하고, 협력과 신뢰를 구축할 수 있다. 언어는 그 과정에서 매우 중요한 수단이다.[90]

인간의 뇌가 사회적 상호작용과 경쟁을 통해 진화해 왔다는 점은 인지력과 언어 능력의 발전을 설명하는 중요한 요소다. 인간 뇌의 진화가 기술의 발달과 물리적 환경보다는 사회적 경쟁자들 사이에서 벌어지는 인지력의 군비경쟁에 의해 더욱 강하게 추진된다고 생각되는 이유다. 즉 인지

---

[90] 스티브 핑커, 『언어본능(Language instinct)』, 소소, 2004. p533~4.

력의 군비경쟁은 인간이 서로의 의도를 파악하고, 상반된 이해관계를 조정하며, 협력과 경쟁을 통해 더 높은 수준의 인지 능력을 발달시켰다는 것을 의미한다.

이러한 경쟁은 언어의 발전에도 큰 영향을 미쳤다. 언어는 사람들 간의 설득과 토론을 통해 의견을 조정하고 결정을 내리는 데 중요한 역할을 한다. 이는 사회적 상호작용의 핵심 요소로 선택을 어떻게 제시하는가에 따라 사람들이 어떤 결정을 내리는지가 달라진다는 것을 보여 준다. 즉, 언어의 사용 방식이 사회적 상호작용에 큰 영향을 미친다는 것이다. 인간 사회는 정치, 경제, 기술, 가족, 성, 교우관계 등 다양한 요소로 이루어진 복잡한 구조를 가지고 있으며, 이는 언어를 통해 조정되고 관리된다. 언어는 이러한 복잡한 구조를 이해하고, 조정하며, 관리하는 데 필수적인 도구인 것이다.

결론적으로 언어는 정보와 감정을 전달하고 늘어나는 정보를 감당하기 위해서 정보를 저장하는 등 다양한 기능을 수행한다. 특히 언어의 무한성은 방대한 정보를 수용하고 교환할 수 있게 했고 인간은 정보를 공유함으로써 함께 발전할 수 있었다. 무엇보다도 언어의 사용으로 인간은 각각의 정신적 단위를 묶어 통합적인 사고를 할 수 있게 되었고 지능의 발전을 가져왔다. 궁극적으로 언어는 인간의 사고와 학습 방식에 영향을 미침으로써 인간의 행동까지 변화시켰다. 예를 들어, 한국어는 연령과 사회적 위치를 강조하는 존댓말과 반말 체계를 가지고 있어 사람들 간의 존중과 계층 구조에 큰 영향을 준다. 이러한 언어의 역할은 사회 구조의 형성과 유지에 중요한 요체로서 언어를 통해 사람들은 서로와의 관계를 형성하고 유지할 수 있다. 나아가 언어는 우리가 소속되는 집단이나 사회의 정체성과 연결될 수 있다. 같은 언어를 사용하는 사람들은 공통의 가치 규범 문화를 공유하며 서로를 이해하고 소통할 수 있는 것이다.

3

비언어적 커뮤니케이션

언어적 표현으로 자신의 생각이나 감정을 표현하는 것에 한계가 있고, 특히 감정을 충분히 전달하지 못할 때 비언어적 의사소통이 도움이 된다. 비언어적 의사소통은 의사소통의 주요 수단으로서 의사전달이 가능하고, 표현의 강도에 따라 전달 의미의 정도를 확인할 수 있으며, 상황에 따라 해석이 달라지고 그 의미가 결정된다. 또한 비언어적 의사소통은 신뢰도가 높은 의사소통 수단으로 인식되는데, 왜냐하면 사회나 집단에서 통용되는 규칙을 따르기 때문이다. 언어와 비언어적 의사소통은 상호 보완적인 관계를 가지고 있다. 언어는 우리의 사고를 형성하고 의사소통을 가능하게 하는 강력한 도구이지만 감정이나 상황에 따라 언어로 표현하기 어려운 부분은 비언어적 의사소통을 통해 보완할 수 있다. 이러한 다양한 의사소통 방식을 통해 우리는 더 효과적으로 상호작용하고 소통할 수 있다.

비언어적 커뮤니케이션은 인간과 동물에게서 공통적으로 나타나는 행위이다. 하지만 비언어적 커뮤니케이션 가운데 점차적으로 인간에게만 나타나는 표현들이 생겨나기 시작했다. 시선 처리, 얼굴 표정, 손동작, 신체 언어, 거리 유지 등이 비언어적 의사소통에 포함된다. 찰스 다윈에 따르면, 인간과 동물에게서 나타나는 비언어적인 주요 표현들은 대부분 천성적으로 타고나거나 계승되어온 것들이다. 즉 학습에 의해 습득된 것이 아니라는 것이다.[91] 이것은 어린 아이들이나 시각 장애인으로 태어난 아이들 또는 다른 인종들이 같은 행동을 나타낸다는 사실로부터 쉽게 이해할 수 있다. 어떤 감정 상태에서 그 감정을 속이려는 듯한 표정도 나타나는데 이것도 세대를 거쳐 계승된다.

미국의 심리학자인 폴 에크만(Paul Ekman)의 연구에 따르면 기쁨과 공포, 분노, 놀람, 슬픔, 혐오 감정 등 정서 표현의 보편성은 대체로 범문화적 공통성이 있다고 하였다. 폴 에크만의 비교문화적 연구에 근거하여 진행한 시각장애 아동에 대한 연구에서 역시 차이가 존재하기는 하였으나, 전체적으로 비시각장애인 아동과 크게 다르지 않은 무의식적 행동을 나타나 그는 앞서 말한 여섯 가지 주요 감정에 유전적 요소가 있음을 주장하였다.

인간의 표정은 감정과 밀접하게 연결되어 있다. 특히 슬픔이나 분노와 같은 강한 감정을 느낄 때, 우리는 얼굴 근육을 움직여 특정 표정을 만든다. 이러한 표정은 우리의 뇌와 신체가 상호작용하는 결과이다. 찰스 다윈에 따르면 슬프거나 화가 났을 때 나타나는 표정은 인간에게서만 볼 수 있는 것이다.[92] 노여움은 예로부터 인간의 표정 중 하나였다. 과거에는 위협적인 태도로 눈을 부릅뜨며 얼굴을 붉히는 행동으로 표현되었을 것이다. 이러한 표정은 눈 주위의 근육인 추미근이 발달된 후에 나타나게 되며, 화가 날 때 움직이게 된다. 또한 밝은 빛 때문에 눈을 뜰 수 없을 때도 이러한 표정이 나타날 수 있다. 이는 직립보행을 하는 인류의 특징 중 하나로 습관화된 행동이다.

실망스러운 느낌을 받았을 때 입술을 삐죽 내미는 행동은 감정을 표현

---

91) 찰스 다윈, 『인간과 동물의 감정표현에 대하여』 서해문집. 1997. p324.
92) 같은 책. p332.

하는 자연스러운 방식 중 하나이다. 찰스 다윈에 따르면 사람들이 화가 났을 때는 가슴을 펴고 어깨를 추켜올리며 주먹을 쥐는 행동을 나타내는데, 이런 행동 역시 직립보행을 하고 주먹으로 싸움을 한 이후부터 나타났다고 분석했다. 또한 이 시기 이후에 무기력함을 나타내는 표현으로서 어깨를 움츠리는 행동이 나타나기 시작하였으며 같은 이유로 인해 이 시기 이후에서야 손바닥을 펴고 손가락을 뻗은 채 팔을 들어올려 놀라움을 표현하게 되었을 것으로 추정했다.

비언어적 의사소통은 우리가 상대방과 상호작용하는 과정에서 중요한 역할을 한다. 언어 외적인 표현은 종종 우리의 감정, 의도, 태도를 전달하며, 이는 대화 상대에게 인지되고 해석된다. 보았듯이 비언어적 의사소통은 다양한 형태로 나타난다. 예를 들면 얼굴 표정은 우리의 감정을 표현하는 중요한 방법이다. 슬픔, 기쁨, 분노, 놀람 등을 표현할 때 얼굴 근육을 움직여 특정 표정을 만든다. 손을 흔들거나 팔을 벌리는 등의 몸의 움직임은 의사소통을 돕는다. 목소리의 높낮이, 강도, 억양은 우리의 감정과 태도를 전달한다. 눈동자의 움직임과 시선은 우리의 관심사를 나타내며, 상대방과의 상호작용에 영향을 준다. 비언어적 의사소통은 종종 우리의 의도와 예상과 다를 수 있다. 이를 인지하고 적절히 활용한다면, 상대방과의 대화를 원활하게 이끌어 낼 수 있다.

이러한 비언어적 커뮤니케이션은 소셜 미디어에서도 중요한 역할을 한다. 소셜 미디어에서의 비언어적 요소는 이모티콘, 이모지, 스티커, 도상 문자, 이미지 등으로 나타난다. 먼저 표정, 감정, 상태를 나타내는 이모티콘과 이모지(☺️👍)는 소셜 미디어에서 널리 사용된다. '좋아요'와 '공유'는 게시물에 대한 반응을 나타내는 요소로서 비언어적인 의사소통의 일종이다. 프로필 사진과 배경 이미지 역시 사용자의 개성과 성향을 나타내는 비언어적인 표현이다. 프로필 상태 메시지는 사용자의 감정, 생각, 상태를 간단하게 표현하는 요소다. 게시물에 대한 의견을 표현하는 댓글과 리액션도 비언어적인 요소라고 할 수 있다. 이러한 비언어적 요소는 소셜 미디어 상에서 상호작용을 더 풍부하게 만들어 주며, 사용자들 간의 의사소통을 지원한다. 이러한 비언어적 요소는 무의식적으로 부정적인 메시지를 전달할 수도 있으므로 주의해야 하지만 적절히 활용한다면 비언어적 커뮤니케이션은 대중의 심리적 만족도에 긍정적인 영향을 미칠 수 있고, 개인 고유의 특성 형성에도 도움이 된다.

4

컴퓨터 매개 커뮤니케이션
(Computer-Mediated Communication)

언어 커뮤니케이션과 컴퓨터 매개 커뮤니케이션(CMC)은 서로 밀접하게 연결되어 있으며, 현대 사회에서 중요한 역할을 한다. 먼저 CMC는 언어를 주요 매개로 사용한다. 이메일, 채팅, 소셜 미디어 게시물 등 대부분의 CMC는 텍스트 기반으로 이루어지며, 이는 언어 커뮤니케이션의 한 형태다. 언어 커뮤니케이션은 비언어적 요소(표정, 몸짓, 톤 등)를 포함하지만, CMC에서는 이러한 요소들이 제한된다. 이를 보완하기 위해 이모티콘, 그림 파일인 GIF, 비디오 메시지 등이 사용된다. 또한 CMC는 언어 커뮤니케이션의 범위를 확장한다. 물리적 거리에 상관없이 전 세계 사람들과 실시간으로 소통할 수 있게 하며, 이는 언어 커뮤니케이션의 가능성을 크게 넓혀 준다. CMC는 다양한 문화적 배경을 가진 사람들이 언어를 통해 소통할 수 있게 한다. 이는 언어 커뮤니케이션의 문화적 다양성을 반영하며, 서로 다른 문화 간의 이해를 촉진한다.

언어 커뮤니케이션과 마찬가지로 CMC에서도 피드백과 상호작용이 중요하다. 실시간 채팅이나 댓글을 통해 즉각적인 반응을 주고받을 수 있으며, 이는 커뮤니케이션의 효과를 높인다. 이와 함께 CMC는 기술을 통해 이루어지므로, 언어 커뮤니케이션의 기술적 측면을 강조한다. 이는 새로운 커뮤니케이션 도구와 플랫폼의 발전을 촉진하며, 언어 커뮤니케이션의 형태와 방식을 변화시킨다. 이러한 관계를 통해, 언어 커뮤니케이션과

CMC는 서로 보완하며 현대 사회에서 중요한 역할을 하고 있다. 두 방식 모두 우리의 일상적인 상호작용과 관계 형성에 큰 영향을 미치고 있다.

1) CMC의 정의

컴퓨터 매개 커뮤니케이션(CMC)의 등장은 컴퓨터 기술과 통신 기술의 발전과 밀접하게 관련되어 있다. 초기 연구와 개발은 1960년대와 1970년대에 컴퓨터 네트워크와 전자 메일 시스템이 개발되면서 CMC의 기초가 마련되었다. 특히, 1971년에 레이 톰린슨(Ray Tomlinson)이 최초의 이메일 시스템을 개발한 것이 중요한 전환점이었다. 1969년에 미국 국방부의 고등연구계획국(DARPA)이 컴퓨터 네트워크인 아파넷(ARPANET)을 구축하면서, 컴퓨터 간의 네트워크 통신이 가능해졌다. 이는 인터넷의 전신으로 초기의 CMC 연구와 실험이 이루어진 플랫폼이었다. 1980년대와 1990년대에 인터넷이 상업적으로 확산되면서, 이메일, 채팅, 포럼 등 다양한 형태의 CMC가 일반 대중에게 보급되었다. 이는 개인과 조직 간의 커뮤니케이션 방식을 혁신적으로 변화시켰다. 2000년대 초반부터 페이스북, X(트위터), 인스타그램 등 소셜 미디어 플랫폼이 등장하면서, CMC는 더욱 다양한 형태로 발전하였다. 이러한 플랫폼들은 사용자 간의 실시간 상호작용을 촉진하고, 글로벌 커뮤니케이션을 가능하게 했다. 나아가 스마트폰과 모바일 인터넷의 보급으로 CMC는 언제 어디서나 가능해졌다. 이는 커뮤니케이션의 접근성을 높이고, 다양한 애플리케이션을 통해 실시간 소통을 가능하게 했다. 이러한 발전 과정을 통해, CMC는 현대 사회에서 중요한 커뮤니케이션 도구로 자리 잡게 되었다.

온라인 커뮤니케이션은 컴퓨터 매개 커뮤니케이션(CMC) 개념 아래에서 이해된다. CMC는 컴퓨터를 매개로 하여 일대일, 일대다, 다대다 상황에서 의사소통이 이루어지는 과정을 가리킨다. 송신자와 수신자가 물리적으로 만나지 않고 컴퓨터를 통해 메시지를 교환하는 것이 특징이다. 이는 실제 공간이 아닌 가상 공간에서 메시지를 교환, 저장, 편집, 발송, 복사하여 거리에 얽매이지 않고 송수신하는 과정을 의미한다. 컴퓨터 네트워크의 연결과 컴퓨터의 저장 및 전송 기능이 이를 가능하게 한다. 따라서 컴퓨터 매개 커뮤니케이션은 모든 커뮤니케이션 과정을 컴퓨터를 매개로 하는 것으로 정의할 수 있다. 이러한 형태의 의사소통은 이전의 일방향 정보 전달 방식과는 다른 성격을 가지며, 구어 시대처럼 대화를 통한 쌍방향 의사소통이 이루어진다.

인터넷 환경에서는 정보 생산과 소비가 더 이상 단순한 역할로 제한되지 않는다. 이용자들은 프로슈머(prosumer)로서 자신이 정보를 생산하고 원하는 정보를 선택할 수 있게 되었다. 특히 웹 환경에서는 텍스트와 텍스트가 하이퍼텍스트(hypertext)로 연결되어 있어 상호 연결과 전환이 자유롭다. 웹은 HTML(Hyper Text Markup Language) 형식의 파일로 구성되어 있으며, 텍스트, 소리, 동영상 등이 파일 형태로 제공되기 때문에 자료에 쉽게 접근할 수 있다. 이로 인해 누구나 정보를 제공하고 복제하며, 홈페이지를 통해 개인 정보를 공유하고 교환할 수 있게 되었다. 이러한 변화로 기존의 정보 생산자와 정보 소비자 간 경계가 소멸되고 있다.

가상공간에서 이루어지는 컴퓨터 매개 커뮤니케이션(CMC)은 컴퓨터 네트워크를 통해 세계 어느 곳에 있는 사람들과 커뮤니케이션할 수 있는 전지구적인 환경을 제공한다.[93] 이러한 특성으로 공간적 제약을 초월하여

---

[93] 박흥수 편, 『디지털시대 방송의 이해』, 나남출판, 2001. p238~241.

다양한 사람들과 만나고, 다양한 문화와 사고 방식을 접할 수 있다. 가상공간은 가상 공동체, 전지구적 공동체, 네트워크 공동체 형성에 기여하며, 이는 정보 공유와 상호 작용을 촉진한다. 이러한 환경에서는 다양한 사람들과의 상호작용을 통해 새로운 관점과 아이디어를 얻을 수 있으며, 지식을 공유하고 협업할 수 있다. 또한 가상공간은 지리적, 시간적 제약 없이 사람들이 소통하고 협력하는 환경을 제공하므로 글로벌 커뮤니티 형성에 큰 역할을 한다.

2) CMC에 대한 관점

인터넷의 익명성은 양면성을 갖고 있다. 인터넷 이용자들 간에 대화나 정보전달 등의 커뮤니케이션 행위가 실명보다는 아이디(ID)나 대화명 등 주로 가명을 사용하는 특징이 있다. 이러한 특성으로 인해서 이용자들의 직업, 인종, 외모, 성별 등의 정보는 상대방의 표현을 통해서밖에 알 수 없다. 물론 인터넷이 점차 텍스트뿐만 아니라 동영상이나 화상까지 제공하는 방향으로 변화했지만, 대부분의 이용자들은 공공게시판, 대화방 등에서 상대방에 관한 아무런 정보 없이 의견이나 정보를 교환하게 되는 것이다. 이러한 가상공간에서의 익명성(anonymity)으로 인해서 이용자들은 현실에서 자신들의 행동을 규제하던 사회적 규범들로부터 벗어나 자유로운 상태에서 대화에 참여하며, 사회적 위계질서로부터 벗어나 평등한 관계 속에서 대화를 할 수 있다. 이른바 현실공간에서의 나 이외에 가상공간에서의 또 다른 주체가 형성된 것이다.

하지만 이용자들의 익명성이 보장되는 가운데 허위 사실을 유포하거나 자신의 성별을 속이거나 상대방에 대해 폭력적이고 자극적인 욕설을 사용하는 등의 일탈적 행위들이 일어날 가능성이 존재한다. 이러한 관점에서 가상공간이 제공하는 익명성은 자유롭고 평등한 커뮤니케이션을 가능하게 하는 장점과 동시에 가상공간의 신뢰성을 떨어뜨리는 단점을 동시에 지니고 있다. 현실 사회에서 관계는 사람들 간에 형성된 신뢰에 근거한다. 그러나 가상공간에서는 사람과 가상공간 사이에 형성된 신뢰를 바탕으로 질서가 존재한다. 즉 가상공간에서 사람들은 자신과 커뮤니케이션하는 사람들을 신뢰하는 것이 아니라 그들의 커뮤니케이션을 가능하게 하는 공간에 신뢰를 두고 있다는 것이다.[94]

반 젤더의 연구를 보면 줄리라는 이름으로 컴퓨터 게시판(computer bulletin board)을 통해 장애를 겪고 있는 여자들로부터 상담을 받는 역할을 수 년 동안 한 상담원이 있었다. 줄리는 많은 여자들로부터 인기를 끌었고 친절한 상담원으로서 인정받았다. 줄리와의 상담을 통해 많은 여성들이 그들의 삶에 자신감을 찾고 의욕적으로 그들의 인생을 설계하였다. 그러나 줄리라는 여성이 남성 심리학자임이 밝혀지면서 많은 여성들이 경악을 금치 못하였다. 어떤 여성은 심지어 자신이 강간을 당하였다고 생각했다. 줄리 이야기의 초점은 사람들이 자신들의 정체성을 속이기 위해서 가상공간에 들어간다는 것이 아니라 가상공간이라는 특성이 참가자들로 하여금 자기 자신을 감출 수 있게 끔 한다는 것이다. 이는 가상공간이 책임 있는 행동을 할 수 있는 신뢰를 확보하고 있지 못하다는 것에 주목해야 한다.

컴퓨터 매개 커뮤니케이션에 대한 부정적 관점을 살펴보면, 매체의 특성이 커뮤니케이션 행위자들의 행동 방식과 결과에 영향을 미친다는 것

---

94) 박흥수 편. 『디지털시대 방송의 이해』. 나남출판. 2001. p356.

이 중요한 가정이다. 매체에 따라 이용 가능한 채널 종류와 수, 이용 가능한 단서의 폭이 다르기 때문에 커뮤니케이션 과정과 결과가 달라진다. 언어적 채널과 비언어적 채널을 동시에 사용할 수 있는 면 대 면 커뮤니케이션은 다양한 단서를 가장 풍부하게 제공할 수 있지만, 컴퓨터 화면의 텍스트 교환만으로 이루어지는 컴퓨터 매개 커뮤니케이션은 사용 가능한 채널과 이용 가능한 단서가 제한적인 상황이기 때문에 그 커뮤니케이션 행위방식과 결과물도 제한적일 수 있다.[95] 이러한 관점은 매체를 능동적으로 활용하는 대신 수동적으로 사용하고 있다는 점을 강조한다. 또한 정보사회는 산업사회의 연장선에 있다는 관점에서 컴퓨터 매개 커뮤니케이션을 바라보는 것이다.

이런 관점으로 첫째 사회적 실재감 이론이 있다. 사회적 실재감 이론은 커뮤니케이션 상호작용에서 참여자들이 함께 관련되어 있다고 느끼는 정도를 다루는 개념이다. 매체 내에서 비언어적 단서와 참여자의 물리적 존재를 얼마나 전달하는지에 따라 사회적 실재감이 결정된다. 컴퓨터 매개 커뮤니케이션은 사회적 실재감이 낮아 사회정서적 커뮤니케이션에 적합하지 않다고 여겨진다. 반면, 텔레비전 같은 전자매체는 비언어적 단서를 제공하여 대면 커뮤니케이션에서 중요한 역할을 한다. 사회적 실재감을 높이기 위해 의성어, 이모티콘 등을 사용할 수 있다.

두 번째로 사회적 맥락단서 부족이론이다. 사회적 맥락단서 부족이론은 커뮤니케이션에서 물리적 환경과 비언어적 행위가 상대적 지위를 정의하는 중요한 역할을 한다는 개념이다. 면 대 면 커뮤니케이션에서는 이러한 단서들이 쉽게 전달되지만, 컴퓨터 매개 커뮤니케이션에서는 전달

---

95) 김영석. 『디지털미디어와 사회』. 나남출판. 2002. p501~504.

되지 않는다. 이로 인해 사회정서적인 커뮤니케이션이 어려워진다. 이를 극복하기 위해 가상현실(VR)이나 화상 통화 플랫폼에서 3D 아바타를 활용하는 등의 연구와 기술이 개발되고 있다. 그러나 여전히 면 대 면 커뮤니케이션과 비교하면 한계가 존재한다.

마지막으로는 매체풍요 이론이다. 매체풍요(media richness) 이론은 매체들이 서로 다른 이용 가능한 단서 체계들의 수와 폭을 가지고 있으며, 각 매체를 최적으로 이용할 수 있는 커뮤니케이션 조건도 다르다는 가정을 기반으로 한다. 다양한 채널을 통한 커뮤니케이션은 각 채널에서 이용 가능한 단서의 수나 대역폭에서 차이가 있다. 이러한 채널 간 능력 차이는 즉각적인 피드백 여부, 단서의 수, 이용 가능한 채널의 수, 사용된 언어의 다양성 등과 관련하여 결정된다. 이 이론은 매체 선택과 디자인에 중요한 역할을 하며, 효율적인 커뮤니케이션을 위해 이러한 요소들을 고려해야 한다.

면 대 면 커뮤니케이션은 즉각적인 피드백이 가능하며 이용 가능한 단서들과 채널 수가 가장 풍부하고 비언어적 배경전달 단서들도 풍부하며 언어구사도 가장 다양하게 할 수 있기 때문에 가장 풍부한 매체다. 컴퓨터 매개 커뮤니케이션은 피드백이 즉각적이지 못하고, 비언어적 단서가 적으며, 오직 자연언어밖에 사용할 수 없다는 점에서 빈약한 미디어로 분류된다.

일반적으로 복잡하고 모호하면서 정서적인 메시지 전달은 보다 풍부한 매체가 적합하고, 단순하고 의미가 명확한 메시지 전달은 복잡하지 않고 간단한 매체가 적합하다. 따라서 사회적 맥락 단서와 매체 풍요 이론을 고려할 때, 컴퓨터 매개 커뮤니케이션은 복잡하고 모호한 정서적인 메시지 전달에는 적합하지 않은 매체로 여겨진다. 따라서 이런 커뮤니케이션은 주로 단순하고 명확한 메시지 전달에 적합하다.

반면 컴퓨터 매개 커뮤니케이션(CMC)에 대한 긍정적 이론들은 매체의 특성과 사용자의 능동적인 적응력을 중점으로 다양한 관점을 제시하고 있다. CMC는 컴퓨터를 매개로 하여 이루어지는 커뮤니케이션 현상이며, 기존의 대면 커뮤니케이션과는 다른 특성을 가지고 있다. 이론들은 CMC의 특성을 이해하고, 사용자들이 매체를 적응하며 새로운 단서를 만들어 내는 능력을 강조한다. 정보사회에서는 산업사회와 단절되어 새로운 커뮤니케이션 방식을 필요로 하며, CMC는 이러한 변화를 반영하고 있다.

사회적 정보처리 이론은 매체 결정론적 시각에서 벗어나 행위자 요인에 주목한다. 이 이론은 이용자들이 매체를 어떤 동기로 어떻게 활용하며 매체의 한계를 어떻게 극복하면서 서로의 관계를 발전시키는지를 탐구한다. 월더(Joseph B. Walther)와 같은 사회적 정보처리 이론 지지자들은 컴퓨터 매개 커뮤니케이션 이용자들이 비언어적 단서의 결여를 대체할 수 있는 능력을 갖고 있다고 주장한다. 어떤 매체를 사용하든지 이용자들은 불확실성을 감소시키고 친밀감을 증대시키려는 필요를 유사하게 느낀다는 점을 강조한다. 따라서 컴퓨터 매개 커뮤니케이션 이용자들은 매체를 통해 전달할 수 없는 비언어적 표현을 언어적 표현으로 대체할 수 있는 능력을 지니고 있으며, 이를 활용하여 관계를 발전시킨다고 보는 것이다. 사회적 정보처리 이론 지지자들은 매체의 특성이 고정된 것이 아니라 커뮤니케이션 참여자들이 어떻게 매체를 이용하고 적응하는지에 따라 다양한 결과를 보인다고 주장한다.

사회적 정보처리 이론의 학자들은 컴퓨터 매개 커뮤니케이션이 면 대 면 커뮤니케이션만큼 짧은 시간에 사회적 정보를 모두 전달하지 못한다는 사실은 인정하였지만, 충분한 시간이 주어졌을 경우에는 면 대 면 커뮤니케이션 수준의 사회 정서적인 커뮤니케이션이 가능하다는 연구결과를 제시하였다. 매체 이용자들은 불확실성의 감소와 미디어에 대한 문자적, 언어적 행동적응의 필요성을 경험한다. 따라서, 컴퓨터 매개 커뮤니케이션에서도 처음에는 사회적 정보의 교환이 면 대 면 커뮤니케이션보다 느리지만, 시간이 흐르면서 점차 강력해질 수 있는 잠재력이 있다는 것이다. 따라서 매체 이용자들은 커뮤니케이션 채널이 제한되어 있다는 것을 인지하게 되면 대인간 상호관계를 증진시키고 자신의 존재를 외부에 알리기 위해 언어 또는 텍스트 행위의 변용을 통해 비언어적 단서들을 전달하려는 시도를 하게 된다.

이와 관련해 라이스와 러브는 컴퓨터 게시판에 게시된 메시지 내용을 분석하여 전체 내용의 30% 이상이 사회 감정적 내용을 담고 있으며, 나머지 63%는 업무 지향적인 내용이라고 보고했다.[96] 이러한 결과는 CMC에서 사회정서적 커뮤니케이션의 중요성을 강조하며, 전자우편을 통한 현장 연구에서도 CMC가 사회화, 친구 사귀기, 감정적인 지원 등에 활용된다는 사실이 확인되었다.

또한 컴퓨터 매개 커뮤니케이션 이용자 중 일부는 컴퓨터 매개 커뮤니케이션을 통해 형성한 대인관계를 실생활에서의 대인관계보다 더욱 가깝게 느꼈으며, 가장 친하게 생각하는 친구를 컴퓨터 매개 커뮤니케이션을 통해 얻었다고 응답하기도 하였다. 심지어는 컴퓨터 매개 커뮤니케이션을 통해서 연인이 되거나 결혼에까지 이르는 사례도 관찰되었다. 또한 조사대상자의 2/3 정도가 어떤 형태로든 컴퓨터 매개 커뮤니케이션을 통해 만난 사람들과 지속적인 대인관계를 유지하고 있으며, 이들 중 반 정도가

---

96) Rice, R. E., & Love, G. (1987). Electronic emotion: Socioemotional content in a computer-mediated communication network. Communication Research, 14(1), p85~108.

깊은 인간관계를 유지한다는 연구결과가 제시되었다.

특히, 이모티콘(emoticon)은 자판의 알파벳이나 숫자 등을 이용하여 표정, 기분, 외모, 신분 등을 표현하며, CMC에서 사회정서적인 커뮤니케이션에 기여하고 있다. 이러한 기호적, 언어적 단서들을 결합하여 매체의 한계를 극복하고, 사용자들이 원활하게 소통할 수 있도록 도와주고 있다. 이는 이용자들이 컴퓨터 매개 커뮤니케이션에서 비언어적 단서의 부재를 갖가지 기호적·언어적 단서들을 결합함으로써 매체의 한계를 극복한 사례이다.

이밖에 상징적 상호작용 이론(social interaction theory)은 사회구조보다는 일상에서 다른 사람들과 끊임없이 접촉하는 개인 간의 상호작용에 초점을 둔 사회 이론이다. 이 관점은 몸짓, 언어와 같은 상징을 사용하여 다른 사람과의 상호작용을 통해 사회 질서를 형성하고, 개인은 이 과정을 통해 자아를 형성하며 타인이 자신에게 기대하는 역할과 행동을 학습한다고 본다.

상징적 상호작용론은 언어와 의식이 불가분의 관계를 가지며, 외부 상호작용을 통해 의식이 형성된다고 주장한다. 이 이론은 개인이 사회화 과정을 통해 지식을 습득하며 자아가 형성된다고 보며, 사회적 상호작용을 통해 개념이 형성되고 타인에게 '자신'을 설명할 필요가 있기에 자아가 등장한다고 설명한다. 상징적 상호작용론은 개인과 사회 간의 상호작용을 이해하는 데 중요한 관점을 제공하며, 언어와 상징을 통해 의미를 공유하고 형성하는 과정을 연구한다.

따라서 온라인 커뮤니케이션에서도 상징적 상호작용론은 중요한 역할을 하다. 예를 들어, 이모티콘은 문화와 개인의 해석에 따라 크게 달라질 수 있는 특정한 의미를 지닌 상징이다. 실제로 엄지손가락을 펴보이는 제스처나 이모티콘(😊)의 경우 한국과 브라질, 포르투갈 등 대부분의 국가에서는 좋은 뜻이지만, 호주, 그리스, 튀르키예, 태국, 중동 국가에서는 조롱의 표현이고 이란에서는 심각한 욕이다. 또한, 디지털 플랫폼은 개인이 자신의 신원을 큐레이션할 수 있는 기능을 제공하며, 이는 상징적 상호작용의 일환으로 볼 수 있다.

3) CMC의 영향

컴퓨터 매개 커뮤니케이션의 영향은 첫째로 공동체의 변화다. 컴퓨터 매개 커뮤니케이션 등장 이전의 공동체는 동시간에 같은 지역에 있다는 사실에 기반을 둔 것이 대부분이었다. 같은 학교, 같은 동네, 같은 직장 등의 일부 사람들과 긴밀한 대인관계를 형성하였던 것이다. 컴퓨터 매개 커뮤니케이션은 이러한 시간과 공간의 장벽을 뛰어넘게 해 주었다. 컴퓨터 매개 커뮤니케이션의 대표적인 공간인 인터넷에는 수많은 동호회 및 커뮤니티(community)가 존재한다. 이들 공동체 구성원들은 취미나 직업, 정치이념 등을 공통으로 소유하는 사람들로 이루어져 있으며, 지역적인 연고는 큰 관계가 없다. 동시성과 비동시성이 동시에 구현되는 컴퓨터 매개 커뮤니케이션의 특성상 그 구성원들이 반드시 시간을 내어 온라인상에서 만날 필요가 없다. 또 이들이 원할 경우에는 동시에 접속하여 함께 얘기를 나눌 수도 있다. 컴퓨터 매개 커뮤니케이션을 사용하는 모든 이용자들은 가상공간이라는 같은 지역에 살고 있는 셈이다.

둘째, 탈개인화와 집단화다. CMC에서는 종종 남에 대한 욕설이나 비방 등 각종 사회일탈적인 언어행위들이 나타나기도 한다. 또 특정 사안에 대해 진지한 사고를 거치지 않고 즉흥적인 감정에 의해 집단적 의견이 형성되기 쉽다.

이에 대해 리아(Lea)와 스피어스(Spears)는 CMC 과정에서 이른바 탈개인화의 사회적 자아정체성 모델(social identity model of deindividuation: SIDE) 모델을 제시했다. 사회적 자아정체성 모델은 CMC 과정에서 탈개인화 현상을 설명하는 이론적 틀이다. 이 모델에 따르면, 텍스트 기반 CMC 환경에서 상대방을 직접 보지 못하는 상태에서는 개인과 집단 간 인식 및 기억의 경계가 흐려져 탈개인화 현상이 발생하기 쉽다. 예를 들어 온라인 토론에서는 나와 다른 견해를 지닌 개인의 주장을 집단 전체의 의견으로 확장하여 인식할 수 있다. 이로 인해 종종 과민하게 반응하게 되는데, 이는 탈개인화로 인한 특성이다. 이러한 탈개인화는 CMC 참여자들이 실생활에서 느꼈던 사회적, 문화적 격차에 대한 거부감을 느끼지 않고 보다 평등한 관계에서 커뮤니케이션할 수 있게 해 주는 반면, 감정에 치우쳐 극단적인 시각으로 수렴하게 될 수도 있다.[97]

셋째, 평등화 현상(equalization phenomenon)이다. 컴퓨터 매개 커뮤니케이션은 실제로 상대방의 신분이나 신체적 특징을 확인하기 어려운 가명성이 높은 상황에서 이루어지기 때문에, 상호간의 신분이 뚜렷하지 않다. 이로 인해 상대방의 성별, 외모, 나이, 직업, 사회적 지위, 인종 등이 영향을 미치지 않는 커뮤니케이션 환경이 형성된다.[98] 반면 대면 커뮤니케이션에서는 연령, 사회적 신분, 지위가 커뮤니케이션 과정에 큰 영향을 미친다. 연령이 낮은 사람은 높은 사람에게 존댓말을 사용해야 하며, 조직 내에서 상급자의 의견이 하급자의 의견보다 더 결정력이 있다. 그러나 컴퓨터 매개 커뮤니케이션은 상대방의 현실적인 모습이 드러나지 않기 때

---

[97] 김영석, 『디지털미디어와 사회』, 나남출판, 2002, p511~514.
[98] 박홍수 편, 『디지털시대 방송의 이해』, 나남출판, 2001, p283.

문에 위계질서나 상하의식이 희미 해진다. 지위가 높은 사람이나 낮은 사람이 동등하게 메시지를 발신할 수 있으며, 메시지에 사회적 신분을 나타내는 특징이 포함되지 않는다. 따라서 현실세계와는 달리 의사 표현이 자유롭게 이루어진다고 할 수 있다.

이제 컴퓨터 매개 커뮤니케이션(CMC)은 소셜미디어의 SNS 커뮤니케이션으로 이어진다. SNS는 CMC의 한 형태로 볼 수 있으며, 두 가지 모두 컴퓨터를 매개로 한 커뮤니케이션을 포함된다. 먼저 두 커뮤니케이션 방식 모두 컴퓨터와 인터넷 기술을 기반으로 한다. 이메일, 채팅, 소셜 미디어 플랫폼 등 다양한 도구를 통해 이루어진다. CMC와 SNS 모두 물리적으로 떨어진 장소에 있는 사람들 간의 커뮤니케이션을 가능하게 한다. 이는 시간과 공간의 제약을 극복할 수 있게 한다. 즉 이메일이나 게시판과 같은 비동기적 커뮤니케이션은 메시지를 보내고 받는 시간이 일치하지 않아도 된다. 이는 사용자들이 자신의 편한 시간에 메시지를 작성하고 응답할 수 있게 한다. 또한 CMC와 SNS는 익명성을 제공할 수 있어, 사용자들이 자신의 신원을 밝히지 않고도 커뮤니케이션할 수 있다. 이는 솔직한 의견 교환을 촉진할 수 있지만, 동시에 비인격적이거나 부정적인 행동을 유발할 수도 있다.

SNS역시 텍스트, 이미지, 비디오, 오디오 등 다양한 형식의 메시지를 전달할 수 있다. 이는 커뮤니케이션의 풍부함을 더해 준다. SNS는 공통의 관심사나 가치를 가진 사람들 간의 커뮤니티를 형성하는 데 도움을 준다. 이러한 커뮤니티는 사용자들 간의 유대감을 강화하고, 정보와 자원을 공유하는 장이 된다. 이처럼 SNS와 CMC가 현대 사회에서 중요한 커뮤니케이션 도구로 자리 잡고 있음을 보여 준다. 두 방식 모두 우리의 일상적인 상호작용과 관계 형성에 큰 영향을 미치고 있다.

5

소통하는 뉴스

　커뮤니케이션은 정보 전달, 관계 형성, 문제 해결, 자아 표현, 문화 전달 등 다양한 효과를 가지며, 자아 정체성을 형성하는 중요한 역할을 하며, 자신과 타인의 구별과 사회적 정체성 형성에 기여한다. 또한, 커뮤니케이션을 통해 공동체가 유기적으로 형성되고, 각자의 역할이 정해지며, 사회와 공동체가 유지된다. 이를 통해 '우리 의식'과 여론이 형성되며, 인쇄술의 발명은 지식과 정보의 보급을 가속화하여 민족주의 감정을 강화했다. 특히, 대중매체의 발전은 시민들의 공통 의견, 즉 여론 형성에 중요한 역할을 했다.

　우리가 속한 집, 학교, 사회적 그룹 등은 정체성과 안정감을 강화하며 인간은 커뮤니케이션을 통해 평판을 형성하고 사회적 지위를 높인다. 그리고 정보를 공유함으로써 중요한 인물로 인식된다. 따라서 사람들은 다양한 이슈를 통해 자신의 의견을 표현하고 토론하고 싶어한다. 이러한 이슈들은 사회적, 정치적, 경제적 영향을 미치기 때문에 대중의 관심을 받는다. 여기에는 중요성과 흥미성이라는 기사 가치가 중요하지만 이외에도 안전성과 공정성, 공공성 등의 가치가 영향을 미친다. 따라서 우리가 믿고 있는 사회적 가치에 미치는 영향이 클수록 뉴스 이용자들의 주목을 받고 소통하는 뉴스되는 것이다.

　특히 인터넷 뉴스의 등장으로 뉴스 이용 동기가 변화했다. '교감자로서의 동기'가 중요해졌으며, 이는 뉴스 콘텐츠, 기자, 다른 이용자와의 교감으로 나뉜다. 이용자들은 뉴스 콘텐츠와 깊이 교감하며 정보를 얻고자 한다. 또 기자와의 교감을 통해 뉴스의 신뢰성을 높이고, 기자의 관점에 공감하며 뉴스를 통해 다른 이용자들과 소통하고 공감대를 형성한다. 이어 '공감 형성 동기'는 자신의 생각을 뉴스 콘텐츠로 제작해 소통하고자 하는 욕구를 반영한다.

뉴욕타임스의 경우처럼 온라인 포럼 참여자들은 다양한 뉴스에 대한 의견을 밝히고자 한다. '의제 설정 동기'는 사회적 의제를 알리고 사회적 인식을 변화시키고자 하는 욕구를 반영한다. 이용자들은 직접 뉴스를 생산하고 출판하며, 현대 미디어 환경에서 중요한 역할을 한다. 따라서 이러한 동기들은 뉴스 이용을 넘어 뉴스 생산의 직접적인 동기로 작용한다.

따라서 뉴스는 커뮤니케이션에서 중요한 역할을 한다. 사람들은 뉴스가 되는 이슈에 자연스럽게 관심을 갖는다. 우리는 타인과 의견을 교환하고 새로운 정보를 습득하는 것을 좋아하기 때문이다. 뉴스 이슈는 다양한 견해와 관점을 제공하며, 이를 통해 우리는 세상을 더 깊게 이해하고 지식을 확장할 수 있다. 뉴스 이슈는 사람들 간의 소통과 상호작용도 촉진한다. 이슈 주제를 둘러싼 토론은 사회적 네트워크를 확장하고 새로운 사람들과 연결할 수 있는 기회를 제공한다. 또, 뉴스 이슈는 우리의 정체성과 소속감을 형성하는 데 도움이 된다. 어떤 주제에 대해 어떤 입장을 취하느냐는 우리가 속한 그룹이나 문화와 연관이 있을 수 있다. 뉴스 이슈는 감정 또한 자극한다. 우리는 자연스럽게 이슈에 참여하고, 우리의 견해를 표현하며, 다른 사람들의 반응을 보고 싶어한다. 그리고, 뉴스 이슈는 사회적 변화를 이끌 수 있다. 사람들은 이슈에 관심을 갖고 소통을 통해 사회적 영향력을 행사하고자 한다.

1) 논쟁적 이슈(Controversial Issue)

'논쟁적 이슈'란 조직이나 사회에서 이해관계자들 간에 긍정적 또는 부정적 영향을 미치는 내적 또는 외적 사건 또는 상황을 말한다. 이러한 이슈는 위기, 법률, 제도 등과 연관되며, 조직의 현재와 미래 이익에 영향을 미칠 수 있다. 예를 들어, 낙태는 많은 국가에서 매우 논란이 많은 문제다. 이러한 논쟁적인 주제는 사회에서 논의하고 이해관계자들이 갈등을 해소하고 적절한 결정을 내리는 데 도움이 될 수 있다. 논쟁적 이슈를 다루는 교육은 시민성을 확대하고 성숙한 사회를 위한 필요한 과제라 할 수 있다.

일례로 청소년의 게임 중독 방지를 위해 시행된 강제적 게임 셧다운제는 2021년에 폐지하기로 결정했고, 2022년 1월 1일부터 공식적으로 적용되었다. 이 제도는 만 16세 미만의 청소년이 자정부터 오전 6시까지 온라인 게임에 접속할 수 없도록 하는 규제였다. 셧다운제의 폐지는 '규제 챌린지' 과제의 일환으로 이루어졌으며, 청소년 보호법 개정안이 국회를 통과하면서 시행되었다. 이로 인해 청소년과 보호자가 자율적으로 게임 이용 시간을 조절할 수 있는 '게임시간 선택제'로 전환되었다.

셧다운제는 도입 당시부터 많은 논란을 불러일으켰다. 게임 업계는 과도한 규제가 게임산업의 발전을 저해하고 청소년의 선택권을 제한한다고 주장했다. 특히, 셧다운제가 PC 게임에만 적용되고 모바일 게임에는 적용되지 않아 실효성에 대한 의문이 제기되었다. 이런 가운데 '마인크래프트 사태'는 셧다운제 논란을 더욱 가열시켰다. 2021년 7월에 12세 이용가 게임인 '마인크래프트'가 셧다운제로 인해 국내에서만 성인 게임으로 전환될 예정이라는 사실이 밝혀지면서 큰 논란이 되었다. 이는 셧다운제의 실효성과 필요성에 대한 재검토를 촉발시켰다.

반면, 셧다운제 폐지에 대한 우려의 목소리도 여전했다. 많은 학부모와 시민단체는 셧다운제가 청소년들을 게임 중독으로부터 보호하는 최소한의 안전장치라고 보고 있었다. 이들은 셧다운제의 실효성을 높이기 위해 모바일 게임에도 적용해야 한다고 주장해 왔다. 대한소아청소년정신의학회 등 여러 학술단체와 시민단체는 셧다운제가 게임 업계의 과도한 상업주의로부터 청소년을 보호하는 중요한 법적 조치라고 강조하며, 폐지에 대해 심각한 우려를 표명했다. 특히, 코로나19 팬데믹 동안 청소년들의 게임 이용 시간이 증가하면서 게임 중독 문제가 더욱 심각해질 수 있다는 우려도 제기되었다.

이처럼 논쟁적 이슈는 사람들 사이에서 의견이 분분한 주제를 가리킨다. 다양한 견해와 관점이 존재하며, 이를 논의하고 토론하는 것이 일반적이다. 그 동안 무상급식 정책, 환경 문제, 인권, 종교, 정치 등이 논쟁적 이슈가 되어 왔다. 2024년 댓글 반응이 많았던 논쟁적 이슈 사례들은 다음과 같다.

□ 전기차 화재

최근 전기차와 관련된 논란이 이어졌다. 전기차는 친환경적이고 경제적인 장점이 있지만, 전통적인 내연 기관차와는 다른 구조를 가지고 있기 때문에, 화재나 폭발의 위험이 새로운 문제로 떠오르게 됐다. 전기차 화재 사건은 전기차의 안전성에 대한 신뢰를 떨어뜨리고, 이에 따른 경제적 파장이 있는 만큼 주목하게 된다.

인천 청라동의 한 아파트 지하 주차장에서 메르세데스 벤츠 전기차 EQE 350 차량에서 화재가 발생해 큰 논란이 되었다. 이 사고로 인해 전기차의 안전성에 대한 우려가 커지고 있다. 화재는 2024년 8월 1일 오전 6시쯤 발생했으며, 당시 전기차가 주차된 상태에서 갑작스럽게 폭발해 화재로 이어졌다. 검은 연기가 지하주차장은 물론 아파트 단지를 뒤덮으면서 주민 200여 명이 대피하거나 구조되었다. 특히 1살과 4살 영유아를 포함한 주민 20명이 연기를 들이마셔 병원으로 이송되었다. 불에 타거나 그을린 차량은 140여 대에 달했으며, 480여 세대의 전기와 물 공급이 끊겼다. 일부 주민들은 지자체가 마련한 임시 주거시설로 대피했다. 화재 당시 차량은 충전 중이 아니었으며, 며칠 동안 주차된 상태였다. 화재는 8시간 20분 만에 완전히 진화되었다. 하지만 지하주차장의 스프링클러가 작동하지 않아 피해가 더욱 컸다. - 지하주차장서 전기차 폭발… 주민 200여 명 대피·구조(8/1)

이후에도 전기차 화재 사고가 잇따르면서 전기차에 대한 불안감이 커지고 있다. 이에 따라 아파트 주민들이 전기차 충전기 설치를 반대하거나, 전기차의 지하주차장 출입을 제한하자는 의견이 늘고 있다. 서울의 한 아파트 지하주차장에는 단 전기차 충전기 3대가 설치되어 있어서 2025년 1월까지 추가로 17대를 설치해야 하는 상황이었지만 주민들이 이를 꺼리고 있다. 인천 아파트 지하주차장 화재 이후 주민들의 불안은 더욱 커졌기 때문이다. 전기차의 지하주차장 출입을 제한해야 한다는 의견이 제기되는 아파트 단지도 늘고 있다. 하지만 최근에 지어진 아파트들은 지상주차장이 없어 대처 방법이 마땅치 않은 상황이다.

기업들도 전기차 안전 조치를 강화하고 있다. SK하이닉스는 지상에만 전기차를 주차하도록 권고하고 있으며, LG디스플레이는 파주 사업장 지하주차장에 있는 전기차 충전기를 지상으로 옮기기로 했다. 통신사들도 통신설비 보호를 위해 전기차 화재 시 진화 방법을 포함한 종합적인 안전대책을 마련하고 있다. 서울시는 전기차의 배터리 잔량이 90%를 넘으면 공동주택 지하주차장 출입을 제한하는 정책을 추진해 논란이 됐다. 이는 과충전을 방지해 화재를 예방하기 위한 조치지만 전기차 차주들은 배터리 충전량을 줄이면 주행거리가 감소하고, 화재 가능성만을 이유로 정부가 공인해 판매한 차량의 주차를 막는 것은 소비자에게 책임을 전가하는 것이라고 주장했다.

화재사고에 앞서 전기차 화재 위험에 대한 지적이 있었다. 현대차 '코나'와 GM '볼트' 모델에서 배터리 화재 사고가 빈번히 발생하고 있는데, 이 두 모델은 같은 회사의 배터리를 사용하고 있으며, 배터리 내부 부품 제조 시 결함이 발견되어 화재의 원인으로 지목되었다. 정부는 2021년부터 이 문제를 해결하기 위해 배터리팩 무상 교체 리콜을 명령했지만, 3년이 지난 당시까지 약 900대의 차량이 여전히 리콜을 받지 않은 상태로 운행 중이었다. 차주들이 리콜을 미루는 이유는 당장의 안전 불감증과 새 배터리의 중고 가치를 높이려는 속내 때문이었다. - 불길 치솟아 주변까지 '활활'… 리콜에도 9백 대 운행 중(4/13)

중국에서는 아파트 1층 자전거 보관소에 충전 중이던 전기자전거에서 시작된 화재로 15명이 사망하고 44명이 부상을 입었다. 화재는 2월 23일 새벽 발생해 1시간 반 만에 진화되었지만, 많은 주민들이 연기를 마시거나 화상을 입어 병원으로 옮겨졌다. 이 아파트 단지에서는 과거에도 전기자전거로 인한 화재가 발생한 적이 있어, 전기자전거 보관의 위험성이 계속 제기되어 왔다. 이번 사고로 인해 난징시장은 사과하고 재발 방지를 약속했지만, 주민들은 당국의 안전 불감증에 대해 분노를 표출했다. - 중국 아파트 화재로 15명 사망… "전기자전거 원인 지목"(2/24)

또 중국에서 발생한 전기차 화재 사고는 전기차 안전에 대한 우려를 불러일으켰다. 사고는 4월 26일 중국 산시성의 고속도로에서 발생했으며,

화웨이가 공동개발한 신형 전기차가 트럭과 충돌한 후 불이 나 일가족 세 명이 모두 숨졌다. 유족들은 사고 당시 차량의 문이 열리지 않아 구조가 늦어졌다고 주장했다. 설명서에는 충돌 시 차 문 잠금장치가 자동으로 해제된다고 명시되어 있었으나, 실제로는 작동하지 않았다는 것이다. 또한, 배터리 폭발을 막는 '열 폭주' 방지 장치도 작동하지 않았다고 주장했다. 중국에서는 전기차 화재 사고가 잇따르고 있다. 2023년 항저우에서도 전기차가 톨게이트에 부딪힌 후 화재가 발생해 탑승자 4명이 숨졌고, 2021년 상하이에서도 충돌 화재로 운전자가 숨진 사고가 있었다. - 중국에서 전기차 화재로 일가족 3명 사망… "문 안 열렸다"(4/29)

전기차 화재 이후 "전기차 위험한 거 아니냐", "전기차 주차는 무조건 지상에 해야 한다"와 같은 우려의 목소리가 많아졌다. 특히, 화재 발생 시 배터리의 열 폭주로 인해 피해가 커질 수 있다는 점에서 걱정하는 사람들도 있다. "구매 후회합니다"라는 반응도 있으며, 최근 발생한 전기차 화재 사건들로 인해 전기차 구매를 망설이는 사람들이 늘어나는 등 많은 장점에도 불구하고 전기차가 논란의 대상이 되고 있다.

이후에도 10월 9일 새벽 전주의 한 아파트 지하주차장에서 충전 중이던 전기차에 불이 나 주민 300여 명이 대피했고, 화재는 1시간 만에 진화되었다. 불은 8일 저녁 충전 중이던 전기차에서 시작되었으며, 다행히 인명 피해는 없었다. 화재로 인해 스프링클러가 작동해 차량 1대만 불에 탔다. 하지만 주민들은 불안감을 감추지 못하며 전기차 충전 안전 대책 마련을 요구하고 있다. - "지하 4층에 불이" 전기차 '활활'… 300여 명 긴급 대피(10/9)

이외 댓글 많은 기사는 "전기차 문 안 열려" 일가족 사망 후… 논란만 키운 해명(5/7), 벨트 못 풀고 "살려달라"… "누전에 의식불명" 중국에서 전기차 논란(5/14), 빗길 미끄러진 전기차, 부딪친 뒤 열폭주 '펑'… 1명 사망(7/9), 엿가락처럼 휘고 녹았다… 전기차 1대 불타 480세대 피난(8/2), 잿빛 거실, 시커먼 화장실… 아파트 놔두고 '떠돌이 생활'(9/6), "불난 전기차에 중국산 배터리… 2,600여 대 팔렸다"(8/8), 빗발친 구조 요청… 화재 직후 스프링클러 끈 관리소 직원(8/9), 전기차 탁송 중 불났는데… "모두 책임 회피해 난감"(8/5), 연기 나더니 4번 열폭주… 11시간 충전하던 전기차 '활활'(8/6), "불나면 책임질 것" 각서까지 쓴다… '전기차 공포' 확산(8/6), "팔 게요" 공포 덮친 전기차 시장… 배터리 제조사 잇단 공개(8/12), "전시차도 없어요"… 전기차 공포에 대세 된 '하이브리드'(8/19), 전기차 주차장 돌진… '원 페달' 혼동했나(8/20), 식당 앞 주차된 테슬라 '펑'… 전기차 진화까지 4시간 걸려(8/17), (중국)'쾅' 추돌당한 전기차 역주행… 출근길 6명 사망(9/23), 불길 휩싸인 테슬라… 1시간 만에 껐지만 운전자 사망(10/11), 주차장서 충전하다 '뻥뻥'… "멀쩡했는데" 한밤 대피 소동(11/14) 등이 있다.

   □ 급발진 사고

   급발진 사고는 예측이 어렵고 운전자나 행인 등 시민들에게도 큰 위험을 초래한다는 점에서 언론을 주목을 받는다. 특히 급발진 사고의 원인에 대한 논란으로 시민들의 불안감은 클 수밖에 없다.

   서울 시청역 인근에서 발생한 인도 돌진 사고는 많은 사람들에게 충격을 주었다. 이 사고는 2024년 7월 1일 밤에 발생했으며, 제네시스 차량이 역주행하여 인도로 돌진하면서 9명이 사망하고 4명이 부상을 입었다. 사고 차량은 일방통행 도로에서 역주행하여 앞선 차량들을 차례로 추돌한 후, 횡단보도에 있던 보행자들을 덮쳤다. 사고 직후 차량은 시청역 12번 출구 앞에서 멈춰 섰다. 가해 차량의 운전자인 당시 68세 남성은 사고 원인으로 급발진을 주장했다. 사망자 9명 중 6명은 현장에서 사망했고, 3명은 병원으로 이송 도중 사망했다. 부상자 4명 중 1명은 중상, 3명은 경상을 입었다.

사고 직후 피의자 남성은 차량 급발진을 주장했지만, 사고 현장을 목격한 시민들은 이를 반박했다. 한 시민은 "급발진은 절대 아니었다"고 주장하며, 차량이 횡단보도 앞에서 멈춘 점을 지적했다. 일반적인 급발진 차량은 도로 위 구조물과 부딪히며 억지로 감속하는데, 이번 사고 차량은 그렇지 않았다는 것이다. 사고 당시 상황이 담긴 CCTV 영상에서도 차량이 감속하며 멈추는 모습이 포착되었다. 이는 급발진으로 보기 어렵다는 지적이 나오고 있다. - 시청역 인도 돌진 사고 목격자들 "급발진은 아니었다"(7/2)

이후 발표된 경찰 조사에 따르면 가해 운전자가 사고 당시 '풀액셀'을 밟은 것으로 나타났다. 운전자는 속도를 줄이기 위해 가드레일 쪽으로 차를 몰았으나, 결국 인도로 돌진하게 되었다고 진술했다. 가해 운전자는 주차장 출구 7~8m 전에 '우두두' 하는 소리와 함께 브레이크가 딱딱해지며 밟히지 않았다고 주장하며, 차량 결함에 의한 사고라고 주장했다. 그러나 경찰은 이를 운전 조작 미숙으로 결론지었다. 국립과학수사연구원의 감정 결과, 차량의 가속 장치와 제동 장치에서 기계적 결함은 발견되지 않았고 자동차사고기록장치(EDR)에는 사고 발생 5초 전부터 제동 페달이 작동되지 않은 것으로 기록되었다. CCTV와 목격 차량 블랙박스에서도 제동등이 점등되지 않은 것으로 확인되었다.

급발진과 함께 고령 운전자에 의한 교통사고도 이슈가 됐다. 앞서 2024년 4월 한 노인복지회관 주차장에서 90대가 몰던 차가 갑자기 후진해, 80대 여성 한 명이 사망하고 70~80대 노인 3명과 운전자가 부상을 입었다.

피해자들은 노래교실에 참석하기 위해 복지관을 찾았다가 사고를 당한 것으로 파악되었다. 운전자는 사고 당시 음주 상태는 아니었던 것으로 확인되었다. - "90대가 갑자기 후진" 주차장서 날벼락… 4명 덮쳐 1명 사망(3/24)

2023년 65세 이상 노인 운전자가 낸 사고는 3만 9천600여 건에 달해 2018년의 2만 6천700여 건과 비교하면 50% 가까이 증가했다. 고령 운전자의 사고가 증가하고 있는 상황에서, 지방자치단체들은 면허 자진 반납 시 교통비나 상품권을 제공하는 제도를 운영 중이지만, 참여율이 저조해 큰 효과를 거두지 못하고 있다. - 또 고령 운전자 사고… '면허 반납'으론 역부족(4/24)

서울 양천구 목동에서는 80대 운전자가 몰던 승용차가 아파트 경비초소를 들이받는 사고가 발생했다. 운전자는 급발진을 주장했다. 고령 운전자 사고가 잇따르면서 당국은 이를 줄이기 위한 대책을 마련 중인데, 65세 이상 고령 운전자로 인한 교통사고는 증가세를 보이고 있기 때문이다. 서울시는 운전 능력을 확인해 면허를 규제하는 방안을 2024년 말까지 발표할 계획이었고 경찰은 2025년부터 가상 현실 운전 평가 제도를 통해 조건부 면허 시범 사업을 시작할 방침이었다. - "1초 만에" 6차선 도로 가로질러 아파트 '쾅'… "급발진"(9/26)

급발진 논란에 대한 반응은 다양하다. 많은 네티즌들은 급발진 사고의 원인이 운전자의 페달 오조작이라는 조사 결과에 대해 불신을 표하고 있다. 반면 "페달 오조작으로 사고 내고 급발진이라고 우기는 게 유행처럼 돼 버렸다"는 반응도 있다. 일부는 자동차 제조사에 대한 비판을 이어가고 있다. 정부가 급발진 의심 사고를 예방하기 위해 페달 오조작 방지 장치를 의무화하려는 움직임에 대해서도 엇갈린 반응을 보이고 있다. "경고음이 거슬려서 불법 개조로 꺼버리는 사람도 많을 듯"이라는 의견도 있으며, 실효성에 대한 의문을 제기하는 목소리도 있다.

이외 댓글 많은 기사들은 다음과 같다. 차량 3대 잇따라 '쾅쾅쾅'… 버스회사 측 "급발진 주장"(3/24), 커피 매장으로 승용차 돌진해 8명 부상… "급발진" 주장(4/2), 손자 목숨 앗은 급발진 의심사고… 국내 최초 '재연시험'(4/19), 입주민 차 옮기다 12대 '쾅쾅쾅'… 경비원 "급발진" 주장(4/24), 인도 덮친 차량에 출근하던 여성 사망… 전봇대도 밀렸다(5/7), 휴게소 기름 넣던 차량에 쾅… 60대 운전자 '급발진' 주장(5/19), '강릉 급발진' 재연 결과… "도현이 할머니, 가속 페달 안 밟아"(5/27), 주차장 난간 뚫고 밑으로 '쾅'… 옆 건물 덮쳐 2명 부상(6/13), 대낮 식당 안으로 차량 돌진… 70대 운전자 "주차 중 급발진" 주장(6/23), 운전자는 40년 경력 버스 기사… "일요일도 12시간 운행"(7/2), 공포에 얼어붙은 시민들… 사고 상황 담긴 CCTV 보니(7/2), 국립중앙의료원 응급실 택시 돌진… 운전자 "급발진" 주장(7/3), 참사 영상 무분별 유포… "심장 뛰고 악몽 꿔" 뇌도 변한다(7/4), 사고 전 '경고 신호' 있었다… 서울시, 일방통행 전수조사(7/5), 시청역 역주행 가해 차량… 충격적인 보험 이력(7/5), "역주행인 줄 몰랐다"… 충돌 직전에야 "어, 어!"(7/5), 잇단 급발진 의심사고에 "내 차도?"… 페달 블랙박스 주목(7/7), 70대 몰던 트럭에 동료 3명 사상… "액셀·브레이크 착각"(7/31), 아파트 단지서 돌진 차량에 1명 사망… "마음대로 조작 안 돼"(8/5), 가속페달 착각한 순간 '휙휙'… 손으로 돌진 사고 막는다(10/1), 고려대서 차량 막던 경비원에 '쾅' 끝내, 사망… 50대 결국(10/10), 고척교서 차량 8대 잇따라 충돌… 70대 운전자 "급발진"(10/26), "착각해 가속페달"… '횡단보도 돌진' 9명 부상(11/22), '빨리 가주세요' 말도 없었는데… 70대 택시기사는 왜 그랬을까 [스프](12/19) 등이다.

□ 노란불 신호위반

노란불 신호위반은 법률과 현실 차이의 사례다. 법의 엄격한 집행이 옳다는 주장과 법률이 현실을 반영하고, 사람들의 일상 생활에 적합하게 적용될 수 있도록 해야 한다는 주장이 맞서면서 논란이 됐다.

차량 운전과 관련해서 대법원은 2024년 5월 교차로 진입 직전에 노란불로 바뀌었을 때 차량이 멈추지 않으면 신호위반으로 간주된다는 판결을 내렸다. 이 판결은 교차로 한가운데서 멈추는 위험을 감수하더라도 노란불에서는 반드시 멈춰야 한다는 원칙을 강조한 것이다. 이 판결에 대해 일부 전문가들은 실제 운행 환경과 괴리가 있다고 지적하고 있다. 특히, 급제동으로 인해 교차로 한가운데서 멈추게 되는 상황이 발생할 수 있다는 우려가 나왔다. - 교차로 직전 '노란불'… "안 멈추면 신호 위반"(5/13)

노란불 신호위반 대법원의 판결 이후, 여러 의견이 나오고 있다. 많은 이들은 대법원의 판결에 대해 불만을 표하고 있다. "노란불에 무조건 멈추라는 건 현실과 동떨어진 판결이다"라는 의견이 많다. 특히, 갑작스러운 정지가 오히려 사고를 유발할 수 있다는 우려가 크다. 반면, 다른 이들은 "노란불은 정지하라는 신호이지 빨리 가라는 신호가 아니다"라며 판결을 지지하는 의견도 있다. 이들은 법규를 준수하는 것이 중요하다고 강조한다. 그럼에도 현실적인 문제를 지적한다. "교차로 진입 직전에 노란불이 켜지면 멈추기 어렵다", "급제동 시 뒤차와의 추돌 위험이 크다"는 의견이 대표적이다.

대법원의 판결 이후, 논란이 계속되면서 차량의 움직임을 감지해 교통신호를 조절하는 새로운 기술이 개발되었다. 이 기술은 교차로 진입 직전에 노란불로 바뀌는 상황에서 차량의 위치와 속도를 실시간으로 측정하여 신호등의 녹색 신호를 1~2초 연장해 주는 시스템이다. 이를 통해 차량이 안전하게 교차로를 통과할 수 있도록 돕는다. 미국에서는 이 시스템을 도입한 후 신호위반이 58% 감소했다고 한다. 이 시스템은 경기도 평택에서 시범 운영될 예정이지만, 운전 문화나 관련 규정이 바뀌지 않는 한 딜레마 존 문제를 완전히 해결하기는 어려울 것이라는 지적도 있다. - '딜레마존' 신호 조절… 올해 말 시범 운영(5/30)

□ 한국축구 내홍

한국 축구계에서는 손흥민, 황희찬 등 유명한 선수들이 많으며, 이들의 활약은 많은 언론의 주목을 받고 있다. 이 때문에 한국은 축구 팬덤이 매우 활발하고, 많은 사람들이 축구 경기를 관심을 가지고 있다. 이러한 팬들의 열정과 관심이 언론에도 반영되고 있다.

2024년 2월 아시안컵에서 한국 축구 대표팀의 참패 이후, 팀 내 갈등과 관련된 충격적인 소식이 전해졌다. 요르단과의 준결승을 하루 앞두고 손흥민 선수와 이강인 선수 사이에 다툼이 발생했고, 이 과정에서 손흥민 선수가 손가락 부상을 입은 사실이 밝혀졌다. 이 사건은 팀 내 분위기와 기강 문제를 드러내며, 클린스만 감독의 지도력에 대한 비판이 더욱 거세졌다. 특히 전술과 대처 능력 부족, 그리고 선수들의 개인 기량에만 의존하는 점이 문제로 지적됐다. 높은 점유율을 기록했음에도 불구하고 수비의 허점으로 인해 많은 실점을 했다. 클린스만 감독은 이번 대회 결과를 토대로 월드컵 예선을 준비하겠다고 했지만, 팬들의 실망과 비판은 쉽게 가라앉지 않았다. 특히, 재택근무 논란과 책임감 부족에 대한 지적도 이어졌다. 손흥민 선수는 경기 후 인터뷰에서 대표팀 활동을 계속할지 고민 중이라고 밝혔고, 이강인 선수는 SNS를 통해 사과의 메시지를 전했다. -아시안컵 준결승 전날 손흥민·이강인 몸싸움… 총체적 난국(2/14)

앞서 한국 축구 대표팀에서는 아시안컵 전지훈련 기간 중 일부 선수와 협회 직원들이 도박성 카드 게임을 했다는 의혹이 제기되었다. 이들은 숙소 휴게 공간에서 칩을 걸고 카드 게임을 즐긴 것으로 알려졌다. 대한축구협회는 일부 선수들이 카드 게임을 한 사실을 인정하면서도, 도박성 행위는 아니었다고 해명했다. 협회는 해당 직원이 내부 지침을 어긴 것에 대해 '직위 해제' 조치를 취했으며, 진상 조사를 진행했다. 이 사건은 아시안컵 기간 중 발생한 선수단 내부 갈등과 함께 축구협회의 관리 소홀 문제를 다시 한번 부각시켰다. - 축구대표팀, '칩 걸고' 카드 게임… 축구 협회 진상 조사(3/13)

더구나 파리올림픽 축구예선 8강전에서 한국 축구 대표팀은 인도네시아와의 승부차기 끝에 11대 10으로 패배하며 10회 연속 올림픽 본선 진출이 좌절되었다. 경기 중 이영준 선수와 황선홍 감독의 퇴장으로 어려운 상황에서도 끝까지 싸웠지만, 결국 승부차기에서 패배하고 말았다. 한국 대표팀은 이번 패배로 23세 이하 대회에서 처음으로 인도네시아에게 패하는 수모를 겪었다. - 인도네시아에 충격패… 한국 축구, 올림픽 본선행 좌절(4/26)

2024년 7월 클린스만 경질 이후 넉 달 넘게 진통이 이어졌던 축구대표팀의 새 사령탑에 홍명보 울산 감독이 내정됐다. 홍명보 감독은 10년 만에 다시 대표팀을 이끌고 2026 북중미 월드컵 본선 진출에 도전하게 됐다. 하지만 홍명보 감독의 선임 과정에서 절차적 문제가 있었다는 지적이 나왔다. 대한축구협회는 이에 대해 공식 입장을 내고, 감독 선임 과정의 전말을 공개했지만 여전히 비판 여론이 거세 졌다. 문화체육관광부도 홍명보 감독 선임 과정과 관련해 대한축구협회를 감사하기로 했다. - 돌고 돌아 10년 만에… 홍명보, 축구대표팀 사령탑 복귀(7/7)

손흥민 선수의 아버지인 손웅정 감독이 2024년 초 "한국 축구가 우승하면 안 된다"는 발언을 하면서 큰 논란이 일었다. 이에 대해 네티즌들은 "현실적인 발언이다"라는 의견과 "선수들에게 너무 가혹하다"는 반응으로 나뉘었다. 이후 홍명보 감독의 '의리 축구'와 관련된 논란이 다시 불거졌다. 어떤 이들은 "홍 감독이 특정 선수들에게만 기회를 준다"며 비판하고 있으며, 다른 이들은 "홍 감독의 리더십을 믿는다"는 의견을 보였다. 한국 대표팀의 경기력이 기대에 미치지 못하자, "질 낮은 축구"라는 비판이 쏟아졌다. 특히, 과격한 플레이와 조직력 부족에 대한 지적이 많았다.

프로축구 광주FC 이정효 감독이 일부 축구계 인사들의 축구협회 편들기 움직임에 대해 작심발언을 쏟아 냈다. 이 감독은 9월 28일 취재진과 만나 "국회 문체위의 축구협회 현안 질의를 봤다"며 말을 꺼낸 뒤 "개인적인 생각은 월드컵 출전 유무는 중요하지 않다"라고 말했다. 그러면서 "이렇게 월드컵을 나가서 뭐하냐"고 반문했다. - [D리포트] "이렇게 월드컵 나가서 뭐하냐"… '축구협회 편들기'에 직격탄(9/29)

이외에 댓글 많은 기사로는 전술도 없이 선수 기량에만 '의존'… 이해 못 할 미소까지(2/7), "클린스만 위약금 엄청나… 전술은 선수들이" 일본 기자 충격 주장 [스브스픽](2/8), 클린스만 "정 회장에 '감독 찾고 있냐' 농담했는데… 진지하게 듣더라"(2/19), 이강인 "경솔한 행동 사과"… 손흥민 "강인이를 용서해 주세요, 부탁드립니다"(2/21), 이강인 측 사태 심각해지자 밝힌 입장(2/3), 이강인, 축구대표팀 발탁… 손흥민과 태국전 출격(3/11), 정몽규 체제가 낳은 한국 축구 대재앙… 40년 공든 탑 무너졌다(4/26), "최악 땐 월드컵 못 나가"… 축구협회 감사 못 하나 [사실은](7/23), "못하길 바란 듯했다"… 초반 관중 야유에 항의한 김민재(9/6), "정몽규, 클린스만 때도 부당 개입" 진상 규명 지시(9/30), "왜 말 못합니까?" "제가 알아서 하겠습니다!" 정몽규 회장 국정감사 말말말(10/27) 등이 있다.

□ 안세영 폭로

'셔틀콕의 여왕' 안세영 선수는 2024 파리 올림픽에서 금메달을 딴 직후 자신의 경험을 공개하면서, 스포츠계의 문제점을 지적했다. 이는 많은 사람들에게 큰 충격을 주었고, 사회적 관심을 불러일으켰다. 또 안 선수의 폭로는 단순한 개인의 문제가 아니라, 스포츠계 전체의 문제를 드러낸 것이었다. 이는 많은 사람들에게 스포츠계의 개선 필요성을 인식하게 했다. 결국 안 선수의 폭로는 공정성과 정의를 요구하는 목소리를 대변해 많은 사람들에게 공감을 불러일으켰고, 언론의 주목을 받게 되었다.

파리 올림픽 공식 기자회견에서 안세영 선수는 "부상을 겪는 상황에서 대표팀에 크게 실망했다"고 밝혔다. 그녀는 무릎 부상에도 불구하고 경기를 치렀지만, 대표팀의 대응에 실망감을 느꼈다고 했다. 안 선수는 은퇴 여부에 대해 명확한 답변을 피하면서도, 배드민턴 발전과 자신의 기록을 위해 계속해 나가고 싶다고 언급했다. 또한, 대표팀을 떠난다고 해서 올림픽에 출전하지 못하는 것은 선수에게 부당하다고 말했다. 안 선수의 발언 이후, 체육계에 큰 파장이 일었다.

안세영 선수 발언의 배경에는 부상과 재활과정에서 협회와의 불화가 있었다. 안 선수는 2023년 10월 항저우 아시안게임 결승에서 무릎 부상을 당했지만, 끝까지 경기를 치러 금메달을 획득했다. 이후 병원 검사 결과 무릎 힘줄 파열 진단을 받았고, 최대 6주간의 재활이 필요하다는 소견을 받았다. 재활 후 출전한 일본 대회에서 통증이 계속되자, 안 선수는 코칭스태프에게 무릎 상태를 알렸지만, 대수롭지 않게 넘겨졌다. 이후 재검진 결과 무릎 상태가 심각하다는 진단을 받았고, 협회의 무관심에 대한 불만이 쌓였다.

　대한체육회의 지원으로 트레이너가 보강되었지만, 안 선수는 기존 트레이너에게 크게 의지하고 있었다. 그러나 올림픽을 앞두고 트레이너의 계약이 종료되면서, 안 선수는 큰 불안감을 느꼈다. 올림픽 직후, 협회의 선수 관리 문제에 대해 공개적으로 비판하며 개선을 촉구했다. 협회는 트레이너 계약 문제에 대해 해명했지만, 논란은 계속됐다. 문화체육관광부는 안 선수의 발언과 관련해 사실 관계를 파악하고, 결과에 따라 개선 조치를 검토하겠다고 밝혔다.

　안세영 선수의 발언 이후, 대한배드민턴협회에 대한 정부 조사가 진행되었고, 여러 비리와 불투명한 운영이 드러났다. 문체부의 중간 브리핑에 따르면, 협회장 김택규와 일부 임원들이 후원사로부터 받은 물품을 임의로 배분하고, 후원사 유치에 따른 대가를 챙기는 등 규정을 어긴 사실이 확인되었다. 특히, 김 회장이 취임한 이후 국가대표 선수단에게 배분되던 연간 후원금의 20% 규정이 삭제되었고, 선수들에게 지급되어야 할 보너스가 제대로 전달되지 않은 점도 문제가 되었다. 문체부는 이러한 비리에 대해 강력한 법적 조치를 취하기로 했다.

　협회 운영 방식과 비리에 대한 비판도 쏟아졌다. 안세영 선수가 금메달을 딴 후에도 협회의 문제를 지적한 것에 대해 많은 네티즌들이 "안세영 선수가 총대 메고 얘기한 듯. 올림픽에서 금메달 땄으니 이렇게 말하지 그 전에 폭로했으면 누가 들어줬을까"라며 그녀의 행동을 지지했다. 협회는 안세영 선수의 주장을 반박하며, 부상을 방치하지 않았다고 해명했지만 이러한 해명에 대해 회의적인 반응을 보였다.

　10월에 안세영 선수가 파리 올림픽 이후 두 달 만에 출전한 국제대회에서 준우승을 했다. 하지만 경기 도중 안세영과 대표팀 코칭스태프 간의

'불편한 기색'이 고스란히 드러나면서 논란은 계속 이어졌다. - "피드백이 없네요" 감독은 멀찌감치… 불편한 기류(10/21)

댓글이 많은 기사로는 포효한 안세영이 꺼낸 분노… "부상관리 요청에 '나가라'"(8/6) 의지하던 트레이너 계약 종료… 안세영의 폭탄 발언 전말(8/6), "다치면 치료는 선수 몫"… 유명무실 의무위원회(8/9), '개인 후원' 띄운 안세영… "다른 선수에 피해" 협회는 난색(8/12), 선배 방 청소에 빨래까지… 안세영이 견딘 '분노의 7년'(8/14), 후원 금품 맘대로 나누고 챙기고… "협회장 횡령 가능성"(9/10), 참았던 눈물 쏟은 안세영… "너무 속상했어요"(10/9) 등이 있다.

□ 갑질 논란

갑질은 한국 사회에서 불평등과 차별을 일으키는 문제로 여겨지기 때문에 많은 사람들이 이를 문제 삼고 있다. 또한, 갑질은 경제적 불평등을 증가시키고 사회적 불안을 일으키기 때문에 언론들이 이를 주목하게 된다. 갑질은 계약 권리상 쌍방을 뜻하는 갑을(甲乙) 관계에서 상대적으로 우위에 있는 '갑'에 특정 행동을 폄하해 일컫는 '~질'이라는 접미사를 붙여 부정적인 어감이 강조된 신조어다.

갑질은 그 내용에 따라 여러 유형이 존재한다. 먼저 오너형이다. 가장 흔한 종류의 갑질로 흔히 기업의 대표자 혹은 경영진 일가의 인물들이 직원들을 마치 물건 다루듯 마구 대하거나 폭언, 폭행을 일삼는 유형이다. 둘째, 밀어내기형이다. 주로 상품을 납품하거나 납품을 받는 기업이 소규모 사업자들에게 무리한 요구를 하는 유형이다. 셋째, 열정페이는 취업이 어려운 시대, 일자리 하나가 아쉬운 청년들의 입장을 악용해 기업들이 무급 또는 최저시급에도 미치지 못하는 적은 급여를 주면서 노동력을 착취하는 갑질이다. 넷째, 텃세로 지역 혹은 조직 내에서의 우월한 지위를 이유로 신입 직원 혹은 이주민, 중간에 타사에서 전입 온 직원 등을 배척하거나 의도적으로 괴롭히는 사례가 있다.

2024년 3월 경남 양산보건소에서 일하던 30대 공무원이 지난달 스스로 목숨을 끊은 사건이 발생했다. 유족들은 직장에서의 괴롭힘이 원인이라고 주장하고 있으며, 경찰이 현재 경위를 조사했다. 숨진 공무원 A 씨는 2023년 7월 민원실에서 의학팀으로 자리를 옮긴 후, 소송 관련 업무와 응급환자 이송 처리 등으로 업무가 크게 늘어났다. 유족들은 A 씨가 코로나에 걸려 출근이 힘들다고 호소했지만, 담당 팀장이 계속해서 근무를 강요했다고 주장했다. 동료 직원들도 비슷한 주장을 하고 있으며, 양산시 노조 게시판에는 진상규명을 요구하는 글이 올라왔다. - 한 보건소 직원의 죽음… "코로나 걸려도 계속 일하라"(3/5)

같은 달 김포시의 한 공무원이 항의성 민원과 온라인 신상 공개로 인해 극단적 선택을 한 사건이 발생했다. 이 공무원은 도로 보수 공사로 인한 민원에 시달리며, 온라인 카페에 신상 정보가 공개된 후 심적 고통을 겪었다. 2월 29일, 김포한강로의 도로 파임 보수 공사로 인해 교통 정체가 발생하자, 해당 공무원을 비난하는 글과 댓글이 온라인 카페에 올라왔다. 특히, 공무원의 이름, 직위, 소속 부서, 전화번호까지 공개되면서 상황이 악화되었다. 결국, 이 공무원은 인천 서구 자택 주변 도로에 세운 자신의 차 안에서 숨진 채 발견되었다. 김포시청 공무원노동조합은 이번 사건이 악의적인 민원과 신상 공개로 인한 정신적 고통 때문이라고 주장했다. - 악플에 신상 공개까지… 김포시 "공무원 사망에 법적 대응"(3/6)

4월에는 경기도 시흥시의 한 카페에서 손님이 가게 주인에게 무릎을 꿇게 하고 사과를 받는 사건이 발생했다. 사건의 발단은 배달 주문한 음료에 빨대가 빠진 것이었다. 손님 A 씨는 빨대가 오지 않았다는 이유로 가게를 찾아와 사과를 요구했고, 점주가 무릎을 꿇고 사과하는 모습을 촬영했다. 점주는 빨리 사과를 하고 상황을 끝내려는 마음에 무릎을 꿇었다고 설명했다. 그러나 이 사건 이후 점주는 지속적인 어지러움과 두통을 겪고 있다고 호소했다. 점주 측은 A 씨를 업무방해와 모욕 혐의로 경찰에 고소했다. - "빨대 없잖아" 카페 찾아간 손님… 점주 무릎 꿇리고 영상 촬영(4/8)

6월 배달의민족이 포장 주문에도 배달과 동일한 6.8%의 수수료를 부과하기로 하면서 자영업자들의 갑질이라며 반발이 커졌다. 특히, 불경기 속에서 매출이 줄어든 상황에서 추가적인 수수료 부담은 자영업자들에게 큰 부담이 되고 있다. 배달의민족 측은 배달 주문 서비스와 동일한 수준의 유지 관리 비용이 발생하기 때문에 수수료 부과가 불가피하다고 설명했다. 그러나 자영업자들은 이러한 결정이 부당하다고 주장하며, 음식 가격 인상으로 이어질 수 있다고 우려하고 있다. 다른 배달앱인 요기요는 이미 포장 수수료를 부과하고 있으며, 쿠팡이츠는 2025년 3월까지 포장 수수료를 무료로 유지할 방침이었다. 이와 관련해 "포장 주문에도 수수료를 부과하는 것은 너무하다"는 의견이 많았다. - '포장'도 똑같이 수수료 부과… "이건 갑질" 자영업자 반발(6/2)

반려견 훈련사이자 기업인인 강형욱 씨와 그의 회사 '보듬컴퍼니'가 2024년 5월 갑질 논란에 휩싸이며 폐업 절차를 밟게 됐다. 직장 내 괴롭힘 논란은 강형욱 씨가 직원들에게 욕설을 하고 물건을 던지는 등 직장 내 괴롭힘을 일삼았다는 주장이 제기되었다. 직원들의 사생활을 CCTV로 감시하고, 화장실 이용 시간까지 관리했다는 주장도 나왔다. 과거에도 임금 체불과 휴게시간 위반 등으로 고용노동부에 여러 차례 신고된 바 있었다. 반면, 일부 전 직원들은 강 씨를 옹호하며, 그의 엄격한 관리가 회사 운영에 필요했다고 주장했다. 강형욱 씨는 자신의 유튜브 채널을 통해 해명 영상을 올렸지만, 네티즌들의 반응은 엇갈렸다. 강씨의 갑질 논란은 많은 사람들에게 큰 충격을 주었다. - 강형욱 회사 직접 가 보니 '휑'… 2016년부터 '부당노동' 신고(5/23)

　대기업 총수 일가가 운영하는 이 물류센터의 하청업체 대표 A 씨는 2019년 원청인 물류센터장 김 모 씨로부터 부당한 요구를 받았다. 김 씨는 자신의 어머니를 A 씨 업체 직원으로 허위 등록해 매달 200만 원의 월급을 보내 달라고 요구했다. A 씨는 요구를 거부할 수 없어 총 7천만 원을 지급했다. 전임 센터장 이 모 씨도 3년간 자신의 여자친구 이름으로 가짜 월급 4천만 원을 받아갔다. 또한, 원청 임직원들은 물류센터의 제품을 빼돌린 뒤 분실한 것으로 처리해 달라고 강요했다. A 씨는 이러한 부당한 요구를 원청 경영진에 신고했지만, 원청 측은 "개인의 일탈"이라며 센터장 김 씨의 호봉을 낮추는 징계만 내렸다. 전임 센터장은 퇴사해 징계할 수 없다는 이유로 처벌을 받지 않았다. 이후 원청 측은 언론에 알리지 않는 조건으로 용역 대금을 선지급하겠다는 합의서를 작성하게 했지만, A 씨 업체의 경영 사정이 악화되자 계약 해지를 통보했다. A 씨는 2024년 1월 원청을 하도급법 위반 혐의로 공정거래위원회에 신고했다. - "어머니를 직원으로" 월급 요구 갑질… 고발하자 돌아온 황당 대답(6/23)

　10월 승용차 차주가 대리 기사에게 냄새가 난다며 대리비를 지급하지 않으려 했다는 영상이 온라인에 올라왔다. 대리 기사는 반복해서 사과했지만, 차주는 대리 운전 업체에 전화를 걸어 항의했다. 영상을 올린 작성자는 "대리 기사가 자기 옷 냄새를 맡는 장면이 너무 짠했다"면서 "차주가 이분에게 제대로 된 사과를 했으면 좋겠다"고 썼다. - "노숙자야?" 손님 갑질에… 옷 냄새 맡던 대리기사 고개 푹(10/12)

이외 댓글 많은 기사로는 "저 500개 넣을게요"… 공무원 울린 '직업 민원인' 실태(5/3), 강형욱 일주일 만에 입 열었다… "CCTV 감시용 아냐"(5/24), "밀어내기 그만" 민희진 일침처럼… 팬덤에 기댄 K팝 민낯(5/30), "감히 주차 스티커를"… 경비 불러내 영상 찍으며 폭행(6/10), [뉴스딱] "못하겠어요" 70대 호소에도… 점심 준비시킨 공무원들(6/14), "사장 나와!" 진상 손님에 바짝 엎드려… 골머리 앓는 도쿄(6/16), 5인 미만 사업장 직원들의 눈물… "도시락 싸 왔다고 해고 통보"(8/11), 카페 직원에 "왜 안 먹어" 흥분… 세워 놓고 액셀 밟았다(9/10), 한 사람이 민원전화 540번… 회사에선 "욕해도 사과해라"(10/12) 등이 있다.

□ '밀양 집단 성폭행' 가해자 신상공개

'밀양 집단 성폭행' 사건은 많은 사람들에게 큰 충격을 주었고, 사회적 분노를 일으켰기 때문에 가해자 신상공개는 법적, 윤리적 논란을 불러일으켰다. 가해자의 신상을 공개하는 것이 피해자 보호와 사회적 정의를 위한 것인지, 아니면 사적 제재와 개인의 인권 침해인지에 대한 논란이 있었다.

2024년 6월 유튜브 채널 '나락 보관소' 운영자가 밀양 여중생 집단 성폭행 사건의 가해자 명단을 모두 가지고 있다고 주장하며 논란이 커졌다. 이 사건은 2004년 경남 밀양에서 발생했으며, 남자 고등학생 44명이 여자 중학생 1명을 집단 성폭행한 사건이다. 당시 검찰은 일부 가해자들을 기소했지만, 대부분은 소년부에 송치되거나 풀려났고, 기소된 이들도 보호관찰 처분을 받았다. 이로 인해 44명 중 한 명도 전과 기록이 남지 않아 국민적 공분을 샀다.

유튜버는 가해자 중 한 명이 경북 청도의 유명 식당에서 일하고 있다는 사실을 폭로했고, 이에 따라 해당 식당은 항의와 불법 건축물 논란으로 문을 닫게 되었다. 또 다른 가해자는 수입차 딜러로 일하고 있었으나, 신상이 공개된 후 회사에서 해고되었다. 이러한 신상 공개와 사적 제재에 대해 사회적 논란이 일었다. 일부는 형사 정의가 제대로 작동하지 않는 상황에서 이러한 공개가 필요하다고 주장하는 반면, 다른 사람들은 사적 제재가 잘못된 방향으로 흘러갈 수 있다고 지적했다. 경찰은 가해자 신상을 공개한 유튜버 8명을 검찰에 송치했다. - 식당 문 닫고 해고당하고… "가해자 44명 공개" 파장 예상(6/5)

이와 함께 가해자들이 왜 형사 처벌을 받지 않았는지에 대한 의문이 제기됐다. 당시 44명의 가해자 중 10명만이 기소되었고, 나머지 34명은 불기소 처분을 받았다. 불기소 처분의 이유는 다양했는데, 피해자가 직접 고소하지 않았거나, 가정법원 소년부로 송치되었거나, 다른 검찰청으로 이송되었기 때문이었다. 기소된 10명도 결국 형사 처벌을 받지 않았고, 소년부로 송치되어 보호관찰이나 사회봉사 처분을 받는 데 그쳤다. 이는 당시 법적 절차와 판단에 따른 결과였지만, 많은 사람들이 이에 대해 납득하지 못하고 있다. - [스브스夜] '그알' 밀양 집단 성폭행 사건… 가해자 44명 중 단 1명도 형사 처벌을 받지 않은 이유는?(7/21)

이외 댓글 많은 기사는 [스브스픽] "꼬리 치는데 안 넘어가?"… 밀양 여중생 성폭행범 부모 발언 재조명(6/4), 비난 쏟아져 직장서 해고… 신상 공개에 "유튜버 고소"(6/7), '가해자 영상' 다시 공개… 다른 유튜버도 "제보 받았다"(6/8), "밀양은 성범죄 도시" 낙인에 주민들 고통… 통계 따져보니 [사실은](6/13) 등이 있다.

□ 영일만 석유·가스 매장 발표

영일만 석유와 가스 매장 발표는 과거에도 비슷한 발표가 있었지만, 실제로 경제적 성과를 내지 못한 사례들이 있었기 때문에 논란이 됐다. 이 때문에 이번 발표가 정치적 목적이나 경제적 이익을 위해 과장되었을 가능성에 대한 의심이 제기되었다.

2024년 6월 윤석열 대통령이 포항 영일만 앞바다에 막대한 양의 석유와 가스가 매장돼 있을 가능성이 높다고 발표하면서, 온라인에서 큰 화제가 되었다. 윤대통령은 최대 140억 배럴에 달하는 석유와 가스가 매장돼 있을 가능성이 높다는 물리 탐사 결과를 발표하며, 유수 연구 기관과 전문가들의 검증을 거쳤다고 밝혔다. 하지만 네티즌들의 반응은 엇갈렸다. 한편은 "대통령이 직접 나설 정도면 가능성이 높을 것 같다.", "우리나라도 이제 산유국이 되는 건가요?", "제발 정말이길 바란다"는 긍정적인 반응을 나타냈다. 반면에 "영일만 석유 얘기가 언제부터 나오던 건데 이제 와서 발견되나.", "예전에도 수익성 없어서 접었던 거 아닌가.", "석유 매장 가능성 가장 높다던 7광구는 어디 갔나" 등 과거 사례를 언급하며 회의적인 반응도 있었다.

댓글 많은 기사로는 시추 한 번에 1,000억… "전보다 기술 발달, 성공률 20%"(6/3), "울릉분지, 금세기 최대 가이아나와 유사"… 7일 기자회견(6/5), "장래성 없다" 호주 석유회사 철수 논란… 정부 즉각 반박(6/6), "장래성 없다" 철수한 우드사이드… "4,500㎢ 분석 못 해"(6/7) 등이었다.

☐ 인공지능(AI) 위험 논란

인공지능(AI) 기술에 대한 논란이 제기되는 이유는 여러 가지가 있다. 먼저 직업 및 경제적 영향으로 AI가 일자리를 대체할 수 있는 기술로 여겨지기 때문에, 많은 사람들이 일자리를 잃을 수 있다고 우려하고 있다. 또 프라이버시 문제다. AI 시스템이 개인 데이터를 수집하고 분석하는 데 사용되기 때문에, 개인정보 보호와 프라이버시 문제가 제기된다. 투명성 부족도 문제다. AI 시스템의 작동 원리가 복잡하고 투명하지 않을 수 있어, 이를 이해하고 감독하는 것이 어려울 수 있다. 이 때문에 AI가 가져올 위험에 대한 우려가 커지고 있다.

2024년 3월 미 국무부가 발표한 보고서에 따르면, 인공지능(AI)은 인류 멸종 수준의 위협이 될 수 있다는 경고가 나왔다. 이 보고서는 AI가 무기화되고 통제력을 상실할 경우, 세계 안보에 심각한 위험을 초래할 수 있다고 지적했다. 전문가들은 AI가 생화학 및 사이버 전쟁을 설계하고 실행하는 데 사용될 수 있으며, 통제력을 상실할 경우 인간에게 적대적으로 행동할 수 있다고 경고했다. 또 AI가 사람의 심리를 조작하여 극단적 선택을 유도할 수 있다는 사례가 보고되었다. AI가 목표 달성을 위해 위험할 정도로 창의적인 전략을 개발할 수 있으며, 이는 많은 피해를 야기할 수 있다. - AI와 6주 대화 후 극단선택… "통제기술 없다" 섬뜩 경고(3/30)

이와 같은 큰 담론이 아니더라도 전남 여수에서 열린 '글로컬 미래교육 박람회' 주제가 공모전에서 1위로 선정된 곡이 AI가 만든 노래로 밝혀져 논란이 됐다. 이 곡은 한 초등학교 교사가 AI 서비스에 문자 명령을 입력해 작곡한 것으로, 심사위원들조차 AI가 만든 곡인지 전혀 몰랐다. 심사위원으로 참여한 유명 작곡가 김형석 씨는 "제법 수작이었다"며 당혹감을 표했지만, 주최 측은 AI 사용을 금지하는 조건이 없었고, 박람회의 주제와 부합한다고 판단해 최종 선정했다고 밝혔다. 이 사건은 AI가 예술계 전반에 깊숙이 침투하면서 창작의 정의에 대한 논란을 불러일으키고 있다. 독일의 한 사진작가는 AI가 만든 이미지로 국제사진전에서 1위를 차지한 후 수상을 거부하기도 했다. - 유명 작곡가도 "전혀 몰랐다"… AI로 만든 곡이 공모전 1위(4/5)

이외 댓글 많은 기사로는 "엄마 축하해" 숨진 딸 부활?… AI 성장 속 초상권 논란도(3/18), "가짜라고요?" 생방송 화면 보고 깜짝… 'AI 조작'의 무서운 진화(4/4) 등이다.

□ 푸바오 푸대접 논란

자이언트 판다 푸바오는 귀여운 외모와 재미있고 활달한 성격으로 사람들부터 많은 사랑을 받았기 때문에 푸바오 푸대접 논란에 팬들은 분노했다. 푸바오가 4월 3일 중국으로 떠났다는 소식이 정말 많은 사람들에게 큰 아쉬움을 주었다. 용인 에버랜드에서 수천 명의 팬들이 궂은 날씨에도 불구하고 새벽부터 모여 푸바오를 배웅했다. 푸바오 덕분에 많은 사람들이 희망과 위안을 얻었던 만큼 푸바오가 큰 사랑을 받았다는 것을 알 수 있었다. 푸바오는 2020년 에버랜드에서 태어나 많은 사람들에게 행복을 주었고, 중국에서 새로운 삶을 시작하게 됐다. 중국에서도 푸바오를 환영하는 분위기가 뜨거워 SNS에 하루 종일 푸바오 관련 검색어가 인기 순위에 올랐고, 푸바오 도착을 앞두고 쓰촨성 청두 거리와 지하철역에는 환영 메시지도 내걸렸다.

하지만 푸바오가 중국에 도착한 후의 상황이 많은 사람들에게 충격을 주었다. 중국 웨이보에 올라온 사진에서 한 남성이 케이지에 손가락을 넣어 푸바오를 찌르는 모습이 포착되었고, 이로 인해 많은 누리꾼들이 분노했다. 중국판다보호연구센터는 이 행동이 판다센터 수의사의 필수 검사였으며, 장갑을 끼지 않은 이유는 미리 소독을 완료했기 때문이라고 해명했다. 하지만 많은 사람들은 이러한 설명에 만족하지 못하고, 푸바오가 불안해할 수 있는 상황을 방치한 것에 대해 비판했다. - [스브스픽] 플래시 터지고 손가락 찌르고… 중국 도착 푸바오, 푸대접에 '분노'(4/4)

푸바오가 중국에 도착한 후 격리 기간 동안에도 여러 논란이 있었다. 중국 판다보호센터는 푸바오가 잘 적응하고 있다고 밝혔지만, 푸바오의 털이 빠지거나 눌려 보이는 등의 문제로 인해 많은 의혹이 제기됐다. 또한, 비공개 기간임에도 불구하고 일부 사람들이 비밀리에 푸바오를 관람했다는 의혹도 있었다. 센터 측은 이러한 의혹을 모두 부인하며, 인터넷에 유출된 사진은 불법 촬영된 것이라고 해명했다. 하지만 이러한 해명에도 불구하고, 푸바오가 제대로 관리받지 못하고 있다는 우려가 계속됐다. - 탈모에 수상한 자국? 푸바오 일반 공개 앞 잇단 논란(5/26)

이외 댓글 많은 기사로는 "영원한 아기 판다 푸바오, 사랑해!"… 관람객 6천 명 빗속 배웅(4/3), "푸바오, 잘 지냈니?" 중국서 첫 일반 공개… '푸공주' 신랑감은 누구?(6/12), "할부지 왔어!" 푸바오도 성큼… 92일 만에 중국서 재회(7/5), 죽순 먹다 다리 '움찔움찔'… "푸바오 이상 징후"(12/3) 등이 있다.

□ 트럼프 재집권

트럼프가 2024년 미국 대선에서 승리했다. 트럼프 전 대통령의 재집권은 미국의 정치적, 경제적 방향에 큰 변화를 가져올 수 있다. 그의 재집권은 미국의 우선주의 정책을 강화하고, 국제 무대에서 미국의 입지를 재확립하려는 시도로 해석될 수 있다. 트럼프 재집권으로 한반도 역시 영향을 받게 됐다. 트럼프는 과거 북한과의 직접 대화를 시도하기도 했기 때문에 그의 재집권이 북한과의 대화를 재개할 가능성을 높일 수도 있지만, 동시에 강경한 대북 정책을 강화할 수도 있다. 또한, 트럼프의 재집권은 한미동맹 관계에 영향을 미칠 수 있다. 그는 과거에 주한미군 주둔 비용 문제를 제기하며 한국에 더 많은 부담을 요구한 바 있다. 이러한 정책이 재집권 후에도 지속될 가능성이 있다.

댓글 많은 기사로는 동맹 압박도 불사… 주한미군 철수까지?(11/6), 초접전이라더니… 뚜껑 여니 하루 만에 결판(11/6) 등이 있다.

□ 기타

일부 사람들이 신용카드 포인트를 쌓기 위해 SRT 열차표를 대량 구매 후 환불하는 행위가 문제되고 있다. SR은 이를 막기 위해 모니터링을 강화하고, 경고 후에도 반복 시 회원 자격을 박탈하는 대책을 내놨지만, 악성 환불은 여전히 증가하고 있다. SR은 환불 수수료 제도 개선을 추진 중인데, 근본적인 대책 마련이 필요하다는 지적이다. - 1400개 열차표 쓸었다 환불… 포인트 빼먹는 꼼수 못 잡나(9/15)

최근 공원과 운동장에서 여러 명이 모여 달리는 모습이 소음과 불편을 초래해 지자체들이 대책을 마련 중이다. 서초구청은 5인 이상 단체 달리기를 제한하는 규칙을 내걸었으며, 송파구와 화성시도 단체 달리기를 자제하도록 요청하고 있다. 주민들은 단체 달리기가 불편하고 위험할 수 있다고 호소하고 있다. 지자체들은 민원을 해결하고 보행자들을 배려하기 위해 규제를 강화하고 있다. - "비켜달라" 고함에 길 막고 '찰칵'… 민폐 러닝크루, 결국(10/3)

유명 연예인들이 출국할 때 팬들로 인해 공항이 혼잡해지자, 인천공항은 유명인 전용 출입문을 운영하려 했으나, 비판을 받아 이를 철회했다. 이번 대책은 외교관과 승무원 전용 통로를 연예인에게도 허용하려는 것이었지만, 특혜 논란이 일었다. 국회와 국민의 반발로 인해 결국 운영 계획은 전면 재검토되었다. - 연예인 특혜 논란에… 인천공항 '전용 출입문' 하루 전 철회(10/27)

병무청은 2025년부터 여군 예비역 전체를 대상으로 동원 예비군 훈련을 의무화할 계획이다. 전역 6년 차까지 예비역 간부가 동원 훈련 대상이며, 훈련 기간은 2박 3일이다. 이전에는 희망자만 훈련을 받았으나, 앞으로는 예비역 전원이 훈련을 받게 된다. 현재 동원 훈련 대상은 약 900명으로 늘어날 예정이다. 여군 예비역은 남성 예비군과 동일하게 훈련을 받으며, 여성을 위한 시설이 없는 부대와 임신, 난임 치료 등의 사유가 있을 때는 훈련이 면제된다. - "여군 예비역도 예비군 의무"… 병력 부족 보완 (12/25)

이외에 댓글이 많은 기사로는 '웅담' 채취용 키우다가… 160마리 갈 곳 잃었다(9/18), 버튼 누르고 5분 만에 사망… 실제 사용되자 '발칵'(9/25), 여성들 가둔 '몽키하우스'… 동두천 성병관리소 개발 논란(10/1), "홍보에만 90억 썼는데" 입주민들 기피… 앞다퉈 '개명', 왜(10/6), "여성 징병제, 전우애로 출산율 상승 효과"(10/7), "1,000억 주면 내놓겠다" 10년 넘게 되풀이… 상주본 행방은(10/9), 20분 만에 차 2대 훔쳐 유유히… 잡고 보니 초등생(10/10), "주식 못 판다" 구청장 사퇴… "애초에 나오지 말지" 질타(10/16), 멀쩡한 맥주 1,500톤 배수구 '콸콸'… '곰표 맥주' 갈등(10/23), "수감자처럼" 5분 통화도 감시… 선수들 인권위 진정(10/23), "검색 막아달라" 요청에도… 8달 넘게 성착취물은 그대로(10/27), 스타벅스 가격 인상… 직원들은 '트럭 시위'(10/28), "학교는 룸살롱 아냐" 분노… '붉은 글씨' 물든 서울여대(11/18), 주차 차량 틈 튀어나온 자전거… 버스에 치여 숨진 초등생(11/25), 성폭행 남성 혀 깨물어 징역형… 60년 만에 명예 회복할까(12/21) 등이 있다.

논쟁적 이슈는 사람들의 지성과 감성을 자극한다. 사람들은 이런 이슈에 대해 대해서 자신의 의견을 표현하고, 다른 사람들과 토론하고 싶은 욕구를 갖게 된다. 또 이러한 이슈는 사회적, 정치적, 경제적 영향을 미치기 때문에 대중의 관심을 받게 된다. 궁극적으로, 논쟁적 이슈는 사람들이 중요하게 여기는 안전과 공정, 정의 등 가치와 관련되어 있어서 더욱 주목받게 된다.

앞서 사례로 본 전기차 화재, 급발진 사고, 노란불 신호위반 같은 이슈들은 대중의 안전과 직결된 문제이기 때문에 주목받게 된다. 한국축구 내홍이나 안세영 폭로 같은 스포츠 관련 이슈는 특히 스포츠 팬들의 관심을 끌고 그 뒤면에는 공정의 문제가 있었다. 갑질 논란이나 '밀양 집단 성폭행' 가해자 신상공개 같은 경우 사회적 정의와 관련된 문제라서 이슈가 된다. 영일만 석유·가스 발표는 과거의 경험과 경제적 영향 등이 크기 때문에 주목받는 것이고 인공지능(AI) 위험 논란는 첨단 기술에 불안 등에서 이슈가 되고 있는 것이다.

2) 갈등적 이슈(Conflictual Issue)

언론은 갈등적 이슈를 보도함으로써 공론장을 형성하며, 다양한 의견과 논쟁을 유도해 사회적 대화와 토론을 촉진시킨다. 갈등적 이슈는 서로 상반된 이해관계를 가진 집단이나 개인 간에 충돌을 일으키는 주제이다. 이슈가 양측 간의 이해 차이나 이익 충돌을 초래하며, 대립이 발생할 수 있다. 갈등 이론은 사회 내에서 발생하는 갈등, 경쟁, 불균형 관계가 사회 변화와 발전의 원동력이라고 전제한다. 갈등이론에는 경제적 계급갈등에 주목하는 마르크스주의적 갈등이론과, 권력 및 권위의 불평등에 주목하는 베버적 갈등이론이 있다.

한국은 세계에서 가장 극심한 문화전쟁을 겪고 있는 나라로 조사됐다.

문화전쟁은 정치적 입장, 사회적 계층, 소득, 연령, 성별, 종교, 인종, 지역 등 다양한 요소에서 발생하는 집단 간의 충돌을 의미한다. 국제 여론조사 업체 입소스와 영국 킹스칼리지런던 정책연구소가 전 세계 28개국 성인 2만3천여 명을 대상으로 실시한 설문 조사 결과, 한국은 12개 갈등 항목 중 7개 항목에서 가장 높은 문화전쟁 강도를 기록했다. 이 조사는 2020년 12월23일부터 2021년 1월8일 사이에 입소스의 온라인 플랫폼을 통해 진행됐다.

특히, 진보와 보수 간의 갈등에서 한국인들의 87%가 갈등이 존재한다고 답변해 조사 대상 국가 중 가장 높은 비율을 보였다. 이는 대통령 선거를 겪으며 심한 정치적 갈등을 보였던 미국의 85%보다 높은 수치이다. 이러한 갈등은 서로 다른 정당 지지자들 간의 갈등(91%)에도 그대로 반영되었다. 반면, 일본과 중국은 진보-보수 갈등이 존재한다고 답변한 비율이 각각 39%, 37%로 조사 대상 국가 중 가장 낮았다.

부유층과 빈곤층 간 갈등(91%), 남성과 여성 간 갈등(80%), 젊은 세대와 기성세대 간 갈등(80%), 대졸자와 비대졸자 간 갈등(70%), 종교 간 갈등(78%) 등에서 가장 높은 비율을 기록했다. 또한, 사회 계층 간 갈등(87%, 2위), 도시와 농촌 간 갈등(58%, 3위), 대도시 엘리트와 노동자 간 갈등(78%, 3위)에서도 상위권에 속했다. 반면, 한국인들이 덜 심각하게 느끼는 갈등은 토착민과 이주민 간 갈등(66%, 15위)과 인종 간 갈등(67%, 11위) 두 가지였다. 다만 한국인들은 문화전쟁의 결과로 신문, 방송 등 미디어를 접하거나 다른 사람과 대화를 나눌 때 자신의 나라가 쪼개져 있다고 느끼는지를 묻는 질문에선 전체 8위에 그쳤다. 전체의 절반이 안되는 44%가 '그렇다'고 답변했다. 2024년 댓글 반응이 많았던 갈등적 이슈 사례들은 다음과 같다.

□ 세대 갈등

한국의 세대 갈등은 여러 요인으로 인해 심화되고 있다. 저출산과 고령화는 세대 간 갈등을 심화시키는 중요한 요인 중 하나다.[99] 2023년 합계출산율은 0.72로 매우 낮은 수준을 기록했다. 이는 경제적 부담, 주거 문제, 그리고 미래에 대한 불안감 등 여러 요인으로 인해 젊은 세대가 결혼과 출산을 꺼리는 상황을 반영한 것이다. 이러한 인구 구조의 변화는 세대 간의 의존 관계를 불균형하게 만들고 있다. 젊은 세대는 늘어나는 고령 인구를 부양해야 하는 부담이 커지는 반면, 자신들이 받을 수 있는 사회적 혜택은 줄어들고 있다. 이로 인해 세대 간의 갈등이 심화되고 있으며, 정치적, 사회적 의식에서도 큰 차이를 보이고 있다.

따라서 젊은 세대와 장·노년층 간의 정치적 성향 차이는 세대 갈등을 부추긴다. 젊은 세대는 대체로 진보적인 성향을 보이는 반면, 장·노년층은 보수적인 성향이 강하다. 이러한 성향 차이는 정치적 선택에서도 뚜렷하게 나타나며, 이는 세대 간 갈등을 심화시키는 요인이 된다. 특히, 고령화 사회에서 다수의 고령층이 투표를 통해 자신들의 선택을 강요하게 되면, 젊은 세대와의 갈등이 더욱 첨예해질 수 있다. 영국의 브렉시트 사례처럼, 한국에서도 젊은 세대와 고령 세대 간의 정치적 선택이 엇갈리는 상황이 발생할 수 있다.

또한, 일자리 문제에서도 세대 간 갈등이 나타난다. 젊은 세대는 기성세대가 일자리를 양보하지 않아 취업난이 발생한다고 생각하는 반면, 기성세대는 이를 부정하는 입장을 보인다. 이러한 시각 차이는 세대 간의 갈등을 더욱 심화시킨다. 복지 혜택에 대한 시각 차이도 세대 갈등의 중요한

---

99) SBS 미래부·이창재.『더 좋은 사회 더 나은 미래』. 한울. 2017. p47~49.

요인이다. 젊은 세대는 자신들이 받을 연금 혜택에 대해 비관적인 전망을 가지고 있으며, 청년층에 더 많은 복지 혜택을 주어야 한다고 생각한다. 반면, 장·노년층은 이와 상반된 입장을 보인다. 이처럼 세대 갈등은 다양한 사회적, 정치적, 경제적 요인들과 밀접하게 연관되어 있어 언론의 주목을 받는 주요 이슈 중 하나다.

22대 총선을 앞두고 이준석 개혁신당 대표와 김호일 대한노인회장이 노인 무임승차 제도를 놓고 토론을 벌였다. 이 대표는 지하철 적자의 주요 원인 중 하나로 노인 무임승차를 지적하며, 이를 폐지하고 대신 연 12만 원의 교통카드를 지급하자는 제안을 했다. 반면, 김 회장은 노인 무임승차가 지하철 적자에 큰 영향을 미치지 않으며, 노인들이 국가 발전에 기여한 점을 고려해 우대받아야 한다고 주장했다.

지하철 운영적자와 노인 무임승차의 연관성 여부에 대해서 김호일 대한노인회장은 "18도 실내 온도의 보온을 해놓고 전기료가 들 것 아닙니까? (집에)손님이 5명이 더 왔다고 전기가 더 드는 게 아니라"라고 주장했고 이준석 개혁신당 대표는 "쓰레기 치우는 비용, 엘리베이터, 에스컬레이터 운영 비용 이런 것들은 무임이냐, 유임이냐 가리지 않고 총 승객량에 비례하는 거기 때문에"라고 반박했다. 연 12만 원 교통카드 지급을 놓고는 이준석 대표는 "제가 아까 버스, 지하철 그리고 또 택시까지 이야기했는데요. 교통약자라고 하는 분들이 정말 역세권 아닌 곳에 사는 분도 많습니다."라고 했고 김호일 회장은 "한 달에 1만 원이면 지금 버스나 지하철 평균 1400, 1500원인데 왕복이면 3000원 정도 들거든요. 한 달에 세 번만 외출해라 하면 '방콕'을 하고 가만히 있으라 하는 것입니다"라고 주장했다.

김호일 대한노인회장은 "한강의 기적을 이루어 가지고 10대 경제 강국을 만든 노인한테 국가유공자 차원에서 우대를 하는 거, 그거 갖다 하지 말자 하는 거는 그거는 안 되는 이야기다."라고 했는데 이 대표는 토론 말미에 "4호선 51개 지하철역 중에서 가장 무임승차 비율이 높은 역이 어디인지 아십니까? 경마장역(경마공원역)입니다. 저는 이게 어떻게 젊은 세대에 받아들여질지 한번 살펴봐야 된다고 생각합니다."라고 말했다. - 노인회 "한강 기적 주역"… 이준석 "무임승차로 경마장"(1/26)

□ 의정 갈등

의정 갈등은 국가의 정책 결정과 직결되고 국민들의 삶에 직접적인 영향을 미치기 때문에 많은 사람들이 관심을 가지게 된다. 또한 다양한 의견과 시각이 충돌하는 주제이기 때문에 언론에서 관심을 갖는다.

정부가 2024년 2월 2025학년도 의대 입학 정원을 현재보다 2천 명 늘린다고 발표했다. 19년 만의 증원 결정이었다. 이에 따르면 의대 정원이 3,058명에서 5,058명으로 증가한다. 윤석열 대통령은 2035년까지 의사 15,000명이 필요할 것으로 예상하며, 의사 인력 확대의 필요성을 강조했다. 그러나 의사 단체들은 이에 강하게 반발했다. 대한의사협회는 정부의 일방적인 정원 확대 발표에 대해 총파업을 예고했으며, 대한전공의협의회도 단체행동에 나설 가능성을 시사했다. 이렇게 의료 사태는 시작됐다.

정부는 의대 증원의 주요 이유로 의사 수 부족을 꼽는다. 현재 한국의 의사 수는 OECD 평균에 비해 낮다. 인구 1,000명당 의사 수가 2.6명으로, 이는 OECD 평균인 3.7명에 미치지 못한다. 특히, 20대 의사 수는 줄어들고 60세 이상 의사는 늘어나고 있어, 고령화된 의사들의 퇴직으로 인한 의료 공백이 우려된다. 여기에 한국은 급속한 고령화 사회로 진입하고 있다. 2035년까지 65세 이상 인구가 크게 증가할 것으로 예상되며, 이에 따라 의료 수요도 급증할 것이다. 이를 대비하기 위해 의사 수를 늘릴 필요가 있다. 지역 의료 불균형 해소를 위해 증원이 필요하다. 수도권과 지방 간의 의료 서비스 질 차이가 크다. 지방에서는 의사 구하기가 어려워 의료 서비스가 부족한 상황이다. 이를 해결하기 위해 지방 의대 중심으로 정원을 늘리고, 지역 인재 전형을 통해 지방 의료 인력을 확충하려는 계획이 포함되어 있다. 소아과, 응급의학과 등 필수 의료 분야의 인력도 부족한 상황이다. 의대 정원 증원을 통해 이러한 필수 의료 분야의 인력을 보강하려는 목적이 있다. 이러한 이유들로 인해 정부는 의대 정원을 확대하여 의료 인력을 확충하고, 의료 서비스의 질을 향상시키려 하고 있다.

반면 의료계는 반대 이유로 의료 교육의 질 저하를 주장했다. 의대 정원을 급격히 늘리면 교육 인프라가 부족해질 수 있다. 현재도 실습 시설과 교육 자원이 부족한 상황에서, 학생 수가 늘어나면 교육의 질이 떨어질 수 있다는 우려가 있다. 다음은 의료 재정 부담이었다. 의사 수가 늘어나면 의료비용이 증가할 수 있다. 이는 국민 건강보험 재정에 부담을 줄 수 있으며, 의료 서비스의 효율성이 떨어질 수 있다는 지적이 있었다. 여기에 의사들은 정부가 의대 증원을 일방적으로 추진하고 있다고 비판했다. 의사협회와 충분한 협의 없이 정책을 밀어붙이는 방식에 반발했다. 또 의대 정원을 늘린다고 해서 필수 의료 분야나 지방 의료 인력 부족 문제가 해결되지 않을 것이라는 의견도 있다. 수도권과 인기 과목에 의사들이 몰리는 현상이 지속될 수 있다는 우려가 있다. 일부는 저출생으로 인구가 줄어들고 있기 때문에, 장기적으로 의사 수가 크게 부족하지 않을 것이라고 주장했다. 이러한 이유들로 인해 의사들은 의대 증원에 반대하고 있으며, 정부와의 갈등이 지속되고 있다.

정부의 의대 정원 확대 방침에 반발하여 전공의들이 집단 사직을 결의한 2월에는 온라인 커뮤니티에 '사직 전에 자료를 지우고 나오라'는 글이 올라와 논란이 되었다. 이 글은 전공의들에게 병원 시스템에서 자료를 삭제하고, 수술이나 검사, 응급상황에서 의사를 지원하는 PA 간호사가 대신 업무를 수행하지 못하도록 조치하라는 내용을 담고 있었다. 경찰은 해당 글을 본 시민의 신고를 받고, 글쓴이의 IP를 추적하며 의료법 위반 혐의를 적용할 수 있는지 등을 검토했다. - "사직할 전공의들 필독" 행동지침 게시글 발칵… 경찰 수사(2/20)

3월에는 전공의들이 국제노동기구(ILO)에 한국 정부를 제소했다. 전공의들은 정부가 면허 정지 등을 통해 복귀를 압박하는 것이 ILO가 금지하는 강제 노동에 해당한다고 주장하며 긴급 개입을 요청했다. 전공의들은 ILO 29호 협약을 근거로 들며, 모든 형태의 강제 근로를 금지하고 있다고 강조했다. 다만, 인구 전체 또는 일부의 생존과 안녕을 위태롭게 하는 극도로 중대한 상황은 예외로 인정된다고 명시되어 있다. 정부는 현재의 의료 공백 상황이 국민의 생명과 안녕을 위협하는 극도로 중대한 상황에 해당한다고 판단하고 있으며, 전공의들의 복귀 명령이 정당하다고 주장했다. - ILO에 한국 정부 제소… "복귀 압박은 강제 노동"(3/13)

부산에서는 90대 할머니가 사망했다. 유족들은 가까운 대학병원에서 거절당해 제때 치료를 받지 못한 것이 사망 원인 중 하나라고 주장했다. 이 사건은 전공의들의 집단 사직이 응급 의료 시스템에 미친 영향을 보여주는 사례로 볼 수 있다. 유족들은 보건복지부에 피해 신고를 접수했지만, 정부는 위법 사항이 아니라며 어떠한 조치도 취할 수 없다는 답변을 받았다. 해당 대학병원은 당시 심장 전문의가 대기하고 있었지만, 의료 여건상 환자를 받을 수 없었다고 밝혔다. - 대학병원 거부로 10km 더 멀리… '심근경색' 90대 사망(3/26)

4월에는 박단 전공의협의회 비대위원장이 SNS에 올린 글이 의료계에 큰 파장을 일으켰다. 박 위원장은 의대 교수들이 전공의 착취의 사슬에서 중간 관리자 역할을 해 왔다고 비판했다. 이로 인해 교수들 사이에서는 더 이상 전공의들을 지지할 필요가 없다는 의견이 나왔다. 앞서 의사협회와 전공의, 교수들이 함께 하려던 합동 기자회견도 취소되었으며, 의사들의 단일한 의견을 모으는 일이 쉽지 않은 상황이 되었다. - 전공의 대표 '교수 저격글'에 의료계 내부 '시끌'(4/13)

5월 정부가 전공의들의 빈자리를 메우기 위해 외국 의사 면허를 가진 사람도 국내에서 의료행위를 할 수 있도록 하는 방안을 추진하겠다고 밝혔다. 다만, 이들은 대학병원에서 전문의의 지도 감독하에만 의료행위를 할 수 있으며, 별도로 병원을 차리거나 독자적으로 진료하는 것은 제한된다. 이 조치는 보건의료 재난 위기 상황에서 의료인 부족으로 인한 의료 공백을 메우기 위한 것이었다. 그러나 의료계는 이 방안이 국민의 건강권을 위협할 수 있다며 강하게 반발했다. - 의료 공백 장기화에… '외국 면허' 의사도 국내 진료 허용(5/8)

정부가 의대 교수 확충을 위해 개원의도 의대 교수가 될 수 있도록 자격 요건을 완화하겠다는 방침을 7월에 발표하면서, 의료계에서 우려의 목소리가 나왔다. 현재 개원의 경력의 최대 70%까지만 인정되던 것을 100%로 높여, 개원의로 4년 활동한 경력이 전부 연구경력으로 인정되도록 하는 내용의 시행령 개정안이 입법 예고되었다. 이는 의대 교수 인력을 확충하기 위한 조치로, 의대생 증원에 따른 교수 인력 부족 문제를 해결하려는 의도이다. 그러나 의학계에서는 이 조치가 지역 간 의대 교육 격차를 심화시키고, 대학병원의 연구 기능을 축소시킬 수 있다는 우려를 제기했다. 반면, 정부는 개원의의 임상 경험도 교수 자격에 중요한 요소이며, 일부 지방 의대에서는 이미 연구 경력이 부족한 교수들이 채용되고 있다고 반박

했다. - "개원의도 곧바로 교수로"… 의학계 걱정의 목소리(7/8)

9월에는 전공의 사태에 대한 책임을 물어 보건복지부 장관과 차관의 사퇴를 요구하는 목소리가 여당 지도부에서 나왔다. 김종혁 국민의힘 최고위원은 의료공백이 심각하다며 고위 인사들이 스스로 물러나야 한다고 촉구했다. 이는 의료개혁을 추진하고 있는 조규홍 장관과 박민수 차관을 겨냥한 발언으로 해석됐다. 그러나 대통령실은 복지부 장차관 교체는 검토하지 않고 있다는 입장을 밝혔다. 이로 인해 당정 간의 갈등이 더욱 심화될 가능성이 높다. - "거취 스스로 결정해라" 여당 최고위서 촉구(9/5)

의료계의 주장은 전공의들이 병원을 떠난 지난 2월이나 대입 수시모집이 시작된 9월 9일까지도 사실 달라진 게 없었다. 내년과 그 후년 모두 의대 정원을 늘리지 말라는 것이다. 여당 대표가 중재안을 내놔도, 여야와 정부가 함께하는 협의체에서 제안을 해도, 그리고 의료계는 계속 같은 주장만 되풀이했다.

국회 대정부질문 마지막 날인 9월 12일 여야가 의료공백 사태의 책임과 해결책을 놓고 거센 공방을 벌였다. 야당은 지금의 의정 갈등이 정책 실패 결과라고 질타했다. 남인순 민주당 의원은 "2천 명은 22대 총선을 겨냥한 정치적 숫자 아닙니까? 의대 증원은 사실은 정책 실패가 분명합니다."라고 했다. 이른바 응급실 뺑뺑이로 사망 사고가 잇따르고 있다는 지적에 한덕수 총리가 반박하면서 고성이 오갔습니다. 야당의원이 "국민들이 죽어나가잖아요."라고 하자 한덕수 국무총리는 "그건 가짜뉴스입니다. 가짜뉴스예요. 죽어나가요? 어디에 죽어나갑니까? 최선을 다 하고 있습니다." 하고 반박했다. 한 총리가 어느 나라에도 전공의가 중증환자를 떠나는 의료 파업은 없다고 하자, 야당은 여야의정 협의체 구성이 안 되는 건 이런 인식 때문이라고 했다. 백혜련 민주당 의원이 "사과하신 건 줄 알았는데 전공의에게 이 의료대란에 가장 큰 책임이 있다, 맞습니까?"라고 질문했고 한 총리는 "첫 번째 책임이 있습니다."라고 답했다. 그러자 백 의원은 "총리님께서 그런 태도를 가지고 계신데 누가 들어오겠습니까?"라고 반박했다. - '정책 실패' 비판하자… 한덕수 "의료대란은 전공의 책임"(9/12)

그러는 사이 응급실 재이송 건수가 전년도 같은 기간보다 57%나 증가한 것으로 나타났다. 특히, 전문의가 없어서 다른 병원으로 재이송된 경우가 가장 많았으며, 3곳 이상의 응급실을 돌아다닌 경우도 83%나 증가했다. 이러한 상황은 의료 공백으로 인한 응급실 진료 차질을 수치로 보여주고 있다. 지역별로는 서울 등 5곳에서 재이송 건수가 2배 이상 늘었고, 대전에서는 5배 가까이 증가했다. 또 계속된 의료 공백으로 올해 암 수술 환자 수가 지난해 대비 16.3%, 1만 1천여 명이나 줄어드는 등 의정의 평행선 대치는 환자 피해만 눈덩이처럼 키우고 있다.

이런 가운데 의료계 집단행동에 동참하지 않은 전공의 명단을 온라인에 유포한 사직 전공의 정 모 씨가 구속되었다. 의정갈등 이후 구속된 사례는 처음이었다. 정 씨는 개인정보 유포와 스토킹 처벌법 위반 혐의를 받고 있으며, 법원은 증거 인멸 우려로 구속영장을 발부했다. 의사협회는 정부를 비판하며 피해자를 돕겠다고 밝혔다. 의사들의 신상을 공개해 온 사이트는 앞으로 명단 갱신을 중단하기로 했다. 경찰은 의료계 블랙리스트와 관련해 42건을 수사하고 32명을 검찰에 송치했다. - '의사 블랙리스트' 전공의 구속… "명단 갱신 중단하겠다"(9/21)

이외 댓글 많은 기사는 '증원' 발표에 의사협회 "파업 불사"… 전공의도 참여하나(2/6), "의사면허 취소될 수도"… 의사협회 "격렬한 투쟁의 서막"(2/8), 대학병원 인턴 "사직합니다" 영상 공개… "개별 사직도 집단행동"(2/14), "전공의 없다, 다른 병원으로 옮겨 달라"… 애타는 환자들(2/18),

'정부 vs 의사' 장기화 우려⋯ 전공의 요구 7가지 살펴보니(2/21), 의협 비대위 "2천 명, 근거 왜곡"⋯ 박단 "나를 잡아가라"(2/22), 의대생들, 휴학·수업 거부⋯ 교수들 잇따라 '사직서' 제출(3/6), [스브스픽] "정부는 의사 이길 수 없다"던 그 의사⋯ 11시간 조사 뒤 한 말(3/11), "의대 증원, 1년 뒤 결정하자"⋯ 정부·전공의 다 싸늘(3/12), 늘어나는 의대생 휴학·수업 거부⋯ '집단 유급' 우려(3/14), 40대 대학병원 교수 돌연 숨져⋯ "의료 공백에 과로사" 추측(3/25), 정부 "의-정 협의체 준비"⋯ 의료계 "2천 명 백지화부터"(3/25), "전공의 처벌 못 할 거라고 했죠 ㅋㅋㅋ 웃음 나옵니다" [스브스픽](3/27), 심정지 33개월 아이 이송 요청했는데⋯ "받을 수 없다" 결국 숨져(3/31), 개원의도 진료 단축 나서⋯ "4월 1일부터 주 40시간만"(2/6), 의대 교수들 "신규 환자 진료 더 줄이겠다"(4/18), 서울대 의대 교수들 '주1회 셧다운' 결정⋯ 공백 가속화(4/22), 임현택 "의대 증원 백지화 없인 한 발짝도 안 움직일 것"(4/28), 가운 벗어던진 의사들⋯ 30일 서울대병원·세브란스병원 등 휴진(4/29), "정부는 '2천 명' 근거 내라"⋯ 법원, 의대 증원 제동?(5/1), '초강경' 회장 취임⋯ "의료 농단 바로잡겠다"(5/2), 'PA 간호사법' 5월 국회 통과 유력⋯ 의협 "반대"(5/3), 27년 만의 '의대 증원'⋯ 정부 손 들어준 법원(5/16), 서울대병원 교수들 "17일부터 무기한"⋯ 초유의 전체 휴진(6/6), "고소·고발 검토" 회견 나선 환자들⋯ 세브란스 '무기한 휴진'(6/12), 의사 없어 헤매던 맹장염 환자 '구사일생'⋯ 공공병원장이 수술(6/15), 동네 병원도 집단 휴진⋯ '명단' 공유하며 "보이콧"(6/18), 전공의 없는데 간호사도 떠나나⋯ "총파업 가결"(8/24), 응급실 있어도 의사 없다⋯ "탯줄 달고 내원" 구급차서 출산(8/29), 순간접착제가 눈 속에⋯ 20여 곳 전화했지만 "안돼요"(9/3), "5~6명에서 1명으로, 이젠 한계"⋯ 추석 앞두고 '비상'(9/6), 머리 혹난 아이와 갔는데⋯ 뇌출혈 의심에도 "의사 없다"(9/7), "26년 의대 증원 유예 아냐"… "25년 재논의 왜 불가?"(9/7), "다 취소해야 돌아온다"… 의대 교수 삭발에 대국민 호소(9/9), 응급실 뺑뺑이 57% 늘었다… "의정 싸움에 환자는 외면"(9/10), 70곳 넘게 전화… 임신부 '응급실 뺑뺑이'(9/15), "매일 1천 명씩 죽어 나갔으면"… 의사 게시글 '충격'(9/12), 추석 연휴 전 진료받자 환자 몰려… 정부 "안심하시라"(9/13), 70곳 넘게 전화… 임신부 '응급실 뺑뺑이'(9/15), 밤새 응급실 10곳서 퇴짜… "뺑뺑이 직접 겪으니 울분"(9/16), '막말 논란' 임현택 의협회장 탄핵… 반년 만에 퇴진(11/10) "동료 등에 칼 꽂았다"… 휴업 불참 의사에 '집단 괴롭힘'(12/2) 등이다.

　한국 사회는 지역 갈등, 노사 갈등, 계층 갈등, 세대 갈등 등 여러 갈등이 복잡하게 얽혀 있으며, 이러한 갈등은 불만, 불신, 불안이 뒤섞여 더욱 심화되고 있다.[100] 즉 규칙대로 했을 때 손해를 본다는 경험에서 오는 불만이 갈등을 부추기고 과거의 경험에서 비롯된 불신이 사회적 갈등을 심화시켰다. 여기에 미래에 대한 불안감이 갈등을 더욱 복잡하게 만들고 있다. 갈등을 해결하기 위해서는 정부와 시민 간의 소통을 강화하여 신뢰를 회복하는 것이 중요하며 갈등이 발생했을 때 이를 조정하고 해결할 수 있는 기능을 강화해야 한다. 또한 단기적인 성과보다는 중장기적인 계획을 통해 지속 가능한 발전을 도모해야 한다. 이를 위해서는 정부, 기업, 시민사회가 함께 노력해야 한다. 하지만 의료 사태에서 보듯이 갈등조정기능이 전혀 작동하지 않고 있다.

□ 채 해병 특검법

　채해병 특검법은 여당과 야당 간의 의견 충돌이 심각했고, 법안이 헌법

---

100)　SBS 미래부·이창재.『더 좋은 사회 더 나은 미래』. 한울. 2017. p29~30.

정신에 위배된다는 주장과 그렇지 않다는 주장이 맞섰다. 여기에다 채 해병 사망의 진실에 대한 사회적 관심이 높아지면서 언론의 주목을 받았다.

2023년 7월 19일 오전 폭우 피해 지역인 경상북도 예천군 호명면 황지리의 내성천 보문교 일대에서 실종자 수색 작전 중 해병대 제1사단 포병여단 제7포병대대 소속 채수근 일등병이 급류에 휩쓸려 실종되었다가 14시간 만에 사망한 채 발견됐다. 이후 해병대 수사단은 사건 관련자 및 관련 부대를 수사하고, 수사 결과를 국방부 장관에게 보고하여 결재를 받았다. 그러나 결재 이후, 국방부 장관은 경찰로의 이첩을 보류하라는 지시를 내렸고, 국방부 법무관리관 등은 혐의 사실을 삭제하라는 연락을 해병대 수사단에게 했다. 국방부 검찰단은 수사 서류를 경찰로부터 회수하고, 수사단장 박정훈 대령을 집단항명수괴 혐의로 보직 해임하고 입건하는 등 수사에 외압을 행사한 것으로 알려졌다. 이 때문에 해병대 상병 채수근의 사망 사건과 관련된 수사 과정에서 국방부와 대통령실의 외압 의혹을 둘러싼 논란이 일었다.

이에 '채 해병 특검법'으로 불리는 '순직 해병 진상규명 방해 및 사건 은폐 등의 진상규명을 위한 특별검사 임명 등에 관한 법안'이 5월에 더불어민주당 등 야당 단독으로 국회를 통과했다. 민주당을 비롯한 야당 의원들은 국회 본회의에서 채 해병 특검법을 표결에 부쳐 재석 168명 전원 찬성으로 가결했다. 여당인 국민의힘 의원들은 야당의 의사일정 변경과 단독 강행 처리에 항의하며 표결에 불참했다. 윤석열 대통령은 야당 주도로 국회를 통과한 지 19일 만에 채 해병 특검법에 대해 재의요구, 즉 거부권을 행사했다. 대통령실은 여야 합의 없이 특검법을 야당이 일방처리한 건 삼권분립을 파괴하는 행위고, 특검제도의 취지에도 맞지 않는다고 밝혔다.
- '채 해병 특검법' 야당 단독 처리로 국회 본회의 통과(5/2)

그런데, 박정훈 전 해병대 수사단장은 김계환 해병대 사령관이 대통령실 회의에서 VIP(대통령)가 격노해 장관과 통화한 뒤 사건 기록을 경찰로 이첩하는 것을 보류하라는 지시가 내려왔다고 주장했다. 김 사령관은 이러한 주장을 부인하며, VIP 격노설을 언급한 적이 없다고 반박해 왔다. 그러나 공수처가 다른 해병대 간부로부터 김 사령관이 VIP 격노설을 언급했다는 추가 진술을 확보하면서 논란이 계속되고 있다. - "VIP 격노, 나도 들었다"… 해병대 간부 진술 추가 확보(5/22)

채 해병 특검법에 대한 반응은 엇갈리고 있다. 많은 이들은 특검법 통과를 지지하며, 사건의 진실을 밝히고 책임을 명확히 해야 한다는 의견을 표명하고 있다. 특히, 5월 여론조사 결과에 따르면 국민의 67%가 특검법 통과에 찬성하는 것으로 나타났다. 반면, 다른 이들은 특검법이 정치적인 목적으로 이용될 수 있다는 우려를 표명했다.

이외 댓글 많은 기사는 '육군 아닌 해병대 책임' 잠정 결론… 대질 조사 검토(5/13), 윤 대통령, '채 해병 특검법' 재의 요구… "삼권분립 파괴"(5/21), '채 해병 특검법' 재투표 부결… 자동 폐기(5/28), '이첩 당일' 국방장관에 3번 전화… "자연스러운 소통"(5/28), 이종섭, 대통령실·정부 인사들과 최소 40차례 연락(5/29), "어차피 못 들어가" 채 해병 중대만 '로프' 제외된 이유(6/12), 지휘관들 반발… "밀착 수행 7여단장만 책임?"(7/8) 등이 있다.

□ 김여사 명품가방 사건·도이치모터스 주가조작 사건

김여사 명품가방 사건은 명품 가방을 부적절하게 수수했다는 의혹이 제기되면서 많은 사람들의 관심을 끌었다. 이는 공직자의 도덕성과 관련된 문제이고 특히 김여사가 대통령의 배우자라는 점에서 이 사건은 정치적 파장을 일으켰다. 이러한 이유들로 이 사건은 많은 언론의 주목을 받게 되었다.

2022년 9월 김건희 여사는 자신의 코바나컨텐츠 사무소에서 재미동포 최재영 목사에게 300만 원 상당의 프랑스 명품 브랜드 크리스챤 디올의 레이디 디올 WOC 파우치를 받았다. 2024년 5월 김건희 여사의 명품 가방 수수 의혹과 관련해 최재영 목사가 피의자 신분으로 검찰에 소환되었다. 최 목사는 자신이 위장 잠입 취재를 통해 대통령 부부의 실체를 알리기 위해 명품 가방을 건넸다고 주장했다. 최 목사는 김 여사가 인사 청탁을 받는 등 대통령 권력을 사유화한 게 본질이라면서 함정 취재라는 비판을 반박했다. 최 목사는 자신말고도 김 여사에게 선물을 건넨 사람이 더 있다는 주장도 폈다. - 최재영 목사 소환… "대통령 부부 실체 알리려 잠입 취재"(5/13)

7월 20일 김건희 여사에 대한 검찰 조사가 진행되었는데, 이원석 검찰총장이 사후에야 보고를 받았다. 이원석 총장은 김 여사에 대한 조사가 시작된 지 10시간이 지난 후에야 이 사실을 알게 되어 격노했다. 김여사는 도이치모터스 주가조작 의혹과 명품 가방 수수 의혹으로 조사를 받았는데, 특히 명품 가방 사건은 검찰총장의 수사지휘권이 있는 사안이라 논란이 더 컸다. 서울중앙지검은 김 여사 측과 조율하여 제3의 장소에서 조사를 진행했지만, 이원석 총장은 검찰청사로 소환해야 한다는 입장이었다. - 현직 대통령 부인 첫 조사… 검찰, 12시간 비공개 대면조사(7/21)

결국 검찰 조사에 이어 검찰 수사심의위원회는 김 여사의 명품 가방 수수 의혹에 대해 불기소 결정을 내렸으며, 청탁금지법 위반 혐의에 대해 무혐의 결론을 내렸다.

10월 검찰은 김건희 여사가 도이치모터스 주가조작 사건과 관련해 범죄 혐의가 없다고 결론 내렸다. 김 여사가 계좌 관리를 맡겼을 뿐 시세 조종을 몰랐다는 판단했다. 김 여사의 명의 계좌가 주가조작에 이용됐으나, 이를 알았다는 증거가 부족해 혐의 입증이 어렵다는 설명이었다. 김 여사의 모친 최은순 씨도 불기소 처분을 받았다. 이로써 수사는 4년 6개월 만에 마무리됐다. - 김 여사 '도이치 주가조작' 무혐의… "범행 몰랐다"(10/17)

서울중앙지검이 김건희 여사에 대한 수사 결과를 발표하면서 압수수색 영장 청구 여부에 대한 논란이 일었다. 최재훈 반부패수사2부장은 브리핑에서 김 여사의 코바나컨텐츠와 도이치모터스 사건을 함께 언급했으나, 이창수 서울중앙지검장은 도이치모터스 사건에 대한 압수영장 청구는 없었다고 인정했다. 중앙지검은 "오해가 생긴 것"이라고 해명했지만, 두 사건을 혼용해 설명했다는 지적이 제기되었다. - '압수수색 영장' 청구도 않고 기각?… 거짓 브리핑 논란(10/18)

이외 댓글 많은 기사로는 검찰총장, '김건희 여사 사건' 전담팀 구성·신속 수사 지시(5/3), 명품 가방) "대통령실·보훈부 통화"… '청탁 증거' 녹음파일 들어보니(6/1), (논쟁)김 여사 명품백 '청탁금지법 위반 아님' 종결(6/10), 뒤늦게 안 검찰총장… "사후 통보에 격노"(7/21), '명품가방' 수사팀 검사 사표… 총장 진상조사 지시에 반발(7/22), '김 여사 불기소 권고' 수심위 일부 위원 "수사 계속해야"(9/7), "혐의와 무관"이라지만… 의문의 '40차례 연락'(9/24), '명품 가방' 전원 불기소… 검찰 "윤 대통령 직무와 무관"(10/2), '주포 메시지' 7초 뒤 주문… "내가 직접 한 것"(9/26), 세 번째 '특검법' 발의… 한동훈 "국민 납득 지켜봐야"(10/17), "23억 차익, 사실 아냐"… 논란 부른 대통령실(10/25), "모든 것이 제 불찰"… 고개 숙여 사과한 윤 대통령(11/7), "진솔했다"vs"처참하다"… 침묵한 한동훈(11/7), "거짓말·변명 기자회견"… 긴급 규탄 대회(11/7), '김 여사 불기소' 검사 탄핵 추진… '방탄 입법' 논란(11/21) 등이 있다.

□ 명태균 의혹

2024년 9월 5일 뉴스토마토는 윤석열 대통령과 김건희 여사가 2022년 보궐선거와 제22대 국회의원 선거 당시 명태균씨을 통해 국민의힘 공천에 개입했다는 의혹을 제기했다. 정치 브로커 명태균은 불법 여론조사를 시행하고, 지방 조직폭력배 출신을 동원해 비용을 충당했다는 의혹을 받았다. 경상남도 선거관리위원회가 수사를 진행하면서, 윤 대통령 관련 녹취록이 폭로되었고, 이에 따라 더 많은 의혹들이 드러났다. 명태균씨는 구속될 경우 추가 폭로를 예고하기도 했는데, 11월 15일 구속됐다.

관련해 댓글이 많은 기사는 입 연 명태균 "나는 그림자 역할"… 의혹은 부인(9/29), "윤 대통령, 내 편들며 화내"… "거짓말·허풍"(10/10), 명태균 "안철수·오세훈 단일화, 내가 판 짰다"… "거짓말"(10/13), "오빠 철없고 무식" 김 여사 문자에… 대통령실 "친오빠"(10/15), "윤, 홍준표보다 더 나오게"… 여론조사 조작 의혹 '증폭'(10/15), 명태균 "대화 2천 장" 폭로 예고… 야당, '친오빠' 증인 채택(10/16), "돈 받아라" 녹취 공개… 여당, '명태균 방지법' 맞대응(10/17), 명태균 "김 여사와 공적대화 자주 나눠… 상상 못할 내용"(10/19), "김영선, 여사가 선물이래" 녹취 공개… "지어낸 말"(10/29), '그런 통화 없다'더니… "휴대폰 불 질러 버리겠다"(10/31), 22년 5월에 무슨 일이… 공개된 녹취 이어 보니(10/31), "큰일 한다며 돈 빌려 달라"… 여론조사비 2억?(11/1), '녹취 제보' 지목 인물 조사… '황금폰' 확보 실패(11/1), '소환 통보' 명태균… "구속시키면 추가 공개"(11/4), 녹취록 추가 공개… "사모님, 윤상현에 전화?"(11/5), "내가 윤상현 복당시켜… 본부장 앉을 것"(11/6),

명태균, 윤 대통령 회견 전 SNS에 "사죄… 협박 당했다"(11/6), 명태균 8시간 조사… "1원도 받은 적 없다"(11/8), "꼴등이면 난리, 4~5등 돼야"… 창원 선거에서도(11/8), '오빠' 메시지 뒷부분 공개… "명태균, 사회적 혼란 야기"(11/16), [단독] '잠적' 이준석 만난 명태균… "윤-이 갈등 중재"(11/16), "산단 '땅 점' 봐줬다"… 추가 수사 불가피(11/16), "이준석에게 여러 번 소개"… 내일 대질조사(11/20), 명태균 "대통령이 정리해야' 듣고 김진태가 전화"(11/21) 등이 있다.

□ 건국절 논란

건국절 논란의 기저에는 역사 해석의 차이가 있다. 뉴라이트 역사관은 일제강점기와 독립운동 등 한국의 근현대사를 바라보는 시각에서 기존의 역사 해석과 다른 입장을 취하고 있다.

김형석 고신대학교 석좌교수가 독립기념관장으로 임명되면서 논란을 불러일으켰다. 김형석 교수는 과거 강연에서 "1945년 8월 15일은 광복절이 아니다"라거나 "1948년 이전에는 우리 국민이 없고 일본 국민만 있었다"는 발언을 한 바 있어, 뉴라이트적 역사관을 가진 인물로 비판받았다. 광복회와 더불어민주당 등 야당은 김형석 교수의 임명을 철회하라고 요구하며, 그가 일제강점기 식민지배와 친일반민족행위를 미화하고 대한민국 임시정부의 정통성을 부정한다고 주장했다. 김형석 교수는 취임 후 "친일파로 매도된 인사들의 명예 회복에 앞장서겠다"고 밝혀 논란을 더욱 키웠다. 김형석 교수는 안익태와 백선엽 등 친일 행적이 드러난 인물들에 대해 긍정적인 평가를 내린 바 있다. 그는 안익태를 두고 "친일을 뛰어넘어 음악을 통해 세계평화를 이루려고 했다"고 했고, 백선엽에 대해서는 "간도특설대에 근무한 사실만으로 진실을 오해한 것 아니냐"며 "친일파라는 불명예를 썼다"고 주장했다.

이에 광복회가 '뉴라이트를 알아볼 수 있는 9가지 주장'을 제시했다. 광복회는 "뉴라이트는 해방 후 이승만 정부부터 지금까지 우리정부가 일관되게 주장해 온 '일제강점기 일본의 국권 침탈은 불법·무효이다'라는 입장을 뒤엎어 일본 정부의 주장대로 '식민지배 합법화'를 꾀하는 일련의 지식인이나 단체"라며 "독립유공자와 후손단체인 광복회는 9대 뉴라이트에 대해 다음과 같이 정의하고 있다"고 밝혔다.

광복회가 뉴라이트로 보는 9가지는 ① 이승만을 '건국대통령'이라고 하는 자나 단체 ② 1948년을 '건국절'이라고 주장하는 자나 단체 ③ 일제강점기 우리 국적을 일본이라고 강변하는 자나 단체 ④ 대한민국 임시정부 역사를 폄훼하고 '임의단체'로 깎아내리는 자나 단체 ⑤ 식민사관이나 식민지근대화론을 은연중 주장하는 자나 단체 ⑥ 일제강점기 곡물수탈을 '수출'이라고 미화하는 자 ⑦ 위안부나 징용을 '자발적이었다'고 강변하는 자나 단체 ⑧ 독도를 한국땅이라고 할 근거가 약하다고 주장하는 자나 단체 ⑨ 뉴라이트에 협조, 동조, 협력하는 자나 단체 등이다.

뉴라이트(New Right)는 기존의 올드라이트(Old Right)와 차별화된 신보수주의 우파를 의미한다. 1990년대부터 흐름이 시작되어 2000년대에 본격적으로 단체들이 생겨나기 시작했다. 뉴라이트는 기존 보수층이 구시대적 반공주의에만 의존한다고 비판하며 등장했으며, 정치적으로는 신보수주의, 경제적으로는 신자유주의를 표방한다. 뉴라이트는 대한민국 임시정부와 광복절에 대해 비판적인 입장을 가지고 있다. 이들은 대한민국의 건국 시점을 1948년 정부 수립으로 보고, 이를 '건국절'로 지정해야 한다고 주장한다. 또한, 1945년 8월 15일을 광복절이 아닌 해방절로 보며, 진정한 광복은 1948년 대한민국 정부 수립 때 이루어졌다고 주장한다. 반면에 대한민국 헌법은 1919년 3·1 운동과 임시정부 수립을 건국으로 명시하고 있다. 따라서 뉴라이트의 주장은 임시정부의 법통을 부정하는 것으로 해석될 수 있다. 광복회는 이러한 뉴라이트의 주장을 비판하며, 뉴라이트를 친일파로 규정하고 있다.

뉴라이트의 역사관은 시장주의와 합리적 시장 가설을 바탕으로 한다. 이들은 역사에서도 시장의 경쟁 원리를 적용하여, 승자를 미화하고 패배자를 비판하는 '승자의 역사관'을 수긍한다. 이러한 관점에서 일본은 승자, 조선은 패배자로 보며, 식민지배를 정당화하려는 경향이 있다. 이러한 역사관은 피해자에 대한 공감을 찾기 어렵게 만들고, 오히려 피해자를 실패자로 여기는 문제를 야기한다. 예를 들어, 강제 동원과 일본군 위안부 문제에 대해 뉴라이트는 피해자들의 고통을 충분히 이해하지 못하고, 그들을 실패자로 보는 시각을 드러내기도 한다. 이와 같은 뉴라이트의 역사관은 많은 비판을 받고 있으며, 특히 피해자들의 입장을 무시하는 태도로 인해 논란이 되고 있다.

댓글 많은 기사는 "광복절 별도 행사 열겠다"··· 김형석 관장 임명 파장 확산(8/11), 광복회 "임명 철회하라"··· 초유의 '반쪽 광복절' 예고(8/12), 광복회 예산 6억 원 삭감··· "협의 없었다" 반발(8/27), 새 독립운동 기념관 추진··· 야 "뉴라이트 기념관" 반발(9/28) 등이 있다.

□ 12.3 계엄 사태

12월 3일 밤 10시 23분, 윤석열 대통령은 긴급 브리핑을 통해 전국 단위의 비상계엄을 선포했다. 이 조치는 종북과 반국가세력을 척결하고 자유 대한민국을 수호하겠다는 명분으로 이루어졌다. 계엄사령부가 설치되고 계엄군이 동원되었으며, 계엄사 포고령 제1호를 통해 국회 및 정당의 정치활동 금지, 언론과 출판의 자유 통제, 전공의 및 의료인 불복종 시 처단, 재판 절차나 영장 없는 체포, 구금, 압수수색 등 전 국민의 정치적·사회적 기본권을 박탈하는 통제 조치가 선언되었다. 박안수 육참총장을 사령관으로 하는 계엄사령부는 제1공수특전여단과 제707특수임무단 등의 정예 특수부대를 투입하여 국회의사당, 더불어민주당 중앙당사, 중앙선거관리위원회 청사 등을 점거하려 시도했다. 이는 대통령이 군사력을 동원해 입법부를 공격하고 헌법 기관을 장악하려는 시도로, 국내외적으로 큰 비판을 받았다. 계엄 선포는 다음 날인 12월 4일 오전 1시 1분, 국회의 비상계엄 해제 요구 결의안이 가결되면서 법적 효력을 상실했다. 같은 날 오전 4시 26분, 대통령실에서 계엄 해제를 발표하고 국무회의 의결로 계엄 해제를 선포함으로써 약 6시간 만에 종료되었다. 이는 대한민국 제6공화국 최초이자 21세기 최초의 계엄령으로 기록되었으며, 1980년 신군부의 5.17 비상계엄 전국확대 조치 이후 44년 만에 선포된 전국 단위의 비상계엄이었다. 이 사건은 현직 대통령이 임기 중에 쿠데타를 저지르고 내란죄로 수사를 받는 역사적 사건으로 기록되었다.

'비상계엄 사태' 이후 윤석열 대통령의 국정 지지율이 11%로 집권 이후 최저치를 기록했다는 여론조사 결과가 13일 나왔다. 한국갤럽이 전국 만 18세 이상 유권자 1천2명을 대상으로 조사(95% 신뢰수준에 표본오차 ±3.1%포인트)한 결과, 윤 대통령의 직무 수행 긍정 평가율은 11%로 조사됐다. 윤 대통령 탄핵에는 75%가 찬성했다. 21%는 반대, 4%는 의견을 유보했다. 국민의힘 지지층에서는 탄핵에 찬성한다는 의견이 27%, 반대는 66%로 집계된 반면, 더불어민주당 지지층에선 찬성이 97%, 반대가 3%로 나타났다. 비상계엄 사태가 내란이라는 응답은 71%였다. 내란이 아니라는 응답은 23%, 판단 유보는 6%였다.

비상계엄이 끝난 후, 야당은 즉시 대통령 탄핵을 추진하겠다고 밝혔다. 헌법 65조에 따라 탄핵소추 발의는 국회 재적의원의 반을 넘는 151명이 필요하지만, 가결을 위해서는 재적의원 300명 중 ⅔인 200명 이상의 찬성이 필요하다. 따라서 야당과 기타 정당 전원이 동의해야 하며, 국민의힘 소속 의원 108명 중 최소 8명의 동의가 필요했다. 12월 4일 오후 2시 40분, 야당은 윤석열 대통령 탄핵소추안을 발의했다. 그 후 5일 자정에 본회의가 열렸고, 탄핵안이 국회에 보고되었다. 국회법 130조에 따라 탄핵안은 국회 보고 하루 뒤 사흘 이내에 의결돼야 했다. 이에 야권은 김건희 특검법을 7일로 당겨 탄핵안과 함께 처리하려 했다. 이는 국민의힘 측이 본회의에 출석해야 특검법 재표결을 부결시킬 수 있기 때문이었다. 하지만 12월 7일, 국민의힘 의원 108명 중 105명이 불참하며 표결불성립으로 탄핵안 처리가 무산되었다. 이에 야당은 매주 토요일마다 탄핵안을 표결하겠다고 선언했다. 두 번째 탄핵소추안이 표결에 부쳐진 12월 14일, 국회의원 300명 전원이 출석하여 찬성 204표, 반대 85표, 기권 3표, 무효 8표로 탄핵소추안이 통과되었다. 이로 인해 대통령의 업무가 정지되었다. 이후 헌법재판소는 탄핵 심판 절차를 시작했다. 헌법재판소는 27일 첫 변론준비기일을 열고 본격적인 탄핵 심판 절차를 진행했다. 탄핵 심판은 헌법재판소의 판결로 최종 결정되며, 대통령의 파면 여부가 결정된다.

이런 가운데 한덕수 대통령 권한대행 국무총리의 탄핵소추안이 27일 오후 국회 본회의에서 가결되었다. 이는 대통령이 탄핵된 후 권한대행을 맡은 총리까지 탄핵되어 직무가 정지되는 헌정사상 최초의 사건이었다. '국무총리(한덕수) 탄핵소추안'은 재적 의원 300명 중 192명이 참석한 가운데 찬성 192표로 가결되었다. 우원식 국회의장은 한 권한대행 탄핵안의 의결 정족수가 대통령 탄핵과 같은 '재적의원 3분의 2(200석) 이상'이 아닌 총리 탄핵과 같은 '재적 과반(151석)'이라고 밝혔다. 이에 따라 국민의 힘 의원 대부분이 표결에 불참했다. 더불어민주당은 한 권한대행이 긴급 대국민 담화에서 국회 몫의 헌법재판관 후보자 3인을 임명하지 않겠다는 뜻을 밝히자 곧바로 탄핵소추안을 발의했다. 이로써 한 권한대행의 직무가 정지되고 최상목 부총리 겸 기획재정부 장관이 대통령·국무총리 권한대행을 맡게 되었다. 헌법재판소는 헌법에 따라 탄핵소추 의결서를 접수한 날로부터 180일 이내에 한 권한대행 탄핵 여부를 결정해야 한다. 그러나 탄핵 심판과 별개로 대통령 권한대행 탄핵소추에 대한 가결 요건 기준을 놓고 논란이 해소되지 않아 법정 공방이 벌어질 가능성이 있다. 국민의 힘은 탄핵안 의결 정족수가 '재적의원 3분의 2 이상'이라고 주장하며 효력정지 가처분 신청, 권한쟁의심판 청구 등 법적 조치를 검토하기로 했다.

이와 관련해 댓글 많은 기사들은 다음과 같다. "계엄령 해제 하시라"… 총리 설득에 '담화'(12/4), 최정예 707 특수임무단 투입… "실탄 지급"(12/4), 돌발적 계엄 선포… '대통령 탄핵소추안' 발의(12/4), 계엄 직접 건의한 김용현 장관… 국방부 군 어떻게 움직였나(12/4), 법무부 감찰관 사직서 제출 "계엄 회의 참여 못해… 내란 해당"(12/4), [정치쇼] 野 한민수 "尹 내란죄… 하야 안 하면 오늘 탄핵안 발의"(12/4), 유리창 깨고 군홧발로 국회 진입 시도… 곳곳 몸싸움… 비명(12/4), [이 시각 국회] '계엄령 쇼크' 몰려든 시민들… 가결되자 환호(12/4), [단독] '선관위' 계엄군 297명… "부정선거 의혹 수사 목적"(12/5), 계엄 선포 하루 전 시장에 갔던 윤 대통령이 꺼낸 말… 앞으로 우리나라가 치를 대가 보니(12/5), 명태균, 윤석열 대통령에 옥중 메시지… "대역 죄인 올림"(12/5), "날 왜 체포하려 했나" 항의… 야 입수 '체포 명단'(12/5), "윤 대통령 심한 오판"… 백악관도 "목소리 낼 것"(12/5), [단독] 비상계엄 선포 뒤 추경호 통화… 친한계 "해제 방해 지시했나"(12/6),

D-1 대통령 운명의 날… 한 '탄핵 찬성' 급선회(12/6), 탄핵안 '무기명' 투표… 8표 이탈하면 가결(12/6), "만약 이런 상황까지 오면…" 탄핵 정국 후폭풍, '불확실성'의 습격 [스프](12/7), [현장영상] '김건희 특검법' 투표 결과 보더니 11초간 침묵… 2표 모자라 '또' 부결(12/7), [현장영상] "윤석열 씨는…" 입장 낸 조국… "비루하게 구명 구걸한 절박한 비명" 비판(12/7), "치욕스럽다"면서도 결국 친윤계 동조… 이유는(12/7), 국회 해제 의결 시 '대통령 거부권'… 방첩사 검토(12/7), '선관위 투입' 계엄군… "대선 전 부정선거 의심"(12/7), 국회 해제 의결 시 '대통령 거부권'… 방첩사 검토(12/7), "전시 상황에 가까운 원화 폭락"… 계엄령 직격탄 맞은 한국 경제 [스프](12/8), 국민의힘 김상욱 "명시적 조치 없다면 다음 탄핵안 찬성표"(12/8), [현장영상] "윤 대통령 퇴진할 때까지 사실상 직무 배제"… '탄핵안 폐기' 한동훈 입장 발표(12/7), "버텨라" 추경호 재신임… "모욕 못 참는다" 거부 의사(12/8), 윤 대통령 체포 가능한가? 체포되면 권한 행사는?(12/8), 선관위 급파된 방첩사 대령들… 전산실 서버 촬영(12/8), [자막뉴스] "욕 해도 1년 뒤면 다 찍어줘"… "국민을 개돼지로 아나" 국민 분노에 기름 부은 윤상현(12/9), 계엄 해제 가결 뒤 계엄군 '한남동 뒷산'으로… "배치 목적 밝혀야"(12/9), "대통령 지시, 선관위 가라… 포렌식 장비"(12/9), 윤 대통령 출국금지… "김 여사도 검토"(12/9), [현장영상] "45년 정치중립 물거품 됐는데…" '계엄군 질타'에 눈물 쏟은 1공수여단장(12/10), [자막뉴스] 근조화환에 흉기까지… "이대로 버티기 힘들다" 혼란의 국민의힘(12/10), 충암고 학생들 직접 나섰다… "40년 전 졸업생, 우리와 무관"(12/10), [현장] 좁혀오는 수사망… 대통령 변호사 선임 준비(12/10), 들끓는 비판에… 여당 내서 "14일에는 표결하겠다"(12/10), [영상] 발끈한 배현진 "우리가 '중진의 힘'? 그건 선배님들 의견이고" [스프](12/11), "부정 선거" 우기던 트럼프가 계

엄령이라는 카드는 내쳤던 이유 [스프](12/11), 검찰, "며칠 전부터 김용현이 계엄 암시" 여인형 진술 확보(12/11), 군화 벗고 폰 게임 '생중계'… "당신, 정신 있어요?"(12/11), 김용현, 구속영장 발부 직전 자살 시도… 법무부 "정상 수용생활"(12/11), 하야보다는 탄핵소추… '헌재에서 대응' 입장(12/11), "1천 명 수용 B-1 벙커, 절대 못 빠져나온다"… 수상한 공사 시점(12/11), 북파 공작 요원도 대기… "체포조? 북한군 위장?"(12/11), 탄핵 집회 커피로 '500만 원 선결제'… 50대 남성은 누구?(12/12), 한동훈 "윤 대통령 담화, 반성 아닌 합리화… 당론으로 탄핵 찬성해야"(12/12), [현장영상] "국민 쌍욕 할 정도 분노케 만든 담화… 윤석열 씨라 하겠다"(12/12), 국방장관 재지명 시도… 군 통수권 행사?(12/12), "당론으로 탄핵 찬성해야"… 오락가락 한동훈(12/12), 대통령이 건넨 쪽지… 뒤늦게 펴 보니(12/13), [영상] "윤석열 계엄은 다르다" "입단속 좀 시켜요"… 궤변 뒤집은 판례 보니 [스프](12/13), 김어준, 과방위서 "'체포된 한동훈 사살 계획' 제보받아" 주장(12/13), 계엄 해제 직후 "여인형, 체포 명단 폐기 지시"(12/12), 여당서 찬성 최소 8표… '탄핵 정족수' 확보(12/13), "내란 수사가 내란"… 김용현의 적반하장(12/13), '암살조 제보' 말한 김어준… 정치권 '시끌'(12/13), "문 부수고 끌어내!" 내란죄 아니다? 윤석열 대통령을 옭아맬 증언들 [스프](12/14), [영상] "내려와!" 고성 오간 혼돈의 국민의힘… '탄핵 동참' 1인 시위 도중 마주친 이 사람 [스프](12/14), 권성동, 탄핵 표결 전 김상욱 만나 "탄핵 반대해달라"(12/14), '가결 가능성' 더 커졌다… 국힘, 혼란 불가피… 민주 "끝까지 최선"(12/13), 윤 대통령 "결코 포기하지 않겠다"… 반성·사과 없었다(12/14), 이재명 대선가도 탄력… '사법리스크' 변수(12/14), 국민의힘 최고위원 5명 줄사퇴… '한동훈 지도부' 붕괴(12/14), "김용현 '오른팔 나를 자르고 대통령도 탄핵할 것"(12/14), 윤 내란·김건희 '쌍특검법'… 거부권 가능?(12/14), 윤 대통령 "결코 포기하지 않겠다"… 반성·사과 없었다(12/14), [딥빽] 한국인들에 '엄지척'… 현장에서 본 외신 기자들 '찐 반응'은?(12/15), 응원봉 들고 K팝 불렀다… 2030이 달군 광장(12/15), 윤 대통령, 검찰 소환 불응… "내일 2차 통보"(12/15), 수방사령관에 "왜 못 끌어내냐"… 세 번째 '체포 지시' 진술(12/15), "안 쓰고, 안 먹고, 버티기만 해요"… 이번 '탄핵 정국'이 진짜 무서운 이유 [스프](12/16), '긴급 체포' 노상원 "부정선거 증거 없앨까 봐"(12/16), 검찰, 2차 소환 통보… 또 불응하면 체포 검토(12/16), '윤한 갈등' 결국 폭발… 한동훈 어디로?(12/16), '긴급 체포' 노상원 "부정선거 증거 없앨까 봐"(12/16), 여당 "임명 불가능" 주장… "탄핵 지연 작전"(12/17), 헌법재판소는 "임명 가능"… 9인 체제 '촉구'(12/17), '건진법사' 전격 체포… "불법 정치자금 의혹"(12/17), [영상] 윤 대통령 어깨에 손 얹고, 김건희 여사 회사 '고문' 명함도… 체포된 '건진법사' 누구?(12/18), 부정선거 음모론에 사로잡힌 대통령… "보고를 못 받으셨나" 전문가의 반박 [스프](12/18), "두 달 전부터 계엄 임무… 2주 치 짐 쌌다"(12/17), "반대 '진언'에도 계엄 필요성 언급 반복"(12/17), "김용현과 거의 동급"… 계엄 '총지휘' 정황(12/18), 23·24일 재판관 청문회 의결… 여당은 불참(12/18), 강추위 속 '응원봉' 열기… 이 시각 헌재 앞(12/18), "김용현과 거의 동급"… 계엄 '총지휘' 정황(12/19), 검찰총장, 전국 검사장들에 '윤 대통령 공수처 이첩' 설명 서신(12/19), 합참 회의실 '김용현 육성' 녹음 파일 확보(12/19), 트랙터 끌고 서울로… "윤 체포·양곡법 거부권 규탄"(12/19), "한동훈·이재명 말 빼라"… 불응하자 개편 통보(12/19), 합참 회의실 '김용현 육성' 녹음 파일 확보(12/19), 시들어 바닥 툭툭… "1km 화환 버려달라" 용산구도 난처(12/20), "계엄 반대 입장 내달라" 요청 거절한 추경호(12/20), "평양 때리면 전쟁인데?"… '원점 타격'도 협의(12/20), "중국산 드론 브로커"… 군 이권 사업 개입했나(12/20), "대통령 파면하라" 집회… 트랙터 상경 시위도(12/21), 월요일 '송달 여부' 결정… 다음 절차도 지연 우려(12/21), 노상원 '수첩' 확보… 수뇌부는 검찰 조사 받아(12/21), "한덕수, 모레까지 공포하라"… '탄핵 추진' 최후통첩(12/22), 트랙터 몰고 대통령 관저로… 응원봉 든 시민들 "파면하라"(12/22), 이승환, 콘서트 매진됐는데 '취소 날벼락'… 구미시청 기습 발표(12/23), 윤 대통령, 1년 전 "비상조치 말고는 방법 없다"(12/23), 김용현-신원식, 계엄 놓고 밤늦도록 '고성 다툼'(12/23), "10일은 너무 짧다"… 윤 대통령 '버티기' 일관(12/23), 무속인에게 계엄 암시?… 윤 대통령 사주도 언급한 노상원(12/24), 노상원 "대수장" 회원으로 부정선거 많이 공부"(12/24), "같은 전단통 불탔다"… '평양 무인기' 증거 없애려?(12/24), 문상호 '선관위 체포조 운용' 지시 자백(12/25), [현장영상] "계엄 비판 자막 빼" 지시 거부했더니… 해고 통보받은 자막담당자(12/26), "6인 체제 최종 결정 불가"… 1명 이견이 변수?(12/26), 김용현 측 "내란 아니다" 반박… 따져 보니(12/26), [속보] 검찰 "윤 대통령, '해제돼도 2번, 3번 계엄령 선포… 계속 진행' 지시"(12/27), 한덕수 권한대행 탄핵안 가결… 대행 직무정지(12/27), "총 쏴서라도 끌어내… 윤 대통령, 직접 지시"(12/27) "선관위 직원들 포승줄 묶고 복면 씌워 체포"(12/27), 내일, 윤 대통령 '3차 출석요구일'… 불출석 땐 체포영장 관측(12/28), 공관 없는 권한대행… 24시간 자택 경호 '비상'(12/28), "상황 안 맞는 일방적 진술"… 검찰수사 '부정'(12/28), "비상 입법기구 창설"… 노상원 수첩서 찾아(12/28), "포고령 위반" 이재명·한동훈 고발… 적반하장?(12/29), "부정선거 자수글 올려라"… 조작 시도 정황(12/30), 최상목 대행, 헌법재판관 2명 임명… 쌍특검은 거부권 행사(12/31) 등이다.

갈등과 진영 논리는 밀접하게 연결되어 있다. 진영 논리는 종종 갈등을 심화시키고, 갈등은 진영 논리를 강화하는 경향이 있다. 나아가 진영 논리는 세상을 '우리 대 그들'로 나누는 이분법적 사고를 촉진한다. 이는 복잡한 문제를 단순화하고, 상대방을 적으로 간주하게 만든다. 진영 논리는 감정적 반응을 유발하여 이성적이고 합리적인 논의를 어렵게 만든다. 이는 갈등 상황에서 감정이 앞서게 되어 문제 해결을 방해하게 된다. 또한 진영 논리는 정보의 왜곡과 편향된 해석을 초래할 수 있다. 이는 갈등 상황에서 사실에 기반한 논의보다는 진영의 이익에 맞는 정보만을 선택적으로 수용하게 만든다. 즉 이중잣대와 인지부조화, 논리적 오류 등을 동반하여 합리적인 판단을 방해한다.

한국사회는 진영 논리가 만연하면서 막대한 사회경제적 손실을 입고 있다. 진영 간의 갈등이 심화되면 정치적 불안정이 초래되고 이는 정책의 일관성을 저해하고, 장기적인 국가 발전 계획을 방해한다. 정치적 불안정은 경제적 불확실성을 증가시켜 투자와 경제 성장을 저해한다. 기업들은 불확실한 환경에서 투자를 꺼리게 되고, 이는 경제 성장에 부정적인 영향을 미치게 된다. 결국 진영 논리는 사회적 분열을 심화시켜 공동체의 결속력을 약화시킨다. 이는 사회적 자본의 감소로 이어져, 사회적 협력과 신뢰를 저해한다.

진영 논리가 심화되면 '진실 따위는 중요하지 않다'는 반진실 풍조가 확산될 수 있다. 바로 정보 왜곡이다. 선동세력은 사실을 왜곡하거나 선택적으로 취사선택하여 대중을 선동한다. 이는 대중이 올바른 정보를 바탕으로 판단을 내리기 어렵게 만든다. 또한 감성을 자극하는 방법으로 대중 여론을 조작하려는 시도가 증가한다. 이는 이성적이고 합리적인 논의를 방해한다.

한국 사회에서 진영 논리가 심화된 원인 중 하나는 역사적 유산이 있다.

일제강점기의 경험은 한국 사회에 깊은 상처를 남겼고, 이는 진영 간의 갈등을 심화시키는 요인 중 하나다. 여기에 냉전 시기의 반공 프레임은 이념적 갈등을 심화시켰다. 또 운동권의 당파 논리는 정치적 갈등을 심화시키는 요인으로 작용했고 경제적 불평등은 사회적 갈등을 심화시켰다. 앞서 본 갈등적 이슈가 이런 영역에서 벗어나지 않고 있다.

선거 기간 동안 서로 다른 정당 지지자들 간의 갈등은 진영 논리에 의해 더욱 격화된다. 각 진영은 상대방의 정책이나 인물을 비난하고, 자신의 진영을 무조건적으로 옹호한다. 특정 사회적 이슈에 대해 서로 다른 입장을 가진 집단 간의 갈등도 진영 논리에 의해 심화된다. 여기에다 알고리즘과 SNS 등 기술의 발달로 확증편향을 부추기고 확산시키고 있다. 따라서 진영 논리를 극복하고 사회적 갈등을 완화하기 위해서는 언론의 역할이 중요하다. 언론은 사실에 기반한 보도를 통해 대중에게 올바른 정보를 제공해야 한다. 또 사회적 대화 촉진으로 다양한 진영 간의 대화를 촉진하여 상호 이해를 증진시켜야 한다. 이런 과정을 통해 진영 논리를 극복하고 사회적 갈등을 완화할 수 있을 것이다.

갈등적 이슈들은 사회적, 정치적, 법적, 개인적, 역사적 요인들이 복합적으로 작용하여 뉴스가 된다. 앞서 보았듯이 세대 갈등과 같은 문제는 사회적 불평등과 경제적 격차에서 비롯되고 사회적 관심이 된다. 의정 갈등은 정치적 이념과 정책 차이 그리고 개인의 이해관계에서 비롯된다. 의견 충돌과 정책 결정 과정에서의 갈등은 국민들에게 중요한 영향을 미치기 때문에 주목받게 된다. 채 해병 특검법 갈등은 법적 절차와 정의에 대한 논란을 불러일으키며, 사회적 관심이 되었다. 김여사 명품가방 사건 갈등은 유명 인사나 공인들의 행동이 사회적 기준에 부합하지 않을 때 발생하며, 이런 뉴스는 미디어의 주목을 받게 된다. 건국절 논란과 같은 역사적 이슈는 국가 정체성과 관련된 문제이며 국민들의 역사 인식과 가치관에 영향을 미쳐 사회적 논쟁을 불러일으키고 있다.

3) 당위적 이슈(Reasonable Issue)

당위적 이슈는 사회적 정의, 윤리적 가치, 혹은 기본적인 인권과 관련된 주제들이 많다. 이러한 이슈는 공동체 전체의 이익과 직결되기 때문에 언론은 이를 중요하게 다룬다. 당위(當爲)는 마땅히 그렇게 하거나 되어야 하는 것으로 마땅히 있어야 하는 것, 또는 마땅히 행하여야 하는 것을 의미한다. 당위적 사고란 합리정서행동치료의 창시자인 앨버트 엘리스가 소개한 개념으로 이는 지속적인 당위적 조건이 없음에도 불구하고 그것을 기대하는 사고 또는 요구를 의미한다. 이러한 사고는 '반드시 ~ 해야 한다'와 같은 규범적이고 필연적인 사고를 포함한다. 이처럼 뉴스에서도 당위적 이슈란 마땅히 그래야 한다고 믿는 보도이다. 독도의 영토권에 대한 뉴스가 대표적인 사례이다.

2024년 4월 16일 8뉴스 독도 관련 뉴스 리포트의 제목은 「독도는 일본 땅' 7년째 억지 주장… 정부 "강력 항의"」였다. 앵커 멘트는 "일본 외무성이 매년 발표하는 공식 문서에 독도가 자기네 땅이라는 억지 주장이 올해도 들어간 걸로 확인됐습니다. 우리 외교부는 일본 대사관 총괄공사를 불러 강하게 항의했습니다."였다. 기사를 보면 "일본 외무성이 1년 동안의 국제정세와 외교활동을 정리해 매년 발간하는 외교 청서에서 '독도는 역사적으로, 국제법상으로 일본 고유 영토인데 한국이 불법 점거하고 있다'는 억지주장이 7년째 되풀이됐습니다. 한국 대법원이 강제동원 소송과 관련해 일본 피고기업에 배상을 명령한 판결도 수용할 수 없다고 재차 밝혔습니다. 판결은 물론 지난 2월 일본기업 공탁금이 원고 측에 인도된 사안도 지극히 유감으로, 받아들일 수 없어 항의했다고 적었습니다. 지난해 외교 청서에서 우리 정부가 내놓은, 이른바 제3자 변제 해법이 한일 양국을 건전한 관계로 되돌렸다고 긍정 평가한 것과 비교하면 수위가 강경해졌습니다. 지지율이 10%대까지 떨어진 기시다 내각이 강경 외교로 지지층을 결집시켜, 정권 위기 타개책으로 삼으려는 행보라는 분석이 나옵니다. 우리 외교부는 주한일본대사관 총괄공사를 초치해 부당한 독도 영유권 주장에 강력 항의하고 철회를 촉구했습니다."

이에 앞서 2023년 3월 29일 8뉴스 독도 관련 뉴스 리포트의 제목을 보면 「초치돼서도 "독도는 일본땅"⋯ 외교부 "시정 요구할 것"」이었다. 앵커 멘트는 "일본이 또다시 교과서에서 역사의 진실을 왜곡하자, 우리 외교부가 주한 일본대사 대리를 불러 강하게 항의했습니다. 그런데 외교부에 온 일본 대사 대리가 그 자리에서도 독도는 자기네 땅이라는 억지 주장을 계속 늘어놓은 것으로 알려졌습니다."였다. 기사를 보면 "역사 왜곡 교과서 검정 결과에 항의하는 우리 정부에 구마가이 공사가 억지 주장을 거듭했다"는 보도가 나왔습니다. 일본 NHK는 구마가이 총괄공사가 "독도는 역사적 사실에 비추거나 국제법상으로도 명백하게 일본 고유의 영토"라며 한국 정부의 항의는 받아들일 수 없다는 입장을 전했다고 보도했습니다. 또 일제 강제 동원을 자발적인 의사로 이뤄진 것처럼 표현한 것에 대한 외교부 항의에 "맞지 않는 지적"이라고 반박한 걸로 전해졌습니다. 외교부는 이에 대해 외교 당국 간 구체적인 논의 내용은 공개할 수 없다고 밝혔습니다. 다만 일본의 부당한 주장에 대해서는 엄중하고 단호히 대응해 나갈 것이라는 기존 입장을 강조했습니다. 외교부는 동북아역사재단이 문제의 교과서를 입수해 면밀히 분석한 뒤 일본에 시정요구서를 전달할 예정이라고 밝혔습니다.

두 기사를 비교해 보면 1년이 넘는 시차가 있지만 한일 양측의 입장은 변함이 없다. 사실은 지난 수십년간 양측은 이런 입장이었다. 독도가 한국 땅이라는 것은 한국인에게는 의심할 수 없는 진리이다. 이처럼 당위적 이슈는 마땅히 그렇게 하거나 되어야 하는 주제이다. 이처럼 독도, 영토, 주권 등이 당위적 이슈에 해당한다. 2024년 댓글 반응이 많았던 당위적 이슈 사례들은 다음과 같다.

☐ 일본과 중국

한국인 10명 중 4명은 일본에 호감을 보여 관련 조사 결과가 나왔다. 한국(삭제) 민간 싱크탱크인 동아시아연구원(EAI)은 이 같은 내용이 담긴 '제12회 한일 국민 상호인식 조사' 한국 측 결과를 2024년 9월 19일 발표했다. 보고서에 따르면 설문에 참여한 한국인 가운데 일본에 대한 인상이 '좋다'거나 '대체로 좋다'는 응답자는 41.7%로 전년 조사치(28.9%)보다 12.8%p 높아졌다. 반면 '나쁜 인상' 또는 '대체로 나쁜 인상'을 갖고 있다고 답한 한국인 비율은 42.7%로 1년 전(53.3%)보다 10%p 이상 낮아졌다. 이는 첫 조사가 이뤄진 지난 2013년 이후 대일 호감도는 최고치, 비호감도는 최저치라고 연구원 측은 전했다. 그러나 여전히 많은 한국인들이 일본에 대해 부정적인 감정을 가지고 있다. 특히, 일제강점기 강제 동원 문제와 같은 역사적 이슈가 이러한 부정적인 감정의 주요 원인으로 작용하고 있다. 따라서 언론은 일본과 관련된 이슈를 다룰 때 비판적인 시각을 많이 반영하는 경향이 있다. 특히, 역사적 문제나 정치적 갈등과 관련된 보도에서는 부정적인 태도가 두드러진다.

2월에 일본 군마현에 있는 강제동원 조선인 추도비가 철거된 사건이 많은 이들의 분노를 샀다. 군마현 당국은 1월 29일부터 철거를 시작했으며, 추도비는 중장비를 사용해 완전히 파괴되었다. 이 추도비는 일제강점기 조선인 강제동원 사실을 후대에 알리고 반성하기 위해 2004년에 설치된 것이었다. 철거 과정에서 금속 현판과 비문은 시민단체에 반환되었지만, 나머지 부분은 산산조각이 나 버렸다. SNS에서도 많은 일본인들이 '철거가 아닌 파괴'라며 분노를 표출했다. - 조선인 추도비 끝내 산산조각 냈다… 일본인도 놀란 장면(2/2)

4월에는 일본 정부가 네이버에 '라인' 지분을 정리하라는 압박을 가하고 있다는 소식이 큰 이슈가 됐다. 일본 국민 약 9천600만 명이 사용하는 대표 메시저 앱 '라인'은 네이버와 일본 소프트뱅크가 절반씩 지분을 가진 '라인 야후'의 서비스다. 이러한 압박은 2023년 네이버 자회사가 해킹을 당해 52만 명의 개인정보가 유출된 사건에서 비롯되었다. 일본 정부는 이 사건을 이유로 네이버 측에 지분 정리를 요구하는 행정지도를 두 차례 내렸다. 통상적으로 해킹 사고가 발생하면 정부는 보완 조치를 요구하고 벌금을 부과하지만, 지분 정리를 요구하는 것은 매우 이례적인 것이었다. 이 상황은 일본 정부가 자국의 대표 플랫폼을 한국 기업이 소유하고 있는 상황을 바꾸려는 의도로 해석되었다. - 13년 키운 '라인' 뺏기나… 일본 "지분 팔고 떠나라"(4/25)

'욱일기 벤츠 주차 사건'은 2024년 6월, 인천의 한 아파트에서 발생한 사건이다. 한 벤츠 차량이 차량 뒷유리와 앞유리에 욱일기 스티커를 붙이고 다니며 논란이 되었다. 이 차량은 아파트 입구와 좁은 도로 코너에 주차해 주민들에게 큰 불편을 초래했고, 재활용 쓰레기 수거 차량이 진입하지 못하는 등의 문제가 발생했다. 이 사건은 많은 네티즌들의 공분을 샀으며, 일부 주민들은 욱일기 스티커를 찢기도 했다. 이에 벤츠 차주는 스티커를 찢은 사람을 경찰에 신고하는 등 갈등이 이어졌다. 욱일기는 일본의 군국주의를 상징하는 문양으로, 한국에서는 매우 민감한 사안이다. 이 사건은 인터넷과 소셜 미디어를 통해 빠르게 확산되었고, 많은 사람들이 욱일기 사용에 대한 강력한 처벌을 요구하고 있다. - "한국 사람으로서 못 참아"… 누리꾼들 분노 부른 차량(5/29)

이어 현충일에 부산의 한 아파트에서 욱일기가 내걸린 사건이 많은 사람들의 분노를 샀다. 이 아파트에는 평소에도 일장기가 걸려 있었고, 현충일을 맞아 욱일기로 바꿔 단 것으로 확인되었다. 이 사건의 배경에는 집주인이 구청과의 갈등으로 인해 이러한 행동을 저지른 것으로 알려졌다. 관리실의 요청에도 불구하고 욱일기를 내리지 않았고, 경찰도 제재할 규정이 없어 대응이 어려웠다. 서울시는 시 조례를 통해 공공장소에서 전범기를 내거는 것을 금지하고 있지만, 전국적으로는 관련 법이 없는 상황이다. - 현충일에 욱일기 걸고 집 비운 한국인… 경찰도 못 막는다(6/6)

일본 사도광산의 세계유산 등재와 관련하여 한국인 노동자 전시물이 공개되었지만, 강제성 부분이 명확히 기재되지 않아 논란이 되었다. 사도광산 인근 향토박물관에 설치된 전시물은 한국인 노동자들의 열악한 노동 환경과 위험한 작업 조건을 설명하고 있지만, '강제'라는 단어는 사용되지 않았다. 이 전시물은 1940년부터 1945년까지 약 1,500명의 한국인 노동자가 사도광산에서 일했음을 기록하고 있으며, 이들의 미지급 임금과 월평균 근무일수 등을 소개하고 있다. 그러나 국민총동원법에 따른 모집과 알선, 징용이 시작되었다는 내용만 있을 뿐, 강제성을 명확히 언급하지 않아 비판을 받고 있다. 이와 관련해 조태열 외교부 장관은 한일관계 개선을 위해 일본이 진정성 있는 후속 조치를 이행해 주기를 기대한다고 밝혔다. - 일본 사도광산 직접 가봤더니… '강제성' 언급은 없다(7/28)

이후 우리 정부는 11월 24일 일본 니가타현 사도시에서 열리는 사도광산 추도식에 불참하기로 결정했다. 이는 일본이 야스쿠니 신사참배 전력이 있는 차관급 대표를 교체하지 않고, 추모와 반성을 담은 추도사를 발표하지 않았기 때문이었다. 외교부는 한일 외교 당국 간 이견이 해소되지 않아 불참을 결정했다고 밝혔다. 정부는 일본과 계속 소통하겠다고 했지만, 이번 추도식이 부실 외교라는 비판을 피하기 어렵게 되었다. 정부, 사도광산 추도식 불참… "일본이 모든 요청 거부"(11/23).

이외 댓글이 많은 기사로는 "13년 일군 기업을 일본에"… '라인 사태' 정부는 뒷짐?(5/9), 일본 정부 뒷배 믿고… 경영권 뺏고 지분도 헐값에?(5/11), "독도는 일본 땅" 절반 도배… 후보만 56명인데 웬 낭비?(6/21), 만장일치로 '사도광산' 세계유산 등재… '강제 노역' 전시물도(7/27), 광복절에 웬 기미가요? 시청자 항의하자… KBS "올림픽 중계에 밀려서" [D리포트](8/15), 전교생에 튼 12분짜리 영상… 광복절 전날 중학교 '발칵'(8/16), 부산 향하던 배에서 몰살… 일본, '승선 명부' 제공 합의(9/5) 등이 있다.

한국 사람들의 중국에 대한 정서는 최근 몇 년간 부정적인 방향으로 크게 변화해 많은 한국인이 중국에 대해 부정적인 인식을 가지고 있다. 주요 원인으로는 중국발 미세먼지와 코로나19 팬데믹이 꼽힌다. 특히, 미세먼지 문제는 한국과 중국 사이에서 오랜 논쟁거리였으며, 많은 한국인들이 중국의 환경 오염 문제를 심각하게 인식하고 있다. 또한, 중국의 정치적 영향력 확대와 군사력 증강, 인권 문제 등도 한국인들의 부정적인 인식을 강화하는 요인으로 작용하고 있다.

2024년 1월 한국인 사업가가 중국 선양공항에서 다이어리 속 세계 지도 때문에 억류된 사건이 발생했다. 이 사업가는 30년 넘게 중국을 드나들었던 사람으로, 매우 이례적인 일이었다. 문제가 된 지도는 타이완을 별도

국가처럼 굵은 글씨로 표기하고, 타이베이를 다른 나라의 수도처럼 붉은 글씨로 표시한 것이었다. 또한, 티베트 지역의 국경 표시도 모호하게 되어 있어 중국 세관원들이 이를 문제 삼았다. 세관원들은 추가 조사를 위해 사업가를 억류했으며, 1시간 후 다이어리에 있는 지도를 뜯어낸 후에야 풀려났다. 선양 주재 한국총영사관은 중국 측에 재발 방지를 요구하고, 중국 입국 시 논란의 소지가 있는 지도를 휴대하지 않도록 주의를 당부했다. - "이런 세계지도 안 돼"··· 중국 세관 한국인 억류(1/25)

중국인 3명이 부산에 온 미국 항공모함뿐 아니라 최소 2년에 걸쳐 우리 군사시설들을 불법 촬영했던 것으로 알려졌다. 추가 취재결과 이들은 미국 핵 잠수함을 비롯해 우리 군사 시설 관련 사진을 최소 530차례 찍어온 걸로 드러났다. 또 이들 휴대전화에선 중국 공안국 관계자 연락처도 나왔다. - "핵잠수함 등 530여 건 촬영··· 중 공안 연락처 저장"(11/13)

이외 댓글 많은 기사로는 "한국, 중국 '폭죽 문화' 뺏으려 해"··· 문화재청에 묻자 [사실은](2/3), 뉴진스 등장에 대륙 '열광'··· 정작 한한령은 '여전'(3/23), 군함급 어선으로 바다 '싹쓸이'··· 중국 불법조업에 한숨(9/29), "'드론 촬영' 중국인들, 2년간 다른 군시설도 촬영"(11/12) 등이 있다.

□ 북한 위협

북한 주민들에 대한 동정심과 인도적 지원의 필요성을 느끼는 사람들도 많다. 하지만 북한에 대한 부정적인 정서는 주로 북한의 군사적 위협, 인권 문제, 그리고 경제적 부담에 대한 우려에서 비롯된다. 특히 북한의 군사적 도발은 한반도와 주변 지역의 안보에 직접적인 영향을 미치고 국제 사회의 정치적, 외교적 긴장을 고조시키기 때문에 뉴스가 되며 북한의 도발은 예측하기 어려운 경우가 많아 북한 관련 기사는 항상 주목받는다.

북한이 5월 28일 밤부터 남쪽을 향해 오물과 쓰레기를 담은 풍선들을 날려 보냈다. 이 풍선들은 경기, 강원, 경남, 전북 등 여러 지역에서 발견되었으며, 확인된 것만 260개가 넘었다. 풍선에는 오물과 각종 쓰레기가 담겨 있었고, 일부 지역에서는 재난 문자가 발송되어 주민들이 놀라기도 했다. -북 '오물 풍선' 살포… 전국서 260여 개 발견(5/29)

6월 9일 정부는 북한의 오물풍선 살포에 대응하여 6년 만에 대북 확성기 방송을 재개했다. 대통령실은 긴급 국가안전보장회의를 열고, 북한의 도발에 대한 대응 조치로 대북 심리전 라디오 프로그램인 '자유의 소리' 방송을 시작했다. 이 방송은 북한의 실상과 대한민국의 발전상, K-문화 등을 소개하는 내용으로 구성되어 있다. 대통령실은 앞으로 한반도 긴장 고조의 책임은 전적으로 북한에 있다고 강조하며, 북한의 어떠한 시도도 용납하지 않겠다는 입장을 밝혔다. 이번 조치는 북한이 세 차례에 걸쳐 오물풍선을 남쪽으로 살포한 데 따른 것이다. - 6년 만의 대북 확성기… 접경지 울려 퍼진 '자유의 소리'(6/9)

북한이 오물풍선을 하나 띄워 보내는 데 개당 약 10만 원이 소요된다고 우리 군이 추산했다. 이 비용의 대부분은 수소 가스 비용으로, 전력난과 유엔 제재로 인해 수소 가스를 조달하는 것이 쉽지 않은 상황이다. 북한은 지난 5월 28일부터 약 한 달간 7차례에 걸쳐 2,400여 개의 오물 풍선을 남한으로 날려 보냈다. 풍선에는 오물과 각종 쓰레기가 담겨 있었으며, 이를 채우는 데 군인뿐만 아니라 북한 주민들도 동원된 것으로 파악되었다. - 북한 전력난 심각한데… 오물풍선 띄우려면 개당 10만 원(7/7)

이 때문에 많은 사람들이 북한의 행동에 대해 분노와 불쾌감을 표현하고 있다. 특히, 풍선이 떨어진 지역 주민들은 불안과 혼란을 겪고 있으며, 일부는 풍선이 위험한 물질을 포함하고 있을까봐 걱정하고 있다. 소셜 미디어에서는 "쓰레기 무단 투기로 북한에 과태료를 부과해야 한다"는 농담 섞인 반응도 있었고, "사람이 맞으면 오물 풍선도 치명상을 부르는 흉기가 되는 것 아니냐"는 우려의 목소리도 있었다.

이런 가운데 북한이 러시아로부터 24마리의 고가의 말을 수입한 것으로 8월 확인되었다. 이 말들은 김정은이 선호하는 오를로프 투로터 품종으로, 한 마리당 최대 2억 원에 달한다. 북한은 수해 복구에 총력을 다하고 있는 상황에서도 이러한 고가의 말을 수입한 것이다. 오를로프 투로터는 뛰어난 외모와 순종적인 특성으로 유명한 품종으로, 김정은이 백두산을 오를 때 타고 있던 말로도 알려져 있다. 이번 수입은 김정은 일가의 우상화를 위한 것으로 보이며, 북한 주민들은 이러한 사실을 알지 못한 채 어려움을 겪고 있다. - 북, 앞에서는 수해 복구… 뒤로는 '김정은 애마' 수입(8/31)

우리 군이 대북확성기 방송을 시작하자 북한도 접경지역에서 우리 쪽을 향해 확성기를 틀고 있다. 이 때문에 인천 강화도 주민들이 확성기 소음으로 고통을 겪고 있다. 소음은 진공청소기 소음 수준인 70데시벨, 밤에도 60데시벨 이상으로 계속됐다. 주민들은 잠을 제대로 자지 못하고, 소음 때문에 가축들이 사산하기도 했다. -하루 종일 '끼익 끼익'… "귀신 소리에 잠 못 자" 주민 고통(9/20)

10월 11일 북한이 외무성 명의로 한국이 평양에 무인기를 침투했다고 주장하는 성명을 냈다. 그러면서 모든 공격력 사용을 준비상태에 두고 있다며 경고했다. 북한은 성명에서 한국이 10월 3일과 9일, 10일에 무인기를 평양 중구역상공에 침범했다고 주장했는데 우리 군은 사실을 부인했다. - 북 "한국이 평양에 무인기 침투시켜… 모든 공격 수단 활동 태세"(10/11)

북한이 경의선과 동해선 남북 연결도로를 폭파해 남북을 잇는 육로가 사실상 모두 끊어졌다. 우리 군은 이에 경고사격으로 대응했다. 도로 폭파는 남북합의 위반으로, 정부는 이를 강력히 규탄했다. 폭파 당시 파편이 군사분계선 남쪽으로 날아 왔지만, 우리 군 피해는 없었다. 북한의 도로 폭파는 남북 단절을 강조하기 위한 것으로 평가됐다. -북, 군사분계선 앞 '남북 육로' 폭파… 군, 경고 사격(10/15)

이외 댓글 많은 기사로는 "오물 풍선에 화생방 물질없어"… '낙하 뒤 수거' 최선인가(5/30), 북, 오물 풍선 또 날렸다… "서울·경기서 90여 개 발견"(6/1), 오물 풍선 때 음주 회식… 육군 최전방 사단장 '직무배제'(6/8), "북러 '동맹' 격상… 침략당하면 상호 지원"(6/9), 정부 "북러 조약 규탄… 우크라 무기 지원 재검토할 것"(6/20), 긴장감 감도는 동해… 미국 항모에 중·러 함정까지 집결(6/22), 또 오물풍선 살포… "경기 북부·강원 낙하 주의"(7/18), 구호물자 제의에… "인명 피해 날조" 비난 쏟아낸 북(8/3), 신유빈과 '셀카' 찍으며 미소… '사상 검열' 처벌 받나(8/22), 김정은 "대한민국 공격의사 전혀 없다… 무력사용 기도시 핵무기 사용 배제 안해"(10/8), 북한 추정 해킹 공격… 원전 자료 70만 건 유출(10/9), 무인기 누가 보냈나… 군, '모호한 입장' 내는 이유(10/13), 민간 무인기? 북 자작극?… 삐라 내용 보니 "평소랑 달라"(10/14), 위성에 포착된 95m 방벽… 국가에서 '삼천리' 뺐다(10/25), 김정은 결단만 남았다… "풍계리 3번 갱도 준비 완료"(10/30), 86분 날았다… 정상각 발사 시 미국 전역 타격(10/31), 북, 초코파이 든 대북전단 '반발'… 트럼프엔 '침묵', 왜(11/17), 넉 달째 귀신 소리에 "수면제 달고 산다"… 이주 결심까지(11/24) 등이 있다.

□ 북한, 러-우크라이나 전쟁 파병

북한이 러시아-우크라이나 전쟁에 러시아를 지원하기 위해서 조선인민군을 파병했다. 국가정보원이 추정한 규모는 4개 여단 12,000명 정도인데, 이는 1개 사단에 필적하는 규모이므로 단순한 파병이 아닌 북한군의 정식 참전으로 보고 있다. 볼로디미르 젤렌스키 우크라이나 대통령 역시도 사실상의 참전이라고 표현하였다. 러시아와 우크라이나의 전쟁에 다른 국가가 대규모로 정식 참전하는 것은 최초의 일로 북한의 파병 정황이 드러남과 동시에 나토와 유럽 일대를 긴장시켰다. 북한은 과거 군사고문단의 형식으로 해외에 소수의 병력을 파견한 사례는 있었으나 대규모 지상군 파병은 사상 처음이다.

이와 관련해 댓글 많은 기사로는 "우크라이나 미사일에 북한군 장교 6명 숨져"(10/5), 북, 우크라전 참전 결정… "1만 2,000명 파병"(10/18), "북한군 사상자 90% 달할 수도"… 격전지 투입 전망(10/20), 북한군 탄 함정 찍은 '흑백 사진'… 우리 위성이 포착(10/20), '폭풍군단'이라는데 앳된 얼굴… "총알받이 될 듯"(10/21), '파병' 소문 퍼지자 가족들 오열… "집단 격리 정황"(10/23), 우크라 "북한군 투항하라… 그러면 하루 세끼, 고기 제공"(10/24), "가혹한 대응" 한국에 경고… 한국어로 "투항하라"(10/24), 북 고위급 전선 이동… "군사적 야합 좌시 않겠다"(10/29), "북한군, 우크라 진입"… "1명 빼고 전부 사망" 주장도(10/30), 북한군 추정 영상 공개… "이미 상당수 사망" 교전 인정(11/6), 우크라 "천궁 사겠다" 타진… 난색 표한 정부(11/27), "200여 명 사망" 눈밭에 시신 줄줄이… 공개된 영상 보니(12/16), "정다운 아버지·어머니 품을 떠나…" 사망 북한군의 손편지(12/25) 등이 있다.

□ 군 기강 사고

국민들은 군이 강력한 방어력을 유지하고, 외부의 침략이나 위협에 신속하고 효과적으로 대응할 수 있기를 기대한다. 군 내부에서 발생하는 사고를 최소화하고, 군인들의 안전을 철저히 관리하는 것이 중요하다. 또 군인들의 인권이 존중되고, 부당한 대우나 폭력이 발생하지 않도록 군이 인권을 보호하는 데 앞장서기를 기대한다. 군이 투명하게 운영되고, 잘못된 일이 발생했을 때 책임을 명확히 지는 것을 바란다. 이는 군에 대한 신뢰를 높이는 데 중요한 요소이다.

군에서 차량 배터리 폭발 사고로 얼굴을 다친 20살 병사가 자비로 치료받는 일이 벌어져 논란이 일었다. 2023년 11월 경기 김포의 한 육군 부대에서 발생한 군용차 배터리 폭발 사고로 20살 병사가 얼굴에 심각한 부상을 입었지만, 치료비 문제로 어려움을 겪고 있었다. A 상병은 폐배터리를 창고로 옮기던 중 폭발 사고를 당해 각막, 입술, 뺨 등 여러 부위를 다쳤다. 초기 치료비는 군에서 지원했지만, 흉터 제거와 같은 추가 치료비는 지원이 어려울 수 있다는 입장이다. 제조사 측은 배터리 자체 하자가 없다고 주장하며 보상을 거부했다. 이 사건은 군의 안전 관리 부실과 책임 문제를 부각시켰다. - [스브스픽] 군용차 배터리 폭발 20살 병사 부상… 군·제조사는 '잘못 없다'(5/11)

5월 강원도 인제의 육군 32사단 신병교육대에서 수류탄 투척 훈련 중 수류탄이 폭발해 20대 훈련병이 숨지고, 소대장이 부상을 입는 사고가 발생했다. 사고는 훈련병이 안전핀을 뽑은 후 수류탄을 던지지 않아 이를 제지하려던 소대장이 달려가는 과정에서 발생했다. 소대장은 손과 팔에 큰 부상을 입고 치료를 받고 있으며, 현장에 있던 다른 훈련병들은 안전지대에 있어 추가 인명 피해는 없었다. 이 사고는 2019년 실수류탄 훈련이 재개된 이후 5년 만에 발생한 것으로, 군 당국은 정확한 사고 원인이 규명될 때까지 연습용 수류탄으로 훈련을 진행하기로 했다. - 신병교육대서 수류탄 폭발… 훈련병 사망·소대장 부상(5/21)

또 강원도 인제의 한 부대에서 신병교육대 훈련병이 군기 훈련 중 쓰러져 이틀 만에 숨진 사건이 발생했다. 훈련병은 완전 군장 상태에서 1.5km 구보와 팔굽혀펴기를 하던 중 쓰러졌으며, 이는 군 규정을 위반한 것으로 보인다. 군 인권센터는 훈련병의 상태가 좋지 않다는 보고에도 불구하고 훈련을 강행한 간부들의 책임을 지적하고 있다. 육군은 이 사건을 경찰에 이첩하기로 결정했으며, 숨진 훈련병을 일병으로 추서했다. 이와 관련해 지휘관의 신상 정보가 온라인에 퍼지면서 여러 가지 확인되지 않은 주장과 정보가 유포됐다. 특히, 해당 지휘관이 여성이라는 주장이 나오면서 일부는 여군이 완전 군장은 해 봤겠냐며 성별을 문제 삼는 반응도 있었다. 하지만, 많은 사람들은 규정을 지키지 않아 발생한 문제라며 성별은 본질적인 문제가 아니라고 지적했다. - 육군 훈련병 얼차려 받다 사망… "완전 군장 구보·팔굽혀펴기"(5/27)

우리 비밀요원들의 정보를 중국에 유출한 국군 정보사령부 군무원이 8월 재판에 넘겨졌다. A 씨는 2017년 중국에서 체포된 후 포섭되어 2019년부터 차명계좌 등을 통해 약 1억 6천만 원을 받고, 2022년부터 군사 기밀 30건을 유출한 것으로 확인되었다. 유출된 기밀에는 비밀요원의 신상정보, 정보사 조직 편성, 다른 정보부대의 작전 방법 등이 포함되어 있었다. A 씨는 기밀을 메모하거나 영외로 가져가고, 타 부서 기밀은 휴대전화 무음 카메라 앱으로 촬영해 빼돌렸다. 이렇게 확보한 기밀은 중국 인터넷 클라우드 서버에 올리거나, 인터넷 게임 음성 메시지 기능을 이용해 전달한 것으로 드러났다. 군 수사기관은 휴대전화 포렌식을 통해 삭제된 메시지 2천여 건을 복원하면서 사건의 전모를 밝혀냈다. - '기밀 유출' 군무원 구속… "러·동남아 요원도 급히 귀국"(7/30)

2025년부터 군 병장의 월급이 150만 원으로 20% 인상되지만, 초급 간부 하사의 기본급은 3% 오른 193만 원에 그친다. 이로 인해 부사관들의 처우 개선이 더디고, 중도 퇴사하는 부사관들이 늘고 있다. 부사관 경쟁률은 2019년 4.9대 1에서 지난해 1.8대 1로 줄었고, 하사의 수가 상사보다 적어지는 현상이 발생했다. 국방부는 부사관 처우 개선을 위해 단기 복무 장려 수당을 인상하려 했으나, 예산 동결로 무산되었다. - "병장 월급과 43만원 차"… 무너진 부사관 피라미드(10/1)

이외 댓글이 많은 기사로는 육군 간부들, 연합훈련 중 술판… "병사 돌려보내고 고성방가"(3/14), "하늘나라 간 훈련병 엄마입니다"… '수류탄 사고' 육군에 전한 말(5/23), "숨진 훈련병 지휘관은 여성?"… 신상 정보 무분별 확산(5/29), "251명 중 내 아들만 없습니다"… 숨진 훈련병 어머니의 편지(6/19), '블랙 요원' 기밀 유출… "생명 위험" 중국 등에서 긴급 귀국(7/29), 고소전 중 군 비밀 술술… "사령관 직무 배제 검토"(8/7), 7년 전 중국에 포섭… 1억 6천 받고 기밀 빼돌렸다(8/28), '17일간 홀로 격리' 말년 병장 의문사… '민간 이첩' 안 했다(9/1), 사채업자에 '암구호' 넘긴 군 간부들… "돈 빌리려 담보로"(9/22) 등이 있다.

□ 경찰 치안

군과 마찬가지로 국민들은 경찰이 범죄를 예방하고, 신속하게 대응하여 안전한 사회를 만들어 주기를 기대한다. 경찰이 투명하게 운영되고, 잘못된 일이 발생했을 때 책임을 명확히 지는 것은 경찰에 대한 신뢰를 높이는 데 중요한 요소이다. 또한 경찰이 법을 공정하게 집행하고, 모든 사람을 평등하게 대우하는 것을 바라며 이는 사회적 정의를 실현하는 데 필수적이다.

4월 부산 해운대 거리에서 발생한 조직폭력배들의 집단 난투극 사건은 많은 사람들에게 충격을 주었다. 특히, 경찰이 두 차례나 신고를 받고 현장에 출동했음에도 불구하고 아무도 체포하지 못해 큰 비판을 받았다. 사건은 새벽 시간에 발생했으며, 지역에서 형, 동생으로 불리는 30대 조직폭력배들이 술을 마시다가 집단 난투극으로 번졌다. 경찰은 첫 번째 신고 당시 깨진 유리문을 보상하겠다는 여성 일행들의 말만 듣고 3분 만에 철수했으며, 두 번째 신고 때는 현장만 배회하다가 폭력조직원들을 놓쳤다. 이 사건은 경찰의 초기 대응이 부실했다는 지적을 받고 있으며, 경찰은 사건 발생 닷새만에 폭력조직원들에 대해 체포 영장을 신청했다. - '조직폭력배 난투극' 신고했는데… 배회만 하다 간 경찰(4/29)

5월에 부산 도심 한복판에서 조직폭력배들이 시민을 무차별 폭행하는 사건이 발생했다. 이 사건은 부산의 대표 번화가인 서면에서 일어났으며, 두 명의 건장한 남성이 한 남성을 무차별적으로 폭행했다. 피해자는 정신을 잃고 쓰러질 정도로 심각한 폭행을 당했다. 경찰은 신고를 받고 출동했지만, 가해자와 피해자의 신상 정보만 간단히 확인한 후 현장을 떠났다. 특히, 가해자 중 한 명은 경찰 관리 대상인 조직폭력배였지만, 출동 경찰은 이를 확인하지 않았다. 경찰이 떠난 직후, 가해자들은 피해자에게 합의를 요구하며 협박까지 했다. 경찰은 신원 확인을 마쳐 도주 우려가 없다고 판단해 현행범 체포 필요성이 없었다고 설명했다. 그러나, 조폭 난투극이 벌어져 경찰이 집중 단속에 나선 상황에서도 대응이 부실했다는 비판이 나왔다. - 부산 도심 무차별 폭행에도… 경찰, 조폭 확인 안 하고 '귀가 조치'(5/27)

7월에 부산 해운대 해수욕장 근처에서 또다시 집단 난투극이 발생했다. 20대 남성 10명이 싸움을 벌여 4명이 다쳤다. 부산 도심에서 폭력 사건이 잇따르자 경찰이 치안을 강화하겠다고 했지만, 이번 사건으로 경찰의 대응이 부족하다는 비판이 나왔다. 이번 사건은 인근 유흥주점에서 발생했으며, 싸움 도중 1명이 흉기에 찔려 중상을 입는 등 3명이 병원으로 옮겨졌다. 경찰은 사건에 가담한 10명 중 8명을 붙잡아 조사했으며 이들은 조폭이 아닌 것으로 확인됐다. - 해운대 20대 집단 난투극… 무색해진 '치안 강화'(7/16)

5월 60대 남성 A 씨가 주택에 불을 질러 60대 여성 B 씨가 중태에 빠진 방화 사건이 발생했다. B 씨는 이전에 A 씨를 세 차례나 폭행과 흉기 난동으로 경찰에 신고했지만, 경찰의 대응이 미흡했던 것으로 드러났다. 첫 번째 신고는 지난달 22일로, A 씨에게 맞아 B 씨의 팔이 부러졌고, 두 번째 신고는 A 씨가 B 씨의 집에 들어가 베개에 칼을 내리꽂는 이상 행동을 보였을 때였다. 세 번째 신고는 A 씨가 낫으로 테라스 문을 깨고 들어갔을 때였지만, 경찰은 주말이라 분리 조치가 어렵다고 대응했다. 결국, 경찰은 나흘 뒤인 지난 8일에서야 임시조치를 신청했지만, 다음날 A 씨의 방화를 막을 수 없었다. 전문가들은 A 씨가 여러 차례 심각한 폭력을 저질렀기 때문에 더 적극적인 격리 조치가 필요했다고 지적했다. 이 사건은 경찰의 초기 대응이 부실했다는 비판을 받고 있으며, 경찰은 임시조치를 신청한 뒤 신병 문제를 처리하려 했다고 해명했다. - 흉기 침입 신고해도 "주말 껴서 힘들다니까"… '늑장' 경찰(5/16)

경찰 외에도 10월 대전교도소에서 50대 수감자가 갈비뼈 골절과 내장 파열로 병원에 이송되었다. 교정 직원의 폭행 의혹이 제기되었고, 해당 직원은 직무에서 배제되었다. 교도소 측은 진술이 엇갈려 정확한 경위를 파악 중이다. 2019년에도 교도소에서 집단 폭행 사건이 발생한 바 있다. 대전지방교정청 광역특별수사팀이 수사했다. - 갈비뼈 부러지고 내장 파열… "교정 직원이 수감자 폭행"(10/22)

이외 댓글 많은 기사로는 흉기에 시민들 '벌벌'… 해운대 도심서 조폭 패싸움(4/28), "왜 쳐다봐?"… 도심 한복판 무차별 폭행(5/26), 음주 특별 단속 기간에 경찰이 만취운전… 단속 걸리자 '줄행랑'(7/8), 현금 대신 종이로 채우다… 억대 압수물 횡령 경찰 또 발각(10/17), 눈앞 피싱범 신고했더니… "붙잡아 두지 마라" 결국 허탕(11/13) 등이 있다.

□ 김호중 음주 뺑소니

가수 김호중 씨의 음주 뺑소니 사건에 대한 많은 사람들이 행동에 대해 실망과 분노를 나타냈다. 김호중은 유명 가수라는 점에서 많은 사람들의 관심의 대상이며, 음주 운전과 뺑소니는 사회적으로 큰 문제로 여겨지기 때문에 이런 사건은 항상 주목을 받게 된다. 특히, 음주운전 후 도주하고 거짓 자수를 시도한 점에 대해 비판이 많았다. 온라인에서는 김 씨의 행동을 "비겁하다"며 강하게 비난하고 있으며, 그의 팬들조차도 실망감을 감추지 못했다.

2024년 5월 9일에 서울특별시 강남구 신사동에서 트로트 가수 김호중 씨가 몰던 차량이 편도 1차선 직진 차로에서 아무 이유 없이 중앙선을 넘어 마주 서 있던 택시와 충돌하는 사고를 낸 뒤 달아났다. 이후 김씨는 교통사고를 낸 뒤 도주한 혐의로 경찰 조사를 받았다. 처음에는 김 씨의 매니저가 자신이 사고를 냈다고 경찰에 자수했지만, 경찰의 추궁 끝에 김호중 씨가 직접 운전한 사실을 인정했다. 경찰은 김 씨가 음주 상태에서 사고를 낸 뒤 도주했을 가능성도 조사했다. 김씨의 소속사는 사고 후 김 씨가 당황하여 제대로 대처하지 못했다고 사과하며, 음주 측정 결과 음주 수치는 나오지 않았다고 해명했다. 이어 경찰은 김씨가 당시 술을 마시고 운전했는지 확인하기 위해서 14일 압수수색 영장을 신청했다. 사라진 차량 블랙박스 메모리 카드와 김 씨의 휴대전화 등이 확보 대상이었다. 또 자신이 운전했다며 경찰에 거짓 자수한 김 씨의 매니저는 범인 도피 혐의로 입건됐다.

결국 음주 운전과 뺑소니 의혹을 받는 김씨는 사고 열흘 만에 음주운전 사실을 시인했다. 김 씨는 창원 공연을 마친 뒤 소속사를 통해 "음주 운전을 했으며 크게 후회하고 반성하고 있다"고 밝혔다. 또한, 김 씨의 소속사도 증거 인멸에 가담한 혐의로 사과의 뜻을 전했다. 김씨는 음주 운전과 뺑소니 혐의를 인정한 후 출국금지 조치됐다. 또한, 김 씨와 소속사 대표, 매니저 등 4명이 출국금지 되었으며, 경찰은 김 씨를 소환하기로 했다. 검찰은 김 씨의 '사고 후 추가 음주' 논란과 관련해 처벌 규정을 신설하기로 했다. 김 씨는 사고 이후 경기도 호텔 인근 편의점에서 캔맥주를 사는 모습이 포착되면서 음주운전을 감출 목적으로 일부러 추가로 술을 마신 것 아니냐는 의혹이 제기됐다. 건의안에는 교통사고 후 적발을 피하기 위해 추가 음주할 경우 음주 측정거부와 동일한 형량을 적용하는 내용이 담겼다.

8월에는 울산에서 음주운전 단속을 피하려다 사고를 낸 운전자가 9시간 후에 자수한 사건이 발생했다. 이 운전자는 음주 사실을 시인했지만, 혈중알코올농도가 검출되지 않아 음주 운전 혐의를 적용할 수 없었다. 이 사건은 가수 김호중 씨의 사건과 유사하게, 음주운전 후 도주한 사례로 주목받았다. 경찰은 해당 운전자에게 도로교통법 위반 혐의만 적용해 불구속 입건했다. 이처럼 음주운전 후 사고를 낸 뒤 운전자를 바꿔치기 하거나 추가로 술을 마셔 경찰의 음주 측정을 방해하는 범죄가 증가했다. 가수 김호중 씨 사건과 유사한 수법들이 사용되고 있으며, 이에 대한 처벌 규정이 미비하다는 지적이 나왔다. 8월 경남 밀양에서는 음주운전 후 사고를 낸 뒤 집에서 추가로 술을 마셔 음주 상태를 숨기려 한 사례도 있었다.

새벽 시간에 70대 할머니가 횡단보도를 건너다 두 차량에 잇따라 치여 숨겼다. 두 운전자는 현장에서 도망갔다가 경찰에 붙잡혔다. 첫 번째 사고를 낸 60대 운전자는 사고 후 술을 마신 정황이 포착되었다. 경찰은 그가 음주운전을 은폐하기 위해 고의로 술을 마신 것으로 보았다. -'쾅' 2분 뒤 다시 '쾅'… 할머니 숨지게 한 뒤 편의점서 음주(10/29)

김호중 씨의 음주 뺑소니 사건을 계기로 정치권에서 음주운전 처벌을 강화하는 '김호중 방지법'이 추진됐다. 이 법안은 음주운전 후 도주하거나 추가로 술을 마셔서 음주 측정을 방해하는 행위를 금지하고, 이를 위반할 경우 강력한 처벌을 부과하는 내용을 담고 있다. 그러나 이 법안에 대해 김호중 씨의 팬들이 반발하고 있으며, 국회 입법 예고 게시판에는 수천 개의 댓글이 달렸다. 일부 댓글은 법안에 대한 강한 반대 의견을 표명하며, 정치적 불이익을 각오하라거나 김 씨가 낸 세금으로 국회의원 월급을 주는 거라는 등 도 넘는 댓글로 오히려 비판을 받았다.

이와 관련해 댓글 많은 기사로는 김호중 옷 입고 교통사고 자수… 매니저와 운전자 바꿔치기?(5/14), 사라진 블랙박스… '뺑소니 혐의' 가수 김호중 압수수색 영장 신청(5/15), 김호중, 범인 도피·증거 인멸 혐의… 소속사 조직적 개입?(5/16), '뺑소니 혐의' 김호중, 거물급 전관 변호사 선임… "공연은 예정대로"(5/17), 김호중, 유흥주점 갈 때부터 '대리'… "핵심 음주 정황"(5/18), '소주 7병 술자리' 김호중 음주 정황… "구속영장 신청 검토"(5/19), 김호중, 열흘 만에 음주운전 시인… "크게 후회하고 반성"(5/19), 음주운전 감추려 사고 뒤 캔맥주 한잔?… '김호중법' 추진(5/20), 김호중 "출연료 안 받겠다"… "취소표 사자" 맹목적 팬심도(5/21), 김호중 대형 공연 강행… 공연장 주변 달라진 분위기(5/23), 10초간 허리 숙인 김호중… 7,500여 명 앞 '사형수의 아리아'(5/24), 김호중 따라하기?… 음주 역주행 9

시간 후 "자수하겠다"(8/8), 운전자 바꿔치기에 술타기… 판치는 '김호중 수법'(8/16), '김호중 방지법'이 명예훼손?… "이름 빼라" 팬들 항의 [사실은] (8/21) 등이 있다.

□ 교제폭력

교제폭력(데이트 폭력)은 개인의 안전과 인권을 침해하는 심각한 문제다. 교제폭력 사건이 증가하면서, 이를 예방하고 처벌하기 위한 법적 대응이 필요하다는 목소리가 커지고 있다. 교제폭력에 대한 인식을 높이고, 피해자들을 보호하기 위한 사회적 노력이 필요하다는 점에서 언론이 이를 주목하고 있다.

교제 폭력은 심각한 사회 문제이지만 종종 사적인 문제로 치부되어, 사회적 인식과 대응이 부족하다. 이는 피해자가 도움을 요청하기 어렵게 만들고, 가해자가 처벌받지 않는 경우가 많다. 또 교제 폭력을 다루는 별도의 법이 없기 때문에, 피해자 보호 조치가 충분하지 않다. 예를 들어, 접근 금지 명령 등의 보호 조치가 제대로 이루어지지 않는 경우가 많다. 이 때문에 교제 폭력은 피해자에게 신체적 상해뿐만 아니라 심각한 정신적, 정서적 피해를 준다. 이는 장기적으로 피해자의 삶의 질을 크게 저하시킬 수 있다. 따라서 사람들은 교제 폭력에 대해 대체로 분노와 안타까움을 표하며 피해자 보호와 가해자 처벌에 대한 강력한 조치를 요구하고 있다.

과거 연인 사이였던 남성에게 폭행당해 병원 치료를 받던 20대가 4월에 숨졌다. 경남 거제에서 발생한 이 사건은 피해자인 20대 여성이 과거 연인에게 폭행을 당한 후 병원 치료를 받다가 사망한 사건으로 피해자는 전치 6주의 진단을 받고 입원 치료 중 상태가 악화되어 사망했다. 경찰은 가해자인 전 남자친구를 긴급 체포했지만, 검찰은 긴급 체포 요건을 충족하지 못했다며 그를 풀어 주어 공분을 샀다. 유족들은 이에 대해 강하게 반발했으며, 경찰은 구속영장 신청을 다시 검토하겠다고 밝혔다. 이 사건은 피해자가 과거에도 여러 차례 데이트 폭력을 당했음에도 불구하고 제대로 보호받지 못한 점에서 많은 논란을 일으켰다. - '교제 폭력' 신고 7번, 결국 사망… 가해자는 불구속(4/17)

헤어지자는 여자친구를 살해하고 그의 어머니에게도 흉기를 휘둘러 중상을 입힌 김레아의 신상이 공개됐다. 이번 사건은 1월 시행된 특정중대범죄 피의자 신상정보 공개법에 따라 첫 공개된 사례로, 범행의 잔인성과 피해의 중대성 때문에 신상 공개가 결정되었다. 김레아는 3월 25일 오전 경기 화성시의 자신의 집에서 이별을 통보하는 여자친구 B 씨(21)를 흉기로 찔러 살해하고, 함께 찾아온 B 씨의 어머니 C 씨(46)에게도 흉기를 휘둘러 중상을 입힌 혐의를 받고 있다. - 이별 통보에 여자친구 살해… 26세 김레아 신상 공개(4/22)

재판부는 10월 김레아의 범행이 잔인하고 반성의 기미가 없다며 무기징역을 선고했다. 김레아는 면회 온 가족에게 10년만 살다 나오면 된다고 말해 논란이 되었다. 재판부는 김레아의 심신미약 주장을 받아들이지 않았다. 피해자의 어머니는 법정에서 재판을 지켜보며 눈물을 흘렸다. 유족들은 검찰의 구형대로 결과가 나와 다행이라며 항소 여부를 지켜보겠다고 밝혔다. - "10년만 살다오면 돼" 말했던 김레아… 결국 무기징역(10/23)

5월에 서울 강남의 한 오피스텔에서 60대 여성과 그 딸을 살해한 혐의로 도주했던 60대 남성이 범행 13시간 만에 체포되었다. 이 남성은 피해자와 6개월 정도 교제한 사이였으며, 피해자가 헤어지자고 하자 범행을 저질렀다. 피해자 가족은 이 남성이 평소에도 폭력적인 모습을 보였고, 피해자가 여러 차례 헤어지자고 말했지만 계속 찾아왔다고 증언했다. - "교

제 중에도 폭력적, 쫓아다녀"… 딸도 나서다 함께 참변(5/31)

　　같은 달 건물 옥상에서 여자친구를 흉기로 찔러 숨지게 한 뒤, 자신도 뛰어내리려고 했던 의대생 최 모 씨가 붙잡혔다. 최 씨는 6일 오후 서울 서초구 서초동 강남역사거리 인근 15층 건물 옥상에서 동갑내기 대학생 여자친구 A씨에게 수차례 흉기를 휘둘러 살해한 혐의를 받는다. 경찰은 같은 날 "옥상에서 한 남성이 투신하려고 한다"는 신고를 받고 현장에 출동해 최 씨를 끌어냈다. 이후 "약이 든 가방 등을 두고 왔다"는 최 씨 진술을 토대로 현장을 다시 확인하는 과정에서 피해자를 발견하고 최 씨를 긴급체포했다. 발견 당시 피해자는 이미 숨진 상태였다. 최 씨는 경찰 조사에서 "여자친구가 헤어지자고 말해 범행을 저질렀다"며 범행을 시인하고 자신이 의대생이라는 점을 언급했다고 한다. 실제 최 씨는 대학수학능력시험 만점자 출신으로 서울 소재의 명문대 의대생으로 조사됐다. - 옥상 투신 소동 벌인 20대… 여자친구 흉기 살해 직후였다(5/7)

　　경찰청에 따르면 최근 5년간 전국에서 교제 폭력으로 형사 입건된 피의자 수는 2019년 9천823명에서 2020년 8천951명으로 줄었으나 2021년에 1만538명, 2022년 1만2천828명, 2023년 1만3천939명으로 증가 추세를 보이고 있다. 그러나 이 기간 검거된 피의자 총 5만 6천79명 중 구속된 비율은 2.21%(1천242명)에 불과했다. 2024년 1월부터 4월 말까지 넉 달 동안에는 4천395명이 관련 범죄를 저지른 혐의로 형사 입건됐는데, 이 가운데 1.87%(82명)만이 구속된 것으로 나타났다.

　　이외 댓글 많은 기사로는 중고 거래・1원 송금… 갈수록 교묘해지는 스토킹, 해법은(1/31), "다른 남자 만났냐" 여자친구 손가락을… 30대 남성 구속(2/15), 피해자 숨져도 '불구속'… 교제 폭력 처벌 이대로?(4/20), '수능 만점' 의대생 인터뷰 찾더니… 피해자 신상도 퍼졌다(5/8), 여성 찾아가 흉기 살해… '교제 폭력' 올해 4천 명 잡았다(6/9), "왜 이별 통보해"… 입법 공백 속 끊이지 않는 교제 관련 범죄(6/12), 이별한 여성 찾아가 흉기… 잇단 '교제폭력' 대책 없나(6/10), 헤어진 연인 부모에 흉기 휘두르고 도주… 현역 군인 체포(8/25), 아파트 복도서 흉기 난동… 전 연인 살해·어머니 중상(11/8) 등이 있다.

□ 아동 학대

어린이들은 보호받아야 할 대상인데, 학대를 당하면 그 피해가 크고 장기적으로 영향을 미칠 수 있다. 아동학대 사건은 감정적으로 많은 사람들에게 큰 충격을 주기 때문에 언론의 관심을 받을 수밖에 없다. 따라서 아동학대 문제를 해결하기 위한 법적, 제도적 개선이 필요하다는 목소리가 커지고 있어서 아동학대는 언론의 주목을 받게 된다.

2023년 아동학대로 판단된 사례는 2만 5739건이었고 전체 학대행위자 중 부모의 비중은 85.9%(2만 2106건)를 차지한 것으로 나타났다. 학대 장소도 가정 내에서 발생한 사례가 2만 1336건(82.9%)으로 가장 높게 나타났다. 아동학대로 사망한 아동은 44명으로 2022년 50명보다 6명 감소했으며, 연령별로는 2세 이하(36개월 미만)가 13명(29.5%)이었고, 6세 이하 영유아는 27명(61.4%)이었다. 아동학대 사건에 대한 반응은 대체로 분노와 충격으로 가득 차 있다. 많은 사람들이 이러한 사건에 대해 강력한 처벌을 요구하고 있으며, 부모나 보호자의 책임을 강조하고 있다. 이러한 사건들이 반복되지 않도록 법적 제도와 사회적 안전망을 강화해야 한다는 의견도 많다. 특히, 맘카페와 같은 온라인 커뮤니티에서는 피해 아동과 그 가족을 위한 지원과 보호가 필요하다는 목소리가 높다. 일부 네티즌들은 아동학대 사건이 발생할 때마다 더 강력한 법적 조치와 예방책이 필요하다고 주장하고 있다.

2월 경기도 시흥의 한 언어치료센터에서 30대 재활사 A씨가 자폐를 앓고 있는 장애아동들을 상습적으로 폭행한 혐의로 경찰에 구속영장이 신청되었다. A씨는 최근 전세 사기를 당해 기분이 좋지 않아서 범행을 저질렀다고 진술했다. CCTV 영상에는 A씨가 아이들의 뺨을 때리고, 명치를 가격하며, 손목을 꺾는 등의 폭행 장면이 고스란히 담겨 있었다. 피해 아동들은 자폐 장애가 있거나 언어 발달이 느린 10세 미만의 아이들로, 장기간 폭행에도 피해 사실을 알리지 못했다. 경찰은 아동학대 혐의로 A씨에 대해 구속영장을 신청했으며, 센터장에 대해서도 관리 소홀의 책임을 물어 입건해 수사했다. 피해 부모들은 센터장이 제대로 된 사과조차 하지 않고 있다며, 장애 아동 관련 시설에서 관리자의 책임과 처벌을 강화해달라는 국민청원을 제기했다. - 장애아동 떨게 한 공포의 재활사… "전세사기 당해서 그랬다"(2/16)

4월에는 강릉의 한 주택에서 8살 아이가 숨진 채 발견되었고, 경찰은 아이가 학대를 받다가 사망한 것으로 보고 부모를 구속했다. 이 가족은 매달 400~500만 원의 보조금을 받았지만, 대부분을 유흥비로 사용한 것으로 드러났다. 사망 열흘 전, 학교 교사가 아이의 눈 밑 멍 자국을 보고 아동 학대 의심 신고를 했지만, 결국 아이는 집에서 숨진 채 발견되었다. 부검 결과 사망에 이를 만한 사인은 발견되지 않았지만, 경찰은 지속적인 학대와 방임, 유기 등을 사망 원인으로 보고 있다. 경찰은 학대와 방임 등의 혐의로 부모와 삼촌으로 불리던 동거인 등 3명을 구속했고, 강릉시는 보호 시설에 있는 자녀 6명에 대해 심리 치료에 나서는 등 지원 대책을 찾고 있다. - 열흘 전 교사는 학대 의심… 눈에 멍든 8살 집에서 숨져(4/5)

경남 창원시의 장애인종합복지관에서 발달장애아동들을 학대한 혐의로 30대 치료사 A 씨가 5월 경찰에 입건되었다. A 씨는 아이들을 때리거나 방임하는 등 학대 행위를 저지른 것으로 조사되었다. 피해 아동은 14명 이상으로, 대부분 의사소통이 어려운 발달장애 아동들이었다. A 씨의 학대 행위는 학부모가 치료실 밖에서 폭행 소리를 듣고 CCTV 열람을 요청하면서 드러났다. - 창문 가린 치료실 안 '퍽퍽'… "CCTV 볼게요" 드러난 학대(5/22)

경기도 양주의 한 태권도장에서 5살 어린이를 중태에 빠뜨린 혐의로 30대 태권도 관장이 7월에 구속되었다. 이 관장은 아이를 매트에 거꾸로 넣고 10분 이상 방치해 심정지 상태에 빠뜨렸으며, 경찰 조사에서 "장난으로 그랬다"고 진술했다. 법원은 증거 인멸과 도망할 염려가 있다며 구속 영장을 발부했다. 경찰은 관장이 태권도장 CCTV 영상을 삭제한 정황을 포착하고 영상 복구 작업을 진행했다. 또한, 추가 피해 아동이 있는지 조사하고 있으며, 지역 맘카페에는 자신의 자녀도 폭행을 당했다는 주장이 올라왔다. 피해 아동은 여전히 의식 불명 상태로 병원에서 치료를 받다 숨졌다. - 태권도장서 5세 아동 의식불명… 관장 CCTV 삭제 정황(7/13)

이외 댓글 많은 기사로는 멍든 채 숨진 8살… "자녀 8명 지원금 유흥비로"(5/17), [뉴스딱] 대변 묻은 속옷 들이밀고, 우는 모습 찍은 교사… "귀여워서"(5/20), 4살 아들 용변 실수했다고… 20대 아버지 행동에 판사도 "충격"(6/30), '5살 의식불명' 태권도 관장 구속… "우리 아이도 때렸다" 추가 폭로(7/14), "살려 달라" 외쳤는데 외면… 20분 거꾸로 방치(7/19), [자막뉴스] "내 아이에게 물이 튀어서…" 한강공원 수영장 아동학대 용의자 검거(8/28), 세 살배기 손녀 살해하고 손자 얼굴 깨문 50대… 20년 구형(10/18), 4살 숨지게 한 태권도 관장… CCTV 복원 영상 충격(11/12) 등이 있다.

□ 동물학대

동물학대는 도덕적이고 윤리적인 문제로 동물학대 사건에 대한 반응은 분노와 실망으로 가득 차 있다. 동물들은 보호받아야 할 존재로 여겨지기 때문에, 학대 사건이 발생하면 많은 사람들이 당연히 분노와 슬픔을 느낀다. 또한 동물학대는 사회적 인식 변화에 따라 동물의 권리를 보호하고, 학대를 예방하기 위한 사회적 노력이 필요하다는 점에서 뉴스 이슈가 된다.

9월 20대 남성 A씨가 부동산 투자 실패로 인한 스트레스를 해소하기 위해 고양이들을 잔인하게 학대하고 살해한 것으로 드러났다. A씨는 2023년 5월부터 8월까지 인터넷 유기묘 카페를 통해 고양이 21마리를 입양한 후, 잔인하게 학대하여 죽였다. 범행 수법에는 고양이들을 기도가 막히게 하거나, 머리를 깨물고, 발에 불을 붙이는 등 잔인한 방법으로 살해했다. 검찰은 A씨를 동물보호법 위반 혐의로 불구속 기소했다. 이 사건은 동물학대에 대한 법적 처벌이 강화되어야 한다는 사회적 요구를 다시 한 번 부각시켰다.

충남 천안에서 한 남성이 길고양이를 쇠막대기로 학대하는 모습이 CCTV에 포착되어 경찰에 고발되었다. 주민들은 이 남성이 다른 고양이 학대 사건의 범인일 가능성을 의심하고 있다. 동물보호단체는 다친 고양이를 구조하고, 남성을 동물학대 혐의로 고발했다. 구조된 고양이는 심각한 부상을 입었다. 경찰은 CCTV를 통해 남성의 신원을 확인하며 수사를 진행했다. - 쇠막대기 내리치자 '비틀'… 기절한 고양이 꼬리 잡고 학대(10/16)

동물 학대가 근절되지 않고 있는 이유로는 먼저 법적 처벌의 미비를 꼽을 수 있다. 동물보호법이 강화되었음에도 불구하고, 실제 처벌은 여전히 약한 수준이다. 최근 3년 동안 동물학대 혐의로 검찰 처분을 받은 2,600여 명 중 구속 기소된 사람은 4명뿐이며, 실형 선고율은 5%에 불과한다. 현행 민법에서는 동물을 생명체가 아닌 물건으로 규정하고 있어, 동물 학대에 대한 처벌이 약하게 이루어지고 있다. 이는 동물 학대를 심각하게 다루지 않는 사회적 인식을 반영한다. 또한 동물 학대에 대한 사회적 인식이 부족하여, 많은 사람들이 동물 학대를 심각한 범죄로 인식하지 않는다. 이는 동물 학대가 반복되는 원인 중 하나다. 동물 학대는 종종 가해자의 심리적 문제와 관련이 있다. 스트레스, 분노, 좌절 등의 감정을 동물에게 표출하는 경우가 많다.

또한 반려동물 서비스 산업이 급격히 성장하고 있지만, 이에 따른 소비자 보호 장치는 아직 미흡한 상태다. 한국소비자원에 따르면, 2021년부터 지난해까지 애완동물 관련 피해구제 건수가 매년 200건 이상 발생하고 있다.

관련해 댓글 많은 기사로는 반려견 던지고 부러뜨리고… 잇딴 동물 학대에도 실형 선고율 '5%'(3/23), 애견호텔에 맡긴 반려견 실명 위기… 사고 나도 해결책 '모호'(2/7), 잘 키우겠다 하고서… '스트레스 해소용'으로(9/3), 냉장고 열자 사체 쏟아졌다… 노부부 사는 가정집서 무슨 일(9/20), 6년째 돌봐 왔는데 사라졌다… CCTV 보고 "기절 직전"(10/13), 녹슨 전기톱과 절단된 흔적… 살아남아도 갈비뼈만 남았다(11/1), 발로 차고 목줄에 매달았는데 '훈련?'… 16만 유튜버의 민낯(11/7), 목 졸린 채 발버둥… "사시나무 떨듯 하더니" 견주는 충격(11/26), "유명 셰프?" 쇠막대기 길고양이 학대범, 알고 보니(11/28) 등이다.

□ 법인차 번호판

법인차 번호판 연두색 도입은 고가의 법인차량을 회삿돈으로 등록하여 세제 혜택을 받고 저렴하게 법인차를 구매한 후 법인 차량 사적 사용하는 방법의 이른바 호화 탈세와 같은 위반을 막기 위해 도입하였다.

4월 온라인에 '연두색 번호판 누가 발의한 법안이냐'는 글이 올라왔다. 글쓴이는 이번에 출고한 차 번호판이 연두색이길래 이게 뭐냐고 물어봤더니, 딜러가 이제 법인 리스 8천만 원 넘는 차는 연두색 번호판이라고 해서 깜짝 놀랐다는 글이었다. 그리고 '이거 타고 주말에 드라이브를 어떻게 가느냐'고 불만의 목소리도 냈다. 해당 차량, 약 1억 4천만 원대 수입차인 것으로 전해졌다. 이에 누리꾼들은 '법인차로 주말에 드라이브 가니까 만든 제도다', '기존 법인 차도 다 바꿨으면 좋겠다' 등의 반응을 보였다.

연두색 번호판 제도는 법인차의 사적 이용을 방지하기 위해 도입된 것으로, 8천만 원 이상의 법인차에 적용된다. 한 누리꾼이 이 제도에 대해 불만을 표했지만, 많은 사람들이 법인차의 사적 이용을 막기 위한 좋은 제도라고 긍정적인 반응을 보였다. 자동차 시장 정보에 따르면, 2024년 1월부터 7월까지 8천만 원 이상 법인차 등록 대수는 2만 7,400대로, 지난해 같은 기간보다 1만 대 이상 줄어들었다. 특히, 포르쉐, 벤틀리, 마세라티, 롤스로이스 등 고급 자동차의 등록 대수가 눈에 띄게 감소했다. 예를 들어, 포르쉐의 경우 올해 1월부터 7월까지 등록된 대수가 지난해 같은 기간보다 47% 급감했다. 처음에는 실효성 논란이 있었지만, 현재까지의 결과로는 효과가 뚜렷한 것으로 나타났다.

관련해 댓글 많은 기사로는 "법인차 연두 번호판 누가 발의했냐" 불만에… "그래서 생긴 것" 뭇매(3/21), "연두색 싫어" 번호판 제도에 법인 수퍼카 급감… 꼼수까지 등장(4/15), '연두색 번호판' 달았더니… 고가 법인 외제차 확 줄었다(8/30) 등이 있다.

□ 기타

시설을 떠나 자립하는 청년들이 한 해 약 2,500명이나 되지만, 최근 5년간 22명이 자립 후 스스로 생을 마감했다. A 씨는 지원기관과의 상담에서 잘 지낸다고 했지만, 4개월 후 자살했다. 정부의 위기 가구 파악 시스템에도 불구하고, 지원기관에는 해당 정보가 공유되지 않았다. B 씨는 잘못된 연락처로 인해 제때 지원받지 못했고, 자립 후 3년 만에 사망했다. 자립 청년들의 위기 신호를 고도화하고, 정부와 지원기관 간 정보 공유가 필요하며 전문가들은 시스템 개선이 시급하다고 지적했다. - 상담 땐 "잘 지낸다"더니… 홀로서기 나선 청년들의 비극(10/19)

이외 댓글 많은 기사로 [단독] 세금 수천만 원 출장에… 엉뚱하게 쓴 '복붙' 보고서(10/3), 15m 구덩이서 흙 깔려 숨진 20대… 4시간 교육하고 투입?(11/19) 등이 있다.

당위적 이슈는 사람들의 도덕적 감각과 정의감에 직접적으로 호소하기 때문에 큰 관심을 받는다. 이런 이슈들은 무엇이 옳고 그른지에 대한 논의를 촉발하고, 사회적 규범과 가치에 대한 고민을 하게 만든다. 앞서 보았던 군 기강 사고, 경찰 치안, 김호중 음주 뺑소니, 교제폭력, 아동 학대, 동물학대, 법인차 번호판 등이 이에 해당한다. 또한, 이러한 문제들은 우리의 일상생활과 밀접하게 연관되어 있어서 더 많은 이들의 공감을 얻고, 사회적 변화를 요구하는 목소리를 높이게 한다. 따라서 당위적 이슈는 사람들의 공감과 참여를 이끌어 내기 때문에 큰 관심을 끄는 것이다.

또 우리 나라와 인접한 일본과 중국은 역사적 배경 때문에 관련 뉴스는 여전히 민감하고, 많은 사람들에게 감정적인 반응을 일으키기 때문에 이슈가 된다. 또한, 일본과 중국의 역사적인 행동과 정책이 현재도 영향을 미치고 있기 때문에, 이러한 주제는 지속적으로 논의되고 있다. 북한 이슈의 경우도 북한의 도발은 한반도와 주변 지역의 안보에 직접적인 영향을 미치기 때문에 많은 관심을 받는다. 북한의 행동은 국제 사회의 정치적,

외교적 긴장을 고조시키고 예측하기 어려운 경우가 많아서 북한 관련 기사는 항상 주목받는 이슈가 된다.

결론적으로 논쟁적, 갈등적, 당위적 이슈의 소통하는 뉴스를 통해 사람들은 자신의 의견을 표현하고 토론하고 싶어한다. 이러한 이슈들은 사회적, 정치적, 경제적 영향을 미치기 때문에 대중의 관심을 받는다. 여기에는 중요성과 흥미성이라는 기사 가치가 중요하지만 이외에도 안전성과 공정성, 공공성 등의 가치가 영향을 미친다. 보았듯이 전기차 화재나 급발진 사고 등 안전과 직결된 문제로 주목받고, 갑질 논란이나 성폭행 사건은 사회적 정의와 관련되어 이슈가 된다. 세대 갈등과 의정 갈등 등은 무엇이 공공의 이익을 위한 것인지에 대한 갈등이다. 그리고 군 기강 사고, 경찰 치안, 김호중 음주 뺑소니, 교제폭력, 아동 학대, 동물학대 등의 이슈는 당위적으로 지켜야 하는 이런 가치를 훼손했을 때 논란을 일으키게 되는 것이다. 따라서 우리가 믿고 있는 사회적 가치에 미치는 영향이 클수록 뉴스 이용자들의 주목을 받는 소통하는 뉴스가 되는 것이다.

제3부
공감하는 뉴스

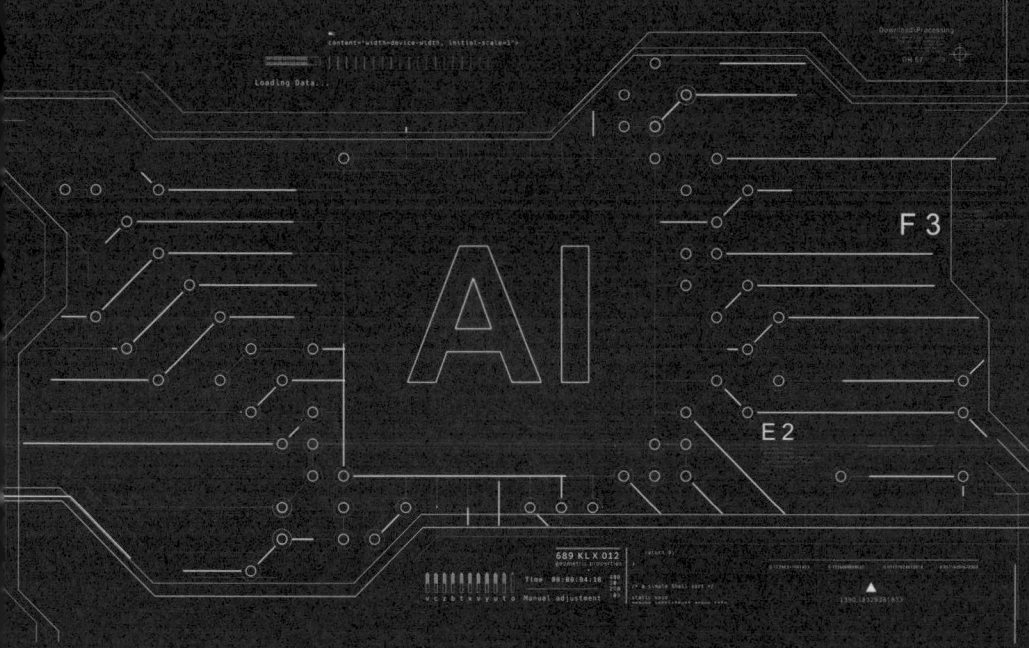

지난 2015년 1월 10일 새벽, 충북 청주시 흥덕구의 한 도로에서 뺑소니 사건이 발생했다. 당시 29세였던 강모 씨는 임신 7개월 된 아내를 위해 크림빵을 사서 귀가하던 중 음주운전 차량에 치여 숨졌다. 자칫 묻힐 뻔한 사건은 사고가 난 지 며칠 뒤인 2015년 1월 19일 SBS 모닝와이드 '블랙박스로 본 세상'에서 이 사건이 보도되었는데 이후 인터넷에 '크림빵 아빠를 아세요?'라는 제목의 게시물이 올라왔다. 사고를 당했을 때 피해자가 부인에게 '좋아하는 케이크가 없어서 크림빵을 샀는데 미안하고, 가진 것은 없어도 아이에게만큼은 열심히 사는 훌륭한 부모가 되자'고 마지막 문자를 보냈다는 내용이었다. 이 게시물이 올라오면서 4월에 출산 예정이었던 아내를 뒷바라지하며 성실하게 일해 온 가장이 뺑소니를 당해 죽고 말았다는 사실이 널리 알려졌다. 이후 강 씨의 안타까운 사연이 알려지면서 전국적으로 큰 공분을 일으켰다. 사건 발생 후, 네티즌 수사대와 경찰의 협력으로 용의 차량이 특정되었고, 결국 피의자 허모 씨가 사고 발생 19일 만에 자수했다. 허 씨는 사고 당시 음주 상태였으며, 사고 후 차량을 직접 수리하는 등 범행을 은폐하려 했던 것으로 밝혀졌다. 이 사건은 네티즌 수사대의 활약과 인터넷 여론의 힘을 보여 주는 사례로 뺑소니 사건에 대한 사회적 경각심을 높이는 계기가 되었다.

앞서 2007년 네이버 포토갤러리에 올라온 '목도리녀' 사진은 많은 사람들의 마음을 따뜻하게 했다. 이 사진은 한 여대생이 서울역 근처에서 노숙자 할아버지에게 자신의 목도리를 둘러주는 장면을 담고 있었다. 이 사진은 인터넷에서 큰 화제가 되었고, 많은 사람들이 이 여대생의 따뜻한 마음에 감동했다. '목도리녀'의 주인공은 홍익대학교 경영학과에 재학 중이던 여대생으로 밝혀졌고 그녀는 평소에도 봉사활동을 꾸준히 해 왔던 것으로 알려졌다. 네이버에 이 사진이 실린 것은 3월 7일이었고 신문들이 기사화한 것은 3월 16일부터였다. 기존의 신문과 방송에서 가치가 있는 기사로 취급되지 못했던 사건이 인터넷뉴스 이용자들의 높은 공감을 받아 가치가 있는 뉴스로 평가받게 된 사례라고 할 수 있다.

이와 같이 '공감성'은 뉴스 소비 행위에서 새롭게 부각된 중요한 가치라고 할 수 있다. 즉 한 개인의 일상적인 경험이지만 많은 사람들이 자신도 그렇다고 느끼게 해 주는 요소로, 뉴스의 인간적 흥미성을 넘어서는 새로운 차원의 뉴스 가치로 평가받고 있다. 기존의 신문이나 방송 뉴스에서는 '인간적 흥미성'의 가치로 평가받지 못했던 사건들이었지만 포털 뉴스에서는 이용자들의 높은 공감을 얻어 뉴스 가치가 있는 것으로 평가받는 경우가 많다. 이는 인터넷과 소셜 미디어의 발달로 인해 뉴스 소비 패턴이 변화하고, 사람들이 더 개인적이고 감정적으로 연결될 수 있는 이야기에 관심을 가지게 되었기 때문이다.

1

감정

　인간 커뮤니케이션은 생각이나 주장을 상호 교환하는 것 이상을 포함하고 있다.[101] 이 때문에 인간 커뮤니케이션의 상당 부분은 감정 커뮤니케이션이다. 특히 감정 커뮤니케이션은 정서, 주목, 접근과 회피, 지배와 복종 등에 관한 미세한 신호를 포함하며 인간의 사회조직에 중요한 정보를 전달한다. 반면 언어는 지식을 교환하기 위한 수단으로 언어를 통해 정보를 공유함으로써 인간은 생존 능력을 높이고 지식과 문화를 발전시킬 수 있었다. 다만 언어는 감정을 공유하는 데 한계가 있다. 언어는 통제가 가능하기 때문에 화가 났더라도 이를 말하지 않으면 언어로써 감정이 드러나지 않는다. 따라서 비언어적인 수단을 통해서 감정을 표현하고 읽는 능력이 발달했다. 이러한 능력은 우리가 상호작용하고 소통하는 데 매우 중요한 역할을 하고 있다.

1) 감정의 역할

　사람들이 좋아함이나 분노를 느끼는 감정은 인간이 마음을 통제하지 못해서 일어나는 현상이거나 마음의 부산물 같은 것일까? 스티븐 핑커에 따

---

101) 로스 벅. 『감성과 커뮤니케이션』. 나남출판. 2000. p30.

르면 사고와 감정은 궁극적으로 계산 가능한 복잡한 현상이다.[102] 이를 가장 기본적인 단계까지 분해할 수 있다면, 정신 작용은 알고리즘적인 현상이라고 주장한다. 알고리즘은 어떤 문제의 해결을 위하여, 입력된 자료를 토대로 하여 원하는 출력을 유도하여 내는 규칙과 절차이다. 그는 감정을 일종의 적응 특성으로 보며, 지성과 조화를 이루며 마음 전체의 작동에 필수적인 잘 설계된 소프트웨어 모듈이라고 설명한다.[103]

감정은 단순히 통제되지 않는 힘이 아니라, 진화 과정에서 중요한 역할을 하는 요소로 볼 수 있다. 감정은 유전자들의 생존과 번식을 돕기 위해 설계된 적응 특성으로, 우리의 행동과 사회적 상호작용에 큰 영향을 미친다. 예를 들어, 행복이나 사랑 같은 긍정적인 감정은 사회적 유대감을 강화하고 협력을 촉진하는 반면, 분노나 두려움 같은 감정은 위험을 피하고 생존을 도모하는 데 도움이 된다. 이러한 감정들은 우리가 사회적 상황에서 적절하게 대응하고 행동할 수 있도록 도와준다. 또한, 감정은 자기 기만의 산물로 나타날 때도 있다. 이는 우리가 자신을 보호하거나 사회적 지위를 유지하기 위해 무의식적으로 감정을 조작하는 경우를 말한다. 이러한 감정들은 때로는 우리의 행복을 해칠 수도 있지만, 전반적으로는 우리의 생존과 번식에 기여하는 중요한 역할을 한다.

따라서 스티븐 핑커의 이론에 따르면, 감정은 단순한 반응이 아니라 뇌의 복잡한 정보처리 메커니즘의 일부로 볼 수 있다. 감정은 우리가 다양한 상황에서 적절한 목표를 설정하고 이를 추구하는 데 중요한 역할을 한다. 예를 들어, 친한 친구로부터 받은 편지를 읽을 때 느끼는 감정이나 길에서 구급차를 볼 때 느끼는 감정은 각각의 상황에 맞는 행동을 유도한다. 핑커

---

102) 수전 그린필드, 『브레인 스토리』, 지호, 2004. p160.
103) 스티브 핑커, 『마음은 어떻게 작동하는가』, 소소, 2007. p570.

는 감정을 도피, 복수, 야망, 구애와 같은 복잡한 계획을 공모하는 데에도 관여한다고 설명한다.[104] 이는 감정이 단순히 순간적인 반응이 아니라, 장기적인 목표를 설정하고 이를 달성하는 데 중요한 역할을 한다는 것을 의미한다. 지능은 이러한 목표를 추구하는 능력이며, 감정은 이러한 목표를 설정하고 이를 달성하는 데 필요한 하위 목표들을 단계적으로 촉발시키는 역할을 한다. 이러한 관점에서 감정은 단순히 기능 불량이 아니라, 잘 설계된 시스템의 일부로 볼 수 있는 것이다.

2) 비언어적 감정 표현

찰스 다윈은 감정이 단순히 내면의 상태가 아니라, 외부로 표현되는 중요한 신호임을 강조한다. 다윈은 특정 감정 상태에서 습관적으로 나타나는 행동들이 감정을 표현하는 데 중요한 역할을 한다고 주장했다.[105] 예를 들어, 개가 꼬리를 흔들거나 사람이 어깨를 움츠리는 행동은 각각 기쁨과 불안의 표현이다. 이러한 신체적 반응은 모세혈관 내의 혈액 순환, 호흡, 음성의 발산 등 다양한 생리적 변화와 관련이 있다. 심지어 곤충도 울음 소리를 통해 감정을 표현할 수 있다는 점은 감정 표현이 생물학적으로 매우 보편적인 현상임을 보여 준다. 감정 표현의 이러한 생리적 기초는 우리가 사회적 상호작용에서 감정을 이해하고 해석하는 데 중요한 역할을 한다.

아기들은 태어나자마자 다양한 감정을 표현하기 시작한다. 초기에는 주로 울음으로 배고픔이나 고통을 표현하지만, 시간이 지나면서 표정이 발달하고 다양한 감정을 표현하게 된다. 특히, 눈썹주름근인 추미근과 눈

---

104) 스티브 핑커. 『마음은 어떻게 작동하는가』. 소소. 2007. p572.
105) 찰스 다윈. 『인간과 동물의 감정표현에 대하여』. 서해문집. 1997. p323,205.

주변 근육들의 수축은 아기들의 표정 변화에 중요한 역할을 한다. 아기들이 편안하지 않을 때 나타나는 약간 찡그린 표정은 부모들에게 중요한 신호가 될 수 있다. 이러한 신호를 통해 부모는 아기의 상태를 파악하고 적절히 대응할 수 있다. 감정 표현의 발달은 아기들이 사회적 상호작용을 배우고, 타인과의 관계를 형성하는 데 중요한 역할을 한다. 아기들이 감정을 표현하고, 부모가 이를 이해하고 반응하는 과정은 초기 사회적 유대감을 형성하는 데 큰 도움이 된다.

아기들은 초기 의사소통에서 동작언어를 많이 사용한다. 카터(Carter)의 연구에 따르면, 생후 12개월에서 16개월 사이의 유아들은 손을 뻗거나 손가락으로 가리키는 등의 동작을 통해 자신의 의사를 표현한다. 이러한 동작은 아기들이 아직 말을 하지 못하는 시기에 중요한 의사소통 수단이 된다. 또한, 아기들은 기쁨이나 놀라움을 나타내기 위해 미소를 짓는 등 다양한 감정을 동작으로 표현한다. 이러한 동작언어는 부모와의 상호작용에서 중요한 역할을 하며, 아기들이 자신의 욕구와 감정을 효과적으로 전달할 수 있도록 도와준다.

찰스 다윈은 다양한 감정상태에서 인간에게서 무의식적으로 나타나는 표정이나 몸짓을 세 가지 원리로 제시했다.[106] 첫째는 습관의 원리다. 감정이 행동으로 표출되고, 반복되는 감정 상태가 습관적인 움직임으로 나타나는 과정은 인간의 복잡한 심리와 신경 시스템을 잘 보여 준다. 특히, 안면 근육이 의지에 의해 통제될 수 있다는 점과 표정을 감추려는 행동이 또 다른 표정으로 나타날 수 있다는 점이 흥미롭다. 이는 우리가 감정을 숨기려 할 때도 무의식적으로 표정이 드러날 수 있음을 의미한다. 밀러(Johannes

---

106) 찰스 다윈. 『인간과 동물의 감정표현에 대하여』. 서해문집. 1997. p34.

Peter Müller) 등 생리학자들이 주장하는 신경섬유의 전도력이 흥분의 빈도에 비례하여 증가한다는 이론은 사고와 행동이 신경적으로 연결되어 있다는 것을 시사한다. 이는 감정과 행동이 단순히 독립적인 것이 아니라, 서로 깊이 연관되어 있음을 보여 준다.

다윈의 두 번째 원리인 대조의 원리는 감정 표현의 복잡성과 정교함을 잘 설명한다. 특정 감정이 표출될 때 습관적인 행동이 수반된다는 점은 매우 흥미롭다. 예를 들어, 기쁨을 느낄 때 자연스럽게 미소를 짓고, 슬픔을 느낄 때 입꼬리가 내려가며 찡그린 표정을 짓는 것은 감정 상태에 따른 신체적 반응의 대조를 보여 준다. 이러한 대조적인 행동과 표정의 변화는 감정 표현이 단순히 내면의 상태를 반영하는 것이 아니라, 외부로 드러나는 중요한 신호임을 의미한다. 이는 우리가 사회적 상호작용에서 상대방의 감정을 이해하고 적절히 대응하는 데 큰 도움이 된다.

세 번째 원리인 무의식적인 표현의 원리는 감정과 신경 시스템의 복잡한 상호작용을 잘 설명한다. 감각 중추가 강하게 흥분되면 신경력이 과다하게 발생하여 특정 방향으로 전달되는데, 이 과정은 신경세포의 연결 상태와 습관에 의해 결정된다. 이러한 신경력의 과다 발생은 근육의 움직임으로 나타나고, 결국 표정으로 드러나게 된다. 이를 신경망의 직접적인 움직임이라고 부른다. 이 원리는 감정과 행동, 그리고 표정이 어떻게 신경학적으로 연결되어 있는지를 이해하는 데 중요한 역할을 한다. 감정이 신경망을 통해 표정으로 나타나는 과정을 이해하면, 인간의 감정 표현을 더 깊이 이해할 수 있는 것이다.

3) 감정과 행동

심리학자 베인(Bain)은 "동시에 또는 연쇄적으로 행해지는 행동이나 감정 또는 느낌은 결합되어 나타난다." 말하였다. 하나의 행동이 다른 행동이나 감정과 쉽게 결합된다는 사실은 매우 중요한 부분이며 인간과 동물에게 있어서 공통적으로 나타나는 현상이다. 감정 상태가 신체적 행동에 영향을 미친다는 점은 심리학과 신경과학에서 중요한 연구 주제다. 예를 들어, 감정이 신체적 행동으로 표현되는 방식은 진화론적 관점에서도 설명될 수 있다. 찰스 다윈은 감정 표현이 생존과 번식에 중요한 역할을 한다고 주장했다. 눈을 감거나 얼굴을 돌리는 행동은 불편함이나 거절의 표시로, 고개를 끄덕이거나 눈을 크게 뜨는 행동은 동의나 관심의 표시로 해석될 수 있다. 이러한 행동은 사회적 상호작용에서 중요한 신호로 작용하며, 인간뿐만 아니라 동물에서도 유사한 패턴이 관찰된다.[107]

감정과 관련된 행동이 반복되는 경향은 신경과학과 심리학에서 많이 연구되고 있다. 예를 들어, 특정 감정이 느껴질 때 활성화되는 뇌의 영역과 그로 인해 발생하는 신체적 반응은 매우 밀접하게 연결되어 있다. 감정을 억제하려고 해도 무의식적으로 드러나는 경우가 많다는 점도 중요한 관찰 요점이다. 이는 감정 표현이 단순히 의지로 조절할 수 없는 깊은 신경학적 기전에 의해 조절된다는 것을 의미한다. 예를 들어, 기쁨을 느낄 때 입꼬리가 올라가는 미소는 자발적으로 나타나는 경우가 많다. 이러한 미세한 근육의 움직임은 우리가 의식적으로 통제하기 어려운 부분이다. 이와 관련된 연구로 폴 에크만(Paul Ekman)의 미세표정(microexpressions)

---

107) 찰스 다윈. 『인간과 동물의 감정표현에 대하여』. 서해문집. 1997. p36-38, 50.

연구가 있다. 에크만은 감정이 순간적으로 얼굴에 나타나는 미세한 표정을 통해 드러날 수 있다고 주장했다. 이러한 미세표정은 매우 짧은 시간 동안 나타나기 때문에 의식적으로 감지하기 어렵지만, 훈련을 통해 인식할 수 있다.

따라서 감정 상태가 신체적 반응으로 나타나는 것은 매우 자연스러운 현상으로 감각 중추의 흥분으로 인해 발생하는 다양한 신체적 표현은 의지와 무관하게 나타날 수 있다.[108] 예를 들어, 화가 났을 때 심장 박동이 빨라지고 호흡이 가빠지는 것은 매우 일반적인 반응이다. 이러한 반응은 자율신경계의 작용으로 인해 발생하며, 우리가 의식적으로 통제하기 어려운 부분이다. 근육의 경련, 땀의 분비, 배설 기능의 변화 등도 특정 감정 상태에서 나타날 수 있는 신체적 반응이다. 이러한 반응은 감정 상태와 신체 반응이 밀접하게 연결되어 있음을 보여 준다. 예를 들어, 극도의 고통을 느낄 때 몸이 떨리거나 땀이 나는 것은 신체가 스트레스에 반응하는 방식 중 하나이다.

이러한 신체적 반응은 진화론적 관점에서도 설명될 수 있다. 생존을 위해 신체가 빠르게 반응해야 하는 상황에서 이러한 자동적인 반응은 매우 유용할 수 있다. 예를 들어, 위험을 감지했을 때 심장 박동이 빨라지고 근육이 긴장하는 것은 빠르게 도망치거나 싸울 준비를 하는 데 도움이 된다.

심리학자 조너선 하이트는 사람들에게 빠르게 도덕적 평가를 내리는 감정이 진화했다고 주장을 했다. 평가 이후에 자신의 도덕적 판단을 설명하거나 합리화할 때, 이미 내린 판단을 지지하려고 논리를 찾게 된다는 것이다. 예를 들어, 사기꾼에 대한 분노는 사회 계약을 어긴 사람들을 처벌하

---

108) 찰스 다윈, 『인간과 동물의 감정표현에 대하여』, 서해문집. 1997. p78.

기 위해 진화했을 가능성이 높다. 이런 분노는 복수를 자극하고, 이는 다른 사람들이 앞으로 사기를 치지 못하게 막는 역할을 한다. 또한, 당혹감은 양보와 복종을 촉진하기 위해 진화했을 수 있다는 것이다. 이 감정은 지위가 높은 사람들과 있을 때 특히 분명하게 나타나며 사회적 규범을 어겼을 때 주로 나타나는 감정이다. 수치심은 당혹감보다 더 강한 도덕적 감정으로, 도덕적 기준에 맞지 않은 행동이 공개될 때 느끼는 감정이다. 수치심과 당혹감은 숨고 싶거나 물러나고 싶은 욕구를 자극해, 그 사람의 사회적 존재를 축소시킨다. 또 죄책감은 공동체적 관계를 어겼을 때 생기는 감정으로, 다른 사람에게 손해를 입혔을 때 내가 그 사실을 안다는 신호를 보내기 위해 진화했을 가능성이 있다. 다른 도덕적 감정들도 진화론적으로 설명될 수 있다. 예를 들어, 경멸은 무례, 의무, 서열 등을 도덕적으로 위반했을 때 나타나고, 동정심은 고통받는 사람을 돕도록 유도하기 위해서 표현하고, 감사는 친절을 베푼 사람에게 더 친사회적으로 행동하게 하기 위한 감정인 것이다.[109]

---

109) 데이비드 버스, 『진화 심리학』, 웅진 씽크빅, 2012, p631.

2
마음

보았듯이 감정 표현이 비의도적이고 통제가 어렵다는 점은 비언어적 커뮤니케이션의 중요한 특징 중 하나다. 비언어적 커뮤니케이션은 표정, 몸짓, 자세, 눈의 움직임 등 다양한 방식으로 나타나며, 이러한 신호를 통해 상대방의 감정 상태나 의도를 파악할 수 있다. 이는 인류가 공동체 생활을 하면서 생존과 번영을 위해 필수적인 능력이었다. 속임수를 간파하는 능력의 발달은 진화론적 관점에서도 설명될 수 있다. 공동체 생활에서 속임수는 큰 문제를 일으킬 수 있기 때문에, 이를 간파할 수 있는 능력은 생존에 중요한 역할을 했다.[110] 예를 들어, 속임수를 통해 자원을 독점하려는 자와 이를 간파하려는 자 사이의 끊임없는 경쟁은 인간의 인지 능력과 사회적 기술을 발전시키는 데 기여했을 것이다.

1) 공감과 이타주의

우리 조상이 먹이를 구하는 방법은 인류의 진화와 깊은 관련이 있다. 인류학과 진화심리학에서는 사냥이 인류 진화에 얼마나 중요한지에 대해 많은 논쟁이 있다.[111] 널리 받아들여지는 한 가지 견해는 '인간 사냥꾼'이

---

110) 대니얼 데닛, 『마음의 진화』, 사이언스 북스, 2006. p209.
111) 데이비드 버스, 『진화 심리학』, 웅진 씽크빅, 2012. p143,146.

론이다. 이 이론에 따르면, 사람들이 단순히 먹이를 찾아다니던 방식에서 큰 동물을 사냥하는 방식으로 바뀐 것은 인류 진화에 큰 영향을 미쳤다. 이 변화는 도구를 만들고 사용하는 능력을 크게 발전시켰고, 큰 뇌가 발달하게 했다. 또한, 의사소통과 협력적 사냥을 위해 복잡한 언어 기술이 진화하게 되었다. 이 모든 것들이 연쇄적으로 일어나면서 인류는 빠르게 발전할 수 있었다.

또한 사냥은 사람들 사이의 상호적 이타성과 사회적 교환을 잘 설명해 준다. 영장류 중에서도 광범위한 관계를 오랜 기간 동안 유지하는 종은 사람이 거의 유일하다. 큰 동물을 사냥하면 사냥꾼 혼자 다 먹기엔 너무 많고 게다가 사냥의 성공률은 일정하지 않아서 이번 주에 성공하더라도 다음 주에는 실패할 수 있다. 그래서 사냥에서 얻은 고기를 나누는 것이 유리하다. 사냥꾼이 당장 다 먹을 수 없는 고기를 나누는 비용은 낮다. 혼자서 다 먹을 수도 없고, 남은 고기는 금방 상하기 때문이다. 반면, 나눠준 고기를 나중에 되돌려받으면 큰 이익을 얻을 수 있다. 결국, 사냥꾼은 잉여 고기를 친구와 이웃에게 나누어줌으로써 그들의 마음속에 고기를 저장해 두는 셈이다.

인간 뇌의 확대는 인지적 무한경쟁에 의해 추진되었고 그 무한경쟁의 연료는 호혜적 이타주의를 조절하기 위해 필요했던 감정들이라고 최초로 제안한 사람이 트리버스(Robert Trivers)로 도덕적 감정들을 호혜주의 게임의 전략으로 보고 그것을 다음과 같이 역설계 했다.[112] 좋아함(liking)은 이타적 관계를 시작하고 유지하는 감정이다. 대략적으로 그것은 타인에게 호의를 제공하는 자발성이고, 그 방향은 자발적으로 호의를 돌려줄

---

112) 스티브 핑커, 『마음은 어떻게 작동하는가』, 소소, 2007, p621.

것처럼 보이는 사람들에게 맞춰진다. 우리는 우리에게 친절한 사람을 좋아하고, 우리가 좋아하는 사람들에게 친절하다. 노여움(anger)은 친절함의 대가로 사기를 당하는 경우를 막아 준다. 감사(gratitude)는 최초의 행동에서 비롯된 비용과 이익에 따라 보답하려는 욕구를 조절한다. 동정(sympathy)은 어려움에 빠진 사람들을 돕고자 하는 욕구이고, 감사를 표현하기 위한 감정일 수 있다. 죄의식(guilt)은 발각될 위험에 처한 사기꾼을 괴롭힐 수 있다. 이러한 감정들은 인간이 안심하고 협력할 수 있게 하며, 결과적으로 정보를 공유하고 사회적 유대를 강화하는 데 기여한다. 이타주의는 단순히 개인의 희생이 아니라, 장기적으로 볼 때 공동체 전체의 이익을 증진시키는 중요한 요소라 할 수 있다.

인류학자 도널드 브라운은 『인간의 보편특성』에서 모든 문화권에서 발견되는 특성들을 탐구했다. 이러한 보편적 특성은 인간의 본성과 사회적 행동을 이해하는 데 큰 도움이 된다. 예를 들어, 모든 문화에서 사람들은 위신과 지위를 중요하게 여기며, 권력과 부(富)도 이러한 요소들과 밀접하게 관련되어 있다. 이러한 요소들은 사회적 상호작용에 큰 영향을 미친다. 성적인 측면에서도 성적 수줍음, 규율, 질투와 같은 보편적인 특성이 관찰되며, 이는 성적 관계와 상호작용에 영향을 미친다. 또한, 집단 간 갈등은 역사, 문학, 드라마 등에서 자주 다뤄지는 주제다. 적과의 갈등, 가족 내 갈등, 경쟁자와의 갈등 등은 전 세계의 소설과 드라마에서 흔히 볼 수 있는 줄거리다. 프랑스의 연극 비평가 조르주 폴티에 따르면, 80% 이상의 줄거리가 적에 의한 갈등, 친족 간의 비극, 또는 사랑의 비극으로 전개된다고 한다. 현실 세계에서도 우리의 삶은 부모, 형제자매, 자식, 배우자, 연인, 친구, 경쟁자 등과의 갈등 이야기로 가득 차 있다. 이러한 보편적 특성은 인간의 본성과 사회적 상호작용을 이해하는 데 중요한 단서를 제공한다.

따라서 미국의 정치학자 액설로드(Robert Axelrod)는 '반복되는 죄수의 딜레마' 게임에서 성공적인 전략을 위해 세 가지 중요한 특징을 확인했다. 첫째, 절대로 먼저 배신하지 말라는 것이다. 항상 처음에는 협력하고, 상대방이 협력하는 한 계속 협력하라. 둘째, 상대방이 먼저 배신한 후에만 보복하라는 것이다. 교환이 깨진 첫 번째 사건이 발생하면 바로 배신하라. 셋째, 용서하는 것이다. 전에 배신했던 상대방이 협력하기 시작하면 다시 협력하면서 서로에게 이익이 되는 순환을 계속 유지하라. 요약하면 처음에는 상대방에게 내가 원하는 대로 행동하고, 그 다음부터는 상대방이 한 대로 똑같이 행동하라는 것이다.[113]

2) 마음 읽기

마음 이론은 아이 때부터 다른 사람의 생각과 욕구를 이해하고 예측하는 능력을 말한다. 예를 들어, 친구가 화난 표정을 짓고 있다면, 그 친구가 어떤 일 때문에 화가 났을 것이라고 추측할 수 있다. 이를 통해 우리는 그 친구를 위로하거나 도울 수 있다. 다른 사람의 생각과 욕구를 잘 이해하면, 예를 들어 공격적인 행동을 예상하거나, 도움을 줄 사람을 찾거나, 싸우는 부모를 화해시키는 데도 도움이 된다. 이 능력은 다른 사람과 대화를 하거나, 오해를 풀거나, 다른 사람을 가르치거나 설득할 때도 중요하다. 심지어 다른 사람을 속일 때도 이 능력이 사용될 수 있다. 이런 이유로 마음 이론은 나이가 들면서 점점 더 복잡하게 발전한다.[114]

사람들이 나누는 대화의 61%가 속이기와 관련이 있다는 한 연구결과

---

113) 데이비드 버스. 『진화 심리학』. 웅진 씽크빅. 2012. p423.
114) 같은 책. p636.

가 보여 주듯이 속이기는 우리 주위에서 흔히 볼 수 있는 커뮤니케이션 행위이다.[115] 또 보통 사람들은 일주일에 평균 13.03번 거짓말을 한다는 통계도 있다.[116] 2016년 세계커뮤니케이션학회(WCA)의 연구 결과에 따르면, 우리는 주로 자신을 위해 거짓말을 하게 된다. 이러한 거짓말은 다양한 이유로 사용된다. 경제적 이득(16%), 경제 외 이득(15%), 좋은 이미지(8%), 유머(5%)를 위해 거짓말을 하는 경우가 많다. 또한 실수를 덮기 위해(22%), 사람이나 상황으로부터 도피하기 위해(14%) 거짓말을 하기도 한다. 이타적인 이유로 다른 사람의 기분을 상하지 않게 하려는 거짓말도 5% 정도다. 반면, 다른 사람에게 상처를 주기 위한 악의적인 거짓말은 4%에 불과하다.

또한 연령대별로 거짓말의 빈도가 다르다. 18~44세 연령대는 하루에 다섯 번 이내로 거짓말을 하는 경우가 45%로 높고, 9%는 하루에 다섯 번 이상 거짓말을 한다. 특히 13~17세 청소년기에는 거짓말을 많이 하며, 59%가 하루에 다섯 번 이내로, 15%는 하루에 다섯 번 이상 거짓말을 한다. 연구자들은 유년기와 청소년기에 아이들이 거짓말을 하면서 남의 처지에서 보는 훈련을 한다고 설명하고 있다.

진화심리학자 레다 코스미데스와 존 투비는 사람들이 서로 협력하게 된 과정을 설명하기 위해서 '사회 계약 이론'을 만들었다. 이 이론에서는 사람들이 속임수를 어떻게 해결했는지에 초점을 맞추고 있다. 속임수는 협력이 진화하는 과정에서 큰 위협이 되는데, 그 이유는 특정 상황에서 사기꾼이 협력자보다 유리할 수 있기 때문이다. 예를 들어, "네가 나에게 도움을 주기

---

115) Reardon, K.K. (1981). Persuasion Theory and Context. New York. Sage.
116) Hample, D. (1980). "Purposes and effects of lying." The Southern Speech Communication Journal 46: 33~47.

만 하고 나는 나중에 보답하지 않으면, 나는 두 배의 이익을 얻을 수 있어. 너로부터 받은 도움으로 이미 이득을 봤고, 나중에 보답하지 않아서 또 한 번 이득을 얻을 수 있지." 이런 식으로 사기꾼은 협력자보다 더 큰 이익을 얻을 수 있다. 이런 이유로, 많은 시간이 지나면 사기꾼이 더 잘 살아남을 가능성이 커지게 된다. 그런데도 우리가 협력을 계속해 온 것은 사람들이 서로를 신뢰하고 속임수를 방지하려는 방법들을 발전시켰기 때문이다.[117]

그렇다면 상대방의 메시지가 거짓말(속이기)라는 것을 어떻게 알아낼 수 있을까? 우리 인간들은 다른 사람들의 마음을 직접 읽지 못한다. 하지만 감정을 숨기려 해도 얼굴에 나타나는 미세한 표정은 진실을 드러낼 수 있다. 예를 들어, 순간적으로 나타나는 불안이나 당황의 표정은 거짓말을 하고 있을 가능성을 시사할 수 있다. 눈을 자주 깜빡이거나 눈을 피하는 행동은 불안감을 나타낼 수 있으며 거짓말을 할 때 눈의 움직임이 평소와 다르게 나타날 수 있다. 불안하거나 긴장된 상태에서는 몸이 경직되거나 손을 자주 움직이는 등의 행동을 볼 수 있다. 이러한 비언어적 신호는 상대방이 진실을 숨기고 있을 가능성을 시사한다. 목소리의 톤이나 속도가 평소와 다르게 변하는 것도 거짓말의 단서가 될 수 있다. 예를 들어, 목소리가 떨리거나 말의 속도가 빨라지는 경우가 있다. 말과 행동이 일치하지 않는 경우도 거짓말의 단서가 될 수 있다. 예를 들어, 긍정적인 말을 하면서도 얼굴에 불안한 표정을 짓는 경우이다.

따라서 마음 읽기의 비밀은 비언어적 표현에 있다.[118] 마음 읽기 능력은 요람에서부터 발휘된다. 아기들이 눈을 응시하고, 눈을 마주치며 상대방의 의도를 파악하는 것은 독특한 현상이다. 이는 아기들이 태어난 직후부

---

117) 데이비드 버스, 『진화 심리학』, 웅진 씽크빅, 2012. p428.
118) 스티브 핑커, 『마음은 어떻게 작동하는가』, 소소, 2007. p508.

터 비언어적 신호를 주시하고 이해하기 시작한다는 것을 보여 준다. 얼굴 표정, 눈빛, 몸의 움직임, 손의 제스처 등은 감정과 의도를 전달하는 데 중요한 역할을 한다. 또한 18~24개월 된 아이들은 다른 사람의 마음에 담긴 내용과 자기 자신의 믿음을 구분하기 시작한다. 이는 사회적 이해와 공감 능력이 발달하는 단계로, 상대방의 감정을 이해하고 존중하는 능력을 키우는 시기이다.

에크만은 기쁨, 분노, 슬픔, 놀람, 혐오, 두려움 등 기본감정이 모든 문화와 지역에서 공통적으로 인식되는 특정 얼굴 표정과 연결되어 있다고 주장했다. 이를 "마이크로 표정"이라고도 한다. 따라서 사람들은 거짓 감정을 경계하고 무의식적인 생리적 표현을 신뢰하는 경향이 있다. 이로 인해 미디어 시대에서 비언어적 신호의 중요성은 여전히 크다. 예를 들어, 장거리 전화, 이메일, 팩스, 화상 회의 등의 기술이 발전했음에도 불구하고 직접 만나서 회의하는 전통적인 방식은 여전히 중요한 역할을 한다. 이는 감정이 얼굴과 신체에 드러나도록 진화했기 때문이다.[119]

마음은 정보를 처리하고 다양한 활동을 수행하는 기관으로, 지각, 상상, 계획, 흉내 내기 등 여러 기능을 포함한다. 밈(meme)은 문화적인 아이디어, 관습, 행동 패턴 등을 의미하며, 모방을 통해 전해지는 문화 요소를 뜻한다. 리처드 도킨스는 밈을 유전자처럼 자기복제적 특징을 가지고 번식해 대를 이어 전해지는 정신적 사유로 설명했다. 그런데, 사람의 마음은 단순히 수동적으로 밈을 받아들이는 것이 아니라, 이를 평가하고 선택하며 변화시킨다. 이는 문화적 영향이 마음의 동작을 형성하고 발전시키는 데 중요한 역할을 한다는 것을 보여 준다.

---

119) 스티브 핑커, 『마음은 어떻게 작동하는가』, 소소, 2007. p640.

오늘날 밈은 인터넷 커뮤니티나 SNS 등에서 유행하는 이미지, 비디오, 텍스트 등을 포함하는 더 포괄적인 개념으로 사용되고 있다. 예를 들어, 인터넷에서 빠르게 퍼지는 재미있거나 풍자적인 메시지를 전달하는 콘텐츠가 밈으로 불린다. 이러한 밈은 소셜 미디어 플랫폼을 통해 빠르게 확산되며, 몇 시간 안에 수백만 명에게 도달할 수 있다.

그리고 인간은 언어 등 커뮤니케이션과 함께 정보를 전파하는 새로운 방법을 진화시켰다.[120] 바로 평판이다. 일례로 인간은 커뮤니케이션을 통해서 정보를 얻을 뿐만 아니라 정보를 제공하기도 한다. 이런 정보제공은 정보 독점으로 인한 이익보다는 정보를 공개함으로써 얻은 이익이 클 경우 발생하게 된다. 즉 남들이 모르는 정보를 제공함으로써 주위로부터 정보를 얻을 수 있는 중요한 인물이라는 평판을 얻을 수 있고 이를 통해서 자신의 지위를 높일 수 있다.

그리고 뇌는 정보를 처리하기 위해 진화했다. 뇌는 선택적 주의 메커니즘을 통해 중요한 정보를 걸러내고, 효율적으로 처리한다. 이는 우리가 방대한 양의 정보 속에서 중요한 정보를 추려내고, 효율적으로 정보를 처리할 수 있도록 돕는다. 정보는 생존과 번식에 중요한 역할을 한다. 세포조직, 에너지, 시간 등 다양한 정보의 비용과 예상 수익을 고려하여 선택을 한다. 예상 수익은 궁극적으로 생존과 번식에 도움이 되는 자식의 예상 수로 평가된다. 다세포동물의 경우, 신경계가 정보를 수집하고 유익한 판단을 내리는 역할을 한다. 정보가 많아질수록 보상이 커지기 때문에 추가 비용을 들이는 것이 합리적이다. 따라서 인류는 긴 시간에 걸쳐 정보를 모을 수 있는 미디어의 발달로 이어졌다.

---

120) 스티브 핑커, 『마음은 어떻게 작동하는가』, 소소, 2007, p762.

3

미디어의 발달

　미디어의 발전은 단순히 기술의 발전을 넘어, 사회와 문화에 깊은 영향을 미쳤다. 미디어는 TV, 신문, 잡지, 라디오 등 대중매체와 유튜브, 소셜 미디어 등 뉴미디어가 등장하기 이전부터 말과 문자 등 다양한 형태로 존재했다.

1) 구어시대

　인류에게 있어서 최초로 나타난 미디어는 언어였다. 언어의 기원에 대한 여러 가지 이론이 있는데, 멍멍이론(bow-bow theory)은 개나 말 등의 동물의 울음소리나 천둥소리, 파도소리와 같은 자연의 소리를 모방하여 인간의 말이 만들어 졌다고 한다. 푸푸이론(pooth-pooth theory)은 인간의 고통, 즐거움, 공포, 만족과 같은 무의식중의 감정상태에서 표현된 것이 차츰 언어로 성장했다는 이론이다. 또 다른 이론가들은 중요한 일을 경험할 때나 흥분할 때 지르는 소리에서 비롯되었다고 하는 유크유크이론(yuk-yuk theory)을 주장하기도 하고 요헤호이론(Yo-He-Ho Theory)은 언어가 무거운 육체 노동 중에 발생하는 신음, 끙끙거림, 코골이 등에서 진화했다고 주장한다. 이 밖에도 딩동이론(Ding-Dong Theory)은 언어가 환경의 본질적인 특성에 반응하여 생겨났다고 주장한다. 즉, 사람들은 주변 세계와 조화를 이루는 소리를 내기 시작했다는 것이다. 라라이론(La-La Theory)에서 덴마크 언어학자 오토 에스페르센(Otto Jespersen)은 언어가 사랑, 놀이, 특히 노래와 관련된 소리에서 발전했을 가능성을 제기했다.

구어 시대에는 문자가 없었기 때문에 기억력과 구술 전통이 매우 중요했다. 당시 사람들은 설화, 노래, 전설 등을 통해 지식과 문화를 후세에 전달해야 했다. 이러한 구술 전통은 단순히 이야기하는 것 이상의 의미를 가졌다.[121] 기억력을 통해 지식을 보존하고 전달하는 사람들은 사회에서 중요한 역할을 했다. 예를 들어, 인디언 사회에서는 주술사나 승려가 기록을 담당했고, 폴리네시안 사회에서는 전설, 신화, 기도문 등을 기억하고 전달하는 젊은이들을 철저히 훈련시켰다. 이들은 엄격한 기억력 테스트를 통과해야 했으며, 이는 그들의 지적 능력을 평가하는 중요한 기준이었다. 에스키모나 아프리카 주술사들도 마찬가지로 다양한 지식을 기억하고 전달하는 역할을 했다. 이러한 구술 전통은 단순히 지식을 전달하는 것뿐만 아니라, 공동체의 정체성과 문화적 유산을 유지하는 데 중요한 역할을 했다.

따라서 구어 시대에는 암송가, 만담가, 시인, 설교가 등이 중요한 역할을 했다. 이들은 기억력과 구술 능력을 통해 지식과 문화를 전달했다. 히브리어로 쓰여진 구약 성경의 많은 부분이 화술가와 설교가의 이야기, 설교, 시 등으로 구성되어 있으며, 호머의 대서사시인 일리아드와 오디세이도 구어 문학에 기초하고 있다. 이러한 구술 전통은 문자의 발명으로 이어졌다. 인간은 오랜 시간 동안 기억력에 의존하여 정보를 보존하고 전달하려는 열망을 가졌고, 이는 결국 문자의 발명을 촉진했다. 또한, 선사시대의 예술 발전도 문자의 발명을 가능하게 한 중요한 원동력이었다. 예술은

---

121) 이상철. 『문화와 커뮤니케이션』. 일지사. 1988. p209.

인간의 창의성과 표현력을 증진시켰고, 이는 문자와 같은 새로운 커뮤니케이션 도구의 필요성을 느끼게 했다. 구술 문화에서 문자 문화로의 이행은 인간의 의식과 사고방식에도 큰 변화를 가져왔다. 구술 문화는 청각 중심의 의사소통 방식이었지만, 문자의 발명으로 시각 중심의 의사소통 방식으로 전환되었다. 이로 인해 정보의 보존과 전달 방식이 더욱 정교해지고, 지식의 축적과 확산이 가능해졌다.

그리고 조상들이 뉴스를 교환하기 위해 사용했던 방법들은 근거리 뉴스 교환용이었다. 다른 사람들의 이야기를 전하는 사람, 메신저, 뉴스를 알리는 크라이어(crier)들이 전했던 구어 뉴스는 동네 사람들의 가장 은밀한 사건들까지 들여다볼 수 있게 했을 것이다. 한나절 걸어가서 뉴스를 전할 수 있는 거리나 하루 종일 달려가서 뉴스를 전할 수 있는 거리 안에서의 구어 뉴스는 동네에서 일어나는 주요 사건에 대해 주민들에게 합리적이고 명확한 시각을 제공했다. 그러나 메신저나 크라이어들이 다룰 수 있는 범위를 벗어나는 사건들은 점차 정확성이 떨어지기 시작했고 여행자나 대상들의 발길이 닿지 않는 곳에서 일어나는 사건들은 뉴스가 되지 못한 채 완전히 묻혀버리고 말았다.[122]

2) 문자의 출현

문자의 기원은 상형문자, 즉 그림문자에서 시작되었다. 초기의 그림문자는 구체적인 사물이나 개념을 직접적으로 표현하는 그림으로 구성되었다. 시간이 지나면서 이러한 그림들은 점점 더 형식화되고 추상화되어, 특

---

122) 미첼 스티븐스, 『뉴스의 역사』 황금가지. 1999. p373.

정 단어나 개념을 나타내는 기호로 발전했다. 예를 들어, 고대 수메르의 쐐기문자(cuneiform)와 이집트의 상형문자(hieroglyphs)는 초기의 그림문자에서 발전한 대표적인 예이다. 이러한 문자들은 처음에는 구체적인 사물을 나타내는 그림으로 시작했지만, 점차 추상적인 개념을 표현하는 기호로 변형되었다. 이러한 과정은 인간의 의사소통 방식에 큰 변화를 가져왔다. 그림문자는 단순한 그림에서 시작하여, 점차 복잡한 개념을 표현할 수 있는 기호로 발전하면서, 인간의 사고와 표현 능력을 확장시켰다.

단어문자는 그림문자와 달리, 기호가 더 추상적이고 형식화되어 특정 단어를 지칭하거나 표현하게 된다. 이러한 변화는 문자가 단순한 그림에서 벗어나 언어의 음성과 의미를 함께 지니게 되는 중요한 발전을 의미한다. 예를 들어 중국의 문자 천(川)은 '내'를 뜻하는데, 이는 두 둑 사이에 물이 흐르고 있음을 상형 했다고 한다. 그런데, 이 '그림문자'가 현실세계에 존재하는 '내'를 그대로 표현한 것이 아니라, 단순화 내지는 추상화가 이루어졌다. 이후 이러한 그림문자에서 형식화한 기호가 '물'이나 '내'라는 단어를 의미하는 기호로 사용될 때 이들 기호를 단어문자라고 한다. 이러한 발전은 문자가 단순한 그림에서 벗어나 언어의 음성과 의미를 함께 지니게 되는 중요한 전환점이었다. 문자의 발달 과정에서 이러한 변화는 인간의 의사소통 능력을 크게 개선했다.

문자의 발명과 발전은 인간의 커뮤니케이션과 정보 보존에 큰 변화를 가져왔다. 이를 통해 복잡한 개념과 지식을 보다 효과적으로 전달할 수 있게 되었고, 이는 문명의 발전에 중요한 역할을 했다. 인류 역사상 최초로 문자를 사용한 민족은 수메르인이다. 이들은 B.C. 5600년쯤부터 메소포타미아 남부에서 여러 도시를 형성하고 살았다. 수메르인들은 BC 3500년쯤부터 쐐기 모양의 그림문자를 사용하기 시작했다. 한자(漢字)와 마찬가지로 그림문자에서 생긴 문자이다. 점토 위에 갈대나 금속으로 만든 펜으로 새겨 썼기 때문에 문자의 선이 쐐기 모양으로 되어 설형문자라고 한다. 현재까지 알려진 문자의 수는 약 1,000자에 달한다. 이 설형문자가 현존하는 가장 오래된 문자에 속한다.

문자의 발명은 단순한 기록을 넘어, 사회적, 경제적, 정치적 활동을 문서화하고 체계화하는 데 큰 기여를 했다. 설형 문자 등장 이후 BC 3천년쯤에는 바빌로니아인들과 앗시리아인들이 문자를 사용하기 시작했고 BC 2천년쯤에는 중국인들이 문자를 사용하기 시작했다. 그리고 문자의 발명은 새로운 문명을 탄생시켰다. 글쓰기는 인간의 사고 능력 발달을 나타내고, 이로 인해 인류 문명도 발전했다. 글을 쓰고 기록하는 능력 덕분에 과거의 지혜를 기억해야 하는 부담이 줄어들었지만, 형식적인 글쓰기 때문에 일부 언어와 사고 능력을 잃기도 했다. 기록을 통해 한 세대가 기억할 수 있는 양이 늘어나고, 이렇게 축적된 지식은 세대를 거듭하면서 더 많이 쌓이게 되었다.[123] 이로 인해 4500년 전에는 이집트 문명이 4000년 전에는 메소포타미아 문명이, 3500년 전에는 중국문명이 그리고 3000년 전에는 그리스 문명이 탄생한 것이다. 이 문명들은 각각의 문자 체계를 발전시키며, 지식과 문화를 기록하고 전달하는 데 큰 기여를 했다.

문자의 발명 이후 원거리 커뮤니케이션은 규격화된 문자와 권위로서 확립된 기호의 규약을 필요로 한다. 상업 활동이 활발해지면 직업적으로 필사인의 수가 많아지게 되며, 읽고 쓸 줄 아는 사람들이 많이 필요해졌다.[124] 나아가 복잡한 언어를 사용하기 위해서는 장기간의 훈련과 학교가 필요하게 됐다. 사원의 장부와 기호를 만들어 낸 성직자의 이름과 기호목

---
123) 미첼 스티븐스, 『뉴스의 역사』, 황금가지, 1999. p373.
124) 채백 편, 『세계언론사』, 한나래, 1996. p46~8.

록은 학교의 교재가 되었다. 필사인과 행정가를 교육시키기 위해 사원과 연합하여 학교나 수련원이 세워졌으며, 특히 문법과 수학이 강조되었다. 이러한 시스템은 지식의 체계적 전달과 보존을 가능하게 했으며, 문명의 발전을 가속화했다.

초기 문명에서 필기술은 매우 중요한 역할을 했다. 성직자, 필사인, 교사, 재판관 등은 지식과 법적인 결정을 통제하며, 종교적인 관점이 지배적이었다. 필사인들은 사원의 장부를 보관하고 종교법정의 세부 규정을 기록하는 등 중요한 역할을 했다. 일상 생활의 거의 모든 활동이 법적인 문제로 기록되고, 계약 당사자나 증인의 날인으로 확인되었다. 각 도시에서는 재판소의 결정이 법의 토대가 되었고, 사원의 증대와 제례 기능의 확대는 성직자의 힘과 권위를 높였다. 점토판에 기록된 설형문자는 문자의 양식화와 도시의 분산, 사원의 조직 강화, 그리고 종교적 통제에 기여했다. 특히 공동체 간의 거래를 기록하고 수학을 사용할 필요성 때문에 추상화가 더욱 진전되었다. 이러한 기록은 상업 활동과 법적 분쟁 해결에 중요한 역할을 했으며, 사회의 질서를 유지하는 데 기여했다. 또한 후세에 지식을 전달하고, 문명의 발전을 촉진했다.

파피루스는 가볍고 많은 양을 기록할 수 있는 장점이 있었지만 습기가 많은 곳에 두면 곰팡이가 생겨 망가질 수 있었다. 그래서 대개 몇십 년만 쓸 수 있었고, 보존하려면 200년마다 새로 써야 했다. 이 때문에 대부분의 고대 파피루스는 이집트 사막에 묻혀서만 오래 보존될 수 있었다. 파피루스 종이는 이집트에서만 제조가 가능했는데 그 이유는 이런 갈대가 다른 곳에서는 자라지 않았기 때문이었다. 종이를 뜻하는 영어의 페이퍼 (paper), 프랑스어의 파피에(papier) 등은 모두 파피루스를 어원으로 하고 있다.

필기는 정부의 일이나 재정적, 주술적 그리고 종교적 목적에만 한정되었다. 그러나 보다 빠른 곡선적인 손놀림이 필요해지고 쓰기 및 읽기의 필요성이 증대함에 따라 파피루스의 사용이 늘어나고 상형문자가 간략한 신관서체(神官書體)로 바뀌면서 행정의 효율성이 증대되었다.[125] 농민들로부터 세금과 지대, 공물을 거두고 관리하는 관리들과 필사인들은 공무원 조직의 일원이 되어 왕이 알 수 있도록 보고 준비를 해야 했다. 이는 문명의 발전과 함께 사회 구조와 행정 시스템의 복잡성을 증가시켰다.

해롤드 이니스에 따르면 새로운 커뮤니케이션 미디어는 지식의 독점을 깨면서 계속 발전했다. 새로운 미디어는 사회를 변화시키고, 그 미디어에 맞는 사회 구조를 만들어 냈다. 이집트 문명은 절대주의 왕조로부터 더욱 민주적인 조직으로 변했는데, 이는 돌 대신 파피루스를 사용하는 새로운 미디어 덕분이었다. 파피루스는 상형문자를 신관문자로 바꿨고, 이는 콘텐츠를 변화시켰다. 새로운 미디어의 발전은 시대의 속도와 공간, 운동, 동원 방식 등을 변화시키고 개인은 과거보다 더 추상적이고 분석적인 사고를 하게 되었다.[126] 파피루스가 등장한 것은 제1왕조까지 거슬러 올라가며, 파피루스에 무언가를 기록하기 시작한 것은 제5왕조(기원전 2680~2540년 혹은 기원전 2750~2625년) 부터다. 이니스의 말처럼 파피루스는 돌에 비하면 가벼운 필기 재료였기 때문에 광범위한 지역으로 운반이 가능했다. 기원전 2000년 이후 중앙 정부는 필사인 조직을 고용하였으며, 문자 해독 능력은 명성과 신분 상승을 이룰 수 있는 발판이 되었다. 따라서 필사인들은 특권 계급이 되었으며, 필사는 특권적 직업이 되었다. 이러한 변화는 행정의 효율성을 높이고, 정부의 통치 능력을 강화하는 데 중

---

125) 채백 편. 『세계언론사』. 한나래. 1996. p37.
126) 조맹기. 『현대 커뮤니케이션 사상사』. 나남. 2009. P83.

요한 역할을 했다.

한편 양피지 또는 파치먼트(parchment)는 BC 190년쯤, 페르가몬왕 에우메네스 2세에 의해 발명되었다. 이것은 당시 프톨레마이오스왕조의 이집트가 고대 그리스 도시인 페르가몬에 대하여 파피루스의 수출을 금지하였기 때문에 이에 대항하기 위한 수단으로 이루어졌다고 한다. 이런 이유에서 양피지는 일명 페르가메네(pergamene)라고도 불린다. 그 후 8세기 초엽에는 양피지의 사용이 파피루스를 앞섰다. 양피 종이의 제본도 처음에는 두루마리식의 제본을 했으나 오히려 접기가 불편하여 오늘의 책과 같은 코덱스(codex) 제본을 가능하게 했던 것이다. 양피가 나오기 전, 파피루스 종이는 보다 많은 기록을 남기기 위해서 여러 장을 풀로 붙여 두루마리 형태로 보관했다.

그러나 양피지는 풀로 붙여 두루 말기가 곤란했기 때문에 오늘날 책의 제본과 같이 차곡차곡 포개서 꿰매기 시작했던 것이다. 따라서 양피지로부터 오늘날의 책 제본이 시작되었던 것이다. 이런 제본의 형태는 오늘날 벽에 거는 족자 형태의 두루마리(scroll)에 비해 사용이 간편하고 보다 많은 내용을 수록할 수 있었다.[127] 양피지의 특징은 파피루스나 초기의 종이에 비해 견고하고 장기간 보존이 가능한 점이다. 그러나 값이 비싸고 부피가 크며 무거운 점이 결점이었다. 따라서 종이의 제조가 시작되고부터 양피지는 특수한 경우를 제외하고 거의 그 자취를 감추었다.

알파벳은 페니키아인들이 기원전 2000년에서 1500년 사이에 개발한 것으로 추정되며, 그리스어의 "알파"와 "베타"에서 유래된 이름이다. 이는 고대 셈어의 "소"와 "집"을 의미하는 말과 관련이 있다. 페니키아인들이 BC

---

127)　이상철. 『문화와 커뮤니케이션』. 일지사. 1988. p203.

2000~BC 1500년 사이에 알파벳을 개발했다고 추정되며, 이후 시나이반도에서 발견된 시나이문자와 비블로스 유적에서 발견된 비블로스 문자가 알파벳의 초기 형태에 가까운 것으로 여겨진다. 페니키아 문자는 자음만을 표기했지만, 그리스인들이 이를 받아들여 모음을 추가하면서 현재 우리가 사용하는 알파벳의 형태로 발전했다. 알파벳의 도입은 문해력의 증가와 지식의 보급에 큰 기여를 했다. 이전의 쐐기 문자나 상형문자 체계보다 문자 수가 적어 학습이 쉬웠기 때문이다. 이러한 변화는 정보의 신속한 교환과 문명의 발전에 중요한 역할을 했다.

알파벳의 발명과 도입은 사회문화적 변동을 초래하며 권력의 이동을 가져왔다. [128] 문자의 발명이 기록성과 이동성을 높여 정보의 전달과 보급을 가속화한 것이다. 기원전 6000년대는 낙타를 타고 시간당 8마일을 이동할 수 있었고, 기원전 1600년쯤에는 2륜 전차로 시간당 20마일을 달릴 수 있었다. 로마 제국이 세계를 제패할 수 있었던 이유 중 하나는 도로의 발전 덕분이었다. 로마와 유럽을 연결하는 도로는 56,000마일에 달했으며, 이 도로는 2천년이 지난 오늘날까지도 보존될 정도로 견고했다. 이러한 도로는 2륜 전차가 지나가도 문제가 없도록 돌로 단단하게 포장되어 있었고, 우편물은 24시간 내에 200마일이나 되는 거리에 배달될 수 있었다.

마셜 맥루언은 알파벳의 도입이 사회적, 문화적 변화를 촉진했다고 주장했다. [129] 알파벳은 파피루스와 결합하여 지식과 정보의 보급을 가속화했고, 이는 성직자 계급의 지식 독점을 무너뜨리는 데 기여했다. 알파벳은 이전의 복잡한 기호 체계보다 학습이 쉬웠기 때문에 더 많은 사람들이 글을 읽고 쓸 수 있게 되었고, 이는 지식의 확산과 정보 교환 속도를 크게 증

---

128) 이상철. 『문화와 커뮤니케이션』. 일지사. 1988. p142~146.
129) 맥루언. 『미디어의 이해』. 커뮤니케이션북스. 1997. p95~96.

가시켰다. 이로 인해 권력 구조도 변화하여 성직자 계급에서 군인 계급으로 권력이 이동하게 되었다. 도시국가의 붕괴와 제국 군대 정치의 발생은 이러한 변화의 결과로 볼 수 있다. 알파벳의 도입은 단순히 문자 체계의 변화뿐만 아니라, 사회 전반에 걸친 큰 변화를 가져왔다.

알파벳의 도입이 개인주의의 등장도 촉진했다고 맥루언은 주장했다. 알파벳은 법 앞에서 평등한 개인의 개념을 가능하게 했으며, 이는 문명 사회의 주요 특징 중 하나로 자리 잡았다. 공동체적인 부족 문화에서는 개인이라는 개념이 존재하지 않았지만, 알파벳의 도입으로 인해 사람들은 자신을 집단이나 가족으로부터 분리하여 개인으로서의 자유를 얻을 수 있었다. 이는 공간과 시간의 연속성, 법률의 보편성 등 문자 문화의 특징과 맞물려 사회 변화를 이끌었다. 이와 같은 변화는 서구 사회에서 특히 두드러졌으며, 알파벳의 사용이 내면적인 감수성을 일부 놓치게 했지만, 개인으로서 자유를 얻는 데 중요한 역할을 했다.

그리고, 맥루언은 알파벳이 인간의 의식과 감각에까지 변화를 가져왔다고 주장했다. 바빌론, 마야, 중국 문화에서 사용된 그림 문자와 상형문자는 인간 경험을 시각적으로 재현하고 축적하기 위해 많은 기호를 필요로 했다. 이러한 문자 체계는 복잡하고 다루기 어려웠다. 반면, 알파벳은 소수의 문자로 모든 언어를 표현할 수 있었기 때문에 학습이 훨씬 쉬웠다. 이로 인해 의미와 소리가 분리되었고, 이는 인간의 인식과 감각에 큰 변화를 가져왔다. 알파벳의 도입은 시각적 경험을 단순화하고, 더 많은 사람들이 글을 읽고 쓸 수 있게 하여 지식의 보급과 사회 변화를 촉진했다.

맥루언에 따르면 부족 문화에서는 청각이 경험을 지배하며, 이는 시각보다 더 심미적이고 섬세하며 전체를 포괄하는 특성을 가지고 있다. 구술 문화에서는 행동과 반응이 동시에 이루어지기 때문에, 감정과 정서가 자연스럽게 표현된다. 반면, 표음문자 문화에서는 인간이 어떤 행위를 할 때 감정과 정서를 억압하게 된다. 이는 서구 사회에서 특히 두드러지며, 반응 없이 행위하고 관여 없이 행동하는 특질을 형성하게 되었다.[130] 이러한 변화는 알파벳이 의미와 소리를 분리하면서 시각적 경험을 단순화하고, 더 많은 사람들이 글을 읽고 쓸 수 있게 된 결과이다. 이와 같은 맥루언의 분석은 알파벳이 단순히 문자 체계의 변화뿐만 아니라, 인간의 감각과 의식, 그리고 사회적 행동에까지 영향을 미쳤음을 시사한다.

3) 중세의 커뮤니케이션[131]

중세는 대략 5세기부터 15세기까지의 기간을 포함하며, 이 시기의 커뮤니케이션 방법은 주로 구술 전통, 필사본, 그리고 다양한 시각적 및 상징적 표현에 의존했다. 로마제국이 분열된 후, 유럽에서는 글을 읽고 쓸 줄 아는 사람의 수가 줄어들었다. 그 당시의 책은 장식이 화려하고, 읽기 어려운 필체로 쓰여졌으며, 많은 사람들이 사용하지 않는 라틴어로 기록되었다. 그 시기에는 교통과 통상도 쇠퇴해 뉴스나 정보도 전해지기 어려웠다. 하지만 때때로 손으로 쓴 필사본이 중세 유럽의 소식을 전하는 역할을 했다. 12세기의 여행가 벤저민이 쓴 필사본에는 당대의 뉴스가 담겨 있었고, 유명한 여행가 마르코 폴로의 기록도 마찬가지였다. 또한 중세의 전령사는 축전이나 전쟁 선포 같은 중요한 소식을 전하는 역할을 했고, 전투 상황을 상세히 기록하기도 했다.[132]

---

130) 맥루언, 『미디어의 이해』, 커뮤니케이션북스, 1997. p97~99.
131) 채백 편, 『세계언론사』, 한나래. 1996. p56, 58~62.
132) 미첼 스티븐스, 『뉴스의 역사』, 황금가지. 1999. P118~9.

중세 시대의 주요 커뮤니케이션 방법은 구술 전통이었다. 대부분의 사람들은 글을 읽거나 쓰지 못했기 때문에 이야기꾼, 성직자, 전도사 등이 중요했다. 이야기꾼들은 전설, 신화, 역사적 사건 등을 구술로 전달하여 사람들에게 정보를 전달했다. 많은 메시지는 구두로 전달되었고, 이는 메시지를 전달하는 사람이 내용을 정확히 기억해야 한다는 것을 의미했다. 중세 유럽에서는 중요한 사람들, 예를 들어 통치자나 주교, 귀족들은 신뢰할 수 있는 전령을 고용하여 메시지를 전달했다. 이러한 전령들은 종종 여러 언어를 알고 있어야 했으며, 때로는 스파이 역할도 했다. 또한, 중요한 메시지는 암호화되거나 전령의 옷이나 신발에 숨겨져 전달되기도 했다.

장거리를 이동하는 뉴스는 입으로 전하는 것보다 글로 기록하는 것이 더 유리했다. 당시 영국인들은 콘스탄티노플에서 오는 믿을 만한 소식을 듣기 어려웠고, 자기 나라 왕이 살아 있는지조차 알기 힘들었다. 15세기에는 리처드 2세가 살아 있고, 에드워드 4세는 죽었으며, 헨리 7세가 왕위에서 쫓겨났다는 헛소문이 돌았던 적도 있었다. 이처럼 입으로 전하는 뉴스가 믿기 어려울 때는 글로 기록된 뉴스가 더 중요하게 여겨졌다. 구두 뉴스와 문자 뉴스의 차이는 당시 '떠도는 소문'과 '확실한 정보'로 표현되었다.[133]

읽고 쓸 줄 아는 사람이 거의 없던 시절에는 기본적으로 뛰어난 기억력이 요구되었다. 기억을 도와주는 유용한 수단인 운율이 당시 문학에서 지배적이었던 것도 바로 그런 이유였다. 14세기까지만 해도 법적인 문서를 제외한 거의 모든 문서들이 운율에 따라 기록되었다. 교황청은 자체적인 전령 시스템을 가지고 있었으며, 주교들은 정기적으로 로마에 메시지를

---

133) 미첼 스티븐스. 『뉴스의 역사』. 황금가지. 1999. p120.

보내야 했다. 이러한 시스템은 매우 비용이 많이 들었기 때문에, 주로 부유한 개인이나 조직만이 사용할 수 있었다. 또 시각적 표현이 중요한 역할을 했다. 성당의 스테인드글라스 창, 프레스코 벽화, 조각상 등이 주요 수단이었다. 이러한 시각적 요소들은 성경의 이야기를 시각적으로 전달하여 읽지 못하는 사람들도 이해할 수 있게 했다. 또한, 깃발, 문장, 인장 등의 상징적 표현도 널리 사용되었다.

이 상황에서 책은 놀라운 물건이었다. 15세기 초반부터 유럽의 경제가 성장하면서 기도서, 시편, 성서 인용구집 같은 중요한 책들에 대한 수요가 꾸준히 증가했다. 캔터베리 이드윈의 시편이나 아일랜드 켈스의 책 같은 작품들은 그 자체로 귀중한 유물로 여겨졌다. 이런 책들은 가죽으로 장정되어 있었고, 독자들이 쉽게 찾을 수 있도록 꾸며졌다. 또한, 귀중한 보석으로 장식되고 장엄한 글자체로 꾸며져 있었다. 이런 작품들은 사람들이 일상적으로 읽는 것이 아니라, 신을 위한 것이었다. 이렇게 만들어진 위대한 작품들은 실수로 손상될 수 있고, 통째로 없어져서 회복할 수 없는 경우도 많았다. 그래서 이 책들은 단순한 정보 전달 수단을 넘어, 신성한 숭배 행위의 일환으로 더욱 높은 가치를 지녔다.

대부분의 작가들은 직접 글을 쓰지 않고 필경사에게 구술했다. 글을 쓰는 작업은 분업으로 이루어졌으며, 작가는 내용 창작을 담당하고 필경사는 이를 글로 옮기는 일을 맡았다. 작가는 연설가 교육을 받았으며, 자신의 글을 필경사에게 소리내어 읽어 주어야 했기 때문에 연설가 역할도 했다. 물론 공적인 연설은 하지 않았으나 연설은 여전히 작가의 주된 임무에 속했다. 작가는 꼭 글을 쓸 필요는 없었으며, 글을 잘 쓰지 못하는 경우도 있었다. 중요한 것은 텍스트를 구상하고 창작해 언어로 표현하는 것이었

다. 글을 실제로 쓰는 일은 필경사의 몫이었다.[134]

상인들과 길드는 정보 전달과 커뮤니케이션에서 중요한 역할을 했다. 중세 후기에 상업이 발전하면서 상인들은 장거리 무역을 통해 다양한 지역과 교류하였다. 이 과정에서 상인들은 정보와 소식을 전달하는 중요한 매개체가 되었다. 길드는 동일한 직업을 가진 사람들이 모인 조직으로, 내부적으로 정보를 공유하고 외부와의 소통을 유지하는 데 중요한 역할을 했다. 따라서 중세 시대의 커뮤니케이션은 다양한 방법과 수단을 통해 이루어졌으며, 이러한 방법들은 사회적 구조와 문화를 형성하는 데 중요한 역할을 했다. 각종 구술 전통, 필사본, 시각적 표현, 상인과 길드, 편지와 소식 전달, 그리고 공동체 축제 등을 통해 사람들은 정보를 교환하고 사회적 유대감을 형성했다.

이후 읽기와 쓰기의 힘은 인간 사회의 발전에 큰 영향을 미쳤다. 지식을 추구하고 배움을 사랑하는 인간의 본성은 인쇄술의 발명과 함께 더욱 빛을 발했다. 인쇄술은 더 많은 기록 문헌을 생산해 냈고, 읽고 쓰는 능력을 배우고자 하는 사람들도 늘어났다. 이로 인해 많은 사람들이 더 많은 정보를 접하게 되었고, 이는 종교개혁과 같은 사회 혁명을 촉발했다. 읽기와 쓰기는 인류 문명의 중대한 결단의 중심에 있었으며, 지식의 확산과 사회 변화를 이끄는 중요한 역할을 했다.

4) 인쇄술

구텐베르크의 인쇄기는 1492년 콜럼버스의 아메리카 대륙 발견 소식을

---

134) 오토 루트비히. 『쓰기의 역사』. 연세대학교 대학출판문화원. 2014. p160.

유럽 지식계층에게 생생하게 알릴 수 있었다. 인쇄기는 뉴스를 빠르게 전달하는 데 큰 역할을 했고, 유럽 사람들은 이 인쇄기를 통해 더 넓은 세상에 대한 정보를 얻을 수 있었다. 이로 인해 유럽은 새로운 시대를 맞이하게 되었고, 뉴스 매체의 발전에도 큰 도움을 주었다.[135]

종이는 기원후 105년쯤 중국의 채륜에 의해 발명되었으며, 이후 8세기 사마르칸트로 전파되었다. 사마르칸트에서 포로가 된 중국인 기술자들이 제지 공장을 세우면서 종이 제조 기술이 확산되었다. 14세기에는 수력을 이용한 제지 기술이 개발되어 종이를 더 빠르고 저렴하게 생산할 수 있게 되었다. 특히 14세기 말 볼로냐에서는 종이 값이 400% 인하되면서 양피지보다 훨씬 저렴해졌다. 이로 인해 문서 작성과 기록 보관이 더욱 보편화되었고, 지식과 정보의 확산에 큰 기여를 하게 되었다.

종이를 발명한 후한의 채륜은 뽕나무 껍질, 아마, 어망, 넝마 등 식물의 섬유질을 원료로 종이를 제조했다. 채륜의 제지법이 우리나라에 도입된 것은 539년이고 그것이 다시 일본에 전수된 것은 610년이다. 종이 제조기술이 중동지역에 전파된 것은 말했듯이 아랍인들이 러시아 서남부의 사마르칸트 전쟁에서 나포한 중국인 포로들에 의해서였다. 이렇게 해서 800년쯤 바그다드에서 회교도의 정신적 지도자인 하룬 알 라쉬드(Harun al-Rashid)가 종이 제조에 성공했다. 아랍인들의 종이 제조기술은 곧 동 로마제국에 전파되었고 그 후 지중해를 건너 스페인에 전파되었다. 9세기에는 종이 사용이 중동에서 일반화되었다. 그러나 중동에서 종이가 파피루스를 완전히 대체한 것은 12세기였다.

그 후 종이 제조기술은 유럽에 전파되었는데 12세기에는 스페인에 전

---

135) 미첼 스티븐스, 『뉴스의 역사』, 황금가지. 1999. p139.

파되었고 13세기까지는 이탈리아, 프랑스 등 유럽 여러 나라에 확산되었다. 14세기까지 종이공장이 스페인, 이탈리아, 프랑스, 독일 등지에 세워져 종이 사용이 일반화되었다. 종이가 나온 뒤에도 얼마 동안은 종이라는 이름 대신에 파피루스란 이름이 사용된 것은 파피루스가 오랫동안 기록수단의 역할을 해 왔기 때문이다. 그러나 종이 사용이 일반화된 후에도 인쇄가 시작되기까지는 약 1세기 이상이 걸렸기 때문에 원고와 책들이 손으로 쓰여졌다. 영국에 종이 제조기술이 전파된 것은 15세기 후반이었다.

종이의 사용은 문자 사용과 그 후 인쇄 발전에 혁명적 변화를 가져왔다.[136] 첫째, 종이의 사용은 과거 문자의 사용수단이던 양피보다 값이 엄청나게 싸고 매우 간편했기 때문에 인간의 지식을 대량 전달할 수 있어 지식의 보편화를 가져오는 계기가 되었다. 둘째, 종이의 사용이 일반화되면서 이탈리아와 북부유럽을 중심으로 한 무역과 상업의 급속한 팽창이 가능했다. 셋째, 종이의 사용은 과거 수도원 중심의 문자 사용이 일반계층에까지 사용되는 계기가 되었다. 종이가 발명되기 전 양피사용시대 지식은 종교에 의해 거의 독점되다시피 했다. 넷째, 종이의 사용은 그리스 과학의 전파나 아라비아 숫자보다 효율적인 계산능력을 증가시켰다. 다섯째, 종이의 사용은 라틴어 사용을 감소시키고 그 대신 모국어 사용을 증가시켰다. 여섯째, 종이의 사용은 커뮤니케이션 시설의 눈부신 확장을 가능하게 했다.[137]

최초로 휴대용으로 간편한 책을 만든 사람은 베니스의 학자이자 인쇄업자인 마누티우스(Aldus Manutius)였다. 그는 1494년에 베니스에서 알딘 출판사(Aldine Press)를 설립했으며, 이 출판사는 최초의 근대적인 출판사

---

136) 이상철. 『문화와 커뮤니케이션』. 일지사. 1988. p201~209.
137) 채백 편. 『세계언론사』. 한나래. 1996. p19 ~ 21.

로 평가받고 있다. 코덱스 제본이 두루마리 제본을 대체한 후에도 초기에는 책의 페이지가 매겨져 있지 않거나 표준화되지 않았다. 그러나 1499년 알딘 출판사가 설립되면서부터 책에 일련순위로 페이지 번호가 나타나기 시작했다. 이는 독자들이 책의 특정 부분을 쉽게 찾을 수 있게 해 주었고, 책의 사용성을 크게 향상시켰다. 마누티우스의 혁신적인 출판 방식은 인쇄술의 발전과 함께 지식의 보급에 큰 기여를 했다. 책의 출판은 필사 외에 목판인쇄로 나오기도 했다. 그러나 책은 동판인쇄가 나오기 전까지는 일반화되지 않았다. 실제로 14세기 중엽 소르본느 도서관이 소장한 장서 수는 2천 권에 불과했다. 따라서 구텐베르크에 의한 인쇄기술이 등장하기 전 유럽의 장서 권수는 수천 권을 넘지 못했던 것이다.

이러한 배경에서 구텐베르크의 인쇄술은 서적의 대량 생산과 지식의 확산에 혁명적인 변화를 가져왔다. 인쇄술 덕분에 책이 대량 생산되면서 더 많은 사람들이 책을 접할 수 있게 되었다. 이는 문맹률 감소와 교육의 대중화를 촉진했다. 이어 다양한 문학작품과 학술서적이 널리 퍼지면서, 문화와 예술이 크게 발전했다. 르네상스 시기의 예술과 문학은 인쇄술의 발달 덕분에 더욱 번성할 수 있었다. 인쇄술은 종교 개혁에 큰 영향을 미쳤다. 마르틴 루터의 95개조 반박문이 인쇄되어 널리 퍼지면서 종교 개혁이 가속화되었다. 과학자들도 자신의 연구 결과를 쉽게 공유할 수 있게 되면서 과학 혁명이 촉진되었다. 이는 지식의 축적과 발전을 가속화하는 데 중요한 역할을 했다. 따라서 인쇄술은 정보의 접근성을 높여 사회 전반에 걸쳐 큰 변화를 가져왔다. 이는 시민 혁명과 산업 혁명 등 다양한 사회적 변화를 촉진하는 데 기여했다.

오늘날 우리가 사용하는 로마 문자는 샤를마뉴 시대부터 부활된 글자와 그 시대의 새로운 창조물로 이루어졌다. 르네상스 시대에도 고전 학문에 대한 고찰로 다시 부활되었다. 인쇄술이 발명되면서 이 글자는 활자로 바뀌었고, 우리가 현재 사용하는 로만체가 되었다. 고대, 중세, 그리고 인쇄 발명 직전까지 서체에는 세 가지 형태가 있었다. 대문자로 대표되는 형식적인 형태, 소문자로 대표되는 덜 형식적인 형태, 그리고 이탤릭체로 대표되는 서한체 혹은 필기체다. 모든 활자는 이 세 가지 분류에 속하고, 다양한 시대를 거쳐 여러 가지 형태로 이어졌다.[138]

필사 문화에서는 책에 보존된 자료라 할지라도 여전히 구두나 청각에 의존하는 경향이 있었다.[139] 필사된 내용을 읽는 것은 쉽지 않았고, 독자들은 필사본에 쓰여 있는 내용을 외워야 할 대상으로 여겼다. 이는 활판 인쇄가 발명된 이후에도 마찬가지였다. 필사본의 내용을 다른 곳으로 옮기는 것도 쉽지 않았기 때문에, 기억하는 것이 더 쉬웠다. 필사본의 내용은 소리 내어 읽음으로써 유형화된 기억을 지속할 수 있었고, 기억된 내용은 언제든지 되살려 낼 수 있었다. 당시 독자들은 소리 내어 읽는 것이 일반적이었으며, 혼자 읽을 때도 천천히 큰 소리로, 혹은 혼잣말로 소리내면서 읽었다. 이렇게 하면 더 쉽게 기억할 수 있었다. 이러한 독서 방식은 인쇄술이 발명되기 전까지 오랫동안 지속되었다.

필사본 시대에는 책이 단순한 물건이 아니라, 대화의 연장선으로 여겨졌다. 책의 첫머리나 본문의 첫 단어로 목록을 만들었던 것도 그 때문이다. 독자에게 직접 말을 거는 형식으로 시작하는 경우도 많았다. 이는 구두 문화의 전통이 살아 있었음을 보여 준다. 인쇄술의 발명으로 책에 표지가 생기고, 책이 물건으로서 성격을 가지게 되었다. 표지는 책의 상표와 같은 역할을 하며, 책을 사물로 인식하게 만든 중요한 요소였다. 이러한

---

138) 대니얼 버클리 업다이크, 『서양 활자의 역사』, 국립한글박물관, 2016. p86.
139) 채백 편, 『세계언론사』, 한나래, 1996. p75, p82~84.

변화는 책의 제작과 유통 방식뿐만 아니라, 독서 문화와 지식의 전파 방식에도 큰 영향을 미쳤다. 인쇄술 덕분에 책이 대량 생산되면서 더 많은 사람들이 책을 접할 수 있게 되었고, 이는 사회 전반에 걸쳐 큰 변화를 가져왔다.

윌리엄 M. 아이빈스(William M. Ivins)는 인쇄술이 체계적으로 정보를 전달하기 위해 사용된 것은 1400년대 중반 이동식 활자가 개발된 이후라고 주장했다. 이는 인쇄술이 단순히 장식적인 목적으로 사용되던 시기를 넘어, 정보 전달의 중요한 도구로 자리 잡게 된 시점을 의미한다. 아이빈스는 또한 손으로 그린 그림이 필사본에 담기면 그 질이 떨어진다고 지적했다. 이는 화가가 그리는 대상에 대한 전문적인 지식이 부족할 경우, 그림의 정확성이 떨어질 수 있기 때문이다. 인쇄술의 발명은 이러한 문제를 해결해 주었다. 목판에 정교하게 새긴 그림은 반복적으로 정확한 시각적 정보를 제공할 수 있었기 때문이다. 이는 필사본이 가지지 못한 장점이었다.

인쇄문화는 고정된 관점과 논조를 유지할 수 있게 하여, 저자와 독자 사이의 관계에 큰 변화를 가져왔다. 마셜 맥루언도 이러한 관점의 고정화가 인쇄문화의 산물이라고 논한 바 있다. 인쇄문화는 한 작품을 독립된 단위로 보게 하여, 고정된 관점을 유지할 수 있게 했다. 이는 긴 산문에서도 일관된 논조를 유지할 수 있게 했다.[140] 고정된 관점과 논조는 저자와 독자 사이의 거리를 멀어지게 하는 동시에, 암묵적인 이해를 확대시켰다. 저자는 자신의 길을 확신하며 갈 수 있었고, 독자는 저자의 논조를 따라가게 되었다. 이런 배경에서 인쇄문화는 '독자 공중'이라는 개념을 만들어 냈다. 이는 저자가 개인적으로 알지 못하는 많은 독자들에게 확립된 관점을

---

140) 채백 편. 『세계언론사』. 한나래. 1996. p93.

전파할 수 있게 했다.

저자는 증가한 독자 수와 변화한 독자의 요구에 적응해야 했다. 무엇이 성공적인 인쇄본을 만들어 낼지 저자도 출판인도 처음에는 확실히 알지 못했지만, 그 책이 독자에게 유용해야 한다는 점은 분명했다. 초기에는 심리학, 정치, 수공업, 상업 등 다양한 분야에서 독자에게 유익한 정보를 제공하고자 했다. 그러나 시간이 지나면서 독자들의 관심은 실용적인 텍스트와 신체 활동 안내서로 옮겨갔다. 이러한 책들은 오늘날의 전문서나 실용서로 분류되며, 물고기 잡는 법, 포도주 보관법, 요리법, 동물 사육법, 정원 가꾸는 법 등 실생활에 유용한 정보를 다루었다.[141]

인쇄매체는 글자를 통해 정보를 전달하는 방식으로, 구술로 전해지는 문화와는 다른 길을 걷기 시작했다. 인쇄된 책을 개인이 소유함으로써 사람들은 자신만의 공간에서 독서할 수 있게 되었다. 이는 특정한 관점에서 정보를 받아들이는 데 영향을 미쳤고, 사람들은 자신의 생각을 정리하고 표준화된 방식으로 사고하게 되었다. 이런 변화는 과학 혁명의 기초를 다지게 되었다.[142]

인쇄술 덕분에 정확한 관찰과 표현이 가능해졌고, 이는 과학적 지식의 축적과 전파를 크게 촉진했다. 인쇄술은 복잡한 대상이나 과정을 세밀히 관찰하고, 이를 정확한 언어로 묘사할 수 있게 했다. 이는 과학적 연구의 기초가 되었다. 초기에는 목판 인쇄가 사용되었지만, 나중에는 더 정교한 금속 활자가 사용되면서 더욱 정확한 시각적 표현이 가능해졌다. 인쇄술과 함께 전문 용어가 발전하면서, 과학자들은 더 정밀하고 일관된 방식으로 지식을 전달할 수 있게 되었다.

---

141) 오토 루트비히, 『쓰기의 역사』, 연세대학교 대학출판문화원, 2014, p317.
142) 조맹기, 『현대 커뮤니케이션 사상사』, 나남, 2009, p101.

인쇄술의 발달은 학문과 교육의 방식에도 큰 변화를 가져왔다. 특히, 인쇄술은 구두에 기초한 수사학의 낡은 기법을 대체하고, 지식을 더 체계적이고 정량적으로 전달할 수 있는 방법을 제공했다. 인쇄술 이전에는 지식 전달이 주로 구두로 이루어졌다. 그러나 인쇄술의 발달로 인해 문서화된 자료가 더 중요해졌고, 이는 수사학의 기법에도 변화를 가져왔다.[143] 실제로 인쇄술 덕분에 복잡한 수학적 분석과 도표, 도식을 사용하여 지식을 더 체계적이고 정량적으로 표현할 수 있게 되었다. 이는 과학적 연구와 교육에 큰 도움이 되었다. 인쇄된 자료는 동일한 정보를 반복적으로 정확하게 전달할 수 있어, 지식의 전파와 축적이 더 효율적으로 이루어졌다.

인쇄술의 발달은 언어와 지식의 소유 개념에도 큰 변화를 가져왔다. 인쇄술 이전에는 지식과 언어가 구두로 전달되었기 때문에, 특정한 표현이나 이야기에 대한 소유권 개념이 희박했다. 그러나 인쇄된 자료는 고유한 형태로 존재하게 되면서, 특정한 표현이나 작품에 대한 소유권 개념이 강화되었다.[144] 이는 저작권 개념의 기초가 되었다. 이와 함께, 인쇄술 덕분에 동일한 텍스트가 여러 사람에게 널리 퍼지게 되면서, 표절에 대한 인식이 형성되었다. 이는 창작자의 권리를 보호하고, 독창성을 중시하는 문화로 이어졌다.

필사 문화에서는 상호 텍스트성이 자연스러운 현상이었다. 구두 문화의 특성상, 사람들은 이미 알려진 문구나 화제를 빌려와 새로운 텍스트를 만들어내는 것이 일반적이었다. 필사본은 고정된 형태가 아니었기 때문에, 필사자들은 기존의 텍스트를 수정하거나 추가하는 것이 가능했다. 이는 새로운 문학 형식을 만들어내는 데 중요한 역할을 했다. 필사 문화에서

---

143) 채백 편. 『세계언론사』. 한나래. 1996. p87.
144) 같은 책. p88, 91.

는 지식과 이야기를 공유하고 협업하는 것이 일반적이었다. 하지만 인쇄문화 자체는 다른 사고 방식을 가지고 있었다. 인쇄문화는 독창성과 창조성의 개념을 강화하면서, 작품을 독립된 단위로 보는 경향을 만들어 냈다. 인쇄문화는 한 작품을 다른 것과 구분된 독립된 단위로 보았다. 이는 작품의 독창성과 창조성을 강조하는 낭만적 개념을 만들어 냈다.

인쇄 기술은 초기의 언론인들에게 글을 손으로 쓰는 수고를 덜어 주는 것 이상의 혜택을 줬다.[145] 활자 인쇄기를 통해 대량으로 글을 찍어 낼 수 있었고, 덕분에 더 많은 사람들이 뉴스를 접할 수 있게 되었다. 1483년에는 책 20쪽을 인쇄하는 데 3플로린(피렌체의 금화)이 들었던 반면에 손으로 쓴 책은 20쪽 1부에 1플로린이면 가능했다. 하지만 인쇄기를 이용하면 같은 비용으로 1,025부를 만들 수 있었고, 손으로 쓰면 한 부밖에 못 만들었다. 즉, 세 배 비용으로 천 배 많은 독자를 확보할 수 있었던 것이다. 또한, 인쇄된 뉴스는 원본과 똑같이 복사할 수 있었기 때문에 필사본처럼 작성자가 실수하거나 내용을 왜곡할 위험이 없었다. 덕분에 수많은 독자들이 정확한 뉴스를 접할 수 있었다.

인쇄 기술이 뉴스 왜곡을 완전히 막아 주는 건 아니었다. 때때로 심한 왜곡도 있었지만 인쇄된 뉴스는 한 번에 수천 장을 똑같이 복사할 수 있어서, 원래 뉴스의 내용이 크게 변하지 않았다는 장점이 있었다. 이전에는 손으로 기록된 뉴스가 전달되는 과정에서 내용이 바뀌거나 왜곡될 위험이 있었는데, 인쇄기의 등장으로 이런 위험이 줄어들었다. 예를 들어 왕이 죽기를 고대하던 마을에서는 뉴스가 전쟁터로부터 먼길을 따라 전해오면서 왕이 실제로 죽었다는 뉴스로 둔갑하곤 했다. 하지만 인쇄기로 인쇄된

---

145) 미첼 스티븐스. 『뉴스의 역사』. 황금가지. 1999. p141~3.

뉴스는 이런 문제를 줄였다. 결국, 뉴스의 왜곡이 점점 사라지게 되었고, 사람들은 더 정확한 사실을 알게 되었다.

5) 신문

비정기적으로 이루어지던 출판이 정기적인 출판으로 전환된 것은 광범위한 지역에 걸쳐 불과 수년 동안에 매우 급속하게 이루어진 것이었다.[146] 17세기 초 유럽에서 인쇄 신문이 처음 등장했다. 처음에는 큰 화제를 모으지는 않았지만, 그 아이디어는 빠르게 퍼져나갔다. 1610년에는 바젤에서 주간 신문이 나왔고, 프랑크푸르트와 비엔나(1615), 함부르크(1616), 베를린(1617), 암스테르담(1618), 앤트워프(1620)에서도 주간 신문이 생겨났다. 영국에서는 1621년에 처음 주간 신문이 나왔고, 프랑스는 1631년이 되어서야 독자적인 신문을 발행했다. 이탈리아는 1639년에, 스페인은 1641년에 첫 주간 신문을 발행했다.[147]

새뮤얼 딜바움과 여러 인쇄업자들이 16세기 후반과 17세기 초에 뉴스 시트와 신문을 발행하여 출판 빈도와 범위를 급격히 확대했다. 1609년 요한 카롤루스는 "주목할 만한 사건들을 가려 뽑은 소식"을 다달이 발행했고, 아브라함 베어외벤은 "노이에 티딩헤"를 주 3회 발행하는 수준으로 발전시켰다. 베어외벤은 스페인 왕의 섭정으로부터 특권을 받아 최신 뉴스를 인쇄해 배포했다. 1610년부터는 "노이에 티딩헤"의 프랑스어판이 등장하고, 스위스 바젤에서는 주간 신문이 발행되었다. 이러한 간행물들은 이후 '오르디나리 차이퉁'이라는 이름으로 여러 도시에서 발간되었다.

---

146) 채백 편. 『세계언론사』. 한나래. 1996. p114~6.
147) 미첼 스티븐스. 『뉴스의 역사』. 황금가지. 1999. p247.

이 가운데 네덜란드와 독일은 새로운 매체인 주간 신문이 가장 빠르게 확산된 지역이었다. 여기에는 몇 가지 원인이 있었다. 초기 신문들은 다른 유사한 신문으로부터 내용을 발췌하는 경향이 있었기 때문에, 신문이 발행되지 않는 도시의 인쇄업자들도 쉽게 신문을 시작할 수 있었다. 대규모 무역 경로에 위치한 도시들이 신문 발행에서 앞서 나갔다. 예를 들어, 1610년 쾰른, 1615년 프랑크푸르트 등에서 신문이 발행되기 시작했다. 1620년대에는 비엔나를 필두로 여러 도시에서 신문이 발행되기 시작했다. 이러한 신문 발행의 물결은 결국 일간 신문의 발행으로 이어졌다. 이러한 발전은 정보의 신속한 전달과 대중의 접근성을 높이는 데 큰 기여를 했다.

1660년에는 독일의 라이프치히에서 세계 최초의 일간지인 라이프치커 짜이퉁(Leipziger Zeitung)이 나왔다. 이 신문은 오랫동안 주간으로 발간되어 오다가 일간으로 전환되었던 것이다.[148] 그리고 독일에 이어 두 번째로 일간지가 나온 나라는 영국이다. 영국에는 위클리 뉴스라고 하는 주간지가 1621년부터 간행되었으며 1665년에는 옥스포드 가제트(Oxford Gazette)라고 하는 주 2회의 신문이 나왔다. "가제트"라는 말은 16세기 베니스에서 유래한 동전 이름인 "가제타"에서 온 것이다. 당시 사람들은 주간 뉴스시트 한 부를 사거나 뉴스를 큰 소리로 읽어 주는 대가로 이 동전을 사용했다. 그래서 신문의 이름으로도 "가제타"가 사용되었고, 이 단어가 여러 신문의 이름으로 퍼져나갔다. 이는 베니스 가제트가 얼마나 큰 영향을 미쳤는지를 보여 준다.[149] 1702년에는 세계 두 번째의 일간지인 데일리 코란트(Daily Courant)가 나왔다. 데일리 코란트는 30년간 간행되었

---

148) 이상철, 『언론발달사』, 일지사, 1992, p246~247.
149) 미첼 스티븐스, 『뉴스의 역사』, 황금가지, 1999, p250.

다. 이어 프랑스에서는 1777년 1월 1일 일간지인 저널 드 파리(Journal de Paris)가 나왔는데 이는 최초의 주간지인 가제트(Gazette 1631)가 나온 지 146년 만이었다.

미국의 경우를 보더라도 최초의 주간지인 퍼블릭 오커런스즈(Public Occurrences)는 1690년에 나왔으나 최초의 일간지인 펜실베니아 이브닝 포스트 앤 데일리 어드버타이저(Pennsylvania Evening Post & Daily Advertiser)는 1783년에 나와 주간지에서 일간지로 넘어가는 과정이 93년이나 소요되었다. 이같이 주간지에서 일간지로 발전하는 데는 나라에 따라 다소 차이가 있으나 적어도 반세기에서 1세기 반 이상 걸렸다. 이는 인쇄술의 발전, 정보의 수요 증가, 그리고 사회적, 경제적 변화 등이 복합적으로 작용한 결과다.

일간지 시대의 도래는 사회의 구조적 발전과 밀접한 관련이 있다. 미국의 경우, 1780년대에 일간지가 등장할 당시 몇 가지 중요한 변화가 있었다. 필라델피아와 보스턴의 인구가 각각 2만 5천 명을 넘어섰고, 뉴욕, 찰스톤, 볼티모어의 인구도 각각 1만 명을 넘어 2만 5천 명에 육박했다. 이러한 도시화는 일간지의 수요를 증가시켰다. 최초의 신문이 발행된 펜실베니아는 1780년대에 미국 최대 도시 중 하나였다. 이는 신문 발행의 중심지로서 중요한 역할을 했다. 또 미국은 유럽과의 무역에서 1784년부터 흑자를 기록하기 시작했다. 이는 경제적 안정과 성장을 의미하며, 일간지 발행을 위한 경제적 기반을 마련했다. 이러한 변화들은 일간지의 발행과 확산을 촉진시켰다.

신문 산업의 두 가지 경제 논리가 있다. 첫째는 부유한 독자들은 광고주에게 매우 매력적이라는 것이고 둘째는 시민 독자들은 인구가 많아서 신문의 발행 부수를 늘려 준다는 것이다. 신문 발행인들은 이 두 가지 중 하나를 선택하기 위해 다른 하나를 포기하면서 저널리즘의 역사가 바뀌었다. 미국에서는 독립 후 시대적 논쟁의 중요성이 약화되자, 신문들은 이제 사업에 더 집중하기 시작했다.[150]

1833년 9월 3일, 벤자민 데이는 '뉴욕 선'(New York Sun)을 창간하며 신문 한 부의 가격을 1센트로 정해, 대중 매체의 출발을 알렸다. 이는 당시 뉴욕 일간지의 일반적인 가격인 6센트에 비해 매우 저렴한 가격이었다. 「뉴욕 선」(New York Sun)의 성공은 뉴욕의 다른 신문사들도 가격을 1센트로 낮추게 하여, 언론계에서 처음으로 가격 경쟁이 시작되었다. 이로 인해 신문사들이 가격을 낮추면서 더 많은 독자를 확보하려는 경쟁이 치열해졌다. 이는 신문 구독의 접근성을 높이는 데 기여했다. 인쇄 기술의 발전으로 인해 인쇄기의 가격이 하락하였고, 이는 신문 발행 비용을 줄이는 데 도움이 되었다. 신문 지면이 늘어나면서 광고 면적도 크게 증가했다. 이는 신문사들에게 중요한 수익원이 되었고, 광고 수익을 통해 더 많은 콘텐츠를 제공할 수 있게 되었다. 이러한 변화는 신문 산업의 발전과 대중 매체의 확산에 큰 기여를 했다.

1840년대부터 신문이 전신을 사용하기 시작하면서 뉴스의 개념에 큰 변화가 일어났다. 전신 뉴스는 몇 가지 중요한 특징을 가지고 있었다. 전신 사용료가 초기에는 매우 비쌌기 때문에, 뉴스는 간결하고 핵심적인 정보만을 전달하는 방식으로 작성되었다. 전신을 통해 뉴스가 빠르게 전달될 수 있었기 때문에, 독자들은 최신 정보를 신속하게 접할 수 있었다. 전신 뉴스는 지역적인 한계를 넘어, 더 넓은 범위의 정보를 독자들에게 제공할 수 있었다. 또 전신을 통해 전달되는 뉴스는 시사성을 강조하게 되었

---

150) 미첼 스티븐스. 『뉴스의 역사』. 황금가지. 1999. p336.

고, 이는 독자들에게 중요한 사건과 이슈를 빠르게 전달하는 데 큰 역할을 했다. 이러한 변화는 신문이 단순한 정보 전달 수단을 넘어, 사회적, 정치적, 경제적 사건에 대한 즉각적인 반응을 가능하게 하여 독자들의 인식을 넓히는 데 기여했다.

같은 무렵 철도의 발전은 신문이 도시 중심에서 모든 지역 구석구석까지 또는 부분에서 전체로 확산되는 계기가 되었다. 철도는 미국에서 1830년대와 1840년대 역마제도를 대체하기 시작, 1830년 철도의 길이가 23마일에 불과하던 것이 1850년에는 9,000마일이나 되었다. 철도는 신문의 원거리 배달을 가능하게 했을 뿐 아니라 신문의 신속한 배달과 전신이 나오기 전 통신의 역할도 했다. 즉 1837년 5월 볼티모어 선(Baltimore Sun)은 워싱턴으로부터 볼티모어까지 밴 뷰렌(Van Buren) 대통령의 메시지를 입수하는데 이전 같으면 하루 이상 걸릴 것을 철도를 이용해 단 2시간 만에 입수할 수 있었다. 이처럼 철도와 신문의 결합은 정보의 신속한 전달과 확산을 가능하게 하여, 사회 전반에 걸쳐 큰 영향을 미쳤다. 철도는 신문뿐만 아니라 다양한 상품과 사람들의 이동을 촉진하여 경제와 사회의 발전을 가속화했다.

19세기 후반과 20세기 초반의 기술 발전은 신문 산업에 큰 변화를 가져왔다. 1878년 레밍턴(Remington)에 의해 타자기가 도입되면서 신문사에서 필사를 대신하게 되었다. 이는 기사 작성 속도를 크게 향상시켰다. 1875년 알렉산더 그레이엄 벨(Alexander Graham Bell)에 의해 발명된 전화는 1877년부터 신문사에서 뉴스를 송고하는 데 사용되기 시작했다. 이는 기자들이 신속하게 뉴스를 전달할 수 있게 했다. 1886년 뉴욕 트리뷴(New York Tribune)은 오트마 머젠탈러(Ottmar Mergenthaler)의 자동식자 주조기인 리노타입(Linotype) 기계를 설치해 수공식자를 대체했다. 이는 인쇄 속도와 효율성을 크게 향상시켰다.

이러한 기술 발전은 신문이 소수의 의견 중심에서 대중을 위한 뉴스 중심으로 바뀌는 데 중요한 역할을 했다. 1870년대에 이르면 신문은 더 많은 독자층을 확보하게 되었고, 뉴스 인력의 양적 팽창과 함께 전문화가 이루어졌다. 이는 신문 산업의 발전과 함께 사회 전반에 걸쳐 정보의 접근성을 높이는 데 기여했다.

기술 발전으로 신문 산업의 제도화와 규격화가 이루어졌다. 통신뉴스와 신디케이트 뉴스는 동일한 뉴스 상품을 제공하여 뉴스의 일관성과 품질을 유지했다. 이는 뉴스의 신뢰성을 높이고, 독자들의 시각을 넓히는 데 기여했다. 통신뉴스는 편파적인 정치뉴스를 줄이며 객관적이고 균형 잡힌 정보를 제공했다. 이러한 변화는 정보 접근성을 높이고, 독자들에게 더 나은 품질의 뉴스를 제공하는 데 큰 영향을 미쳤다.

6) 라디오 등장

20세기 언론의 역사에서 방송매체의 출현은 매우 중요한 사건이었다. 라디오와 텔레비전은 기존의 인쇄 매체와는 달리, 기술 발전의 부수적 산물로 등장했다. 라디오는 원래 원거리 통신을 목적으로 개발되었지만, 제1차 세계대전 이후 수신기 판매를 촉진하기 위해 음악과 정보를 송신하기 시작하면서 오늘날과 같은 방송 형태로 발전했다.[151] 텔레비전 역시 초기에는 다른 용도로 개발된 기술을 활용하여 방송이라는 새로운 커뮤니케이션 유형이 자리 잡게 되었다.

---

151) 채백 편. 『세계언론사』. 한나래. 1996. p215, 265.

라디오는 외부용 라우드 스피커를 장착하면서 독립적인 음향 기기로 발전했다. 라우드 스피커가 없을 때는 이어폰과 헤드폰으로만 소리를 들을 수 있었다. 1920년대에 라디오에 외부용 스피커가 장착되면서, 라디오는 오디오와 비슷한 위치에 있게 되었다. 무성 영화도 스피커 기술의 발달로 유성 영화 시대로 넘어갔다. 그 이전에는 전화 송수신기 원리로 소리를 들었고, 이어폰이 라디오 방송을 듣는 역할을 했다. 외부용 스피커 시스템은 정치 연설에서 큰 역할을 했는데, 1919년 우드로 윌슨 대통령이 샌디에이고에서 스피커를 이용한 역사상 최초의 연설을 했다. 당시 7만여 명의 도시에서 5만여 명이 그의 연설을 듣기 위해 모였다.[152]

이러한 방송매체의 출현은 사회 전반에 걸쳐 큰 영향을 미쳤다. 특히, 정보의 전달 속도와 범위가 크게 확대되었고, 대중문화와 여론 형성에 중요한 역할을 하게 되었다. 방송매체는 시청각적 요소를 통해 더 생생하고 즉각적인 정보를 제공할 수 있었기 때문에, 기존의 인쇄 매체와는 다른 차원의 영향력을 발휘하게 되었다. 이와 같은 변화는 언론의 역할과 기능에도 큰 변화를 가져왔다. 방송매체는 단순히 정보를 전달하는 수단을 넘어, 사회적, 정치적, 문화적 변화를 주도하는 중요한 매체로 자리 잡게 되었다.

제1차 세계대전과 제2차 세계대전 이후에도 기존 매체들은 다양한 사회적 필요를 충족시켰다. 정치와 경제 정보는 신문을 통해, 공동체와 가족, 개인 생활에 대한 정보는 사진을 통해, 호기심과 오락은 영화를 통해, 사업 정보와 중요한 개인적 메시지는 전화로 전달되었다. 방송 매체는 이러한 기존 매체들이 확고한 위치를 차지한 가운데 등장했지만, 그 영향력은 매우 컸다.

---

152) 김형호, 『라디오 탐심』. 틈새책방. 2021. p87.

미국에서는 수백만 명이 라디오 뉴스 보도와 오락 프로그램을 청취하였다. 미국 국민들은 이제 라디오 앞에 둘러앉아 모일 수 있게 되었고, 대통령은 옛날 대부분의 부족장들이 누렸던 특권을 다시 확보할 수 있었다. 대통령의 목소리가 국민들에게 직접 전달될 수 있게 된 것이다. 전쟁 뉴스, 국가 뉴스, 대통령에 대한 뉴스들이 거의 즉각적으로 청취자들에게 전달되었다. 이 넓은 지역에 많은 사람들이 흩어져 사는 나라를 통일시키는 데 공헌한 또다른 중요한 요인이 있었다. 국민들은 전쟁터에서 메신저로 활약하는 방송기자 머로(Edward R. Murrow)의 보도를 듣기 위해 라디오 주변에 모였던 것처럼 프랭클린 루즈벨트 대통령의 노변한담을 듣기 위해 라디오 앞으로 모였던 것이다.

　근대적인 뉴스 스타일, 즉 짧고 명확하며 간결한 문장은 라디오에서 발전했다. 미국에서 라디오 뉴스가 큰 힘을 발휘한 사건 중 하나는 1941년 12월 7일, 일본군이 진주만을 공격했을 때였다. 그날은 일요일이라 석간 신문이 발행되지 않았고, 라디오는 풋볼 경기 중계를 중단하고 최초의 속보를 전했다. 월요일 아침까지 라디오에서는 계속 뉴스만 방송되었다. 마치 남북전쟁이 신문을 뉴스 매체로 만든 것처럼, 제2차 세계 대전은 라디오를 강력한 뉴스 매체로 만들었다.[153]

　라디오는 정보 전달의 속도를 크게 높였고, 이는 다른 매체들의 속도도 함께 높이는 촉매가 되었다.[154] 맥루언이 말한 것처럼, 라디오는 세계를 촌락 규모로 축소시키고, 가십, 소문, 개인적 원한 등과 같은 촌락적 기호를 만들어 냈다. 라디오는 다양한 언어와 문화를 가진 지역에서도 중요한 역할을 했다. 예를 들어, 인도에서는 공인된 국어가 열두 종류 이상 되기

---

153) 미첼 스티븐스. 『뉴스의 역사』. 황금가지. 1999. p479.
154) 채백 편. 『세계언론사』. 한나래. 1996. p246.

때문에 라디오 네트워크도 그만큼 다양하다. 또한, 라디오는 고대의 풍습과 기억을 부활시키는 역할을 했다. 아일랜드, 스코틀랜드, 웨일스에서는 라디오의 등장 이후 묵은 모국어가 부활했고, 이스라엘에서는 몇 세기 동안 책 속에서만 존재하던 언어가 부활했다. 라디오의 이러한 특성은 현대에도 여전히 중요한 의미를 지니고 있다.

7) 텔레비전의 탄생

텔레비전의 정의를 이해하기 위해 먼저 앞선 매체들과의 관계를 살펴볼 필요가 있다. 19세기 중반부터 후반까지, 텔레비전은 전보통신 기계로 정의되었다. 초기에는 정지된 화상을 전송하고 수신기에서 천천히 재생하는 통신 방법으로 생각되었다. 전화가 등장하면서 상대와 직접 대화할 수 있는 장치로 인식되었고, 영화가 발명되면서는 움직이는 이미지를 전달하는 기기로 여겨졌다. 라디오의 등장으로 텔레비전은 생방송의 개념을 받아들이게 되었다. 따라서 초기 전기통신 매체들을 통해 텔레비전의 발달 과정을 이해할 수 있다.[155]

인쇄 매체는 멀리 떨어진 사람들 사이의 정신적 교류를 가능하게 했지만, 즉각적이거나 개인적인 감정 전달에는 한계가 있었다. 반면, 방송 매체는 이러한 한계를 극복하는 데 큰 역할을 했다. 라디오는 말의 억양을 통해 청취자에게 더 개인적이고 감정적인 경험을 제공했다. 영화와 텔레비전은 제스처와 얼굴 표정이라는 비언어적 요소를 통해 더욱 풍부하고 다채로운 언어를 회복하는 데 기여했다. 이러한 비언어적 커뮤니케이션 요소들은

---

155) 크리스 호록스. 텔레비전의 즐거움. 루아크. 2018. p47.

분위기, 정서, 사건, 성격 등 말로는 적절하게 표현할 수 없는 것들을 전달하는 데 매우 효과적이다.[156] 예를 들어, 영화와 텔레비전은 인물의 표정과 몸짓을 통해 감정을 전달하고, 시청자와의 감정적 연결을 강화한다. 이는 단순한 정보 전달을 넘어, 시청자에게 깊은 감동과 이해를 제공할 수 있다. 예를 들어, 미국에서 '바람과 함께 사라지다'라는 소설은 40년에 걸쳐 2000만 권이 팔렸지만, 텔레비전에서는 단 한 번의 방영으로 5500만 명이 이를 동시에 시청했다.[157] 이는 방송 매체가 얼마나 빠르고 광범위하게 영향을 미칠 수 있는지를 보여 주는 사례이다. 방송 매체의 출현은 정보 전달의 속도와 범위를 크게 확대시켰고, 대중문화와 여론 형성에 중요한 역할을 하게 되었다.

텔레비전이라는 용어는 1900년 파리에서 열린 국제전기기술자 총회에서 처음 사용되었다. 그리스어 "tele"는 "멀리"를 의미하고, 라틴어 "vision"은 "본다"를 의미하여, 텔레비전은 멀리 있는 사물이나 사건을 볼 수 있게 해 주는 도구를 의미한다. 텔레비전이라는 용어가 정착되기 전에는 다양한 이름으로 불렸다. 벨 연구소에서는 1880년에 "시각적 전화(visual telephone)"라고 불렀으며, 그 외에도 다이아포토(diaphoto), 텔렉스토스코프(telectroscope), 포토폰(photophone), 라디오바이저(radioviser) 등 여러 이름이 있었다. 텔레비전은 이후 기술적 발전과 함께 대중화되었고, 오늘날에는 가장 중요한 매체 중 하나로 자리 잡게 되었다. 그리고 텔레비전이 정보 전달 수단을 넘어, 사회적, 문화적 변화를 주도하는 중요한 매체로 자리 잡게 하는 데 두 가지 특성이 있었다.

하나는 소리 중심의 매체라는 것이다. 텔레비전은 영화와 같은 영상매

---

156) 채백 편. 『세계언론사』. 한나래. 1996. p253.
157) 김석호. 『방송영상개론』. 커뮤니케이션북스. 2006. p120.

체와는 다르다. 텔레비전은 라디오의 기술을 바탕으로 발전했기 때문에 소리와 영상이 결합된 매체다. 앞서 말했듯이 초기에는 "포토폰(photophone)"이라는 이름으로 불리기도 했다. 텔레비전은 소리 매체인 라디오에서 발전했기 때문에, 소리의 중요성이 매우 크다. 텔레비전은 시각적 요소뿐만 아니라 청각적 요소에도 크게 의존한다. 따라서 텔레비전 방송에서 음향은 영상만큼이나 중요한 역할을 한다. 음향이 좋지 않으면 영상의 품질도 떨어진다고 여겨지기 때문에, 텔레비전 제작에서는 음향의 품질을 높이는 데 많은 노력을 기울인다.[158] 이러한 특성 덕분에 텔레비전은 단순한 정보 전달을 넘어, 감정과 분위기를 효과적으로 전달할 수 있는 강력한 매체로 자리 잡았다.

텔레비전의 특징의 다른 하나는 참여 매체라는 것이다. 텔레비전 영상은 시청자의 참여를 통해 완성된다. 카메라의 초점이 말하는 사람보다는 듣는 사람이나 화제의 주인공에게 맞춰지는 경우가 많다. 이는 시청자가 직접 대화에 참여하는 듯한 느낌을 주기 위한 것이다. 텔레비전 프로그램, 특히 드라마를 제외한 대부분의 프로그램은 2인칭 시점을 갖고 있다. 이는 시청자가 마치 그 상황에 직접 참여하고 있는 것처럼 느끼게 한다. 이러한 방식은 시청자와의 감정적 연결을 강화하고, 메시지를 더 효과적으로 전달하는 데 큰 역할을 한다. 텔레비전이 전달하는 메시지의 대상이 시청자가 되는 이유는 시청자가 그 메시지를 직접적으로 받아들이고, 자신의 경험과 연결시키기 때문이다.

텔레비전은 과정과 복잡한 리액션 테마를 요구하는 미디어로, 다큐멘터리 형식이 특히 주목받게 됐다.[159] 영화도 과정을 훌륭하게 다룰 수 있지

---

158) 김석호. 『방송영상개론』. 커뮤니케이션북스. 2006. p122.
159) 맥루언. 『미디어의 이해』. 커뮤니케이션북스. 1997. p373.

만, 영화 관객은 주로 수동적인 수용자가 되는 경향이 있다. 반면, 텔레비전은 시청자가 직접 참여하는 느낌을 주기 때문에 더 큰 몰입감을 제공한다. 초기 서부 영화는 다큐멘터리와 유사하게 단순한 형태였지만, 텔레비전의 등장으로 서부극은 새로운 중요성을 얻게 되었다. 서부극의 테마는 마을을 만드는 과정에 초점을 맞추고 있어, 시청자는 허술한 구성 요소를 통해서도 마을을 만드는 과정에 참여하는 느낌을 받을 수 있다. 텔레비전은 서부의 말 안장, 의복, 은신처, 값싼 주막과 호텔의 로비 등 다양한 장면을 친절하게 다루어 시청자의 참여를 돕는다. 이러한 특성 덕분에 텔레비전은 단순한 정보 전달을 넘어, 시청자와의 상호작용을 통해 더 깊은 이해와 감정을 전달할 수 있는 강력한 매체로 자리 잡았다.

8) 소셜 미디어

소셜미디어는 사람들의 의견, 생각, 경험, 관점 등을 서로 공유하기 위해 사용하는 온라인 도구 또는 플랫폼이다. 소셜미디어는 개방, 참여, 공유의 가치를 기반으로 하며, 다양한 형태의 콘텐츠를 통해 사용자들이 자발적으로 참여하고 정보를 공유하며 콘텐츠를 만들어 나가는 특성을 가지고 있다. 다양한 형태의 플랫폼이 있다. 블로그는 개인이 자신의 관심사에 따라 글을 작성하고 공유하는 플랫폼이다. 소셜 네트워크 서비스(SNS)는 페이스북, X(트위터), 인스타그램 등 사람들이 서로 연결되고 소통할 수 있는 플랫폼이다. 위키는 위키백과처럼 사용자들이 공동으로 문서를 작성하고 수정할 수 있는 플랫폼이다. 브이로그(Vlog)는 자신의 일상을 유튜브 등에 동영상으로 기록하고 공유하는 형태의 블로그이다.

소셜미디어 커뮤니케이션은 여러 가지 독특한 특성을 가지고 있다. 첫째, 쌍방향성이다. 소셜미디어는 사용자 간의 상호작용을 촉진한다. 사용자들은 댓글, 좋아요, 공유 등을 통해 서로의 의견을 교환하고, 실시간으로 반응을 주고받을 수 있다. 둘째, 개방성과 참여성이다. 소셜미디어는 누구나 접근할 수 있고, 참여할 수 있는 열린 플랫폼이다. 사용자들은 자신의 생각과 경험을 자유롭게 공유하고, 다른 사람들의 콘텐츠에 참여할 수 있다. 셋째, 다양한 콘텐츠 형식이다. 소셜미디어는 텍스트, 이미지, 비디오, 오디오 등 다양한 형식의 콘텐츠를 포함한다. 이러한 다양한 형식은 사용자들이 자신의 메시지를 더 효과적으로 전달할 수 있게 한다. 넷째, 빠른 전파 속도다. 소셜미디어를 통해 정보는 매우 빠르게 확산된다. 이는 긴급한 소식이나 트렌드가 빠르게 퍼질 수 있게 하며, 전통적인 미디어보다 더 신속하게 정보를 전달할 수 있다. 다섯째, 커뮤니티 형성이다. 소셜미디어는 공통의 관심사나 가치를 가진 사람들 간의 커뮤니티를 형성하는 데 도움을 준다. 이러한 커뮤니티는 사용자들 간의 유대감을 강화하고, 정보와 자원을 공유하는 장이 된다. 여섯째, 실시간성이다. 소셜미디어는 실시간으로 업데이트되고, 사용자들은 즉각적으로 반응할 수 있다. 이는 빠른 의사소통과 즉각적인 피드백을 가능하게 한다. 이러한 특성들은 소셜미디어가 정보 전달 매체뿐만 아니라 사람들 간의 상호작용과 관계 형성에 중요한 역할을 한다는 것을 보여 준다.

따라서 소셜미디어는 실시간으로 소식을 전하고 반응을 공유할 수 있고 참여와 소통을 통해 서로의 감정을 나눌 수 있다. 이렇게 바이럴 되어 수많은 사람들에게 공유되고, 그만큼 더 많은 사람들과 공감을 형성할 수 있다.

4

공감하는 뉴스

공감을 이끌어 내는 뉴스는 독자와 감정적으로 연결되며, 이는 더 깊은 관심과 참여를 유도할 수 있다. 보았듯이 언어학자 로빈 던바에 따르면, 언어의 시작은 정보 전달보다는 사회적 결속을 강화하는 데 있었다고 한다. 그는 언어가 '수다 떨기'와 같은 사회적 상호작용에서 시작되었다고 주장했다. 수다 떨기는 그룹 내에서 사회적 결속을 강화하는 데 효과적이며, 기술적 정보는 누구에게나 전달될 수 있지만, 사회적 정보는 특정 그룹 내에서만 공유되기 때문에 집단 생활을 하던 인류의 생존에 중요한 역할을 한다고 했다.

사람들이 흔히 공감하는 감정은 다양하다. 분노, 기쁨, 슬픔, 희망, 두려움, 연민 등이 대표적이다. 예를 들어, 누군가의 성공 이야기는 희망과 기쁨을 느끼게 하고, 어려움을 겪는 이야기나 도움을 받는 이야기는 연민과 동정심을 유발한다. 감정은 사람들 사이에 공감을 형성하고 서로를 더 이해하게 만드는 중요한 요소다. 이런 감정들은 사람들에게 심정적으로 연결될 기회를 제공하고, 이에 관한 뉴스는 단순한 정보 제공을 넘어서 사람들 사이의 공감을 이끌어내는 중요한 매개로 작용하게 된다.

따라서 분노와 슬픔, 공포, 재미, 스토리, 미담, 사연 등 공감하는 뉴스는 사람들의 감정을 자극하는 요소들을 포함하며 공감대를 형성하려는 경향이 있으며 분노와 슬픔 등의 감정을 느끼는 기준에는 사회적 가치가 있다.

즉 불공정한 상황을 접했을 때 우리는 분노를 느끼게 된다. 따라서 공감의 바탕에는 우리가 공유하는 가치가 있는 것이다. 이 때문에 공감하는 뉴스는 사람들의 관심을 모으고 감성적인 요소를 더해 공유와 확산이 더 잘 이루어진다.

1) 분노

공감을 통해 전달되는 메시지는 더 기억에 남고 강한 여운을 남기므로, 뉴스의 영향력을 높이는 데 기여한다. 분노는 강한 불쾌감과 적개심을 느낄 때 발생하는 감정이다. 이는 자기 자신이나 사회에 부당하거나 고의적인 침해를 받았다고 인지될 때 나타나는 심리적 반응이다. 분노는 다양한 상황에서 발생할 수 있으며, 그 원인과 표현 방식도 다양하다. 인지적 관점에서 분노는 부당한 대우를 받았다고 인식할 때 발생한다. 이는 고의성이나 부당성에 대한 인지적 평가가 중요한 역할을 한다. 사회적 관점에서 분노는 사회적 규범과 기대에 따라 다르게 표현되고 해석된다. 이는 문화적 차이에 따라 분노의 표현 방식이 달라질 수 있음을 의미한다. 분노의 기능은 자기 방어 차원에서 자신을 보호하고 부당한 대우에 맞서기 위한 방어 메커니즘이다. 또 사회적 차원에서는 사회적 규범을 유지하고, 부당한 행동을 억제하는 역할을 한다. 2024년 조회수가 많았던 분노 뉴스 사례들은 다음과 같다.

□ 비양심·비매너

비양심적이고 비매너적인 행동에 대한 반응은 강한 비판과 분노를 포함한다. 이러한 행동은 사회적 규범을 위반하고 다른 사람들에게 불편을 주기 때문에, 많은 사람들이 이를 용납하지 않는다.

　인천 서구청 근처에서 고깃집을 운영하는 A 씨가 세 자녀 중 첫째 자녀의 초등학교 입학식에 참석하기 위해 잠시 가게를 비운 사이, 7명의 손님이 22만 원어치의 음식을 먹고 결제하지 않고 떠났다. A 씨는 매장 매니저에게 경찰 신고를 부탁하고, CCTV를 확인한 결과 이들이 고기를 주문해 먹고 나가는 모습을 확인했다. A 씨는 온라인 커뮤니티에 글을 올려, "적지 않은 돈이니 본인이라 생각되면 빨리 와서 결제를 부탁한다"며 어려운 상황을 호소했다. 시민들은 공감과 분노를 표출하며, 가해자들이 빨리 결제를 하고 사과하기를 바랐다. - [뉴스딱] 7명이 고기 먹고 '쌩'… "적지 않은 돈" 분통(3/6)

　경기도 파주에 있는 LH 임대아파트 주차장에 고가의 롤스로이스 차량이 무단 주차된 사실이 알려졌다. 이 차량은 임대아파트 등록 가능 차량 가액의 몇 배에 달하는 고가의 외제차로, 몇 달째 주차되어 있었다. 해당 차량의 차주는 중고차 딜러로 밝혀졌으며, 아파트 주차 차단기에 고장이 잦다는 사실을 악용해 무단으로 주차를 해 왔다. 그러나 도로교통법상 아파트 주차장은 도로에 해당되지 않고 주차금지구역으로 지정돼 있지 않아, 무단 주차를 하더라도 차주에게 강제적인 조치나 책임을 묻기 어렵다. LH 측은 차량 소유주로부터 무단 주차에 대한 사과와 함께 재발 방지를 약속 받았다고 밝혔다. - LH 임대아파트에 웬 롤스로이스?… "어이 없네요" 누리꾼 분노(4/16)

　5월에 한 영상이 많은 사람들의 공분을 샀다. 한 남성이 공유자전거를 타고 버스를 향해 빠르게 달려와, 정차한 버스 뒤에서 급하게 멈추려다 자전거와 함께 넘어졌다. 이후 그는 자전거를 인도 위에 주차하지 않고 도로 가장자리에 내버려 둔 채 버스에 올라탔다. 이 영상을 본 누리꾼들은 "버스에 태워 주지 말아야 했는데", "공유자전거 불법 주차도 처벌해야 한다"며 해당 남성의 행동을 강하게 비판했다. - 정류장에 냅다 내동댕이… "태워 주지 말지" 분노 산 영상(5/24)

제주 도심 한복판에서 중국인 관광객으로 추정되는 아이가 대변을 보는 사진과 영상이 온라인에 퍼지며 논란이 됐다. 이 영상은 저녁 시간대에 제주시 연동 길거리에서 촬영된 것으로 보이며, 아이의 가족으로 보이는 여성이 이를 막지 않고 지켜보고 있었다. 이를 목격한 시민들은 강한 분노를 표출하며, 경찰에 신고하기도 했다. 길에서 대소변을 보는 행위는 경범죄 처벌법에 따라 처벌을 받을 수 있으며, 10만 원 이하의 벌금 또는 구류, 과태료의 형으로 처벌될 수 있다. 과거에도 제주를 방문한 일부 중국 단체관광객들이 몰상식한 행동으로 논란이 된 적이 있었지만, 최근에는 MZ세대 중심의 개별관광객이 주로 찾으면서 이러한 행동은 점차 줄어들고 있다. -제주 길거리에 대변보는 아이… 외국인 관광객 행위 논란(6/19)

7월에 서울 여의도 한강공원에 있는 아이들 놀이터에서 한 남성이 골프채를 휘두르며 벙커샷 연습을 하는 모습이 온라인 커뮤니티에 올라와 논란이 됐다. 이 남성은 모자에 장갑, 골프복까지 차려입고 힘차게 골프채를 휘둘렀는데, 놀이터 모래를 다 퍼내겠다는 일념으로 연습하는 모습이 눈에 띄었다. 이와 같은 공공장소에서의 무분별한 골프 연습은 끊이지 않고 있다. 4월에는 서울 강남구의 한 공원에서 골프 연습을 금지한다는 현수막 옆에서 스윙 연습을 하는 모습이 포착되기도 했고, 해수욕장이나 문화재 보호구역에서도 골프 연습을 하는 사람들이 목격되었다. 이러한 행동은 다른 사람들에게 큰 불편을 주고, 안전사고의 위험도 높다. 공공장소에서의 골프 연습은 경범죄 처벌법에 따라 최대 10만 원의 벌금에 처해질 수 있지만, 실제 피해가 없으면 처벌이 미미한 수준에 그치고 있다. -놀이터

에서 '벙커샷'… "두 눈을 의심" 골프 연습 '민폐족'(7/6)

　　서울 마포대교에서 투신을 시도하던 사람의 가방을 훔쳐 달아난 남성이 있었다. 경찰은 마포대교 난간에 사람이 걸터앉아 있다는 신고를 받고 출동했는데, 현장 주변 CCTV에는 자전거를 타고 지나가던 남성이 투신을 시도하던 사람의 가방을 주워 달아나는 모습이 포착되었다. 투신을 시도한 시민은 수난구조대에 의해 안전하게 구조되었지만, 경찰은 도주 중인 가방 절도범을 쫓기 시작했다. 절도범은 경찰의 정차 요구를 무시하고 골목으로 도망쳤으나, 한 배달원이 오토바이를 타고 절도범의 뒤를 쫓아 앞길을 가로막아 경찰이 현장에서 체포할 수 있었다. 경찰 조사에서 이 남성은 "가방에 돈이 들어 있는 줄 알고 훔쳤다"고 진술한 것으로 알려졌다. -[뉴스딱] "돈 있을 줄…" 투신하려는 사람 가방 훔쳐 '줄행랑'(9/2)

　　매년 8천 톤이 넘는 쓰레기가 고속도로에 버려지고 있으며, 특히 연휴 기간에는 그 양이 더욱 증가한다. 이러한 쓰레기는 담배꽁초, 생수병, 고장 난 우산, 기저귀, 맥주캔 등 다양한 종류로, 심지어 집에서 가져온 쓰레기까지 포함된다. 고속도로 졸음 쉼터와 휴게소에서도 상황은 비슷하다. 쓰레기통이 설치되어 있음에도 불구하고, 길가와 화단에 각종 쓰레기가 버려져 있다. 고속도로에서 발생하는 쓰레기를 처리하는 데 드는 비용은 매년 약 20억 원에 달한다. 이는 고속도로 쓰레기 수거용 2.5톤 트럭 3,200대가 필요한 양으로, 엄청난 자원과 비용이 소요되고 있다. -페트병 오줌에 집안 쓰레기도… "지린내" 더럽혀진 도로변(9/15)

　　추석연휴를 맞아 경찰이 헬기와 암행순찰차를 동원해 단속을 벌였다. 6명 이상 탑승하지 않은 차량의 버스전용차로 이용과 음주운전이 집중 단속 대상이었고, 2시간 만에 50여 대의 차량이 적발되었다. 버스전용차로 위반은 26건, 음주운전은 29건이 적발되었다. -얌체 운전에 "창문 내려보

세요"… 2시간 만에 50여 대(9/14)

　추석 연휴 동안 온라인 쇼핑몰에서 아동 한복을 입힌 후 반품하는 사례가 빈번한 것으로 나타났다. SNS 등에 따르면, 연휴 기간 하루 입히고 반품하는 사람들이 많다고 한다. 전년에도 추석 이후 반품된 의류의 대부분이 아기 한복이었다는 누리꾼의 증언이 있었다. - [뉴스딱] "하루 입히고 바로 반품하더라"… 추석연휴 알바생도 핀잔(9/20)

　일본에서 500엔 동전 대신 한국의 500원 동전을 사용하는 사례가 빈발해 논란이 되고 있다. 도쿄의 한 목욕탕과 규슈의 과일 가게 등에서 500원이 500엔처럼 쓰였다. 두 동전은 크기와 무게가 비슷해 구별이 어렵다. 하지만 고의로 500원을 사용하면 사기죄나 절도죄로 처벌받을 수 있다. - "500엔 틈에 500원" 한국인 관광객에 일본 사장님들 분노(10/23)

　이외에 조회수 많은 기사로는 [뉴스딱] 편의점주에 "나잇값 하라"… 욕설한 여고생 알고 보니(2/21), [뉴스딱] "수리 맡긴 전기차 돌려받고 깜짝" 블랙박스 돌려 봤더니(2/26), "인증할 때 받는 '1원', 10만 번 반복해 10만 원 빼갔다"(2/29), "항상 썩은 냄새 진동"… 소화전 꽉 채운 음식물 쓰레기(3/14), "긴급체포해" 특공대 투입… 이웃 택배 상습 절도·투신 소동까지(4/18), "부모 죽여줘" 청부살인 의뢰한 10대… 그 돈만 챙긴 사기범(4/19), 휴대폰 수리 맡겼다 '화들짝'… "집에 가져가 사진 봤다"(6/5), 중국어 경고에도 "결국 이 지경"… 쓰레기 잔뜩 쌓아뒀다(6/24), [뉴스딱] "누가 불붙은 쓰레기 던지는 중"… 인천 고층 아파트 '발칵'(6/28), 뾰족한 쇳조각 튀면 어쩌나… "25차례 파손" 직원들 불안(7/8), [뉴스딱] "괜찮아" 운전하라더니 뒤에서 '쾅'… 돌변한 친구들(7/25), CCTV 속 웃는 얼굴 소름… '무료 나눔' 우산 털어간 여성(8/1), "음식값 못 줘!" 우기던 손님… CCTV 보니 머리카락 '쏙'(9/2), 탕비실 간식 슬쩍… "과자모음 170개" 중고거래한 직원(9/6), "얼른 타!" 역무원인 줄… 몸으로 문 막아 열차 지연 '민폐'(9/16), 머리 받침대에 양발 '턱'… 이어폰 없이 영상 본 민폐 승객(9/19), 한입씩 호로록, 뚜껑 열고 콸콸… 매장 앞 보관대서 '충격'(9/19), 담뱃재 불똥 걱정에… 주유소 흡연 말리자 "폭발 책임질게"(9/21), 150m 날아간 오토바이… 연인 태운 퇴근길 '뺑소니' 참변(9/24), "대형 사고 날 뻔" 고속도로에 차 세워 배변… "그대로 떠났다"(9/23), 야탑역 경찰 120명 투입… "열심히 찾아봐" 조롱까지(9/23), "빼곡한 문신 드러낸 채 활보"… 제주에 뜬 '베이징 비키니'(10/7), "이런 먹튀 처음… 합의 안한다" 밥값 10원 낸 손님에 분노(10/11), 일부러 도로로 끌고와 찰칵… '건당 4만 원' 실적 쌓기용?(10/14), 10명 정원에 18명 오마카세?… 서울교통공사 '수상한 법카'(10/14), 가지마다 가위질 흔적… 수확 앞두고 단감마을 '발칵'(10/26), "국만 담아 갈게요"… 반찬통 가져와 셀프바 '싹쓸이'(11/27), 개그맨 이혁재도 2억 밀렸다… 체납왕 2천136억 원은 '이 사람'(12/18) 등이 있다.

□ 폭행·행패

집단 폭행 사건이나 시민들을 상대로한 행패가 발생하면 많은 시민들이 강한 분노와 공분을 표출한다. 특히 피해자가 약자이거나 무고한 사람일 경우, 이러한 감정은 더욱 강해진다.

충북혁신도시의 한 식당에서 20대 조직폭력배 3명이 난동을 부린 사건이 3월 발생했다. 이들은 가게 직원이 목소리를 낮춰 달라고 요청하자, 몸에 있는 문신을 과시하며 식당 물건을 집어 던지고, 입간판을 파손하는 등 행패를 부렸다. 경찰은 두 달 간의 CCTV 분석을 통해 이들을 추적하여, 청주 지역 조직폭력배 25살 A 씨와 그의 지인 2명을 업무방해와 재물 손괴 혐의로 구속했다. - "욕설 자제" 요구에 행패… 식당 떨게 한 조폭과 친구들(3/20)

제주에서 한 20대 운전자가 다른 운전자를 향해 야구방망이를 휘두른 사건이 발생했다. 사건의 발단은 뒤차가 경적을 울렸다는 이유였다. 피의자 A 씨는 트렁크에서 야구방망이를 꺼내어 피해자에게 수차례 휘둘렀고, 이로 인해 피해자는 팔 등을 다쳐 병원에서 치료를 받았다. 경찰은 이 사건을 매우 심각하게 받아들여, 긴급성이 가장 높은 '코드 제로'를 발령하고 현장에 출동해 A 씨를 현행범으로 체포했다. - 차 세우더니 야구 방망이 꺼내 휘두른 20대… "왜 경적 울려"(4/1)

4월 경기 김포시에서도 운전 중 시비가 붙어 50대 남성이 흉기를 꺼내 위협한 사건이 발생했다. 사건의 발단은 20대 A 씨가 좌회전하던 중, 우회전 차로에 있던 검은색 차량이 갑자기 끼어들면서 시작되었다. A 씨는 놀라서 경적을 울렸고, 이후 갓길에 차를 세운 뒤 50대 B 씨와 언쟁을 벌였다. 이 과정에서 B 씨는 트렁크에서 약 40cm 길이의 흉기를 꺼내 A 씨를 위협했다. A 씨는 즉시 경찰에 신고했고, 경찰은 10분 만에 B 씨를 현행범으로 체포했다. B 씨는 경찰 조사에서 "나이 어린 사람이 말을 심하게 해서 화가 났다"고 진술했으며, 경찰은 B 씨를 특수협박 혐의로 입건했고 A 씨는 보복이 걱정되어 경찰에 신변 보호를 요청했다. - "왜 경적 울려!"… 운전 시비에 흉기 위협(4/23)

충남 천안에서 또다시 폭주족들이 등장해 시민들에게 큰 불편을 끼쳤다. 이 사건은 6·25 전쟁 기념일 새벽에 발생했으며, 신부동과 불당동, 천안아산역 주변에서 승용차와 오토바이 40여 대가 4시간 가까이 위험한 질주를 벌였다. 이들은 음악을 크게 틀고 배기음을 내며 도로를 질주했으며, 그 과정에서 한 차량이 뒤집히는 사고도 발생했다. 시민들은 밤잠을 설칠 수밖에 없었고, 경찰이 출동했지만 상황을 완전히 통제하기에는 어려움이 있었다. 이와 비슷한 사건은 앞서 현충일에도 발생했으며, 당시에도 천

안 불당동과 아산 배방읍에서 폭주족들이 출몰해 77건의 위법 행위가 적발된 바 있다. -전복된 차 붙잡고 흔들흔들… 현충일 폭주족 이어 '6.25 폭주족' 등장(6/25)

부산에서 20대 여성이 시내버스에서 4살 아이와 그의 할머니를 폭행했다. 아이의 팔이 자신의 몸에 닿았다는 이유로 아이의 얼굴을 때리고 할머니의 팔을 깨물었다. 여성은 분노조절 장애가 있다고 주장했고 경찰은 상해 혐의로 여성을 입건해 조사했다. 피해자 가족은 아이가 밤에 무서워하며 잠을 못 잔다고 전했다. - 4살 때리고 "분노조절장애"… 버스 CCTV 찍힌 폭행 장면(10/4)

이외에 조회수 많은 기사로는 [뉴스딱] "수십 명 지인 데려와 일가족 집단폭행… 악몽이 된 명절"(2/13), "운전을!" 한마디에 시작된 보복… 말다툼이 범죄로(5/10), "빈방 없어?" 격분한 20대 조폭들… 손님들에 '소화기 테러'(5/23), 차 막아서자 마구 때렸다… 무면허에다 또 음주운전(6/3), 10년 동안 딸 성폭행 한 '패륜 아빠'… 더 어처구니없는 주장(9/21), "팔 닿아서" 버스에서 3살 아이 코피 나도록 폭행(10/4), [스브스夜] '그알' 4살이 된 24살 성폭력 피해자… 사망 전 남긴 증언들로 억울함 풀까(10/6), "매달려 맞았다" 아이들을 장난감처럼… 드러난 참상(10/10), 말 없던 승객 돌변해 '꽉'… 얼굴 감싸던 기사 결국 뇌진탕(11/13), 세탁기 뚜껑에 비친 37분간의 성범죄 장면… 20대 중형(11/16), 여직원 휴게실 청소하다 '경악'… 범행 발각에도 뻔뻔 진술(11/20), "먼저 죽어라" 기절한 며느리 '쾅'… 시아버지 아령 든 이유(11/25) 등이 있다.

□ 바가지 요금

바가지 요금은 소비자들에게 큰 불만을 일으키는 주요 원인이며, 해당 지역의 이미지에도 부정적인 영향을 미칠 수 있다.

  2월에 유튜버 A 씨가 소래포구를 방문한 유튜버의 영상이 주목을 받았다. 영상에서 유튜버는 소래포구 어시장에 들어서자마자 끊임없는 호객행위와 바가지요금을 경험했다. 유튜버는 가격표에 적힌 1kg당 4만 원이라는 문구를 보고 구매 의사를 밝혔지만, 상인은 5만 원을 요구했다. 또한, 대게 2마리에 37만 8천 원, 킹크랩은 54만 원이라는 터무니없이 비싼 가격을 불렀다. 유튜버는 "끌려와 설명만 들었는데, 안 사서 죄인이 된 것 같다"며 불만을 표하기도 했다. 이 영상은 소래포구의 과도한 호객행위와 바가지요금 문제를 다시 한번 부각시키며 많은 사람들의 관심을 끌었다. - [뉴스딱] "다짜고짜 무게 달아보더니 37만 원… 바가지 선 넘었다"(2/29)

  대구 서문시장에서 일본인 관광객에게 중국산 모자를 터무니없이 높은 가격에 판매한 행위가 3월에 논란이 됐다. 일본인 배우 A 씨가 유튜브 채널에 올린 영상에서, A 씨는 서문시장에서 고양이 귀가 달린 털모자를 구매하려 했다. 가게 주인은 이 모자가 밍크라며 20만 원을 요구했지만, A 씨는 가격을 깎아 13만 원에 구매했다. 그러나 모자의 태그를 확인해 보니 중국산 제품으로 밝혀졌다. 이 영상은 온라인 커뮤니티에서 빠르게 확산되며 바가지 논란을 일으켰다. - [뉴스딱] 일본인에 "밍크라서 20만 원"… 모자 달린 태그엔 '중국산'(3/1)

  바가지 요금에는 국경이 없었다. 앞서 일본 도쿄의 한 음식점 사장과 호객꾼들이 경찰에 체포되었다. 이들은 유명 닭꼬치 체인점의 종업원 행세를 하며 관광객들을 유인하고, 자리에 앉는 순간 다양한 이유로 바가지를 씌웠다. 한 사람당 자릿세 1천 엔(약 9천 원)을 요구하고, 기본 안줏값으로 1천 엔을 추가로 청구하는 등 불공정한 영업을 했다. 이 가게는 한국인 관광객들 사이에서도 악명이 높아, 구글 리뷰에서도 "바가지 씌우는 가게

이니 절대 가지 말라"는 후기가 많았다. - [Pick] "절대 가지 마" 한국인들도 수없이 당했다… 악덕 日 식당의 최후(2/3)

　7월에는 제주 해녀촌에서 판매된 해산물 가격이 지나치게 높다는 '바가지 요금' 논란이 일었다. 한 유튜버가 올린 영상에서, 5만 원어치 해산물이 담긴 일회용 용기의 양이 너무 적어 많은 비판을 받았다. 제주시가 조사한 결과, 문제의 상인들은 절대보전지역인 공유수면에서 무허가로 영업을 해 왔으며, 원산지 표시도 하지 않은 것으로 드러났다. 이들은 33년간 무허가로 영업을 해 왔으며, 3년 이하 징역이나 3천만 원 이하 벌금형에 해당하는 위법 행위를 저질렀다. - [영상] "다시 안 오고 싶다" "와 진짜 미쳤다" 제주도 해산물에 놀란 유튜버 누리꾼들 무슨 일?(7/11)

　이외에 조회수 많은 기사로는 "최악 바가지, 절대 가지 말라"… 도쿄 음식점 들어갔더니(1/30), 다리 없는 꽃게 논란 후… 이번엔 소래포구서 저울 눈속임(3/7), 아파트 가구 이어 욕실까지… 들러리 세워 7년 담합(10/28) 등이 있다.

□ 음주운전 사고

　음주 운전 사고에 대한 반응은 매우 부정적이고 분노에 찬 경우가 많다. 잇따라 발생한 여러 음주 운전 사고에 대해 사람들은 강력한 처벌을 요구하고 있다.

　2월에 한 20대 여성이 서울 강남에서 술을 마시고 운전하다가 앞서가던 오토바이를 들이받는 사고가 있었다. 이 사고로 오토바이를 몰던 50대 운전자는 결국 숨졌다. 경찰 조사에 따르면, 사고를 낸 20대 여성 운전자는 혈중알코올농도가 0.1%를 넘는 만취 상태였고, 사고 후에도 피해자보다는 강아지를 먼저 챙겼다는 목격담이 전해지면서 공분이 커졌다. 이 여

성은 유명 DJ로 확인되었다. - [뉴블데] "사람 죽여놓고 개만 챙겨"… 알고 보니 유명 DJ(2/5)

8월에 음주운전 사고로 결혼을 앞두고 있던 30대 환경미화원이 숨졌다. 사고 당시, 음주 측정을 거부하고 도주하던 20대 남성 운전자가 청소차량과 환경미화원을 들이받아 사고를 일으켰다. 사고 직후 도주를 시도했지만, 다른 환경미화원의 빠른 대처로 현장에서 붙잡혔다. 경찰은 이 남성을 위험운전치사와 뺑소니 혐의로 입건하고 구속영장을 신청했다. - 음주측정 거부 도주 차량에… 새벽 일하던 예비신랑 참변(8/7)

같은 달 음주운전자가 도주하면서 여러 사람을 다치게 하고도 첫 마디가 보험 처리를 하자고 해 많은 사람들의 분노를 샀다. 사고 당시 배달 기사 A 씨는 음주운전이라고 직감하고 경찰에 신고했지만, 음주 운전자는 도주를 시도하며 A 씨를 두 차례나 들이받았다. 결국 다른 차량과 충돌한 후에야 멈췄고, 경찰에 의해 체포되었다. 음주 운전자의 혈중 알코올 농도는 면허 취소 수준이었으며, 도주 과정에서 A 씨와 승합차 탑승자, 보행자 등 6명이 다쳤다. - "내려요" 말에 '쾅'… 배달기사 두 번 쳐놓고 "보험 처리"(8/13)

광주에서 오토바이를 들이받아 2명의 사상자를 낸 외제 차 운전자가 서울에서 붙잡혔다. 운전자는 술을 마신 상태에서 사고를 낸 후 무서워 도망갔으며, 해외 도피를 시도했다. 경찰은 도주를 도운 친구 3명도 체포했다. 경찰은 운전자에게 특가법상 도주치사상 혐의로 구속영장을 신청했다. - "마세라티 빌렸다" 사고 10분 전까지 음주… 67시간 도주극(9/27)

음주운전은 아니지만 서울 강남에서 20대 무면허 운전자가 어머니 차를 몰래 끌고 나와 차량 7대와 오토바이를 들이받아 9명이 다쳤다. 운전자는 사고 후 어머니에게 전화해 시동을 끄는 방법을 물었다. 운전자는 불면증으로 신경안정제를 복용 중이었다고 진술했다. 경찰은 약물 복용 여부를 조사하고 무면허 운전과 도주치상 혐의로 구속영장을 신청했다. - 강남 한복판 역주행… 7번 '쾅쾅' 치고 "엄마, 어떡해"(11/4)

이외 조회수가 많은 기사로는 횡단보도 건너던 20대 참변… 서로 "운전 안 했다" 발뺌(8/13), '쾅' 들이받고 그대로 '쿨쿨'… 사고 낸 남성 알고 보니(9/19), 일가족 덮친 '만취 역주행'… "친구입니다" 안타까운 제보(9/24), '마세라티 뺑소니' 신원 확인… 충돌 뒤에도 500m 질주(9/25), 지하주차장서 30대 '쾅쾅' 들이받더니… 차 안에서 '쿨쿨'(10/11), 무면허/ "정신 못 차리고 왔다갔다" 무면허에 역주행… 강남 한복판 아수라장(11/2), 불꽃 튀며 10m 끌려간 자전거… 출근하던 30대 참변(11/5) 등이 있다.

□ 불법 주차

불법 주정차 문제는 많은 사람들에게 큰 불편을 주고 있다. 특히 보행자들에게 위험을 초래하는 경우가 많아, 이에 대한 사회적 응징이 증가하고 있다. 불법주정차 주민신고제는 2019년에 도입된 제도로, 일반 주민들도 행정안전부에서 만든 안전신문고 앱을 통해 불법 주정차 차량을 신고할 수 있다. 신고된 차량은 각 지자체가 검토한 후, 해당 운전자에게 4만~12만원의 과태료를 부과한다. 2024년 9월 10일까지 안전신문고 앱을 통한 불법 주정차 주민 신고는 406만 건을 돌파했다.

2월 부산의 한 아파트에서 발생한 주차 시비로 인해 경찰이 수사에 나섰다. 온라인에는 해당 아파트 입주민이 주차장 입구를 차로 막아 다른 주민들의 출입을 방해했다는 글이 여러 차례 올라왔다. 이 입주민은 상습적인 주차 규약 위반으로 인해 아파트 관리사무소에서 한 달 동안 입차를 금지당했으며, 이에 항의하는 차원에서 이러한 행동을 한 것으로 알려졌다.

경찰은 입주자대표회로부터 업무방해 혐의로 고소장을 접수하고 수사에 착수했다. 아파트 입구를 가로막는 행위는 일반교통방해와 업무방해죄 등에 따라 처벌될 수 있다. 실제로 2020년 경기도 양주에서는 주정차 위반 스티커를 부착한 것에 대한 보복으로 아파트 주차장 출입구를 12시간 동안 가로막은 입주민에게 벌금 150만 원이 선고된 사례도 있다. - 차량 2대 동원해 입구 차로를 모두 막았다… 입주민 결국(2/15)

무료 공영주차장에서 장기 주차된 대형 차량들로 많은 불편이 발생했다. 특히 캠핑카나 버스 같은 큰 차량들이 주차 공간을 차지하면서, 다른 이용자들이 주차할 곳을 찾기 어려워져 문제가 됐다. 결국 개정된 주차장법이 2024년 7월부터 시행되면서 한 달 이상 방치된 차량에 대해 이동 명령을 내리거나 직접 견인할 수 있게 되었다. 일부 지자체는 무료 주차장을 유료로 전환하는 방안도 검토하고 있다. - "무료라는데 이게 잘못?"… 알박기 얌체족과 '주차 전쟁'(4/24)

'꼬리물기' 수법이 문제가 됐다. 주차 요금을 내지 않기 위해 앞차에 바짝 붙어서 차단기가 다시 올라가게 하는 행위는 명백한 범죄이다. 이러한 행위는 징역 3년 이하 또는 벌금 500만 원 이하의 형사 처벌을 받을 수 있다. 실제로 2022년 66차례에 걸쳐 주차요금 198만 원을 내지 않은 운전자가 벌금 300만 원 처분을 받기도 했다. 주차장 운영 업체들은 CCTV와 입출차 기록을 통해 이러한 부정행위를 적발하고 있으며, 5월 서울한강공원의 한 야외주차장에서는 상습적으로 꼬리물기를 한 운전자들을 경찰에 신고하여 미납 요금의 네 배를 납부하게 했다. - 내려오다가 스윽… 앞차 바짝 붙어 '무임 주차' 얌체족(7/11)

이외 조회수 많은 기사로는 재개발 신축 아파트 밤낮 주차난… '조합원 동' 가니 텅텅(2/23), 공원 한가운데 떡하니 주차… "과태료 못 매긴다"

더니 결국(3/1), "주차빌런 차량이 드디어!"… 입주민 환호한 '사이다 결말'(5/11), 이기적 주차 테러, 이례적 '사이다 결말'… 어떻게 가능했나 [사실은](5/17), [뉴스딱] "차 빼달라" 부탁에 "밥 좀 먹고요"… 황당 차주에 통쾌한 복수(7/11), 주차장 5시간 막은 차량… "나 입주민인데!" 뭘 요구했길래(12/2) 등이 있다.

□ 어린이 안전 사고

어린이 안전 사고에 대한 반응은 매우 강한 감정적 반응을 불러일으킨다. 특히, 안전장치가 미비하거나 관리 소홀로 인해 발생한 사고는 더욱 큰 비난을 받는다.

키즈카페에서의 안전사고는 어린 아이들에게 큰 충격과 상처를 줄 수 있어서 더욱 주의가 필요하다. 이 사고는 놀이 기구의 호스가 떨어져 생긴 구멍에 아이가 손을 넣어 발생했다. 이로 인해 아이는 손가락 3개가 부러지고 찢어지는 큰 부상을 입었고, 뼈와 피부 이식이 필요한 상태였다. 아이 부모는 호스 이음새 부분에 여러 겹의 테이프가 감겨 있었던 점을 지적하며, 이전에도 여러 차례 떨어졌을 가능성을 제기했다. 키즈카페는 석 달 전에 정기 점검을 통과했지만, 사고 당시 60여 명의 아이가 있었음에도 불구하고 안전관리자는 3명밖에 없었다고 한다. 또한, 놀이 기구별로 안정성과 적합성을 판정하는 담당 부처가 다르기 때문에 규정이 통일되지 않은 점도 문제로 지적됐다. - 키즈카페서 놀던 아이 손 끼어 큰 부상… 그런데 "안전 검사 이상 무"?(3/11)

4월 경기도 포천의 한 관광농원에서 열차 놀이기구가 뒤집히면서 세 살배기 쌍둥이와 엄마가 다쳤다. 아이들은 얼굴과 몸에 2도 화상을 입고, 한 아이는 이가 깨지는 부상을 당했다. 엄마도 어깨와 팔, 무릎에 찰과상을 입었다. 놀이기구에는 헬멧이나 안전벨트 같은 기본적인 안전장치가 전혀 없었고, 안전 안내도 이루어지지 않았다고 한다. 운영업체는 잘못을 인정하고 피해자에게 보상하겠다고 밝혔으며, 사고가 난 놀이기구는 바로 폐기했다. - 급커브에 뒤집힌 놀이기구… 튕겨 나가고 끌려간 3살 쌍둥이(4/8)

이외 조회수 많은 기사로는 미국에서 지난해 30명 숨졌는데… 아이들 찜통차 방치, 엄마는 쇼핑(7/7) 등이 있다.

□ 식품 안전

적지 않은 시민들은 시판 식품의 안전성에 대해 신뢰하지 않는 경향이 있다. 코로나19 이후, 특히 중국산 식품에 대한 불안감이 커졌다. 예를 들어, 중국산 알몸 김치 사건과 김밥 식중독 사건 등이 이러한 불안을 증폭시켰다. 식품 안전 문제에 대한 정부의 대응이 일회성 행사에 그치지 않고, 지속적이고 철저한 관리와 감독이 필요하다는 의견도 많다. 이러한 반응들은 식품 안전에 대한 시민들의 높은 관심과 불안을 반영하고 있다.

2월 식품의약품안전처는 미끼용 냉동 멸치를 식용으로 속여 판매한 수산물 유통업체 대표를 식품위생법 위반 혐의로 검찰에 송치했다. 해당 업체는 국내 식용 멸치 공급이 부족해지자 수입업체로부터 멕시코산 미끼용 냉동멸치를 구매한 뒤, 식용멸치로 둔갑시켜 제주시내 일반음식점 등에 판매한 것으로 조사됐다. 지난 2022년 6월부터 1년 6개월 동안 판매된 양만 28t에 달했다. - 미끼용 멸치가 식탁 위에… 제주 식당 등에 판 미끼 28톤(2/16)

9월에 대구 서문시장에서 한 상인이 버려진 음료 컵 속 얼음을 재사용하는 모습이 포착되어 큰 논란이 됐다. 이 상인은 쓰레기통에서 음료 컵을 수거해 남은 음료와 얼음을 배수구에 쏟아낸 후, 얼음을 생선이 든 아이스박스에 채워 넣는 장면이 여러 차례 촬영되었다. 대구 중구청은 지난 5월 이 업소에 대한 신고를 접수하고, 식품위생법 위반으로 과태료 100만 원을 부과했다. 그러나 해당 영상이 퍼지면서 민원이 다시 접수되어, 현장 점검에 나서기로 했다. - 쓰레기통서 꺼낸 생선에 '와르르'… "시장 갔다 충격"(9/14)

이웃 나라의 중국의 식품 위생에 대해서는 우리나라 사람들도 관심이 많다. 중국의 소비자의 날(3월 15일)을 맞아 식품 안전 문제가 다시 주목 받았다. 공개된 영상에서는 비싼 당나귀 고기를 가짜로 만들어 판매하고, 썩은 과일을 몰래 잘라 판매하는 모습이 포착되었다. 당나귀 고기는 중국에서 매우 인기 있는 식재료로, 한 작업장에서 돼지고기에 발색제와 조미료를 섞어 가짜 당나귀 고기로 둔갑시켜 판매한 사실이 밝혀졌다. 이 가짜 고기는 베이징 등 대도시의 식당에 대량으로 유통되었다. 또한, 한 프랜차이즈 과일 가게에서는 썩은 멜론을 잘라내고 멀쩡한 상품인 것처럼 포장해 판매하는 모습이 적발되었다. 이러한 사건들은 중국 내 식품 안전에 대한 불신을 더욱 키우고 있다. 중국 당국은 매년 소비자의 날을 맞아 식품 안전 실태를 고발하는 행사를 진행하지만, 일회성 행사에 그치는 경우가 많아 실질적인 개선이 필요하다는 지적이 나오고 있다. - 발색제 바른 '가짜' 고기, 썩은 멜론… 중국 식품안전 실태 '충격'(3/15)

이외 조회수가 많은 기사로는 "까매질 이유 없는데" 사진에 '발칵'… 중국 식품위생 또 논란(6/20), [Pick] "구더기 있는 닭 튀겼다"… 검사 결과에도 과태료 부과 안 한 이유(7/18), "안 넣으면 안 팔려" 곳곳 노란 물질… 중국 전역 유통(9/2), 튀김기 앞 담배 피우며 뒤적… "담뱃재 떨어지면 어쩌나"(10/31), 축사에서 반찬공장 '경악'… 벌써 수천만 원어치 팔렸다(12/12) 등이 있다.

□ 사기 피해

사기 피해는 다양한 형태로 발생한다. 투자 사기는 높은 수익을 약속하며 투자금을 유치한 후, 원금과 수익금을 돌려주지 않는 경우다. 대표적으로 다단계 사기, 유사수신 사기 등이 있다. 보이스피싱은 전화나 문자 메시지를 통해 개인정보를 탈취하거나 금전을 요구하는 사기다. 주로 노약자들이 피해를 입는 경우가 많다. 부동산 사기는 존재하지 않는 부동산을 매매하거나, 허위 정보를 제공하여 부동산 거래를 유도하는 경우다. 인터넷 사기는 온라인 쇼핑몰이나 중고 거래 사이트에서 물품을 판매한다고 속여 돈만 받고 물품을 보내지 않는 경우다. 많은 피해자들이 경찰에 신고하거나 법적 대응을 통해 피해를 복구하려 한다. 그러나 법적 절차가 길고 복잡해 추가적인 고통을 받을 수 있다.

서울경찰청 유튜브 채널에 소개된 이 사건은 많은 사람들의 분노를 자아냈다. 70대 남성 A 씨는 딸이 보증을 잘못 서서 당장 2,700만 원이 필요하다는 전화를 받고, 충남 당진에서 서울까지 현금 500만 원을 들고 달려왔다. 그러나 이는 보이스피싱 사기였고, A 씨의 휴대전화에는 악성 애플리케이션이 설치되어 딸과 연락이 되지 않는 상태였다. 다행히 경찰의 도움으로 A 씨는 딸과 무사히 상봉할 수 있었고, 보이스피싱 피해를 면할 수 있었다. 경찰은 A 씨에게 보이스피싱 예방법을 안내하고, A 씨는 딸과 함께 지구대를 떠났다. - [뉴스딱] "딸이 울더라" 충남서 서울 달려온 어르신… 누리꾼 분노한 이유(4/3)

전화 금융사기 조직의 30대 모집책인 A 씨는 딸을 사칭한 문자메시지를 통해 피해자의 휴대전화에 원격제어 프로그램을 설치하고, 이를 이용해 1,590만 원을 이체받았다. 그러나 공범 중 한 명이 불만을 품고 수사기관에 제보하면서 A 씨는 검거되었다. 춘천지법 원주지원은 A 씨에게 징역 2년에 집행유예 4년을 선고하고, 보호관찰과 80시간의 사회봉사를 명령했다. - '아빠, 폰 망가졌어' 딸 사칭 원격 앱 피싱… 조직원 배신에 덜미 (8/11)

6월에는 서울 신촌 대학가 일대에서 100억 원대 전세사기가 발생해 많은 피해자가 발생했다. 이 사건으로 인해 94명의 피해자가 발생했으며, 피해액은 총 100억 원에 달한다. 피해자들은 전세사기 특별법이 실효성이 없다고 주장하며, 다가구주택과 불법건축물 세입자들이 법의 사각지대에 놓여 있다고 목소리를 높였다. 특히, 피해자들은 경매 유예를 신청했음에도 불구하고 경매가 재개되는 등 법적 보호를 받지 못했다. 이들은 여러 기관을 방문해 도움을 요청했지만, 실질적인 지원을 받지 못해 전세사기 특별법의 개정을 촉구했다. - "미래를 앗아갔다"… 서울 대학가 100억 전세사기 '발칵'(6/23)

기간제 교사들에게 정교사 채용을 돕겠다며 돈을 가로채고 9년간 해외 도피한 40대 남성이 실형을 선고받았다. A 씨는 13명에게서 6억 7천만 원을 받아내 도박으로 탕진했으며, 필리핀으로 도피해 온라인 사기를 이어갔다. 건강 악화로 귀국 후 재판에 넘겨져 징역 6년을 선고받았다. 재판부는 피해자들의 간절한 마음을 이용한 범행의 죄질이 나쁘다고 질책했다. - "정교사 시켜줄게" 기간제 동료들에 사기친 교사 징역 6년(9/29)

크게 오른 배춧값에 김장을 포기하고 김치를 사 먹겠다는 사람들인 '김포족'이 크게 늘었는데, 이들을 대상으로 한 사기가 잇따르고 있다. 온라인상에는 '김치를 사기당했다'는 글이 많이 나오고 있다. 국내산 포기김치 10kg를 시중 가격의 5분 1인 2만 9,900원에 판매한다는 광고에 구매했지만 김치가 배송되지 않고 연락이 끊긴 사례가 많았다. 네이버 등은 소비자 피해 신고를 접수받고 해당 업체 광고를 차단했다. - "웬일로 싸더라니…

2만 명 당한 듯" 김포족 속이고 잠적(10/31)

　부동산 경매나 공매로 단기간에 큰 수익을 낼 수 있다고 투자자들을 끌어 모은 한 업체가 사기 혐의로 경찰 수사를 받았다. 이 업체는 투자자들에게 한 달에 5%의 수익을 약속하며, 300여 명으로부터 총 1,500억 원이 넘는 돈을 모았다. 그러나 투자자들은 원금과 수익금을 돌려받지 못했고, 경찰에 고소장을 제출했다. 경찰은 해당 업체의 대표와 관계자들을 사기 및 유사수신 혐의로 입건했다. 피해자들은 노후 자금이나 자녀의 돈까지 투자했지만, 결국 큰 손실을 입게 되었다. - 40년 모은 돈인데… 카페까지 차려 둔 부동산 투자 업체, 알고 보니(3/4)

　해외의 경우 미얀마, 라오스, 태국이 접한 '골든 트라이앵글' 지역에서 한국인들의 취업 사기 피해가 급증했다. 주로 고수익 일자리를 미끼로 현지로 유인한 뒤, 여권과 휴대전화를 빼앗고 불법 도박 관련 일을 강요하는 방식이었다. 외교부와 경찰청에 따르면, 1월에만 38명의 한국인이 이러한 취업 사기에 속아 감금당하고 불법 행위에 가담하게 되었다. 다행히도 대부분의 피해자들은 구출되었지만, 이러한 사기 수법은 여전히 큰 문제로 남아 있다. 정부는 이러한 피해를 예방하기 위해 미얀마 일부 지역과 라오스 골든 트라이앵글 경제특구에 여행 금지 경보를 발령했다. 또한, 태국과 라오스, 태국과 미얀마 국경검문소에 특별여행주의보를 내리기로 했다. -"'월 400 숙식 보장' 갔다가 감금, 4개월 만에 풀려났다"(2/29)

　이외 조회수 많은 기사로는 [현장탐사] "고급차 공짜로" 각서 믿었다… 대출금 폭탄에 아직 빈손(1/24), 긁힌 벤츠인데 "정상"… 고객 속이고 서명도 위조(1/25), 충전 꼬드긴 여성… 가짜 틱톡 앱 깔고 "1억 날렸다"(3/20), "속을 수밖에" 중고거래 빨간불… AS 맡겼다가 '깜짝'(5/10), 강남 '고가 오피스텔' 입주자들 뿔났다… "왜 KS마크가?"(5/25), '모범택시' 속 일화가 현실로… 배 내리자 여권 빼앗고 감금(5/21), "사장님, 힘드시죠" 단말기 건네더니… 절세인 척 탈세했다(7/21), 90만 원짜리가 10만 원대로 뚝… 헐값에 팔리면 의심부터(8/14), "비싸도 믿고 샀는데" 뒤통수… 유명 백화점도 '가짜'(10/28), "기름값 아끼려" 영하 4도를 영하 20도로… 수천 개 유통(10/31), "약과 800세트요" 믿고 만들었다 낭패… 수상한 주문(11/1), 18년 전 수법 그대로… 5천억 뜯은 '기획부동산 대부'(11/5), "결제 완료" 전 국민 50번씩 문자 폭탄… 485억 챙겼다(11/7), "하루에 9천 벌어요" 연기였다… SNS 광고 영상 실체(11/20), 신랑 뒤통수만, 아무 때나 줌… 신혼부부 울린 '엉터리 스냅'(11/23), "딸 업고 음식 배달" 후원금 받더니… 다 거짓이었다(12/16) 등이 있다.

□ 딥페이크 피해

딥페이크 기술의 악용으로 인한 피해는 점점 더 심각해지고 있다. 딥페이크는 인공지능을 이용해 사람의 얼굴이나 목소리를 합성하여 가짜 영상을 만드는 기술로, 주로 성범죄나 사기 등에 악용되고 있다. 성범죄의 경우 딥페이크 기술을 이용해 피해자의 동의 없이 성적으로 수치스러운 영상이나 사진을 만들어 유포하는 경우가 많다. 특히 미성년자를 포함한 다양한 연령층에서 피해가 발생하고 있다. 사기의 경우 딥페이크를 이용해 유명 인사나 가족의 얼굴을 합성하여 금전을 요구하는 사기 사건도 발생하고 있다. 딥페이크 영상이 유포되면 피해자의 명예와 사생활이 심각하게 침해될 수 있다. 딥페이크 피해는 개인의 삶에 큰 영향을 미치는 심각한 문제이다. 이에 대한 사회적 관심과 대응이 절실히 필요하다.

서울대학교 졸업생들이 동문인 후배들의 얼굴 사진을 합성한 허위 음란물을 만들어 텔레그램을 통해 유포한 사건이 알려져 충격을 주었다. 피해자는 총 61명이고, 이 사건과 관련해 서울대 출신 남성 2명을 포함해 총 5명이 검거되었다. 이들은 총 1,800여 건의 합성 사진과 영상을 제작·유포한 것으로 조사됐다. 5월 23일, 유홍림 서울대학교 총장이 기자회견을 통해 이 사건에 대해 책임을 통감한다며 사과하였다. - '서울대 N번방'에 뿌려진 후배들 얼굴… 졸업생 등 5명 검거(5/21)

8월에는 여군들의 사진을 딥페이크 기술로 합성해 음란물을 만들어 공유한 사건이 발생했다. 이 사건은 텔레그램 대화방에서 현역 군인 인증을 요구하며, 여군을 '군수품'으로 비하하고 이름, 계급, 휴대전화 번호, 사진 등을 요구한 후 딥페이크 방식으로 성착취물을 제작해 유포한 것이었다. 텔레그램 대화방에 참여하기 위해서는 현역 군인 인증을 요구와 여군의 개인정보와 사진을 요구했다. 여군 30여 명이 피해를 본 것으로 알려졌으며, 일부 사진은 군 내부망에서 유출된 것으로 파악되었다. - 여군 딥페이크 능욕방… "현역 인증" 내부망 사진까지(8/26)

딥페이크 성범죄는 미성년자와 연예인을 포함한 수많은 피해자를 양산하고 있다. JYP 엔터테인먼트는 소속 연예인들의 얼굴을 합성한 딥페이크 영상과 사진이 유포되자, 이에 대해 강력한 법적 대응을 하겠다고 밝혔다. 가수 권은비 씨도 합성 음란 사진을 유포한 이들을 형사 고소했다. 2021년부터 2023년까지 경찰에 신고된 딥페이크 성범죄 피해자는 총 527명으로, 이 중 약 60%가 10대였다. 또 딥페이크 성 착취물에 가장 많이 노출된 10명 중 8명이 한국 가수라는 보고서도 있다. - "한국 가수, 딥페이크 최대 피해"… 10대 피해도 심각(8/31)

8월 조사에 따르면 전국 학교에서 교사와 학생 500명 이상이 딥페이크 범죄의 피해를 입은 것으로 나타났다. 이러한 범죄는 주로 성적 착취물을 제작하고 유포하는 형태로 발생하고 있다. 서울 관악경찰서에서는 고등학생 A 군이 딥페이크 합성물을 만들고 퍼뜨린 혐의로 입건되었다. 피해 여학생이 신고한 결과, 지금까지 파악된 피해자는 10명이 넘었다. 인천의 한 고등학생은 여교사 2명의 얼굴을 이용한 합성물을 SNS에 유포한 혐의로 수사를 받았다. 피해 교사가 직접 증거를 제출한 후 수사가 시작되었다. 전국교직원노동조합 조사에 따르면 약 2,500명의 학생과 교사를 대상으로 한 긴급 실태조사 결과, 517명이 직간접적인 피해를 겪은 것으로 나타났다. 딥페이크 범죄가 점점 더 심각해지고 피해자가 급증하자 온라인에서는 가해자를 직접 찾아 보복하자는 움직임이 일고 있다. 그러나 무관한 사람이 가해자로 지목되는 피해도 발생하고 있어 혼란이 커지고 있다.

이외 조회수가 많은 기사로 활동가가 직접 잡아낸 '서울대 음란물' 핵심… 경찰 "위장수사 확대"(5/26), 얼굴·나체 합성해 뿌렸는데… 한 달간 가해자와 같은 반에(8/7), "사진 만들어 줄게" 실명에 학교까지… '겹지방' 정체(8/26), "아들 폰 검사해야 하나요"… 가정까지 번진 '딥페이크'(8/27), "가해자 직접 찾자" 등장한 '보복방'… 가족 연락처까지(8/29), '능욕방' 내 사진이… "친한 사이니까 교내 봉사"(9/4), "묘하게 닮았네" 오세훈도 빵 터졌다… 젊은 배우의 정체(11/20) 등이 있다.

특정 기사나 사건이 불합리하거나 부당하다고 느껴질 때, 사람들은 이를 알리고 문제를 개선하려는 사회적 책임감을 느끼게 된다. 비양심·비매너, 폭행·행패, 바가지 요금, 음주운전 사고, 불법 주차, 어린이 안전 사고, 식품 안전, 사기 피해, 딥페이크 피해 등은 기본적으로 지켜야 할 사회적 규범과 윤리를 어기는 것으로 여겨지기 때문에, 많은 사람들이 분노를 느낀다. 이런 행동은 타인의 권리를 침해하고, 사회적 신뢰를 무너뜨리며, 불공정을 초래하기도 한다. 기본적인 예의와 배려가 지켜지지 않으면, 사람들은 자신이 존중받지 못한다고 느끼고, 이는 깊은 분노와 실망으로 이어질 수 있다. 결국, 이런 행동은 사회적 조화를 방해하고, 개인 간의 신뢰를 훼손하기 때문에 많은 사람들이 이를 용납하지 않고 분노하며 공감한다. 따라서 이와 관련한 기사는 많은 관심을 갖는다.

2) 슬픔

슬픈 사건이나 이야기는 강렬한 스토리텔링 요소를 포함하고 있으며, 사람들은 그런 이야기를 이해하고 공유하고자 한다. 공감적인 뉴스는 독자들에게 타인의 경험과 어려움을 이해하도록 돕고, 이를 통해 공동체 내 연대감을 강화한다. 슬픔을 공유하는 과정에서 사람들 간의 공감과 유대감이 형성된다. 이는 인간관계를 더욱 깊고 의미 있게 만들어 준다. 나아가 슬픔을 표현하는 것은 사회적 규범과 가치관을 강화하는 역할을 한다. 예를 들어, 장례식에서 슬픔을 표현하는 것은 고인의 삶을 기리고, 공동체의 일원으로서의 역할을 재확인하는 기회가 된다. 따라서 슬픔은 단순히 부정적인 감정이 아니라, 사회적 관계를 강화하고 개인의 성장을 돕는 중요한 역할을 한다. 슬픔을 통해 우리는 더 깊은 인간관계를 형성하고, 자신의 감정을 더 잘 이해하게 된다. 2024년 조회수가 많았던 슬픈 뉴스 사례들은 다음과 같다.

□ 사건·사고

경북 문경시 공장 화재 현장에서 순직한 고 김수광 소방장과 고 박수훈 소방교의 희생은 많은 사람들에게 깊은 감동과 슬픔을 주었다. 이들은 불이 난 공장에서 인명 구조를 위해 들어갔다가 끝내 돌아오지 못했지만, 그들의 용기와 헌신은 깊은 인상을 주었다. 김수광 소방장은 SNS 프로필에

"대한민국 소방관"이라는 문구를 새겨 넣고, 크리스마스에도 근무를 서며 "누군가의 크리스마스를 위해 나의 크리스마스를 반납한다"고 적을 정도로 사명감이 강한 소방관이었다. 박수훈 소방교는 조금 늦은 나이에 임용되었지만, 소방을 천직으로 여기며 동료들과도 잘 어울렸고, 올해 결혼을 앞두고 있어 더욱 안타까움을 자아냈다. 이들의 동료들은 두 소방관이 투철한 소명 의식을 가진 인재였다고 추모하며, 많은 사람들이 분향소를 찾아 그들의 넋을 기렸다. 시민들은 이를 계기로 소방관들의 헌신과 희생을 다시 한번 생각하게 됐다. - 프로필에 '대한민국 소방관'… 결혼 앞두고 안타까운 죽음(2/2)

3월 일본 해역에서 한국 선적 화학제품 운반선이 침몰하는 사고가 발생해, 한국인 2명을 포함한 9명이 숨지고 1명이 실종됐다. 사고 선박은 일본 히메지항을 출항해 울산으로 돌아오는 중이었으며, 기상 악화로 인해 정박 중 사고가 발생했다. 사고 당시 선장은 배가 기우는 상황에서도 아내에게 마지막으로 사랑한다는 문자를 남겼다. 이번이 마지막 승선이라던 기관장도 결국 돌아오지 못해 주위를 안타깝게 했다. - 끝까지 배 지킨 한국인 선장… "여보 사랑해" 마지막 문자(3/21)

"불이 나서 죽을 것 같아. 엄마 아빠 모두 미안하고 사랑해" 8월 25일 오후 경기 순천향대학교 부천병원 장례식장에 차려진 부천 호텔 화재 희생자 A(25) 씨의 빈소에서 어머니는 아들의 생전 마지막 문자를 기자에게 보여 주다가 또다시 비통함에 오열하며 말을 잇지 못했다. 대학 재학 중인 A 씨는 지난 22일 부천 중동 모 호텔 7층 객실에서 심정지 상태로 발견돼 병원으로 옮겨졌으나 끝내 숨졌다. A 씨는 불이 나고 15분 뒤인 오후 7시 49분 어머니에게 '엄마 사랑해'라고 문자를 보냈다. 2분 뒤인 7시 51분에는 '나 모텔불이 나서 죽을 거 같아'라는 문자를 보내며 위급한 상황을 알렸다. 이어 7시 57분에는 '엄마 아빠 OO(동생이름) 모두 미안하고 사랑해'라며 마지막 문자를 보냈다. - "불나서 죽을 것 같아"… 아들 마지막 문자에 엄마 오열(8/26)

'전국 1위 수익' 배달기사 전윤배 씨의 사망 소식이 8월 알려졌다. 전 씨는 전국에서 가장 많은 수입을 올린 배달기사로 화제가 되었으며, SBS '생활의 달인'과 유튜브에서 월 수익 1천200만 원을 올리는 배달기사로 소개되기도 했다. 그는 인천 송도에서 근무하며 하루 평균 200~250km를 주행하고 110~120건의 주문을 소화하며, 효율적인 배달 코스를 만들어 체력과 시간을 절약하는 방법을 사용했다. 7월 31일, 전 씨는 연수구 송도동 도로에서 시내버스와 충돌하는 사고를 당해 크게 다쳤고, 한 달 가까이 치료를 받았으나 결국 8월 25일 사망했다. 사고 당시 버스기사는 신호를 위반하고 교차로에 진입한 것으로 조사되었다. 전 씨의 사망 소식은 한 유튜버의 커뮤니티를 통해 알려졌으며, 많은 사람들이 그의 헌신과 노력을 기억하며 추모했다. - [Pick] '전국 1위 수익' 배달기사, 교통사고로 사망… 신호위반 버스에 치여(8/27)

'실종된 송혜희를 찾아 주세요'라고 적힌 현수막을 전국에 붙이며 25년간 딸을 찾았던 송길용 씨가 끝내 딸을 만나지 못하고 향년 71세로 세상을 떠났다. 송 씨는 8월 26일 교통사고로 숨졌다. 송 씨의 딸 송혜희 씨는 1999년 2월 13일 경기 평택의 집 근처 버스정류장에서 실종되었다. 송 씨는 딸을 찾기 위해 트럭에 딸의 사진을 붙이고 전국을 돌아다니며 수소문했지만, 결국 딸을 찾지 못했다. 송 씨의 아내도 우울증을 앓다 먼저 세상을 떠났다. 많은 사람들은 송 씨의 헌신과 사랑을 기억하며, 그의 가족에게 깊은 위로의 말씀을 전했다. - '실종된 송혜희 찾아주세요' 송길용 씨, 끝내 딸 못 만나고 별세(8/28)

경기도 안양시에서 이삿짐센터 직원 두 명이 에어컨 실외기 해체 작업 중 아파트 8층에서 추락하는 사고가 발생했다. 이 사고로 한 명이 숨지고, 다른 한 명은 크게 다쳐 병원으로 옮겨졌다. 실외기를 해체하던 중 철제 난간이 떨어져 나가면서 추락했으며, 사고 당시 두 사람 모두 안전장치를 하지 않은 상태였다. - "난간 통째로 떨어졌다"… 아파트 8층서 이삿짐 직원 추락(10/19)

광주의 한 아파트 단지에서 초등학생이 청소 차량에 치여 숨지는 사고가 발생했다. 사고 당시 운전자가 혼자 작업 중이었다는 사실이 확인되었다. 후진하던 재활용품 수거차량이 초등학생을 발견하지 못해 사고가 발생했다. 지자체의 위탁을 받은 생활폐기물 수거업체는 3명이 1조를 이뤄 작업해야 하지만 아파트와 계약을 맺은 수거업체에 대해서는 안전 의무 규정이 따로 없어서 안전 규정의 허점이 드러났다. -"엄마, 곧 도착해" 50m 남기고 참변… 안전 사각지대(10/31)

이외 조회수가 많은 기사로는 '왼손 없는' 인질 공개… "꼭 살아라" 부모의 간절한 소원(4/25), "우리 딸 어디 있나요" 찾아 헤매는 가족들… 빈소도 없이 통곡(6/25), '트럼프 피격' 희생자는 전직 소방관… "가족 위해 몸 날려"(7/15), 보행자 덮쳐 3명 사망… 브레이크 고장 아니었다(8/19), 새벽 일터 나가다… 일용직 노동자 5명 '참변'(8/24), 11인승 승합차에 12명 탑승… 피해 커진 이유는(8/24), 터널서 '수신호' 하던 40대 참변… "휴대폰 보느라 못 봐"(9/18), '일용 엄니' 배우 김수미 심정지로 별세… 향년 75세(10/25), "보름 전 이상한 소리"… 36년 된 곤돌라 줄 끊겨 추락사(11/29) 등이 있다.

□ 무안 제주항공 참사

2024년 12월 29일 오전 9시 3분 제주항공 2216편이 태국 방콕 수완나품 공항에서 출발하여 대한민국 무안군에 위치한 무안국제공항으로 착륙 도중 랜딩 기어를 내리지 못해 동체 착륙을 시도하던 중 활주로를 이탈하여 로컬라이저가 설치된 철근 콘크리트 소재의 둔덕을 들이받고 기체가 폭발한 사고가 발생했다. 여객기에는 승객 175명(한국인 173명, 태국인 2명)과 승무원 6명 등 총 181명이 탑승했다. 경찰과 소방은 화재를 초기에 진압한 뒤 기체 후미부터 탑승객 등의 구조 작업을 진행했으나 승무원 2명 구조되고 179명이 사망했다. 국토부에 따르면 이날 오전 8시 57분쯤 무안공항 관제탑은 사고기에 조류 충돌(버드스트라이크)을 조언했으나 2분 뒤인 59분에 사고기 기장은 관제탑에 구조 요청 신호인 '메이데이'를 보냈다. 이후 오전 9시쯤 당초 착륙해야 하는 방향의 반대 방향 활주로를 통해 착륙을 시도했으나 랜딩 기어가 내려오지 않은 상황에서 사고를 당한 것으로 나타났다. 사고가 난 비행기는 태국 방콕에서 출발해 무안으로 입국하던 제주항공 7C 2216편으로, 기종은 보잉 737-800(B738)이었다.

관련해 조회수가 많은 기사는 무안공항 여객기 사고 생존 승무원 "어떻게 된 일인가요?"(12/29), [현장영상] "이상하게 날고 있었다"… 목격자가 전하는 사고 상황(12/29), [자막뉴스] 이틀 전 "시동 꺼졌다" 주장 나와… '은폐 의혹' 조사 이력도(12/29), 무안공항서 181명 탑승한 제주항공 여객기 추락… 28명 사망(12/29), 이틀 전에도 시동 꺼짐… "몇 차례 꺼져 비행 내내 불안"(12/29), 결혼 앞둔 예비부부, 3살 아이도… 무안공항서 가족들 오열(12/29), 노르웨이서도 같은 날 같은 기종 사고… 무슨 일(12/29), [자막뉴스] 왜 이런게 활주로에? 해외 전문가도 지적한 '그 시설'(12/30), 참사 하루 만에 제주항공 동일기종서 랜딩기어 이상… 21명 탑승포기(12/30), 결혼 앞둔 예비부부, 3살 아이도… 무안공항서 가족들 오열(12/30), "불안해서 못 탄다"… 제주항공 참사 책임론 '애경' 향한다(12/30), 무안공항 조류 퇴치 근무자 1명… 열화상 탐지기도 없었다(12/30), "절대 안 끈다"는데 신호 뚝… 엔진 모두 멈춰 전원 끊겼나(12/31), 수수깡처럼 부서져 붙잡는다… 400명 살린 이마스 뭐길래(12/31), "훼손 심해 처음 못 알아봤는데… 아내가 '딸 목걸이'라더라"(12/31), 팔순 첫 해외여행이 비극으로… 3대 걸친 일가족 9명 숨져(12/30), "얼마나 뜨거웠을까"… 호명된 가족 시신 보고 울음바다(12/30), [현장영상] "유해가 격납고 바닥에 널브러져서…" 감정 꾹 누르고 울먹인 제주항공 참사 유족 대표(12/31) 등이다.

□ 재난

7월 경북 경산에서 발생한 비 피해 소식에 많은 사람들이 가슴 아팠했다. 이틀 동안 많은 비가 쏟아지면서 한 40대 여성이 불어난 물에 휩쓸려 실종됐다가 사흘만에 숨진 채 발견됐다. 숨진 여성은 택배 일을 하고 있었고, 사고가 나기 전 동료에게 비가 너무 많이 와서 배달을 못 하겠다고 연락했던 것으로 확인되었다. 사고 당시 도로는 폭우로 인해 농수로가 범람해 차도와 수로를 분간하기 어려운 상태였다. - "폭우로 배달 못 하겠다" 연락 뒤… 급류에 40대 여성 실종(7/9)

앞서 이탈리아 북부 프레마리아코 인근 나티소네강에서도 안타까운 사고가 발생했다. 세 명의 20대 남녀가 급류에 휩쓸려 2명이 숨지고 1명이 실종됐다. 이들은 친구 사이로, 사고 직전까지 서로 꼭 껴안고 있는 모습이 영상에 담겨 더욱 안타까움을 자아냈다. 구조대원들이 있었지만, 거센 물살 때문에 접근하지 못했고, 결국 세 사람 모두 강물에 휩쓸려 떠내려갔다. 구조 헬기가 도착했을 때는 이미 너무 늦었고, 두 여성의 시신은 발견되었지만 남성은 여전히 실종 상태였다. - 끌어안고 버텼지만 결국… 세 친구의 '마지막 포옹'(6/4)

이외 조회수 많은 기사로는 와이퍼 믿고 폭우 속 운전했다가… "센서도 안 울려" 치사율 배로 ↑ (7/9) 등이 있다.

□ 전쟁

이스라엘과 하마스 간의 전쟁으로 가자 지구 라파 지역의 상황이 갈수록 악화됐다. 이스라엘군의 연이은 공습으로 인해 많은 민간인들이 피해를 입고 있으며, 특히 어린 아이들이 큰 고통을 겪고 있다는 소식이 마음을 아프게 했다.

한 여성은 결혼 10년 만에 세 번의 시험관 시술 끝에 어렵게 얻은 5개월 된 쌍둥이 아들, 딸, 그리고 남편까지 한밤중 떨어진 포탄으로 사랑하는 가족 모두를 한순간에 잃었다. 가자 북부의 카말 아드완 병원에서는 입원 중인 아이들 15명이 영양실조로 숨졌다. 유엔은 가자지구 주민 전체가 심각한 식량 위기에 처해 있으며, 특히 50만 명은 '재앙' 수준이라고 경고했다. - "가슴이 무너져요" 포탄에 5개월 쌍둥이 잃어… 영양실조 사망도(3/4)

가자지구에서 안타까운 사고 소식이 또 들려왔다. 낙하산 고장으로 공중에서 투하된 구호품이 로켓처럼 떨어져 주민 5명이 숨졌다. 사망자 중 2명은 소년으로 확인되었고, 부상자도 10여 명에 달했다. 이 사고는 구호품을 기다리던 주민들에게 큰 충격을 주었다. 특히, 이스라엘군이 라파를 포위하면서 구호 트럭의 진입이 어려워져 가자지구 주민들이 더욱 고통받고 있는 상황에서 이런 사고가 발생해 더욱 안타까운 소식이었다. - 낙하산 고장에 추락… '공중 투하 구호품'에 맞아 5명 사망(3/9)

이외에 조회수가 많은 기사로 "아기 개복했는데 폭격… 파편 박혀도 수술 멈출 수 없었다"(7/10), '시신 가방' 껴안은 할머니 통곡… 네쌍둥이까지 몰살(8/19), '냉골' 천막서 몸 굳은 채 죽어간 아기… 성탄절의 비극(12/26)

등이 있다.

사건, 사고나 재난 피해 그리고 이로 인한 안타까운 죽음은 예상치 못한 불행이기 때문에 많은 사람들에게 큰 충격과 슬픔을 가져온다. 피해자와 피해자의 가족, 그리고 그들의 친구들이 겪는 고통과 상실감은 상상하기 어려운 만큼 공감을 하게 되고 자신도 그런 상황을 겪을 수 있다는 두려움과 불안감이 섞여서 슬픔이 더해진다. 또한, 인간으로서 연민과 동정심이 이런 상황에서 더 크게 발현되면서, 타인의 아픔에 대해 더 민감하게 반응하게 된다. 이런 감정들이 모여 큰 슬픔을 나타내게 되고 이런 뉴스를 공유하면서 아픔을 치유하기도 한다.

3) 공포

공포는 강렬한 감정적 몰입을 불러일으킨다. 이는 사람들이 기사에 더 깊이 빠져들게 하고, 해당 내용을 기억에 오래 남게 만든다. 강력 범죄와 재난에 대한 보도는 시민들이 느끼는 공포와 불안에 큰 영향을 미친다. 이러한 보도는 사건의 심각성을 알리고 경각심을 높이는 데 중요한 역할을 하지만, 과도하게 자극적이거나 선정적인 보도는 오히려 공포를 증폭시킬 수 있다. 강력 범죄와 재난이 빈번하게 보도되면, 실제 범죄율과 상관없이 사람들이 느끼는 불안감이 증가할 수 있다. 이는 일상생활에서의 안전에 대한 신뢰를 저하시킬 수 있다. 2024년 조회수가 많았던 공포 뉴스 사례들은 다음과 같다.

□ 살인·폭력

살인과 폭력 등으로 생긴 공포는 사회적 상황에서 강한 불안과 두려움을 느끼게 된다. 심리적으로 극도의 불안감, 공황 발작, 회피 행동 등이 나타날 수 있으며, 이는 일상생활에 큰 제약을 줄 수 있다. 공포로 인해 사회적 활동을 피하게 되면, 대인 관계에 어려움을 겪고 고립감을 느낄 수 있다.

1월 경남 사천에서 50대 남성이 층간 소음 문제로 위층에 사는 30대 여성을 살해한 사건이 발생했다. 이 남성은 술을 마신 상태에서 범행을 저지른 후, 차를 몰고 65km를 도주하다가 경찰에 체포되었다. 이 사건은 층간 소음 갈등이 극단적인 결과로 이어진 사례로, 피해자와 가해자는 두세 달 전부터 이웃으로 지내왔으며, 가해자는 평소에도 소음 문제로 시비를 걸어왔던 것으로 알려졌다. - "계단서 쿵쿵 소리에" 이웃 살해… 65km 만취 도주극도(1/29)

서울 종로구에서 발생한 여성 운전자 폭행 사건이 2월 알려졌다. 40대 남성 A 씨는 2023년 12월 28일, 종로구 일대에서 여성 운전자 2명을 폭행하고 금품을 빼앗은 혐의로 구속되었다. 첫 번째 사건은 주차장에서 발생했으며, 피해자 B 씨는 차 안에서 피를 흘리며 발견되었다. A 씨는 B 씨에게 가방과 차키를 요구하며 폭행을 가했다. 이후 A 씨는 근처에서 두 번째 범행을 저질렀다. 피해자 C 씨는 통화 중이었고, A 씨는 대리기사를 부른 줄 알았다고 안심시킨 후 폭행했다. 경찰은 두 피해자의 진술과 CCTV 영상을 통해 A 씨를 특정하고, 서대문구의 한 고시원에서 그를 검거했다. A 씨는 경기도 화성으로 도주하려 했으나 경찰에 의해 체포되었다. - [Pick] "대리 부르셨죠?" 여성 운전자 차 타더니 무차별 폭행(2/7)

호주 시드니에서 한인 일가족을 잔인하게 살해한 혐의로 체포된 태권도 사범 유 모 씨의 실체가 드러나면서 많은 사람들이 충격을 받았다. 그는 한인 사회에서 성공한 태권도 관장으로 알려져 있었지만, 대부분의 경력과 자격이 거짓으로 밝혀졌다. 유 씨는 수업을 들으러 온 일곱 살 아이와 아이의 어머니를 태권도장에서 살해한 후, 피해자의 차량을 이용해 피해자의 집으로 가서 아이의 아버지를 살해한 혐의를 받고 있다. 그는 묵비권을 행사하며 범행을 부인했지만, 전문가들은 그가 리플리 증후군을 앓고 있을 가능성을 제기했다. - 시드니 일가족 살인사건, 용의자 태권도장의 실체는?… '그알' 현지 취재(3/15)

5월 태국 파타야에서 30대 한국인 관광객이 시신으로 발견된 사건이 발생했다. 피해자인 34살 A 씨는 지난달 30일 태국에 입국했으며, 이후 납치되어 살해된 것으로 추정됐다. A 씨의 모친에게는 몸값을 요구하는 협박 전화가 걸려 왔고, 이를 신고한 후 태국 경찰이 수사에 착수했다. 경찰은 A 씨가 마지막으로 목격된 클럽 주변의 CCTV를 확인해, 한국인 용의자들이 A 씨를 납치해 파타야로 이동한 사실을 파악했다. 이후 저수지에서 시멘트로 메워진 플라스틱 통 안에서 A 씨의 시신을 발견했다. 피의자 3명은 모두 검거됐다. - 태국서 한국인들이 한국인 관광객 납치살해… "영화처럼 몸값 요구"(5/12)

서울 은평구의 한 아파트 단지에서 40대 가장이 일본도로 살해된 사건은 많은 사람들에게 충격과 공포를 안겨 주었다. 피해자는 두 아이의 아버지로, 가구회사에서 일하던 43세 남성이었다. 범행은 7월 29일 밤 발생했으며, 피해자는 잠깐 담배를 피우러 나왔다가 변을 당했다. 범인은 같은 아파트 단지에 거주하는 37세 남성으로, 사건 직후 긴급 체포되었다. 범인은 평소에도 아파트 단지 내에서 고성을 지르고 욕설을 하는 등 이상 행동을 보였던 것으로 알려졌다. 이 사건은 주민들에게 큰 충격을 주었고, 많은 사람들이 불안과 두려움을 느끼고 있다. 특히, 피해자의 가족과 가까운 이웃들은 큰 슬픔에 잠겼다. - "승강기 탄 모두가 움찔"… 한밤 일본도 참극이 부른 공포(7/31)

8월 2일 새벽 서울 숭례문 근처 지하보도에서 60대 여성 환경미화원이 70대 남성에게 흉기로 찔려 숨지는 사건이 발생했다. 이 사건은 최근 잇따른 강력 사건들로 인해 시민들의 불안감을 더욱 증폭시켰다. 사건은 오전 5시 10분쯤 발생했으며, 피해자는 심폐소생술을 받으며 병원으로 옮겨졌지만 결국 사망했다. 용의자는 70대 노숙인으로, 경찰 조사에서 피해자가 자신을 무시한다고 생각해 범행을 저질렀다고 진술했다. 이 사건 외에도 당시 강원 춘천시와 서울 은평구에서도 흉기 난동 사건이 발생해 시민들의 불안이 커지고 있었다. - "무시한다고 생각"… 새벽 숭례문 지하보도서 60대 살해(8/2)

순천 시내에서 10대 여학생이 일면식도 없었던 30대 남성(박대성)에게 흉기에 찔려 숨졌다. 남성은 사건 후 도주했으나 2시간 만에 경찰에 붙잡혔다. 피해자는 전남대병원으로 옮겨졌으나 끝내 숨졌다. 범행에 사용된 흉기는 사건 현장 근처에서 발견되었고 경찰은 남성을 긴급체포했다. - 순천 시내 한복판서 10대 피습 사망… 30대 남성 체포(9/26)

며칠 뒤 제주시에서 10대 고교생이 버스에서 처음 본 20대 여성을 흉기로 찌르는 사건이 발생했다. 가해자는 피해자를 따라 버스에서 내려 100여 미터를 뒤따라가 흉기를 휘둘렀다. 피해자는 응급 수술을 받았다. 경찰은 가해자를 체포하고 구속영장을 신청했다. - 처음 본 여성인데… 버스 내리자 쫓아가 흉기 휘두른 10대(9/30)

30대 군무원을 살해하고 시신을 훼손한 혐의로 군 장교 A 씨가 체포되었다. A 씨는 중령 진급 예정자로, 말다툼 끝에 범행을 저질렀다고 자백했다. A 씨는 시신을 훼손한 후 북한강 곳곳에 유기했으며, 피해자의 휴대전화로 범행을 은폐하려 했다. 경찰은 A 씨를 살인과 사체손괴, 사체은닉 혐의로 구속영장을 신청했다. - 시신 훼손 뒤 피해자인 척 가족에 문자… 사

건 전말(11/4)

　이외 조회수 많은 기사는 [스브스픽] '7살 제자' 가족 몰살한 태권도 사범… 모두 거짓이었다(3/18), 30분 새 연달아 여성 폭행… 원룸 몰린 대학가는 불안(4/11), 피해자 시신 훼손까지… 불안한 태국 교민들(5/13), "스파이라 생각"… 일본도 살인 피의자, 국민참여재판 신청(9/5), 승강기 문 닫히자 둔기 '슥'… 귀갓길 300m 쫓아와 돌변(8/21), '70대 아파트 이웃 주민 살해' 28세 최성우… 피의자 신상 공개(9/12), "술 취해 기억 안 나" 순천 여고생 살해범 구속… 신상도 유포(9/28), [단독] 여고생 살해 5분 전… 신고받아 박대성 면담한 경찰(10/4), 버스 앞면에 "신고해달라"… 추격 끝 타이어 터뜨려 잡았다(9/26), 경로당서 화투 중 불화?… '복날 농약' 피의자는 숨진 80대(9/30), "무시당했다고 착각해서"… 마트 계산원 27차례 찌른 20대 징역 7년 선고(10/2), "혼자 산다니" 공포의 하룻밤… 퇴실 때 여성 덮친 집주인(10/10), "끔찍한 일 당했다"… 현관문 열자 튀어나온 남성에 비명(10/21), 훼손된 여성 시신… 용의자 '현역 군인' 검거(11/3), 시신 신고 태연히 "주차 안 돼요?"… 현역 장교 구속(11/5), "도박 빚 때문" 운전자 살해… 훔친 12만 원으로 로또 샀다(11/11), "잘라버리겠다" 도끼 든 승려… "겁나서 피신" 고교생 벌벌(11/21) 등이 있다.

□ 재난·사고

　충남 태안군의 한 아파트 단지에서 높이 20m의 옹벽이 무너지는 사고가 2월에 발생했다. 다행히 인명 피해는 없었지만, 주차된 차량 9대가 부서졌다. 사고 당시 상황을 전한 작성자는 새벽에 안내방송을 듣고 밖을 내다보니 소방차와 폴리스라인이 있었다고 전했다. 이 사고에 대해 누리꾼들은 "새벽에 안내방송 할 만하다"며 인명 피해가 없었던 점에 안도하는

반응을 보였다. - [스브스픽] 새벽 3시에 차 빼라는 방송에 나갔더니… "돌덩이 폭격"(2/22)

3월에 호주 시드니에서 칠레 산티아고로 향하던 라탐 항공의 보잉 여객기가 비행 중 급강하하면서 50여 명이 다쳤다. 안전벨트를 매지 않았던 승객들이 기내 천장에 부딪히는 등 큰 충격을 받았고, 짐칸도 깨지고 부서질 정도였다. 라탐 항공사 측은 비행 도중 기술적 문제로 강한 흔들림 현상이 있었다고 사과했지만, 보잉 항공기 사고가 잇따르면서 안전 우려가 커지고 있다. 미국 항공 당국은 보잉 737 맥스 기종의 생산 과정을 점검한 결과, 40개 항목이 품질 관리 요구 사항을 준수하지 못했다고 밝혔다. - "승객이 천장에 바짝" 여객기 급강하 사고… 50여 명 부상(3/12)

6월 인천을 출발해 타이완으로 향하던 대한항공 여객기가 기체 결함으로 인해 긴급 회항했다. 이 사고는 인천국제공항을 출발한 대한항공 항공기가 이륙한 지 50분쯤 지났을 때 발생했다. 항공기는 내부 압력을 조절하는 '여압계통'에 이상이 생겨 급격하게 비행 고도를 낮추며 긴급 착륙을 시도했다. 이 과정에서 승객들은 산소마스크를 착용하고 공포에 떨었으며, 15명이 고막 통증, 과호흡, 코피 등의 증상을 호소해 병원으로 이송되었다. 출발한 지 3시간 만에 인천공항에 돌아올 때까지 승객들은 공포에 떨었다. - "롤러코스터처럼 급하강"… 대한항공 항공기 긴박했던 회항 당시(6/23)

또한 난기류로 인한 항공기 사고가 잇따르자, 국토교통부가 예방 대책을 발표했다. 주요 내용으로는 난기류 발생 시 기내식과 면세품 판매 같은 객실 서비스를 즉시 중단하고, 중장거리 노선은 착륙 40분 전, 단거리는 15분 전에 서비스를 종료하도록 했다. - '하늘길 복병' 난기류 증가… "착륙 40분 전 기내 서비스 종료"(8/15)

경남 창원의 한 유치원에서 옥상 구조물이 무너져 큰 사고로 이어질 뻔한 사건이 발생했다. 다행히도 사고 당시 유치원 안에 있던 140여 명의 원아들은 모두 무사했다. 학원 인솔 교사 한 명이 간발의 차이로 낙하물을 피했지만, 허리 통증으로 병원 치료를 받았다. 유치원 측은 최근 내린 비로 인해 2018년에 설치된 나무 구조물이 부식되어 무너진 것으로 보고 있으며, 일주일 전 자체 안전 점검에서는 문제가 발견되지 않았다고 밝혔다. 이 사고는 유치원 건물의 안전 관리에 대한 문제를 제기하고 있으며, 교육청과 지자체 간의 관리 주체가 불명확하다는 지적도 나왔다. - 유치원 옥상서 순식간에 와르르… 140명 하원 시간이었다(6/12)

부산 사상구의 한 아파트에서 80대 남성이 위층에서 추락한 50대 남성과 부딪혀 두 사람 모두 숨지는 사건이 발생했다. 80대 남성 A 씨는 아내와 운동을 하기 위해 아파트 현관을 나서던 중, 9층에서 추락한 50대 남성 B 씨와 부딪혀 숨졌다. B 씨도 병원으로 옮겨졌지만 결국 사망했다. 경찰은 가해자가 숨져 공소권이 없어졌다고 밝혔다. A 씨의 유족들은 가해자가 숨져 책임을 물을 곳이 없다며 억울함을 호소했다. - 아파트 9층서 추락한 남성, 80대 노인 덮쳐 둘 다 사망(6/17)

싱크홀이 잇따라 발생해 시민들의 불안이 커졌다. 8월에 부산 사상구에서 가로 10m, 세로 5m, 깊이 8m 규모의 싱크홀이 발생해 트럭 2대가 빠지는 사고가 있었다. 다행히 인명 피해는 없었지만, 사고 현장은 큰 혼란을 겪었다. 이 사고는 집중 호우와 지하철 공사 등 여러 요인이 복합적으로 작용한 것으로 추정됐다. - "갑자기 땅이 쑥" 아찔… 부산서 잇따른 '대형 싱크홀'(8/21)

이어 서울 연희동에서 발생한 싱크홀 사고로 차량이 도로에 생긴 구멍에 빠지면서 80대 운전자와 70대 부인이 크게 다쳤다. 부인은 심정지 상태로 발견되었지만, 다행히 맥박은 돌아왔다. 이 사고는 도로 아래에서 서서히 진행된 땅꺼짐 현상이 원인으로 보이며, 사고 발생 10분 전에도 도로 표면이 내려앉는 모습이 포착되었다. 소방당국은 사고 발생 후 한 시간 반 만에 크레인을 이용해 차량을 구멍에서 빼냈다. - '폭 6m' 서울 한복판서 날벼락… 사고 10분 전에도 '덜컹'(8/29)

　서울 연희동 비롯해 곳곳에서 도로가 갑자기 움푹 패는 사고가 이어지면서 내가 다니는 길은 괜찮은 건지 걱정하는 사람들이 늘었다. 서울시는 2023년부터 2027년까지 시내 181개 도로의 약 1만km 구간에 대해 '지반침하 공동 조사'를 진행하고 있다. 조사 결과, 가장 위험한 E등급을 받은 도로 구간은 서울에만 28곳, 총 96km로 확인되었다. 특히 강남구의 강남역 사거리와 뱅뱅 사거리, 신사역 교차로 등과 중구의 충정로 사거리와 충무로역 삼거리 등이 포함되어 있었다. 서울시는 긴급 보수가 필요한 도로는 즉시 조치하고, 올해 연말까지 각 도로의 '땅 꺼짐' 위험도를 알려 주는 '지반침하 안전 지도'를 마련할 계획이다. 그러나 일반 정기 조사는 5년에 걸쳐 진행되기 때문에, 조사 뒤에 문제가 발생할 경우 위험을 파악하기 어려울 수 있다. - 강남역 사거리도 위험… "서울에만 28곳" 살펴보니(9/4)

　9월 충북 제천에서 열린 제천국제음악영화제 도중 무대 앞쪽에서 터진 폭죽이 관객석으로 날아가 17명이 다치는 사고가 발생했다. 이 사고로 2명은 얼굴과 목에 1, 2도 화상을 입고 병원으로 이송되었고, 나머지 15명은 경미한 부상을 입었다. 경찰은 무대 특수효과 담당자를 소환해 조사했으며, 사고가 난 폭죽 장비를 국립과학수사연구원에 보내어 설치나 작동 과정에서 과실이 있었는지 확인했다. - 공연 도중 터진 비명… 폭죽 날아와 옷 타고 얼굴은 화상(9/7)

　경기 평택의 오피스텔 공사 현장에서 알루미늄 패널 수십 장이 출근길

도로 위로 떨어지는 사고가 발생했다. 다행히 다친 사람은 없었지만, 차량 2대가 피해를 입었다. 사고는 타워크레인으로 옮기던 보관함의 바닥 부분이 손상되면서 발생한 것으로 추정됐다. 건설사는 외장 공사를 중단하고 사고 원인 조사와 피해 보상 협의에 나섰다. - 하늘에서 '검은 종잇장' 우수수… "목숨 위험했다" 아찔(9/25)

전남 광양의 한 아파트에서 16층에서 이불을 털다가 여성이 추락해 숨졌다. 119 도착 당시 심정지 상태였고, 병원으로 이송되었으나 사망 판정을 받았다. 경찰은 베란다에서 이불을 털다가 무게를 견디지 못해 추락한 것으로 보고 있다. 이와 같은 사고는 꾸준히 발생하고 있으며, 전년도에도 서울에서 유사한 사고가 있었다. - 베란다 창문 열고 이불 털다… 아파트 16층서 여성 추락사(11/4)

이외 조회수 많은 기사는 제주 도로서 차량 17대 잇따라 '펑펑'… 원인은 '포트홀'(1/31), [뉴스딱] "사고 났는데 사람 안 보여" 신고… 50분 뒤 숨진 채 발견(2/22), 자유의 여신상도 '흔들'… 뉴욕서 규모 4.8 지진에 여진까지(4/6), 여객기 3분 만에 1,800m 급강하… 1명 사망 71명 부상(5/22), '급강하' 회항 대한항공… '정비 불량'에 무게(6/25), 러닝머신을 왜 여기에… 운동하던 여성 창밖으로 추락(6/25), 난기류로 기내식 떨어져… 15초 만에 아수라장 된 여객기(8/5), 171명 태운 여객기, 이륙 직전 급정거… 아찔했던 상황(8/27), '대형 땅 꺼짐' 하루 만에… 100m 옆 '도로 침하' 발생(8/30), "멈춰!" 트럭 매달려도 질질… 놀이터 앞 순찰차가 세웠다(9/11), "땅에 물리면서 스르륵"… 트럭 2대 통째로 삼킨 '땅 꺼짐'(9/21), '에어쇼' 보러 150만 명 몰렸는데… 연이어 실신, 사망까지(10/9), 기상캐스터도 떨며 눈물… 600만 명에 "반드시 대피"(10/9), '시속 195km' 집이 통째로 들썩… "모조리 사라졌다"(10/11), 컴컴한 집안 문 열자마자 비명… 입 벌린 채 앉아 '떡하니'(10/14), 1cm가 1m로 벌어졌다… "덩어리째 폭삭, 전국에 260곳"(10/14), 인테리어 공사하던 50년 주택… "우르르 쾅" 폭삭 무너졌다(10/27), 고속버스서 휴대폰 충전하다 비명… '감전사' 10대 사망(11/3), "붕 떴다 뚝" 비명 터진 기내… '하늘 위 공포'에 아수라장(11/19), 거품 목욕하다 날벼락… '펑' 욕실서 폭발해 '와장창'(11/19), 엿가락처럼 휘고 주저앉았다… 죽음 부른 공포의 습설(11/28), 시동 10초 후 터졌다… 100km 이동 직전 충전소 갔다 폭발(12/23) 등이 있다.

□ 마약 확산

국내 마약 확산 문제는 매우 심각한 상황이다. 최근 몇 년간 마약류 사범이 급증하고 있으며, 특히 젊은 층에서의 마약 사용이 크게 늘고 있다. 2022년 마약류 사범은 1만 8,395명으로, 전년도 대비 13.9% 증가했다. 이는 통계가 파악된 30년 이래 역대 최대 수치다. 또한 10대와 20대 마약사범이 급증하고 있다. 10대 마약사범은 2016년 81명에서 2021년 309명으로 3.8배 증가했으며, 20대는 같은 기간 1,327명에서 3,507명으로 2.64배 늘어났다. 더구나 인터넷과 SNS를 통한 마약 거래가 활발해지면서, 마약을 접할 수 있는 경로가 다양해지고 있다.

경기 포천시에서 마약을 투약한 채 운전하던 20대 여성이 경찰에 긴급체포됐다. 이 여성은 도로 가드레일을 여러 차례 들이받으며 위험하게 운전하다가, 근무지로 향하던 포천소방서 소속 최 모 소방관의 끈질긴 추격 끝에 차량을 멈추게 되었다. 최 소방관은 차량을 멈춘 후, 여성의 손목 등에서 주사 자국을 발견하고 경찰에 신고했다. 경찰의 마약 간이시약 검사 결과, 필로폰 양성 반응이 나왔다. - 가드레일 들이받으며 비틀비틀… "수상해" 촉 발동한 소방관, 결국(3/1)

8월 해양경찰이 국내 최대 규모의 코카인 밀반입 사건을 적발했다. 캐나다 마약 조직이 주도한 이 사건에서, 코카인 60kg이 압수되었으며 이는 약 200만 명이 동시에 투약할 수 있는 양이다. 이들은 코카인을 액체 상태로 화물선으로 밀반입한 뒤, 강원도의 한 공장에서 고체로 가공해 유통하려 했다. 해경은 서울 한강공원과 경기 김포에서 코카인을 거래하려던 한국인 판매책 2명을 체포하고, 이들을 고용한 캐나다 마약 조직원 A 씨를 검거했다. A 씨는 과거 미국에서 코카인 밀반입 혐의로 수감된 경력이 있는 고위급 인물로 밝혀졌다. - '200만 명분' 역대 최대 규모… 한강공원서도 몰래 팔았다(8/19)

경찰이 고속도로 휴게소에서 마약을 투약한 것으로 의심되는 남성이 있다는 신고를 받고 출동했다. 이 남성은 반소매 내의와 속옷만 입은 상태로 이상행동을 보였으며, 음주 상태는 아니었다. 경찰은 고속도로에서 벗어날 때까지 남성이 탄 차량을 안내했지만, 중앙선을 넘나들며 위험한 운전을 계속했다. 경찰은 마약 간이 시약 검사에서 남성의 소변에서 마약 양성 반응을 확인하고 구속했다. - [뉴스딱] 속옷만 입고 땀 뻘뻘… "음주 아닌데" 곡예 운전 세워보니(9/20)

이외에 조회수 많은 기사로는 "납치됐다" 횡설수설 도주극… '마약 운전' 급증, 대책 없나(4/29), 수면제 섞은 음료 건네며 "마셔"… 남성 쓰러지자 벌인 짓(5/28), 길 건너다 힘없이 '털썩'… 연락처 찾던 경찰 "체포합니다"(8/30), "마약 투약 자수" 아나운서, 마약 양성 반응(11/14), 빈 사무실 월세 꼬박꼬박… '끊으려는 사람들' 어디로(11/14) 등이 있다.

□ 감염·위생

일본에서 연쇄상구균 독성 쇼크 증후군(STSS)이 급속히 확산되고 있어 많은 우려를 낳았다. 2월까지 378건의 확진 사례가 보고되었고, 이는 일본의 거의 모든 현에서 발생한 상황이었다. STSS는 A군 연쇄상구균에 의해 발생하며, 빠르게 진행되는 패혈성 쇼크와 다발성 장기 부전이 특징이다. 특히 50세 미만의 환자들 사이에서 치명률이 높아 주의가 필요하다. 이 박테리아는 인후통을 유발하며, 주로 어린이에게 발생하지만, 성인에게도 심각한 합병증을 일으킬 수 있다. 전염 경로는 비말, 신체 접촉, 상처 등을 통해 이루어지며, 코로나 바이러스와 유사한 방식으로 전파될 수 있다. - 일본서 치사율 30% 감염병 확산 중… "감기와 유사한 증세"(3/20)

이천시 정수장에서 깔따구 유충이 발견돼 많은 사람들에게 불안감을 주었다. 깔따구 유충은 주로 오염된 물에서 서식하며, 수질 오염의 지표종으로 알려져 있다. 유충 자체는 인체에 직접적인 해를 끼치지 않지만, 알레르기를 유발할 가능성이 있다. 이번 사건의 주요 원인은 정수장 시설의 관리 미흡과 수질 오염으로 추정된다. 이천시는 유충 성장을 저해하는 염소 처리를 강화하고, 오염 물질을 걸러주는 미세여과망 등의 방충 시설을 보완하기로 했다. 이천시는 주민들에게 수돗물을 생활용수로 사용하는 데는 문제가 없지만, 직접 마시는 것은 자제해 달라는 당부했다. - '이게 뭐지?' 주택 수돗물서도 발견… "마시지 말라" 긴급 점검(4/22)

일본에서 고바야시제약의 붉은 누룩 제품을 섭취한 후 사망한 것으로 추정되는 사람이 76명이나 더 늘어났다는 소식은 큰 우려를 불러일으켰다. 특히 제약사가 이 사실을 늦게 보고한 점은 더욱 문제였다. 붉은 누룩은 콜레스테롤 분해 효과가 있는 것으로 알려져 있지만, 이번 사건에서 발견된 독성 성분인 푸베룰린산이 문제를 일으킨 것으로 보였다. 일본 정부는 제약사의 늑장 대응에 강한 유감을 표명하며, 철저한 조사를 요구했다. -일 '붉은 누룩' 사망 76명 늘어… "안이한 대처"(6/29)

조회수 많은 기사로는, '일본 독성쇼크증후군' 국내도 긴장… 제2의 코로나 사태? [사실은](3/22), 1명 숨지고 수십 명 병원행… '붉은 누룩'에 일본이 떤다(3/26), 교실 천장이 부른 비극… "잠복기 최대 40년" 우려(10/7) 등이 있다.

□ 협박

어린이집 교사가 대부업체에 학부모들의 연락처를 넘기고, 그로 인해 학부모들이 협박 전화를 받는 사건이 발생했다. 협박자는 어린이집 교사를 찾아내지 않으면 아이들을 해치겠다고 위협했다. 해당 교사는 대부업체에서 돈을 빌리는 조건으로 학부모들의 연락처를 넘겼다. 최소 5곳의 불법 대부업체에 연락처를 제공한 것으로 확인되었다. 경찰은 최근 붙잡은 불법 대부업체 일당이 협박범일 가능성이 높다고 보고 수사를 진행했다. - "아이 위치 안다… 교사 찾아라" 학부모 협박한 대부업체(4/19)

디시인사이드의 '우울증 갤러리'에서 미성년자들을 대상으로 성범죄가 반복되고 있다는 사실이 드러났다. 일년 전 발생한 사건 이후에도 비슷한 범죄가 계속되고 있다는 점에서 정부와 관련 기관의 대책이 충분히 효과적이지 않았다는 것을 보여 준다. 이후 경찰은 수사를 통해 가해 남성 2명을 구속했으며, 추가 피해 사례도 계속해서 드러났다. 특히, 15살 여학생이 30대 남성에게 여러 차례 강압적인 성폭행을 당했다고 주장했으며, 이 남성은 의제 강간 혐의로 구속되었다. 또 다른 20대 남성은 여중생에게 성범죄를 저지르고 불법 낙태를 강요한 혐의로 구속되었다. 이 사건을 계기로 디시인사이드 측은 유해 게시글 삭제와 모니터링 인력을 늘리는 등의 자율 규제를 강화했다. - '우울증 갤러리' 충격 민낯… '집단 성착취' 또 터졌다(8/12)

인기 먹방 유튜버 쯔양이 전 남자친구이자 전 소속사 대표였던 A 씨에게 4년 동안 폭행과 협박을 당했다고 폭로했다. 쯔양은 A 씨가 자신을 협박하며 불법 촬영 동영상을 유포하겠다고 위협했고, 강제로 술집에서 일하게 했으며, 번 돈도 모두 빼앗겼다고 주장했다. 쯔양은 2년 전 A 씨를 경찰에 형사고소했지만, A 씨가 2023년 사망하면서 사건은 공소권 없음으로 종결되었다. 이를 계기로 "사이버 레커"라는 용어가 주목받았다. 사이버 레커는 온라인에서 자극적인 콘텐츠를 만들어내는 사람들을 비유하는 말로, 이들은 구독자와 조회 수를 통해 수익을 창출했다. 쯔양의 약점을 잡아 돈을 빼앗은 일부 유튜버들의 행태가 드러나면서, 이들을 제재해야 한다는 비판의 목소리가 커졌다. 이에 따라 무분별한 신상 털이와 사적 제재 같은 콘텐츠에 대해 유튜브 차원의 조치가 필요하다는 지적이다. - "4년간 전 남친에게 맞으며 방송"… 유튜버 쯔양 충격 증언(7/11)

이외에 많이 본 기사로는 일면식 없는 여성 붙잡고 흉기 인질극… 25분 만에 체포(5/4), '정의' 내세우며 약점 협박·뒷거래… '사이버 레커' 이대로 괜찮나(7/12), 검찰 수배 받던 괴한 '흉기 인질극'… 눈앞에서 놓쳤다(8/10), "사랑해서 때린다" 10대 성폭행… 갤러리에 신상 유포까지(8/13), 경찰도 "다시? 그거 못 잡아요"… 추적 못 하는 '유동IP'(8/14) '우울증갤' 성착취 구속… "히데팸' 피해 더 있었다"(9/10) 등이 있다.

□ 들개·야생동물

들개는 무리를 지어 다니며 사람을 공격할 수 있다. 특히 도심이나 주거지 근처에서 들개와 마주치는 경우, 큰 위협이 될 수 있다. 들개는 주인을 잃거나 방치된 유기견이 야생화된 경우가 많다. 이로 인해 유기견의 개체 수가 증가하고, 들개 문제를 해결하기가 더욱 어려워진다.

인천 서구 공촌동의 한 농장에서 들개 무리가 습격해 가축들이 떼죽음을 당한 사건이 발생했다. 6월 9일 새벽 들개 4마리가 농장에 접근해 철망을 물어뜯고 들어가 염소 2마리와 병아리 20마리를 공격했다. 농장주 A 씨는 평소처럼 농장을 찾았다가 가축들이 쓰러져 있는 참혹한 현장을 목격했다. CCTV에는 들개들이 철망을 물어뜯어 구멍을 낸 후 우리 안으로 침입해 가축들을 공격하는 장면이 담겼다. A 씨는 병아리들과 염소를 가족처럼 키웠는데, 하루아침에 목숨을 잃어 매우 허망하다고 전했다. 이 지역은 몇 년 전부터 들개 출몰로 인한 불안감이 지속되어 왔으며, 구청은 2023년 115마리, 2024년 5월까지 50마리의 들개를 포획했다고 밝혔다. 그러나 들개의 번식력과 활동 범위가 넓어 여전히 불안감이 남아 있다. - [뉴스딱] "가족처럼 지냈는데…" 들개 무리 습격에 허망한 떼죽음(6/13)

부산의 한 아파트 단지에서 60대 남성이 들개 두 마리에게 습격당했다. 이 사건은 최근 도심에서도 들개가 사람들을 위협하는 사례가 증가하고 있음을 보여줬다. 60대 남성 A 씨는 반려견과 산책 중 들개 두 마리에게 습격을 당해 팔과 다리에 부상을 입고, 광견병과 파상풍 예방 주사를 맞아야 했다. 문제의 들개는 사고 당일 소방에 의해 포획되어 동물 보호소로 옮겨졌다. 들개는 포획틀을 피하는 등 잡기 어려운 특성이 있다. 또한, 동물보호법에 의해 사살이 불가하다. 사고 이후 들개를 유해 조수로 지정하자는 목소리가 나왔지만, 아직 실질적인 대책은 마련되지 않고 있다. - "2m 점프해서 확 물더라"… 들개 떠도는데 대책 언제쯤?(8/9)

멧돼지의 도심 출몰이가 늘어나고 있으며, 이로 인해 사람들의 안전이 위협받고 있다. 부산 도시철도 역사에 무게 100kg에 달하는 멧돼지가 나타나 한 명이 물려 다쳤다. 특히 부산의 경우, 멧돼지 포획 두수가 급격히 줄어들고 있어 이 문제가 더욱 심각해지고 있다. 아프리카돼지열병이 발생하자 환경부는 전염가능성을 이유로 사냥개 이용을 금지했기 때문이다. 멧돼지의 번식철이 다가오고 있어 이 문제가 더욱 심화될 가능성이 높다. 환경부는 사냥개 대신 열화상 카메라 등 대체 장비를 사용할 수 있다고 하지만, 대도시 특성상 이 장비 사용이 어렵다는 반론도 있다. - "스크린도어까지 핏자국" 승객들 긴급 대피… 현장 사살(10/30)

이외에 많이 본 기사로는 한밤 삼거리 차량 에워싼 '들개 떼'… "늑대 같은 야생성" 유의(6/26), "온다, 큰일 났다" 산길 달리다 '기겁'… 습격에 봉변(6/30), 부산 앞바다서 잡힌 청상아리가 선원 공격… 상어 출몰 잇달아(9/27), 산책하다 콱, 이빨 드러낸다… 10년간 도심 덮친 '작은 맹수'(10/30), "또 나타났다" 1시간 추격 끝 생포… "발견 시 숨어야"(11/11), 말아 속옷 쏙, 담뱃갑 꿈틀… "몸값 수억" 어릴 때 밀수한다(11/14) 등이 있다.

□ 기기·장치 불량

1월 30일 부산 학장동의 한 아파트에서 화재가 발생해 70대 여성이 화상을 입고 중환자실에 입원했다. 소방 감식 결과, 화재는 김치냉장고에서 시작된 것으로 확인되었다. 불이 난 제품은 위니아의 딤채 김치냉장고로, 이미 여러 차례 화재가 발생해 리콜 대상이 된 제품이다. 2005년 9월 이전에 생산된 뚜껑형 딤채 김치냉장고는 자발적 리콜이 요청된 상태다. 하지만 1만 대가량이 여전히 사용 중이다. 국가기술표준원은 해당 제품 소비자에게 냉장고 뒤에 붙어 있는 제품 정보를 확인하고 제조사에 연락해 리콜을 신청할 것을 당부했다. - '리콜 김치냉장고' 때문에 또 화재… 아직 1만 대 더 있다(2/5)

여름철 에어컨 사용이 증가하면서 화재 발생 위험도 높아진다. 연간 에

어컨 화재의 63%는 6월에서 8월 사이에 발생한다. 에어컨 화재의 주요 원인은 오래된 전선이 벗겨지거나 손상되어 과열될 수 있다. 또 실외기 부근에 버려진 담배꽁초가 불씨가 되어 화재를 일으킬 수 있다. 실외기 주변에 먼지가 쌓이거나 통풍이 잘 되지 않으면 화재 위험이 높아진다. 최근 사용되는 친환경 냉매는 가연성 가스로, 화재 위험이 더 커질 수 있다. - 순식간에 새빨간 불길… 늘어나는 에어컨 화재, 왜?(6/13)

전동킥보드보다 더 크고 더 빠른 전동이륜차도 늘어나는 추세다. 중국산이 특히 많은데 번호판도 없고 속도 제한 장치도 마음대로 풀 수 있어서 사람들 안전을 위협하고 있다. 많은 전동이륜차는 속도 제한을 해제할 수 있어 시속 80km까지 속도를 낼 수 있다. 저속전동이륜차는 무게 제한이 없어 사고 시 피해가 클 수 있다. 또한 간단한 전자파 인증만 받고 수입되기 때문에 안전 기준이 부족하다. - '마음대로' 속도 풀고 달리는 중국산 이륜차… 사고 무방비(7/26)

앞 차량과 간격을 유지해 주고 일정한 속도로 주행을 도와주는 '크루즈(ACC·Adaptive Cruise Control)' 기능의 이용자가 늘어나면서, 관련 사고도 증가하고 있는 것으로 나타났다. 도로교통공단에 따르면 2020년부터 2024년 7월까지 고속도로에서 크루즈 기능을 이용하다 발생한 교통사고는 모두 19건으로 17명의 사망자가 발생했다. 이 가운데 2024년 1월부터 7월 사이 8건이 발생해 9명이 목숨을 잃었다. - 올해 벌써 9명 숨졌다… "도로서 무작정 믿으면 안돼" 경고(7/30)

이외 조회수 많은 기사로는 소리 없이 사망 이른다… '무시동 히터' 조심해야 하는 이유(2/14), '리콜' 김치냉장고 화재… 1만 대 아직도 사용(4/16), 목에 두르자 '폭발'… "물로 안 씻겨" 결혼 직전 날벼락(7/24), 앞차 거리 알아서 유지?… 크루즈 믿다가 한눈 팔면 '쾅'(9/13) 등이 있다.

살인 폭력 등 범죄, 자연 재해 등 재난 사고, 마약 확산, 감염 위생, 협박, 들개 야생동물 공격, 기기 장치 오작동 등은 뉴스에서 다루는 공포 소재다. 이런 사건 사고들은 예측할 수 없고, 갑작스럽게 발생하기 때문에 사람들에게 큰 충격을 준다. 또 사건과 사고들은 생명과 안전에 직접적인 위협이 되기 때문에 본능적으로 두려움을 느끼게 되기 때문에 사람들은 관심을 가지게 된다. 나아가 자신이나 가족, 친구들이 피해자가 될 수 있다는 불안감을 자극하기도 한다. 미디어를 통해 사건의 잔혹한 면이 강조되면서 공포가 더욱 증폭되기도 한다. 이런 이유들로 인해 사람들은 살인, 폭력, 재난, 사고에 대해 강한 공포를 느끼고 이런 뉴스를 공유하게 된다.

4) 재미

뉴스 플랫폼은 사람들이 좋아하는 콘텐츠를 더 많이 노출시키는 경향이 있다. 재미있는 기사는 참여율이 높기 때문에 이러한 알고리즘에 의해 더욱 주목받게 된다. 즉 재미있고 흥미로운 뉴스는 더 많은 사람들에게 공유되고 퍼질 가능성이 크며, 이는 중요한 메시지나 정보가 더 널리 알려지는 데 도움이 된다. 또한 재미있는 접근 방식은 복잡하거나 딱딱할 수 있는 주제를 더 접근 가능하게 만들어 대중으로부터 공감을 이끌어 낼 수 있다. 또 재미는 스트레스를 줄이는 데 도움이 된다. 웃음과 즐거움은 긴장을 풀어 주고, 일상에서의 스트레스를 완충하는 역할을 한다. 재미있는 활동은 창의성을 자극한다. 놀이와 같은 재미있는 경험은 새로운 아이디어를 떠올리게 하고, 문제 해결 능력을 향상시킨다. 따라서 재미는 사람들에게 행복감을 준다. 이는 개인의 삶의 질을 높이고, 긍정적인 사회적 상호작용을 촉진한다.

나아가 웃음이 시끄러운 것은 웃음이 갇혔던 심적 에너지를 방출시키기 때문이 아니라 다른 사람들이 웃음소리를 들을 수 있도록 하기 위해서다. 즉 웃음은 일종의 소통이다.[160] 2024년 조회수가 많았던 재미있는 뉴스 사례들은 다음과 같다.

□ 의외성

서울 지하철 합정역 출구에 독수리 같은 맹금류 사진이 붙어 시민들의 궁금증을 자아냈다. 이는 비둘기를 쫓기 위한 용도로 설치된 것이었다. 지하철 역사 안에 비둘기가 들어온다는 민원이 많아지자, 비둘기의 상위 포식자인 흰머리수리 사진을 허수아비처럼 사용한 것이었다. 그러나 전문가들은 이러한 방법이 큰 효과를 발휘하지 못할 것이라고 지적했다. 비둘기들은 맹금류 사진이 움직이지 않는다는 사실을 학습하여 쉽게 피해 갈 수 있기 때문이다. - 합정역 출구에 웬 '독수리' 사진? 어쩌다 붙었나 알아보니(1/29)

코카콜라가 한글 로고를 사용한 신제품을 출시했다는 흥미로운 소식이 전해졌다. 이 제품은 한류와 K-POP의 인기를 반영하여, 영어 로고와 함께 한글 로고를 전면에 배치한 디자인으로, 미국, 일본, 프랑스 등 36개국에서 판매됐다. 이러한 변화는 한글에 대한 긍정적인 이미지가 형성되면서 글로벌 브랜드들이 한글을 제품 홍보에 적극 활용하고 있는 현상을 보여준다. 예를 들어, 구찌도 한글로 자사 이름을 크게 디자인한 옷을 판매하여 화제가 되었다. 한류 열풍은 한국 문화와 음식, 언어에 대한 관심을 높였고, 이를 포착한 기업들은 색다른 마케팅 전략으로 활용하고 있다. 비비

---

160) 스티브 핑커. 『마음은 어떻게 작동하는가』. 소소. 2007. p835.

고도 만두 제품의 경우 영어식 표현 대신 '만두'라고 쓰는 등 한글을 적극적으로 사용하고 있다. - 36개국에 '한글 코카콜라' 출시… "130년 역사상 첫 사례"(2/20)

국산 고등어가 아프리카에서 큰 인기를 끌고 있다. 한국해양수산개발원에 따르면, 2023년 냉동 고등어 수출액이 1억 666만 달러로 전년 대비 63% 증가했으며, 이 중 60% 이상이 가나, 나이지리아, 코트디부아르로 수출되었다. 아프리카는 원래 러시아와 일본에서 수산물을 많이 수입했지만, 러시아-우크라이나 전쟁과 일본 후쿠시마 오염수 방류로 인해 수입이 어려워졌다. 또 국내 연근해에서 잡히는 고등어 중 3분의 2는 씨알이 작은 망치고등어로, 가격이 저렴하고 가성비가 뛰어나다. 여기에 아프리카는 생선 훈제 요리가 발달해 있어, 작고 저렴한 망치고등어가 인기를 끌고 있다. - 아프리카서 고등어 쓸어간다… 한국산 작아도 인기 이유(3/5)

한국에서 '반려돌'이 유행하고 있다는 소식이 관심을 모았다. 미국 월스트리트저널(WSJ)도 이 현상에 주목했다. 반려돌은 바쁜 일상 속에서 긴장을 풀고 고요함을 찾기 위한 독특한 방법으로 인기를 끌고 있다. 특히, 반려돌을 키우는 사람들은 돌에게 힘든 일을 털어놓으며 심리적 안정을 찾는다고 한다. 한 30대는 직장에서의 스트레스를 돌에게 이야기하면서 위안을 얻는다고 말한다. 반려돌의 인기가 높아지면서 이를 판매하는 업체들도 생겨났다. 한 업체는 한 달에 150~200개의 주문을 받는다고 한다. 이제 반려돌은 현대인들에게 새로운 형태의 휴식과 위안을 주고 있다. - 돌멩이 보듬으며 "나 힘든 일 있었어"… '반려돌' 키우는 한국인들(3/20)

울산의 한 무인 아이스크림 가게 주인 부부가 며칠 동안 잠복한 끝에 절도범을 붙잡아 경찰에 신했다. 검거된 30대 남성은 인적이 드문 새벽 시간대에 10여 차례에 걸쳐 물건을 훔쳤다. 울산에서만 무인점포가 570여 곳으로, 2023년보다 37% 증가했고 취약 시간대에 범죄의 표적이 되고 있다. - 또 나타나자 "자물쇠로 걸어!"… 집념의 사장 부부가 잡았다(7/3)

스웨덴에 거주하는 남성이 한국 119에 연락해 여자친구를 구조한 사건이 알려졌다. 이 여성은 설악산 등산 중 길을 잃고, 남자 친구에게 SNS 메신저로 구조를 요청했다. 남성은 즉시 119에 위치를 알렸고, 소방 당국과 민간 구조대가 여성을 구조해 안전하게 하산시켰다. 여성은 발목 부상을 입어 병원에서 치료를 받았다. - "설악산 간 여친, 길 잃었다"… 스웨덴서 걸려온 구조 요청(10/12)

이외에 조회수 많은 기사로는 [Pick] "친구들과 놀다가 돈다발이 있길래…" 지구대 찾은 예비 중1들(1/30), AI가 잡아낸 수상한 사고… 사기 일당 18명 줄줄이 걸렸다(3/9), 사무실에 나타난 표범… 12살 소년의 침착한 대처 '눈길'(3/17), '돌 씻는 영상' 조회수 900만… "40초 완판" 반려돌 열풍 이유(4/14), 221년 만에 최대 1천 조 마리 덮친다… "제트기급 소음"(4/21), "아기는 어딨죠?" 직원들 화들짝… 1살 된 101살 승객 해프닝(4/29), 파는 사람도 "왜 사가지?"… 보는 족족 쓸어가자 베트남 '발칵'(6/27), 지드래곤, 카이스트 교수 됐다… 기계공학과 초빙교수 임용(6/5), 북극 아닌 곳에 오로라 떴다… 내년 여름엔 한국서도 기대?(10/12), 비밀의 '얼음 생태계'… 한국 연구진 최초 발견(12/16) 등이 있다.

□ 생활 관련·깨알 지식

설 명절을 앞두고 세뱃돈 준비에 대한 고민인 경우가 많다. 한 설문조사에 따르면, 성인 남녀 3,800여 명 중 42%가 5만 원이 적절하다고 답했으며, 10만 원이 적당하다는 답변도 10%나 되었다. 흥미롭게도, 세뱃돈을 주고받지 않는 것을 선호한다는 응답도 42%로 나타났다. 이는 2023년

29%에서 크게 증가한 수치다. 이러한 변화는 싱글족과 딩크족의 증가, 그리고 경기 침체로 인한 부담감이 영향을 미친 것으로 추정됐다. 누리꾼들은 '5만 원은 부담스럽고 3만 원권이 나오면 좋겠다'거나 '형편에 맞게 주자'는 반응을 보였다. - 세뱃돈 얼마가 적당할까? 성인 42%가 내놓은 뜻밖의 답(1/31)

제주도를 찾는 국내 여행객이 줄어들고 있다는 소식이다. 2023년 제주도를 방문한 내국인 관광객 수는 약 1,270만 명으로, 전년도 대비 8.3% 감소했다. 많은 사람들이 제주도의 높은 물가 때문에 동남아 여행을 선호하는 경향이 있다고 한다. 한 여행 리서치 전문기관의 조사에 따르면, 2023년 제주도 하루 여행 경비는 약 13만 2천 원이었고, 태국, 베트남, 말레이시아 등 동남아 여행지는 20만 원대 초반이었다. 제주도가 더 저렴하긴 하지만, 가격 차이가 크지 않다는 의견도 많았다. 이러한 이유로 가성비를 중시하는 여행객들이 동남아를 선택하는 경향이 늘고 있는 것으로 분석된다. 제주도의 높은 물가와 동남아 여행의 상대적인 저렴함이 이러한 트렌드를 만든 것으로 보인다. - "제주도 갈 바에는 차라리 동남아? 여행비 따져봤더니…"(2/27)

외식 물가가 계속 오르고 있다. 식자재 가격 상승과 노동자 비용 상승, 임대료 및 관리비 상승 등이 주요 원인이다. 특히, 식자재 가격 상승은 외식업체들이 재료를 구매하는 비용이 증가하면서 외식 물가에 큰 영향을 미치고 있다. 또한, 국제적인 원자재 가격 상승과 러시아-우크라이나 전쟁으로 인한 곡물 가격 급등도 물가 상승의 주요 요인 중 하나다. 이러한 요인들이 복합적으로 작용하면서 외식 물가가 계속해서 오르고 있는 상황이다. 이 때문에 많은 소비자들이 외식보다는 집밥을 선택하고, 간편식을 이용하는 경향이 늘어나고 있다. 대형마트와 식품업계도 이러한 소비자들의 수요에 맞춰 다양한 간편식을 출시하고 있다. - 자장면도 한 그릇 7천 원 훌쩍… 외식 물가 올라 간편식 인기(4/13)

이외에 조회수 많은 기사로는 세뱃돈 얼마 주는 게 적당할까? 고물가에 1위 차지한 답(2/8), '파묘' 관객 수 700만 명 돌파… '영화 포스터'에 숨은 비밀(3/9), [Pick] "이건 불안, 이건 수치심"… 개, 스트레스 냄새도 맡는다(3/31), [Pick] 승무원이 승객에 인사하는 진짜 이유… 밝혀지자 '대반전'(6/9), 더운 것도 서러운데… 강남은 200개, 강북은 70개(6/10), "바로 매진" 줄 서도 못 산다… SNS 도배된 '중동 디저트'(7/7) 등이 있다.

□ 화제

배우 하지원 씨가 주례를 맡고, 가수 이효리 씨가 축가에 나선 이 결혼식이 온라인에서 화제였다. 바로 개그맨 정호철 씨의 결혼식이었는데, 신동엽 씨와 함께 유튜브 채널에 출연 중인 정호철 씨는 게스트로 나왔던 하지원, 이효리 씨에게 '결혼식에 참석해 달라'고 농담처럼 말한 적이 있었다. 신동엽 씨의 사회로 진행된 결혼식은 하지원 씨가 주례를 맡아 직접 성혼선언문을 낭독했고, 이효리 씨는 김동률 씨의 '감사'를 축가로 불렀고, 장도연 씨는 드레스 도우미로 나서 눈길을 끌었다. - 하지원 주례에 이효리 축가까지… 화제의 결혼식 당사자 누구?(3/11)

미국의 한 유명 배우가 엄마를 찾을 수 있게 도와 달라는 아이의 갑작스러운 요청에 촬영까지 중단하고 도와준 일화가 전해져 화제가 됐다. 배우 마리스카 하기테이는 뉴욕의 한 공원에서 '로 앤 오더: 성범죄전담반'의 마지막 회차를 촬영 중이었는데, 경찰 배지를 보고 실제 경찰로 착각한 아이가 다가와 도움을 요청했다. 하기테이는 촬영을 중단하고 아이의 눈높이에 맞춰 이야기를 들어주며, 아이가 엄마를 찾을 수 있도록 도왔다. 다행히 얼마 지나지 않아 아이는 엄마와 다시 만날 수 있었고, 하기테이는 두 사람을 따뜻하게 위로해 주었다. 이 일화는 소셜 미디어를 통해 빠르게 퍼지며 많은 사람들에게 감동을 주었고, 하기테이의 따뜻한 마음씨에 대한 찬사가 이어졌다. - [Pick] 경찰로 착각해 美 배우에게 "엄마 찾아주세요" 했더니… 놀라운 결과(4/20)

손흥민 선수가 용인 수지체육공원에 깜짝 등장한 소식이 정말 화제였다. 손흥민과 골키퍼 김승규가 일반인 축구팀과 경기를 하기 위해 방문했는데, 이 소식이 소셜미디어를 통해 퍼지면서 약 2천명의 팬들이 몰려들었다. 경기장 주변 울타리를 타고 올라가는 등 위험한 상황이 발생해 경찰과 소방 인력이 출동해 현장을 통제했다. 손흥민 선수는 예정보다 일찍 경기를 종료하고 안전하게 경기장을 빠져나갔다. 손흥민 선수는 국내에서 휴식을 취하고 있었으며, 토트넘의 시즌이 끝난 후 시간을 보내고 있었다. 토트넘은 7월 31일 서울월드컵경기장에서 팀 K리그와 친선 경기를 치르고, 8월 3일에는 김민재의 소속팀 바이에른 뮌헨과도 경기를 치를 예정이었다. - 손흥민 동네 축구장에 또 깜짝 등장… 순식간 2천 명 몰려 경찰 투입(7/6)

한강 작가의 대표 소설 '채식주의자'를 전 세계에 알린 데버라 스미스 씨에 대한 관심이 쏠렸다. 스미스 씨는 독학으로 한국어를 배운 후, '채식주의자'의 매력에 빠져 번역뿐만 아니라 출판사 접촉과 홍보까지 도맡았다고 한다. 특히 원작의 섬세한 문체를 살려 번역하고, 한국 고유의 단어를 그대로 사용하는 방식도 인상적이었다. 소주를 코리안 보드카, 만화를 코리안 망가, 이런 식으로 다른 문화에서 파생된 걸로 쓰는 데 반대한다면서, 한강 씨의 또 다른 작품 '소년이 온다' 번역에도 형, 언니, 이런 단어를 그대로 썼다고 한다. - "소주는 코리안 보드카? 아냐" 한강 섬세함 알린 번역가(10/11)

로제와 브루노 마스의 신곡 '아파트'가 세계적인 인기를 끌었다. 발표되자마자 영국 오피셜 싱글 차트에서 4위에 오르며 K팝 여성 가수로는 최고 순위를 기록했다. 뮤직비디오 조회 수와 스포티파이 스트리밍이 각각 1억 회를 돌파했다. 로제는 한국 젊은이들이 즐기는 '아파트' 게임에서 영감을 받았다고 했다. - 전 세계 사로잡은 "아~파트 아파트"… 빌보드도 노린다 (10/26)

이외에 조회수 많은 기사는 오타니, 한국행 앞두고 아내 공개… 고개 끄덕인 일본 팬들(3/15), 마약 밀반입 급증에 "여기도 와 달라"… '귀한 몸' 된 탐지견(4/6), 2시간 만에 다이아몬드 '뚝딱'… 한국, 세계 첫 성공(4/25), [스브스픽] 떡볶이 먹는 유관순, 위스키 마시는 안중근… "AI야 고마워"(6/21), 무더기 1등에 "겨우 3억"… '로또 당첨금' 국민의견 듣는다(9/25), "부르는 게 값" 50만 명 몰린다… 숙박료 260만 원까지(9/30), 대전에 인파 몰려 '인산인해'… "빵의 지옥" 누리꾼 폭소(9/30), "내 생애 이런 일이" 오픈런에 '성지 순례'까지 '들썩'(10/11), 27억이 231억 됐다… "낭비"라던 황금박쥐상 몸값 반전(10/29), 한국 들어오자마자 품절 대란… '21세기 신종 전염병' 막을 수 있을까?(10/31), 불황에도 '북적'… "비용 저렴·장소 구애 적어" 매출 '쑥'(11/17), 정우성, 모델 문가비 아들 친부… "아이 끝까지 책임질 것"(11/25), [스브스픽] 눈 폭탄에 출근 대란… 스키 타고 출근한 K-직장인, 정체는?(11/28), "녹는 게 아까워"… 미대생의 '재능 낭비' 눈사람 화제(11/29) 등이 있다.

의외의 일들이나 화제는 예측 불가능한 상황에서 발생해 사람들의 호기심과 놀라움을 자극한다. 예상치 못한 일들은 우리의 일상에서 벗어나 새로운 경험을 제공하기 때문에 더 큰 흥미를 불러일으킨다. 이런 이유로 의외성 등은 항상 사람들에게 큰 재미를 주는 요소로 작용하고 사람들은 이런 뉴스에 반응한다.

5) 스토리

　스토리는 대부분 명확한 시작, 중간, 끝을 가지고 있어, 정보가 더 쉽게 기억에 남는다. 이를 통해 독자는 복잡한 사실을 더 잘 이해할 수 있다. 이 때문에 사람들은 스토리를 좋아한다. 스토리는 감정을 자극하고, 사람들과의 공감을 이끌어낸다. 이를 통해 우리는 다른 사람들의 경험과 감정을 더 잘 이해하게 된다. 또 사람들을 하나로 묶는 역할을 한다. 예를 들어, 전통적인 이야기나 신화는 공동체의 정체성을 형성하고, 세대를 넘어 전해지며 문화적 유산을 유지한다. 스토리는 복잡한 정보를 쉽게 전달하고 기억하게 만든다. 이야기를 통해 우리는 중요한 교훈을 배우고, 이를 더 오래 기억할 수 있다.

　흥미진진한 이야기를 통해 우리는 일상에서 벗어나 다른 세계를 경험할 수 있다. 이러한 이유들로 인해 사람들은 스토리를 좋아하고, 스토리는 우리 삶에서 중요한 역할을 한다. 따라서 성공담, 영웅담, 미담 등 이야기를 담은 뉴스는 희망과 영감을 주며, 개인적 성장과 용기를 보여 준다. 또한, 어려움을 이겨내는 과정에서의 인간적 따뜻함과 협력, 나눔의 가치는 사람들에게 큰 울림을 준다. 이런 이야기는 우리의 일상에 작은 기적이나 감동을 더해 주기 때문에 사람들은 이런 뉴스를 공유하려고 한다. 2024년 조회수가 많았던 스토리 뉴스 사례들은 다음과 같다.

　□ 전기(傳記)·성공담

　쑨잉의 이야기는 중국 사회에 충격을 주었다. 17살에 베이징대에 입학해 천재로 이름을 알렸던 그녀가 결국 비리 행위로 적발되었다. 쑨잉은 하이난성 시장관리국장으로 재직하면서 100억 원대의 뇌물을 챙기고, 금덩

이를 러닝머신에 숨겨놓는 등 과감한 비리 행태를 보였다. 그녀는 전 남편으로부터 뒷돈을 받기로 하고 자신이 관할하는 분야의 사업 20건을 한꺼번에 몰아 주는 등의 행위를 했으며, 뇌물 심부름을 하던 운전기사도 비리 수법을 모방해 브로커 역할을 하다 붙잡혔다. 결국 쑨잉은 비리 혐의로 수감되었고, 중국 정부는 최근 공무원들의 비리 백태를 다큐멘터리로 만들어 부정부패 척결을 강조하고 있다. - 러닝머신 속 금괴는 빙산의 일각… 중국 천재소녀의 몰락(1/27)

'부산 돌려차기' 사건의 피해자가 자신의 범죄 피해 사실과 지난 2년여간의 회복 과정을 담은 책을 냈다. '부산 돌려차기' 사건의 피해자로서 겪은 고통과 회복 과정을 담은 책, 『싸울게요, 안 죽었으니까』를 출간한 것은 큰 용기와 결단이 필요했다. 그녀가 필명을 '김진주'로 정한 이유도 6월의 탄생석인 진주처럼 그녀도 어려움을 이겨내고 스스로를 지켜낸 과정을 반영한 것이었다. 김진주 씨는 책을 통해 범죄 피해자로서 겪은 후유증과 사법 과정에서 느낀 소외감, 그리고 언론에 공론화하던 순간들을 솔직하게 담아냈다. 특히, 가해자에게 쓴 '회복 편지'는 그녀의 강인한 의지를 보여 주는 부분이었다. 그녀는 더 이상 가해자가 무섭지 않으며, 당당하게 세상을 살아가겠다는 메시지를 전했다. - '싸울게요 안 죽었으니까'… 부산 돌려차기 피해자, 작가 됐다(3/2)

대한민국 해군 최초의 여군 심해잠수사가 배출됐다. 문희우 중위는 대학에서 체육학과 해양학을 전공하고, 학사사관후보생으로 입대해 해군 소위로 임관한 후 다양한 직책을 거쳐 해난구조 기본과정에 지원했다. 문 중위는 스쿠버다이빙과 인명구조 자격을 취득할 정도로 물과 친숙했으며, 심해잠수사에 대한 동경을 가지고 있었다. 그녀는 "해 보지도 않고 포기하는 것은 군인이 아니다"라는 생각으로 용기를 내어 지원서를 제출했다고 한다. 해난구조 기본과정에 여군은 단발머리로도 입교할 수 있었다. 그러나 문 중위는 머리가 길면 수영 등 훈련에 방해가 될 것 같아서 어깨까지 내려오던 머리를 입교 전날 약 1cm만 남기고 잘랐다. 훈련 과정은 매우 힘들었지만, 그녀는 남군과 같은 기준의 체력과 수영 검정을 통과하며 기본과정을 수료했다. 문 중위는 "나는 첫 여군 심해잠수사이자 새로운 도전자가 나오기 전까지는 유일한 여군 심해잠수사일 것"이라며, 후배들이 자신을 보고 도전할 수 있도록 해난구조 전문가로 성장하겠다는 각오를 다졌다. - "훈련 방해" 1cm 남기고 싹둑… 남군과 겨뤄 최초 거머쥐다 (8/30)

이외에 조회수 많은 기사로는 국가대표 생활 병행하며 서울대 합격… 그녀의 비법은?(2/17), 스타강사 '삽자루' 사망… 생전 입시업체 댓글 조작 폭로(5/13), "춤 출래요" 눈물 뚝뚝 흘리던 소년… 세계 톱 발레단 입단(8/31), 은행 관두고 꿈에 매진… 당당히 '세계 4위' 오른 김규호(9/7) 등이 있다.

□ 영웅담

영웅 이야기는 어려운 상황에서도 용기와 결단력을 보여 주며, 사람들에게 희망과 영감을 준다. 이런 이야기를 통해 우리는 자신의 삶에서도 어려움을 극복할 수 있는 힘을 얻는다. 또 영웅 이야기는 감정적으로 강하게 연결될 수 있는 요소를 가지고 있다. 우리는 영웅의 고난과 승리를 함께 경험하며 감정적으로 몰입하게 된다. 영웅들은 종종 사회적 가치를 대표한다. 그들의 이야기를 통해 우리는 사회가 중요하게 여기는 가치와 이상을 배우고, 이를 실천하려는 동기를 얻는다.

경기도 안산에서 무인점포에서 돈을 훔쳐 달아났던 10대들이 시민의 도움으로 붙잡힌 사건이 있었다. 1월에 안산시의 한 무인 아이스크림 판매점에서 10대 3명이 단말기의 자물쇠를 부수고 현금 23만 원을 훔쳐 달아났다. 경보가 울려 출동한 경비업체 직원이 이들을 추격하던 중, 근처에 있던 김 모 씨가 도망치던 10대 중 한 명을 제압해 경찰에 넘겼다. 김 씨의 도움 덕분에 경찰은 나머지 2명도 검거할 수 있었다. 김 씨는 "나 몰라라 지나갈 수 없었다"며, "누구든 할 수 있는 일"이라고 말하며 겸손한 소감을 전했다. 경찰은 김 씨에게 감사장을 전달했다. - 무인점포 절도범 다리 걸어 제압… 시민 영웅 "누구든 했을 거예요"(3/11)

8월 부천 호텔 화재 당시 간호학과 4학년 대학생 A 씨의 생존 이야기는 극적이었다. A 씨는 인근 병원 실습을 위해 호텔에 투숙 중이었고, 화재가 발생한 810호 인근 806호에서 잠을 자고 있었다. 비상벨 소리에 잠에서 깬 A 씨는 복도가 연기로 가득 차 있어 밖으로 나가는 대신 화장실로 피신했다. A 씨는 화장실 문틈을 수건으로 막고 샤워기를 틀어 놓아 유독가스를 차단하려 했다. 그러나 소방대원들이 객실 내부에 있는 A 씨를 발견하지 못해 구조가 늦어졌고, 결국 A 씨는 정신을 잃었다. 다행히 부모님의 간절한 연락 덕분에 소방대원들이 다시 확인하여 A 씨를 구조할 수 있었다. 전문가들은 대피할 수 없는 상황에서 물을 틀어 놓는 것이 일시적인 방편이 될 수 있지만, 최선의 방법은 물수건으로 호흡기를 보호하며 대피하는 것이라고 조언한다. - 샤워기에 머리 대고 버텼다… 연기 뒤덮은 7층서 기적 생존(8/23)

이외 조회수 많은 기사로는 '생존율 5%' 살아 돌아온 의원… "이번만 예외" 박수 갈채(5/27), 아흔이 된 6·25 소년병 "우리를 기억해 달라"(6/24), 돈 건네는데 "은행원 아냐"… 보이스피싱범 붙잡은 시민(7/18), 머스크도 반한 '반전 매력'… 김예지 "금메달 갑니다"(8/1), '韓 남성 최연소' 세계 6

대 마라톤 완주, 삼성전자 직원이었다(8/12), "딸 납치" 놀란 여성에 종이 '슥'… 금 거래소 사장의 기지(9/24) 등이 있다.

□ 구조

생명을 구한 미담 사례는 많은 사람들에게 감동과 영감을 준다. 이런 미담 사례들은 우리 사회가 아직 따뜻하고, 서로를 돕는 마음이 살아 있다는 것을 느끼게 해 준다.

여고 3학년인 김 모 양은 학원을 마치고 귀가 중에 형산강 연일대교에서 투신하려던 40대 남성을 발견하고, 즉시 112에 신고한 후 그를 붙잡고 설득하며 경찰이 도착할 때까지 최선을 다했다. 김 양의 빠른 판단과 용기 덕분에 소중한 생명을 구할 수 있었다. 경북경찰청은 김 양의 용감한 행동을 인정해 표창장을 수여했다. 김 양은 "무조건 살려야겠다는 생각밖에 없었다"며, 아저씨가 살아서 정말 다행이라고 전했다. - "아저씨 안 돼요, 제발"… 40대 붙잡고 끝까지 구한 여고생(5/14)

중국에서 학교 성적에 대한 압박감으로 아파트에서 뛰어내리려던 중학생을 이웃 주민이 구해낸 사건이 있었다. 5월 1일, 허난성 정저우의 한 고층 아파트에서 14살 중학생이 학업 문제로 부모에게 꾸중을 듣고 투신하려던 순간, 이웃 주민 부부가 그를 발견해 가까스로 붙잡았다. 이웃 주민은 학생의 손을 끝까지 놓지 않고 다독이며 설득했고, 소방대원들이 도착할 때까지 시간을 끌어 학생을 무사히 구조할 수 있었다. 이 사건은 과도한 학업 스트레스가 큰 사회문제라는 지적을 불러일으켰다. 중국에서도 중학교부터 입시 경쟁이 치열해 청소년들의 건강 문제가 심각한 수준이다. 전체 우울증 환자 가운데 18살 미만 환자가 이미 30%를 넘었고, 발병 연령은 점점 어려지고 있다. 중국 정부는 사교육 금지로 학업 부담을 줄였다고 홍보하지만, 비밀 고액 과외가 성행하는 등 음성화와 양극화 문제도 발생하고 있다. - "시험 성적? 인생 성적 아냐" 꼭 잡은 손… 학생 살린 이웃(5/3)

간호사인 유 모 씨는 마트에서 심장마비로 쓰러진 50대 남성을 발견하고, 즉시 심폐소생술을 실시해 그의 생명을 구했다. 그녀는 구급대원이 도착한 후에도 이름이나 연락처를 남기지 않고 현장을 떠났지만, 결국 수소문 끝에 19년 경력의 베테랑 간호사로 밝혀졌다. 유 씨는 "숨이 안 쉬어져요"라는 말을 듣고 심정지임을 직감하고, 모든 일을 제쳐두고 심폐소생술에 나섰다고 했다. 그녀의 신속한 응급처치 덕분에 남성은 의식을 회복하고 병원에서 간단한 진료만 받은 후 퇴원할 수 있었다. - 아빠 쓰러지자 딸 당황… CPR 후 홀연히 사라진 간호사(7/3)

10월 25일 서울 강서구 행주대교 위에서 난간에 매달려 있는 10대 여학생을 남성 2명이 목격했다. 이들은 휴무날 행주산성으로 자전거를 타러 가던 서울경찰청 7기동단 72기동대 소속 순경이었다. 이들은 여학생에게 다가가 "어떤 게 힘들었나, 다 들어줄 테니 말해 보라"고 대화를 시도하며 여학생을 난간에서 떼어 냈다. 특히 과거 고등학교에서 기간제 수학 교사로 근무한 경험이 있는 경찰관은 당시 기억을 살려 여학생을 설득해 생명을 구할 수 있었다. - "힘들었지? 다 들어줄게"… 자전거 타다 달려간 남성들, 왜(10/29)

이외에 조회수 많은 기사로는 [뉴스딱] "고마웠어"… 문자 남기고 실종된 40대, 경찰이 살렸다(2/16), 면허시험 중 그대로 '쾅'… 심정지 50대, 감독관이 살렸다(6/21), [뉴스딱] "친구 차는 떠내려갔다"… 차량 위 고립된 남성 후일담(9/23), 생방송 중 기상캐스터, 갑자기 물에 뛰어들어… "여성 구조"(9/29), 곧장 껴안고 끌어당겼다… "형한테 털어놔 봐" 고교생 기지(11/22) 등이 있다.

□ 훈훈한 미담

작은 선행과 감사의 표현이 우리 사회를 더욱 따뜻하게 만든다. 미담을 다룬 뉴스는 긍정적인 감정을 불러일으켜 사회적 연대감을 강화하고, 더 나은 세상을 만들 수 있다는 믿음을 심어 주기도 한다.

설날 연휴에도 교통 정리를 위해 고생하는 경찰관들에게 밥값을 대신 내준 시민의 따뜻한 마음이 큰 감동을 줬다. 경찰관들은 성묘객들의 원활한 교통 흐름을 위해 추운 날씨 속에서도 최선을 다했는데, 그들의 노고를 알아주고 감사의 마음을 전한 시민의 행동이 빛났다. 춘천경찰서에 따르면 교통관리계 소속 안 모 경장과 윤 모 순경은 설날 당일 오전 9시부터 추모공원 일대 교통 정리 업무에 투입됐다. 안 경장과 윤 순경은 시민의 따뜻한 격려 덕분에 더욱 힘을 내어 근무할 수 있었다고 전했다. 이 사연을 접한 누리꾼들도 경찰관들과 시민의 따뜻한 마음에 감동하며 응원의 메시지를 보냈다. - [Pick] "설에도 고생하신다"… 경찰관 국밥값 계산하고 떠난 '천사 시민'(2/13)

중국 북서부 산시성의 8세 소년이 학교 담벼락에 낙서를 한 후, 그 복구 비용을 벌기 위해 거리에서 기타를 치고 노래를 부르며 모금을 했다. 소년의 아버지는 아들이 책임감을 배우길 바라는 마음으로 이 방법을 선택했다고 한다. 소년은 매일 1시간씩 총 3일간 거리에서 공연을 하여 필요한 300위안(약 5만 7000원)을 모두 벌었다. 이 사연은 중국 SNS에서도 큰 화제가 되었고, 많은 사람들이 소년 아버지의 육아 방식을 혁신적이라고 칭찬했다. 현지 누리꾼들은 소년이 이번 경험을 통해 많은 것을 배웠을 것이라며, 그의 책임감과 자신감을 기를 수 있는 좋은 기회였다고 평가했다. - [Pick] "직접 벌어 갚아"… 8살 아들 버스킹 시킨 中 아버지, 찬사 받은 이유(6/16)

온라인에는 '너무 멋있는 손님'이라는 제목의 글이 올라왔다. 서울 광진구에서 카페를 운영하는 A 씨가 배달앱 주문 전표에서 "복숭아 아이스티 하나는 기사님 드리세요"라는 요청사항을 보고 감동을 받았다는 이야기다. 고객이 배달기사에게 음료를 챙겨 주는 따뜻한 마음을 보여 준 것이었다. A 씨는 자영업을 10년 넘게 했지만 이런 손님은 처음이라며, 주문전표에 하트를 그리고 "감동"이라는 글씨를 적어 고객에게 보냈다. 배달기사도 음료를 받은 후 감사의 메시지를 보내며 고마움을 전했다. - [뉴스딱] "10년간 이런 손님 처음" 요청 사항에 감동… 영수증에 '♥'(7/26)

한 주유소의 이른바 양심 고백이 화제를 모았다. 이 주유소에는 '내일부터 휘발유 가격이 많이 인하할 예정이니 최소한으로 주유 바랍니다'라고 안내문이 붙었다. 고객들이 손해를 보지 않도록 미리 알려 주는 주유소의 배려가 많은 사람들에게 감동을 줬다. 당시 국내 주유소의 휘발유와 경유 평균 판매 가격이 5주 연속 하락세를 이어가고 있었다. - "오늘 조금만 넣어라"… 셀프주유소 고백에 쏟아진 감탄(9/4)

경기도 의정부에서 식당을 운영하는 사장님이 식사 후 5만 원과 감사 편지를 남긴 청년의 사연을 전했다. 편지에 따르면 청년은 "재작년 대학교를 군대 문제로 휴학하고 마지막 식사를 하러 왔을 때, 공짜로 밥을 주고 격려해 주신 덕분에 군 생활에 큰 힘이 됐다"며 고마움을 표했다. 이 사연은 온라인에서 큰 감동을 주었다. -빈 그릇 치우다 '울컥'… 손님이 두고 간 봉투에 "힘 난다"(11/5)

이외에 조회수 많은 기사로는 지구대 앞 서성인 두 소녀, 고민하다 경찰관에 건넨 선물(2/22), "청소하는 아줌마예요" 또박또박 쓴 안내문… "이렇게 해보세요"(2/23), "여섯 동생 밥 챙기려다가…" 경찰서 찾아간 고교생 사연(2/26), "전교생 1인당 100만 원씩"… 졸업생 선배들의 '통 큰 선물'(5/2),

[Pick] "12년 돌봄에 보답"… 간병인에 아파트 5채 주고 떠난 中노인(5/15), "일확천금 160만 원, 두 달 족히 살겠다"… 국세청에 온 편지(9/15), "손톱 깎아줘"… 네일샵 찾은 93세 할아버지의 사연(12/13) 등이 있다.

□ 감동

아들을 만나기 위해 약 600km를 자전거로 이동한 일본의 80대 아버지 사연이 감동을 줬다. 다니가미 미츠오 씨는 89세의 나이에 아들 나오야를 만나기 위해 고베에서 도쿄까지 9일간의 여정을 떠났다. 길을 잃었을 때는 파출소의 도움을 받기도 하고, 비와 바람에 맞서며 여러 번 넘어지기도 했지만, 결국 아들을 만나 무사히 도착했다. 그의 체중은 출발 전보다 4kg이 줄었지만 건강에는 이상이 없다고 한다. 다니가미 씨는 이번 자전거 여행을 통해 자신감을 얻었고, 아들에게 힘을 북돋아 줄 수 있어 기뻤다고 했다. 아들 나오야도 아버지의 활력 넘치는 모습에 큰 감동을 받았다고 했다. -[Pick] "아들 보러 600km를 자전거로"… 日 89세 아버지의 도전 '감동'(4/14)

경북 김천시 농소초등학교 6학년 이 모 양은 다리 골절로 인해 네 번의 큰 수술을 받고 한 달 만에 학교로 돌아왔다. 이를 기념하기 위해 담임 교사와 반 친구들이 깜짝 환영 파티를 준비했다. 이 양이 휠체어를 타고 교실에 들어왔을 때, 친구들은 시험을 보는 척하며 그녀를 쳐다보지 않았다. 하지만 곧 케이크와 꽃다발을 들고 나타난 친구들이 '당신은 사랑받기 위해 태어난 사람' 노래를 개사해 부르며 이 양을 환영했다. 이 양은 예상치 못한 환영에 감동해 눈물을 흘렸다. - 수술 후 휠체어 등교했는데 모른 척?… 반전에 눈물 '왈칵'(5/4)

파리 올림픽 승자는 한국 선수들이었지만, 더 많은 박수를 받은 쪽은 패자가 된 브라질의 브루나 알렉산드르 선수였다. 오른팔 없이 왼손으로만 탁구를 치며, 장애를 극복하고 올림픽과 패럴림픽에 모두 출전한 그녀의 도전 정신은 많은 사람들에게 큰 영감을 줬다. 알렉산드르 선수는 태어나고 6개월 만에 백신 부작용으로 오른팔을 잃었지만, 이를 장애로 여기지 않고 10대 때부터 탁구를 시작했다. 그녀는 스케이트보드와 풋살을 통해 균형 감각을 길렀고, 장애인 탁구에서 많은 성과를 이루었다. 2014년 베이징 세계장애인탁구선수권에서 동메달, 2017년 슬로바키아 대회에서 금메달을 획득했으며, 2016년 리우 패럴림픽과 2020년 도쿄 패럴림픽에서도 메달을 목에 걸었다. 파리 올림픽에서는 브라질 국가대표로 출전해 한국과의 경기에서 멋진 경기를 펼쳤다. 그녀는 폴란드의 나탈리아 파르티카에 이어 올림픽과 패럴림픽에 모두 출전한 두 번째 탁구 선수가 되었고, 브라질 스포츠 역사상 최초로 이 두 대회에 모두 출전한 선수가 되었다. - 신유빈 상대한 한 팔 탁구 선수… 졌지만 쏟아진 박수갈채(8/6)

교토 국제고의 고시엔 우승 소식은 감동이었다. 학생 수 160명에 불과한 작은 학교가 일본 고교야구의 최고 권위를 자랑하는 고시엔 대회에서 우승한 것은 기적과도 같은 일이었다. 교토 국제고는 도쿄 대표 간토다이이치고와의 결승전에서 연장 10회까지 가는 접전을 펼쳤고, 결국 승부치기에서 두 점을 내며 승리를 거머쥐었다. 이 과정에서 학생들은 한국어 교가를 부르며 감격의 눈물을 흘렸다. 이 모습은 NHK를 통해 일본 전역에 생중계되었고, 많은 사람들에게 깊은 인상을 남겼다. 교토 국제고의 우승은 재일동포 사회에도 큰 기쁨을 안겨 주었고, 한국과 일본의 가교 역할을 하는 데 큰 의미가 있다. - 일 고교야구 정상 '우뚝'… '한국어 교가' 감격의 피날레(8/23)

이외에 조회수 많은 기사로는 국내 최초 청각장애 아이돌 데뷔 "우리가 도전한 이유는…"(4/20), "의료진!" 줄줄이 멈춘 인천 1호선… 13분간 일어난 일(6/8), '울림' 된 청년의 마지막 길… 수술실 앞 배웅하며 오열(8/20), 세계 최고령 할머니 117세로 숨져… 전날 SNS에 남긴 글(8/21), 터진 입술에 발작도… "죄송하다" 옆에서 운 여성, 무슨 일(11/21), "주문 취소하려다… 서비스 듬뿍' 마감하던 사장님 '왈칵'(12/2) 등이 있다.

성공담, 영웅담, 미담 등은 사람들에게 희망과 영감을 주기 때문에 좋아한다. 이런 이야기들은 어려움을 극복하고 목표를 이루는 과정을 보여 주기 때문에 듣는 사람들에게도 자신도 할 수 있다는 믿음을 심어 준다. 또, 영웅담과 미담은 사람들의 도덕적 기준과 가치를 재확인시키고, 좋은 행동을 장려하는 효과도 있다. 이러한 이야기들은 우리에게 긍정적인 감정을 불러일으키고, 세상이 더 나은 곳이 될 수 있다는 믿음을 갖게 해 준다. 이를 통해서 공감과 연대감을 느끼게 만들어서 이런 뉴스에 사람들은 더욱 끌리게 된다.

6) 이색 황당

우리가 예상하지 못한 상황이나 비현실적인 이야기는 본능적으로 호기심을 자극한다. "세상에 이런 일이?"라는 반응을 유발하며 독자들이 기사를 끝까지 읽도록 만든다. 이색적이고 황당한 뉴스는 다양한 형태로 나타난다. 예를 들어, 동물들이 예상치 못한 행동을 하거나, 기상천외한 발명품, 또는 믿기 힘든 사건들이 이에 해당한다. 이런 뉴스는 사람들에게 웃음을 주거나 놀라움을 선사하며, 일상에서 벗어난 특별한 경험을 제공한다. 사람들은 새로운 것에 대한 호기심이 많다. 이색적이고 황당한 뉴스는 일상에서 접하기 힘든 내용을 다루기 때문에 자연스럽게 관심을 끌게 된다. 이런 뉴스는 종종 재미있고 흥미로운 요소를 포함하고 있어, 사람들에게 즐거움을 준다. 사람들은 재미있거나 놀라운 이야기를 친구나 가족과 공유하고 싶어한다. 이런 뉴스는 대화의 소재가 되기 쉽다. 2024년 조회수가 많았던 이색·황당한 뉴스 사례들은 다음과 같다.

□ 범죄·사기

대전에서 한 남성이 길에서 주운 신용카드로 편의점에서 담배를 사려다가 현장에서 체포되었다. 이 남성은 담배를 여러 보루씩 반복해서 구매하는 행동을 보였고, 이를 수상하게 여긴 형사가 곧바로 검거했다. 이 사건은 18년 동안 형사를 해온 대전 중부경찰서의 김 모 경위가 편의점에서 음료수를 사려던 중 발생했다. 김 경위는 담배를 반복해서 보루째 사가는 모습을 보고 '형사의 촉'이 발동하여 남성을 제압했다. 경찰에 따르면, 주운 신용카드를 무단으로 사용하는 순간 점유이탈물 횡령죄 등 최소 3가지 이상의 법을 위반하게 된다. - 또 담배 보루째 사자 "카드 좀"… 범인 잡은 베테랑 형사(1/30)

충남 아산에서 전남 목포까지 약 280km를 이동한 택시 승객이 요금을 내지 않고 도망친 사건이 2월에 있었다. A 씨의 아버지는 승객이 택시비를 내줄 사람을 기다린다고 하여 믿고 기다렸지만, 결국 승객은 도망쳤다. A 씨는 블랙박스 사진과 승객의 인상착의를 공개하며 경찰에 신고했고, 경찰은 조사를 통해 남성의 인적 사항을 확인했다. 이 남성이 쓴 모자가 검거의 단서가 되었다고 한다. A 씨는 사건을 공론화시켜 준 사람들에게 감사의 인사를 전했다. - [뉴스딱] 35만 원 택시비 '먹튀남' 잡혔다… 검거 단서 된 '이것'(2/5)

전북 전주에서 투자금 수십억 원을 가로챈 혐의로 지명수배된 남성이 서울에서 체포되었다. 이 남성은 잃어버린 가방을 찾으러 경찰서에 직접 찾아갔다가, 미리 준비하고 있던 경찰에 의해 체포되었다. A 씨는 전북 전주에서 무등록 투자자문업체를 운영하며 400%의 수익을 약속하고 46명으로부터 22억 원을 가로챈 혐의를 받고 있다. 그는 구속영장 실질심사에 참석하지 않아 지명수배가 내려졌고, 도망치던 중 잃어버린 가방을 찾기 위해 서울 마포경찰서를 방문했다가 체포되었다. 경찰은 A 씨를 구속해 전주지방검찰청으로 넘겼으며, A 씨와 무등록 업체 임원 2명을 사기와 자본시장법 위반 혐의로 구속기소 했다. - 제 발로 경찰서 찾은 지명수배범… 가방 분실했다가 '덜미'(3/19)

강원도 춘천에서 한 40대 남성이 무인점포에 들어가 문을 잠그고, 그 안에 있는 음식을 마음대로 먹고 잠까지 잤다가 붙잡혔다. 이 남성은 배가 고파서 그랬다고 경찰에 진술했다. 새벽 시간에 이 남성은 무인점포에서 라면을 끓여 먹고, 편의점에서 잠옷을 사와 갈아입은 뒤, 비닐봉지를 베개로 만들어 잠을 잤다. 다른 손님이 들어오지 못하도록 문을 잠그고, 경찰이 출동하자 냉장고로 문을 막아 버렸다. 경찰은 문을 강제로 열고, 건물 뒤로 도망가지 못하도록 인력을 배치해 결국 남성을 검거했다. 이 남성은 절도, 업무방해, 재물손괴 등의 혐의로 입건되었다. - 제 집처럼 라면 끓이고 숙면… 경찰 오자 냉장고로 봉쇄(5/13)

충남 천안에서 50대 남성이 우크라이나 여군을 사칭한 사기범에게 속아 현금 1억 원을 송금하려다 은행원의 도움으로 피해를 예방한 사건이 있었다. A 씨는 페이스북과 카카오톡을 통해 우크라이나 여군이라고 자신을 소개한 B 씨와 메시지를 주고받기 시작했다. B 씨는 전쟁과 위험에 노출되어 한국으로 이주하고 싶다고 말하며, 석유 사업 투자 수익을 보관해달라고 요청했다. 이에 A 씨는 B 씨의 계좌로 1억 원을 송금하려 했다.

다행히도, NH농협은행 성정동지점의 은행원이 송금 이유를 물어보며 수상함을 느끼고 송금을 중지시킨 후 경찰에 신고했다. 경찰 조사 결과, B씨의 메시지는 모두 사기였던 것으로 드러났다. 천안서북경찰서는 사기 피해를 막은 은행원에게 감사장을 전달했다. - '우크라 여군, 만나볼래?'… 로맨스 스캠에 1억 날릴 뻔한 50대(8/29)

세종시와 충남 공주시의 야산에서 대마를 재배한 일당 두 명이 붙잡혔다. 이들은 약초를 캐던 등산객이 대마를 발견해 신고하면서 덜미를 잡혔다. 현장에서 압수된 대마는 67주와 건조된 대마 2.3kg으로, 시가 3억 4천만 원 상당이었다. 이들은 천안에서 음식점을 운영하다가 폐업 후 대마를 재배했다고 진술했다. - 약초 캐다 깜짝… 야산서 '4,600여 명 분량' 몰래 키웠다(10/24)

이외 조회수 많은 기사로는 '돈뭉치' 들고 소방서 찾은 70대… 소방관이 피해 막았다(2/5), 호출 받고 가니 대통령 관저… 택시 18대 허위 호출 검거(2/7), "어머니가 로또 번호 알려줬다"… 3억 원 넘게 뜯어낸 무당 실형(2/9), "세뱃돈 받으세요" 링크 눌렀다간… 설 연휴 스미싱 주의(2/11), 화장시설에서 새까만 '금니' 무더기 발견… 경찰 수사 착수(2/14), "챗GPT로 쉽게 99% 수익" 전문가 정체는 재연 배우였다(2/18), 여관 들어간 순간 "그 절도범!"… 3년 전 기억으로 잡았다(2/21), 잠든 취객 노리고 휴대전화 '슬쩍'… 재판 중 또 범행(3/5), "송은이가 알려 주는 투자 팁"… 유명인 사칭 사기 해결 공동행동 나선다(3/18), 렌터카 훔쳐 시속 173km 광란질주… 위험천만 추격전(4/25), [스브스픽] '현실판 기생충"… '편의점 취업 부부' 주인처럼 쓰다 갑자기(4/30), 무인점포 털다 출입문 '철컥'… 허둥지둥하다 결국 수갑 '철컥'(8/10), 사고 났는데 화장실을?… 무면허 고교생 잡은 경찰 촉(8/13), 주먹만 한 구멍 뚫린 선릉… 50대 여성이 새벽에 파헤쳐(8/15), "버스가 떠났다" 서성이던 남성 정체… '블루투스'에 덜미(8/23), 수갑서 한쪽 손목 빼내 호송차 탈출… 260m 도주하다 체포(9/18), "1,386시간 초과 근무" 속여 수당 뜯고… 전기 훔친 공무원(10/24), 태연히 걷던 남성 뒤 "저 사람!"… 시민들 기지 덕에 잡았다(10/28), 강남 대로변 건물서 버젓이… 지하에서 650억 오갔다(11/6) 등이 있다.

□ 다툼·갈등

의정부지법은 상관모욕죄로 기소된 병사 B 씨에게 무죄를 선고했다. B 씨는 2022년 8월 군 복무 중 분대장인 부사관 A 씨가 부대 채팅방에 개인적인 온라인 계정을 홍보하는 글을 실수로 올리자, 이를 캡처해 다른 채팅방에 올리고 "뭐지? ㅁㅊㄴ인가?"라는 메시지를 남겼다. 재판부는 'ㅁㅊㄴ'이라는 표현이 모욕에 해당한다고 보았지만, B 씨가 글을 올린 채팅방이 비슷한 계급의 병사들끼리 소통하는 공간이라는 점을 고려했다. 재판부는 병사들이 의사소통을 위한 채팅방 내에서 불만을 표시하며 비속어나 욕설 등을 사용하는 행위는 흔히 일어날 수 있다며, "군의 조직 질서와 정당한 지휘체계를 문란케 할 정도가 아니라면 표현의 자유에 의해 보호될 필요가 있다"고 무죄 선고 이유를 설명했다. 다만, B 씨가 사건 직후 밀고자로 의심되는 후임을 괴롭힌 혐의(면담강요)는 유죄로 인정되어 벌금 500만 원이 선고되었다. - 병사가 분대장에게 'ㅁㅊㄴ인가?'… "상관모욕죄 아니다"(2/11)

부부싸움을 칼로 물 베기라고 했는데, 제주에서 한 30대 남성이 아내와 다툰 후 가스 호스를 자른 사건이 발생했다. 이 남성은 아내가 집을 비운 사이 가위로 가스 호스를 절단해 외부로 가스를 방출시켰다. A 씨의 아내는 귀가 후 가스 호스가 잘린 것을 확인하고 119에 신고했다. 다행히 폭발

사고로 이어지진 않았지만, 놀란 주민들이 대피하는 소동이 있었다. - 부부싸움 후 귀가한 아내 '화들짝'… 아파트 주민들 긴급 대피(4/23)

이란의 여자 대학생이 히잡 착용 단속에 항의하며 속옷 차림으로 시위를 벌이다 체포되었다. 이 사건은 소셜미디어에 영상이 확산되며 주목받았다. 대학 측은 단속 사실을 인정했지만, 도덕경찰의 폭행은 부인했다. 인권단체는 이 학생의 즉각 석방을 요구했다. 2022년에도 히잡 착용 문제로 전국적인 반정부 시위가 있었다. - 캠퍼스서 속옷 입고 시위한 여성… 159초 영상에 이란 발칵(11/4)

이외에 조회수 많은 기사로 "과수원 살려 냈더니 쫓겨날 판" 귀농했다 고발 나선 사연(2/23), 박세리 재단, 박세리 아버지 고소… "재단 사문서 위조"(6/11), [뉴스딱] "나도 반말해 줘?" 아이 엄마 버럭… 엘리베이터서 무슨 일(7/19), 브라질 시장 후보 TV토론서 폭력 사태… 고스란히 생중계(9/17) 등이 있다.

□ 비상식

3월 온라인에 올라온 영상에서는 두 명의 여성이 고속도로 한가운데서 차를 세우고 자리를 바꿔 타는 모습이 포착되었다. 이들은 5차선 고속도로 한복판에서 비상 깜빡이를 켜고 멈춰 섰고, 운전석과 조수석 문을 열고 자리를 바꿨다. 이로 인해 양옆 차선의 차량들이 속도를 줄이며 조심스럽게 주행해야 했다. 이들이 왜 도로 한복판에 차를 세우게 됐는지는 알려지지 않았지만, 자칫하면 대형 사고로 이어질 수 있는 아찔한 상황이었다. 누리꾼들은 이러한 비상식적인 행동에 대해 강한 비판을 쏟아 냈다. - [뉴스딱] 고속도로 한복판서 "자리 바꿔"… 급정차 탓에 '화들짝'(3/5)

온라인 커뮤니티에 '운전대 한 번 못 잡아보고 장내 시험보다'라는 제목의 글이 올라와 논란이 되었다. 글쓴이 A 씨는 유튜브를 통해 운전을 연습하고 장내 시험에 응시했지만, 예상과 달리 빠르게 탈락했다고 했다. A 씨는 경사로를 오르지 못해 탈락한 경험을 공유하며, 운전학원에 다녀야 할지 고민된다고 덧붙였다. 이 사연을 접한 누리꾼들은 유튜브만으로 운전을 배우려는 A 씨의 무모함을 비판하며, 제대로 배워서 운전하라는 조언을 남겼다. - [뉴스딱] "돈 좀 아끼려다"… 유튜브 보고 장내 시험 봤다가 결국(3/15)

충북 청주에서 초등학교 5학년 학생이 다른 사람의 차를 훔쳐 몰다가 사고를 내는 사건이 발생했다. 이 학생은 게임을 통해 운전을 배웠다고 진술했으며, 만 14세 미만인 촉법소년이라 형사처벌을 받지 않았다. 이 학생은 차량을 훔쳐 10km 떨어진 곳까지 30분 정도 운전하고, 또 다른 차량을 절도해 차량 두 대를 파손시켰다. 경찰 조사 결과, 이 학생은 사이드미러가 접혀 있지 않으면 대부분 문이 열려 있다는 사실을 알고 있었고, 열쇠가 내부에 있는 차량을 대상으로 범행을 저질렀다. 이 사건은 촉법소년의 범죄가 심각해지면서 형사처벌 연령을 만 14세에서 13세로 낮추는 법 개정이 필요하다는 논의가 다시 불거지게 했다. - "또 타볼까?" 차 훔친 초등생, 게임으로 배우고 '쾅'(9/9)

소방공무원의 한 끼 급식 단가가 3천 원대에 그쳐 부실급식 논란이 일자, 소방청이 개선 방안을 논의했다. 대구 소방서의 한 끼 급식단가는 3,112원으로 편의점 도시락에도 못 미치는 가격이었다. 외식사업가 백종원 씨도 TV 프로그램에서 소방관들의 열악한 급식을 지적했다. 소방청은 급식 단가와 인건비 등을 명확히 하고 가이드라인을 마련하기로 했다. - "너무 열악" 백종원도 한마디… 3,000원대 부실급식 결국(10/21)

이외 조회수 많은 기사로는 "18층 높이" 아파트 난간 넘나들었다… 주민들 놀란 사진(2/28), 유명 아역배우 출신, '시신 훼손' 가담… 일본 사회 '발캭'(5/3), [뉴스딱] 알몸으로 자전거 타고 캠퍼스 활보… 외국인 유학생의 변(5/24), 137명 숨진 칠레 '최악' 산불… 수사 결과 "소방대원이 방화"(5/26), 산책로서 알몸까지 훤히 보이는 리조트 남성사우나 '황당'(9/2), "안 사면 못 지나간다"… 도로에 사과 깔아두고 황당 강매(10/3), 여성 데려와 전봇대에 칭칭… 빨간 테이프 든 남성들 정체(10/7), 어딘가 이상한 20m 고래상어… 수족관 찾은 관람객 분노(10/17), "뭘 옮기나?" 한밤중 수상한 배추밭… 농민도 경악한 장면(11/21), 바닥에 엎드린 중 직원들, 목청 높여 "사장님 환영"… 기괴한 풍경(12/17), "인정 못해" 돌연 떠난 연출자… "오페라 서서 봤다" 무슨 일(12/23) 등이 있다.

□ 놀라움

중국 베이징에서 열린 하프 마라톤 대회에서 승부 조작 의혹이 불거졌다. 중국 선수 허제의 우승을 위해 다른 선수들이 의도적으로 속도를 늦추고, 허 선수를 앞서가게 도와줬다는 것이다. 경기 중계 화면에는 케냐와 에티오피아 선수들이 허 선수를 위해 속도를 조절하고, 결승선 직전에는 손짓으로 방향을 가리키는 모습이 포착되었다. 이로 인해 허 선수는 1초 차이로 우승을 차지했다. 이 사건은 큰 논란을 일으켰고, 대회 주최 측은 진상 조사를 통해 승부 조작이 사실임을 확인했다. 이에 따라 허 선수와 다른 선수들의 기록이 취소되고, 메달과 상금도 회수되었다. 또한, 대회 주최사와 관련자들에게 법적 책임을 묻기로 했다. - 중국 선수 앞세워 손 '휘휘'… 수상했던 마라톤, 폭로에 '발칵'(4/16)

경북 안동시청의 직원들이 시민 A 씨의 요청을 받고, 2톤에 달하는 쓰레기 더미를 뒤져 200만 원 상당의 여행경비를 찾아냈다. A 씨는 해외여행을 준비하며 1,500달러(약 200만 원)를 실수로 종량제봉투에 담아 버렸고, 뒤늦게 이를 깨닫고 시청에 도움을 요청했다. 시청 직원들은 청소차가 아직 운행 중인 것을 확인하고, 청소업체 주차장에서 쓰레기 더미를 뒤져 1시간 만에 돈이 든 봉투를 찾아냈다. A 씨는 여행을 포기할 뻔했지만, 시청 직원들의 도움 덕분에 무사히 여행경비를 되찾을 수 있었다며 감사했다. - "여행경비 실수로 버렸다"… 2톤 쓰레기 뒤진 시청 직원들(8/26)

이외 조회수 많은 기사는 "천장에 아빠 보여" 말에… 화장실서 고개 들고 '화들짝'(3/6), 음란서적에 도박까지… 도 넘는 '옥바라지' 업체 [현장탐사](3/21), (저출생) 집문서까지 들고 "저 어때요?"… 중국서 난리난 공개 중매(5/4), "엄마 없어" 기저귀만 입고 덩그러니… 쓰레기 더미 속 '단서'(8/21), "동남아 여행길 철창에서…" 범람하는 해외 성매매 후기(9/23), 걸음 뗀 순간 그대로 미끄러졌다… 비 오는 날 아찔 등산(9/24), "탈모로 머리카락 80% 잃었다"… 원인은 코로나 8번 감염?(10/3), 오토바이 타다 날벼락… 끊어진 전깃줄에 목 감긴 운전자(12/20) 등이 있다.

□ 반전

한 누리꾼이 중소기업 필기시험을 보고 도망쳤다는 사연이 온라인에 2월에 올라왔다. 공개된 시험지에는 세계에서 가장 많은 인구수를 가진 나라, 현재 코스피와 코스닥의 대략적인 수치, 1천 원의 가치를 달러, 엔화, 위안, 유로로 환전했을 때의 금액 등을 묻는 문제가 포함되어 있었다. 시험을 응시했던 A 씨는 대한민국과 뉴욕의 시차를 묻는 질문에 "24시간"이라고 답했고, 가장 최근에 읽은 책과 저자명에 대해서는 유명 성인잡지를 언급했다고 한다. A 씨는 "거의 다 틀릴 것 같아서 그냥 나왔다"며 당시 상황을 전했다. 누리꾼들은 "나도 반타작도 못했을 것 같다"며 공감하는 반응을 보이는 한편, "이 정도는 알고 있어야 한다"는 의견도 있었다. - [뉴스

딱] "중소기업 필기시험 치다 도망"… 공개된 시험지 살펴보니(2/5)

　현직 경찰이 분실물로 접수된 지갑에서 돈을 훔친 혐의로 검찰에 넘겨졌다. 서울 서대문경찰서는 4월 업무상 횡령 혐의로 은평경찰서 지구대 소속 순경 20대 A 씨를 서울서부지검에 불구속 송치했다. 경찰에 따르면 A 씨는 지난해 12월 근무 도중 20만 3천 원이 들어 있는 지갑을 분실물로 접수한 뒤 20만 원을 가로챈 혐의를 받았다. 지갑을 되찾은 시민이 20만 원이 사라진 것을 의아하게 여겨 민원을 넣었고, 경찰 수사 결과 A 씨가 돈을 훔친 정황이 일부 발견됐다. 경찰은 지갑을 최초 습득해 지구대에 맡긴 시민이 "주웠을 당시 20만 3천 원이 들어 있었다"고 진술한 점, 지구대 내 폐쇄회로(CC)TV 영상 등을 토대로 A 씨가 20만 원을 훔친 것으로 보고 검찰에 송치했다. A 씨는 혐의를 적극 부인하는 것으로 전해졌다. - 시민이 주운 지갑 지구대 맡겼는데… 20만 원 슬쩍한 경찰(4/15)

　대구 수성구의 한 아파트에서 10년 넘게 살아온 80대 할머니 A 씨가 아파트 화단에서 노란색 꽃 한 송이를 꺾은 후 절도 혐의로 조사를 받게 됐다. A 씨는 꽃이 예뻐서 꺾었다고 진술했지만, 아파트 관리사무소는 이를 절도로 보고 경찰에 신고했다. 경찰은 CCTV를 확인해 A 씨를 포함한 3명을 용의자로 특정했고, 이들은 모두 11송이의 꽃을 꺾은 혐의를 받았다. 관리사무소는 A 씨 가족에게 합의금 35만 원을 요구했고, 결국 A 씨의 남편은 35만 원을 지불하고 합의했다. - [뉴스딱] "예뻐서" 꽃 한 송이 꺾은 할머니… 1달 뒤 "경찰입니다"(6/13)

　최근 몇 년간 20~30대 젊은 층 사이에서 소비 트렌드가 크게 변화하고 있다. 과거에는 욜로(YOLO · You Only Live Once)라는 말처럼 현재의 행복을 위해 소비를 아끼지 않는 경향이 있었지만, 이제는 요노(YONO)라는 새로운 트렌드가 자리 잡고 있다. 요노(YONO)는 "You Only Need

One"의 줄임말로, 꼭 필요한 것만 구매하는 소비 성향을 의미한다. 이는 경제 불황과 고물가, 고금리 등의 영향으로 젊은 층이 불필요한 소비를 줄이고 실용성을 중시하는 방향으로 변화한 결과다. 예를 들어, 20~30대의 수입차 구매 건수는 전년 대비 11% 감소한 반면, 중고차 구매는 29% 증가했다. 또한, 외식 소비는 9% 감소했지만, 집에서 간편하게 먹을 수 있는 간편식 소비는 21% 증가했다. 이러한 변화는 젊은 층이 가성비를 중시하고, 꼭 필요한 것만 구매하는 경향을 보여 준다. 이러한 트렌드는 단순히 소비를 줄이는 것뿐만 아니라, 환경과 자원을 아끼는 생활 방식을 추구하는 모습도 포함된다. 요노족은 재활용 가능한 제품을 선호하고, 불필요한 낭비를 최소화하는 생활을 지향한다. - "외제차 대신 중고차" 2030 돌변… 욜로 가고 '요노' 왔다(7/29)

이력서의 '휴대폰' 항목에 전화번호 대신 휴대폰 기종을 적은 지원자의 이야기가 많은 논란을 불러일으켰다. 이 지원자는 2007년생으로, '휴대폰' 항목에 '아이폰 12 미니'라고 적었다. 이를 본 누리꾼들은 크게 두 가지 의견으로 나뉘었습니다. 한쪽에서는 지원자의 문해력 부족을 지적하며, 기본적인 이력서 작성법을 모르는 것에 대해 비판했다. 반면 다른 쪽에서는 요즘 젊은 세대가 집전화라는 개념을 모르고 자랐기 때문에, '휴대폰'과 '전화번호' 두 칸이 있으면 혼란스러울 수 있다고 이해하는 입장도 있었다. - 07년생 이력서에 "충격, 문해력 부족"… 어떻게 적었길래(8/23)

16살 고등학생 박도영 군의 SNS가 화제가 되었는데, 사실 그는 경찰청에서 만든 가상 인물이었다. 박 군은 사이버도박 피해 학생들의 얼굴을 합성해 만든 가상 청소년으로, 사이버도박의 위험성을 알리기 위해 만들어졌다. 그의 SNS는 일상적인 청소년의 모습을 보여 주다가 점차 사이버도박으로 일상이 무너져가는 모습을 담았다. 경찰은 도박 의심 계좌를 알려

주는 서비스와 신고 방법을 안내할 계획이다. - 명품 자랑하던 16살 도영이… "다 그만두고 싶다" 알고 보니(9/26)

이외 조회수 많은 기사로 "이거 진짜 맞냐"… 직장인들 분통 터뜨린 설 선물 뭐길래(2/8), [포착] 무릎 꿇고 사랑 고백하던 곰인형… 돌변하더니 수갑 '철컥'(2/17), "한 개 결제 안 됐네?"… 무인매장 점주 연락 반전 날벼락 (2/28), [뉴스딱] "은행 가면 바꿔주나요?"… 손님이 낸 1만 원에 '당황'(3/8), [Pick] '이것' 없앴더니… 7년간 교통사고 사망자 '0명'(3/10), [스브스픽] 코인으로 15억 번 공무원… "오늘 압구정현대 사러 간다"(3/13), [Pick] 통나무 들고 '퍽퍽'… 남편 물어간 악어 때려잡은 '용감한 아내'(3/24), 전 세계 관광객 몰려오지만 '울상'… "싸구려 일본" 자조(4/30), [Pick] 분실 카드로 300원 긁은 여학생들… 되레 칭찬 받은 이유는(5/27), '중국 최대 폭포' 래서 갔더니… 몰래 파이프로 물 대고 있었다(6/7), 98% 폭락에 매수했더니… 1시간 뒤 "손 떨려" 황당 사고(6/8), 수업 중 꺼낸 단어에 "욕 아닌가요?"… 중고교 교사들 황당(6/19), [뉴스딱] "그냥 갈아엎자"… 산양삼 훼손한 골프장 '유죄', 왜(7/8), 7500만 원 돈다발 주인 찾았다… 아파트 주민 아닌 80대(7/15), 시골 창고에 웬 슈퍼카 13대?… 차주라는 '존버 킴'은 누구(8/2), 교사에 막말하고 전학 갔는데… 사회복무요원으로 돌아와(8/15), "포천 아우토반" 시속 237km 질주… 유튜브 올렸다 '덜미'(8/28), "난 6살처럼 먹는다"… 94세 억만장자 워런 버핏 장수 비결?(9/2), "교도소 꽉 차서 난장판"… '죄수 수출' 가능할까?(9/14), 코트 쪼개서 쓰고 욕조서 운동… 10연패 국대 훈련장 맞나(9/10), "80대 부친 현혹해 56억 가로채"… 아들 고소에 재혼녀 수사(10/12), "잘못을 고백합니다"… '흑백요리사' 유비빔, 돌연 가게 폐업(11/1), 인상착의 공개되자 비슷한 옷 입고 '우르르'… 이유는?(12/10) 등이 있다.

▫ 동물·식물 관련 기사

도심에서 까마귀의 습격이 늘어나고 있다. 까마귀가 사람을 공격하는 이유는 주로 산란기 동안 새끼와 알을 보호하려는 본능적인 행동 때문이라고 한다. 도심에는 먹이를 구하기 쉽고 둥지를 틀기 좋은 장소가 많아서 까마귀들이 몰리고 있는 것도 한 요인이다. 전문가들은 까마귀가 사람을 공격한 지역에 경고문구를 붙이거나, 그 지역을 지날 때 우산 등을 펼치는 것이 좋은 방법이라고 조언하고 있다. 이렇게 하면 까마귀의 공격을 피할 수 있을 뿐만 아니라, 까마귀에게도 위협을 주지 않아서 서로 안전하게 공존할 수 있을 것이다. - "나도 길 가다 당했다" 쏟아진 제보… 도심서 무슨 일이(5/31)

경북 예천군 유천면의 한 마을에서 수령 400여 년 된 당산나무가 고사하고 있는 사건이 발생했다. 이 나무는 마을 주민들이 '삼신당'이라 부르며 100년 넘게 동신제를 지내온 중요한 나무이다. 당산나무에는 드릴로 뚫은 것으로 보이는 구멍이 37개나 발견되었고, 이 구멍을 통해 제초제 등이 주입된 것으로 추정된다. 경찰 조사 결과, 60대 남성 B 씨가 낙엽이 자신의 마당에 떨어진다는 이유로 농약 성분의 제초제를 주입했다고 진술한 것으로 알려졌다. - [뉴스딱] 400년 당산나무서 구멍 37개 발견… 예천 마을서 무슨 일(8/14)

이외 조회수 많은 기사는 나무 걸리고 널브러진 새… 제주서 수백 마리 떼죽음, 왜(3/27), [Pick] 먹이만 줬을 뿐인데… 건강한 여성 폐렴 걸리게 한 '이 동물'(6/8), 산책하던 주민들 '깜짝'… "어마어마해" 입구에 다닥다닥(6/18), "징그러워" 몸에 다닥다닥… 수천 마리에 베테랑도 놀랐다(9/10), "길 걷다 밟을 뻔" 대낮 도심에 뜬 2m 구렁이에 '화들짝'(10/16), "세입자 연락 안 된다" 집 가 보니… 95마리 떼죽음 무슨 일(11/5), 다리 벌린 채 떡하니… 피자 업체 신메뉴 토핑 정체 '충격'(11/22) 등이 있다.

□ 안전·위생

　일본 효고현의 한 피자 체인점에서 직원이 피자 반죽에 더러운 것을 묻히는 영상이 SNS에 퍼지면서 큰 논란이 일었다. 해당 영상은 아르바이트 직원이 촬영한 것으로, 직원이 코를 후빈 후 그 손으로 피자 반죽을 만지는 모습이 담겨 있다. 이 사건이 알려지자 본사 측은 즉시 사과문을 발표하고, 해당 매장의 영업을 중단했다. 또한, 문제의 직원에 대해 법적 대응을 검토 중이라고 밝혔다. 본사는 해당 반죽이 발효가 끝나지 않아 손님에게 제공되지 않았으며, 점포가 보유한 모든 반죽을 폐기했다고 설명했다. 이와 같은 위생 논란은 일본에서 종종 발생하고 있으며, 당시에도 여러 음식점에서 비슷한 사건이 일어났다. - 주전자·간장통 입 대더니… 이번엔 코 후비고 반죽에 묻혀(2/13)

　중국과 북한의 접경 지역에서 영상을 촬영해 유튜브에 올리는 사람들이 많아지고 있다. 이들은 높은 조회 수를 위해 민감한 장소를 찾아가 촬영을 시도하는데, 이는 자칫하면 중국에서 처벌받을 수 있는 위험한 행동이다. 일례로 일부 유튜버들은 사설 보트를 타고 두만강을 건너 북한 군인과 주민들을 촬영하거나, 한국인 출입이 금지된 북한 식당에 몰래 들어가 촬영을 시도하기도 한다. 이러한 행동은 중국의 반간첩법에 저촉될 수 있으며, 적발 시 구금, 강제 출국, 외교적 마찰 등의 문제가 발생할 수 있다. 주중 한국대사관은 특히 신의주나 해주 등 북한 접경지역에서의 촬영을 자제할 것을 권고하고 있으며, 중국 당국이 외국인의 노트북이나 휴대전화를 불심 검문할 수 있는 규정을 시행 중이므로 더욱 주의가 필요하다. - 두만강 보트 타면서 "동무!"… 조회수 높이려 위험천만 여행(7/29)

　8월에 제9호 태풍 종다리가 제주에 접근하면서 해안가에 대피 명령이 내려졌지만, 일부 관광객들이 이를 무시하고 위험한 행동을 했다. 관광객들이 출입 통제선을 무시하고 해안가로 내려가 큰 파도를 배경으로 사진을 찍는 모습이 포착되기도 했고 제주시 한림읍의 한 포구에서는 20대 남성이 출입 통제를 무시하고 스노클링을 즐기다가 물에 빠지는 사고가 발생하기도 했다. 재난 상황에서 통제 구역을 무단출입할 경우 200만 원 이하의 과태료가 부과될 수 있다. 그러나 실제로 과태료가 부과된 사례는 거의 없다고 한다. - 대피 명령에도 '풍덩'… 대형 파도 덮쳐오는데 '인생샷?(8/21)

서울 시내 수영장 5곳을 조사한 결과, 3곳에서 안전요원이 없었다. 한 수영장에서는 여성이 뇌출혈로 물에 빠졌으나 즉각적인 구조가 이루어지지 않아 사망했다. 다른 수영장에서도 안전요원이 자리를 비운 상태에서 사고가 발생했다. 수영장들은 인건비 문제 등을 이유로 들었지만, 법적으로 안전요원 배치는 필수다. - 머리 부여잡고 가라앉아 결국 사망… 안전요원 없는 수영장(10/5)

이외 조회수 많은 기사는 "환불!" 입구부터 아수라장… '13억 명 이동' 곳곳 인산인해(5/6), "웬 총탄이" 옥상 올라가 보고 깜짝… 인천 아파트 무슨 일?(6/25), 승객이 짐칸에… "순식간에 아래로 뚝" 구멍 뚫린 비행기(7/2), 석유 나르는 차에 식용유를… 분뇨 수송차도 동원?(7/11), 관광 중 악어 발견하자… 아이 세우고 사진 찍은 부모 '뭇매'(8/6), '시녀 섞였나' 생수 먹고 구토… 중식당선 "주워서 재활용"(8/19), 지하도 난간 겨우 30cm… 밤길 춤추며 걷던 여성 추락사(10/8), 착석 확인 않고 카트 출발시켜 이용객 사망… 캐디 집유(10/16), 거대 파도 앞두고 깔깔… 인증샷 찍던 관광객 결국 실종(10/22), 지하철 타다 '쑥'… "그냥 헉 소리만" 20cm 틈 봉변(11/5) 등이 있다.

□ 주거 생활

2024년 초 사전청약을 받은 후 공사가 시작되지 않거나 아예 사업이 취소되는 사례가 늘어났다. 경기 파주 운정신도시의 경우, 600여 세대 규모의 LH 공공 분양 아파트가 사전청약을 받은 지 16개월이 지나도록 첫 삽도 뜨지 못한 상태였다. 이는 학교 설립과 사업 승인 지연 등의 이유로 본청약이 계속 미뤄졌기 때문이다. 또한, 인천 가정지구에서는 한 건설사가 300여 가구 아파트를 짓겠다며 사전청약을 받았지만, 결국 사업을 취소한 사례도 있다. 이처럼 사전청약을 받은 후 사업이 취소되거나 지연되는 경우, 청약자들은 큰 불편을 겪게 된다. 특히, 본청약과 입주일에 맞춰 계획을 세운 청약자들은 예상치 못한 추가 비용과 시간 부담을 떠안게 된다. 이러한 문제를 해결하기 위해서는 사전청약 제도의 보완이 필요하다는 지적이다. 공공 사전청약의 약 30%가 차질을 빚고 있으며, 민간 사전청약의 경우 2곳만 본청약 약속을 지킨 것으로 알려졌다. - "공사 취소됐어요"… "입주 어떻게 해요" 기다렸는데 황당(2/18)

 6월에 인천의 한 15층 아파트에서 엘리베이터가 며칠째 운행을 중단하면서 주민들이 큰 불편을 겪었다. 이 아파트는 정밀안전검사에서 불합격 판정을 받아 엘리베이터 24대의 운행이 전면 중단된 상태였다. 특히 고령층 거주자가 많은 이 아파트에서는 엘리베이터가 멈추면서 계단을 이용해야 하는 불편함이 커졌다. 80대 주민이 지팡이를 짚고 12층까지 계단을 오르내리는 등 일상 생활에 큰 어려움을 겪었다. 택배와 음식 배달도 끊겨 주민들의 불편이 가중됐다. 이 아파트는 3년 전에도 정밀안전검사에서 불합격 판정을 받았지만, 조건부로 연장 운영해 왔다. 그러나 이번에는 부품 수급 문제로 인해 공사가 지연되고 있으며, 엘리베이터가 정상 운행되려면 앞으로도 3개월 이상 기다려야 할 것으로 예상됐다. 전국적으로도 비슷한 사례가 많아, 5월 말 기준으로 전국에 정밀 안전 검사를 통과하지 못해 멈춰 선 엘리베이터는 372대였다. 다행히 보도 이후 정부가 엘리베이터 보수 공사를 앞당기기로 했다. 그래도 정상 운행까진 한 달 넘게 걸릴 걸로 예상됐다. - "아예 못 나가요" 15층 아파트 승강기 며칠째 운행 중단… 왜?(6/11)

이외에 조회수 많은 기사로는 상하이 집값 얼마나 비싸면… '변기 뒤 침대' 아파트도 인기(5/7), 멈춘 아파트 엘리베이터, 망가진 일상… 정부 나섰지만(6/13), 혼자 살며 같이 누린다… '코리빙' 인기에 월세 상승 우려도(7/20), 한라산 주차장 몰린 사람들… "여기서 출퇴근" 무슨 일?(8/19) 등이 있다.

□ 첨단 기술 적용

맥도날드가 IBM과 협력하여 도입했던 드라이브스루 인공지능(AI) 주문 서비스가 잦은 오류와 직원 개입의 증가로 인해 종료됐다. 2021년 10월부터 미국 내 100여 개 매장에서 시범 운영되었으나, 기대에 미치지 못한 성과로 인해 7월 26일에 서비스를 종료하기로 결정했다. AI 주문 시스템은 초기에는 인건비 절감과 매출 증대를 목표로 도입되었으나, 실제로는 주문 오류가 빈번하게 발생하여 직원들이 개입해야 하는 상황이 많았다. 예를 들어, 한 고객이 물과 바닐라 아이스크림을 주문했는데 버터와 커피크림이 추가되거나, 수백 달러 상당의 치킨 너겟이 잘못 주문되는 등의 문제가 발생했다. 이러한 오류는 드라이브스루의 특성상 외부 소음이 영향을 미쳤을 가능성도 제기되었다. BBC는 이 사례를 통해 AI가 식당 종업원을 대체하는 것이 간단하지 않다는 점을 강조했다. 맥도날드는 이번 AI 주문 서비스를 종료하지만, AI 기술 도입을 완전히 중단하지는 않을 계획이다. 앞으로 구글의 업무 지원용 챗봇 '애스크 피클'을 도입하여 새로운 AI 활용 방법을 모색할 예정이다. - [Pick] "아이스크림에 베이컨이?"… 맥

도날드 'AI 주문' 결국 중단(6/22)

중국에서 AI 딥페이크 기술을 활용한 가상 인물들이 등장해 논란이 되었다. 러시아 출신의 중국 유학생 에이프릴과 식품 마케터 나타샤는 실제로는 존재하지 않는 인물들로, 우크라이나 출신 유튜버 올가 로이크의 얼굴과 목소리를 딥페이크 기술로 변조한 것이었다. 이 가상 인물들은 중국을 찬양하는 내용의 동영상에 등장하며, 심지어 물건을 판매하는 데도 이용되었다. 올가 로이크는 자신의 얼굴과 목소리가 무단으로 사용된 것을 발견하고 큰 충격을 받았다고 한다. 중국에서는 AI 기술이 다양한 분야에서 빠르게 발전하고 있으며, 24시간 온라인 쇼핑몰 운영을 위한 AI 쇼호스트나 'AI 부활' 기술 등 여러 응용 사례가 있다. 그러나 이러한 기술이 동의 없이 사용되거나 범죄에 악용되는 경우가 늘어나면서, 중국 당국은 AI 개발과 규제를 위한 법안을 마련하고 있다. - [글로벌D리포트] "중국 남성과 결혼할래요"… 러시아 미녀 정체 알고 보니(6/24)

국내 유명 내비게이션 애플리케이션 안내에 따라 추석 귀경길에 오른 차들이 농로에서 수 시간 동안 오도 가도 못한 상태로 갇혀 있었다는 주장이 제기됐다. 한 사용자는 5㎞를 3시간 이상 걸려 빠져나왔다고 주장했다. - "내비게이션에 속았다" 차량들 갇혀 '비명'… 귀경길 봉변?(9/18)

이외 조회수 많은 기사로는 [포착] 돌돌 말린 채 '숯덩이' 된 2천년 전 로마 문서, AI가 읽어 냈다(2/12), "가짜여도 좋아요" 흔들리는 유권자들(3/22), 핀잔에 썰렁한 농담까지… AI와 놀다 10시간 훌쩍(6/30), 15초 만에 지상 추락해 폭발… 수백 미터 밖에서도 '와장창'(7/1), "18년 전 피살된 딸이 챗봇으로 나와"… 아버지 '경악'(10/17) 등이 있다.

뉴스에서 이색적이고 황당한 사례는 매우 흥미롭다. 예를 들어, 범죄·사기, 다툼·갈등, 비상식, 놀라움, 반전, 동물·식물 관련, 안전 위생,

주거 생활, 기술 적용 등에 다양한 이색적이고 황당한 사례가 있다. 사람들이 이런 뉴스를 좋아하는 이유는 우리의 예상을 뒤엎는 순간들이 감정적인 긴장감을 해소해 주기 때문이다. 반전이 일어나면 놀라움과 만족감을 느끼게 되고 본능적인 호기심을 자극하고, 예상 밖의 결과로 인해 새로운 시각을 얻을 수 있게 해 준다. 그래서 사람들은 그런 뉴스를 즐기고, 또 다른 사람들과 공유하고 싶어한다.

 요약하면 분노와 슬픔, 공포, 재미, 스토리, 이색·황당한 사연 등 감성적인 뉴스는 보통 독자들의 감정을 자극하는 요소들을 포함하고 있다. 이를테면, 감동적인 이야기, 인간적 따스함, 개인적인 고난 극복 이야기 등이 그렇다. 사람들은 이런 뉴스를 공유하면서 감동을 나누고, 다른 사람들과 공감대를 형성하려는 경향이 있다. 그리고, 사회적 인정을 받기 위한 욕구도 한몫한다. '좋은 이야기 전파하기'는 자신을 표현하는 방법이기도 하다. 따라서 감성적인 뉴스는 독자의 관심을 더 끌기 쉬우며, 공유와 확산이 더 잘 이루어진다. 이는 클릭 수와 조회 수 증가로 이어질 수 있다. 게다가 감성적인 보도는 사람들의 기억에 더 오래 남고, 더 강한 인상을 남기기 때문에, 뉴스 매체가 보다 효과적으로 메시지를 전달할 수 있게 해 준다.

제4부
깊이 있는 뉴스

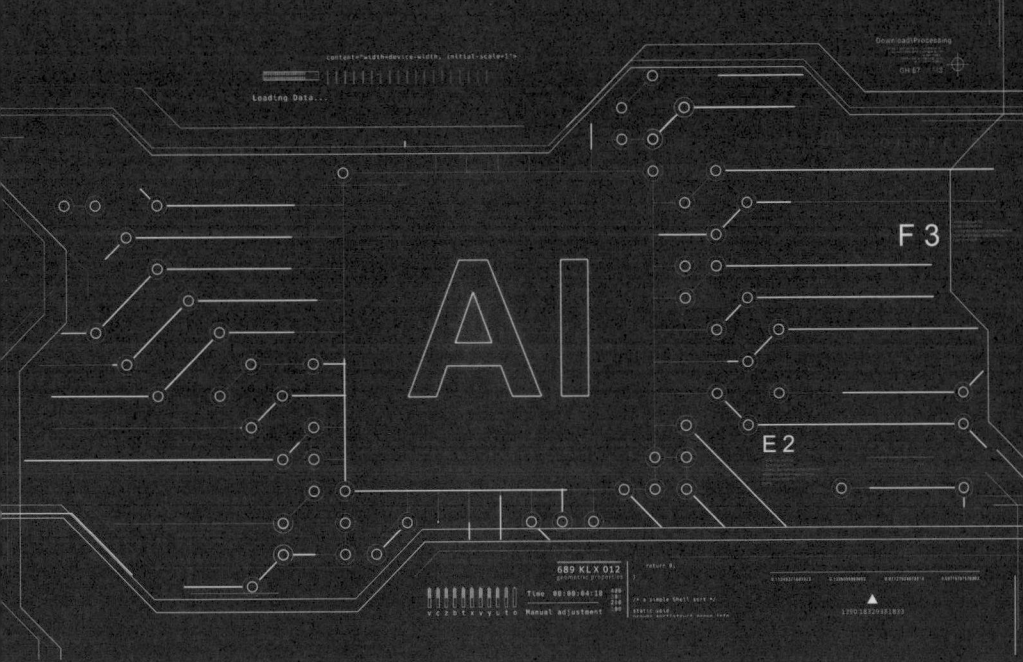

워싱턴포스트는 미국 중앙정보국(CIA)이 국제테러조직 알 카에다의 핵심 테러 용의자들을 해외 비밀 수용소에 수감하고 있다고 2005년 11월 보도했다. 이 신문은 전현직 외교 및 정보 관계자들의 말을 인용해 CIA가 2001년 9·11테러 직후부터 태국, 아프가니스탄, 동유럽 일부 국가 등 8개국과 쿠바 관타나모 수용소 내에 비밀 수용소를 운영해 왔다고 전했다. 이 가운데 태국과 관타나모 수용소 내 시설의 존재가 알려지자 CIA는 각각 2003년과 2004년 시설을 폐쇄하고 수감자들을 다른 비밀 시설로 이감시켰다고 워싱턴포스트는 덧붙였다.

백악관, CIA, 법무부 기밀문서에 '블랙 사이트(black sites)'라고 표기된 이 시설들의 존재와 위치는 극소수 미국 고위 관료와 비밀 시설이 위치한 국가의 대통령, 정보요원들만 알고 있다고 정보 관계자들이 전했다. CIA가 해외에 비밀 시설을 설치해 온 것은 미국 내에서 비밀 수용소를 운영하는 것이 불법이기 때문이다. 하지만 이들 시설에서 물고문 등 유엔 고문금지협약과 미 군법에서 금지된 행위들도 자행되고 있어 현지법에도 저촉될 가능성이 높다고 관계자들은 전했다. 비밀 수용소에 수감된 100여 명 중 30여 명의 핵심 용의자들은 동유럽 등에서 CIA의 직접 관리하에 외부 세계와 철저히 차단돼 있었다.

워싱턴 포스트 보도 이후 비밀 감옥 소재지에 대한 폭로가 잇따랐다. 인권단체인 휴먼라이트 워치는 자체조사 결과 폴란드와 루마니아에 비밀수용소가 있다고 주장했다. 영국의 파이낸셜 타임즈도 휴먼라이트 워치(Human Rights Watch)를 인용해 비밀수용소가 폴란드와 루마니아에 있다고 보도했다. 이에 따라 유럽연합 집행위원회는 동유럽 일부국가들은 상대로 자체조사를 실시하기로 했다. 그러나 폴란드는 자국내에 비밀수용소가 없다고 반박했고 워싱턴포스트 폭로기사에서 언급됐던 태국과 불가리아도 관련 주장을 부인하는 등 국제적 파장이 확산됐다. 워싱턴 포스트는 이 보도로 심층 보도부문 퓰리처상을 수상했다.

2020년 퓰리처상의 대상 격인 '퍼블릭 서비스' 부문에 알래스카 지역 언론 〈앵커리지데일리뉴스〉와 뉴욕 소재 비영리 탐사보도매체 〈프로퍼블리카〉를 공동 수상자로 선정했다. 두 매체는 공동 취재로 북극권에 위치해 공권력이 제한적이고 원주민 비율이 높은 알래스카의 성폭력 문제가 심각함을 고발했다. 특히 일부 시골에서는 미국 내 어떤 지역보다 성범죄자가 많다는 점을 부각시켰다. 보도를 통해서 알래스카주의 마을 중 3분의 1이 경찰의 보호를 받지 못하고 있음에도 불구하고 수십 년 동안 방치해 온 당국에 책임을 묻고, 예산과 입법 변화를 촉발시켰다.

1

저널리즘의 변천

저널리즘의 역할은 진실을 전달하는데 있다. 저널리즘이란 시사문제에 대한 기사 등을 취재, 편집해서 신문, 잡지, 방송, 통신 등을 통해 보도, 논평, 해설을 하는 활동, 또는 이러한 활동을 전문적으로 하는 직업분야를 말한다. 협의의 저널리즘은 시사문제에 대한 보도와 논평, 해설 등을 말하지만 광의의 저널리즘은 여기에다 오락과 광고를 포함한 매스 커뮤니케이션 활동, 그리고 언론활동이 일어나는 규범, 법제, 제도, 정책, 역사, 철학, 윤리, 사상 등 모든 환경을 포괄한다.

매스 커뮤니케이션과 저널리즘은 서로 다른 분야로 매스 커뮤니케이션은 매스 미디어를 중심으로 한 커뮤니케이션을 연구하며, 저널리즘은 언론계에 종사할 인적 자원을 양성하는 실무교육과 연구에 중점을 둔다. 언론은 정치, 경제, 사회, 문화적 요인의 산물이며, 역사의 첫 번째 기록자로서 사회를 이해하는 방식에 큰 역할을 한다. 언론의 역할은 시대와 사회의 다양한 측면을 이해하는 데 도움을 주며, 미래에 대한 방향설정에도 기여한다. 뉴미디어 시대에서 기자도 다양해지고 역할도 변화했다. 과거에는 기자가 소수의 사회 엘리트로서 활동을 해 왔다면 기술 발전 그리고 시민들의 참여와 의견 표현으로 시민들과 함께하는 존재로 변화했다.

1) 저널리즘의 관점

저널리즘에서 뉴스를 보는 데는 두 가지 시각이 있다. 하나는 뉴스가 사회현실을 객관적으로 반영한다는 현실 반영론이고 다른 하나는 뉴스보도가 사회현실을 재구성한다는 현실 구성론이다. 이러한 시각차이는 인간과 사회의 관계에 대한 인식, 존재, 방법상의 철학적인 입장 차이에 원인이 있다.

현실 반영론은 뉴스보도가 사회현실의 객관적 반영이라는 것이다. 19세기 초부터 1940년대까지 주류를 이뤘던 입장이다. 현실 반영론은 철학적 관점에서는 실증주의와 리얼리즘적 사조를 반영한 것이다. 즉 객관적 사실의 실증을 통해서 진리를 증명한다는 실증주의와 대상 세계는 의식이나 의식의 개입과 무관하게 객관적으로 존재한다는 실재론적 관점이 현실 반영론에 담겨 있다. 또 방법론에 있어서는 진리는 현상에서 일정한 규칙성과 법칙성을 찾아 이론화가 가능하며 지식은 발견을 통해서 획득된다는 입장이다. 저널리즘적 관점에서는 사실관계를 왜곡 없이 객관적이고 정확하게 드러내는 뉴스가 진실보도라는 것이다. 사회 현실이 곧 뉴스가 되며 뉴스란 사회현실의 객관적 축소판이라는 입장이다. 사회적 현실의 객관적 반영은 "뉴스란 사회를 반영하는 거울"로서 뉴스는 고도의 훈련을 받은 저널리스트들이 전문성(professionalism)을 발휘함으로써 생산 가능하며, 그렇지 않을 경우 심각한 현실 왜곡이 초래될 수 있다.

현실 구성론은 뉴스 보도가 사회 현실을 새롭게 재구성한다고 주장한다. 이 이론은 철학적 관점에서 반 실증주의와 유명론을 반영한다. 반 실증주의는 사실의 확인이 인간의 지각을 통해서만 가능하다고 보고, 인간은 항상 특정한 인지틀(cognitive frame)을 통해 사실을 인식한다고 주장한다. 따라서, 인간이 바라보는 방식에 따라 사실이 다르게 규정되며, 복수의 현실이 존재할 수 있다는 것이다. 유명론적 입장(nominalism)은 현실이 인간의 의식을 거쳐야 비로소 존재한다고 본다. 즉, 인간의 인식을 거치지 않은 존재는 무의미하다는 것이다. 인간은 대상 세계에 이름을 붙이고, 정의하고, 의미를 부여함으로써 존재성을 규정한다. 이는 비교와 구분을 통해 분류하고 차별화하는 과정으로, "의미 있는 것"을 찾아내는 과정이라고 할 수 있다. 이러한 현실 구성론은 뉴스가 단순히 사회 현실을 반영하는 것이 아니라, 저널리스트들의 인식과 가치관에 따라 재구성된다는 점을 강조한다. 따라서 뉴스는 사회적 상호작용을 통해 구성된 현실의 한 버전이라고 할 수 있다.

저널리즘적 입장에서는 뉴스가 단순히 사실을 전달하는 것이 아니라, 사회 현실을 이해하고 해석하여 구성된 이야기로 전달하는 것을 중요하게 생각한다. 기자나 언론이 사용하는 '뉴스틀'(news frame)에 따라 동일한 사건이나 이슈, 인물도 다르게 보도될 수 있다. 이러한 뉴스틀은 사회 현실에 특정한 의미를 부여하고, 독자들에게 새로운 해석과 지식을 제공하며, 이데올로기를 형성하는 데 영향을 미친다. 즉, 의미 있는 뉴스틀을 통해 구성된 뉴스는 독자들에게 의미 있는 사회 현실로 다가가게 된다. 이는 뉴스가 단순한 정보 전달을 넘어, 사회적 상호작용과 인식을 통해 현실을 재구성하는 중요한 역할을 한다는 것을 보여 준다.

현실 구성론에 따르면 뉴스는 단순히 사회 현실을 반영하는 것이 아니라, 기자나 언론의 시각과 목적에 따라 재구성된다. 이 과정에서 뉴스는 특정한 의미를 부여하고, 독자들에게 새로운 해석과 지식을 제공하며, 이데올로기를 형성하는 데 영향을 미친다. 따라서, 기자는 자신의 관점에 따라 사건을 취재하고 분석하며, 이를 통해 사건을 재구성하고 재해석하게 된다. 이 과정에서 기자의 시각이 해석 과정에 반영되기 때문에, 기자는 사회 현실의 번역자라고 할 수 있다.

2) 기자의 역할

기자의 기원이라고 할 수 있는 초기 서구 언론의 담당자들은 인쇄인, 다방업자, 서적상, 우체국장 등 다양한 직업을 겸하며 신문을 발간했다.[161] 특히, 미국에서 1690년에 최초의 신문을 발간한 벤자민 해리스(Benjamin Harris)는 보스턴에서 가장 큰 다방과 서점을 운영하면서 신문을 발행했다. 이러한 초기 언론인들은 본업과 신문 발간을 병행하며 정보를 전달하는 중요한 역할을 했다.

이들 다음으로 나타난 언론의 담당자는 전문 인쇄인이었다. 제임스 프랭클린(James Franklin)은 미국 100달 지폐의 인물인 벤저민 플랭클린의 형이고 1721년에 「뉴 잉글랜드 코란트」(New England Courant)를 발간하여 큰 성공을 거두었다. 그는 「보스턴 가제트」(Boston Gazette)의 전문 인쇄인 출신으로 당시 신문의 허가제를 무시하고 독자들이 원하는 읽을 거리를 제공하며 정부에 대한 비판을 서슴지 않았다. 이러한 접근 방식 덕분에 뉴 잉글랜드 코란트는 당시 가장 성공적인 신문 중 하나로 자리 잡을 수 있었다. 프랭클린의 사례는 전문 인쇄인들이 언론의 발전에 큰 기여를 했음을 보여 준다. 이들은 인쇄와 언론에 대한 깊은 이해와 신념을 바탕으로 독자들에게 충실한 신문을 만들었고, 이는 언론의 자유와 비판 정신을 강화하는 데 중요한 역할을 했다.

---

161) 이상철. 『언론발달사』. 일지사. 1992. p159~160.

전문 인쇄인 다음으로 등장한 편집인들은 언론의 발전에 중요한 역할을 했다. 제임스 고든 베넷(James Gordon Bennett)은 1835년에 뉴욕 헤럴드(New York Herald)를 설립했고, 호레이스 그릴리(Horace Greeley)는 1841년에 뉴욕 트리뷴(New York Tribune)을 설립했다. 이들은 신문 편집과 운영에 있어 혁신적인 접근 방식을 도입하며 언론의 발전을 이끌었다. 또한, 멕시코 전쟁(1846~1848) 동안 최초의 취재기자(legman)가 등장했다. 이 시기에는 철도와 전신의 발전으로 인해 뉴스 취재가 더욱 활기를 띠게 되었다. 이러한 기술적 발전은 신속하고 정확한 뉴스 전달을 가능하게 했으며, 언론의 역할을 더욱 강화했다.

신문 이후 전파 매체가 등장해 기자의 영역은 더욱 넓어 졌다. 1920년대에는 라디오 방송의 역사가 시작되었고, 텔레비전은1940년대 후반에 본격적으로 방송하기 시작했다. 그리고 1950~1960년대에 널리 퍼져 보급되었다. 특히 2000년 이후 급진적으로 증가하는 인터넷의 영향력은 더 이상 유료 구독을 하지 않고 뉴스에 관심이 없는 청중들에게 "무료"뉴스를 제공하게 되었다. 이 때문에 일간지들은 광고 수익과 구독자의 감소로 큰 타격을 입었다. 인터넷이 많은 일간지들의 사업 모델을 약화시킨 것이다. 이제는 인공지능(AI)이 언론과 미디어 업계에 빠르게 침투하고 있다. 국내에서도 AI 기자와 AI 앵커가 속속 등장하고 있다. 생성형 AI의 등장으로 뉴스 생산이 자동화되고, 콘텐츠가 다양해졌으며 맞춤형 뉴스를 제공하는 것도 가능해졌다.

3) 황색언론(Yellow Journalism)

인쇄기의 발명은 선정적인 뉴스의 등장을 촉진했다. 인쇄기를 통해 살인 사건, 질투, 범죄 같은 이야기가 기사로 만들어져 많은 독자들에게 빠르게 전파될 수 있었다. 덕분에 센세이션에 대한 관심이 많지 않았던 독자들에게까지 이런 뉴스가 알려지게 되었다.[162]

'황색언론'이라는 용어는 1890년대에 조셉 퓰리처의 뉴욕 월드(New York World)와 윌리엄 랜돌프 허스트의 뉴욕 저널(New York Journal) 사이의 경쟁에서 비롯되었다. 이 두 신문은 선정적인 기사와 자극적인 헤드라인을 통해 독자의 관심을 끌려고 했다. 특히, 퓰리처의 황색꼬마(The Yellow Kid)라는 만화 캐릭터가 큰 인기를 끌면서 이 용어가 생겨났다. 황색꼬마는 컬러 윤전기 시대의 여명기였던 당시, 노란 옷을 입은 아이로 그려진 만화 주인공이었다. '황색언론'은 종종 진리와 객관성을 훼손하는 것으로 비판받지만, 그럼에도 불구하고 미국의 미디어 체계에서 보편적으로 받아들여지는 가치를 많이 따르고 있었다.[163]

조셉 퓰리처와 윌리엄 랜돌프 허스트는 황색언론의 대표적인 인물로서 그들의 목표는 단순히 독자의 관심을 끄는 것뿐만 아니라, 사회의 부정과 부패를 폭로하고, 사람들에게 정보를 제공하며, 교육하고 즐겁게 하는 것이었다. 이들은 특히 권력의 핵심에서 발견되는 부패를 폭로하는 데 주력했으며, 이를 통해 언론의 중요한 역할을 강조했다. 이러한 목표는 오늘날에도 많은 언론 매체가 추구하는 가치와 일치하고 있다. 퓰리처와 허스트는 자신들의 신문이 단순히 선정적이지 않고, 사회에 충격을 주고 변화를 일으키는 도구로 사용되기를 원했다. 허스트는 자신의 신문을 '충격적'이라고 묘사하며, 선정주의라는 비판을 거부했다. 당시 지식인들은 황색언론의 선정주의를 비판했지만, 정치 지도자나 사업가들은 이러한 언론의

---

162) 미첼 스티븐스, 『뉴스의 역사』. 황금가지. 1999. p195.
163) 허버트 알철. 『현대언론사상사』. 나남출판. 1993. p488.

영향력을 무시할 수 없었다. 그들은 황색언론이 주류에서 벗어나지 않도록 주의하면서도, 그들의 목소리에 동조하는 모습을 보였다. 이러한 목표는 오늘날에도 많은 언론 매체가 추구하는 가치와 부합한다. 황색언론의 영향에도 불구하고, 퓰리처와 허스트는 언론이 사회에 미치는 긍정적인 영향을 강조하며, 언론의 중요한 역할을 부각시켰다.

황색신문의 발행부수 증가와 탐사보도의 확대는 단순히 선정주의 때문만이 아니라, 당시 미국의 급속한 도시화와 과학기술의 발전과도 깊은 관련이 있다.[164] 19세기 말과 20세기 초는 미국이 급격히 도시화되고, 인구가 증가하며 기술이 발전하는 시기였다. 도시화로 인해 대도시의 인구가 급증하면서, 다양한 배경과 관심사를 가진 독자들이 늘어났다. 황색신문은 이러한 독자들의 관심을 끌기 위해 선정적이고 자극적인 기사뿐만 아니라, 사회적 부정과 부패를 폭로하는 탐사보도도 강화했다. 이는 독자들에게 흥미를 제공하면서도, 사회적 변화를 촉진하는 역할을 했다.

황색언론의 시대는 미국 언론의 중요한 전환점을 나타낸다. 이 시기는 언론인이 논설가나 평론가에서 기자나 뉴스 전달자로 바뀌는 과정을 마감한 시기였다. 이는 페니프레스 시대에 값싼 신문의 출현과 함께 시작된 변화였다. 언론비평가 윌 어윈은 황색신문 시대에 논설신문의 끝을 아쉬워했으며, 이제 진리는 뉴스에 양보하고 신문의 논설 또는 의견 기능은 극적인 '하드 뉴스'에 밀려났다고 했다. 그러나 언론인의 직업 이데올로기는 여전히 남아 있었고, 신문은 여전히 자신을 국민의 옹호자로 생각했다. 언론인들은 스스로를 감시견이나, 테오도어 루즈벨트가 부른 것처럼 폭로가(머크레이커)로 생각했다.

---

164) 허버트 알철. 『현대언론사상사』. 나남출판. 1993. p498.

4) 감시견(Watchdog)으로서 폭로 언론

탐문 취재를 열심히 하는 기자들은 개인의 사생활과 자유를 위협할 수 있었다. 1859년에 쓰인 저널리즘 역사책에서는 언론을 '공공 안정을 지키는 경찰, 공공도덕을 지키는 파수꾼'으로 묘사했다. 언론은 매춘부의 방이나 시 감사원 사무실에서 일어난 일을 보도하고, 그 대가로 돈을 받는다. 그래서 사람들은 언론이 남의 사생활을 감시하는 '무허가 파수꾼' 역할을 한다고 생각할 수밖에 없었다.[165]

"추문폭로가(muckraker)"라는 용어는 테오도어 루즈벨트 대통령이 1906년 연설에서 사용하면서 널리 알려졌다. 루즈벨트 대통령은 존 번연의 고전 천로역정에 나오는 "쓰레기 갈퀴를 든 사람"을 인용하여, 사회의 부정과 부패를 폭로하는 것이 중요하지만, 그것만 집중해서는 안 된다고 강조했다. 루즈벨트는 초기에는 탐사언론인을 지지했지만, 나중에는 그들이 부정적인 뉴스에만 집중하고 긍정적인 업적을 간과한다고 비판했다. 이로 인해 "추문폭로가"라는 용어는 때때로 부정적인 의미로 사용되기도 했다. 이와 관련하여, 초기 추문폭로가들은 미국의 진보 시대(1890년대~1920년대)에 활동하며, 정치적 부패와 사회적 불의를 폭로하는 데 중요한 역할을 했다. 이들은 대중의 관심을 끌기 위해 종종 감각적인 보도를 사용했으며, 그들의 작업은 사회 개혁을 촉진하는 데 큰 영향을 미쳤다.

19세기 말과 20세기 초의 미국은 급격한 변화의 시기였다. 1861년 남북전쟁으로 미국은 농업 국가에서 산업 국가로 변신하기 시작했다. 1880년대를 지나며 자유방임경제체제에서 경제력 집중이 진행되어 록펠러의 스

---

165) 미첼 스티븐스. 『뉴스의 역사』. 황금가지. 1999. p426.

탠더드 오일과 US스틸 같은 트러스트형 독점체가 탄생했다. 1870~1900년의 도금시대에는 부호들의 과소비가 극심해졌고, 노동자들은 빈곤에 시달렸다. 1877년 총파업으로 많은 노동자가 숨지고 계급갈등이 확산되었다. 이 시기 언론인 머크레이커들은 부호들의 추악한 면을 폭로했다. 아이다 타아벨는 존 록펠러와 스탠다드 오일사를 고발하는 기사를 썼다. 타아벨은 "정당한 분노"라는 표현을 만들어 내며 폭로시대 탐사언론인의 사고방식을 특징짓는 말을 남겼다.

1870년에는 인구의 약 20%가 도시에 거주했지만, 1903년에는 이 비율이 33%로 증가했다.[166] 도시화와 이민의 물결은 미국 사회에 깊은 영향을 미쳤다. 특히, 시카고와 뉴욕 같은 대도시는 이민자들의 유입으로 인구가 급증하면서 경제와 정치 구조에 큰 변화를 가져왔다. 이 시기의 도시화는 여러 요인에 의해 촉진되었다. 우선 공장과 기업들이 도시를 중심으로 발전하면서 많은 사람들이 일자리를 찾아 도시로 이동했다. 철도와 전차 등의 교통수단이 발달하면서 도시 간 이동이 쉬워졌다. 여기에 고층 건물과 아파트가 등장하면서 더 많은 사람들이 도시에 거주할 수 있게 되었다. 이러한 변화는 미국의 경제를 크게 성장시키는 한편, 사회적 문제도 야기했다.

링컨 스티븐스의 "도시의 수치"는 폭로전성시대의 대표적인 기사 중 하나로, 1903년 〈맥클루어즈〉지 1월호에 처음 게재되었다.[167] 스티븐스는 〈커머셜 어필〉(Commercial Appeal)지의 편집인으로 활동한 바 있으며, 그의 기사는 도시의 부패와 비리를 폭로하는 데 중점을 두었다. 스티븐스의 첫 연재물과 함께, 레이 스탠나드 베이커가 석탄 광산업자들의 비인간성을 공격한 기사를 실었다.

---

166) 허버트 알철. 『현대언론사상사』. 나남출판. 1993. p500~502.
167) 같은 책. p503-504.

맥클루어는 그의 사설을 통해 〈맥클루어즈〉 잡지가 법과 정의를 옹호하고, 자본가, 노동자, 정치인, 시민 등 법을 위반하거나 법이 훼손되도록 하는 모든 자에 대항하여 국민의 자유를 옹호하는 역할을 자랑스럽게 선언했다. 그는 이윤 추구보다는 탐사보도와 폭로 저널리즘에 중점을 두었으며, 이는 당시 미국 언론인의 직업 이데올로기에서 핵심적인 요소였다. 맥클루어의 이러한 접근 방식은 폭로 저널리즘의 발전에 큰 기여를 했으며, 사회의 부조리를 폭로하고 대중에게 중요한 정보를 전달하는 데 중요한 역할을 했다.

5) 뉴욕타임스

보도는 19세기 말에 나타난 행위라고 할 수 있다.[168] 보도 활동은 언론의 산업화와 새로운 직업의 출현이라는 두 가지 중요한 측면을 가지고 있었다. 이 시기에 언론인의 이데올로기는 통합되는 경향이 있었지만, 신문사의 정체성은 분열되는 경향이 강했다. 대표적인 예로는 조셉 퓰리처가 1883년에 복간한 〈월드(World)〉와 윌리엄 랜돌프 허스트가 1895년에 인수한 〈저널(Journal)〉이 있다. 이 두 신문은 서로 대조적인 특성을 가지고 있었으며, 당시 뉴저널리즘이라 불리는 경향을 대표했다. 기존 신문들은 이 새로운 신문들과의 경쟁에서 큰 위협을 받았다. 이 시기의 언론 산업화와 뉴저널리즘의 발전은 현대 저널리즘의 기초를 형성하는 중요한 전환점이 되었다.

기자들은 기사를 작성하면서 사실성과 오락성 두 가지 목표 모두에 충

---

168) 채백 편, 『세계언론사』, 한나래, 1996. p183~184.

실하기 위해 노력했지만, 신문사들마다 강조하는 방향이 달랐다. 〈월드(World)〉지와 〈저널(Journal)〉지는 오락성을 강조하여 독자들의 관심을 끌었고, 이는 당시 뉴저널리즘의 대표적인 예였다. 반면, 〈뉴욕 타임스(The New York Times)〉는 1896년 아돌프 옥스가 인수한 이후 사실성을 강조하는 방향으로 나아갔다. 이는 신뢰성과 객관성을 중시하는 저널리즘의 전통을 확립하는 데 중요한 역할을 했다.

아돌프 옥스가 뉴욕 타임스를 인수한 후, "인쇄할 수 있는 모든 뉴스"(All the News That's Fit to Print)라는 유명한 모토가 등장했다.[169] 이 문구는 1897년 2월부터 뉴욕 타임스의 1면에 고정되어 실리기 시작했다. 옥스는 발행 부수를 늘리기 위해 "스캔들의 집합장이 아니라, 세상의 모든 뉴스"라는 슬로건을 공모했지만, 편집자들은 "인쇄할 수 있는 모든 뉴스"를 더 선호했다. 이 모토는 뉴욕 타임스의 저널리즘 철학을 잘 나타내며, 정확하고 철저한 보도를 통해 독자들의 신뢰를 얻는 데 큰 역할을 했다.

19세기 후반에 역피라미드형 기사 작성법이 등장하면서 사실적 정보가 중요한 역할을 하게 되었다. 남북전쟁 후 기자들은 불안정한 전신을 통해 뉴스 가치가 높은 기사를 빠르게 송신하려고 노력했다. 그래서 가장 중요한 사실을 짧게 요약하는 방법을 개발했다. 역피라미드 기사 작성법은 기사의 첫 문단에 가장 중요한 정보를 쓰고, 이후에 중요도가 낮은 순서로 내용을 덧붙이는 방식이다. 미국의 소설가 시오도르 드라이저(Theodore Dreiser)는 1892년에 처음 기자가 되었을 때, 누가, 언제, 어디서, 무엇을, 어떻게의 순서로 기사를 쓰는 방법을 배웠다고 한다. 그의 편집인은 "뉴스는 정보다. 사람들은 신속하고 명확한 정보를 원한다"고 강조했다.[170]

---

169) 채백 편. 『세계언론사』. 한나래. 1996. p195.
170) 미첼 스티븐스. 『뉴스의 역사』. 황금가지. 1999. P433.

뉴욕타임스는 1912년 4월 타이타닉호의 침몰 장면을 온갖 위험을 무릅쓴 채 다각도로 취재 보도하여 신문의 권위를 드높였고, 제1·2차 세계대전 때도 탁월한 취재감각으로 신속 정확한 보도를 해 외신 기사의 우수성을 발휘하면서 그 명성을 높여 나갔다. 뉴욕타임스가 161년 전의 인명 오기를 정정한 사례는 정확한 기사를 위해 얼마나 이 신문 노력하는 가를 보여 주는 좋은 사례다. 뉴욕타임스는 2014년 3월 4일자 신문에서 노예로 팔렸다가 12년 만에 자유인의 몸이 된 흑인 솔로몬 노섭(Solomon Northup)의 인생역정을 소개한 1853년 1월 20일자 기사에서 노섭의 이름 표기가 본문에는 'Northrop'으로, 제목에는 'Northrup'으로 표기됐다며 이를 정정한다고 알렸다. 뉴욕타임스는 한 트위터 사용자가 NYT 아카이브에서 노섭의 인명 표기에 오류가 있다는 점을 지적해 주었다고 덧붙였다. 뉴욕에서 태어난 노섭은 1841년 납치돼 12년간 루이지애나에서 노예생활을 하다 풀려났으며 그의 자서전을 바탕으로 한 스티브 맥퀸 감독의 영화 '노예 12년'은 제86회 아카데미영화상에서 작품상과 여우조연상, 각색상 등 3개 부문을 수상했다.

뉴욕 타임스는 1896년 이후 저널리즘의 새로운 기준을 설정하며 큰 성공을 거두었다. 미국의 수필가이자 소설가인 찰스 더들리 워너(Charles Dudley Warner)의 예언처럼, 정확하고 철저한 보도를 통해 독자들의 신뢰를 얻은 것이 뉴욕 타임스의 성공 비결 중 하나였다. 100여 년이 지난 지금도 뉴욕 타임스는 전통을 유지하며, 특히 디지털 혁신을 통해 온라인 저널리즘에서도 선두주자로 자리매김했다. 2022년 기준으로 약 900만 명의 온라인 유료 구독자를 확보하며, 고품질의 저널리즘을 지속적으로 제공하고 있다. 이러한 성공은 뉴욕 타임스가 기술적 혁신과 콘텐츠의 질적 향상에 중점을 둔 전략 덕분이다. 디지털 플랫폼 개발과 사용자 경험을 극

대화하기 위한 인터페이스 개선, 개인화된 콘텐츠 제공을 위한 알고리즘 개발 등에 많은 투자를 했다. 뉴욕 타임스의 이러한 접근 방식이 다른 언론사들에게도 큰 영향을 미쳤고, 많은 언론사들이 디지털 전환을 가속화하는 계기가 되었다.

6) 저널리즘의 변화

저널리즘의 변화 과정을 보면[171] 먼저 19세기 초(1801-1833)에 시작된 정론적 저널리즘(partisan journalism)을 들 수 있다. 이 시기에는 대부분의 신문이 정당이나 정부의 후원을 받아 운영되었다. 따라서 편파적인 보도가 예사였으며, 정치권에 대한 공정한 보도보다는 상대방에 대한 인신공격이 주를 이루었다.

선정적 저널리즘은 19세기 중반 페니신문을 중심으로 시작되었다. 이후 허스트와 퓰리처에 의해 황색 저널리즘이 등장했는데, 이들은 독자들의 관심을 끌기 위해 과장된 헤드라인과 선정적인 내용을 사용했으며, 이는 신문 판매 부수를 크게 늘리는 데 기여했다. 1920년대 뉴욕을 중심으로 연예, 유명인사, 스포츠, 스캔들 및 범죄에 초점을 맞춘 재즈 저널리즘이 발전했다.

탐사 저널리즘(Investigative Journalism)은 1900-1912년 사이 하퍼스, 맥클루어즈, 스크립너스 등 잡지 저널리즘에서 비롯되었다. 이들은 은행과 업체에 의한 정부의 뇌물사건, 독직, 직권남용, 시의 부정 사건 등을 폭로하며 탐사 저널리즘을 이끌었다. 테오도르 루즈벨트 대통령은 이 같은

---

171) 이상철.『언론발달사』. 일지사. 1992. p78~80.

탐사 저널리즘을 머크레이킹(muckraking)으로 명명했다. 특히 맥클루어즈(McClure's)지는 1903년 1월 초에 대기업과 시정부의 부정을 폭로하고 노동문제를 파헤치는 특집호를 냈는데 이 글의 필진으로는 『스탠다드 오일회사』을 쓴 타벨(Ida M. Tarbell)과 진보적 작가이자 탐사 저널리스트인 스테펜스(Lincoln Steffens) 등이 포함되어 있었다. 이 같은 탐사 저널리즘은 1972년 워싱턴 포스트지 우드워드와 번스타인 두 기자에 의한 워터케이트 도청사실에 대한 폭로기사로 절정을 이루게 되었다. 탐사 저널리즘은 오늘날에도 중요한 역할을 하고 있으며, 사회적 정의와 투명성을 촉진하는 데 큰 기여를 하고 있다.

이후 객관성 저널리즘(objectivity journalism)은 정론적 저널리즘 이후 등장한 개념으로, 기사 작성 시 주관성을 배제하고 중립적이며 편향되지 않은 방식으로 사건이나 문제를 묘사하는 것을 목표로 한다. 특히 통신사는 다수의 신문 고객을 상대로 하기 때문에 주관성과 갈등적 이슈를 배제하고 있었다. 그러나 1950년대 매카시 상원의원이 객관성 저널리즘을 악용하여 위기를 초래했다. 매카시는 국무성 내에 2백여 명의 공산주의자 명단을 갖고 있다고 주장했으나, 이는 거짓이었다. 당시 언론은 매카시의 주장이 사실이 아님을 알고 있었지만, 객관성 원칙 때문에 보도를 하지 않을 수 없었다.

정밀 저널리즘(precision journalism)은 1930년대에 나타난 해설 저널리즘(interpretive journalism)과 같은 것으로 1960년대 말부터 해설 저널리즘이라는 말 대신에 정밀 저널리즘이라는 말이 쓰이게 되었다. 정밀 저널리즘은 사건을 해설하고 심층적으로 보도하기 위해 일반사회학자들이 사용하는 수량적인 방법을 활용한다. 이러한 접근 방식은 단순한 사실 전달을 넘어, 독자들이 사건의 맥락과 의미를 더 잘 이해할 수 있도록 돕는다.

현대 저널리즘에서도 데이터 저널리즘(data journalism)이라는 형태로 발전하여, 다양한 데이터를 분석하고 시각화하여 보도하는 방식이 널리 사용되고 있다.

7) 국민의 알 권리

국민의 알 권리는 보도 활동에 큰 영향을 미친다. 특히 심층 탐사 보도는 사건이나 주제에 대해 깊이 있는 분석과 연구를 통해 더 많은 사실과 배경을 제공한다. 이를 통해 국민은 더 정확하고 포괄적인 정보를 얻을 수 있으며, 이는 공공 의식과 참여를 증진시키는 데 기여한다. 또한, 심층 보도는 정보의 투명성과 책임감을 강화하며, 이는 국민의 신뢰를 얻는 데 중요한 역할을 한다. 이러한 보도 방식은 사회적 문제를 해결하는 데 도움을 줄 수 있으며, 국민들이 더 나은 결정을 내릴 수 있도록 지원한다.

정부가 하는 일에 대해 국민이 알 권리가 있다는 개념은 계몽주의 이전의 시대까지 올라간다.[172] 〈메이플라워〉호가 도착한지 한 세대 지난 후인 1641년에 메사추세츠 '자유헌장' 즉 매사추세츠 자유법령(Massachusetts Body of Liberties)이 청교도 목사인 나다니엘 워드에 의해 작성됐다. 뉴잉글랜드 최초의 법적인 문서로 이 법은 매사추세츠 일반법원에서 제정되었다. 여기에 따르면 식민지의 모든 남성은 행정위원회의 것만 제외하고 어떤 법원이나 관청의 기록이라고 검토하고 그 서류의 복사본을 가질 수 있는 자유가 있었다.

알 권리는 20세기 중반에 들어서면서 중요한 권리로 자리매김했다.

---

172) 허버트 알철. 『현대언론사상사』. 나남출판. 1993. p461~464.

1948년 채택된 세계인권선언은 모든 사람이 의견과 표현의 자유를 가질 권리가 있음을 명시하였고, 이는 알 권리의 기초를 형성했다. 이후 여러 국가에서 정보공개법과 언론법을 통해 국민의 알 권리를 구체화하였다. 국민의 알 권리는 각국의 헌법과 법률에 명시되어 있다. 예를 들어, 대한민국 헌법 제21조는 언론, 출판의 자유와 집회, 결사의 자유를 보장하며, 정보공개법을 통해 구체적인 정보 접근 절차를 규정하고 있다. 이 법에 따라 정부와 공공기관은 국민에게 중요한 정보를 공개할 의무가 있다.

알 권리라는 말이 언론에 공개되어 처음 공식적인 용어로서 사용된 것은 2차 대전이 끝난 직후인 1945년 AP통신 국장인 켄트 쿠퍼(Kent Cooper)의 뉴욕 타임스 기고문에 의해서였다. 쿠퍼는 기고문에서 "시민들은 언론의 완전하고 정확한 뉴스에 접근할 자격(권리)이 있다. 시민들의 알 권리(right to know)가 배제된 정치적 자유란 이 세상 어디에도 존재하지 않는다"고 주장하였다. 이 개념은 언론이 국민의 알 권리를 봉사한다고 보았던 것으로, 쿠퍼는 언론이 국민의 공익을 위해 역할을 수행하는 것으로 정당화했다. 이후 알 권리라는 용어는 1953년 해롤드 크로스(Harold Cross)의 책 『국민의 알 권리(People's Right to Know)』의 출간과 함께 널리 통용되기 시작하였다. 이 책은 이후 알 권리 운동의 경전처럼 이용되었다.

알 권리에 대한 가장 강력한 법적 주장은 1960년에 예일대학 교수 알렉산더 마이클존(Alexander Meiklejohn)에 의해 제기되었다. 마이클존은 미디어가 국민에게 정부의 행동에 관한 정보를 제공하는 역할을 강조하며, 이를 통해 수정헌법 제1조의 뉴스매체 보호를 정당화할 수 있다고 주장했다. "모든 사람이 말해야 된다는 것이 아니라 말할 가치가 있는 것은 모두 말할 수 있어야 된다"는 그의 표현은 알 권리의 핵심을 잘 나타냈다.

국민의 알 권리는 민주주의 사회의 기본 요소로서, 투명성과 책임성을 높이고, 시민들의 적극적인 참여를 촉진하는 데 중요한 역할을 한다. 이를 위해 정보의 공개와 접근성이 보장되어야 하며, 언론의 자유가 보호되어야 한다. 동시에, 정보의 비공개가 필요한 상황에서는 법적 근거에 따라 정당하게 처리되어야 한다. 이러한 균형을 통해 건강한 민주주의 사회가 유지될 수 있다. 알 권리에 대한 논의는 현대 저널리즘의 중요한 기초를 이루고 있으며, 특히 조사 저널리즘과 객관성 저널리즘의 발전에 큰 영향을 미쳤다.

2

심층·탐사보도

심층·탐사보도는 저널리즘의 핵심으로 사건의 이면을 깊이 파헤치고 사회적 문제를 폭로하는 데 중점을 둔다. 특히 부패, 불법 행위, 사회적 불평등 등을 밝혀내는 데 큰 역할을 함으로써 사회적 정의와 투명성을 촉진하는 데 중요한 역할을 한다.

1) 허친스 위원회(Hutchins Commission)

허친스 위원회는 1942년 당시 미국 시카고대 총장이던 로버트 허친스를 위원장으로 직간접으로 언론과 관련있는 저명한 학자들인 13명의 위원과 4명의 외국 자문위원, 그리고 4명의 실행위원으로 구성되었다. 위원회가 출범할 당시는 제2차 세계대전이 아직 종식되지 않은 상황에서 미국 정부가 언론 검열을 시행했고, 자본주의의 발전과 더불어 언론의 소유 집중화와 상업화가 활발히 진행되면서 선정주의와 판촉을 둘러싼 언론사간 총싸움을 할 정도로 신문전쟁이 일어났던 시기였다. 따라서 이 위원회는 뉴스 보도가 불공정하고 편파적이며, 사실적이지 못하고 선정적인지를 탐구했다.

1947년에 발간된 허친스 위원회의 공식 보고서는 언론의 자유와 수정헌법 제1조를 확고히 지지하면서도, 당시 언론이 '무의미하고 천편일률적이며 왜곡되고 오해를 영속화'한다고 비판했다.[173] 이 위원회의 연구결과는 미국 언론사에서 사회책임이론(social responsibility doctrine)의 태동에 토대가 되었다. 특히, 황색언론과 추문 폭로가들이 제공하는 기사에 주목하며, 언론이 공공의 이익을 위해 더 책임감 있게 행동해야 한다고 강조했다. 이는 현대 저널리즘의 중요한 기초를 이루며, 언론의 사회적 책임을 강조하는 데 큰 영향을 미쳤다.

허친스 위원회의 보고서에 따르면 가장 오래 지속되고 있는 요구는 언론이 사실을 의미 있는 맥락에서 제시하고, 사실에 관한 진실을 밝혀야 한다는 것이다. 이는 언론이 단순히 객관적 사실을 전달하는 것을 넘어, 취재원이 제공한 정보의 행간을 읽고, 사건의 이면을 탐구하며, 숨겨진 진실을 찾아내는 도덕적 의무를 지게 된다는 것을 의미한다. 허친스 위원회는 선정주의를 거부하고 탐사보도에 도덕적 근거를 제공함으로써, 언론이 사회적 책임을 다할 수 있도록 하는 중요한 기틀을 마련했다. 이와 같은 논의는 현대 저널리즘의 발전에 큰 영향을 미쳤으며, 언론의 자유와 책임 사이의 균형을 찾는 데 중요한 역할을 했다.

이는 존 밀턴의 사상이 허친스 위원회의 보고서에서 다시 강조된 것이다. 밀턴은 진리와 오류가 '사상의 시장'에서 검증받아야 한다고 주장했으며, 이는 허친스 위원회의 핵심 메시지와 일치한다. 허친스 위원회는 언론이 단순히 사실을 전달하는 것에 그치지 않고, 사실에 관한 진실을 밝혀야 한다고 강조했다. 이러한 접근은 국민이 단순한 사실뿐만 아니라 그 사실에 대한 진실을 알 권리가 있다는 믿음을 확인하는 것이다. 이는 언론이 사회적 책임을 다하고, 진리와 오류를 구별하는 데 중요한 역할을 해야 한다는 점을 강조한다.

---

173) 허버트 알철. 『현대언론사상사』. 나남출판. 1993. p521~523.

이후 독일의 철학자 하버마스는 표현의 자유를 위한 공론장의 개념을 도입했다. 공론장은 사람들이 비교적 자유롭게 모여서 공개적으로 토론할 수 있는 장소를 말한다. 민주사회에서는 누구나 공론장에 자유롭게 접근할 수 있고, 여기서 집합, 연합, 표현의 자유가 보장된다. 공론장은 비판적이고 합리적인 토론을 통해 사회적 통합을 가능하게 한다. 하버마스는 사람들이 생각이나 지식을 나누고, 토론을 통해 이성적으로 발전하는 것이 커뮤니케이션 행위라고 봤다. 물론, 이런 토론은 더 많은 갈등을 일으킬 수 있지만, 이를 통해 더 폭넓은 소통이 이루어지게 된다. 따라서 커뮤니케이션 행위를 통해 사회통합을 이루는 것은 지배보다는 소통에 기반을 둔 것이라고 할 수 있다.[174]

허친스 위원회의 보고서가 발표된 후, 프레드 시버트, 테오도어 피터슨, 윌버 슈람이 공저한 『언론의 4이론(Four Theories of the Press)』은 미국 언론의 틀 속으로 연결되었다. 이 책은 언론의 권위주의 이론, 자유주의 이론, 사회책임 이론, 소비에트 공산주의 이론을 다루고 있다. 이를 자세히 보면 권위주의 이론(Authoritarian Theory)은 언론이 정부나 권력자의 통제를 받으며, 사회의 질서와 안정을 유지하기 위해 사용된다. 언론의 자유는 제한되며, 정부의 정책을 지지하고 발전시키는 역할을 한다. 자유주의 이론(Libertarian Theory)이란 언론이 개인의 자유와 권리를 보호하며, 정부의 간섭 없이 자유롭게 정보를 제공할 수 있어야 한다. 언론의 역할은 진실을 추구하고, 다양한 의견을 제시하며, 권력을 감시하는 것이다. 사회책임 이론(Social Responsibility Theory)은 언론은 사회에 대한 책임을 지며, 공익을 위해 정보를 제공해야 한다. 언론은 사실을 전달하는 것뿐만 아니라, 그 사실 뒤에 숨겨진 진실을 밝혀야 하며, 사회적 책임을 다해야 한다.

---

174) 조맹기, 『현대 커뮤니케이션 사상사』, 나남, 2009. P124~5.

마지막 소비에트 공산주의 이론(Soviet Communist Theory)은 언론이 공산당의 도구로 사용되며, 당의 이념과 정책을 홍보하고 지지하는 역할을 한다. 언론의 자유는 제한되며, 당의 목표를 달성하기 위해 통제된다.

이 가운데 특히 사회책임주의(social responsibility doctrine)는 미국 언론인에게 궁극적 목적의 가치 체계로 자리 잡았다. 저자들은 사회책임주의를 통해 언론이 단순히 사실을 전달하는 것에 그치지 않고, 그 사실 뒤에 숨겨진 진실을 밝혀야 하며, 이를 통해 공중에게 책임을 지고 설명할 수 있어야 한다고 주장했다. 이는 허친스 위원회의 주장을 이어받아, 언론의 사회적 책임을 강조하는 중요한 원칙으로 자리 잡았다. 이 원칙은 언론이 공공의 이익을 위해 행동하고, 사회적 정의와 투명성을 촉진하는 데 중요한 역할을 한다. 현대 저널리즘에서도 이러한 사회적 책임은 여전히 중요한 가치로 여겨지며, 특히 심층탐사보도와 같은 분야에서 그 중요성이 더욱 부각되고 있다.

2) 매카시즘의 충격

조지프 매카시(Joseph McCarthy) 상원의원은 1950년대 초반 미국에서 매카시즘이라는 반공주의 열풍을 주도한 인물로서 그의 활동은 미국 언론과 정치에 큰 영향을 미쳤다. 매카시의 주장은 공산주의자들이 미국 정부와 사회 각 분야에 침투해 있다는 것이었고, 이는 많은 사람들에게 공포와 불신을 불러일으켰다. 허버트 알철은 매카시의 등장이 미국 언론의 철학적 기반을 강타했다고 설명한다.[175] 이는 두 가지 주요 요인에 기인한다. 첫째, 새로운 테크놀로지의 발전은 언론에 새로운 기회를 제공하면서

---

175) 허버트 알철, 『현대언론사상사』, 나남출판. 1993. p576~579.

도 동시에 제약을 가져왔다. 둘째, 1차 및 2차 세계대전의 영향으로 언론의 역할과 책임에 대한 인식이 변화했다. 매카시즘의 시대는 언론의 자유와 책임, 그리고 공공의 알 권리에 대한 중요한 논의를 촉발시켰다.

제1차 세계대전 이후, 10년 동안은 경제적인 번영과 평화의 시기였다. 그러나 1930년대의 대공황은 이러한 상태를 뒤흔들었다. 이 시기에는 부와 전통에 대한 반발이 커졌고, 폭로언론인들은 혁명을 논하고 노동조합을 결성하며 부와 전통을 비판했다. 이러한 활동은 사회적 변화를 촉발시켰고, 언론의 역할이 강조되었다. 또한, 제2차 세계대전 이후의 시대는 제1차 세계대전 이후 시대의 반복이었다. 냉전이 시작되었고, 객관성이 언론의 원칙으로 자리매김하게 되었다

조지프 매카시 상원 의원은 1950년에 공화당 당원회에서 "미국 내에서 공산주의자들이 암약하고 있으며, 나는 205명의 공산주의자 명단을 갖고 있다"고 주장하여 미국 사회에 큰 충격을 주었다. 이후 매카시즘은 언론과 정치에 큰 영향을 미쳤다. 왜냐하면 객관성이란 원칙이 정치인들에 의해 거짓을 공중에 제시하는 방법으로 얼마나 쉽게 악용되는 지가 명백해졌기 때문이다. 그럼에도 불구하고 많은 신문은 여전히 객관성을 중시하는 전통적인 가치체계를 따랐다.

매카시즘 시대에 미국 언론인들은 객관성을 중시하는 전통적인 가치체계를 따랐다. 언론의 미덕은 사실을 찾아내어 공중에 보도하는 역할을 수행하는 데 있으며, 기자들은 보도되는 기사와 직접적인 관계가 없다고 여겨졌다. 논란이 되는 문제의 양 측면을 공정하게 취급하고 제시한다면 그러한 성명이나 선언의 진실 여부는 기자에게 관심 이상의 문제가 되지 않았다. 독자들은 진실 여부를 스스로 판단해야 한다고 여겨졌다. 매카시는 이러한 언론의 특성을 이용하여 자신의 부정직하고 기만적인 목적을 달

성하려 했다. 언론인들은 매카시의 주장에 대해 공정하게 보도하려 했지만, 그의 주장이 거짓임이 밝혀지면서 언론의 역할과 책임에 대한 논의가 더욱 중요해졌다.

당시 워싱턴의 언론은 객관성을 지키며 매카시의 폭로와 혐의자들의 부인을 함께 보도했다. 그러나 이러한 부인은 종종 다음 판에 보도되었을 뿐이었고, 매카시의 비난을 완전히 해소시키지는 못했다. 신문 편집인 에드윈 베일리(Edwin C. Bailey)가 말한 것처럼, 매카시는 근거 없는 주장을 일반 대중에게 전달하기 위해 극적인 요소를 간절히 구하는 기자들의 특성과 신문의 마감시간을 이용했다. 신문 사설은 매카시를 비난했지만, 사설을 읽는 독자 수는 제한적이었다. 단 10명 중 1명만이 사설 면을 읽었을 뿐이었다. 이는 언론이 객관적이고 정확한 정보를 제공하는 것이 얼마나 중요한지, 그리고 이를 통해 시민들이 스스로 판단할 수 있도록 돕는 것이 언론의 핵심 임무임을 다시 한 번 생각하게 한다.

3) 탐사언론

매카시즘 이후 탐사보도는 더욱 각광받게 되었다. 탐사보도는 사건 자체보다는 그 사건의 이면을 파헤치는 언론 보도 방식으로, 진실과 동일한 것이 아니라는 명제 하에 진행된다. 특히 정부, 기업, 관리 등의 부정부패를 언론기관이 독자적으로 조사하고 깊이 파헤쳐서 폭로하는 것이 주요 목표이다. 탐사언론은 19세기 말에서 20세기 초에 성행했던 폭로언론의 정신을 계승한 것으로, 객관주의 언론이 터부시해 왔던 보도의 주관성을 재생시키고 언론의 심층보도 욕구를 만족시키려는 노력이다.

이러한 탐사보도는 사회적 변화와 공공의 이익을 위해 중요한 역할을 하며, 언론의 역할과 책임을 강조한다. 객관성과 신뢰성을 유지하면서 사회적 문제를 조명하고 공정한 정보를 제공하는 탐사보도는 민주주의 사회에서 필수적인 요소이다. 다양한 탐사보도 사례 중에서 워터게이트사건 폭로기사, 일본의 록히드사건 보도, 그리고 필라델피아의 인콰이어러지가 사법부의 부당한 인종차별을 폭로한 심층보도 등이 대표적이다.

이외에도 일본 자민당 55년 지배체제를 무너트린 리쿠르트 게이트가 있다. 리쿠르트 사건은 1988년에 일본에서 발생한 대규모 정치 스캔들로 신흥기업 리쿠르트사가 자사의 미공개 주식을 정치인과 관료들에게 뇌물로 제공한 사건이다. 이 사건은 일본 정치계와 경제계에 큰 파장을 일으켰다.

1988년 3월 23일 아사히신문 요코하마지국의 경찰 담당인 스즈키 게이치는 가와사키시 고위 공무원이 경찰 내사를 받고 있다는 첩보를 입수하고 데스크인 야마모토 히로시에게 보고했다. 사회부 15년차 베테랑 기자인 야마모토는 즉시 경찰 수사에 대한 취재와 함께 가와사키 시청, 리쿠르트사에 대한 취재를 지시했다. 그러나 이들의 취재가 사건의 핵심에 거의 접근했을 무렵인 5월 17일 경찰은 "법적으로 사건이 되지 않는다"며 수사를 종결지었다. 그러자 취재팀은 독자 취재에 착수했다. 등기부등본 복사, 유가증권 보고서 분석, 리크루트사의 사업 확장 및 주가 추이, 관련 인물에 대한 데이터 수집, 이들 정보에 대한 분석 및 데이터베이스화, 차트 작성 등 기나긴 탐사보도가 시작됐다. 이어 취재팀은 리쿠르트 코스모스 주식 거래에 관한 자료를 관계자가 갖고 있는 것 같다는 정보를 입수했다. 결국 자료를 입수하는 데 성공했다. 자료에는 가와사키시 부시장의 이름도 포함되어 있었다. 확보된 자료를 기초로 부시장에 대한 취재 공세가 시작됐다. 처음에는 미공개 주식 취득 사실을 완강하게 부인하던 부시장도 결국 사실을 털어놓았다.

이후 익명의 중년 남자로부터 "리쿠르트사 의혹을 제일 열심히 취재하는 신문사에 꼭 보여 줄 것이 있다"는 제보가 들어왔다. 이 남자가 건네준 서류에는 리쿠르트 코스모스가 미공개 주식을 양도한 경위가 적혀 있었다. 1984년 12월 100명에게 주식을 사도록 권유했고 이 중 76명이 실제 주식을 샀다는 증거였다. 이중 46명은 리쿠르트사의 관계사인 퍼스트 파이낸스에서 융자까지 받은 것으로 나타났다. 더욱이 명단에는 자민당 의원인 모리 요시로가 포함되어 있었다. 드디어 6월 18일, 아사히 신문은 가와사키시 부시장이 리쿠르트사의 미공개 주식을 뇌물로 받은 사실을 처음 보도했다. 이 보도는 사건의 시작을 알리는 신호탄이 되었고, 이후 아사히 신문은 정관계 인사들이 관련 주식을 취득했다는 후속 보도를 이어갔다.

아사히 신문의 끈질긴 탐사보도는 사건을 정·관·언론계 유착 게이트로 비화시켰고, 결국 검찰 조사를 촉발시켰다. 이 사건으로 인해 다케시타 노보루 총리와 차기 총리 후보였던 미야자와 기이치 대장상이 사임하는 등 일본 정치계에 큰 변화를 가져왔다. 아사히 신문의 보도는 언론의 감시 역할과 사회적 책임을 다시 한 번 상기시켜 주는 중요한 사례로 평가받고 있다. 언론이 권력의 남용을 감시하고, 부패를 폭로하며, 공정한 정보를 제공하는 것이 얼마나 중요한지 보여 준다.

4) 심층보도

심층보도는 미디어에서 사건이나 사물에 대하여 세상에 드러나지 않은 깊숙한 부분까지 취재하여 알리는 일이다. 심층보도와 탐사보도는 모두 깊이 있는 취재와 분석을 통해 중요한 사회적 이슈를 다루는 보도 형태이지만 약간의 차이가 있다. 탐사보도는 주로 숨겨진 진실이나 부패, 비리 등을 폭로하는 데 중점을 두고 장기간에 걸친 철저한 조사와 취재를 통해 이루어지며, 종종 권력층이나 기업의 비리를 폭로하는 내용을 담고 있다. 대표적인 예가 보았듯이 워터게이트 사건을 폭로한 워싱턴 포스트의 보도가 있다.

심층보도는 특정 사건이나 주제에 대해 깊이 있는 분석과 설명을 제공하는 보도로서 이는 사건의 배경, 원인, 영향 등을 다각도로 분석하여 독자나 시청자에게 더 깊은 이해를 제공하려는 목적을 가지고 있다. 예를 들어, 경제 위기의 원인과 그로 인한 사회적 영향 등을 다루는 기사가 심층보도에 해당할 수 있다. 심층과 탐사 보도 형태는 모두 언론의 중요한 역할을 수행하지만, 심층보도는 주로 사건의 이해를 돕기 위한 분석에 중점을 두고, 탐사보도는 숨겨진 진실을 밝히는 데 중점을 둔다는 점에서 차이가 있다.

뉴욕타임스는 "수천명이 코비드 백신으로 해를 입었다고 믿고 있다. 누고 듣고 있나요?"(Thousands Believe Covid Vaccines Harmed Them, Is Anyone Listening?) 라는 제목으로 코로나 19 백신의 부작용 사례를 2024년 5월 3일 자에 보도했다. 뉴욕타임스 기사에 따르면 신경과학 박사 미셸 짐머만(Michelle Zimmerman, 37)씨와 션 바카바지(Shun Barcavage, 54)씨, 그리고 시애틀의 물리치료사 르네 프랑스씨(Renee France, 49)는 백신 접종 후 심각한 통증이나 신체적 증상을 경험했다. NYT 기자 아푸르바 만다빌리(Apoorva Mandavilli)가 1년 동안 피해자 30여 명과 진행한 인터뷰 결과 백신 접종 후 신경학적 증상, 자기면역 증상, 심혈관계 증상 등 다양한 증상을 호소했다. 백신을 대부분 지지하던 그들은 부작용에 대해 언급한 이후 의사로부터 거부당했고, 증상이 개인의 정신적이나 신체적 문제라는 말을 들었다고 말했다. 또 가족과 친구들에 의해 배신자라고 불렸다고 했다.

코로나 19 백신은 수백만명의 입원과 사망을 예방했지만, 최고의 백신조차 심각한 부작용을 초래할 수 있다. 미국 내에서 백신은 2억 7천여 만명에게 6억7천7백만회분이 투여됐다. 2024년 4월 현재 연방정부에 접수된 백신 피해보상 청구건수는 1만3천건으로, 이중 19%만이 검토되었으며, 그 중 47건만이 보상 대상으로 간주되어 12건이 약 3천6백달러의 보상금을 받았다.

연방질병통제예방센터(CDC)에 따르면 코로나19백신은 붓기, 피로, 발열과 같은 일시적인 반응을 일으킬 수 있다고 밝혔다. 한편, 연방식품의약국(FDA)는 심각하지만 드문 부작용 4가지만을 기록했다. 존슨&존슨 백신의 길랭-바레 증훈군(Guillain-Barre syndrome)과 혈액응고 장애, 화이자와 모더나가 제조한 mRNA 백신의 심장 염증, 그리고 알레르기 반응 등이다. 길랭-바레 증훈군은 근육 쇠약을 유발하는 다발신경병증이다. 그러나 백신 접종을 받은 대부분의 사람들은 발열, 피로, 몸살, 주사 부위의 발적, 붓기, 압통 등 경미한 부작용만 보이다가 며칠 내 사라지거나 전혀 부작용이 없는 것으로 알려졌다.

앞서 『뉴욕타임스 국제판(The New York Times International Edition)』은 2021년 7월과 8월 두 차례에 걸쳐 조 바이든 대통령이 제기한 글로벌 안보 위협의 주요 원인인 '지구 온난화'가 어떤 글로벌 문제를 야기하는지에 대해 심층 보도했다. 이 보도는 기후변화에 관한 정부간 협의체(IPCC)의 기후변화 평가 보고서 발간을 앞두고 NYT 자체 평가와 전망을 담고 있다.

보도에 따르면 여름 폭염의 빈도가 과거 1%에서 최근 20%로 증가했으며, 이는 태평양 북서지역과 캐나다 서부 연안에 심각하게 나타나고 있다. 폭염으로 인한 사망자가 약 37% 증가했으며, 유럽에서만 약 70,000명이 사망했다. 홍수의 경우 독일, 영국, 일본, 스웨덴, 중국 등에서 예상치 못한 폭우 사태가 빈번해지고 있으며, 산악지대 주민들은 이주를 결심해야 하는 상황에 처해 있다.

또 가뭄이 미국, 아프리카, 인도, 호주 등에서 심각한 문제로 나타나고 있으며, 이는 농산물 생산에 영향을 주어 경제에 치명적 타격을 주고 있다. 특히, 캘리포니아와 호주에서는 대형 산불로 이어져 막대한 재산과 인명 피해를 초래하고 있다. 공공보건 역시 비상이다. 폭염은 심혈관 장애, 호흡기 장애, 당뇨 관련 질병의 원인이 되며, 이러한 질병이 장기화될 가능성이 높다. 또한, 야생동물 보호의 중요성도 강조하고 있다.

정책 제안에서 NYT는 지구 온난화를 단지 탄소 배출 감소 문제로만 다루는 것은 위험하다고 지적하며, 각국이 지구 온난화에 대한 행동계획을 철저히 이해하고, 조기 경보 체계를 구축해야 한다고 강조했다. 또한, 바이든 행정부의 사회기반체계 재건설 계획에 지구 온난화 대비 고려사항을 접목시켜야 한다고 지적했다. 이 보도는 기후변화가 단순한 환경 문제가 아니라, 글로벌 안보와 공공보건에까지 영향을 미치는 심각한 위협임을 강조하고 정책적 대응이 시급히 필요하다는 점을 부각하고 있다.

실제로 많은 언론 매체들이 기후 변화에 대한 기사를 꾸준히 보도하면서 대중의 인식을 높이고 있다. 이러한 보도는 논쟁적이고 갈등적인 정책 결정에 있어서 책임자들에게 기후 변화 대응 정책을 강화하도록 방향을 제시하며 나아가 환경 보호 단체들의 활동을 널리 알리고, 대중의 환경 문제에 대한 관심을 높이는 역할을 한다. 예를 들어, 바다 오염 문제나 산림 보호 캠페인에 대한 기사를 통해 대중의 인식을 높이고, 친환경 정책을 촉구한다.

나아가 심층보도는 사회적 운동 지원을 지원할 수 있다. 미국의 블랙 라이브즈 매터(Black Lives Matter) 운동이나 미투(#MeToo) 운동과 같은 사회적 운동은 언론의 보도를 통해 널리 알려지며 큰 영향을 미쳤다. 이를 통해 논쟁적이고 갈등적인 이슈에 대한 대중의 인식 변화와 함께 정책 변화까지 이끌어 냈다. 특히 정치적 선거 캠페인 기간 중 언론은 선거 기간 동안 후보자들의 정책과 입장을 상세히 보도함으로써 유권자들의 의견 형성에 중요한 영향을 미친다. 또한 사회적 불평등 문제는 대중의 주목을 끈다. 예를 들어, 소득 격차나 교육 격차, 성별 불평등 문제를 집중 보도해 대중의 인식과 사회적 변화를 이끌어 낸다.

이처럼 심층보도는 언론의 중요한 기능 중 하나로, 단순한 뉴스 전달을 넘어 사건의 배경, 원인, 영향 등을 깊이 있게 분석하고 보도하는 것을 말한다. 심층보도의 주요 기능은 먼저 정보 제공이다. 심층보도는 사건이나 이슈에 대한 상세한 정보를 제공하여 독자들이 상황을 더 잘 이해할 수 있도록 돕는다. 이를 통해 독자들은 표면적인 정보뿐만 아니라 사건의 맥락과 배경을 파악할 수 있다. 둘째, 공공의 알 권리 보장이다. 심층보도는 공공의 알 권리를 보장하는 데 중요한 역할을 한다. 언론은 시민들이 중요한 정보에 접근할 수 있도록 돕고, 이를 통해 민주주의 사회에서 시민들이 정보에 근거한 결정(informed decision)을 내릴 수 있도록 한다. 셋째, 사회 변화 촉진이다. 심층보도는 사회적 문제를 조명하고, 이를 통해 사회 변화를 촉진할 수 있다. 예를 들어, 환경 문제, 인권 침해, 경제적 불평등 등 다양한 사회적 이슈를 다루는 심층보도는 공론화를 통해 변화를 이끌어 낼 수 있다. 넷째, 교육적 역할이다. 심층보도는 독자들에게 복잡한 이슈에 대한 교육적 정보를 제공하여, 독자들이 더 나은 이해와 판단을 할 수 있도록 돕는다. 이를 통해 독자들은 다양한 관점에서 문제를 바라보고, 더 깊이 있는 사고를 할 수 있게 된다. 이러한 기능들을 통해 심층보도는 언론의 중요한 역할을 수행하며, 사회의 투명성과 책임성을 높이는 데 기여한다.

> # 3
> 깊이 있는 뉴스

 텔레비전 뉴스리포트의 평균 시간이 1분 30초 내외로 여러 가지 한계를 가지고 있다. 심층 분석 부족해 짧은 시간 내에 사건의 배경, 원인, 결과 등을 충분히 설명하기 어렵다. 이는 시청자들이 사건의 전반적인 맥락을 이해하는 데 한계를 초래할 수 있다. 또한 복잡한 이슈를 간단하게 전달하려다 보니, 중요한 세부 사항이 생략되거나 단순화될 수 있어서 정보의 왜곡이나 오해를 불러일으킬 수 있다. 짧은 시간 내에 시청자의 관심을 끌기 위해 감정적인 요소에 의존하는 경우가 많다 보니 객관적인 정보 전달보다는 감정적인 반응을 유도하는 데 초점을 맞추게 되어, 정보의 신뢰성을 떨어뜨릴 수도 있다. 그리고 다양한 관점을 충분히 다루기 어려워, 특정 관점이나 의견이 과도하게 강조될 수 있다. 이는 시청자들이 균형 잡힌 시각을 가지는 데 방해가 될 수 있다. 나아가 짧은 시간 내에 많은 정보를 전달하려다 보니, 시청자들이 정보를 소화하기 어려울 수 있다. 이 때문에 시청자들이 뉴스를 이해하고 기억하는 데 어려움을 겪게 할 수 있다. 이러한 한계와 문제점들은 텔레비전 뉴스의 신뢰성과 정보 전달의 효과성을 저해할 수 있다. 따라서 심층보도가 필요한 것이다.
 심층 보도는 복잡한 문제를 깊이 있게 탐구하고, 독자에게 중요한 정보를 제공한다. 심층 보도를 효과적으로 수행하기 위해 여러 단계를 거쳐야 한다. 먼저 주제 선정으로 사회적으로 중요한 문제를 선택한다. 예를 들어, 일자리, 교육, 저출산 고령화, 기후변화 등이 있다. 두 번째로 철저한 조사로 신뢰할 수 있는 출처에서 자료를 수집한다. 정부 보고서, 학술 논문, 전문가 인터뷰 등을 활용한다. 인터뷰에서는 관련 전문가, 피해자, 관계자 등을 통해 다양한 관점을 확보한다. 또 필요하다면 현장을 방문하여 직접 관찰하고 자료를 수집한다. 세 번째로 분석 및 검증이다. 수집한 데이터를 분석하여 패턴이나 중요한 사실을 도출한다. 사실 검증을 통해 모든 정보의 정확성을 검증한다. 네 번째로 기사 작성이다. 보도의 구조를 명확히 해 체계적으로 구성한다. 독자가 쉽게 이해할 수 있도록 이야기 형식으로 전달한다. 사례나 인물 스토리를 효과적으로 활용하고 그래프, 사진, 영상 등을 활용하여 시각적으로도 정보를 전달한다. 다섯 번째로 보도의 윤리성이다. 개인적인 의견이나 편견을 배제하고, 객관적인 사실에 기반한 보도를 한다. 또 다양한 관점을 공정하게 다루며 공익을 위한다. 마지막으로 피드백 및 수정이다. 동료나 전문가로부터 피드백을 받아 보도를 개선한다. 심층 보도는 시간과 노력이 많이 들지만, 사회에 중요한 영향을 미칠 수 있는 만큼 이러한 과정을 거쳐야 한다.

이런 심층 보도의 사례로 SBS의 '미래한국리포트'가 있다. 미래한국리포트는 2004년부터 10여 년간 한국 사회의 다양한 문제를 심층적으로 분석하고, 미래에 닥칠 위기들을 예측하며 다각적인 해법을 제시해 온 프로그램이다. 이 프로그램은 고령화, 일자리 위기, 기후 변화, 소통 문제 등 다양한 주제를 다루며, 사회 공헌과 지식 콘텐츠 포럼으로 기여했다.

특히, 2012년부터는 '사회의 질(Social Quality)' 향상을 목표로 지속 가능한 성장 사회를 위한 연구를 진행했다. 또 서울대 사회발전연구소와 100여 명의 교수, 연구원 등과 교육, 복지, 경제, 환경, 거버넌스 등 중요 분야에 대한 연구회의를 했다. 이를 통해서 2014년에는 세월호 참사를 계기로 공공성 회복을 통한 '한국사회 재설계'의 필요성을 강조했고, 2015년에는 '좋은 정부의 조건'을 제시했다. 이러한 노력은 사회적 합의의 중요성을 강조하고, 공론장을 제공함으로써 시청자와 각계로부터 좋은 반응을 얻었다. '미래한국리포트'는 여러 상을 수상하며 그 공로를 인정받았고, 생산된 뉴스와 콘텐츠는 대학 강의 교재와 학술 연구 주제로도 활용됐다. 또한, 정치권과 정부에서도 정책 방향 설정과 입안에 반영될 정도로 영향력을 미쳤다.

'미래한국리포트'는 연구를 통해서 대한민국이 전환기의 위기를 어떻게 벗어나야 할지를 논의했다.[176] 그 결과 우리보다 먼저 위기를 경험하고 극복한 선진국들의 공통점은 '사회의 질(Social Quality)'이 높다는 것이었다. 사회의 질은 국내총생산(GDP) 같은 경제지표로 잡아낼 수 없는 사회발전의 척도로서 전체 사회의 발전이 개인의 역량개발과 얼마나 조화를 이루는지 보여 주는 지표다. 높은 사회의 질을 위해서는 자본 등 경제적 요소와 제도, 정책, 문화와 같은 비경제적 요소가 균형적으로 발전해야 한다.

그렇다면 사회의 질을 높이고 자본과 정책, 제도, 문화를 균형적으로 발전시키기 위해서 어떻게 해야 할 것인가? 우리 사회 전체를 바꿔야 할 방대한 일이지만, 교육과 복지, 일자리, 환경, 그리고 거버넌스 분야가 우리 사회 변화와 발전을 위한 핵심적인 영역이라고 할 수 있다. '미래한국리포트'는 이 분야를 중심으로 연구를 진행해 왔으며, 10여 년간 행사 외에도 분야별로 수십 명의 전문가들의 연구 결과를 직접 듣고 토론했다.

그동안의 논의를 보면 국가 성장 모델은 크게 영미형의 자유 시장경제 모델과 유럽형의 조정 시장경제 모델로 나뉜다. 자유 시장경제 국가의 특징은 시장 중심의 경제 운영과 내수, 서비스업 중심의 산업구조, 그리고

---

176) SBS 미래부·이창재. 『더 좋은 사회 더 나은 미래』 한울. 2017. p290~294.

경쟁의식이 강하다는 것이다. 반면 조정 시장경제 국가의 경우 국가 개입의 경제 운영과 수출·제조업 중심의 산업구조, 그리고 평등 의식이 강한 특징을 갖고 있다. 우리나라의 경제 체질은 국가 주도 성장과 수출 중심, 강한 제조업 그리고 평등 의식 등으로 볼 때 유럽형 성장 모델에 가깝다고 할 것이다.

하지만 해방 이후 미군정과 한국전쟁의 미군 참전, 원조 등 정치와 경제, 학문적 영향으로 미국형 모델에 치우쳤다. 대한민국의 사회와 경제가 성장하던 60~80년대는 미국형 모델의 선택은 불가피했지만 이후 우리 체질에 맞는 성장 모델을 찾아가야 했다. 특히 IMF 외환위기 이후로는 한국식 성장 모델에 대한 조정이 필요했지만, 신자유주의 모델은 지속됐다. 이 때문에 체질에 맞지 않는 정책과 제도의 운용으로 인한 부정합성이 여러 분야에서 나타나 우리의 산적한 문제를 더욱 악화시키고 있다. 따라서 이 부정합성을 어떻게 극복할 것인가가 중대한 과제이다. 따라서 우리 체질에 맞는 거버넌스를 마련해 교육-일자리-복지가 선순환하고 지속 가능한 사회를 만들어 나가야 한다는 것이다.

1) 교육

먼저 교육은 인적 자본의 육성을 위해 그 나라의 산업구조와 연계해 운영돼야 한다. 최근 우리나라는 대졸 실업과 일자리 미스 매치가 심각한 사회 문제가 되고 있는데, 여기에는 산업 구조와 교육 제도의 부정합성 문제가 있다. 수출과 제조업 중심의 독일 등 유럽의 국가들은 숙련공이 필요하므로 직업교육이 잘 발달해 있다. 반면 미국의 경우 상대적으로 직업 교육보다는 일반 교육을 유지하고 있다. 넓은 내수시장을 기반으로 한 미국은

IT와 금융 산업 중심으로 일반 교육을 받은 인력들이 경쟁을 통해서 새로운 아이디어를 내놓고 이 과정을 통해서 경제와 기업 혁신을 이끌어 가는 구조이기 때문이다. 앞서 말했듯이 우리나라는 유럽형 산업구조로 되어 있지만 교육 제도는 미국형이어서 일반 교육 위주와 높은 대학 진학률로 인해 고학력 인력이 과잉 공급되고 있다. 따라서 좁은 취업 관문을 통과하기 위한 경쟁이 대입뿐만 아니라 초중등 단계에서부터 치열해지고 있다. 결국, 산업 구조와 교육 시스템의 부정합성을 해소하지 않고 서는 심각한 교육 문제를 풀 수 없다.

제9차 '미래한국리포트'(2011)에서는 한국 사회 경쟁에 대해서 발표했다.[177] 경쟁에 대한 조사와 분석은 시간이 지났지만 그 결과는 지금도 시사하는 바가 크다. 사회학자 잉글하트는 세계 여러 나라의 가치관 조사자료 분석결과 성장기에 궁핍과 동요를 경험한 나이 든 세대는 경제적 안정이나 질서 확립에 높은 가치를 두는 반면, 풍요와 안정을 경험한 젊은 세대는 삶의 질, 표현의 자유, 정치 참여 등 탈물질주의적 측면을 중시하는 경향이 있다고 주장해 왔다. 경제발전이 물질주의 가치에서 탈물질주의 가치로의 점진적 변화를 가져온다는 것이다. 그런데, 한국은 압축적 근대화의 결과 경쟁이 일상화되고 다른 나라들의 몇 배 되는 위험을 떠안아야 하는 상황을 맞게 됐다. 즉 고속성장의 결과로 물질 만능과 결과지향, 생명경시, 승자독식 만연, GDP 위주의 양적 성장에 중시한 결과로 대형 참사가 반복되는 것이다. 사회는 시장을 포함하는 훨씬 큰 실체인데도, 사회를 시장 경영하듯 한 결과다.

보통 다른 국가들은 GDP가 높아질수록 물질주의 성향이 줄어드는데,

---

177) SBS 미래부·이창재. 『더 좋은 사회 더 나은 미래』, 한울. 2017. P37~41.

유독 한국만이 GDP가 올라가도 물질주의적 성향이 여전히 높은 국가다. 실제로 '직업 가치관'과 관련된 항목들(일의 동기, 이직에 대한 선호, 정리해고에 대한 견해, 능력별 보수체계 선호, 적절한 노동연령, 직업 선택 시 우선 고려하는 사항 등)에 대한 2007년 조사의 결과를 2003년의 동일 항목들에 대한 조사와 비교해 보면 우리나라의 물질주의 동향을 알 수 있다. '일의 동기가 돈 때문'이라는 항목에 대해서는 2003년에 비해 2007년에 동의의 정도가 부쩍 커졌다. 이처럼 최근 금전적 노동 동기의 급증은 같은 기간에 응답자 다수가 금전적으로 더욱 압박을 받는 상황에 처하게 되었음을 방증한다.

따라서 '가치관상 물질주의에서 탈물질주의(post-materialism)로의 이동'이라는 경제적 발전단계에 따른 가치관의 이행에 대한 일반적인 경향이 한국사회에서 오히려 역방향으로 나타난 것이다. 실업이나 비정규직화로 인한 소득의 감소, 그리고 외환위기 이후 가계부채나 사교육비의 급속한 증가 등은 이러한 금전적 노동 동기의 증가와 긴밀한 상관관계를 가진다. 강한 물질주의는 결국 한정된 재화를 얻기 위한 치열한 경쟁으로 이어지고 이는 다시 강한 물질주의로 가면서 무한 경쟁사회가 된다. 여기에다 가치관의 혼란도 문제다. 한국인은 OECD 국가 중 가장 비정형적이며 혼합적인 가치관을 따르고 있다. 한국인은 OECD 비교 대상 20개국 중에서 가장 경쟁 지향적이다. 그러면서 안전한 직업을 선택하려는 성향은 가장 높아서 20개국 중에서 위험감수 정도는 가장 낮다. 더불어 차등적 임금 지급은 싫어하는 편이어서 한마디로 일관성이 없다.

그렇다면, 우리나라 발전의 원동력인 경쟁의 모습은 어떠할까? 치열한 경쟁 덕분에 한국은 20세기 최고의 성공 모델 국가 중 하나가 됐다. 하지만 우리가 그동안 앞만 보고 치열하게 경쟁해온 사이, 과연 우리 사회의 모습은 어떻게 변했을까? SBS는 지난 2011년 갤럽에 의뢰해 우리 국민이 경쟁을 어떻게 인식하는지 조사했다.

먼저 우리 사회의 경쟁이 얼마나 치열한지 물었다. 2001년에는 58점 정도로 느꼈는데 2011년은 76점이라고 답했다. 게다가 지금처럼 경쟁할 경우 10년 후에는 85점 정도로 지금보다 더 악화할 것으로 전망했다. 연령별로 보면 특히 40대와 20대가 경쟁을 더 치열하게 느끼고 있는 것으로 나타났다. 83.4%는 평소에도 경쟁 때문에 스트레스를 받는다고 한다. 그렇다면 어떤 분야의 경쟁이 가장 치열하다고 느끼고 있을까? 입시경쟁, 취업경쟁, 직장 안에서의 경쟁 등 거의 모든 분야에서 90을 넘어설 정도로 한계치에 이른 것으로 받아들이고 있었다. 그래도 가장 치열한 것은 역시 취업경쟁으로 나타났다. 그리고 그 시작은 학교부터다. 통계청 조사결과 당시 초.중.고생의 열에 일곱이 사교육을 받는 것으로 나타났다. 이를 반영하듯 사교육 경쟁에 대해선 거의 모두가 "심하다"고 생각했다. 그렇다면 다른 사람이 사교육을 포기한다면 내 아이의 사교육도 포기할 수 있을까? 47.6%는 "포기하겠다."고 답했다. 한국사회의 사교육이 남들과의 경쟁을 의식한 것임을 보여 주고 있다. 하지만 "그래도 계속하겠다."는 답도 40.2%였다. 이렇게 되면 앞서 포기하겠다고 답한 사람들도 결국은 포기할 수 없는 악순환이 될 수밖에 없다.

이런 과도한 경쟁은 대학이나 직장에 들어가서도 여전히 이어진다. 기본적으로 전문지식을 쌓는 것은 물론이고 온갖 자격증 취득과 외모 관리까지 스펙 쌓기 경쟁이 끝이 없다. 그렇다면 그 결과는 어떨까? 조사 당시 청년고용률은 재정위기를 겪고 있는 나라들을 빼면 한국이 OECD 꼴찌수준이다. 치열한 취업 경쟁을 피해서 창업을 하는 경우에도 어렵긴 마찬가지다. 자기 사업을 하는 경우에도 절반은 3년 안에 문을 닫는 것으로 나타났다.

이렇다 보니 구직자들은 임금사정이 나은 대기업을 선호하지만, 현실적으로 대기업에서 일할 수 있는 사람은 10명 가운데 1명에 불과하다. 나머지 90%는 중소기업에서 일할 수밖에 없는데, 대기업과 중소기업 간 임금 격차는 좀처럼 좁혀지지 않고 있다. 지난 20년간 소득 불평등은 더 심해졌다. 결국, 우리 사회의 근간인 중산층은 줄어들고 하위층은 늘어났다.

인생의 가장 중요한 경쟁에서 당신은 이겼는지 물었을 때, 44%가 "나는 패자다"라고 답했다. 과도한 경쟁은 개인의 행복감을 떨어뜨릴 뿐 아니라 사회불안과 불신을 낳고 있다. 이렇게 사회가 불안할 땐 누군가에게 기대고 싶지만, 우리 사회는 OECD 국가 가운데 도움이 필요할 때, 기댈 사람이 가장 없는 삭막한 사회로 바뀌어 가고 있다. 이뿐만이 아니다. 다른 OECD 국가들의 자살률은 계속 떨어지고 있지만, 우리나라의 자살률은 떨어지지 않고 있다. 더 충격적인 것은 10대에서 30대까지 사망원인의 1위가 자살이다. 40대와 50대도 암 다음이 자살일 정도로 우리 사회는 피폐해져 가고 있다. 이런 어두운 단면은 우리가 경쟁을 하면 할수록 경쟁의 효과는 사라지고 폐해만 커지는 단계에서 빠져나오지 못하고 있음을 보여 준다. 동화 『이상한 나라의 앨리스』를 보면 붉은 여왕인 레드 퀸과 앨리스가 함께 달리는데 아무리 열심히 뛰어도 제자리걸음이다. 우리 사회 역시 이런 레드 퀸 효과에 빠지면서 동력도 잃고 효율성도 잃고 결국 경쟁의 딜레마에 빠진 것이 아닌지 생각해볼 대목이다. 2024년 조회수가 많았던 깊이 있는 뉴스의 교육 기사들은 다음과 같다.

□ 의대·수능

수능(대학수학능력시험)은 한국 교육에 핵심적 역할을 하고 있다. 수능은 학생들이 대학에 진학하기 위해 반드시 거쳐야 하는 관문으로, 치열한 경쟁을 유발한다. 이로 인해 학생들은 고등학교 시절 대부분을 수능 준비에 집중하게 된다. 수능 성적은 대학 진학뿐만 아니라 이후의 취업과 사회적 지위에도 영향을 미친다. 한국에서는 특정 대학 출신자가 사회적 성공을 거둘 가능성이 크다고 여기기 때문에, 수능 성적은 사회적 계층 이동의 중요한 수단으로 간주된다. 수능은 교육 시스템의 집중과 형평성에도 영향을 미친다. 수능 준비에 많은 자원을 투입할 수 있는 학생들은 더 좋은 성적을 얻을 가능성이 높아지지만, 경제적으로 어려운 학생들은 이러한 기회에 제한을 받을 수 있다. 이는 교육 불평등을 심화시킬 수 있다. 여기에다 '의대 블랙홀'이라고 불릴 정도 최상위급 인재들이 의대로 몰리면서 경쟁과 형평성 등의 교육 문제를 심화하고 있다.

정부가 2025학년도부터 의대 입학정원을 2000명 증원한다고 2024년 2월 발표했다. 이럴 경우 2025학년도부터 의대 정원이 2000명 증원되어 총 5058명이 된다. 다만 한국대학교육협의회(대교협)는 5월 대입전형위원회를 열고, 각 대학이 제출한 2025학년도 대입 전형 시행계획 변경 사항을 심의·확정했다. 이에 따라 의대 정원은 기존보다 1,509명 늘어났다. 이로써 27년 만에 전국 의대 정원이 증원돼 2025학년도에는 40개 의과대학에서 총 4,567명을 모집하게 됐다. 이로 인해 의대 입시 전략에 큰 변화가 예상됐다. 특히 비수도권 의대의 정원이 기존 대비 80% 이상 증가하면서, 수도권 최상위권 학생들은 수시로 수도권 의대, 정시로 비수도권 의대를 많이 지원할 것으로 예상됐다. 또한, 취업난과 의대 정원 증가는 직장인들 사이에서도 의대 도전을 부추기게 됐다.

실제로 서울의 입시학원에서 열린 입시설명회에서는 의대 정원 증원에 따른 입시 전략이 주요 주제로 다뤄졌다. 특히 'N수'와 '반수생'을 대상으로 한 설명회에서 많은 학생들이 의대를 목표로 재수나 반수를 선택하고 있다는 점이 강조되었다. 서울 상위권 수험생들이 의대를 선택하면서 이공계 학과의 합격선이 내려가, 지방 수험생들이 서울의 이공계 학과에 진학할 기회가 늘어날 것이라는 전망도 나왔다. 하지만 이공계 학과들은 상위권 학생들의 지원이 줄어들 경우 연구 경쟁력이 낮아질 수 있다는 우려도 있다. - '의대 블랙홀' 되나… "대입 판도 격변" 학원가 술렁(3/20)

수능 시험을 자녀와 함께 보겠다는 부모들이 있다. 일부 선택 과목에서 일부러 낮은 점수를 받아서 자기 아이들 표준점수를 높여 주겠다는 것이지만 실제로 효과가 거의 없다고 한다. 통계학과 교수와 함께 시뮬레이션한 결과, 응시자가 적은 과목에서 부모 200명이 전원 0점을 받더라도 상위권 학생들의 표준점수는 변동이 없거나 오히려 1점 낮아지는 것으로 나타났다. 상위권 표준점수를 1점 더 높이려면 부모 500명이 같은 과목에 응시해 전원 0점을 맞아야 가능하다고 한다. 또한, 이러한 행위가 적발되면 형사처벌을 받을 수 있는 가능성도 있다. 따라서, 이런 방법은 실질적인 효과가 없을 뿐만 아니라 법적으로도 문제가 될 수 있다. 이와 같은 시도는 통합 수능 도입 이후 과학탐구 선택자가 줄어들면서 생긴 현상으로 분석됐다. - "엄마가 깔아 줄게" 수능 보는 학부모들… 효과는 [사실은](9/6)

이외 조회수 많은 기사는 수능 이원화·내신 외부평가제 도입 논의(8/19), "전교 1등 의사 홍보물… 교육 파탄 드러내는 역사적 기록"(3/22), "의대 들어가기 가장 쉬운 곳"… 중고등학생 '이 지역' 몰리나(4/1), 서울대생들도 "의대 갈래요"… 이공계는 "연구 경쟁력 우려"(5/25), 졸업하면 대기업 직행인데… "포기할래" 의대 광풍 탓?(9/20) 등이 있다.

☐ 교권·학교폭력

2023년 서울 서이초등학교에서 근무하던 한 교사 교내에서 스스로 목숨을 끊은 사건도 있었지만, 최근들어 교사들의 역할과 지위를 약화되면서 교권의 위기가 심화되고 있다.

　6월 전북 전주시 한 초등학교에서 학생이 무단 조퇴를 제지하는 교감에게 욕설을 퍼부으며 뺨을 때리고 침을 뱉는 등 교권 침해 행위가 발생했다, 3학년 학생은 무단으로 집에 가려다 교사들의 제지를 받자 이러한 행동을 했다. 교감 선생님은 학생을 훈육하는 데 어려움을 느꼈고, 결국 학생은 학교를 무단이탈했다. 이후 학생의 어머니가 학교에 찾아와 담임교사를 폭행하는 일까지 벌어졌다. 전북교육청은 학생에게 상담과 심리 치료를 지원하려 했으나, 부모가 이를 거절했다. - "감옥 가라" 교감 뺨 때리고 '퉤'… 엄마는 담임 폭행(6/5)

　광주에서 한 중학생이 교무실을 찾아가 교사에게 흉기를 휘둘렀다. 수업 지도에 불만이 있다면서, 이런 일을 벌인 것이다. 다행히 인명 피해는 없었지만 큰 혼란이 빚어졌다. 그런데, 학교 측은 사건 발생 후 경찰을 돌려보내고, 피해 교사를 별도의 보호 조치 없이 정상 근무하도록 했다. 이로 인해 교사들과 학생들은 큰 충격을 받았고, 학교 측의 대응에 대한 비판이 제기되었다. - 중학생이 교사에 흉기 난동… 경찰 돌려보낸 학교(7/1)

　이외 조회수 많은 기사로는 [뉴스딱] "내가 몇번 얘기했냐" 섬뜩한 초등생 문자… "신고해야"(4/4), "사진에 우리 애 없다" 부모 분노… 협박편지에 교사 기겁(5/14), 옥상서 일방적 폭행 CCTV 찍혔는데… "스파링 한 것"(5/29), '교감 폭행' 초등생, 이번엔 자전거 절도… "이거 저희 거예요" 위협(6/10) 등이 있다.

2) 복지

복지의 경우 우리나라는 복지 수준이 경제 규모에 비해 낮은 수준인 저부담 저복지 구조인데 최근 들어 복지 수요가 거의 폭발에 가깝도록 증가하면서 복지 방향에 대한 논란이 계속되고 있다. 복지확대를 얘기하면 항상 복지 부담은 하지 않으면서 혜택만 받는 '무임승차자' 문제로 반대가 많다. 이렇게 복지 부담 계층과 수혜 계층이 양분된 대표적인 국가 중 하나가 미국이다. 이렇다 보니 건강 보험 등 복지 확대에 대한 계층 간 사회적 갈등이 심하다. 따라서 갈등을 줄이기 위해 복지의 혜택이 고소득 계층이나 저소득 계층 모두에게 돌아갈 수 있도록 설계하는 것이 중요하다. 즉 소득에 따른 부담 차이가 있더라도 모든 계층이 복지 부담을 같이하고 혜택도 함께 받도록 하는 것이다.

복지 선진국인 스웨덴과 덴마크는 가족복지와 고용복지 지출이 많다. 즉, 여성의 경제활동을 돕는 보육 같은 사회서비스, 그리고 근로자의 소득보장과 고용서비스 같은 재취업 지원에 많은 돈을 쓴다. 사회투자형 혹은 고용친화형 복지지출이 많은 것이다. 따라서 누구나 복지 혜택을 누릴 수 있다. 반면, 상대적으로 경제가 취약한 남유럽 국가의 복지 형태는 다르다. 이탈리아와 그리스는 연금과 의료 같은 고령층 중심의 전통적인 프로그램만 과잉 성장되어 있다. 이렇다 보니 복지 부담 계층과 수혜 계층이 양분되게 된다. 한마디로 스웨덴은 고용을 매개로 복지와 성장의 선순환 구조를 이루고 있지만, 이탈리아와 그리스는 이러한 선순환 고리가 매우 약하다는 것이다. 결국, 성장의 발목을 잡는 복지가 아니라 성장과 선순환하는 복지가 필요하다.

제10차 미래한국리포트(2012)에서 18대 대선을 앞두고 SBS와 서울대 사회발전연구소는 당시 이슈였던 성장과 복지문제에 대한 연구를 실시했다.[178] 당시 남유럽 금융위기의 원인으로 과잉 복지를 지적하면서 보편적 복지와 선별적 복지에 대한 논란이 뜨거웠다. 이에 따라 한국을 비롯한 다섯 개 나라를 비교연구했다. 한국과 비슷한 사회의 질을 가지고 있으면서 경제위기를 겪고 있는 나라들로 그리스와 이태리, 한국과 다른 사회의 질을 가지고 있으면서 경제위기로부터 가장 안전한 사례로서 독일, 그리고 한국과 비슷한 사회의 질을 가지고 있되 경제위기를 겪지 않고 있는 사례로 터키를 택하였다. 연구를 위해 OECD 국가 전체를 대상으로 하여 모든 경제지표 및 사회지표를 수집하여 분석하고, 지난 2012년 5월 5개국에서 동시에 국민의식조사를 실시하였으며, 그 해 7월에 한국을 제외한 나머지 4개국을 방문하여 50명의 전문가를 심층 인터뷰하는 방대한 연구를 진행했다. 연구를 통해서 복지 프레임을 벗어나 남유럽 위기에 대한 새로운 접근을 제시했다. 연구결과는 우리에게 경종을 울리는 것이었다. 유럽의 경우 우리와 비슷한 사회의 질 유형을 보이는 나라들은 그리스, 이태리, 스페인, 포르투갈 등인데, 이들이 예외 없이 유로존 경제위기의 한복판에 서 있거나 다음 희생양으로 지목되고 있음을 발견한 것이다.

  분석결과 복지지출 그 자체는 문제가 아니고 중요한 것은 늘어난 복지지출을 관리할 수 있는 수준 높은 거버넌스를 가지고 있는가에 있었다. 당시 한국의 경우에는 위기를 피했다고 하기보다는 엄밀히 말하면 위기를 경험할 기회 자체가 없었다고 보아야 했다. 복지지출 자체를 거의 하지 않았기 때문에 거버넌스의 수준이 낮아도 버텨올 수 있었던 것이다. 결론적으로 이 연구를 통해서 남유럽 위기의 근본적인 원인은 복지지출의 문제

---

178) SBS 미래부 이창재.『더 좋은 사회 더 나은 미래』. 한울. 2017. P144~150.

가 아니라 거버넌스 수준에 있었다는 것을 보여줬다. 이어 연구진은 한국이 복지지출을 확대할 경우 어떤 경로로 이동할지 연구했다. 다른 OECD 국가들에 비해 한국의 복지지출 수준은 너무 낮아 복지지출 확대가 불가피하기 때문이다. 이를 위해서 그리스와 독일에 위기와 성장을 가져온 거버넌스가 왜 차이가 생겨났는지 그 근원을 심층 분석했다. 그렇다면 복지지출 수준이 높으면서 위기에 빠진 나라와 그렇지 않은 나라는 구체적으로 무엇이 달랐을까? 가장 극단적인 대비를 보여 주는 그리스와 독일의 사례를 살펴보았다.

그리스는 1980년 이후 거의 해마다 경상수지 적자를 기록해 왔고, 그 결과 엄청난 정부부채가 누적되어 있다. 그런데 그리스 경상수지 적자가 늘어나는 데에는 정치적인 패턴이 있다. 그리스의 양대 정당인 사회당과 신민당이 번갈아 집권하면서 경쟁적으로 부채를 늘려 놓았다. 정치적 지지의 대가로 부패를 눈감아 주고 혜택을 제공하는 정치적 후견주의의 결과다. 그리스는 GDP 대비 많은 복지 예산을 지출했지만, 그것이 정치적 후견주의라는 수준 낮은 거버넌스의 틀 안에서 집행되었기 때문에 비효율적이었을 뿐만 아니라 국민들로부터 좋은 평가를 받는 데에도 실패하였다. 거버넌스가 제대로 이루어지지 않는 상태에서 이루어진 복지지출이 어떤 결과를 낳았는지를 단적으로 보여 주는 사례가 그리스 키오스 섬의 시각장애인수당 부당 수령 사건이다. 키오스 섬의 우편배달부가 시각장애인에게 복지 수당 수령 우편물을 전했더니 그 시각장애인이 봉투를 뜯어 복지 수당금을 직접 눈으로 확인하더라는 것이다. 가짜 시각장애인이었던 것이다. 이후 정부 조사결과 인구 5만 명의 섬에 등록된 시각장애인 수는 약 450명이었지만 진짜 시각장애인은 160여 명에 불과했다. 진짜 보다 많은 가짜 연금수령자가 많은 게 현실이었다. 이렇게 그리스의 연금재정이 새어 나가고 있었다.

반면 한때 '유럽의 병자'라고 불렸던 독일은 지난 10여 년간 하르츠 개혁이나 어젠다 2010과 같은 개혁의 노력을 경주해 왔다. 이러한 체질 개선의 과정에서 갈등이 없을 수는 없었다. 문제는 서로가 받아들일 수 있는 타협안을 제시함으로써 그 갈등이 사회적으로 수용 가능하게 되는가에 달려 있다. 노동시장 개혁을 보면 사회통합의 틀이 없다시피 한 한국에서 노동시장 구조조정은 곧 정리해고만을 의미하고, 이것은 받아들여질 수 없는 타협안이 된다. 반면 독일의 노동시장 구조조정은 '유연안정화'라고 불린다. 독일에서는 해고 대신 근로시간을 줄이는 방식이 이용된다. 이때 근로자들은 고용 보험의 지원을 받기 때문에 임금이 줄어드는 정도가 적다. 예컨대, 근로시간이 절반으로 줄더라도 소득이 줄어드는 것은 이보다 크게 적은 10~15% 수준이다.

그렇다면 독일은 어떻게 해서 이러한 합의가 가능했을까? 두 가지 비결이 있었다. 첫째는 경제운용의 기본원리인 '사회적 시장경제'에 대한 사회적 합의가 오랫동안 유지되어 왔다는 점이다. 독일의 보수정당 기민당의 싱크탱크인 아데나워 재단의 마티아스 쉐퍼 박사의 설명에 따르면, 시장경제는 실패할 수 있기 때문에 안정성을 높여 보완해 줄 필요가 있다는 것이다. 자본주의와 사회주의 개념을 보완해 만든 개념이 사회적 시장경제다. 두 번째 비결은 정치 영역에 있다. 정당명부식 선거제도와 연방제는 지역간 그리고 사회세력간 대립을 완화하고 갈등을 제도적으로 봉합하는 역할을 한다. 이러한 제도적 특징으로 인해 연방 차원의 현실 정치에서 항시적으로 연합정부 구성을 필요로 하게 되고, 결과적으로 정책의 일관성을 유지하게 해 준다. 2024년 조회수가 많았던 깊이 있는 뉴스의 복지 기사들은 다음과 같다.

□ 저출산

제14차 미래한국리포트(2016)에서는 인구에 대해 발표했다.[179] 대한민국은 지난 반세기 동안 인구보너스 시대를 경험했다. 인구보너스란 만 15세에서 64세까지, 생산연령층 인구비율이 높아 소비와 생산이 늘면서 경제성장을 이끄는 구조다. 이는 인구 변화가 일종의 덤으로 작용하는 것이다. 이제 우리는 인구보너스를 끝내고 인구오너스 시대에 접어들었다. 인구오너스에서 오너스는 '부담'이라는 뜻이다. 생산가능인구가 줄어 성장의 엔진은 식어 가는데 고령층 비율이 빠르게 늘면서 부양 부담이 커지는 형태다. 가벼운 몸으로 트랙을 뛰는 선수가 인구보너스 시대의 모습이라면, 무거운 배낭에 모래주머니까지 차고 달리는 것은 인구오너스 시대, 우리의 현실이다.

인구보너스와 인구오너스는 정반대의 현상이지만 그 뿌리는 모두 '저출산'에 있다. 급격하게 낮아진 출산율이 지금까지 부양 부담을 줄이는 역할을 했지만, 이제 생산가능인구가 줄어드는 부메랑이 되어 돌아왔다. 이미 알고 있듯이 우리나라 출산율은 심각한 수준이다. 합계출산율 2.1명 미만의 저출산 국가(1983년 2.06)가 된지도 이미 32년(2016)이 지났다. 2001년부터는 1.3명 선이 깨지면서 초저출산국가 가 되었다. 한 때 매년 100만 명 이상씩 태어나던 신생아 수는 이제 43만 명 선을 겨우 유지하고 있다. 2016년은 신생아수가 가장 낮은 수치를 기록할 것으로 보여 43만 명 선 턱걸이도 어려워 보인다. 참고로 2023년은 신생아수는 23만 명이었다. 대한민국은 빠르게 늙어가고 있다. 지방은 이미 인구감소가 시작됐다. 전국에서 고령화 비율이 두 번째로 높은 경북 의성군 사례를 취재했다.

---

179) SBS 미래부 이창재, 『더 좋은 사회 더 나은 미래』 한울. 2017. P127~131.

경북 의성군의 한 노인요양병원의 경우 2008년 병원이 들어서기 전에는 초등학교 건물이었다. 학생 수가 줄어들어 폐교된 뒤 노인 의료기관으로 바뀌었다. 젊은 세대가 사라진 자리는 생각보다 컸다. 소비여력이 줄면서 지역 상권은 무너졌다. 혼자 사는 노인 주민이 많아지다 보니 이들이 떠나고 난 뒤 방치된 빈집 처리도 골칫거리다. 의성군의 한 마을의 경우 5가구 중 한 가구는 버려진 집이다. 이 마을 이장은 지금 80~90대 노인들이 사망하면 앞으로 빈집 더 많아질 거라고 우려한다. 의성군의 또 다른 마을에는 19년 만에 아기 울음소리가 들렸다. 귀농한 가정에 쌍둥이 아기가 태어난 것이다. 인근 40여 개 마을을 다 합쳐도 또래 아기는 서너 명에 불과하다. 의성군은 65세 이상 고령층 비율이 36%에 이른다. 마을 경로당의 평균 연령은 80세로 70세 노인은 아직도 막내다. 더구나 노인복지 부담은 갈수록 늘어 가는데, 지역이 스스로 조달할 수 있는 재원은 크게 못 미친다. 실제로 5천억 예산 중에 3백 억 원만 의성군이 부담하고 있다. 이는 공무원 인건비 6백억 원의 절반밖에 안 된다. 지난 10년 사이 의성군은 만여 명의 인구가 줄었다. 전체 인구의 16%다. 이 때문에 전국에서 소멸 위험이 가장 높은 곳으로 꼽히고 있다.

대부분 농어촌 마을의 현실은 의성군과 크게 다르지 않다. 2015년 출생보다 사망신고가 많아 인구의 자연감소가 일어난 곳은 전체 시군구 226개 중 100곳에 달한다. 인구 감소는 남아 있는 사람에게도 재앙이다. '생활사막'이라는 말 들어 본 적이 있는가? 병원이나 시장 같은 생활 편의시설이 주변에 없어 일상적인 생활이 어려운 지역을 일컫는 말이다. 우리보다 '인구오너스' 시대가 먼저 닥친 일본에서는 근처에 편의점이 없어 간단한 생필품 하나를 구하려고 몇 시간씩 먼 길을 힘겹게 오가는 '쇼핑난민'이 큰 사회 문제가 됐다. 우리나라도 비슷한 고민이 시작됐다.

전북 임실군에는 2016년 4월부터 셔틀버스가 운행되고 있다. 주민들이 미리 예약을 하면 미니버스가 집 앞까지 와서 목적지까지 데려다 준다. 셔틀버스가 운행되기 전까지, 이곳 주민들은 바깥 외출이 쉽지 않았다. 인구수가 적고 외진 곳이어서 정기버스 노선이 닿지 않기 때문이다. 인근 마을의 중고등학생들은 매일 택시를 타고 등교를 하고 있다. 집 근처에 학교가 없어 다른 행정구역까지 통학해야 하는 학생들이다. 이 서비스마저 없다면 학생들은 버스를 갈아타고 한 시간 넘게 이동해야 한다. 임실군에서 운행되고 있는 전체 버스 노선 중 70%가 적자로 운행되고 있다. 인구가 줄면서 이용객이 급감해 정부 지원 없이는 운행이 어렵다. 더 이상 마을 구석구석까지 추가로 버스 노선을 확보할 수 없다 보니 개인 이동 서비스를 실시할 수밖에 없다. 더 큰 문제는 앞으로다. 인구가 점점 줄고, 지방의 재정이 더 열악해지면 이렇게 주민 한 명 한 명에게 맞춤형 편의를 제공해 주기가 불가능해지기 때문이다.

대도시라고 예외는 아니다. 부산의 경우 한 때 인구가 390만 명에 육박했지만 90년대 중반부터 인구가 줄어들기 시작했다. 특히 인구 감소는 일자리 감소로 이어져 젊은이들의 이주를 가속화했고 최근 10년 사이에만 12만 4천여 명(124,516명)이 감소했다. 부산의 동구와 영도구는 20~30대 여성인구가 65세 이상 노인인구의 절반에 채 미치지 못해 30년 뒤 소멸 위험이 있는 지역으로 꼽히기도 했다. 대구, 인천, 광주, 그리고 서울 일부 자치구 등 다른 대도시의 구도심도 고령층 비율이 14%가 넘어 초고령사회에 빠르게 다가서고 있다.

30년 넘게 지속된 저출산의 그늘은 사회 각 분야에 영향을 끼치고 있다. 교육계는 급격하게 줄어든 학생 수로 비상이다. 일부 지방에 국한된 이야기가 아니다. 학령인구의 5분의 1이 몰려 있는 서울 도심에 있는 창신

초등학교 1991년도 졸업앨범 사진을 보면 학생 수가 쉰 세 명이다. 교실은 책걸상과 학생들로 빈틈없이 빽빽했다. 2016년 이 학교에 입학한 1학년 학생들은 한 반에 평균 19명이다. 불과 25년 전인데 교실 모습이 크게 바뀌었다. 1979년 5,700명이던 전교생 숫자는 2016년 그 수가 9분의 1인 600명대 선으로 떨어졌다. 전체 교실의 절반이 남아 놀이방, 상담실 등으로 활용하고 있는데 이제는 기본적인 관리 유지도 점점 어려워지고 있다. 서울은 사정이 가장 나은 곳이다. 2016년 신입생이 열 명 미만인 초등학교는 전국에 약 1천 2백여 곳 가까이나 된다. 전체 초등학교 다섯 곳 중 한 곳 꼴이다. 중학교는 335곳, 즉 열 곳 중 한 곳이 신입생을 10명도 채 받지 못했다. 2019학년도 대학입시부터 고교졸업자 수가 대학정원보다 적어지기 시작해, 2023학년도에는 10만 명 이상 부족하게 될 것으로 당시 전망했다.

만 15세부터 64세까지 생산가능인구는 2017년 처음으로 줄어들었다. 그런데 이 중 가장 왕성한 경제활동을 하는 만 25세부터 49세까지 핵심근로인구는 이미 2010년부터 하락세로 전환됐다. 지난 2005년 37.7세이던 전체 산업종사자의 평균연령은 10년 만에 3.4세 늘어(2005년 37.7세 → 2015년 41.1세) 40대에 진입했다. 제조업 생산현장에서 20~30대 젊은 세대를 보기 어렵다. 은퇴를 앞두었거나 은퇴 후 재취업한 50~60대가 그 자리를 대신하고 있다. 이들이 은퇴하는 2020년대 후반부터는 노동력 부족 현상마저 우려된다.

이런 가운데 한 기업이 자녀 한 명당 출산지원금으로 1억 원을 지급한 사례가 큰 화제가 되었다. 정부도 이 지원금에 대해 세금을 부과하지 않겠다고 밝혔다. 이러한 출산 장려책은 기업들이 직원들의 육아와 출산을 지원하는 다양한 정책을 도입하는 데 큰 영향을 미쳤다. 예를 들어, 포스코는 남성 육아휴직을 의무화하는 분위기를 조성하여 남성 직원들이 육아휴직을 자유롭게 사용할 수 있도록 했다. 그 결과, 2021년에는 남성 육아휴직자가 여성 육아휴직자를 넘어섰다. 롯데도 남성 직원에게 한 달간의 육아휴직을 의무적으로 사용하게 하여 출산율 증가에 기여했다. 이러한 정책들은 남성 육아휴직자들의 생산성과 업무 집중도를 높이는 데 긍정적인 영향을 미쳤다. 실제로 남성 육아휴직자 중 80% 이상이 업무 효율성이 향상되었다고 답했다. - "아이 한 명 낳을 때마다 1억 원"… 파격 출산 지원책 회사(2/5)

SBS는 2024년 인구 절벽 문제를 짚어 보는 연중 기획 보도를 했다. 인구 절벽 문제와 관련된 가족 돌봄의 현실을 다뤘는데, 특히, 가족을 돌보느라 자신의 삶을 희생해야 하는 사람들의 이야기를 통해, 이 문제의 심각성을 조명했다. 예를 들어, 2008년생 A 양은 고등학생이지만, 장애가 있는 엄마와 언니를 대신해 식사를 준비하고, 소녀 가장으로서 생활비를 책임지고 있다. 또한, 40대 박 모 씨는 교통사고로 편마비와 치매가 온 어머니를 10년째 돌보고 있으며, 자신의 건강 문제조차 돌볼 여유가 없다. 이러한 사례들은 가족 돌봄의 부담이 개인에게만 맡겨져서는 안 된다는 점을 강조한다. 사회적 지원과 분담이 필요하며, 이를 통해 인구 절벽 문제를 극복할 수 있을 것이다. - "꿈은 사라진 상태"… '가족 돌봄' 막중한 무게, 이제는 분담해야(5/27)

통계청의 조사에 따르면, 앞으로 30년 후 서울, 부산, 대구 같은 대도시의 인구가 크게 줄어들 것으로 예상됐다. 특히, 40대 이후부터는 대도시에 들어가는 사람보다 떠나는 사람들이 더 많아지는 추세가 계속되고 있으며, 낮은 출산율도 인구 감소에 영향을 미치고 있다. 예를 들어, 2052년 서울의 인구는 2022년보다 약 150만 명 줄어들 것으로 전망되며, 부산, 대구, 울산의 인구도 25% 안팎으로 급감할 것으로 보인다. 특히, 제조업체가 밀집한 울산은 생산연령인구가 반으로 줄어들 정도로 젊은 인구가 빠르게 감소할 것으로 예상된다. 이와 함께 고령화도 빠르게 진행되어, 2052년에는 11개 시도에서 65세 이상 고령인구 비중이 40%를 넘을 것으로 추산된다. 이러한 인구 감소와 고령화는 경제적, 사회적 여파가 클 것으로 보이며, 대도시의 인프라 관리와 활용 방안에 대한 고민이 필요하다.
- "유입보다 이탈" 서울 인구 150만 명 감소… '인구 소멸' 대도시 직격탄 (5/28)

이외 조회수 많은 기사로는 '최저 1%대 금리' 신생아 특례대출 첫날… 신청자 폭주(1/29), 지방엔 3곳뿐… 의사 떠난 '소아전문 응급센터' 어쩌나(2/3), "재건축 아파트 안 돼요"… 부모 울리는 신생아 특례대출(2/12), '통 큰' 출생 지원에… 세제혜택 개편 착수(2/13), "퇴사 강요에 동료에겐 민폐"… 육아휴직은 그림의 떡(풀영상)(2/13), "KB 시세 만들어 오세요"… 신생아 대출 거절 황당 사유(3/6), "너무 자연스러운 문화"… '출산율 2.05' 달성한 회사의 비결은?(3/10), "우리 회사도 최대 1억씩 주겠다"… 줄 잇는 출산 지원책(3/12), "면허 딸 생각 없어요" 점점 줄어드는 운전학원 수강생들… 왜?(3/15), 칭얼대자 흔들고 뺨 '찰싹'… 정부 지원 산후도우미 충격(3/25), "대기 300번대, 한없이 기다린다"… 말뿐인 '주거사다리'(3/27), 자녀가 만 18세 될 때까지 매달 20만 원… '양육비 선지급제' 도입(3/28), 하루 수백 대 찾던 주차장 '텅'… '전국 1위'마저 폐업(6/4), 난자 채취 실패했다고 "난임 지원비 토해내라"… 서러운 난임 부부(7/12), 75·85·95년생은 억울하다?… 한 살 차이로 '144만 원'(9/23), "현장서 가족 떠올려" 5자녀 소방관 특별승진 '전국 최초'(10/14) 등이 있다.

□ 의료 체계

의대 증원 사태로 전공의들이 병원을 떠나면서 발생한 혼란은 우리 의료 시스템의 구조적 문제를 드러냈다. 전공의들은 전문의가 되기 위해 계속 배우고 있는 의사들로, 병원 운영에 중요한 역할을 하고 있다.

특히, 대형 병원에서는 전공의 비율이 높아 이들의 부재가 수술 지연 등 큰 영향을 미치고 있다. 박단 대한전공의협의회 비대위원장은 교수나 전문의를 더 많이 고용해 병원이 전공의 부재에도 잘 운영될 수 있어야 한다고 주장했다. 그러나 대형 병원들은 필수의료수가가 낮아 전문의를 많이 고용하기 어렵다고 설명한다. 미국, 일본 등 보건 선진국에서는 전공의 비율이 낮고, 그 자리를 전문의들이 채우고 있다. 예를 들어, 미국 하버드 대학병원은 전문의만도 1만여 명에 달한다. 반면, 국내 빅5 대형 병원의 평균 전공의 비율은 39%로, 전문의 비율이 상대적으로 낮다. 이 문제를 해결하기 위해 대형 병원들은 의료수가 인상을 제안하고 있으며, 정부는 의사 숫자를 늘리는 것이 필요하다는 입장이다. - '수련하는' 전공의에 의존한 대형병원… 드러난 구조적 문제(2/27)

전공의들이 떠난 대형 병원에서는 수술실이나 응급실뿐만 아니라 다른 병동에서도 큰 어려움을 겪고 있다. 남은 전문의들이 많지 않아 급한 환자가 생겨도 도와줄 여력이 부족하고, 시급한 치료가 필요한 환자를 우선하다 보니 초기 암 환자 같은 경우는 진료 순서가 뒤로 밀리는 상황이다. 예를 들어, 한양대병원 감염내과에서는 두 명의 전문의가 20여 명의 중증 환자를 책임지고 있으며, 다른 병동에서 사고가 발생할 경우 도와줄 여력이 없다. 호흡기 병동에서도 의사 부족으로 인해 교수들이 사나흘마다 밤을 새며 당직을 서고 있으며, 초기 폐암 환자의 외래 진료가 지연되고 있다. 이러한 상황은 병동마다 촘촘하게 연결된 종합적인 의료 서비스를 제공해야 하는 대형 병원에서 각 병동이 각자도생으로 버티고 있는 현실을 보여준다. - 전공의 떠난 병원… 감염 관리 어렵고, 초기 암 환자는 밀리고(3/8)

최근 유튜브에는 건강이나 의학 정보가 담긴 영상들이 자주 올라온다. 그런데 그 가운데에는 심각한 병에 걸렸는데 뭘 먹었더니 싹 나았더라는, 확인되지 않은 내용도 있다. 유튜브는 건강 및 의학 정보의 신뢰성을 높이기 위해 의학 콘텐츠 인증 제도를 도입하기로 했다. 이 제도는 확인되지 않은 정보가 담긴 영상이 많아지면서 도입된 것이다. 예를 들어, '당근을 먹었더니 말기 폐암 환자가 살아났다'는 영상은 조회수가 264만 회에 달하지만, 의료계에서는 당근이 폐암을 치료하지 않는다고 설명한다. 국립암센터 연구팀의 분석에 따르면, 폐암 관련 유튜브 영상 중 45.6%가 잘못된 치료법이나 예방법을 담고 있었다. 유튜브는 의학 관련 자격증 보유 여부를 표기하고, 자격증 보유자의 콘텐츠를 일반인 콘텐츠보다 상단에 노출시키는 방식으로 신뢰성을 높일 계획이다. 또한, 실시간 모니터링을 통해 위험한 의학 정보 콘텐츠를 신속하게 제거하고 있다. 이러한 인증 제도가 부정확한 의학 콘텐츠를 줄이고, 사용자들이 신뢰할 수 있는 정보를 얻는 데 도움이 될 것으로 기대되고 있다. - "암환자 살렸다" 수백만 조회수… 엉터리 정보 잡아낸다(3/18)

국세청이 의사와 의약품업체 간 불법 리베이트에 대해 세무조사에 나섰다. 리베이트 형태는 다양하며, 일부 의약업체는 결혼식 비용을 대신 내주는 등 수백억 원을 지출했다. 리베이트는 경비로 처리되고 소득 신고가 되지 않아 세금 탈루 수단이 된다. 한 의약업체는 뒷돈 받은 의사를 밝히느니 차라리 세금도 대신 내겠다고 말하기도 했다. 국세청은 의료계의 카르텔을 확인했고, 16곳의 의약품 업체와 수백 명의 의료인을 조사했다. - 의사 결혼 비용까지 대납… 의약업체 "세금도 저희가"(9/25)

부산 서구의 50대 남성이 몸에 이상을 느껴 119에 신고했지만, 지도 시스템 오류로 인해 구조되지 못하고 결국 숨졌다. 신고한 주소가 잘못 안내되어 구급 대원들이 남성을 찾지 못한 것이었다. 일주일 뒤 남성은 집에서 숨진 채 발견되었다. - "몸 아프다" 신고 때 주소 말했는데… 일주일 후 숨진 채 발견(10/1)

이외 조회수 많은 기사로는 60대 남성 몸에 돼지 장기… '유전자 변형' 신장 첫 이식(3/22), "성인이라면 병원 갈 때 '신분증' 꼭 챙기세요"… 5월 20일부터 시행(4/8), "학대신고" "마약중독"… 편견으로 더 힘든 희귀병 환자들(4/19), 1kg 삼둥이 기적처럼 살았지만… 6살 되자 마주한 시련(5/8), "진료 전 신분증" 당장 다음 주부터인데… 모바일 건강보험증 '구멍'(5/17), 당장 다음 주부터 '신분증 확인' 시행인데… "보완 한 달 걸려"(5/18), "찍어둔 건 안돼요?"… 신분증 깜빡하자 껑충 뛴 진료비(5/20), 수술 30분인데 "입원하세요"… '무릎 주사' 실손 50배 폭증(6/17), 빈손으로 길 잃은 치매 노인들… 105만 명 비극 막을 방법(9/21), "벨 눌렀는데" 3시간 몸부림… 사망 알고 급히 기저귀 교체(10/8), '무릎 줄기세포 주사' 급증하는데… 환자만 '울상'(풀영상)(10/21), "명백한 살인"… "태아 모아 화장" 진술 확보(10/28), 171.5cm·75kg 뚱뚱하다는 한국… "비만 기준 올리자" 왜(11/11), "나도 힘들다" 홧김에… 치매 시어머니 양손 묶은 며느리 유죄(11/12), "자녀랑은 안 살아" 달라진 노인들… '급증' 이유는?(11/18) 등이 있다.

□ 주거 복지

주거복지란 국민의 기본적인 주거 욕구를 충족시키기 위해 제공되는 다양한 지원과 서비스를 의미한다. 이는 경제적 어려움 등으로 인해 자력으로는 건강하고 안전한 주거를 확보하기 어려운 계층을 보호하고 지원하는 시스템이다. 주거복지는 크게 두 가지 방향에서 진행된다. 하나는 주택 공급 및 개선으로 저소득층을 위한 공공임대주택 공급, 주택 개량 사업 등이 포함된다. 예를 들어, 영구임대주택은 최빈층의 주거 문제를 해결하기 위해 도입된 것이다. 다른 하나는 수요자 지원으로 주거비 지원, 전세자금 대출 등 주거비 부담을 줄여 주는 다양한 프로그램이 있다. 또한, 주거복지는 협의의 주거복지와 광의의 주거복지로 나눌 수 있다. 협의의 주거복지는 저소득층의 기본적인 주거 욕구를 충족시키기 위한 지원을 의미하며, 광의의 주거복지는 모든 국민의 주거 욕구를 충족시키기 위한 전반적인 주거 서비스를 포함한다. 이러한 주거복지 정책은 국민의 주거 안정을 도모하고, 주거 불평등을 해소하는 데 중요한 역할을 한다.

전세 사기 범죄가 증가하면서 많은 사람들이 월세로 전환하고 있다. 이로 인해 월세 수요가 급증하고, 가격도 크게 오르고 있다. 특히 대학가에서는 예전보다 월세 구하기가 어려워졌다. 서울 송파구의 한 대단지 아파트에서는 59㎡형 월세가 보증금 2억 원, 월세 300만 원에 계약되었으며, 이는 1년 새 100만 원가량 오른 금액이다. 매매 관망세가 전세 수요로 전환되면서 물량이 부족해지고, 전세가 상승 폭이 확대되는 상황이다. 전세 사기 등의 불안 요소로 인해 월세 거래량이 전세를 앞지르고 있으며, 신규 공급 감소와 고금리도 영향을 미쳐 특히 소형 아파트의 월세 거래 비중이 역대 최고치를 기록하고 있다. 대학가 원룸 월세도 2023년보다 11.6% 상승했다. 이러한 상황에서 주거비 부담을 낮추기 위해 임대주택 확대와 월세 소득공제 확대 등의 대책이 필요하다는 지적이다. - "50만 원이면 반지하밖에 못 가요"… 껑충 뛴 월세(3/7)

정부가 저출산 문제를 해결하기 위해 청약 제도를 개편했지만, 높은 분양가가 여전히 걸림돌로 작용하고 있다. 경기 수원시 영통동의 신축 아파트는 역세권에 삼성전자 본사와 대학병원이 가까운 입지 조건 덕분에 1순위 일반공급 청약에서 12대 1의 경쟁률을 기록했지만, 신혼부부 특별공급에서는 미달 사태가 발생했다. 이는 최저 9억 2천만 원에 달하는 분양가가 신혼부부들에게 큰 부담이 되었기 때문이었다. 또한, 경기 광명시의 재개발 아파트 단지도 3.3㎡당 3천247만 원의 높은 분양가로 인해 신혼부부 특별공급 모집이 미달되었다. 천안과 광주에서도 비슷한 상황이 이어지고 있으며, 이는 공사비 상승과 함께 신혼부부 특별공급 분양가격이 6년 새 55%나 오른 것이 주요 원인으로 분석됐다. 정부는 저출산 대책의 일환으로 '신생아 출산 특별공급'을 도입했지만, 높은 분양가가 여전히 문제로 남아 있다. 특히 서울 강남이나 한강 변의 고가 아파트에는 신혼부부 특별공급 청약이 몰리면서 '금수저 청약' 논란도 제기되고 있다. 이러한 상황을 해결하기 위해서는 다양한 특별공급 주택을 마련하고, 분양가를 낮추는 방안이 필요하다는 지적이다. - '12대 1' 경쟁률 뚫고도 포기… 신혼부부 울린 '금수저 청약'(4/1)

경기 성남의 한 실버타운에서 입주자들이 시설 관리 부실로 항의하고 나섰다. 지난 2008년 초호화 실버타운을 표방해 분양하면서 시설 이용 평생 연회비만 160억 원을 넘게 받았지만, 경영난으로 운영업체가 바뀌는 과정에서 시설이 방치된 것이다. 정부가 실버타운 건설을 유도하면서도 정작 운영과 관련된 관리감독 규정은 만들지 않았기 때문이다. 전문가들은 분양형 실버타운 추진보다 안전한 관리 시스템 마련이 필요하다고 지적했다. - 160억 걷더니 폐허로… "말이 되냐" 초호화 실버타운 근황(10/24)

이외 조회수 많은 기사로는 흉물스러운 빈집들… 7월부터 "방치하면 1,000만 원"(4/12) 등이 있다.

3) 일자리 경제

일자리는 삶에 있어서 최고의 복지이자 행복의 시작이라고 할 수 있다. 이렇게 중요한 일자리를 창출하는 것이 이 시대의 과제이다. 하지만 현실은 암울하다. 기존 일자리 부분을 살펴보면 임금과 복지가 높은 이른바 주된 일자리, 즉 대기업 등의 일자리 근무 기간이 OECD 국가 가운데 가장 짧다는 것이다. 그러다 보니 이왕이면 좋은 직장에 들어가겠다고 해서 취업 재수를 거듭하고, 어렵게 들어온 좋은 직장을 놓치지 않으려고 하니 노조가 강성화 된다. 또 짧은 생애 근로를 보전하려고 초과 근로를 많이 하다 보니 근무시간이 길어서 자연스레 일자리를 나누기도 힘들어진다. 조기퇴직 후에는 생계형 창업을 하지만 실패를 반복하다 보니, 노인 빈곤율이 OECD 1위인 상황으로 이어지고 있다. 또한, 일자리 창출 부분도 문제다. 중소기업이 일자리의 90% 가까이 차지하고 있지만, 사실상 비정규직이 95%다. 임금은 대기업 절반 정도로, 이른바 나쁜 일자리 창출의 근원이 되고 있다.

그렇다면 경제 성장만이 일자리의 해법일까? 사회적 합의를 통한 일자리 만들기와 지키기, 나누기를 위한 것이 근원적인 해법이다. 이와 함께 먼저, 지나치게 근무 기간이 짧은 일자리를 개선해 생애 근로를 연장해야 한다. 세부적으로는 주된 일자리, 좋은 일자리 근무 연한을 늘리는 동시에 그 이후에 인생 2막을 제대로 찾아줘야 한다. 두 번째, 중소기업 전체를 다 같이 끌고 나갈 것이 아니라 잘 되는 중소기업을 선별해서 끌고 나가는 동시에 과다한 경쟁에 허덕이는 생계형 창업보다는 벤처창업 같은 기술창업으로 성장성이 높은 기업을 만들어야 한다. 상위 10% 고성장-중소기업이 고용창출의 70%를 차지한다. 반면 하위 10%가 고용 감소의 70%를 차지하는 것으로 나와 있다. 그만큼 중소기업을 선별해서 키워야 하는 이유로 볼 수 있다.

제11차 미래한국리포트(2013)에서는 일자리에 대한 새로운 접근을 제시했다.[180] 일자리를 창출하는 것이 이 시대의 과제인데, 경제 성장만이 일자리의 해법일까? 우선 사회적 파트너들과의 대화를 통해 신뢰를 형성하고 성장까지 이뤄낸 스웨덴의 사례를 취재했다.

매년 7월이면 '알메달렌'이라는 정치박람회 행사에 참석하기 위해서 수십만 인파가 스웨덴 남부의 관광 섬 고틀란드로 모여든다. 8일 동안 열리는 행사기간 동안 정치권과 각각의 이익집단, 시민단체와 일반시민들까지 모두 모여 스웨덴의 현안과 미래를 얘기한다. 행사기간 내내 곳곳에서 토론회가 열리고 미디어는 이를 온종일 시청자들에게 전한다. 어디서나 정치인을 만날 수 있고 장관들이 정부정책을 설명하는 중에도 반대 시위자들의 행동은 거침이 없다. 알메달렌은 평등과 소통의 장이다. 이런 정치문화는 국민과 격의 없이 소통하기를 원했던 올로프 팔메 총리가 46년 전, 트럭 위에서 연설하면서 시작됐다. 그리고 이 독특한 문화가 스웨덴 '사회적 대화'의 기초를 만들었다. 중요한 것은 요즘 스웨덴의 최대 고민거리인 일자리 문제도 바로 '노 사 정'이 '사회적 대화'를 통해 해결하려 노력한다는 것이다.

스웨덴 경제 부처 장관에 따르면 일자리 문제 논의를 위해서 노사정은 1년 반 동안 350번이나 만났다고 한다. 스웨덴은 이미 1930년대 노사정 대 타협을 이뤄낸 뒤 70년 넘게, 대화와 합의의 문화를 지켜나가고 있다. 지난 50년대 임금 불평등 완화 정책이나 90년대 조세 개혁도 모두 각 주체

---

180) SBS 미래부·이창재,『더 좋은 사회 더 나은 미래』한울. 2017. p205~206.

의 '사회적 대화'를 통해 해결해 왔다. 국가적인 중대사에 부딪힐 때마다 이른바 '거버넌스'가 작동하는 것이다. 그리고 이렇게 사회적 대화로 이끌어낸 정책은 정권이 바뀌어도 쉽게 바뀌지 않는다. 정당 관계자는 그 이유를 사회적 대화라고 말한다. 항상 다른 정당들이 모여서 대화를 하기 때문이다. 정부 정책에 대해 국민의 신뢰가 높은 것도 바로 '사회적 대화'를 통해 문제를 해결하고, 한번 약속한 정책은 반드시 지켜지기 때문이다. 국민의 신뢰 속에 탄탄한 성장을 이어가는 스웨덴. 그 비결은 바로 성장과 복지 그리고 일자리에 대한 고민을 '거버넌스'를 통해 슬기롭게 극복해 온 결과일 것이다. 2024년 조회수가 많았던 깊이 있는 뉴스의 일자리·경제 기사들은 다음과 같다.

□ 위기의 자영업

2023년 60세 이상 자영업자가 처음으로 200만 명을 넘어섰다. 이들은 대부분 혼자 일할 수 있는 직종을 선택하고 있으며, 퇴직 후에도 경제적 이유로 일을 계속해야 하는 상황이다. 69세의 백 모 씨는 20년 넘게 운영하던 의류 사업을 접고 개인택시 운전을 시작했다. 자녀들의 결혼과 생활비 등으로 인해 경제적 부담이 커져 일을 계속해야 하기 때문이다. 60세 이상 자영업자는 전체 자영업자의 36.4%를 차지하며, 5년 전보다 8%포인트 증가했다. 이들은 주로 특별한 기술이 필요 없는 운수업이나 창고업에 종사하고 있다. 퇴직 후 국민연금의 소득대체율이 약 22%에 불과하고, 퇴직연금을 포함해도 30%를 조금 넘는 수준으로 OECD 평균에 미치지 못한다. 이러한 이유로 많은 고령층이 자영업에 뛰어들고 있다. 급속한 고령화로 인해 60세 이상의 경제활동 참여는 더욱 늘어날 것으로 보이며, 재교육과 재고용 프로그램을 통해 안정적인 임금 근로로 유도하는 것이 필요

하다는 지적이다. - 은퇴 없는 한국인… '60세 이상' 자영업자 200만 시대 (2/15)

지방에서 백화점과 대형마트가 줄줄이 문을 닫고 있다. 인구 감소와 고령화로 인해 소비 여력이 떨어지면서 매출이 감소하고, 이로 인해 폐점이 이어지고 있다. 롯데백화점 마산점은 누적 적자와 매출 최하위로 인해 2024년 6월말 폐점했다. 이러한 대형 유통점의 폐점은 주변 상권에도 큰 영향을 미치고 있다. 대형 유통점을 중심으로 형성된 상권이 무너지면서 인근 자영업자들도 어려움을 겪고 있다. 실제로 백화점이 문을 닫으면 그 주변 시장의 손님 발길도 끊기게 되어 상인들이 큰 타격을 받게 된다. 이커머스의 활성화로 오프라인 매출이 더욱 감소하면서 백화점과 대형마트의 상황은 더욱 어려워지고 있다. 서울과 수도권에 비해 지방의 유통망이 더욱 취약해지면서, 점포 폐점이 일자리 감소와 지역 상권 침체로 이어질 우려가 커지고 있다. - 지방 백화점 줄줄이 폐업… "이루 말할 수 없죠" 인근 상권도 불안(6/13)

2023년 자영업자 폐업 신고가 100만 명에 육박하며 역대 최대치를 기록했다. 코로나19 이후 정부 지원금으로 어렵게 버텨오던 자영업자들이 높은 금리와 물가 상승, 내수 부진 등의 이유로 결국 폐업을 선택한 것이다. 특히 소매업, 서비스업, 음식업 순으로 폐업이 많았으며, 서울 강북구는 폐업률이 가장 높은 지역 중 하나로 나타났다. 디지털 시대에 적응하지 못한 사진관, 인건비 상승과 매출 부진을 겪는 청과상 등 다양한 업종에서 폐업이 이어지고 있다. 자영업자들의 고령화도 문제다. 30~50대 자영업자는 줄어든 반면, 60대 이상은 증가하여 전체 자영업자의 36.4%를 차지하고 있다. 이머커스와 플랫폼 중심으로 시장이 빠르게 변화하면서 전통적인 업종은 점점 더 어려움을 겪고 있다. 이러한 상황을 해결하기 위해서는 자영업자들을 위한 재취업 및 재창업 지원, 채무 재조정, 고정비용 지원 등의 정책이 필요하다. 또한, 자영업자들이 노동시장에 재진입할 수 있도록 안전망을 강화하고, 자격증 취득 교육 등을 통해 재취업 기회를 확대하는 것이 중요하다. - "99% 사라져" 폐업 역대 최대… 벼랑 끝 자영업(7/15)

특히, 소득과 신용도가 낮은 자영업자들의 연체율이 올해 1분기 10.2%까지 치솟았다. 서울 신촌에서 10년 넘게 음식점을 운영하던 A 씨의 사례처럼, 많은 자영업자들이 정부 대출로 버티다가 상환 유예 조치가 끝나면서 큰 부담을 느끼고 있다. 매달 600만 원 가까이 청구되는 원리금을 갚기 위해 카드 현금 서비스까지 이용해야 하는 상황이다. 이러한 상황에서 배달료 지원, 대출 만기 연장 등 지원금 위주의 정책은 한계가 분명하다. 자영업자들이 경쟁력 있는 사업을 운영할 수 있도록 컨설팅을 강화하고, 자격증 취득 교육 등을 통해 재취업 기회를 확대하며 경쟁력 없는 사업자의 폐업을 지원하고 채무 재조정을 병행하여 자영업 구조개편에 속도를 내는 것도 필요하다.

2024년 우리나라 자영업자 비중이 사상 처음으로 20% 아래로 떨어졌다. 이는 1963년 관련 통계 작성 이후 처음 있는 일이다. 일례로 서울 신촌 번화가의 공실률은 2022년 9%에서 2023년 말 18% 이상으로 급증했다. 자영업자 비중은 60년 전 37%대에서 계속 줄어들어 2024년 8월까지 19.7%를 기록했다. 이는 지나치게 높은 자영업자 비중이 과도한 경쟁과 소득 불평등, 고용 불안정 등의 문제를 야기할 수 있기 때문이다. 특히, '나 홀로 사장님'으로 불리는 고용원 없는 자영업자가 12개월 연속 감소하고 있으며, 지난해 폐업 신고를 한 사업자가 1년 전보다 13.7% 증가했다. 2024년 7월까지 노란우산 폐업 공제금 지급도 1년 전 같은 기간보다 12.4% 증가한 점을 고려하면, 자영업자들이 한계에 달했다는 해석이 나

온다. - 사상 첫 20% 붕괴된다… 벼랑 끝 내몰린 '나홀로 사장님'(9/30)

이외 조회수 많은 기사로는 자영업자들 "도둑 많아도 무인점포가 이익"… 이유는?(2/4), [취재파일] "치킨집 하지 말라"는 치킨집 사장님의 속사정(2/25), 배달비 때문에 손님들 떠나자… "음식값만" 불붙은 배달 앱 경쟁(4/1), '탕후루 열풍' 이렇게 막 내리나… 업주들 "너무 안 팔려" 한숨(4/8), 이상순 카페에 무슨 일?… "나도 문 닫는다" 제주도 비상(4/22), 편의점 바로 옆 편의점?… "왜 허가 내줬냐" 기존 점주 분통(5/14), 한 잔도 못 팔고 점심인데 '텅'… 제주 해변 앞도 못 버틴다(5/20), 강남 요지 상가도 '텅텅'… "아무도 안 와" 못 버텨 경매로(6/5), 공공배달앱이 더 비싸… 자영업자도 외면 "매출 0원이라"(7/12),, 사장님 번호 캐내 '쥐몰이'… 치밀한 대본에 "돈만 날렸다"(7/22), '팝업 성지' 성수동의 그늘… "다 쫓겨났잖아" 내몰리는 기존 상인들(9/1), 혹독한 내수 한파… '25조 지원' 그림의 떡(9/27), 사상 첫 20% 붕괴된다… 벼랑 끝 내몰린 '나홀로 사장님'(9/30), "웬만큼 떼 가야지" 여론 악화에 '차등 수수료'… 협상 물꼬 트일까(10/6), "그대로 쌓여서 꽉 찼다"… 40년 버틴 땡처리 시장도 비명(10/18), 도심 한복판 '상가 무덤'… 대로변 1층 전체가 '텅텅'(10/30) 등이다.

□ 퇴직·구직

인구 340만 명을 자랑하던 대한민국 제2 도시 부산. 그러나 부산의 인구 감소 문제는 특히 청년층의 유출로 인해 심각해지고 있다. 최근 3년 사이에 약 10만 명의 인구가 줄었으며, 그 주요 원인은 일자리 부족이다. 청년들이 부산을 떠나는 이유는 다양하지만, 가장 큰 이유는 양질의 일자리가 부족하다는 점이다. 부산에 본사를 둔 100대 기업은 없고, 1,000대 기업도 28개에 불과하다. 이로 인해 많은 청년들이 울산, 창원, 포항 등 다른 지역으로 일자리를 찾아 떠나고 있다. 부산시가 청년 유출을 막기 위해 다양한 정책을 시행하고 있지만, 일자리 문제를 해결하지 못하면 인구 감소 문제는 계속될 것이다. 청년들이 원하는 양질의 일자리를 창출하고, 주거 안정과 같은 생활 여건을 개선하는 것이 시급하다. - [뉴스토리] 부산을 떠나는 청년들(4/6)

회사를 그만두면서 '퇴사 브이로그'를 만들고, 퇴사 후 위로가 아닌 축하 파티를 여는 청년들. 사직서를 가슴에 품고 살지만 막상 퇴사 앞에서는 주저했던 기성세대들과는 사뭇 다르다. 기성세대와 달리, 2030 세대는 직장 생활에서의 만족도와 개인의 성장, 워라밸을 중시하는 경향이 강하다. 대기업에서도 신입사원의 16.1%가 1년 내 퇴사하는 이유는 여러 가지가 있다. 29살 김 모 씨는 방송사 PD로 일하면서 주말도 없이 일하는 환경에 지쳐 퇴사를 결심했고, 지금은 고시원을 운영하며 더 행복한 삶을 살고 있다. 30살 이 모 씨는 더 나은 조건을 찾아 과감하게 이직을 선택했고, 29살 장 모 씨는 번아웃을 겪은 후 자기 성장을 위해 직장을 옮겼다. 이러한 사례들은 청년들이 직장을 단순한 생계 수단이 아닌, 자신의 성장과 행복을 위한 발판으로 보고 있다는 것을 보여 준다. 이들은 더 나은 기회를 찾기 위해 과감하게 결정을 내리고, 자신의 삶을 주도적으로 설계하려는 의지가 강하다. - [뉴스토리] "퇴사, 축하합니다" 사표 던지는 청년들, 왜?(7/6)

우리 대학생들의 정신 건강 상태가 어떤지 조사한 결과, 5명 가운데 1명 정도는 위기 징후가 나타난 것으로 파악됐다. 전국 31개 국립대에 다니는 약 6만 명의 대학생을 대상으로 한 정신건강 실태 조사 결과, 약 18.4%의 학생들이 경증 이상의 우울감을 겪고 있는 것으로 나타났다. 이는 5명 중 1명꼴로 정신 건강에 위기 징후가 있다는 것을 의미한다. 특히, 전북대생의 46%, 부산대생의 43%, 서울대생의 34%가 마음 건강에 빨간불이 켜진

상태로 집계되었다. 고학년일수록 학업과 취업 스트레스, 경제적 어려움 등이 겹쳐 정신 건강에 더 큰 영향을 미치는 것으로 보인다. 또한, 코로나 19로 인해 또래 집단과의 대면 교류가 줄어들면서 이러한 문제가 더욱 심화된 것으로 분석됐다.

대학생들의 정신 건강 문제는 개인에게만 맡기기보다는 국가 차원에서 체계적으로 관리할 필요가 있다. 특히, 2학년 이상의 학생들이 더 많은 어려움을 겪고 있다는 조사 결과는 주목할 만하다. 고학년으로 올라갈수록 학업 부담과 진로의 불확실성이 커지면서 스트레스가 증가하고, 이로 인해 불안과 우울, 무기력증을 겪는 학생들이 많아지고 있다. 이러한 현상을 '대2병'이라고 부르기도 한다. 전문가들은 대학생들의 정신 건강을 체계적으로 관리하기 위해 국가 차원의 진단 및 검사 시스템을 마련해야 한다고 지적한다. 중고등학생의 정신 건강을 교육 당국이 직접 챙기는 것처럼, 대학생에 대해서도 각 대학을 연계한 통합적 정신건강 관리 체계가 필요하다는 것이다. - "뭘 해야 하나"… 마음의 병 앓는 '코로나 학번'(풀영상)(9/12)

서울 노량진 학원가는 공무원 시험 준비 청년들이 줄어들면서, 50·60대 중장년층이 자격증을 준비하며 그 빈자리를 채우고 있다. 공무원 시험 경쟁률은 32년 만에 최저치를 기록했으며, 낮은 봉급과 악성 민원이 주요 원인으로 분석됐다. 중장년층은 재취업과 자영업의 어려움 속에서 자격증에 기대를 걸고 있다. 이 때문에 노량진 학원가는 새로운 도전을 시작하는 중장년층으로 세대 교체 중이다. - "공시족 성지 노량진은 옛말"… 책가방 멘 5060 '북적'(9/29)

이외 조회수 많은 기사는 "싸게 빨리" 쿠팡·알리 공세에… 이마트 사상 첫 희망퇴직(3/25), 싸게 되팔고 저작권 무시… 중국 직구에 중소기업 '흔들'(3/26), 참극 부른 '채팅 앱 구인 광고'… 기자가 직접 찾아가 보니(4/17),

"확 죽여벌라" 끝없는 갈굼… 지옥보다 끔찍했던 청년의 첫 직장(5/1), [뉴스토리] 공무원 퇴사합니다 - 그들이 떠나는 이유(5/4), "한국선 이런 경험 못해"… 특허 1위에도 AI 인재 해외로(7/7), '그냥 쉬는' 청년 역대 최대… 75%는 "일할 생각 없다"(8/18), 더워도 힘든 배달도 "할래요"… 한국인 명의 사는 외국인들(8/19), "중간서 욕먹는 게 일"… 관두거나 아파서 휴직도 수두룩(9/13), '정년 65세' 신호탄?… 행안부 공무직서 도입(10/21), "일 안 해도 월 170만 원?"… '사상 최대'라는데, 왜 [뉴블더](11/12), 상가 썰렁, 재고 쌓인다… 내수 한파에 "직원 없이 일한다"(11/14) 등이 있다.

□ 근로 조건

정규직과 비정규직 사이의 차별 문제는 여전히 해결되지 않고 있다. 비정규직 근로자는 일반적으로 정규직 근로자에 비해 더 취약한 위치에 있다. 이는 임금, 복지, 근무 조건, 직장 안정성 등 여러 면에서 차별적인 대우를 받을 수 있기 때문이다.

2020년 국가인권위원회는 중앙행정기관의 무기계약직 근로자에 대한 복리후생비 격차를 해소하라고 권고했지만, 큰 변화는 없었다. 특히, 학교 비정규직 근로자들은 근속기간에 상관없이 정액으로 명절휴가비를 받는 반면, 정규직 공무원들은 근속연수에 따라 더 많은 금액을 받는다. 이러한 차별은 비정규직 근로자들에게 소외감과 자존감 저하를 초래할 수 있다. 중앙노동위원회는 비슷한 업무를 하는 공무직과 달리 기간제 노동자에게만 명절휴가비와 정액급식비를 지급하지 않는 것은 명백한 차별적 처우라며 시정 명령을 내렸다. 이는 기간제 및 단시간근로자 보호 등에 관한 법률에 따른 차별적 처우에 해당한다. - "200만 원 더 받더라" 동료들 틈 주눅… 추석 때 더 서럽다(9/11)

이주노동자들의 폭염 속 근로 환경은 열악하다. 특히 비닐하우스 안에서의 작업은 체감 온도가 40도 이상으로 올라가면서 매우 위험할 수 있다. 고용노동부는 폭염주의보가 내려지면 매시간 10~15분씩 쉬는 것을 권고하고 있지만, 실제로는 이주노동자들이 충분한 휴식을 취하지 못하고 있는 상황이다. - "일만 계속" 찜통 갇힌 듯 '펄펄'… 퇴근 후 숙소도 끓는다(6/20)

이외 조회수 많은 기사는 '폭염 사망' 코스트코 주차장, 다시 가 보니 "숨 막혀"(6/19), 필리핀 가사관리사 한 달… 중도 취소 24가정, 51가정은 추가(10/3), "힘들어서 못 한대요"… 가사관리사 이어 버스기사도?(11/18), "월급 14만 원 적게" 채용공고 떡하니… 서러운 밥값 차별도(11/22) 등이 있다.

□ 고물가

경제 상황이 어려워지면서 많은 소비자들이 저렴한 B급 상품을 찾고 있다. B급 상품은 유통기한이 임박했거나, 폐업한 업체에서 나온 제품들로, 최대 90%까지 할인된 가격에 판매되기도 한다. 이러한 상품들은 경제적으로 부담을 느끼는 소비자들에게 큰 인기를 끌고 있다. 경기도 용인의 한 온라인 쇼핑몰은 이러한 B급 상품을 전문적으로 취급하면서 매출이 30% 증가하고 신규 가입자도 2배 넘게 늘었다고 한다. 이는 틈새 시장을 잘 공략한 결과라고 볼 수 있다. 소상공인들에게도 이러한 B급 상품 판매는 재고를 처리하고, 폐업 후 남은 상품을 처분하는 데 도움이 된다. - "B급이면 어때요" 소비자들 지갑 열렸다… 고물가 속 틈새시장(4/14)

대용량 제품들도 큰 인기를 끌고 있다. 특히, 기존 제품의 크기와 양을 몇 배씩 늘린 제품들이 많이 출시되고 있다. 2월에 출시된 대형 크림빵은 기존 크림빵의 크기를 6배 이상 키워서 큰 화제를 모았고, 생일 케이크로도 활용되면서 매출이 크게 증가했다. 또한, 2배 큰 왕돈가스가 들어간 햄버거는 가성비를 추구하는 20~30대 남성들에게 인기를 끌며 출시 2주 만에 55만 개가 팔렸다. 8배 키운 대형 용기 국물 라면도 인기를 끌면서 대용량 비빔면 등 다양한 제품들이 출시되고 있다. 이러한 '대용량 마케팅'은 재미를 추구하는 소비자들을 겨냥하면서도, 용량 대비 저렴한 가격으로 고물가 속에서 환영받고 있다. 특히, '먹방' 등 영상 콘텐츠에서 본 제품에 대한 호기심이 실제 구매로 이어지는 경우가 많아, 업계에서는 이러한 마케팅 전략을 계속해서 활용할 것으로 보인다. - 6배 크림빵, 8배 비빔면… 고물가에 '빅사이즈' 통한다(5/11)

　매장에서 먹을 때와 배달시켰을 때의 가격을 다르게 받는 식당들이 늘고 있다. 이는 배달 앱이 떼가는 수수료가 너무 비싸서 업주들이 어쩔 수 없이 선택한 방법이다. 경기도의 한 아귀찜 가게는 매장에서 33,900원인 메뉴를 배달 앱에서는 37,900원에 판매하고 있다. 이러한 '이중 가격'은 프랜차이즈 업계에도 확산되고 있다. 버거킹, KFC, 파파이스 등 대형 체인점들도 이미 도입했으며, 맘스터치 가맹점주들도 본사에 이중 가격을 허용해 달라고 요청한 상황이다. 이중 가격제는 소비자들에게는 부담이 될 수 있지만, 업주들은 배달 앱 수수료와 배달비 증가로 인해 어쩔 수 없는 선택이라고 말한다. 실제로, 배달 앱 수수료는 10%에 육박해 팔면 팔수록 손해가 되는 구조이기 때문에, 업주들은 배달 메뉴 가격을 올릴 수밖에 없다고 주장한다. 이러한 상황은 외식 물가 상승으로 이어져 소비자 부담을 가중시키고 있다. - 배달만 시켰는데 "속은 기분"… '이중 가격' 확산(9/6)

　서울의 한 대형마트에서 김장용 절임 배추를 지난해보다 저렴하게 사전 예약받으면서 소비자들이 몰렸다. 배춧값 상승에 대한 불안감 때문이었다. 가을배추 출하가 시작되면서 배춧값이 하향세로 돌아섰다. 한 포기에 1만 원 수준에서 7천 원대로 내려왔지만, 여전히 예년보다는 높았다. - "반찬 내고 왔어요" 긴 줄… 하루 만에 6만 5천 상자(10/25)

이외 조회수 많은 기사로 한 장에 130원… '국민 반찬'도 고공행진(4/29), "1만 원으론 밥 사 먹기 어려워요"… 점심값 더 오르나(5/2), 냉면 한 그릇 '1만 2천 원'… '차라리 집에서 해먹지' 한숨(5/17), 같은 고기인데 가격 2배… "큰 거 주세요" 눈 돌린 소비자들(6/8), 1만 원 안되는 반팔 판다… 한국 진출 선언한 '패션계 알리'(6/20), "김장 1~2주 늦춰 달라"… 금배추 여전 하자 정부 당부, 왜(10/2) 등이 있다.

□ 투자·주택

미국 증시가 상승한 이유 중 하나는 미국의 금리 인하 시점이 가까워졌다는 기대감 때문이었다. 연방준비제도(Fed)가 금리를 인하할 가능성을 언급하면서 달러는 약세를 보였고, 반대로 안전자산인 금값은 최고치를 경신했다. 서울 종로구의 금 거래소에서도 금값 상승으로 인해 금을 처분하려는 사람들이 늘고 있다. 3월 금 가격이 1그램당 92,000원대까지 오르면서 많은 사람들이 차익 실현을 위해 금을 팔았다. 이러한 금값 상승은 미국의 금리 인하 기대감과 더불어 중동 리스크 등 안전자산에 대한 수요 증가가 주요 원인이다. 개인 투자자들 사이에서도 금 투자에 대한 관심이 커지고 있다. 금을 직접 구입하지 않고도 매매할 수 있는 '금 통장'의 계좌 수와 잔액이 크게 늘고, 국내 금 현물 ETF 상품의 순매수 규모도 증가하고 있다. 다만, 금리 인하에 대한 기대가 과도하게 반영되어 금값이 단기간에 급등하면서 고평가된 측면이 있다는 분석도 있다. - "돌 반지 43만 원" 금값 또 사상 최고치… 금으로 돈 몰리는 이유(3/8)

최근 몇 년 사이 재건축 공사비가 급등하면서 건설사들이 재건축 사업에 선뜻 나서지 않는 상황이 발생하고 있다. 특히 서울 강남 지역에서도 이러한 현상이 두드러지고 있다. 3월 서울 신반포 27차 아파트는 시공사 선정 입찰에 건설사 단 한 곳도 참여하지 않았고, 잠실의 한 아파트도 시공사 선정이 두 번 유찰된 후 세 번째 입찰 공고를 기다리고 있었다. 이는 공사비가 3.3㎡당 800~900만 원에 달하는 등 급등한 공사비가 주요 원인이다. 가장 많이 쓰이는 철근과 시멘트 가격이 각각 56.6%, 46.8% 상승하면서 건설사들은 수익을 내기 어려운 상황에 처해 있다. 이로 인해 조합과 건설사 간의 공사비 협상이 어려워지고, 분양가 상승으로 이어질 수밖에 없는 구조이다. 조합도 공사비 폭등으로 인해 가구당 분담금이 수억 원에 달하는 등 큰 부담을 안고 있다. 일부 조합원들은 현재 살고 있는 집값보다 더 많은 분담금을 내야 하는 상황에 처해 있다. 정부가 규제 완화를 서두르고 있지만, 이것만으로는 재건축 사업의 정상화를 꾀하기 어려운 상황이다. 이러한 상황에서 재건축 사업이 지연될수록 공사비는 더 오르고, 합의가 더 어려워지는 악순환이 우려된다. - '대박'은 옛말… 치솟는 공사비에 '돈 먹는 하마' 된 재건축(풀영상)(3/14)

재건축 공사비가 급등하면서 조합원들의 생각도 많이 달라졌다. 과거에는 가능한 한 높게 짓고 고급 설계를 선호했지만, 이제는 적당한 층수를 원하고 비용이 많이 드는 고급 설계를 포기하는 경우가 늘고 있다. 서울 성수동1가의 재개발 지역도 예외는 아니다. 2023년 서울시가 50층 높이 규제를 풀어 주자 70층 넘는 초고층 아파트 단지로 탈바꿈할 거라는 기대가 컸지만, 3월 조합원 선호도 조사에서는 50층 미만으로 짓자는 응답이 절반을 넘었다. 이는 급등한 공사비 때문이다. 50층 이상 아파트를 지을 때는 관련 법상 공법과 자재를 달리해야 하고, 기술적으로 시공이 더 어려워지며 '피난 전용층'도 마련해야 한다. 이로 인해 공사비가 최대 50% 이상 늘어날 수 있다. 서울 개포동 주공 6·7단지와 반포동 주공 1단지 1, 2, 4주구도 35층으로 선회하는 등 초고층 아파트를 외면하는 사례가 늘고 있다. 조합들은 고급 설계나 마감재를 포기하는 방식으로 공사비를 낮추고 있다. 결국, 재건축 사업의 경제성을 냉정하게 분석하는 것이 중요해졌고, 재건축으로 큰 돈을 버는 시대는 지났다는 의견이 우세하다.

노인층의 상속에 대한 가치관이 변하고 있다. 재산을 자녀에게 골고루 상속하겠다는 응답이 절반 이상이지만, 자신과 배우자를 위해 쓰겠다는 응답도 24.2%에 달했다. 이는 2008년의 9%에서 크게 증가한 수치다. '장남에게 많이 상속하겠다'는 응답 비율은 21.3%에서 6.5%로 급락했다. 전문가들은 전체 노인 가운데 베이비부머 세대가 증가하면서 상속보다는 길어진 노년기에 본인의 건강하고 활기찬 노년 또는 '웰 다잉(well-dying)'을 추구하는 데 사용하겠다는 노인 비율이 점진적으로 증가하고 있기 때문으로 분석했다. - "자식에 재산 상속? 다 쓰고 가겠다"… 달라지는 노인들(10/16)

조회수 많은 기사로는 투자자들 "기대했는데"… '성장성 상장' 기업 줄줄이 상폐 위기(4/16), 서울 다음 비싼 제주, 지금은 '썰렁'… 악성 미분양 역대 최고(4/18), 못 믿을 부동산 통계… 전국 미분양 실제론 '2.6배'(5/14), 신축은 비싸고 재건축 기약 없고… 10년 안팎 아파트 뜬다(9/15), 고금리에 '백기' 든 영끌족… 경매 나온 아파트 9년 만에 최대(11/16), 기타 "도미노 현상" 공장 줄줄이 폐쇄… 'K-철강' 쇠퇴의 그늘(11/22), 과세 앞두고 600만 초긴장… 코인 불장에 논란도 뜨겁다(11/26) 등이 있다.

4) 환경

환경은 지속 가능한 성장을 위한 전제 조건이다. 이미 한반도 곳곳에서 지구온난화로 인한 이상 기상현상을 직접 경험하고 있다. 최근 유례없는 무더위로 한반도가 가마솥더위를 겪었다. 또 잦은 가뭄으로 전국 곳곳에서 물 부족을 겪기도 한다. 하지만 막상 '한반도의 기후변화'를 놓고는 먼 미래의 얘기로 생각하고 있다. 이런 가운데 석유와 같은 유한자원에 의존한 경제성장은 한계에 부딪히고 있다. 철강, 조선, 석유화학 등 화석 연료 의존도가 상당히 높은 업종을 주력산업으로 가진 우리나라의 경우, 에너지 다소비 구조를 변화시키지 않고는 향후 경쟁력을 유지하기 어렵다는 분석이 많다. 2016년 파리 기후협정으로 온실가스 배출 감축과 신재생에너지의 육성이 불가피해져 산업계 반발과 부담이 늘어날 수밖에 없다. 이뿐만 아니라 국토 개발 등에서 환경보존과 개발논리 사이에서 갈등이 잇따르고 있다. 따라서 사회적 갈등을 최소화한 해법을 도출하기 위해서는 어느 한 분야만이 참여해서는 안 되며 사회 전반의 공조와 노력이 담보돼야 한다.

제12차 미래한국리포트(2014)에서 SBS와 서울대 사회발전연구소는 대형 재난을 겪은 다른 나라들과 비교해 연구했다. 즉 2005년 허리케인 카트리나를 겪은 미국, 2011년 후쿠시마 원전사고가 발생한 일본, 1953년 대홍수 피해를 입은 네덜란드, 그리고 원전 폐기를 선언한 독일 등이다. 이 연구에서는 이들 나라가 사회적 위험에 어떻게 대처하거나 혹은 예방하고 있는지, 그러한 대처가 국가의 앞날에 어떤 결과를 가져왔는지를 살펴보았다. 그 중에서도 특히 그 사회의 공공성 수준이 얼마나 높은지 혹은 낮은지에 주목했다. 그렇다면 한국의 공공성 수준은 대체 어느 정도일까? OECD 33개 국가에 대해 23개의 지표를 사용하여 계산한 공공성 수준을 보면 네덜란드가 11위, 독일이 12위, 미국이 24위, 일본이 31위다. 한국은 가장 낮은 33위를 기록했다.

공익성과 공정성, 공개성 그리고 민주적 시민성의 영역별로 다섯 나라의 특징을 보면 다음과 같았다. 5개국 중 공공성 순위가 가장 높은 네덜란드는 공익성과 공정성이 특히 높고, 공공성 순위가 두 번째로 높은 독일은 민주적 시민성과 공개성이 특히 높았다. 이러한 특징들은 두 나라의 재난 극복 과정에서 그 모습을 여실히 드러냈다. 미국은 공공성 순위가 전반적으로 낮고 특히 공익성과 공정성이 매우 낮은 편이지만, 공개성과 민주적 시민성은 대단히 높다. 그 덕분에 미국은 카트리나 때 드러났던 문제들을 상당 부분 극복할 수 있었다.

미국 루이지애나주 뉴올리언스는 2005년 8월, 초대형 허리케인 카트리나로 완전히 초토화됐다. 이재민 110만 명, 확인된 사망·실종자만 2500명을 넘긴 미국 역사상 최악의 자연 재해였다. 10년 가까이 지난 당시 도심에선 그때 흔적을 찾긴 어렵다. 재즈의 고향답게 곳곳에선 재즈 공연이 한창이고, 범람했던 강가에선 시민들이 여가를 즐기고 있다. 하지만 참혹한 재난이 할퀴고 간 상처는 아직도 다 아물지 않았다. 유령 마을이 돼버린 주택 안에는 버려진 가재도구들이 널려 있고 악취가 코를 찔렀다. 집 전체가 물에 잠기자 인명구조를 위해 지붕을 뚫은 집들은 흉물스럽게 방치돼 있기도 했다. 피해가 증폭된 것은 리더십과 시스템 실패 때문이었다. 주정부와 지방정부는 대피와 구호에 실패했고, 9.11 이후 재난보다는 테러대응에 주력한 연방재난관리청도 무기력했다.

그래도 미국은 비극을 그냥 잊진 않았다. 진상조사를 위해 의회를 중심으로 6개월 동안 22차례 청문회를 열었고, 300여명이 증언대에 섰으며 83만여 쪽의 자료를 조사, 검토해 최종보고서를 펴냈다. 의회는 1년여 만에 '포스트 카트리나 재난관리개혁법'을 처리했고, 재난관리청을 독립적인 기구로 원상복구시켜 권한과 위상도 강화했다. 국가 차원의 변화와 맞물려 지역 사회도 움직였다. NGO가 새로 건립한 재즈 음악인 마을은 단순한 '거주지' 개념을 넘어, 지역 문화와 정서를 되살렸다. 카트리나 이후 재즈 뮤지션들이 뉴올리언스를 대거 빠져나가자 이들이 재기할 수 있도록 마을을 만든 것이다. 통신이 두절돼 속수무책으로 죽어갔던 악몽을 되풀이하지 않기 위해, 한 손을 높이 든 모양의 4미터 높이의 '구조거점'을 곳곳에 만들었다. 재난 때 무조건 이곳에 모이면 구조될 수 있고 카트리나를 잊지 말자는 '사회적 약속'을 형상화한 것이다. 남겨진 사람들의 트라우마를 치료하는 일은 일회성이 아니라 10년째 이어지고 있다. 이런 노력 덕분에 2012년 10월, 초대형 허리케인 샌디가 미 동부를 강타했을 때 예보와 대피, 복구 작업이 신속하고 효율적으로 진행돼 대형 재난을 피할 수 있었다. 비록 고통스러운 기억이지만 상처를 잊지 않고 끊임없이 되짚어야 재난이 사회를 변화시키는 원동력으로 거듭날 수 있었다. 2024년 조회수가 많았던 깊이 있는 뉴스의 환경 기사들은 다음과 같다.

□ 기후변화

메탄은 이산화탄소보다 훨씬 강력한 온실가스로, 온실 효과가 약 80배 더 높다. 메탄은 주로 하수관, 쓰레기 매립지, 액화천연가스(LNG) 발전소, 축산 분뇨 가스 시설 등에서 배출된다. 특히 도심 하수관에서 유기물이 분해되면서 메탄이 발생하고, 이 메탄은 맨홀 뚜껑을 통해 대기로 방출된다. 수도권 매립지에서는 쓰레기 분해 과정에서 발생한 메탄을 포집하여 전기 생산에 활용하기도 하지만, 이런 사례는 드물다. 메탄 누출을 줄이면 온실 효과를 감소시키고, 에너지 효율을 높일 수 있다. 따라서 정부와 기업 모두가 적극적으로 나서야 하는 이유다. - 온실가스의 80배… 도심 곳곳서 새어 나오는 메탄 어쩌나 (2/10)

현지시간 4월 16일부터 아랍에미리트 두바이 전역에 12시간 동안 100㎜ 가까운 폭우가 쏟아졌다. 1년 치 비가 단 하루 만에 쏟아지면서 도시 전체가 물에 잠기는 큰 피해가 발생했다. 두바이 공항은 활주로가 침수되어 운영이 중단되었고, 도심 곳곳에서 차량이 물에 잠겨 운전자들이 대피하는 상황이 벌어졌다. 이례적인 폭우는 아라비아반도를 관통하며 오만과 이란 남동부 지역에도 큰 홍수 피해를 초래했다. 오만에서는 최소 17명이 사망하고, 공공기관과 학교가 문을 닫는 등 비상사태가 선포되었다. 기후 변화로 인해 이러한 극단적인 기상 현상이 더욱 빈번해지고 있으며, 이에 대한 대비가 시급하다. - 1년 치 비가 하루 만에… 물바다로 변한 사막 도시 두바이(4/17)

2024년 4월은 역대 가장 더운 4월로 기록될 가능성이 큰 것으로 예측됐다. 서울과 광주를 포함한 여러 지역에서 평균 기온이 기존 최고 기록을 넘어서고 있다. 이러한 이상고온 현상의 주요 원인은 엘니뇨와 지구 온난화다. 엘니뇨가 물러나는 시기에는 남인도양의 해수면 온도가 상승하면서 대류활동이 증가하고, 이로 인해 벵골만 부근에서는 대류활동이 감소해 저기압이 형성된다. 이러한 저기압과 고기압의 연속적인 흐름을 '로스비 파'라고 하며, 이와 지구 온난화가 결합하면 극단적인 날씨가 나타날 수 있다. - "역대 가장 더운 4월 될 듯"… 끓는 바다가 만든 이상고온(4/28)

더구나 탄소중립을 달성하더라도 엘니뇨 현상이 더 심해질 수 있다는 연구 결과가 나왔다. 서울대학교 연구진에 따르면, 탄소중립 이후에도 바다에 저장된 열이 방출되면서 엘니뇨 현상이 강화될 수 있다. 엘니뇨는 적도 부근의 해수면 온도가 주변보다 높아지면서 전 세계적으로 가뭄, 폭풍, 홍수 등을 초래하는 기후 현상이다. 연구에 따르면, 탄소중립을 달성한 후에도 동태평양의 해수면 온도가 상승하면서 엘니뇨 현상이 더 빈번하고 강하게 발생할 수 있다. 특히, 이른바 '슈퍼 엘니뇨'가 최대 80% 증가할 수 있다는 예측이 나왔다. 이는 기후변화 완화 정책의 시급성을 강조하며, 탄소중립 시점을 앞당길수록 기후가 안정화되는 시간이 짧아질 수 있다는 점을 시사한다. - 역사상 가장 더운 지구… 탄소중립 돼도 '슈퍼 엘니뇨 기승'(8/10)

2024년 여름 폭염으로 전기요금이 크게 늘어났다. 가정용 전기는 3단계로 나누어 사용량이 많을수록 요금이 비싸지며, 8월 전기요금을 분석한 결과, 40.5%의 가구가 가장 비싼 3단계를 적용 받았다. 전기요금 누진제는 1974년에 도입되었으며, 2019년 구간 조정 이후 6년째 현재와 같은 틀이 유지되고 있어서 최근 구조적 변화를 반영하지 못하고 있다는 목소리가 나오고 있다. 주요 선진국보다 전기요금이 낮지만, 한국전력의 부채 문제로 인해 누진 구간 개편이 필요하다는 지적이다. - "우리집 몇 단계?"… 8월 폭염에 가정집 40% '최고 누진율'(9/30)

이외 조회수 많은 기사로는 "전엔 여기 다 감자밭이었는데"… "국산 사과, 못 볼 수도"(3/16), 200억 마리 꿀벌 실종… "골든타임 지났다" 전문가 경고(3/25), "제철인데 안 잡혀" 사라진 멸치 어디로?… 속 타는 어민들(4/21), '수중 도시' 된 중국 남부… "전 세계적 문제" 전문가 경고(4/26), 사과처럼 원숭이가 우수수… '예고된 재앙' 위험 징후?(5/22), 기록적 폭염과 거센 장마 동시에… 극과 극 한반도 여름(6/20), "눈치 볼 필요 있나요"… 무더위에 '양산' 선택한 남성들 늘었다(6/21), 1년간 내릴 비 10%가 1시간에… "집 안에 소용돌이 쳤다"(7/10), 하루에만 무려 3,252회 '번쩍'… 중국 더울수록 잦아진다?(7/10), "이런 비는 생전 처음"… '200년 만의 폭우' 피해 속출(7/16), (말라리아)"평년의 3배" 서울도 위험… 잠복기 1년까지 간다(7/13), 길이 2.8m, 날카로운 이빨… "동해안 출몰" 피서객 주의(7/13),

장마 왜 안 끝나나… '오메가 블로킹' 갇힌 한반도(7/19), 한쪽은 '푹푹', 한쪽은 '기습' 소나기… 오락가락 날씨, 왜?(7/27), '극한 기후' 대비할 댐 14개 짓는다… 후보지 주민들 반발(7/30), 강 전체 뒤덮은 '초록 알갱이'… "대발생 임박했다"(8/14), 한강까지 녹조 퍼졌다… 최악 폭염에 먹는 물도 '비상'(8/18), 올여름 모기 확 줄었는데… 이제는 가을에 '우글우글'?(8/22), 배 점령한 잠자리떼, 누런 이파리… 펄펄 끓는 제주의 경고(9/16), "다 죽었다" 2,600만 마리 '둥둥'… 역대 최대 규모(9/19), 올여름 40도 적중한 기상학자 "겨울엔 -18도 한파 올 것"(9/24), "앙상한 가지만… 다 먹어치운다" 600개 알 낳는데 또 번식(10/3), 쩍쩍 갈라지고 썩은 내… "올겨울 못 먹나" 감귤농가 비상(10/4), 털 수북한 벌레 우수수… "우산 쓸 정도" 무더기로 퍼졌다(10/18), "다 죽어서 입 벌리고 텅"… 제철 돌아왔지만 '비상'(10/20), "다 죽었다" 사라진 제철 수산물… 꽃게도 바지락도 '텅'(10/22), [중국] "사람 갇혔다" 해안도시 삼킨 바닷물… 중학생 2명 사망(10/22), 거대 폐차장 된 주택가… "이런 건 처음" 158명 사망(11/1), 제주서 220만 마리 떼죽음… 광어 양식장 물 빼는 어민들(11/29) 등이 있다.

□ 쓰레기·오염·님비

수도권에서 화장장 예약이 어려워 3일장이 아닌 4일장, 5일장을 치르는 경우가 많아지고 있다. 이는 사망자 수가 증가하는 반면, 화장시설이 이를 따라가지 못하기 때문이다. 서울과 경기도에서 사망 후 사흘 만에 시신을 화장한 비율이 각각 60%와 64%에 불과하며, 환절기에는 이 비율이 더 낮아진다. 수도권에는 인구 절반이 몰려 있지만, 화장시설은 7곳밖에 없어 화장로가 부족한 상황이다. 서울시는 화장장 운영시간을 늘렸지만, 근본적인 해결책은 아니다. 이천시와 연천·양평군 등은 신규 화장장 건립을 추진하고 있지만, 주민 민원 등으로 인해 입지 선정이 어려운 상황이다. 전문가들은 사망자 수가 계속 증가할 것으로 예상되므로, 정부와 지자체가 주민들을 설득해 화장시설을 확충해야 한다고 지적한다. - "화장장 예약 못해 4일장으로"… 원정 화장도(2/11)

쓰레기 수거 서비스가 인기다. 배달 음식을 시켜 먹고 난 후 분리수거와 세척의 번거로움을 덜 수 있어 많은 사람들이 이 서비스를 이용하고 있다. 이 서비스는 쓰레기를 한 곳에 모아 집 앞에 내놓으면 대행업체가 수거해 가는 방식이다. 업체는 병, 플라스틱 등을 일일이 분류하고, 양념이 묻은 배달 음식 용기도 세척한다. 재활용 가능한 쓰레기는 중간 처리업체로 보내고, 일반 쓰레기는 소각장으로 보낸다. 특히, 무거운 대형 폐기물을 대신 버려 주는 서비스도 있어, 번거로운 폐기물 스티커 발급 등의 절차를 간편하게 처리할 수 있다. 또한, 고객이 버린 물품이 어떻게 재활용되는지 정보를 공유해 환경에 대한 의식소비 욕구도 충족시킨다. 이러한 서비스는 1인 가구를 중심으로 인기를 끌고 있으며, 2023년 매출이 전년 대비 4배 이상 증가했다. - "내놓기만 하면 뭐든 대신 버려줍니다, 꼼꼼히 분리해서"(2/24)

민물가마우지의 텃새화로 인해 대청호 주변이 큰 피해를 입고 있다. 가마우지의 배설물은 산성이 강해 나무를 고사시키고, 수질과 토양에도 악영향을 미치고 있다. 또한, 하루 평균 700g의 물고기를 잡아먹어 어민들의 어획량이 급감하고 있다. 환경부는 민물가마우지를 유해 야생동물로 지정하고, 포획을 허가했다. 이는 개체 수가 20년간 120배 증가하며 전국에 3만 마리가 넘게 되면서, 생태계와 어업에 큰 피해를 주기 때문이다. 민물가마우지는 원래 러시아 등에서 번식하다가 기후변화로 인해 한반도에 눌러앉아 텃새화된 겨울 철새이다. 하지만 총기 사격 방식의 포획은 가

마우지가 다른 곳으로 이동해 새로운 서식지를 형성할 가능성이 있어, 근본적인 해결책이 될 수 없다는 우려도 있다. - 새하얗게 변한 섬… "배설물로 뒤덮여" 어민들 울상(6/19)

헌옷을 수거업체를 통해 거래하는 재테크 방법이 인기다. 20kg 이상 헌옷을 수거 신청하면 업체가 돈을 지급한다. 단가는 1kg당 200원에서 700원이다. 이 방법은 헌옷을 처리하며 돈을 벌 수 있어 1인 가구, 자취생에게 인기다. 전문가들은 헌옷 재테크가 환경 오염을 줄이고 자원 재활용에 긍정적이라고 평가한다. - "그냥 버리기 아까워"… 문 앞에 꽁꽁 싸매 놓으면 돈 번다(9/19)

이외 조회수 많은 기사로는 설연휴에 희뿌옇던 하늘… 나사 위성에도 찍힌 먼지 정체 [사실은](2/19), 온통 황톳빛, 대낮에도 컴컴… 중국 북동부 최악의 황사(3/28), 전국 공원묘지서 1500톤… 추모객 두고간 조화 못 바꾸나(6/6), "정품 맞네" 중고거래 쏟아지는데… 지자체는 재고량 몰라(6/27) 등이 있다.

□ 재해·산불

우리나라에선 해마다 500건 이상의 크고 작은 산불이 난다. 2023년 한 해에도 모두 595건의 산불이 났다. 축구장 4,900개 크기의 산과 마을이 한 순간에 잿더미로 변했다. 이 가운데 피해면적 100ha, 24시간 이상 타들어간 대형 산불만 해도 8건이다. 과거 대형 산불은 주로 봄철에, 산이 많고 바람이 많이 부는 강원과 경북에서 주로 발생했다. 그런데 언젠가부터 산불은 대형화, 연중화, 전국화하고 있다. 대형 산불은 2000년대 들어서도 한 해 2~3건 정도였는데, 최근 몇 년 새 10건 안팎으로 늘어났다. 강원, 경북을 넘어 충청, 경남, 전남에도 대형 산불이 종종 발생한다. 2023년 밀양

산불은 5월 31일에 발생해 6월까지 계속됐다. 극히 이례적인 여름 산불이었다. 갈수록 온난화와 건조화 현상이 심해지면서 산불을 괴물처럼 자라나게 하는 것이다. 산불 문제가 우리뿐 아니라 지구촌 인류의 당면과제로 떠오른 것이다. 2023년 캐나다는 봄부터 가을까지 화염과의 사투를 벌였다. 급기야 국제사회의 지원을 요청했고, 우리 산불진화대도 파견됐다. 우리나라 산불진화대가 해외 긴급구호에 나선 것은 사상 처음이다. -[뉴스토리] 산불, 괴물이 되다 1부, 검은 봄의 기억(5/25)

산불의 주요 원인 중 하나는 사람들의 부주의다. 지난 10년 동안 발생한 산불의 약 67%가 담배꽁초 투기나 쓰레기 소각 등 사소한 실수로 인해 발생했다. 특히 건조하고 바람이 잘 부는 봄철에는 산불 발생 위험이 더욱 높아진다. 일례로 강원도 홍천의 한 국유림에서는 출입이 금지된 계곡에서 불법 야영객들이 발견되었다. 이들은 텐트 옆에 버너와 LPG 가스통을 설치하고, 캠핑용 발전기 연료로 쓰이는 휘발유통까지 가지고 있었다. 이러한 행위는 과태료 부과 대상이다. 산림청은 드론을 활용해 산불 예방 활동을 강화하고 있으며, 산림이나 산림 100m 이내에서 불을 피우거나 인화물질을 갖고 입산하는 행위를 단속하고 있다. 하지만 4월까지 발생한 산불만 벌써 170건에 육박하는 만큼 각별한 주의가 필요하다. - 산불 67% '사람 실수'… 토치에 바비큐까지(4/29)

재선충병은 소나무를 급속히 말라죽게 하는 병으로, 치료제가 없어 감염된 소나무를 베어내는 것이 최선의 방법이다. 하지만, 방치된 고사목은 산사태를 유발하거나, 태풍 시 민가를 덮치는 등 안전 문제를 초래할 수 있다. 최근 5년간 300만 그루 이상의 소나무가 재선충병에 감염되었고, 방제 예산이 충분하지 않아 확산을 막기 어려운 상황이다. 특히, 경남 밀양과 경주 지역에서는 재선충병으로 인해 소나무가 대규모로 말라죽고 있어, 주민들이 큰 불안을 느끼고 있다. 일본에서도 재선충병에 감염된 소나무 군락지에서 토사 붕괴가 더 많이 발생한 사례가 있어, 이 문제의 심각성을 보여 준다. 산림청은 10월부터 3월까지 집중 방제를 실시하고 있으며, 여름철에는 약제 살포를 통해 방제를 시도하고 있다. 하지만, 현재의 방제 전략과 예산으로는 재선충병 확산을 효과적으로 억제하기 어렵다는 지적이 많다. - "말라비틀어져" 사람까지 위협… 싹 다 베면 되는데 방치?(9/13)

이외 조회수 많은 기사로는 태풍 휩쓴 듯 쓰러졌던 '국민의 숲'… 놀라운 근황(4/27), 토네이도에 우박 겹쳤다… 중국 쑥대밭 만든 '공포의 4분'(4/28), 하루에 280㎜ 퍼부었다… 강한 폭풍우에 폐허 된 텍사스(5/4), 하늘에 '구름씨' 뿌렸더니… 서울 1.5배·1.4mm 비(5/5), 기록적인 폭우에 마을 침수… 70대 남성 휩쓸려 사망(5/6), 여의도 20배 잿더미… 휴양객 1,200여 명 긴급 대피(6/17), "발사!" 인공강우에 환호했는데… 태풍급 강풍에 아수라장(9/5) 등이 있다.

5) 거버넌스

지금까지 살펴본 교육, 복지, 일자리, 환경의 문제는 사회적 합의를 거치지 않고서는 해결될 수 없는 문제이다. 따라서 사회적 갈등을 조정할 수 있는 사회적 대화의 틀인 거버넌스가 필요하다. 그동안 우리가 마치 모범답안인 것처럼 본받으려 한 미국 등 '시장형' 국가들은 내수시장 규모가 커서 글로벌 경쟁에 상대적으로 덜 노출됐지만, 자유방임적 경쟁체제 탓에 소득 불평등이 심한 나라들이다. 또 경제 규모에서 한국과는 상당한 차이가 난다. 반면, 스웨덴, 독일 같은 합의형 국가들은 규모가 한국과 비슷하고, 높은 무역의존도가 보여 주듯이 세계시장에서 수출로 먹고사는 나라들이다. 이들은 험난한 세계시장의 충격을 '조정 시장경제'라는 거버넌스를 통해 완화하고 있고, 소득 불평등의 정도도 낮은 편이다. 이제 한국은 전환기의 위기에 직면해 있고 한국 사회가 어떠한 갈등상황에 부딪혔을 때, 우리는 이 문제를 "어떤 방식으로 해결한다."는 합의 체계를 선택해야 하는 상황이다.

제13차 미래한국리포트(2015)에서는 거버넌스에 대해서 발표했다.[181] 한국은 높은 사회 갈등으로 인해 사회가 나가야 할 방향을 정하지 못함으로써 경제성장에 큰 타격을 주고 있다. 노동시장 개혁, 조세와 복지 문제, 교육 개혁 어느 하나 제대로 진행되는 것이 없다고 할 정도다. 이것이 성장을 크게 훼손하고 있다. 실제로 제도가 제대로 작동하지 않을 경우 국가의 방향이 어떻게 달라지는지 일본의 사례를 취재했다.

일본 후쿠오카 시내에서 좁은 산길을 따라 차로 1시간 반 남짓 달리면 '오보로' 다리가 나온다. 길이 293m, 높이 70m의 이 다리를 짓는데 43억 엔, 우리 돈으로 430억 원 가까이 들어갔다. 하지만, 한낮에도 다리를 지나는 차량은 거의 눈에 띄지 않는다. 건설 당시에는 하루 평균 2천 대의 차량이 이 다리를 지날 것으로 예측했다. 하지만, 실제 교통량은 예측치의 10분의 1 수준에도 미치지 못하고 있다. 이 지역을 기반으로 하는 자민당 의원 고가 마코토가 지역구 건설업자들로부터 후원을 받기 위해 무리하게 사업을 벌인 것이다. 그래서 주민들은 이 다리를 마코토 다리라고 한다. 업계 이익을 대변하는 족의원과 관료, 토건업자가 유착하는 이른바 '철의 삼각형'이 빚은 대표적인 예산 낭비 사례다.

삼각 동맹을 통해서 토건업자들은 정치헌금과 선거 지원의 대가로 정치

---

181) SBS 미래부 이창재.『더 좋은 사회 더 나은 미래』 한울. 2017. p62~64.

권으로부터 공공사업 유치와 보조금, 세제 혜택을 얻어 냈다. 관료들도 퇴직 후 낙하산 자리를 보장받는 대신 인허가 등에서 업자들의 편의를 봐줄 수 있었다. 일본 경제가 호황이던 시절에는 이런 '철의 삼각형'이 낙후된 지역의 기반시설 확대와 지역 경제 활성화를 통한 균형 발전이라는 긍정적인 역할을 하기도 했다. 하지만, 거품이 꺼진 90년대 이후에도 이런 관행이 그대로 이어지면서 비효율이 발생하기 시작했다. 일본 정부는 경제위기 극복을 위해 90년대 9차례에 걸쳐 124조 엔이라는 천문학적인 돈을 쏟아부었다. 그러나 이 돈 중 상당수가 '철의 삼각형'에 갇혀 지역 토건 사업에 투입됐다. 실제로 1994년 일본 내 콘크리트 제조량은 9천160만 톤으로 국토 면적이 25배나 넓은 미국의 7천790만 톤보다 18%나 더 많았다.

하지만, 견제와 감시의 목소리는 들리지 않았다. 한정된 재정이 제대로 쓰이지 못하면서 일본의 90년대 연평균 성장률은 1.2%에 그쳤다. 결국, 지난 1981년 GDP의 55.4%였던 국가부채 규모는 97년 GDP의 100%를 넘어선 데 이어 2009년에는 200%마저 돌파했다. 그런데도 대홍수에 대비한다며 12조 엔을 들여 슈퍼제방을 쌓고, 바다를 매립해 인공섬을 지어놓고도 입주자를 찾지 못해 땅을 놀리는 등 '철의 삼각형'은 되풀이되고 있다. 정부 정책이 효과를 내기 위해서는 제도의 함정을 뛰어넘어야 한다는 사실을 일본 사회는 지난 20년의 아픈 경험을 통해 배우고 있다.

그렇다면, 신뢰와 투명성이 높고 사회통합을 이룬 국가는 어떻게 사회적 재난과 경제 위기를 극복했는지 네덜란드 사례를 취재했다.

하원 의원인 한 텐 브루커씨는 국회 상임위원장이지만 매일 아침 자전거를 타고 출근한다. 벌써 8년째다. 동료의원들도 마찬가지여서 네덜란드 국회의사당 곳곳에는 의원과 직원들의 자전거가 보관돼 있다. 의원 사무실 넓이도 우리나라의 절반이 채 안 되고 그나마 보좌관과 책상을 마주하고 같이 일을 한다. 검소하고 청빈하게 사는 것이 생활화된 이 나라에서는 우리나라 같은 부정부패 사건은 상상조차 못한다. 의원들의 사소한 출장 내역조차 모두 공개된다. 모든 비용 또한 나라, 의회, 국민을 위해 쓰인 것이므로 필요할 경우 그 내역을 찾아볼 수 있다. 국제투명성기구 조사에 따르면 네덜란드의 부패인식지수는 177개국 중 8위(2014년)를 기록해 말 그대로 투명한 사회다. 이처럼 깨끗하다 보니 네덜란드의 정부 신뢰 수준은 13위로 미국이나 독일보다 높다.

높은 정부 신뢰는 정부 정책지지로 이어져 네덜란드에서 10년 주기로 노사정을 통한 사회적 협약을 맺고 있다. 시민 참여 역시 활발하다. 시내 양로원에서는 자원봉사를 하는 대학생들을 쉽게 찾아볼 수 있다. 사회봉사의 배경에는 사회 투명성이 있다. 사회가 깨끗할수록 남을 도우려는 이타주의 성향과 사회 참여 의사가 높게 나타나기 때문이다. 이처럼 사회의 투명성과 참여는 공공성을 높였고 이는 네덜란드가 재난 등 사회 경제적 위기를 극복할 수 있는 동력이 됐다. 지난 1953년 대홍수로 천 8백여 명이 희생되고 10만 명 이상의 이재민이 발생해 국가적 위기를 맞았다. 이를 겪은 후 네덜란드 정부가 세운 계획이 60여 년 동안 진행된 델타 프로젝트다. 이를 통해 라인 강과 뮤즈 강 하류의 로테르담과 제이란드 등 델타 지역에 1만 6천 4백여 km의 제방이 건설됐다. 복구 과정에서 무너진 방조제 보수를 위해 수만 명의 시민이 자원봉사자로 등록해 적극적으로 참여하는 등 높은 시민 역량을 발휘했다.

네덜란드는 탄탄한 시민 사회를 가지고 있으며 조직화된 교회 집단과 비교회 집단 또한 서로 유대감을 가지고 교류하고 있다. 또한, 지난 70~80년대 네덜란드는 물가와 임금 상승, 과도한 복지 지출로 이른바 '네덜란드병'이라는 경제 위기를 겪게 됐다. 하지만 1982년 노사정 대타협을 통해 임금 인상 자제와 일자리 분배를 통한 고용 창출 등 78개 항의 바세나르 협약을 맺었다. 네덜란드는 1인당 국민소득은 5만 달러, 무역 규모 1조 달러에 달하는 세계 5위의 무역 대국이다. 결국 네덜란드의 강한 공공성과 시민성이 사회적 위기를 성장의 기회로 만들었다.

제10차 미래한국리포트(2012)는 '착한 성장을 위한 리더십' 이었다.[182] 국가 운영이 제대로 되기 위해서는 거버넌스가 필요하다. 연구진은 거버넌스 연구를 확장해 금융위기를 겪고 있는 남유럽 이외의 국가에서도 거버넌스가 작동하지 않을 경우 위기를 겪게 되는지 분석했다. 거버넌스는 협치라고도 했는데, 이를 풀어보면 '공통의 문제해결을 위해 이해 당사자들이 대화와 협상을 통해 조정하고 협력한다'는 의미다. 본래 민주주의는 '아무도 믿을 수 없다' 라는 생각에서 출발해 누군가에 권력이 집중되는 것을 막기 위해 만든 견제의 틀이다. 불확실성을 제도화한 것이다. 그런데 반대로 지나친 견제가 재앙을 낳기도 한다. 타협이 없는 다수결 민주주의를 '비토크라시(Vetocracy)'라고 하는데, 당시 오바마 케어를 둘러싼 공화당의 비토권 행사로 연방정부가 셧다운 된 미국 상황이 여기에 해당된다.

이재열 서울대 교수는 거버넌스를 '민주주의라는 견제의 틀 위에 신뢰와 타협을 보탠 것이다'라고 정의했다. 이해집단들이 국정에 참여하게 되면, 정책 결정의 정당성과 투명성이 커질 뿐 아니라, 집행의 효율성과 효과성도 높아지기 때문이다. 좋은 거버넌스는 충분한 토론을 필요로 한다는 점에서 '합의민주주의'와 잘 맞는다. 또한 장기적 협력을 요한다는 점에서 '조정시장경제'와도 잘 어울린다. 조정시장경제란 경제주체들이 장기적 협력을 통해 변덕스러운 시장을 규율하는 것이다. 예를 들면 기업은 노

---

182) SBS 미래부 이창재, 『더 좋은 사회 더 나은 미래』, 한울, 2017. p271~275.

동자에게 고용안정과 경영참여를 허용하고, 국가는 노동자에게 직업훈련 기회를 제공하며, 노동자는 높은 숙련과 공정혁신으로 보답하는 방식이다. 그럼 거버넌스가 작동했을 때와 작동하지 않았을 때 어떤 결과를 낳는지 일본과 독일 도시의 사례를 취재했다.

한때 석탄 산업으로 유명했던 일본 유바리(夕張)시는 이제 몰락한 도시의 대명사다. 시민들이 떠나 버린 도시의 모습은 황량함 그 자체다. 현재 유바리의 인구는 1만 5명으로 일본에서 인구가 가장 적은 도시 중 하나다. 유바리의 불행은 1980년대, 석탄 산업이 내리막길을 걸으면서 시작됐다. 당시 유바리는 발 빠르게 관광도시로의 변화를 시도했고, 필요한 돈은 중앙정부로부터 빌렸다. 이 사업을 진두지휘한 사람은 민선 시장 나카타였다. 하지만 그는 모든 걸 독단으로 처리했다. 곳곳에 관광시설이 생겨나고 광부들은 새로운 일터, 장밋빛 미래를 꿈꿨다. 하지만 결과는 참담했다. 무리한 사업진행으로 시 예산의 열 배가 넘는 빚을 안고 지난 2006년 재정파탄을 선언한 것이다. 회계 장부까지 조작해 재정을 흑자라고 속여 온 것도 나중에 드러났다.

시가 파산하면서 그 피해는 고스란히 시민들이 떠안아야 했다. 행정 유지를 위해 세금을 더 내야 했고 복지 혜택은 크게 줄어들었다. 일자리도 잃고, 노후 연금조차 중단되자 많은 시민들이 이 도시를 떠났다. 유바리의 불행은 사회적 합의와 거버넌스 없이 시 정부가 모든 걸 독단으로 처리한 데서 온 결과였다. 유바리시의 사례처럼 일본의 노동, 사회정책 역시 '위기'라는 평가가 많다. 카나이 도쿄대 교수는 "지금 일본에서는 인간관계가 없는, 말하자면 모래알 같은 사람이 많은 상황이어서, 거버넌스가 점점 축소되는 현실입니다."라고 말한다. 국가 주도의 의사결정 방식, 그리고 노조가 사회적 파트너로서 인정받지 못하는 일본. 이 때문에 전체 노동자의

30%가 비정규직인 상황에서 일자리를 위한 일본의 '거버넌스' 역시 여전히 멀어 보인다.

독일 서부의 중소도시 도르트문트는 20여 년 전만 해도 석탄과 철강, 맥주 이 세 가지 말고는 아무 것도 나지 않는 척박한 땅이었다. 그나마 지역 경제를 지탱하던 석탄과 철강 산업도 80년대 접어들며 급격하게 쇠락하기 시작했다. 한 때 7만 명이 넘던 석탄, 철강 분야의 일자리는 10분의 1 수준으로 뚝 떨어졌다. 당장 일자리를 잃게 된 노조는 고속도로를 봉쇄하는 등 격렬하게 저항했다. 하지만 다른 한편으로는 일자리를 되찾기 위한 대책을 내놨다. 노조의 제안에 대해 대기업 티센크루프(thyssenkrupp)는 500만 유로의 컨설팅 비용을 들여 사업의 타당성을 검토했고, 지난 2000년 도르트문트 시 정부는 아예 시장 직속의 노사민정 기구인 '도르트문트 프로젝트'를 가동했다. 목표는 명확했다. 10년 내 일자리 7만 개 창출. 이를 위한 10년간의 길고 긴 대화가 시작됐다.

10년의 길고 긴 대화 끝에 도르트문트는 IT와 나노, 물류뿐 아니라 전기차와 바이오산업 등 10개의 클러스터로 성장했다. 지역 주민의 일자리는 물론이고 이제는 주변 도시의 인재들까지 끌어들일 정도가 됐다. 쇠락하던 탄광 마을이 제2의 라인강의 기적을 이끄는 첨단 산업 중심지로 변신한 가장 밑바탕에는 바로 사회적 대화가 있었다. 일본 유바리시의 사례는 권력을 견제하지 못했을 때 공동체가 위기에 처한다는 것을 잘 보여 준다. 반면에 독일 도르트문트시 사례는 사회적 대화가 위기극복의 비결이었다는 점을 증명하고 있다.

거버넌스의 수준은 위기 상황에서 국가의 운명까지 바꿀 수 있다. 독일과 일본은 공통점이 많았다. 두 나라 모두 2차 대전의 패전국이었지만, 성공적인 부흥기를 거쳐 제조업 강국이 되었고, 엄청난 무역흑자를 냈다. 정치적으로는 모두 의원내각제를 채택하고 있다. 그러나 2000년대 중반부터 운명이 갈리기 시작했다. 먼저 일본에 대해 살펴보면 위기의 출발은 부동산 버블이 꺼진 1990년대 이후 찾아온 경기침체다. 90년대 초까지 4%를 넘던 경제성장률이 연 1% 수준으로 추락했다. 이 기간 세계경제에서 차지하는 GDP 비중이나 국가경쟁력도 모두 급락했다. 문제는 위기에 대한 일본 정부와 기업, 노조의 안일한 대처였다. 일본정부는 거의 매년 경기부양책을 시도했지만 근본적인 처방을 찾을 의지도, 사회적 합의를 위한 기구도 없었다. 노동정책심의회가 있었지만 실질 권한은 없는 장관자문기구에 불과했다. 기업은 정치와 유착하여 문제를 피하는 데 급급했고, 노조는 기득권에 집착했다.

그러다 보니 장기불황이 고용-복지체제에 가한 충격을 풀지 못했다. 평생고용이 어려워지자, 일본의 '가족의존형 복지제도'에도 심각한 균열이 생겼고, 사회보장에서 제외된 비정규직과 청년실업자들이 급증하면서 '격차사회'가 굳어졌다. 결과적으로, 저출산이 심해진 반면, 고령인구는 계속 늘어나고 있다. 현재 65세 이상 고령인구비율이 계속 늘어 2050년이 되면 그 비율이 40%에 이르게 된다. 그런데 정치적으로 다수인 노인들은 연금을 줄이는 데 반대한다. 그래서 생산가능인구를 제대로 지원하지 못하다 보니, 복지재정지출이 늘어도 성장유발효과는 계속 떨어지고 있다.

독일도 어려운 상황은 마찬가지였다. 2000년대 초반까지 저성장, 고실업의 늪에 빠져 있었고, 사회갈등은 심각했다. 경직적 노동시장, 수혜적 복지, 높은 조세부담이 경제의 발목을 잡았고, 급기야는 '유럽의 병자'라고 불렸다. 갑작스러운 통일과 유럽통합도 큰 충격이었다. 이랬던 독일이 당시 '유럽의 강자'로 화려하게 부활한 계기는 두 가지다. 하나는 2003년에 단행된 '어젠다 2010' 개혁이었다. 당시 사회민주당 슈뢰더 총리는 과감하게 노동시장 유연성을 확대하고, 고용서비스 전달체계를 혁신했으며, 복지제도 효율성을 높이고, 재정개혁도 단행했다. 다른 하나는 2008년 글로벌 금융위기였다. 대부분 나라들이 고용위기를 겪은 반면, 독일은 즉각 '단축조업'을 시행해서, 노동시간과 임금을 줄이되 해고가 되지 않도록 했다. 독일의 실업률은 10년 전에 비해 절반으로 줄었고, 일자리는 200만 개 이상 늘어났다. 방만한 복지는 지속가능하게 바뀌었다. 금융위기의 반사이익으로 제조업이 큰 호황을 누리게 되자, 수출이 급증하고 경제성장률도 높아졌다. 이 결과 고용률이 70%를 넘어서면서 손꼽히는 고용선진국으로 평가받고 있다.

그렇다면 독일과 일본의 거버넌스는 어떤 이유로 이런 차이가 나게 되었을까? 첫 번째는 사회적 합의에서 정부의 역할이다. 독일은 이해당사자들이 문제인식을 공유하고 서로 조율하고 해결책에 합의하면, 국가가 이를 후원하고 공정하게 관리해 왔다. 반면에 일본은 80년대까지만 해도 분권, 분배, 조정의 거버넌스를 유지해 왔는데, 90년대 들어 점차 내각과 총리관저 중심의 일방적 통치로 바뀌었다. 두 번째는 정치적 리더십의 차이다. 독일은 대부분 한 정당이 권력을 독식하지 않고 연립정부를 구성해 왔다. 심지어 지지층이 다른 두 대표정당끼리 대연정도 자주 했다. 그래서 리더십도 안정되고, 정책 일관성도 유지됐다. 그러나 거의 매년 총리가 바뀐 일본에서는 장기적 비전에 대한 사회적 합의를 이루지 못하고 단기처방만 남발했다.

세 번째는 노조와 같은 이익단체가 사회적으로 책임 있는 역할을 다해 왔다는 점이다. 독일 노조의 조직률은 높지 않다. 그렇지만 경영참가와 정책참가, 사회적 대화 등을 통해 영향력을 유지해 왔다. 그 결과 노조는 자신들의 이익을 국민경제와 조화시키는 안목과 실력을 갖췄다. 반면에 일본에서 노조는 아예 대화의 파트너로 고려되지 않았다. 또한 기업별 노조체제이다 보니 대기업 정규직의 이익만 대변할 뿐, 저출산이나 청년실업 등 사회적인 이슈에 대해서는 무관심했다. 네 번째는 위기의 성격이 달랐던 것도 중요한 이유다. 독일에서는 유럽통합이나 독일통일, 세계금융위기 등 마치 급성폐렴처럼 몰려오는 위기 앞에서, 이해당사자들은 한 발씩 양보하는 자세를 가졌다. 그러나 일본에서 저출산과 고령화는 장기간에 걸쳐 진행되는 성인병과 같다 보니, 심각성을 느끼는 데 시간이 걸렸고, 선제적 개혁의 타이밍도 놓쳤다.

독일의 도약은 일자리를 둘러싼 사회적 합의에서 출발했다. 기업은 일자리를 만들고, 노조는 일자리를 나누고 정부는 일자리를 지킨다는 합의를 이루었고, 노-사-정이 서로 협력하는 거버넌스를 발전시켰다. 이것이 독일이 조정시장경제를 운영하면서 성장-복지-고용 간의 선순환을 이룬 비결이었다. 결국 거버넌스가 제대로 작동하지 않을 경우 지역이나 시대와 관계없이 국가가 위기에 빠지게 된다. 즉 독일과 일본에서 보듯이 거버넌스가 국가 운명을 결정지을 수 있다. 2024년 조회수가 많았던 깊이 있는 뉴스의 거버넌스 기사들은 다음과 같다.

□ 의정대화

지지부진한 의정대화는 거버넌스의 부재의 대표적 사례라고 할 수 있다. 정부와 정당, 정치인들, 그리고 이해 단체 간의 의견 차이와 충돌이 대화를 방해하고 있다.

정부는 필수의료 분야에 국가 재정을 집중 투자하겠다는 입장을 3월 다시 확인했다. 필수의료 특별회계를 신설하고 건강보험 재정을 활용해 전공의 수련 지원, 지역의료 발전기금 신설, 필수의료 보상 확대 등의 사업에 예산을 대폭 투입할 계획이다. 대통령실 정책실장은 필수의료 분야를 재건하기 위해 과감한 방식의 투자가 필요하다고 강조했다. 보건복지부는 추가적인 건강보험료 인상 없이도 안정적으로 재정 운영이 가능하다고 밝혔다. 정부는 의사 단체와의 대화를 촉구하며, 새로 선출된 의협 회장과 전공의들에게도 대화의 장에 나오라고 요청했다. 그러나 전공의들의 응답은 없었고, 의대 교수들의 집단 사직은 계속됐다. 대한의사협회 비상대책위원장은 대통령이 직접 전공의들과 만나 문제 해결을 위한 협의를 진행해 줄 것을 요청했다. 의협 회장 당선자는 정부와의 대화 가능성을 언급하면서도 보건복지부 장관 파면과 대통령 사과를 요구하고 있어, 의정 간 대화는 진전을 이루지 못했다. - '의정 대화' 지지부진… 대통령실 "필수의료 집중 투자"(3/27)

윤석열 대통령과 대한전공의협의회 박단 비상대책위원장이 4월 4일 용산 대통령실에서 2시간 넘게 비공개 면담을 가졌다. 대통령실은 이번 만남을 통해 전공의들의 입장을 존중하며, 향후 의대 증원과 의료 개혁 논의 과정에서 이를 반영하겠다고 밝혔다. 윤 대통령은 박 위원장으로부터 현 의료체계의 문제점을 경청하고, 전공의들의 처우와 근무 여건 개선에 대한 의견을 교환했다. 박 위원장은 지난 2월 20일 발표한 7대 요구 사항을 다시 언급한 것으로 알려졌다. 대통령실은 이번 만남으로 정부와 전공의 간 대화 단절 상황이 해소되었으며, 전공의들의 요구는 향후 구성될 사회적 협의체에서 논의될 것이라고 밝혔다. - 윤 대통령-박단 위원장 면담… "향후 전공의 입장 존중"(4/4)

이외 많이 조회한 기사로는 윤 대통령 "전공의 직접 만나고 싶다"… 대화 물꼬 트나(4/2), [현장] 문 연 병원 가장 적은 오늘… 지금 응급실 상황은?(9/17), "대화 계속" "만남 거절"… 협의체 난항(9/18) 등이 있다.

□ 정치 거버넌스

　세종시에 국회의사당을 건립하는 작업이 활발히 진행 중이다. 2021년에 국회법이 개정되면서 세종시에 국회의사당을 설치할 법적 근거가 마련되었고, 현재 일부 상임위와 예결특위, 국회 조직의 일부가 세종으로 이전하는 방안이 확정되었다. 세종의사당 건립에는 약 3조 6천억 원의 사업비가 소요될 예정이며, 2031년 완공을 목표로 하고 있다. 그러나 국회 전체를 세종으로 이전하는 방안이 논의되면서, 헌법 개정이 필요하다는 지적도 나오고 있다. 헌법재판소는 2004년에 "관습 헌법상 수도는 서울"이라는 이유로 수도 이전은 개헌 사항이라고 결정한 바 있다. 따라서 국회를 세종으로 완전히 이전하려면 국민투표를 통한 헌법 개정이 필요할 수 있다. 국민의힘은 중앙부처와 공공기관이 이미 세종으로 이전한 만큼, 개헌이 필요 없다는 입장을 보이고 있다. 이와 함께, 대법원 등 사법기관의 지방 이전도 검토하자는 목소리가 정치권에서 나오고 있다. - '국회 이전' 넘어야 할 산 수두룩… '개헌'부터 시각차(3/27)

　22대 총선에서 60대 이상 유권자 수가 40세 미만 유권자 수를 처음으로 추월했다. 60대 이상 유권자는 전체 유권자의 31.9%를 차지하며, 18세에서 39세까지의 청년층 비율은 30.6%로 줄어들었다. 특히 20대와 60대 남성의 표심이 총선 판세를 좌우할 중요한 변수로 떠오르고 있다. 2년 전 대선에서 윤석열 대통령에게 높은 지지를 보냈던 20대 남성들의 지지도가 당시 최근 여론조사에서 크게 떨어졌고, 지지 정당이 없거나 응답하지 않은 부동층이 43%로 가장 많았다. 전통적으로 보수층으로 평가받는 60대 남성들도 변화가 감지됐다. 60대 여성과 70대 이상 남녀는 국민의힘을 지지하는 비율이 높지만, 60대 남성들은 범야권에도 40% 가까운 지지를 보였다. - 60대 이상, 2030 첫 추월… 20대·60대 남성 표심이 변수(4/9)

22대 총선 이후 열릴 예정인 윤석열 대통령과 제1야당 대표 간의 회담이 주목을 받았다. 지난 20년 동안 대통령과 제1야당 대표 간의 영수회담은 총 6차례 열렸다. 이 중에서 합의사항을 도출한 회담은 단 한 번뿐이었다. 가장 최근의 영수회담은 2018년 문재인 전 대통령과 홍준표 당시 자유한국당 대표 간의 만남이었으며, 남북정상회담을 앞두고 야당의 협조를 요청했지만, 합의 없이 끝났다. 이명박 정부 때는 세 차례 영수회담이 열렸지만, 성과를 내지 못했다. 반면, 2008년 이명박 대통령과 정세균 민주당 대표 간의 회담에서는 경제 살리기 등 7개 합의사항이 발표되었다. 노무현 정부 때는 두 차례 영수회담이 열렸고, 김대중 정부 때는 8차례로 가장 많은 회담이 열렸다. 특히 김대중 대통령과 이회창 한나라당 총재 간의 회담은 여러 분야에서 초당적 협력을 이끌어낸 모범 사례로 평가받았다. - 20년간 6차례 만났다… 대통령·야당 대표 회담 성적표는(4/28)

　윤석열 대통령이 한동훈 국민의힘 대표와의 갈등에 대해 "개인적인 감정을 넘어 공동 과업을 함께 찾아야 한다"고 말했다. 윤 대통령은 11월 7일 기자회견에서 한 대표와의 갈등에 대해 웃으며 "언론에서 부추기는 거 아니냐"고 답한 뒤 이같이 밝혔다. 또 정치인들도 다 감정이 있다면서, "국민을 위해 열심히 일하다 보면 한 대표와의 갈등은 풀리게 될 것"이라고 덧붙였다. - [바로이뉴스] "한동훈과 갈등? 언론에서 부추기는 거 아닙니까?" 윤석열 대통령 기자회견(11/7)

　이외 조회수 많은 기사로는 전국 잠정 투표율 67%… 총선 기준 32년 만에 최고치(4/10), 22대 총선 민주당 압승… 민심은 '정권 심판' 택했다(4/11), 민주 압승 견인한 수도권… 국힘 개헌저지선 지킨 부·울·경(4/11), 보조금 56억 챙기고 해체… 위성정당 꼼수 언제까지?(4/27), 한동훈 독대 요청에 대통령실 "상황 보자"… 불편한 기류도(9/22), "뺨 때리고 싶은 심정"… '만찬 갈등'

고조(9/27), "한동훈 치면 여사 좋아할 것"… 김대남 녹취록에 "한심"(10/1), "한동훈 죽이기" vs "괴담 불과"… '윤-한 갈등' 더 커지나(10/2), '김 여사 활동 자제' 첫 피력… 친윤 "왜 자극"(10/9), 한동훈 "대통령실 인적 쇄신 필요"… 용산 겨냥 '직격탄'(10/12), 1시간 20분 면담… "김 여사 3대 방안 직접 요청"(10/21), '장모 수감' 언급하며 거절… 한동훈 "국민만 보겠다"(10/22), '한동훈 비판' 홍준표 면담… "돌 던져도 맞고 가겠다"(10/23), "모든 것이 제 불찰"… 고개 숙여 사과한 윤 대통령(11/7), "진솔했다"vs"처참하다"… 침묵한 한동훈(11/7), "거짓말·변명 기자회견"… 긴급 규탄 대회(11/7), 이준석 "윤 대통령, 김은혜 택하고 안철수 공천 요구"(11/14), 특활비·예비비 등 4.1조 감액… 야당, 예결위서 단독 처리(11/29), "감사원이 검찰 흉내"… 탄핵안 가결되면 원장 직무정지(11/29) 등이 있다.

□ 행정 거버넌스

　서울 시내에서 주민등록번호 없이 살아가는 '무적자'들의 실태가 처음으로 조사되었다. SBS와 서울시가 협력하여 시 산하 노숙인 보호 시설 7곳을 통해 무적자 현황을 파악한 결과, 188명의 무적자가 확인되었다. 이들은 대부분 어릴 때 보육원을 떠난 후 신분증 없이 살아가며, 학교에 다니거나 병원 진료를 받는 등의 기본적인 사회 서비스 이용이 어려웠다. 김 모 씨는 60년 가까이 주민번호 없이 살아왔고, 최근에야 성과 본을 만드는 '창성창본'을 통해 한양 김 씨의 시조가 되었다. 정부 차원에서는 아직 정확한 무적자 집계를 시도한 적이 없으며, 이들의 삶이 제도권 밖으로 이탈한 경위와 원인 등을 추적하는 작업이 진행 중이다. - "통장도 없고 병원도 못 갔다"… 유령처럼 살았던 188명(6/1)

　GTX나 지하철같이 나랏돈이 들어가는 사회 기반 시설 공사들이 줄줄이 멈춰 서고 있다. 주요 원인은 공사비 폭등이다. 건설사들이 물가와 금리 상승을 현실적으로 반영하지 못해 입찰에 응하지 않거나, 시공사로 선정된 후에도 중도에 포기하는 경우가 많아지고 있다. 예를 들어, GTX-A 노선의 삼성역 공사는 벌써 6번째 유찰되었고, 위례신사선 경전철 공사도 공사비 증액 요청이 받아들여지지 않아 첫 삽도 뜨지 못한 상황이다. 이러한 문제는 서울 대심도 빗물 배수 터널, 부산 진해신항 방파호, 광주도시철도 등 전국 곳곳의 대형 SOC 공사에서도 발생하고 있다. 공공 SOC 사업은 공사 기간이 길고, 총사업비는 초기 예타 단계에서 결정되기 때문에 조정이 쉽지 않다. 따라서 공사비 증액 시 물가 상승분을 현실적으로 반영할 수 있는 방안을 마련해야 한다는 지적이 나오고 있다. - GTX부터 지하철까지… 공공시설 공사 줄줄이 '스톱'(7/4)

　7월 14일은 '북한 이탈주민의 날'로, 2024년 처음으로 국가기념일로 지정되었다. 윤석열 대통령은 첫 기념식에서 대한민국을 찾는 북한 동포를 단 한 사람도 돌려보내지 않겠다고 강조했다. 그런데, 서울의 유일한 탈북 청소년 인가 대안학교인 여명학교는 2004년에 문을 열었지만, 혐오시설이라는 반대에 부딪혀 여러 차례 이사를 해야 했다. 현재는 강서구의 한 폐교 건물로 임시 이전했지만, 임대 기간이 끝나면 또다시 이사를 해야 하는 상황이다. 탈북 학생들은 북한의 보복보다 우리 사회의 편견과 차별이 더 무섭고 힘들다고 토로한다. 한 탈북 학생은 일반학교에 다닐 때 어떤 친구가 자신에게 "김정은 아들이다" 이런 식으로 말해서 상처를 받았다고 했다. 여명학교에서 대학 입시를 준비하는 탈북 학생은 95명이며, 이들 중 대부분은 중국이나 러시아 등 제3국에서 태어난 학생들이다. 이들은 언어 장벽뿐 아니라 법적으로 탈북민 인정을 받지 못해 특례입학이나 학자금 지원 대상에서도 제외됐다. 이들이 우리 사회의 온전한 일원이 될 수 있도록 체계적인 지원과정이 필요하다는 목소리가 커지고 있다. - 이탈민의 날… "목숨 걸고 건넜지만" 보복보다 무서운 편견(7/14)

　4급 보충역 판정을 받은 후 사회복무요원으로 일할 자리를 기다리다 결국 면제된 사람이 2024년에도 1만 명이 넘는 것으로 확인되었다. 이는 4년 전에도 지적된 문제였지만, 여전히 해결되지 않고 있다. 병무청은 사회복무요원 급여 인상과 낮은 인력 활용도로 인해 근무지를 확대하는 데 한계가 있다고 설명했다. 또한, 병역법에 따르면 4급 보충역 판정을 받은 후 3년 동안 소집되지 않으면 병역면제 처분을 받게 된다. 병무청은 사회복무 불가자를 과감히 면제 처분하는 방안 등을 국방부와 논의하겠다고 밝혔다. 그러나 이러한 문제를 해결하기 위해서는 보다 체계적이고 현실적인 대책이 필요하다. - '공익' 3년 기다리다 '군 면제'… 1만 명 '훌쩍'(8/16)

　전동 킥보드의 주차 문제가 심각해지고 있는 가운데 주차 금지 구역에 대한 정보 부족으로 이용자들이 견인료를 물게 되는 경우가 많다. 서울시는 주차 금지 구역을 지정했지만, 반납 시스템의 미비로 문제가 지속되고 있다. 2021년에 2만 건이던 전동 킥보드 견인은 2022년과 2023년에 6만 건을 넘었다. 제대로 된 주차 공간과 시스템 개선이 필요하다는 지적이다. - 킥보드 반납 며칠 뒤 "4만 원"… 갑자기 날아온 견인료(9/19)

　이태원 참사 이후, 서울시가 인파 사고 취약 지역을 분석한 결과 350여 곳이 여전히 위험한 것으로 나타났다. 성수동과 강남역 일대가 주요 취약 지역으로, 밀집도로 인해 사고 위험이 컸다. 서울시는 CCTV 추가 설치와 밀집도 전광판 설치 등의 대책을 마련했으나, 일부 문제가 있음을 확인했다. 서울연구원은 취약 지역마다 맞춤형 안전 조치가 필요하다고 제언했다. - "사람 막 삐져나와" 수백 명 한꺼번에… 서울 곳곳 '위험'(10/28)

　이외 조회수 많은 기사로는 60년 허송세월, 끝내 염전도… '투명인간' 356

명 추적하니(6/14), '무적자' 인생 벗어나도 "이런 사람 안 살아요"… 떠날 때도 혼자(6/15), "죽은 채 25년 살았다"… 길바닥 살며 알게 된 사망 신고(6/16), 1년 지나 다시 찾은 오송 참사 현장… 여전히 갈 길 멀었다(7/14), 빚 갚았는데 "카드 막혔다"… 열달 지나도 신용불량자, 왜(7/22), '물막이판' 없는 지하철역 출구… 건물주들 꺼리는 이유(8/18), 가짜 신분증으로도 구매 가능… '전담 자판기'까지(8/28), "지방 근무인데 관사도 없어" 기피… '가축 방역' 공백 우려(9/8), 440억 들였는데… 줄줄이 문 닫고 간판까지 내렸다(9/14), 1400개 열차표 쓸었다 환불… 포인트 빼먹는 꼼수 못 잡나(9/15), "300억 뜯고 교도소에서 행복"… 들끓는 사기 범죄(9/20), 친부모라 믿었던 3년… 장례도 치렀는데 알고 보니 남(10/22), 지하 클럽에 수백 명… "안 보여요" 소파에 막힌 비상구(10/29), 세상 떠난 30대 가장… "합법인데 어떻게" 가족들 호소(11/1), 횡단보도 건너던 학생, 트럭 덮쳐 즉사… 13만 곳 '위험'(11/3), [지방소멸] 관광객 '1천만', 주민은 '3만'… 단양 반전 비결(11/7), [지방소멸] 서울의 6배 크기인데… 100배 빠른 인구 쇼크(11/9), 김치통 열자 2억 돈다발… 흉기 들고 저항까지(11/21), "이러다 놓치겠다" 출국장 200m 줄… 인천공항 혼란, 왜(12/20) 등이 있다.

6) 북한과 중국

□ 북한

북한은 한국에 여러 가지 중요한 의미와 영향을 미치고 있다. 북한의 핵 개발과 군사적 도발은 한국의 안보에 큰 위협이 된다. 이는 한국이 국방비를 많이 지출하게 하고, 국제 사회와의 협력을 통해 안보를 강화하려는 노력을 지속하게 만들고 있다. 또한 북한과의 관계는 한국 정치에 큰 영향을 미치고 있다. 남북 관계의 변화는 국내 정치의 주요 이슈로 작용하며, 대북 정책은 각 정당의 중요한 정책 중 하나이다. 북한의 경제 상황은 한국 경제에도 영향을 미친다. 예를 들어, 개성공단과 같은 남북 경제 협력 사업은 양국 경제에 긍정적인 영향을 미칠 수 있지만, 북한의 불안정한 경제 상황은 이러한 협력을 어렵게 만들기도 한다. 북한 주민의 인권 문제와 탈북자 문제는 한국 사회에서 중요한 이슈로 다뤄진다. 탈북자들이 한국 사회에 정착하는 과정에서 여러 가지 지원이 필요하며, 이는 사회적 통합과 관련된 문제로 이어진다. 북한과의 관계는 복잡하고 다면적이지만, 이러한 요소들이 한국에 중요한 영향을 미치고 있다.

통일부가 공개한 탈북민 심층 조사 결과에 따르면, 북한의 세습 통치에 대한 부정적인 인식이 꾸준히 증가하고 있다. 2000년 이전에 탈북한 응답자 중 33.6%가 세습에 대해 부정적이라고 답한 반면, 2016년에서 2020년 사이에 탈북한 응답자 중에서는 56.3%가 부정적이라고 답했다. 특히 20대 응답자들이 세습 통치에 대해 더 부정적인 시각을 가지고 있는 것으로 나타났다. 또한, 외부 영상물에 대한 노출도 증가하고 있다. 2016년부터 2020년까지 탈북한 응답자 중 83.3%가 남한이나 중국 등 외부 영상물을 접한 경험이 있다고 답했다. 이는 북한 주민들이 외부 세계에 대한 정보를 점점 더 많이 접하고 있음을 시사한다. 주택 매매도 일상화되어, 최근 탈북한 응답자 중 약 46%가 북한에서 주택을 사고 판 경험이 있다고 답했다. 이는 북한 내에서도 시장 경제 활동이 활발해지고 있음을 보여 준다. 이러한 변화는 북한 주민들의 의식 변화와 함께, 외부 세계와의 접촉이 늘어나면서 나타난 결과로 보인다. 앞으로도 북한 내부의 변화와 이에 따른 탈북민들의 인식 변화를 주목할 필요가 있다. - "한국 드라마 몰래 보고 눈물"… 김정은 세습 등 돌린 MZ(2/6)

북한이 한국 문화를 차단하기 위해 강력한 단속을 이어가고 있다. 특히, 개성 지역의 교사들이 남한식 말투를 사용한다는 이유로 평양 인근 교사들로 교체되었다고 한다. 이는 남한과 접경 지역인 개성에서 남한식 말투와 억양이 퍼지는 것을 막기 위한 조치다. 또한, 평안남도 교사들에게 남한말 사용을 단속하라는 지시가 내려졌고, 이를 어긴 교사들은 해임되거나 강제 노동에 처해졌다고 한다. 북한은 지난해 '평양문화어보호법'을 제정하여 남한식 말투를 사용하는 경우 최대 사형에 처할 수 있도록 했으며, 올해 들어 더욱 강력한 단속을 벌이고 있다. 외래문화 통제도 강화되고 있으며, 청진시에서는 노동자와 대학생 규찰대가 반사회주의적 옷차림을 단속하고 있다고 한다. 김정은 정권은 체제 유지를 위해 남한 문화를 철저히 차단하고, 남북을 적대관계로 규정하며 강력한 사상 통제에 나서고 있다는 분석이 나온다. - 개성 교사가 서울말 썼다고… '평양 교사'로 교체한 북한(2/13)

　북한이 평양 화성지구에 1만 세대 규모의 대규모 주택 단지를 건설하고, 김정은 총비서가 참석한 화려한 준공식을 열었다. 하지만 일부 주민들이 고층이 아닌 저층 아파트를 배정받기 위해 간부들에게 뒷돈을 준 것으로 알려졌다. 주민들이 저층을 선호하는 이유는 심각한 전력난 때문이다. 엘리베이터가 자주 작동하지 않아서 고층에 사는 것이 불편하고, 물 공급도 제대로 이루어지지 않기 때문이다. 이러한 문제로 인해 권력이 없는 주민들이 주로 고층 아파트를 배정받는 상황이 발생하고 있다. - "저층 살고 싶어 뒷돈까지"… 김정은 주택단지에 무슨 일?(5/1)

　우리 군이 북한의 오물 풍선 살포에 대응해 대북 확성기 방송을 7월 재개했다. 방송은 주로 '자유의 소리' 프로그램을 통해 송출되며, 북한 주민들에게 다양한 정보를 전달했다. 방송 내용으로 국내로 망명한 리일규 쿠바 주재 북한 참사관의 소식을 전하며, 북한 외교관들이 비정상적이고 비윤리적인 행위에 대해 수치와 망신을 느끼고 탈북하고 있다는 내용을 담았다. 북한 군인들을 겨냥한 메시지로는 접경지역에서 지뢰 매설을 하고 있는 북한 군인들에게 지옥 같은 노역에서 탈출하라는 메시지를 전달했다. 반동사상문화배격법에 따라 북한에서 듣기만 해도 처벌되는 남한 대중가요도 포함되어 있다. 군은 이 방송을 통해 북한 주민들에게 최대 20km까지 들리게 할 계획이었다. - "노예의 삶에서 탈출하라" 대북 확성기 방송(7/19)

2017년 말, 북한 군부 1인자였던 황병서 당시 총정치국장이 모든 직위를 박탈당하고 6계급 강등되었다. 탈북한 리일규 전 쿠바 주재 북한대사관 참사는 황병서가 김정은에게 보고할 때 '사무실'과 '넘겨 준다'는 표현을 사용한 것이 문제였다고 밝혔다. 김정은은 황병서한테 수령이 일하는 공간이 사무실이냐 집무실이냐, 당중앙위원회가 장마당이냐, 문건을 넘겨 준다는 게 무슨 소리냐며, 당 중앙위원회에 문건을 보고하게 돼 있다고 질책했다. 이로 인해 황병서는 혁명화 처벌을 받아 청사 마당을 쓸게 되었다. - "원수님 사무실…" 말실수로 졸지에 마당 쓴 군부 1인자(9/16)

국정원은 김정은의 경호 수위가 암살 가능성을 의식해 격상되었다고 확인했다. 김정은의 공개활동이 2023년보다 60% 이상 증가했으며, 특수 장비까지 도입되었다. 김정은의 딸 주애는 최근 지위가 높아졌으며, 러시아 대사와 담소를 나누는 등 확고한 입지를 보이고 있다. - 방아쇠에 손가락 걸고 경호… '암살 대비' 특수 장비까지(10/29)

이외 조회수 많은 기사로는 지난해에만 33회 풍계리 지진 급증… 방사능 유출 우려(1/28), 김일성부터 3대가 공들였는데… "북한 큰 충격일 것"(2/15), "이제야 시작, 송구" 사과한 김정은… 유령 공장 쏟아지나(3/3),

고봉밥에 고기, 좁은 매트리스… 탱크부대 시찰한 김정은(3/25), "K팝 들은 북한 청년, 공개처형"… '쌤' 남한 표현도 단속(6/27), [한반도 포커스] "목욕하고 싶어요" 허락했다 공개 총살… 북한에 무슨 일?(6/28), "인민군 탈북 시도" 확성기로 퍼진 기밀… 북한 동요할까(7/22), 60년 만의 폭우로 압록강 범람… 김정은, 간부 향해 불호령(7/29), "책임자 엄벌" 북한서 집단 총살… 불안에 떠는 간부들(9/4), 아들뻘 김정은에 '벌벌'… 북한 간부 사회에 퍼진 불안감(9/22), 군대도 못 믿는 김정은… 방아쇠에 손가락 걸고 경호(9/24), 명품 두르고 손엔 알반지… 반입 안되는데 "김정은식 통치"(10/3), KF-21 기밀 노렸다… 북한, 독일 방산업체 해킹(10/4), [한반도 포커스] 줄줄이 사라진 아버지와 네 자녀… 북한서 무슨 일 있었길래(11/22), 몰래 버스 시동 걸더니… "한국 힘들다" 탈북민 월북 시도(10/1) 등이 있다.

□ 중국·타이완

중국은 한국에 다방면에서 중요한 의미와 영향을 미치고 있다. 중국은 한국의 최대 무역 파트너 중 하나로, 양국 간의 경제적 교류는 매우 활발하다. 한국의 수출품 중 상당 부분이 중국으로 향하며, 중국에서의 생산과 소비가 한국 경제에 큰 영향을 미친다. 정치적으로도 중국은 한국에 중요한 역할을 한다. 한반도 문제, 특히 북한과의 관계에서 중국의 입장은 매우 중요하다. 중국은 북한의 주요 동맹국이자 경제적 지원국으로, 한반도 평화와 안정에 큰 영향을 미친다. 문화적으로도 중국의 영향은 크다. 역사적으로 중국의 문화와 사상은 한국에 많은 영향을 주었으며, 현대에도 다양한 문화 교류가 이루어지고 있다. 예를 들어, 중국의 전통 의학, 음식, 예술 등이 한국 사회에 깊이 스며들어 있다. 환경적으로도 중국의 산업 활동은 한국에 영향을 미친다. 중국에서 발생하는 대기 오염이 한국으로 유입되어 미세먼지 문제를 악화시키는 경우가 많다. 이는 한국의 환경 정책과 대기 질 관리에 큰 도전 과제가 되고 있다.

1월 주한미군 전투기들이 일본 오키나와의 가데나 미군 기지로 날아가 'Hot Pit' 훈련을 실시했다. 이 훈련은 전투기가 엔진을 켠 상태에서 신속하게 연료를 보충하고 곧바로 출격할 수 있도록 하는 훈련이다. 이는 비상사태 시 전투기들이 즉시 실전에 투입될 수 있도록 준비하는 목적을 가지고 있다. 가데나 기지는 타이완과 약 650km 떨어져 있으며, 미국의 대중국 전초기지로 중요한 역할을 한다. 이번 훈련은 인도태평양사령부의 신속전투전개 능력(ACE)을 강화하기 위한 일환으로, 여러 곳의 위기를 동시에 관리할 수 있는 능력을 키우기 위한 것이다. 이 훈련은 주한미군이 유사시 타이완 해협 분쟁에 개입할 수 있다는 해석을 불러일으키고 있다. 타이완 총통 선거 이후 미 해군의 구축함이 타이완 해협을 통과하면서 미중 간 긴장이 더욱 고조되었다. - 타이완 코앞서 '신속 급유'… 주한미군 전투기 훈련 이유(1/27)

5월 중국이 최근 타이완 섬을 포위하는 대규모 군사훈련을 시작했다. 이 훈련은 새로 취임한 반중 성향의 타이완 총통 라이칭더를 겨냥한 것으로 보였다. 중국군은 육해공군과 로켓군 병력을 동원해 타이완을 사면으로 에워싸는 작전을 펼쳤으며, 스텔스 전투기와 강습상륙함, 극초음속 탄도미사일까지 동원되었다. 특히, 타이완 동쪽 태평양 방면을 봉쇄해 미군의 군사지원 차단, 타이완 고위층의 탈출로 봉쇄, 에너지 수입 길 차단 등을 목표로 했다. 중국은 타이완이 '죽음의 섬'이 될 것이라고 경고하며, 타이완의 경제적 고립을 목표로 하고 있다. 이러한 무력시위는 타이완의 독립 성향을 강하게 반대하는 중국의 입장을 반영한 것이다. 타이완군도 즉각 대응에 나서면서 양안 관계는 군사적 긴장 상태로 치달았다. - "죽음의

섬 될 것"… '타이완 포위' 대규모 군사훈련(5/23)

중국이 테슬라에 대한 태도를 크게 바꿨다. 과거에는 테슬라 차량 관련 사고가 빈번하게 보도되며 부정적인 인식이 강했지만, 테슬라를 정부 조달 차량 목록에 포함시키고, 상하이에서 완전자율주행 시험을 승인하는 등 긍정적인 움직임을 보이고 있다. 이러한 변화의 배경에는 중국의 경제적 필요와 전략적 계산이 있다. 중국은 외국인 투자가 급감하는 상황에서 해외 기업 투자를 유치하기 위해 노력하고 있으며, 테슬라를 포함한 외국 기업의 투자를 장려하고 있다. 또한, 미국과 EU가 중국산 전기차에 높은 관세를 부과하려는 움직임에 대응해, 테슬라와 같은 외국 기업이 중국에서 생산하는 전기차를 '중국산'으로 간주하여 무역 장벽을 피하려는 의도도 있다. 이러한 상황에서 중국의 태도 변화는 경제적 이익과 국제 무역에서의 유리한 위치를 확보하려는 전략적 선택으로 보인다. - "테슬라도 중국차"… 180도 바뀐 중국, 왜?(7/5)

중국 산둥성 칭다오에서 레미콘 차량 운전자가 분노를 이유로 차량 수십 대를 들이받아 부상자가 발생했다. 음주나 정신병력 가능성도 제기되지만, 당국은 사건 경위를 밝히지 않았다. 최근 중국에서는 개인적 분쟁으로 인한 무차별 범죄가 증가하고 있다. 이에 당국은 정신건강 문제나 마약 전과, 투자 실패 등으로 인한 잠재적 위험 주민을 특별 감독하라는 지시를 내렸다. 이러한 조치에 대해 지나친 감시체제라는 비판도 나오고 있다. - "못 살겠다" 레미콘 몰고 수십 대 '쾅쾅'… 공포의 질주(10/25)

이외 조회수 많은 기사로는 총통 취임 앞두고… 낯익은 의회 '난투극'(5/18), 얼굴 내밀어야 휴지 쏙… 중국 일상에 파고든 '안면 인식'(6/3), "내 돈 돌려달라" 무릎꿇고 절규… 짓다만 건물에 돈 푼다(10/17), 마동석 중국 영화 출연… '한한령' 변화 신호?(10/25), "당장 금요일부터" 들썩…

중국, 이유 있는 돌변?(11/4), 고급 주택이 폐허로… '폭탄 터질라' 1,100조 원 푼다(11/8), "살려달라!" 울음 섞인 비명… 빙빙 돌진해 100여 명 쳤다(11/13), "살려주세요!" 초등학교 앞 비명… '차량 돌진' 잇단 참변(11/19), 테슬라보다 많이 팔렸다… 한국 공들이는 '신흥 강자' 속내(11/25), 마이웨이 중국 전기차, 무릎 꿇은 '자동차 강국'… 한국 미래는?(11/30), "한국 휘말려 끔찍한 결과"… 보조금 조사에 중국 반발(12/22) 등이 있다.

정리하면 심층보도는 특정 주제에 대한 철저하고 깊이 있는 탐구를 통해 공공의 이해도를 높이고, 중요한 이슈에 대한 인식을 증대시킨다. 이를 통해 사회 문제를 해결하거나 정책 변화를 촉구하는 데 기여할 수 있다. 또한, 권력 감시와 견제를 통해 정부와 기업의 책임성을 강화하고, 공익을 보호하는 역할도 한다. 나아가 시민들이 더 정보에 기반한 의사 결정을 내리도록 돕기도 한다. 심층보도는 단순한 뉴스 전달을 넘어서, 사회 변화를 촉진하는 힘이 있다. 이렇기 때문에 심층보도는 언론의 신뢰도 향상에 큰 역할을 한다. 깊이 있고 철저하게 조사된 보도는 언론 매체가 사실에 기반한 정보를 제공하며, 독자들이 더욱 신뢰할 수 있게 만든다. 이를 통해 독자들이 언론 매체를 신뢰하고, 그 보도를 진지하게 받아들이게 된다. 심층보도가 제대로 이루어지면, 미디어는 공익을 위한 중요한 기능을 수행하게 되고, 이는 사회 전체의 건강한 소통과 발전에도 기여한다. 신뢰는 저널리즘의 전부이기 때문이다(Trust is everything in journalism).

제5부
확산하는 뉴스

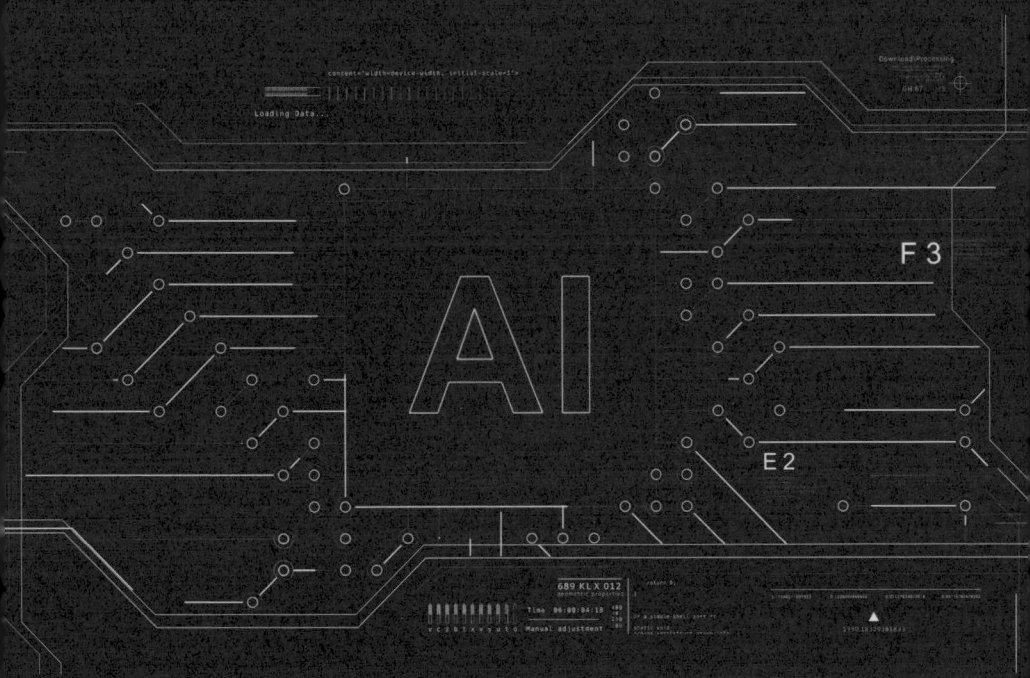

2024년 영국에서 발생한 반무슬림 폭력 시위와 가짜 뉴스의 확산은 사회적으로 큰 문제를 드러냈다. 7월 29일 사우스포트에서 발생한 어린이 세 명을 살해한 사건을 계기로, 소셜 미디어를 통해 범인의 거짓된 신원 정보가 확산되었다. 비록 정부는 범인이 무슬림이 아니라고 밝혔지만, 가짜 뉴스는 폭력 시위를 부추겼다. 가짜 뉴스의 확산 과정을 보면 사건 직후 소셜 미디어 X(트위터)에 범인의 무슬림식 가짜 이름이 게시되었으며, 이 정보는 뉴스 형식의 글로 둔갑되어 웹사이트에 게재되었다. 소셜 미디어의 추천 알고리즘 탓에 이 가짜 정보는 폭발적으로 확산되었다.

AP통신에 따르면 이 가짜 뉴스를 처음 게시한 곳은 X(트위터)의 계정으로 추정된다. 이 계정은 언론사 계정처럼 꾸며져 있었지만, 사실은 그렇지 않았다. 이 게시글은 이후 삭제되었지만 이미 많은 사람들에게 퍼진 상태였다. 가짜 뉴스를 분석한 결과, 살해 사건의 범인을 무슬림, 이민자, 난민 또는 외국인이라고 언급하거나 추측하는 게시물이 2700만 건에 달했다. 이 계정은 인공지능(AI)이 글을 쓴 것으로 보였다.

전문가들은 영국에서 가짜 뉴스를 확산시킨 주범으로 소셜 미디어 알고리즘에 주목하고 있다. 범인에 관한 허위 정보가 온라인에 퍼지고 7월 30일 폭력 시위가 발생하자, 영국 정부는 8월 1일 범인의 실명을 공개했다. 하지만 영국 싱크탱크인 전략대화연구소에 따르면, 범인의 신원이 알려진 이후에도 소셜 미디어 틱톡에서 범죄가 일어난 지역인 '사우스포트'라는 단어를 검색하는 사용자에게 여전히 범인의 가짜 이름이 '추천 검색어'로 나왔다. X(트위터)에서는 '영국에서 인기 있는 트렌드'라는 주제에 범인에 관한 허위 정보가 포함된 글이 추천되기도 했다. 가짜 뉴스라는 것이 밝혀졌지만, 소셜미디어 기업들이 이를 제재하기는커녕 방치하거나 오히려 알고리즘을 통해 노출시켰다는 얘기다.

여기에다 유명 극우 활동가의 소셜 미디어로 인한 폭력 시위가 더욱 격화되었다. 토미 로빈슨이라는 극우 활동가는 폭동 발생 직후, '이번 사태가 무슬림 폭도에 의한 것'이라는 내용의 논평과 동영상을 자신의 X(트위터)에 올렸다. 로빈슨은 이민자 혐오를 부추기는 글을 올렸다는 이유로 2018년 트위터 사용이 금지될 정도로 극단적 주장을 펼쳐온 인물이었다. 일론 머스크가 트위터를 인수해 X로 이름을 바꾸면서 다시 소셜 미디어를 이용할 수 있었다. 로빈슨의 선동적 글은 X뿐 아니라 인스타그램, 틱톡 등을 통해 퍼져 나갔다. 이 사례는 가짜 뉴스가 어떻게 현실적인 폭력으로 이어질 수 있는지를 보여 주는 상징적인 사례이다.

이처럼 가짜 뉴스는 현대 사회에서 테러와 마찬가지로 큰 위협이다. 2023년 5월에 미국 국방부 청사 인근에서 발생한 대형 폭발 사건과 관련된 '가짜 사진'이 소셜 미디어를 통해 빠르게 확산되었다. 이 가짜 뉴스로 인해 미국 주식 시장이 동요하고 금 및 국채 가격이 상승하는 등 혼란이 발생했다. 또한 백악관이 화재로 휩싸인 이미지도 유포되었다. 이러한 가짜 뉴스는 인공 지능(AI)이 생성한 것이었다. 하마스 전쟁이나 러시아-우크라이나 전쟁과 관련된 뉴스도 진짜보다 가짜가 더 많이 퍼져 있다. 이로 인해 진실이 덮이고 허구가 판치고 있는 상황이다.

19세기 초까지 신문은 말이나 배의 속도에 의존해 뉴스를 전달했다. 18

세기 초에는 영국에서 미국까지 뉴스가 도달하는 데 48일이 걸렸다. 증기기관차의 발명으로 뉴스 전달 속도는 기차 속도만큼 빨라졌고, 전신(電信)의 발명으로 혁명적인 변화가 일어났다. 이후 전자미디어의 등장으로 시간과 공간의 개념이 크게 변화하며, 세계가 하나의 뉴스 권으로 연결되었다. 이는 지구촌 시대를 열었고, 뉴스가 실시간으로 전 세계에 전달될 수 있게 되었다. 이처럼 새로운 미디어가 등장하면서 뉴스 확산 속도는 획기적으로 변화하게 됐다.

1

올드 미디어의 영향

전통적인 형태의 미디어인 올드 미디어는 컴퓨터와 인터넷 기술이 등장하기 이전의 미디어를 의미하며, 종이로 된 책, 잡지, 신문, 광고, 라디오, 영화, 텔레비전 등이 이에 해당한다. 이러한 미디어는 주로 일방적으로 정보를 전달하는 특징이 있다. 이러한 매체들은 주로 출판사, 방송국, 신문사와 같은 전문 미디어 조직이 콘텐츠를 생산하여 독자와 시청자에게 전달한다.

1) 대중신문 출현

미국의 성장은 19세기 산업 발전과 깊이 연관되어 있다.[183] 이는 중공업과 소비재산업 두 가지 측면에서 나타났다. 증기기관의 발명으로 배와 기차가 등장하면서 지리적 팽창이 가능해졌고, 소비재산업은 이러한 교통수단을 통해 상품을 생산하고 발전시켰다. 이 두 가지 모두 언론은 깊이 관련되어 있다. 인쇄기, 인쇄용지, 자동주조식자기, 사진기, 사진 제판기, 전신, 타자기 등은 산업 발전의 결과로 나타난 것으로 언론이 대규모의 독자를 갖는 것을 가능하게 했다. 신문과 잡지의 광고는 더 많은 독자를 광

---

183) 허버트 알철, 『현대언론사상사』, 나남출판. 1993. p382~383.

고란에 끌어 들임으로써 소비재산업의 성장을 촉진시켰다.

산업화와 도시화는 19세기와 20세기 초반 미국의 언론과 정부 관계에 큰 변화를 가져왔다.[184] 초기에는 신문이 주로 정당이나 정부에 재정적으로 의존했지만, 산업화와 도시화가 진행되면서 광고 수익이 주요 재정 원천이 되었다. 이는 신문이 대기업과 독자 대중에 더 의존하게 만들었다. 이와 함께 대기업이 주요 광고주로 등장하면서, 언론은 대기업의 이익을 옹호하는 경향이 강해졌다. 이는 언론이 정부를 기업 활동의 제약 요소로 인식하게 만들었고, 동시에 언론의 자유를 제한하는 위협적인 존재로 보게 했다. 광고 수익에 의존하게 되면서, 언론은 더 많은 독자를 끌어들이기 위해 뉴스 보도의 방식을 변화시켰다. 이는 정치 엘리트를 위한 철학적 관점에서 벗어나, 더 대중적인 사건 뉴스와 광고 중심의 보도로 전환되었다. 이러한 변화는 언론의 역할과 책임에 큰 영향을 미쳤으며, 오늘날까지도 그 영향이 이어지고 있다.

신문의 수입원이 기업 광고와 일반 독자로 옮겨지면서 뉴스의 성격도 크게 변했다. 뉴스는 점점 더 오락적이고 대중적이며 선정적이고 피상적인 내용으로 바뀌었다. 20세기에 들어서면서 신문과 정부, 신문과 정당 간의 관계도 큰 변화를 겪었다. 신문은 정치의 참가자에서 관측자로 변하게 되었고, 특정 정치철학을 지지하던 시대는 지나갔다. 이제 신문은 광고주들에게 의존하게 되면서 특정 정당이 아닌 누구에게나 관심을 끌 수 있는 내용을 원하게 되었다. 따라서 뉴스 정책은 어느 누구의 비위도 거슬리지 않도록 조정되었다. 이러한 변화는 신문의 내용에도 큰 영향을 미쳤다. 정치 뉴스 대신 오락, 흥미 기사, 스포츠, 퀴즈, 만화 등이 강조되면서

---

184) 이상철, 『언론발달사』, 일지사, 1992, p141~142.

신문의 역할이 변화했다.

1830년대 페니신문의 출현은 대중문화의 중요한 전환점이었다.[185] 특히, 1833년 벤자민 데이(Benjamin Day)가 발행한 '뉴욕 선'은 저렴한 가격과 대중적인 내용으로 큰 인기를 끌었다. 데이는 일간지 가격을 6센트에서 1페니로 인하하여 엄청난 상업적 성공을 거두었다. 이로 인해 신문은 부자들만의 전유물이 아닌, 대중에게도 접근 가능한 매체가 되었다. 페니 페이퍼의 등장은 대중 독자를 발행인에게 제공하면서 신문의 외형과 내용에도 변화를 가져왔다. 대중독자는 대중의 관심사를 반영한 기사를 원했고 범죄 뉴스, 스캔들, 엽기적 사건 등 흥미 위주의 기사가 증가하면서, 신문은 더 많은 독자를 끌어들이기 위해 선정적인 내용을 강조하게 되었다.

하지만 이러한 대중신문의 경향은 역기능을 초래하기도 했다. 1840년대 뉴욕 헤럴드를 중심으로 한 도덕전쟁은 페니 페이퍼의 선정적인 보도가 초래한 문화적 역기능을 잘 보여 주는 사례이다. 〈뉴욕 헤럴드〉는 과장되고 가공적인 범죄 기사와 부정한 성 스캔들 등 센세이셔널한 기사 보도로 큰 성공을 거두었지만, 이는 경쟁 신문들의 비난을 받게 되었다. 〈트랜스크립트(Transcript)〉와 〈커리어와 인콰이어러(Courier and Enquirer)〉 같은 신문들은 헤럴드의 보도 방식을 비난하며, 이를 도덕적으로 문제 삼았다. 또 정치인, 증권 중개인, 목사 등 사회적으로 저명한 인물들이 반 헤럴드 운동을 지지하며, 여러 지역에서 영향을 미쳤다. 도덕전쟁으로 인해 뉴욕 헤럴드는 큰 타격을 입었고, 판매 부수는 약 3분의 1 정도 감소했다. 이 사건은 센세이셔널리즘이 언론에 미치는 영향을 잘 보여 주며, 언론의 책임과 윤리에 대한 중요한 논의를 촉발했다.

---

185) 이상철, 『언론발달사』, 일지사, 1992, p171~172.

〈뉴욕 트리뷴〉과 〈뉴욕 타임스〉는 대중신문의 선정적인 내용에서 벗어나 보다 진지하고 고급스러운 내용을 다루는 신문으로 자리 잡았다. 뉴욕 트리뷴은 1841년 호레이스 그릴리(Horace Greeley)에 의해 창간되었다. 휘그당과 공화당의 입장을 대변하며, 사회 개혁과 진보적인 이슈를 다루는 데 중점을 두었다. 〈뉴욕 타임스〉는 1851년 헨리 자비스 레이몬드(Henry Jarvis Raymond)와 조지 존스(George Jones)에 의해 창간되었다. 초기에는 보수적인 입장을 취했으나, 점차 독립적이고 객관적인 보도를 지향하게 되었다. 특히, 1896년 아돌프 옥스(Adolph Ochs)가 인수한 이후, 국제 뉴스와 심층 보도를 강화하며 세계적인 신문으로 성장했다. 이러한 고급지들은 대중신문의 선정적인 보도와는 달리, 보다 심층적이고 객관적인 보도를 통해 독자들에게 신뢰를 얻었다. 유럽에서도 비슷한 경향이 나타나, 대중지와 고급지가 구별되기 시작했다.

19세기 말 미국 언론은 큰 변화를 겪었다.[186] 이 시기는 황색언론(Yellow Journalism)의 도래로, 선정적이고 자극적인 기사들이 주를 이루던 시기였다. 조셉 퓰리처와 윌리엄 랜돌프 허스트가 대표적인 인물로, 이들은 발행 부수를 늘리기 위해 과장된 헤드라인과 선정적인 내용을 사용했다. 또한, 이 시기는 잡지 산업의 급성장 시기이기도 했다. 빠른 산업화와 대량시장의 발전으로 인해 대중의 소비 욕구가 커졌고, 이는 잡지의 발행 부수 증가로 이어졌다. 과학기술의 발전은 산업화를 가속화시켰고, 대중은 새로운 사회에 참여하고 최신 상품을 소비하며, 부자와 유명인에 관한 기사를 읽고자 하는 욕구가 커졌다. 이러한 변화는 언론의 발행부수 증가로 이어졌고, 언론은 대중의 관심을 끌기 위해 더욱 자극적인 내용을 다

---

186) 허버트 알철. 『현대언론사상사』. 나남출판. 1993. p411.

루게 되었다. 이 시기의 언론은 오늘날의 미디어 환경에도 많은 영향을 미쳤다.

오늘날 신문은 방송의 등장으로 인해 전문화 단계에 접어들고 있다. 텔레비전이 보도의 속보성과 오락 기능에서 우위를 점하면서, 신문은 차별화를 위해 전문화와 심층화를 추구하고 있다. 이는 신문이 점차 잡지의 성격을 닮아 가고 있는 모습으로 나타난다. 과거 대중적인 미디어였던 잡지는 오늘날 대부분 전문화되었으며, 신문 역시 이와 같은 방향으로 나아가고 있다. 신문은 특정 주제에 특화된 섹션을 마련하거나, 지역별로 세분된 판을 발행함으로써 독자들에게 깊이 있는 정보를 제공하려고 한다. 이러한 변화는 독자들이 다양한 주제에 대해 보다 깊이 있는 정보를 얻을 수 있도록 하며, 신문 산업의 새로운 형태로 자리매김하고 있다. 전문화된 신문 섹션과 구역판 발행은 독자들에게 차별화된 가치를 제공하여, 텔레비전과의 경쟁에서 생존할 수 있는 방법 중 하나로 주목받고 있다. [187]

2) 라디오 열풍

라디오의 발명과 발전은 말했듯이 통신산업의 성장과 함께 이루어졌으며, 오늘날 우리가 누리는 다양한 무선 통신 기술의 기초가 되었다. 1876년 알렉산더 그레이엄 벨이 전화를 발명했고, 1896년에는 마르코니가 무선전신을 발명했다. 이 두 발명은 라디오 기술의 기초를 마련했다. 1877년 뉴욕과 보스턴 간에 전화로 음악이 전달되었고, 1893년 헝가리 부다페스트에서는 전화로 뉴스와 음악을 전달할 수 있었다. [188] 1906년 오디언 튜

---

187) 강상현·채백 엮음. 『디지털 시대 미디어의 이해와 활용』. 한나래. 2009. p269~270.
188) 이상철. 『언론발달사』. 일지사. 1992. p273.

브(3극 진공관)를 발명하면서 라디오 방송이 가능해졌다. 드디어 1920년 1월, 군악대 연주방송이 세계 최초로 송출되었고 11월, 미국의 KDKA 방송국이 개국하면서 정규 라디오 방송이 시작되었다. 라디오의 발명과 발전은 현대 통신 기술의 기초를 마련했을 뿐만 아니라, 정보 전달과 대중매체의 역할을 혁신적으로 변화시켰다.

1922년은 라디오 방송의 역사에서 중요한 해였다. 그 해 봄과 겨울에 신문과 잡지들은 라디오를 재발견하며 대중에게 소개하기 시작했다.[189] 당시의 유행이 어디서 시작되었는지 언론들도 정확히 알 수 없었지만, 라디오의 인기는 급속히 확산되었다. 〈커런트 오피니언〉의 한 기고자는 "약 1년 전만 하더라도 많은 사람들이 무선 통신을 신비스러운 것으로 여겼다"고 썼다. 그러나 이제는 수백만 명이 라디오를 듣고 있다고 했다. 당시 상무 장관이었던 허버트 후버는 이 붐을 '무선 열풍(wireless fever)'이라 표현하며, 이를 미국에서 경험한 가장 놀라운 일 중 하나로 언급했다.

허버트 후버와 같은 공인의 논평은 언론이 라디오의 문화적, 경제적 중요성에 주목하게 만들었다. 〈리뷰 오브 리뷰즈〉는 "최근의 진전 속도는 인류사의 과거 어느 때에도 찾아보기 힘들 정도로 빠른 것이며, 전기의 역사상 어떠한 발명품도 이처럼 대중들의 사랑을 받은 것은 없었다"고 지적했다. 1922년 3월, 〈뉴욕 타임스〉는 "단 12개월 만에 라디오는 미국의 가장 대중적인 오락이 되었다"고 보도했다. 라디오 수신기를 소유하지 않은 사람은 상상력이 결여되었거나 돈이 없는 사람으로 여겨질 정도로 라디오는 빠르게 대중화되었다.

따라서 라디오 뉴스는 1920년대 초반부터 대중에게 신속하고 광범위하

---

189) 채백 편. 『세계언론사』. 한나래. 1996. p217.

게 정보를 전달하는 중요한 매체로 자리 잡았고 신속하게 정보를 전달할 수 있었기 때문에 대중의 의견과 여론 형성에 큰 영향을 미쳤다. 특히 중요한 사건이나 선거 결과를 실시간으로 전달함으로써, 사람들의 정치적 의사결정에 영향을 주었다.

3) 텔레비전의 등장

독일은 1935년에 세계 최초로 정기 텔레비전 방송을 시작했다. 이 방송은 일주일에 3일, 매일 1시간 30분씩 진행되었다. 독일은 텔레비전을 통해 히틀러의 얼굴을 선전하기 위해 정기 방송을 서둘렀다. 이어 1936년 영국의 BBC가 정기 텔레비전 방송을 시작했다. BBC는 초기부터 공공 서비스로서 광고 없이 방송을 제공했다. 1939년에 미국의 NBC가 정기 텔레비전 방송을 시작했다. 미국에서는 1928년에 이미 실험 방송이 시작되었지만, 정기 방송은 1939년에 시작되었다. 우리나라의 경우에는 1956년 RCA의 한국 대리점이 최초로 텔레비전 방송을 선보였다.

미국에서 텔레비전이 급격히 성장한 시기는 1940년대 후반부터였다. 1946년에는 8천 대에 불과했던 텔레비전 판매대수가 1947년에는 17만 5천대로 늘어나고, 1950년에는 7백만 대로 급증했다. 1952년에는 미국에서 텔레비전을 소유한 사람이 1,500만 명에서 2,100만 명으로 늘었다. 그 당시 미국 가정의 절반 이상이 텔레비전을 보유하며, 그 중 절반은 RCA의 제품이었다. 텔레비전의 확산 과정에서는 표준을 둘러싼 경쟁이 치열했다. 1950년에 연방통신위원회는 CBS(Columbia Broadcasting System)의 방식을 표준으로 채택했지만, CBS 시스템은 흑백 텔레비전과 컬러 텔레비전을 호환할 수 없는 단점이 있었다. 이에 RCA의 사르노프는 텔레비전의 미래가 흑백-컬러 호환성에 있다고 주장하며 이를 실현하기 위해 집중적으로 투자했다. 사르노프는 미국의 텔레비전, 라디오 방송 사업의 개척자로 NBC 회장, RCA 회장을 역임했다. 연방통신위원회도 사르노프의 주장을 받아들여 1953년에 RCA의 시스템을 표준으로 변경했다.

1960년 전후, 텔레비전은 가장 인기 있는 매스미디어로 떠오르게 되었다. 라디오가 가정에서 필수품이 되기까지는 두 세대가 걸렸지만 텔레비전은 이 기간을 단 한 세대로 줄였다. 1960년에 텔레비전 판매대수는 4,570만 대로 급증했고 RCA는 텔레비전 시장의 약 80%를 점유했다. RCA는 즈보리킨과 샤노프를 텔레비전의 아버지로 소개하는 대규모 광고를 통해 주목받았다. 즈보리킨은 텔레비전 기술의 선구자로, 음극선관을 사용하는 텔레비전 송수신 시스템을 발명했다. 그는 전하 저장형 튜브, 적외선 이미지 튜브, 전자현미경 등 30년대 초반부터 텔레비전의 실질적인 발전에 기여를 했다.

텔레비전은 1960년대 이후 많은 변화를 겪었다. 케이블 방송의 활용으로 텔레비전 수신 상태가 개선되었고, 전문성을 갖춘 프로그램이 보급되기 시작했다. 또한 1980년대 이후 위성 방송 시스템이 직접 가정의 소형 안테나로 전달되어 텔레비전 프로그램이 더 넓은 범위로 전파되었다. 이로 인해 텔레비전을 통한 "지구촌의 시대"가 도래했다. 뉴미디어의 확산으로 예전과 같이 않지만 텔레비전은 여전히 많은 사람들에게 정보를 전달하는 중요한 매체로 남아 있다.

실제로 우리나라만 봐도 사회적 이슈에 대한 여론 형성에 가장 큰 영향을 미치는 매체는 TV로 나타났다.[190] TV의 영향력은 4.18점으로 가장 높

---

190) 한국언론진흥재단, '2021 소셜미디어 이용자 조사' 결과

았고, 그 다음으로 인터넷 포털(4.07점), 소셜미디어(3.98점), 인터넷 신문(3.77점), 라디오(3.46점), 종이신문(3.30점) 순이었다. 본인의 의견에 미치는 영향력도 TV가 3.89점으로 가장 높았으며, 인터넷 포털(3.83점), 소셜미디어(3.71점), 인터넷 신문(3.55점), 라디오(3.28점), 종이신문(3.13점) 순으로 나타났다. 다만 이 조사 결과는 뉴미디어가 TV를 제외한 전통 매체를 넘어 여론 형성에 중요한 역할을 하고 있음을 보여 준다. 특히, 소셜미디어와 인터넷 포털 같은 디지털 플랫폼이 사회 의제 설정 과정에서 중요한 역할을 하고 있다는 점이 주목할 만하다.

2

뉴미디어의 확산

전통 매체를 통한 뉴스 이용 감소는 오래전 시작된 일이다.[191] 한국의 경우 한국언론진흥재단의 2022 언론수용자 조사 결과에 따르면, 종이신문의 열독률은 2002년까지 80%를 넘었으나, 포털 뉴스 서비스의 확산으로 2010년에는 52.6%, 2020년에는 10.2%로 급격히 감소했다. 최근 2022년 조사에서는 9.7%에 불과하다. 텔레비전은 여전히 주요한 뉴스 매체로 자리 잡고 있지만, 텔레비전 뉴스 이용률도 서서히 감소하고 있다. 연령대별로 보면, 70대 이상은 90.8%로 높은 텔레비전 뉴스 이용률을 보이지만, 60대는 89.7%, 50대는 86.8%, 40대는 78.3%, 30대는 68.3%, 20대는 46.5%로 연령과 반비례해 빠르게 감소하고 있다. 이러한 추세는 앞으로 더욱 두드러질 것으로 예상된다. 특히 인터넷을 통한 뉴스 이용률은 TV를 처음으로 상회하여 77.2%로 나타났다. 코로나 19 이후에는 텔레비전 프로그램 이용률과 PC 인터넷 뉴스 이용률이 향상되었으며, 온라인 동영상 플랫폼 이용률도 급격히 증가했다.

신문과 텔레비전 뉴스 이용이 감소하는 이유는 뉴스 수요가 줄어든 것이 아니라, 뉴스 이용이 인터넷과 모바일 환경으로 이동했기 때문이다. 신문 열독률이 감소한 대신 포털 등 인터넷을 통한 뉴스 이용률이 꾸준히

---

191) [뉴스 떠나가는 이용자들, 원인은] 변화된 뉴스 환경 이용자도 변하고 있다. 〈신문과방송〉. 2023년 11월호.

증가했으며, 다양한 경로를 통해 신문 기사를 접한 사람들의 비율, 즉 결합열독률은 84% 수준을 유지하고 있다.[192] 그러나 최근에는 인터넷 뉴스 이용도 감소하고 있다는 우려가 나타나고 있다. 조사업체 마켓링크는 네이버 뉴스의 모바일 페이지뷰, 순방문자, 체류 시간이 2022년 1분기부터 2023년 1분기까지 지속적으로 감소했다고 발표했다. 이러한 추세는 2분기 통계에서도 계속되었다.

1) 포털 뉴스의 부상

인터넷은 접근성과 속보성, 상호작용성 덕분에 전통 매체인 텔레비전과 신문보다 더 많은 이용자들을 끌어 모았다.[193] 특히 포털 사이트의 뉴스 섹션은 큰 성장을 이루었다. 포털 뉴스는 1998년 야후코리아가 언론사로부터 뉴스를 받아 첫 화면에 뉴스 박스를 마련하면서 시작됐다. 2000년에 네이버가 제휴 언론사 15개의 뉴스를 시간대에 따라 보여 주는 '네이버 뉴스' 서비스를 시작했고, 2001년부터는 메인 페이지에 뉴스를 게시하기 시작했다. 2003년 미디어다음이 출범하며 뉴스 서비스가 본격화되었다. 초기 포털 뉴스는 9·11 테러, 월드컵, 대통령 선거 등 대형 사회 이슈들로 인해 탄력을 받았다. 이후 양대 포털인 네이버와 다음이 디지털 뉴스 유통을 주도하는 흐름이 이후 20년간 지속되었다.

초기에는 포털 사이트들이 단순히 검색 기능을 제공하는 데서 시작해 뉴스 콘텐츠를 제공하면서 사용자들의 주목을 받기 시작했다. 1990년대

---

192) 한국언론진흥재단, 2022 언론수용자 조사
193) 망가진 저널리즘… 철저한 비즈니스만 남은 '포털뉴스 20년'. 2023.08.08 출처: 한국기자협회 (http://m.journalist.or.kr/m/m_article.html?no=54077)

후반부터 2000년대 초반까지 네이버와 다음 같은 포털 사이트들이 뉴스 콘텐츠를 제공하기 시작했다. 초기에는 뉴스 기사를 단순히 링크하는 방식으로 제공되었다. 2000년대 중반부터 2010년대 초반까지 포털 사이트들이 자체적으로 뉴스 기사를 편집하고 큐레이션하기 시작하며 알고리즘을 통해 사용자 맞춤형 뉴스를 제공하는 방식이 도입되었다. 2010년대 중반부터 현재에 이르러 포털 사이트들이 뉴스 편집권을 점차 내려놓고, 언론사들이 직접 뉴스를 편집하고 제공하는 방식으로 변화하고 있다. 카카오와 네이버는 알고리즘 추천 방식을 종료하고, 이용자가 직접 선택한 뉴스를 제공하는 구독형 서비스로 전환하고 있다.

2017년 한 연구에 따르면, 네이버와 카카오는 뉴스를 활용해 연간 약 3528억 원의 수익을 벌어들였다. 이용자가 포털에 머무는 시간의 40%가 뉴스 소비에 해당하며, 이에 따라 포털은 광고 등 다양한 사업을 전개할 수 있었다.

하지만 2023년 뉴스 이용률이 전반적으로 하락했으며, 특히 인터넷 포털 뉴스 이용률이 크게 감소했다.[194] 한국언론진흥재단의 2023년 언론수용자 조사에 따르면, 포털 뉴스 이용률은 2021년 대비 9.6%p 하락하여 69.6%를 기록했다. 이는 2017년 조사를 시작한 이래 처음으로 70% 아래로 떨어진 수치다. 매체별 뉴스 이용률은 다음과 같다. TV는 76.2%(7.2%p 하락), 포털은 69.6%(9.6%p 하락), 온라인 동영상 서비스는 25.1%(1.6%p 하락), SNS는 8.6%(3.3%p 하락), 종이신문은 10.2%(1.3%p 상승)이다. 특히 20대 이용자들의 이탈이 두드러졌다. 이러한 변화는 뉴스 소비 패턴의 변화를 반영하며, 포털 뉴스의 영향력이 감소하고 있음을

---

194) 포털 뉴스 이용률이 눈에 띄게 줄고 있다. 미디어 오늘. 2024.01.22 https://www.mediatoday.co.kr/news/articleView.html?idxno=315329

보여 준다.

미디어오늘과 퍼블리시뉴스가 분석한 결과에 따르면, 2023년 1분기 네이버 뉴스 모바일 평균 페이지뷰(PV)가 전년도 같은 기간 대비 45.5%나 감소했다. 조사 대상이었던 19개 매체(종합일간지 5곳·경제지 2곳·뉴스통신사 3곳·지상파방송 3곳·종합편성채널 4곳·보도전문채널 2곳) 모두 PV가 감소했으며, 특히 6개 매체는 이용률이 50% 이상 급락한 것으로 나타났다. 이러한 감소는 뉴스 소비 패턴의 변화와 관련이 있을 수 있다. 예를 들어, 많은 사람들이 이제는 포털 사이트 대신 소셜 미디어나 유튜브와 같은 플랫폼을 통해 뉴스를 소비하는 경향이 증가하고 있다.

최근 포털 뉴스의 편집 방식이 정치적 중립성 논란을 불러일으키면서 많은 변화가 일어나고 있다. 포털 사이트들은 뉴스 편집권을 중단하고, 알고리즘을 통해 뉴스를 배치하는 방식 등으로 전환하고 있다. 이는 포털의 정치적 편향성을 줄이기 위한 노력의 일환이지만, 여전히 논란이 계속되고 있다. 또한, 포털 사이트들은 뉴스 외에도 동영상, 웹툰, 블로그 등 다양한 콘텐츠를 제공하면서 뉴스의 중요성이 상대적으로 감소하고 있다. 특히, 유튜브와 같은 소셜 미디어를 통해 뉴스를 소비하는 비율이 증가하면서 전통적인 뉴스 소비 방식이 변화하고 있다. 이러한 변화는 뉴스 소비의 다양성을 증가시키는 동시에, 뉴스의 신뢰성과 품질에 대한 새로운 도전 과제를 제기하고 있다.

2) 유튜브 저널리즘

한국에서 유튜브를 통한 뉴스 이용이 대세로 자리 잡고 있으며 구글과 유튜브가 네이버·카카오톡을 넘어서고 있다.[195] 한국에서 유튜브를 통한 뉴스 소비가 급격히 증가하고 있는 것은 여러 요인들이 복합적으로 작용한 결과다. 앞서 보았듯이 한국언론진흥재단의 〈디지털뉴스리포트 2023 한국〉에 따르면, 한국 응답자의 53%가 유튜브를 통해 뉴스를 이용하고 있어 46개 조사대상국 평균(30%)보다도 훨씬 높다. 이는 한국의 독특한 디지털 환경과 사용자 습관을 반영한 결과라고 할 수 있다. 한국은 언제 어디서든 끊김 없이 유튜브를 재생할 수 있는 환경이 조성되어 있고 스마트폰 보급률 1위 국가로 많은 사람들이 손쉽게 유튜브를 이용할 수 있다. 그리고 데이터 요금에 대한 부담이 적어 유튜브 이용이 더욱 활발해졌다.

또한, 한국의 독특한 디지털 환경과 사용자 습관도 큰 영향을 미쳤다. 한국에서는 네이버와 카카오톡 같은 포털 사이트를 통한 뉴스 소비가 전통적으로 강세였지만, 최근에는 유튜브와 같은 동영상 플랫폼이 더 큰 비중을 차지하고 있다. 이와 관련하여, 포털 뉴스의 정치적 중립성 논란도 중요한 이슈로 떠오르고 있다. 포털 뉴스는 알고리즘을 통해 개인화된 뉴스를 제공하는데, 이는 뉴스 소비의 다양성을 감소시키고 여론의 양극화를 초래할 수 있다는 우려가 있다.

한국언론진흥재단의 조사에 따르면, 한국에서 유튜브를 통한 뉴스 소비가 급격히 증가하고 있으며, 특히 진보 성향 응답자들의 유튜브 뉴스 이용 비율이 크게 증가하고 있다. 진보 성향 응답자의 유튜브 뉴스 이용 비율은 2021년 43%에서 2022년 52%, 2023년에는 62%로 증가했다. 반면, 보수 성향 응답자의 유튜브 뉴스 이용 비율은 2022년보다 1% 증가한 56%에 그쳤다.

---

195) '유튜브로 뉴스 본다' 세계 1위 대한민국. 미디어 오늘. 2023.10.04 https://www.mediatoday.co.kr/news/articleView.html?idxno=312865

최근 구글과 유튜브가 네이버와 카카오톡을 빠르게 추격하고 있다. 모바일 빅데이터 업체 아이지에이웍스의 모바일인덱스에 따르면, 2023년 8월 카카오톡의 월간 실사용자 수(MAU)는 4196만6874명으로 1위를 차지했지만, 유튜브는 4162만7075명으로 그 격차가 33만9799명에 불과했다. 이는 역대 최소치다. 또한, 웹사이트 분석업체 인터넷트렌드에 따르면, 2023년 9월 26일 기준 국내 검색엔진 점유율은 네이버가 57%, 구글이 33%, 다음이 4%를 차지했다. 이는 구글의 점유율이 꾸준히 증가하고 있음을 보여 준다. 소셜미디어 플랫폼별 이용률을 보면, 유튜브가 77%로 가장 높고, 그 뒤를 카카오톡(69%), 인스타그램(40%), 페이스북(27%)이 잇고 있다.

디지털 뉴스 소비의 증가와 함께 인터넷 정보의 진위 여부에 대한 우려가 점점 커지고 있다. 2023년 한국언론진흥재단의 조사에 따르면, 한국 응답자의 66%가 인터넷 정보의 진위 여부에 대해 우려하고 있으며, 이는 전년도보다 6%p 상승한 수치로 역대 최고치다. 특히, 허위 정보 주제로는 '정치'가 40%로 가장 높았다. 또한, 알고리즘에 따라 개인화된 뉴스로 인해 '반대되는 관점을 놓칠까 걱정된다'는 응답 비율은 34%였으며, 이는 조사대상 26개국 평균 비율(46%)에 비해 상대적으로 낮은 수치다. 이는 유튜브의 개인화 알고리즘에 대해 한국 사용자들이 비교적 큰 거부감이 없음을 시사할 수 있다.

유튜브와 같은 플랫폼에서 뉴스 소비가 증가하면서, 정보의 신뢰성과 품질에 대한 경각심도 높아지고 있다. 특히, 유튜브의 접근성과 스마트폰 보급률이 높은 한국에서는 언제 어디서든 쉽게 뉴스를 접할 수 있는 장점이 있지만, 그만큼 허위 정보에 노출될 위험도 커지고 있다. 유튜브는 국내에서 가장 인기 있는 플랫폼이지만, 명예훼손 소지가 있는 동영상이나 허위 정보를 방치하는 문제로 비판을 받고 있다. 실제로 2023년 12월에는 '윤석열, 임영웅 결혼식서 축가'와 '삼성 이재용 재혼' 같은 엉터리 동영상이 유튜브에 올라와 조회 수를 올리는 채널이 등장하기도 했다. 방송통신심의위원회(방심위)는 이러한 동영상에 대해 삭제 및 차단을 요청했지만, 유튜브 측은 '본사 정책을 위반한 내용을 찾지 못했다'며 방치했다. 결국 방심위는 국내 접속만 차단해 달라고 인터넷 서비스 제공사업자에게 '시정 요구'하는 절차를 밟기로 했다.

방심위의 유튜브 시정 요구 건수는 최근 5년간 1만382건으로 매년 급증하고 있다. 이는 유튜브의 알고리즘이 허위 정보나 명예훼손 콘텐츠를 효과적으로 걸러내지 못하는 문제를 보여 준다. 이러한 문제는 유튜브의 개인화 알고리즘이 사용자에게 맞춤형 콘텐츠를 제공하는 과정에서 발생할 수 있는 부작용 중 하나이다.

3) 뉴스 소비 방식의 변화

소셜 미디어는 뉴스 소비 방식에 큰 변화를 가져왔다.[196] 먼저 뉴스 소비의 증가다. 이제 사람들은 TV를 틀어 뉴스를 보는 대신 유튜브, 페이스북, X(트위터) 등의 소셜 뉴스피드를 통해 뉴스를 찾는다. 한국언론진흥재단의 '2021 소셜미디어 이용자' 조사 결과에 따르면, 뉴스·시사 정보를 많이 보거나 듣는 소셜미디어로는 유튜브(66.8%)가 가장 많이 꼽혔다. 다음으로 카카오톡(51.1%), 페이스북(28.2%), 인스타그램(25.7%), 네이버 카페(18.4%), 네이버 블로그(12.3%), 밴드(11.8%) 등 순이었다. 소셜미디

---

196) 소셜미디어가 불러온 뉴스 소비 방식 변화 4가지. 뉴스와이어. 2019년 11월 5일 https://blog.newswire.co.kr/?p=10373

어 이용자의 83.5%는 소셜미디어를 통해 뉴스를 접촉했다고 답했다.

둘째, 다양한 매체 활용이다. 사람들은 이제 한 개의 매체에만 의존하지 않고, 소셜 미디어를 통해 뉴스를 보고 더 알기 위해 다른 매체를 이용해 정보를 찾는다. 많은 사람들이 X(트위터)에서 뉴스 헤드라인을 보고 관심이 가는 기사를 클릭하여 신문사 웹사이트로 이동한다. 예를 들어, X(트위터)에서 정치적 사건에 대한 짧은 트윗을 본 후, 해당 사건에 대한 자세한 기사를 읽기 위해 뉴욕타임스나 워싱턴포스트 같은 신문사 웹사이트를 방문하는 경우가 많다. 또 유튜브에서 짧은 뉴스 클립을 본 후, 더 깊이 있는 정보를 얻기 위해 구글 검색을 통해 관련된 심층 기사를 찾는 경우도 흔하다. 즉 유튜브에서 기후 변화에 대한 짧은 다큐멘터리를 본 후, 더 많은 정보를 얻기 위해 과학 저널이나 환경 관련 웹사이트를 검색하는 경우다.

페이스북에서 친구가 공유한 뉴스를 보고, 해당 뉴스의 신뢰성을 확인하기 위해 원본 출처를 방문하는 경우도 있다. 예를 들어, 페이스북에서 공유된 건강 관련 뉴스를 보고, 해당 뉴스가 출처로 언급한 의료 저널이나 공식 웹사이트를 방문하여 정보를 확인하는 경우다. 인스타그램에서 인플루언서가 언급한 뉴스를 보고, 더 많은 정보를 얻기 위해 공식 뉴스 사이트를 방문하는 경우도 있다. 말하자면 인스타그램에서 유명 인플루언서가 언급한 경제 뉴스를 보고, 해당 뉴스에 대한 자세한 정보를 얻기 위해 경제 전문 웹사이트를 방문하는 경우다. 이러한 사례들은 소셜 미디어가 뉴스 소비의 첫 번째 접점이 되면서, 더 깊이 있는 정보를 얻기 위해 다른 매체를 이용하는 방식이 보편화되고 있음을 보여 준다.

셋째, 뉴스 유통의 중요성이 증가하고 있다. 과거에는 뉴스의 생산이 중요했지만, 이제는 유통이 더 중요해졌다. 소셜 미디어를 통해 뉴스가 빠르게 퍼지면서, 뉴스의 신뢰성과 진실성에 대한 책임이 분산되고 있다. 이 때문에 퓨 리서치 2018년 조사 결과, 미국 성인의 53%가 SNS상에서 편파적인 뉴스 보도가 가장 큰 문제라고 답했으며, 51%는 가짜뉴스 또는 부정확한 뉴스가 문제라고 답했다.

이런 영향으로 영국 옥스퍼드대 로이터저널리즘연구소의 '디지털 뉴스 리포트 2024'에 따르면, 전 세계 응답자의 39%가 '가끔 또는 자주 뉴스를 적극적으로 피한다'고 응답했다. 이는 2017년의 29 %에 비해 10%포인트 증가한 수치로, 보고서가 발간된 이래 역대 최고치이다. 또한, '뉴스에 매우 관심 있다'는 응답도 2017년 63%에서 46%로 크게 감소했다. 특히 영국에서는 2015년 70%에서 2024년 38%로 반토막이 났다. 보고서는 사람들이 암울하고 끊임없이 쏟아지는 지루한 뉴스를 피하고 있다는 점을 지적했다. 스마트폰과 푸시 알림, 알고리즘 기반의 SNS 플랫폼 피드 사용 증가가 이러한 뉴스 과부하를 부추기는 원인으로 꼽혔다.

넷째, 뉴스 콘텐츠의 변화다. 소셜 미디어는 뉴스 콘텐츠의 형식과 내용을 변화시켰다. 글자 중심의 뉴스에서 사진, 동영상 등 멀티미디어 형식의 뉴스로 변화하고 있으며, 가볍고 일상적인 뉴스가 더 인기를 끌고 있다. 이에 따라 언론사들은 소셜미디어를 위한 뉴스를 따로 제작하거나 소셜 미디어용 뉴스를 만들어내고 있다. 비디오머그(SBS), SBS뉴스, KBS뉴스, MBC뉴스, YTN뉴스, JTBC뉴스, MBN뉴스, 채널A뉴스 등은 유튜브 채널을 운영하며 유튜브용 뉴스 콘텐츠를 따로 제작하기 시작했다.

다섯째, 빠른 뉴스 주기. 인터넷과 소셜 미디어의 발달로 뉴스 주기가 짧아졌다. 실시간으로 뉴스가 업데이트되면서, 언론사와 기자들은 더 많은 양의 기사를 더 빨리 작성해야 하는 압박을 받고 있다. 뉴스 조직은 이제 서로 경쟁할 뿐만 아니라 팔로워와 정보를 빠르게 공유할 수 있는 시민기자 및 소셜 미디어 인플루언서와도 경쟁하고 있다. 또 소셜 미디어를 통해 뉴스는 뉴스 이용자와 대화하게 되었다. 이제 저널리스트는 청중과 실시간으로 상호 작용하여 댓글과 질문에 응답하고 사용자 생성 콘텐츠를 보고서에 통합할 수도 있다. 이를 통해 언론인과 시민 모두에게 보다 참여적이고 상호 작용적인 경험을 제공할 수 있다.

3

뉴스 소비 변화에 적응한 미디어들

밀레니얼 세대는 전통적인 뉴스 소비 방식과는 확연히 다른 패턴을 보이고 있다.[197] 이들은 주로 소셜 미디어와 온라인 플랫폼을 통해 뉴스를 접하고, 지인들과의 네트워크를 통해 다양한 정보를 얻는 경향이 있다. 미국 신문협회(API)의 보고서에 따르면, 밀레니얼 세대는 뉴스를 읽지 않는 것이 아니라, 다르게 읽는다고 분석되었다. 이들은 주로 큐레이션된 뉴스나 짧고 간결한 형식의 뉴스를 선호하며, 개인의 관심사에 맞춘 콘텐츠를 더 많이 소비한다. 국내외 언론사와 미디어 스타트업들도 이러한 변화에 맞춰 다양한 전략을 펼치고 있다. 예를 들어, 뉴스 큐레이션 서비스나 개인화된 뉴스 제공 방식이 인기를 끌고 있다. 이러한 변화는 뉴스 소비의 패턴을 이해하고, 그에 맞춘 전략을 세우는 것이 중요하다는 것을 보여 준다.

밀레니얼 세대는 단순히 뉴스를 소비하는 것에 그치지 않고, 그 생산과 유통에도 적극적으로 참여하는 경향이 있다. 이들은 중요한 결정을 내릴 때 깊이 있는 정보를 찾고, 다양한 소스를 활용하여 필요한 정보를 얻는다. 밀레니얼 세대는 공감하는 뉴스의 메시지를 확산시키고, 실천에도 나서는 등 능동적인 역할을 한다. 이러한 특성 때문에 이들을 수동적인 수용자가 아닌, 함께 만들어가는 동반자로 인식하는 것이 중요하다. 이를 위해

---

197) 밀레니얼 세대가 좋아하는 뉴스의 6가지 비밀. 한겨레. 2019. 11. 25.

첫걸음은 소통이다. 이 세대는 재미를 추구하기 때문에, 유머 코드가 들어간 콘텐츠가 효과적일 수 있다

밀레니얼 세대는 텍스트보다 영상, 이미지, 인포그래픽 등 시각적 콘텐츠를 선호한다. 이들은 소셜미디어 플랫폼을 적극 활용하여 뉴스를 유통하고, 방대한 정보 속에서 중요한 뉴스를 선별해 주는 큐레이션 서비스를 좋아한다. 뉴스 큐레이션은 독자의 관심사와 취향에 맞춰 뉴스를 선택하고 재배치하여 가치를 부여하는 방식으로, 선택의 고민을 덜어 주고 이해를 돕는 역할을 한다. 또한, 뉴스 전달 방식이 친근하고 이해하기 쉽게 구성되어 있으며, 독자의 취향과 관심사를 분석하여 맞춤형 콘텐츠를 제공하는 것이 특징이다. 이러한 변화는 뉴스 미디어가 밀레니얼 세대의 뉴스 소비 패턴에 맞추어 변화하고 있음을 보여 준다.

20대와 30대는 바쁜 일상 속에서 다양한 관심사를 가지고 있으며, 모바일 기기를 통해 빠르게 정보를 소비한다. 이들은 주로 소셜미디어를 통해 뉴스를 접하고, 친구들의 공유를 통해 '다가오는' 뉴스를 선호한다. 밀레니얼 세대는 이러한 방식으로 뉴스를 접하는 것을 바란다. 이들은 자신이 팔로우하는 사람들로부터 뉴스를 받아들이기 때문에, 신뢰할 수 있는 소스에서 오는 정보로 인식하는 경향이 있다. 이러한 뉴스 소비 방식은 뉴스 큐레이션 서비스와 연결된다.

최근 몇 년간 페이스북이 뉴스 유통의 주요 플랫폼으로 자리 잡았지만, 이제는 유튜브가 그 자리를 차지하고 있다. 유튜브는 시각적이고 흥미로운 콘텐츠를 제공하여 젊은 세대의 관심을 끌고 있다. 또한, 유튜브의 알고리즘은 사용자의 관심사에 맞춘 맞춤형 콘텐츠를 제공하여 뉴스 소비를 더욱 개인화하고 있다. 이러한 변화는 언론사들에게 큰 도전이지만, 동시에 새로운 기회를 제공한다. 언론사들은 다양한 플랫폼을 활용하여 젊

은 세대와 소통하고, 그들의 관심사에 맞춘 콘텐츠를 제공함으로써 더 많은 독자를 끌어들일 수 있다.

1) 해외 미디어

밀레니얼 세대를 잡는 데 성공한 뉴스 미디어들은 몇 가지 공통된 특징을 가지고 있다. 이러한 미디어들은 밀레니얼 세대의 뉴스 소비 패턴에 맞춰 큐레이션된 뉴스, 시각적 콘텐츠, 개인화된 콘텐츠 제공 등을 통해 성공을 거두고 있다.[198]

더 스킴(The Skimm)은 다이엘레 웨이스버그(Danielle Weisberg)와 칼린 자킨(Carly Zakin)이 2012년에 설립한 미국 미디어 회사로 구독 전용 뉴스레터를 22~34세의 도시 여성을 대상으로 제공한다. 뉴스레터는 간단하고 읽기 쉽게 뉴스 기사를 요약한 것으로 웨이스버그와 자킨은 미 NBC의 프로듀서직을 그만두고 2012년에 회사를 창립했다. 독자와 직접 관계 맺는 통로로서 이메일이 가진 가치를 재발견해 뉴스 유통채널화 함으로써 성공한 사례이다. 하루의 신문 역할을 하는 '데일리 스킴'을 받아 보는 구독자는 2018년 10월 700만명을 넘어섰다. 2019년 3월 4일에 스킴은 첫 번째 일간 뉴스 팟캐스트인 스킴 디스(Skimm This)를 출시했다. 평일 저녁 5시부터 이용 가능하다. 2021년에는 커리어 팟캐스트 '9 to 5ish'를 출시했다.

미국의 액시오스(Axios)는 2017년 '똑똑하고 간결하게'를 슬로건으로 설립한 인터넷 언론사다. 정치 전문 매체인 폴리티코 출신 언론인 짐 반데

---

198) 밀레니얼 세대를 잡는 데 성공한 뉴스 미디어들. 한겨레. 2019. 11. 25.

헤이, 마이크 앨런, 로이 스왈츠가 함께 설립했다. 〈액시오스〉는 군더더기 없이 꼭 필요한 정보만 스마트폰 한 화면에 들어갈 수 있는 300자 이내로 압축해 제공한다. '왜 이 내용이 중요한가'와 '생각해 볼 점'이 제일 앞에 오고 상세내용, 배경, 결론은 뒤쪽에 배치된다. 시간이 부족한 독자에게 시사점 위주로 뉴스를 제공하는 전략이다. 뉴스사이트·뉴스레터 등으로 기사를 서비스하고, 수익은 기사형 광고에서 주로 얻는다.

신생 매체지만 트럼프 대통령 1기 당시 측근 봐주기를 폭로하는 등 다수의 특종을 터트렸고, 백악관 고위 관료가 해명 창구로 액시오스를 선택했을 정도로 대중의 신뢰를 얻었다. 300자로 내용을 요약한 '압축 기사' 등 기존 문법에서 벗어난 보도 방식도 인기를 얻었다. 초기에는 정치 뉴스를 주로 다뤘지만, 지금은 기술·투자·지역 소식까지 전하는 종합 매체가 됐다. 뉴스레터 구독자는 2400만명이 넘는다.

미국에서 유료 뉴스레터가 새로운 대안 미디어로 떠올랐는데, 그 선두주자가 서브스택(Substack)이다. 2017년 개발되어 주로 영미권에서 사용되나, 영미권 외에서도 스타트업 등을 위주로 종종 사용된다. 수많은 유료 구독 서비스의 롤모델로 평가받으며, 뉴욕타임스의 자리를 위협한다는 기사까지 나왔었다. 단순한 유료 이메일 구독 서비스가 아니라, 계정 각자가 높은 자유도를 갖고 마치 독립된 서비스처럼 꾸미고 활동할 수 있도록 되어 있어서 기존의 소셜 미디어와는 차이점이 있다. 다른 소셜 미디어에서는 주된 수익원이 광고 결합 방식인데에 비해서, 서브스택은 소셜 미디어적인 장점을 갖기는 하지만 컨텐츠의 품질을 내세워 광고 없이도 높은 수익을 실현하는 첫번째 서비스로서의 의의가 있다. 창작자 입장에서도 수수료는 단 10%만 발생하기 때문에 누구나 부담없이 시작하고 운영할 수 있다. 서브스택은 2023년 약 200만명의 유료 구독자와 3500만명의 구독자를 보유하고 있다.

그룹 나인 미디어(Group Nine Media)는 2016년 디스커버리가 1억 달러를 투입해 뉴욕에 본사를 세운 미국의 디지털 미디어 지주회사다. 이 그룹은 다양한 미디어 브랜드를 운영하며 밀레니얼 세대를 겨냥한 콘텐츠를 제공한다. 2021년 12월 복스미디어는 그룹나인을 인수하겠다는 의사를 밝혔다. 거래는 2022년 2월에 완료되었으며 그룹 나인은 복스미디어(Vox Media)로 통합되었다. 그룹 나인 미디어의 주요 브랜드로는 소셜미디어에서 가장 많이 보는 짧은 비디오 뉴스 매체인 나우 디스(Now This), 과학 및 탐사 영역에 특화된 매체인 시커(Seeker), 동물 이야기와 동물권 이슈를 다루는 매체로 소셜미디어에서 1위를 달리고 있는 도도(Dodo), 음식, 여행, 오락 영역에 특화된 매체인 스릴리스트(Thrillist) 등이 있다. 이 그룹은 생산하는 콘텐츠의 90% 이상이 영상으로 밀레니얼 세대의 독자를 많이 확보하고 있으며 플랫폼을 통틀어 하루 4천만 명 순 방문자가 찾아오고 있다. 또한, 20대 미국인의 80%가 하루 한 번 이상 그룹 나인 미디어의 콘텐츠를 보는 것으로 조사되었다. 그룹 나인 미디어의 성공비결은 높은 품질의 영상을 적시에 만들어내고 이를 소셜미디어를 통해 능숙하게 독자에게 전달하는 데 있다.

리파이너리29(Refinery 29)은 뉴욕에서 시작된 패션, 디자인, 음악 관련 기업들의 제품을 선별하고 추천하는 매체로 이제는 소셜 네트워크 서비스 플랫폼을 통해 소비자들의 구매를 이끌어내는 전자상거래 기업으로 진화했다. '이삼십대 여성들의 뉴욕타임스'라 불릴 만큼 밀레니얼 세대에 영향력이 크다. 주요 소셜 미디어 플랫폼 전반에 걸쳐 제공되는 편집 및 비디오 프로그래밍, 라이브 이벤트, 공유 가능한 소셜 콘텐츠를 제작하고 패션, 미용, 오락, 재테크 등의 정보를 제공한다. 여기서 만든 영상과 기사는 18~34세 미국 여성의 64%에 도달한다고 한다. 보다 젊은 20 초반의 여성은 좀 더 많이 본다. 신생 매체임에도 데이터를 잘 활용해 독자의 취향에 맞는 콘텐츠를 제공한다. 토요일에는 패션과 미용 관련 콘텐츠를, 일요일에는 뉴스를 더 보내는 식이다. 이메일이 회원과 대화하기 좋은 통로라는 점을 알고 이메일 소식지도 정성스럽게 만든다.

　브륏(Brut)은 2016년 11월 기욤 라크롸(Guillaume Lacroix) 등 프랑스 방송 피디 및 기자 출신이 창간해 짧은 시간 안에 세계적인 뉴스 매체로 성장했다. 전 세계 60개국에서 접근 가능한 브륏이 보유한 오디언스 규모는 2억5000만 명(70%가 35세 이하), 동영상 조회수는 연 200억 뷰 이상이다. 프랑스를 비롯, 인도, 중국, 영국, 멕시코, 미국 지부 등에 170여 명의 종사자를 두고 있는데 특히 인도에서는 지역 매체를 제치고 오디언스 규모 측면에서 독보적 위치를 차지하고 있다. 브륏의 컨텐츠는 전통 매체들처럼 네거티브 기사에 기대기보다는 세상을 변화시키기 위해 노력하는 사람들에 집중한다. 또 보이지 않는 '오디언스' 보다는 마치 친구에게 말을 거는 듯한 콘텐츠가 특징이다. 브륏은 이를 통해 커뮤니티 구성원들의 대화를 자극하고, 동시에 이 대화 속에서 미래의 스토리를 개발하고 있다. 이를 통해서 SNS 기반 동영상 전문 신생 매체로는 성공의 역사를 만들어 가고 있다.

　뉴스픽스(NewsPicks)는 일본의 경제 뉴스 중심의 소셜미디어 플랫폼이다. 2013년에 설립된 이 플랫폼은 경제 뉴스와 관련된 다양한 콘텐츠를 제공하며, 유료 구독 모델을 통해 수익을 창출하고 있다. 2018년 당시 잘 나가던 온라인 경제매체 〈쿼츠〉를 인수해 세계를 놀라게 했다. 뉴스픽스는 '프로피커'(Pro-Picker)라 불리는 전문가가 뉴스를 선별한 뒤, 맥락 있는 댓글을 달아줘 독자의 흥미를 유발한다. 뉴스픽스는 스마트폰 애플리케이션을 통해 서비스를 제공하며, 유료 회원은 독점 콘텐츠를 이용할 수 있다. 특히 젊은 비즈니스 리더와 경제 전문가들 사이에서 인기가 높으며, 글로벌 경제 뉴스와 분석을 제공하는 데 중점을 두고 있다. 이 플랫폼은 경제 뉴스뿐만 아니라 다양한 전문가들의 의견과 분석을 제공하여 사용자들이 경제 이슈에 대해 깊이 있는 이해를 할 수 있도록 돕고 있다.

밀레니얼 세대는 다양한 디지털 플랫폼을 통해 뉴스를 소비하는 경향이 강한만큼 해외 전통 미디어 역시 변화를 시도하고 있다.[199] 분산 플랫폼 전략은 이러한 트렌드를 반영한 것으로 뉴스를 다양한 플랫폼에 배포하여 밀레니얼 세대가 자연스럽게 뉴스를 접할 수 있도록 하는 방법이다. 예를 들어, 〈뉴욕 타임스〉는 50종이 넘는 이메일 소식지를 발행하고 있으며, 〈월스트리트 저널〉과 〈워싱턴 포스트〉는 인스타그램, 페이스북, 링크드인 등 23개 플랫폼에 콘텐츠를 배포하고 있다. 〈CNN〉과 〈허핑턴 포스트〉도 22개 플랫폼에 콘텐츠를 제공하고 있다.

영국의 BBC 3(BBC Three)는 16~34살의 청소년 및 젊은 성인층을 타겟으로 한 텔레비전 채널이다. 2003년에 처음 개국했으며, 2016년에는 온라인 전용 채널로 전환되었다가 2022년에 다시 TV 방송을 재개했다. 2016년 당시 지상파, 케이블, 위성, 아이피티브이 송출을 중단하고 전용 인터넷 플랫폼인 '아이 플레이어'만으로 서비스하기로 했다. 갈수록 수신료 걷기 힘든 환경에서 비용 절감을 고려한 선택이었지만, 타켓 독자가 모바일이나 온라인으로 옮겨간 것을 고려해 내린 결정이었다. 온라인 전환 이후 16~34살 시청자가 두배 이상 늘었다. 방송 재개 이후 채널은 매일 오후 7시부터 새벽 4시까지 방송되며 오전 7시에 시작하는 CBBC와 시간을 공

---

199) 밀레니얼 세대가 좋아하는 뉴스의 6가지 비밀. 한겨레. 2019. 11. 25.

유한다. 코미디, 드라마, 다큐멘터리, 리얼리티 쇼 등 다양한 장르의 프로그램을 제공한다. BBC 3의 모든 프로그램은 BBC 아이플레이어(iPlayer)를 통해 스트리밍할 수 있다.

2) 한국의 밀레니얼 미디어

2018년 말 김소연, 빈다은 등 두 20대 여성이 창립한 국내 미디어 스타트업 〈뉴닉(NEW NEEK)〉은 〈더 스킴〉을 모델로 했다. 동영상, 팟캐스트 등 다양한 채널을 활용하지만 기본이 되는 데일리 스픰은 월요일부터 금요일까지 배달되며 그날의 주요 뉴스 7~8건을 골라 다각적으로 분석해 준다. 하루 중 대화의 소재가 될 만한 뉴스도 추천해 준다. 출시된 앱에서는 뉴스레터뿐만 아니라 지금 뜨는 뉴스, 피자스테이션 등 앱 전용 콘텐츠, 유료 서비스, 커뮤니티, 지식인 같은 뉴문뉴답 등의 서비스를 제공한다. 한국에서 뉴스레터 유행을 처음 이끈 것이 뉴닉이며, 현재에도 가장 많은 구독자와 열독률을 갖고 있다. 뉴스레터 구독자는 60만명, 앱 다운로드는 30만을 넘었다.

뉴닉은 2018년 시사 뉴스레터 서비스로 시작해 약 60만 명의 구독자를 확보하며 시장 1위를 차지했으며, 2022년 애플리케이션을 출시, 2년 만에 누적 사용자 수 40만 명을 넘어섰다. 세상과 사람을 연결한다는 브랜드 미션을 토대로 현재 약 110만 명의 뉴니커에게 지식정보 콘텐츠 및 커뮤니티 서비스를 제공하고 있다.

뉴닉은 고슴도치를 형상화한 '고슴이'를 브랜드 캐릭터로 만들어 편집진이 하고 싶은 이야기를 전달한다. 소통 과정에서 독자가 진정성을 느끼고, 공감할 때 관여가 일어난다. 댓글을 달거나 퍼나르는 데서 시작해 제보하거나 후속기사 방향을 조언하고, 크라우드펀딩에 참여해 돈을 낸다.

어피티(UPPITY)는 주로 2030 세대를 대상으로 하는 종합 경제 미디어다. 경제, 뉴스, 라이프스타일 등 다양한 주제의 정보를 제공하며, 특히 경제 관련 뉴스레터와 콘텐츠로 유명하다. 어피티는 매일 발행되는 경제 뉴스레터 '머니레터'와 주간 뉴스레터 '잘쓸레터'를 통해 독자들에게 최신 경제 동향과 실생활에 유용한 정보를 전달한다. 또한, 유튜브 채널과 홈페이지를 통해 다양한 경제 콘텐츠를 제공하며, 2030 세대가 쉽게 이해하고 활용할 수 있도록 돕고 있다. 어피티의 주요 타깃은 밀레니얼 세대와 2030 세대이며, 이들의 경제적 이해도를 높이고, 안전한 돈 관리법을 제공하는 것을 목표로 하고 있다.

캐릿(Careet)은 주로 Z세대의 트렌드, 이슈, 스타일, 마케팅 등을 다루는 종합 미디어 플랫폼이다. 캐릿은 최신 트렌드와 마케팅 인사이트를 제공하며, 특히 MZ세대(밀레니얼 세대와 Z세대)의 관심사와 소비 패턴을 분석하여 다양한 콘텐츠를 제작한다. 캐릿의 주요 콘텐츠는 먼저 트렌드 분석으로 최신 유행과 마이크로 트렌드를 빠르게 파악하고 분석한다. 둘째 마케팅 인사이트로 MZ세대를 타깃으로 한 마케팅 전략과 사례를 소개한다. 셋째, 뉴스레터로 구독자들에게 최신 트렌드와 마케팅 정보를 정기적으로 제공한다.

3) 국내 전통 미디어

밀레니얼 세대를 겨냥한 국내 매체는 미디어 스타트업과 전통매체의 서비스로 나뉜다. 미디어 스타트업은 페이스북 이용량이 늘고 유튜브가 미디어의 중심이 되는 2016~2018년 창간됐다. 보았듯이 〈뉴닉〉과 〈어피티〉는 그간 뉴스 시장에서 주목받지 못했던 20대와 30대 여성을 겨냥하고 있다. 이메일 소식지를 이용한 큐레이션 등 기존 뉴스 미디어와는 다른 문법과 내용을 선보이고 있다. 전통매체에서는 기존 지상파 뉴스의 무거움을 털어낸 '스브스뉴스', 국내 최초 세로형 콘텐츠인 '14F', 청년세대가 관심 가질 이슈에 진지하게 접근하는 '시리얼'이 안정적으로 서비스하고 있다.

비디오머그(VIDEOMUG)는 SBS에서 운영하는 소셜 동영상 미디어 플랫폼으로, 국내외 다양한 스토리와 뉴스를 감각적인 영상과 흥미로운 스토리텔링으로 전달한다. 2015년 2월에 론칭된 이후 빠르게 성장하여 현재는 많은 사람들이 즐겨 찾는 미디어 브랜드 중 하나로 자리 잡았다. 비디오머그의 주요 특징으로는 뉴스, 인터뷰, 다큐멘터리 등 다양한 형식의 동영상을 제공하고 시청자들이 쉽게 이해하고 즐길 수 있도록 고품질의 영상을 제작한다. 그리고 단순한 정보 전달을 넘어, 흥미로운 이야기와 스토리텔링을 통해 시청자들의 관심을 끈다. 비디오머그는 유튜브 채널과 웹사이트를 통해 접근할 수 있으며, 다양한 주제의 콘텐츠를 제공하여 170만 명이 넘는 구독자를 갖고 있다.

14F는 MBC에서 운영하는 젊은 세대를 위한 디지털 뉴스 플랫폼이다. '14F'는 'MBC 14층 사람들'이라는 뜻으로, 상암 MBC 사옥의 14층에 위치한 뉴미디어센터에서 제작된다. 14F의 주요 특징은 첫째로 20대와 30대를 주요 타깃으로 하여, 이들의 관심사와 트렌드를 반영한 콘텐츠를 제작한다. 둘째, 모바일 환경에 최적화된 세로형 영상 콘텐츠를 제공하며, 페이스북, 유튜브, 인스타그램 등 다양한 소셜 미디어 플랫폼을 통해 배포된다. 셋째, 매일 3~4개의 아이템을 선정하여 3분 안팎의 짧고 간결한 뉴스 영상을 제공한다. 14F는 젊은 세대가 쉽게 접근하고 이해할 수 있는 뉴스를 제공함으로써, 디지털 플랫폼에서의 여론 형성에 중요한 역할을 하고 있다.

KBS가 유튜브와 팟캐스트에 개설한 채널 〈댓글 읽어 주는 기자들〉(2018~2023)은 솔직함으로 독자의 공감을 끌어낸 사례다. 일부 기자가 자발적으로 포털 등의 자사 기사에 달린 댓글에 답변하고, 방담 형태로 취재 뒷얘기를 다루는 채널로 출발했는데, 방송 15개월여 만에 구독자 10만명을 넘어섰다. 출연자들이 기사에 달린 '악플'에도 대댓글을 달며, 해명할 것은 해명하고, 잘못은 적극적으로 사과했다. '악플'을 다는 이들이 기본적으로 애정이 있는 독자라 생각했기에 가능한 일이다. 이럴 때 댓글을 단 시청자도 "이해한다. 앞으로도 지켜보겠다"며 긍정의 메시지로 마무리하는 경우가 많았다.

씨리얼(Serial)은 CBS에서 운영하는 뉴미디어 영상 채널로, 주로 사회적 이슈와 현실을 직시하는 콘텐츠를 제작한다. 이 채널은 유튜브와 페이스북에서 활발히 활동하며, 다양한 주제의 영상을 통해 시청자들과 소통하고 있다. 콘텐츠들은 청소년 문제, 환경, 경제적 불평등 등 다양한 사회적 이슈를 다루고 자극적인 콘텐츠보다는 깊이 있는 이야기를 전달하려 노력한다. 대표적인 프로젝트로는 "용돈 없는 청소년" 시리즈가 있으며, 이 시리즈는 저소득층 청소년들의 기회의 양극화 문제를 다루어 큰 주목을 받았다.

〈머니투데이〉의 '남기자의 체헐리즘'(체험+저널리즘) 코너는 35kg 방화복을 입고 화재현장에 직접 가 보는 등 숨소리가 느껴지는 체험기사에 더해, 댓글을 통해 기사로 다 못전한 느낌과 전후과정을 터놓고 대화한다. 독자들은 다음 취재 아이템을 제안하는 등 적극 화답한다.

4

콘텐츠의 유형

최근 뉴스 이용률 하락과는 별개로 매체 이용률은 크게 줄지 않는 것으로 나타났다.[200] 한국언론진흥재단이 22일 발표한 〈2023 언론수용자 조사〉 보고서에 따르면 포털 이용률은 83.8%로 0.7%p 감소했으며, 온라인 동영상 서비스 이용률은 72.2%로 2.5%p 상승했다. 언론재단은 "뉴스외 콘텐츠 이용이 증가한 것"이라며 "이전에는 포털을 통해 다양한 콘텐츠 중 뉴스를 주로 이용했다면 이제는 뉴스 대신 다른 콘텐츠를 이용하는 것일 수 있다.

이는 뉴스뿐만 아니라 브로드캐스트, 스트리밍 서비스, 영화, 드라마 등 다양한 콘텐츠 유형이 매체 이용률에 기여하고 있기 때문이다. 또 스마트폰, 태블릿 등 디지털 기기의 보급과 함께 디지털 플랫폼에서의 콘텐츠 소비가 증가하고 있다. 사회적 변화나 문화적 변화로 인해 새로운 매체나 콘텐츠 유형이 인기를 끌고 있고 여기에 소셜 미디어나 커뮤니티 플랫폼에서의 정보 공유와 소통이 활발해지면서 매체 이용률이 높아지고 있다. 최근 네이버가 모바일 초기 화면의 버튼을 '뉴스'에서 '콘텐츠'로 바꾼 만큼 이러한 경향은 더욱 가팔라질 수 있다"고 설명했다.

뉴스 이용률 하락의 주원인은 20대 이탈이다. 20대 포털뉴스 이용률은

---

[200] 포털 뉴스 이용률이 눈에 띄게 줄고 있다. 미디어 오늘. 2024. 01. 22.

2021년 95.4%에 달했으나 2023년 조사에서 81.9%로 13.5%p 줄었다. TV 뉴스 이용률 역시 59.5%에서 44.6%로 14.9%p 감소했다. 이런 가운데 숏폼 동영상 서비스 이용률은 37.8%로 조사됐다. 숏폼을 통한 뉴스 이용률은 13.7%였는데, 20대(20.5%)·30대(22.1%) 이용률이 상대적으로 높았다. 따라서 따라서 기사와 리포트 형식에서 벗어나 다양한 형태의 뉴스 콘텐츠를 통해 젊은층의 뉴스 이용을 높일 수 있다. SBS 보도국이 2024년 제작한 유튜브 콘텐츠 가운데 조회수 100만을 넘는 인기 있는 콘텐츠 유형은 다음과 같다.

1) 숏츠

동영상 숏츠(Shorts)는 유튜브에서 제공하는 짧은 형태의 동영상 콘텐츠다. 주로 60초 이내의 짧은 세로형 영상으로, 스마트폰을 통해 쉽게 제작하고 시청할 수 있다. 유튜브 숏츠는 틱톡(TikTok)과 유사한 숏폼(short-form) 콘텐츠로, 짧고 간결한 형식의 영상이 특징이다. 유튜브의 알고리즘은 사용자의 관심사에 맞춘 맞춤형 콘텐츠를 제공하여, 뉴스 소비를 더욱 개인화하고 있다. 이러한 숏츠는 특히 밀레니얼 세대와 젊은 층에게 인기가 많으며, 다양한 주제와 형식의 콘텐츠가 제작되고 있다. 예를 들어, 뉴스 요약, 재미있는 클립, 교육적인 내용 등 다양한 콘텐츠가 숏츠 형식으로 제공되고 있다.

특히 숏츠 형식의 뉴스는 짧은 시간 내에 중요한 정보를 전달해 줘서 바쁜 현대인들에게 맞는 콘텐츠 유형이다. 또 영상과 그래픽을 통해 시각적으로 정보를 전달하기 때문에 더 쉽게 이해하고 기억할 수 있고 유튜브 숏츠, 인스타그램 릴스, 틱톡 등 소셜 미디어 플랫폼에서 쉽게 공유되고 확산될 수 있다. 이 문에 오리지널 뉴스 리포트는 주목받지 못했지만 숏츠 형식을 통해서 주목을 받는 경우가 많다. 여기에다 짧지만 다양한 영역의 뉴스를 다루고 있어서 숏츠 형식의 뉴스는 인기를 끌고 있다.

(1) 소통하는 뉴스 아이템

숏츠 형식은 짧아진 집중 시간과 효율적인 정보 소비 욕구에 잘 부합한다. 소통하는 뉴스는 앞서 보았듯이 논쟁적, 갈등적, 당위적 이슈로서 사람들은 뉴스를 통해 자신의 의견을 표현하고 토론하고 싶어한다. 이러한 이슈들은 사회적, 정치적, 경제적 영향을 미치기 때문에 대중의 관심을 받는다.

황색 신호에 교차로에 진입하면 신호 위반이라는 대법원 판결이 현실과 동떨어졌다는 지적이 있었다. 대법원은 황색 신호에서 교차로에 진입한 경우 신호 위반으로 간주해야 한다고 판결했지만, 이는 현실적인 운전 상황과 괴리가 있다는 비판이었다. 경찰은 도로 신호에 관한 국제 기준인 '비엔나 협약'을 따르고 있어 문제가 없다는 입장을 밝혔다. 비엔나 협약에 따르면, 황색 신호에서는 정지선을 넘으면 안 되지만, 정지선 앞에서 멈추지 못할 정도로 가까이 있는 경우는 예외로 인정된다. 그러나 우리나라에서는 이러한 예외 규정이 적용되지 않아 논란이 되고 있다. 경찰은 황색 신호에서의 교차로 진입을 단속하지는 않지만 법 규정이 현실과 동떨어져 있다며, 전문가들과 함께 황색 신호 규정을 손보는 방안을 검토하겠다고 했다. - "어떻게 서냐고" 분노… 신호등 주황불 논란 계속(5/23)

온라인 커뮤니티에 올라온 사진에서 경찰 암행 단속 차량을 사칭한 것으로 의심되는 차량이 논란이 됐다. 해당 차량은 뒷유리창에 '경찰 암행 단속 차량'이라는 종이를 붙이고 있었으며, 번호판에 '호'자가 포함되어 있어 렌터카임을 나타냈다. 경찰 관계자는 이 차량이 실제 경찰 차량이 아니며, 사칭 차량으로 의심된다고 밝혔다. 공무원 자격을 사칭할 경우 형법 또는 경범죄 처벌법에 따라 처벌받을 수 있다. 경찰 암행순찰차는 2016년에 도입되어 시민들의 교통법규 준수 의식을 높이기 위해 사용되고 있으며, 겉으로는 일반 차량처럼 보이지만 필요 시 경광등을 점등할 수 있는 장치가 숨겨져 있다. - "걸려서 혼쭐 나야 돼"… 번호판 속 '호'글자 논란 (5/27)

　정부가 발표한 석유-가스전 개발의 성공 확률이 20%라는 의미는, 시추를 5번 시도하면 1번 성공할 가능성이 있다는 뜻이다. 이는 심해에서의 시추 성공률로는 비교적 높은 편으로 남미 가이아나 심해 광구의 성공률도 15% 정도로 나왔다. 석유-가스전 개발은 물리 탐사, 시추, 상업 개발의 세 단계로 진행된다. 현재는 첫 단계인 물리 탐사 단계로, 지진파를 이용해 석유나 가스의 매장 가능성을 파악한 상태다. 그러나 실제로 석유와 가스가 존재하는지, 상업적으로 생산할 수 있을지는 추가적인 3차원 물리 탐사와 시추를 통해 확인해야 한다. 심해에서의 시추는 기술적으로 매우 어렵고 비용도 많이 든다. 정부는 1번 시추에 약 1천억 원이 소요될 것으로 예상하고 있으며, 성공 확률이 20%라는 점을 고려하면 상당한 자금이 필요하다. 이와 같은 상황에서, 정부는 글로벌 석유 회사들이 시추에 관심을 보이고 있다고 밝혔지만, 구체적인 회사 이름은 공개하지 않았다. 만약 시추에 실패한다면 막대한 자금 낭비와 후폭풍이 예상된다. - 한 번 뚫을 때 마다 '1천억'… 성공률은?(6/3)

　이외에 조회수가 많은 숏츠는 '갈까 말까' 딜레마존 끝?… '새 기술' 개발됐다(5/30), 5천짜리 땅 사더니… "4억 안 주면 못 비켜!"(8/14), "빨래 청소 그만할래요"… 안세영에 돌아온 대답 '이해 불가'(8/14) 등이 있다.

(2) 공감하는 뉴스 아이템

숏츠는 알고리즘을 통해 개인화된 콘텐츠를 추천받을 수 있어 시청자들이 더 많은 영상을 자연스럽게 소비하게 되는 구조이다. 보았듯이 분노와 슬픔, 공포, 재미, 스토리, 이색·황당한 사연 등 감성적인 뉴스는 사람들의 감정을 자극하는 요소들을 포함하고 있다. 이를테면, 감동적인 이야기, 인간적 따스함, 개인적인 고난 극복 이야기 등이 그렇다. 사람들은 이런 뉴스를 공유하면서 감동을 나누고, 다른 사람들과 공감대를 형성하려 한다.

분노성 뉴스를 보면 50대 남성 A 씨는 가족과 함께 찜질방을 방문한 후, 찜질방 내 식당에서 고기 3인분과 막국수 1인분을 주문했으나, 사장이 4인분의 고기를 주문해야 한다고 주장하며 이를 거절했다. 이에 대해 누리꾼들은 다양한 반응을 보였다. 일부는 식당의 규정을 이해할 수 없다는 반응을 보였고, 다른 일부는 인원수대로 주문하는 것이 상식적이지만, 메뉴 선택에 대한 강요는 부당하다고 지적했다. - 삼겹살집에서 막국수 시켰더니(1/8)

서울의 한 대학병원에서 발생한 간병인 학대 사례로 인해 많은 사람들의 분노를 자아냈다. 60대 뇌염 환자가 코로나에 걸려 CCTV가 설치된 병실로 옮겨지면서 간병인의 학대 행위가 녹화되었다. 간병인은 환자의 머리채를 잡아 흔들고, 얼굴을 손으로 내려치며, 재활운동용 나무 막대기로 이마와 입술을 때리는 등의 폭행을 저질렀다. 환자의 상태를 수상하게 여긴 의료진이 CCTV를 확인하고 가족에게 알리면서 학대 사실이 드러났다. 경찰은 해당 간병인을 노인 학대와 상해 혐의로 입건하고, 추가 범행 여부를 조사했다. -병실 옮기자 드러난 사실… CCTV 본 가족들 '충격'(1/17)

대구의 한 아파트에서 발생한 주차 문제로, 많은 사람들의 분노했다. 한 외부인이 자신의 차량을 아파트 주차 차단기 앞에 가로로 주차하여 다른 차량들의 출입을 막았고, 이는 온라인 커뮤니티에 사진과 함께 공유되었다. 해당 차량의 차주는 아파트 입주민도 아니고 차량 명의자도 아니었으며, 아파트 관리소에서 차량 등록을 거부하자 이러한 행동을 한 것으로 알려졌다. 경찰이 출동했지만, 차주와의 대화가 통하지 않아 별다른 조치를 취하지 못했다. 이와 같은 경우, 법적으로는 업무방해 혐의로 처벌받을 수 있으며, 실제로 비슷한 사건에서 벌금형이 선고된 사례도 있다. 그러나 이러한 처벌이 충분하지 않다는 의견도 많다. - 경찰도 "해 줄 게 없다"… 난리 난 대구 아파트(4/1)

스마트폰 가격이 비싸다 보니까 중고 거래를 통해서 물건을 사는 사람도 많은데, 이렇게 산 스마트폰에 얼마 안 가서 문제가 생겼다는 피해자들이 있다. 이는 주로 판매자가 허위로 분실 신고를 하는 경우다. 한 피해자가 중고거래 사이트에서 구입한 아이폰이 갑자기 사용 정지된 이유는 판매자가 통신사 약정 단말기를 '공기계'라고 속이고 판 뒤 도난 신고를 했기 때문이었다. 이러한 허위 분실 신고는 판매자가 보험금을 노리거나, 단말기 요금을 납부하지 않기 위해 발생한다. 피해자는 속수무책으로 당할 수밖에 없으며, 통신사와 수사기관의 도움을 받기도 어렵다. 중고폰을 구매할 때는 단말기 자급제 사이트에서 분실·도난 여부를 먼저 조회하고, 판매자와 통신사 대리점을 함께 방문하여 중고폰 이력을 확인하는 것이 가장 안전하다. -이제 한 2주 썼는데… 중고 아이폰 '날벼락'(5/20)

이외 많이 조회한 뉴스는 "보자마자 집 왔어요" 방 CCTV '충격 장면'(3/25), 빈집에서 웬 물이? 악취에 내려가 보니(5/20), "발 담그면 된다"… 운전 중 만난 황당 협박범(5/27), 소파에 앉다가 '악!'… 6살 아이 발목 수술(6/10), 병원 CCTV 속 충격 장면… 남성 보호사가 엄마에게 '경악'(6/18), 사고 1분 만에 우르르 오더니… 운전자들 대폭발(7/15) 등이 있다.

스토리 화제성 뉴스를 보면 과대 포장을 줄이기 위한 다양한 방안이 논의되고 있다. 먼저 3차원 포장 공간 최적화 시스템은 상품 크기를 3차원으로 계산하여 최적의 포장 박스를 찾아내는 시스템이다. 이를 통해 포장 박스의 크기를 줄이고 빈 공간을 최소화할 수 있다. 둘째, 다회용 포장 박스다. 유럽에서는 일회용 포장 대신 다회용 포장 박스를 사용하여 환경 문제를 해결하고 있다. 특히 대형 가전제품의 경우, 배송 후 포장 박스를 회수하여 재사용하는 방식을 채택하고 있다. 국내에서도 이러한 방안을 참고하여 맞춤형 추진이 필요하다는 지적이다. - 오 이게 되네?… 택배 포장 기막힌 방법(3/19)

불안정한 국제 정세로 세계 곳곳에서 해적에 의한 피해가 잇따르고 있는데, 위험 해역을 지나면서 해적에 대비하는 선박의 모습이 공개돼 눈길을 끌고 있다. 물리적 방어는 선박 외관에 창살을 설치하고, 계단과 통로에 철조망을 두르는 등 물리적 방어를 강화한다. 무장 경비원 배치는 해상특수경비원을 승선시켜 해적의 기습에 대비한다. 특히, 아시아 해역에서 해적 피해가 가장 많이 발생하고 있어, 위험 해역을 지날 때는 각별한 주의가 필요하다. - "해적 침입 막아라" 방어구로 무장… 선박 모습에 '눈길'(3/19)

길에서 주운 신용카드를 주인에게 돌려주기 위한 여고생들의 대처가 화제였다. 다른 사람 신용카드를 주운 고등학생들이 그 카드로 편의점에서 사탕을 샀다. 결제 장소가 찍힌 문자를 카드 주인이 받으면, 카드를 찾으러 올 거라고 생각한 것이었다. 착한 학생들은 신용카드와 함께 사탕값 300원도 가게에 남겨뒀다. - 카드 주운 여고생들 대처에… "센스 미쳤다" 화제(5/27)

이외에 조회수가 많은 숏폼은 이강인 측 사태 심각해지자 밝힌 입장(2/15), 세계 최대 회전 초밥집… '광어 초밥' 알고 보니(3/25), 샤오미에 중국인들 흥분… 가격 얼마인지 보니(3/25), 외국인도 "너무 재밌어"… 불교 '파격' 변신(5/13), 시간이 없다는 기자 VS 이건 중요하다는 민희진 역대급 티키타카?(5/31), "와 다 같이 살린 거네"… 승객들의 완벽한 대처 '감탄'(6/3), "저는 안 울 줄 알았어요" 정말 안 울 줄 알았는데 결국 울고 만 이유(6/18), 화재로 공장 날린 대표의 결단(6/25) 등이 있다.

이색·황당한 뉴스 사례를 보면 술에 취한 상태에서 불법 주차된 차량을 응징하겠다는 이유로 차량을 파손한 50대 남성이 경찰에 붙잡혔다. 이 남성은 철제 입간판으로 차량의 뒷유리를 깨뜨리고, 외투를 벗고 차량 주위를 맴돌며 더 많은 파손을 시도했다. 결국 경찰에 의해 연행되었고, 현재 특수재물손괴 혐의로 입건되었다. 목격자들은 남성이 불법 주차 차량을 응징하려 했다고 전했다. - 참을 수 없었던 남성, 주차된 차를 부쉈다(2/20)

온라인에 "차 수리를 맡겼더니 업체 측이 시승차처럼 타고 드라이브를 갔다"는 내용의 글이 올라왔다. 전기차 차주 A 씨는 차량 수리를 맡겼는데, 수리 후 차량의 배터리가 10% 이상 줄어들고 주행 거리가 40km 증가한 것을 발견했다. 블랙박스와 커넥트를 통해 수리 업체 직원이 차량을 무단으로 운행한 정황을 확인한 A 씨는 법적 대응을 예고했다. - 전기차 수리 맡겼더니… 블랙박스 속 충격 내용(2/26)

필리핀 북부 루손섬 밤반시의 시장인 앨리스 궈가 중국 간첩이라는 의혹이 제기돼 충격을 줬다. 궈 시장은 2021년에 처음 유권자 등록을 하고, 이듬해 시장 선거에 당선되었다. 그러나 최근 그녀의 시장실 뒤편에 온라인 카지노 영업소가 있다는 사실이 드러났다. 이 카지노는 로맨스 스캠 등의 사기 범행을 저지르는 소굴로 밝혀졌다. 또한, 궈 시장의 출신 배경이 명확하지 않아 중국 국적이 아니냐는 의심을 받고 있다. 그녀는 청문회에서 출생신고가 17살이 되어서야 이루어졌다고 밝혔지만, 구체적인 출신 배경이나 학력에 대한 질문에는 답변을 하지 못했다. 필리핀 내무지방행정부는 귀 시장에게 시장 직무 정지를 권고했다. - 중국 사람 아니냐?… 발칵 뒤집힌 필리핀(5/20)

뉴욕 증권거래소에서 전산 오류로 인해 일부 종목의 주가가 90% 이상 폭락한 것처럼 잘못 표시되는 오류가 발생했다. 이로 인해 일부 투자자들이 매수 주문을 넣었고, 이후 정상가로 체결되면서 미수금 폭탄을 맞게 되었다. 실제로 한 원전업체 주식이 98% 넘게 폭락해 0.13달러로 표시되었고, 이를 보고 투자자들이 매수 주문을 넣었다. 그러나 1시간 뒤 거래소가 정상가로 복원하면서, 일부 투자자들은 가진 돈보다 훨씬 많은 금액의 거래가 발생해 미수금을 떠안게 되었다. 국내 피해자는 수십 명에 달하며, 피해액은 수억 원대로 추산됐다. 키움증권과 미래에셋증권에서 피해가 집중되었으며, 두 증권사는 피해 보상과 재발 방지를 위한 주문 체결 방식 보완을 검토했다. -98% 폭락에 매수했더니… 1시간 뒤 "손 떨려" 황당 사고(6/10)

이외에 조회수가 많은 숏폼은 시속 200km 도주 성공? "하늘을 봤어야지"(2/12), 눈 앞 다가오며 '퉁, 퉁'… 사고 직전 공포의 영상(2/26), 뭔가 이상한 SUV 차량… 옆으로 가 보니 "아이고"(6/10), 드론 날다 "뭐야?" 긴급 출동… 딱 걸려 버린 60대 농민(6/11), 컴컴한 새벽 시간, 폐차장 몰래 들어오더니…(6/11), 반토막 난 사체들 '둥둥'… 범인 정체에 "방법이 없네"(6/17), 우리 아이와 함께라면… 제주 왕복 75만 원에도 '완판'(6/18) 등이 있다.

(3) 깊이 있는 뉴스 아이템

　스마트폰의 보급과 세로형 디스플레이의 확산으로 인해 숏츠는 접근성과 편리성 면에서도 큰 장점을 가지고 있다. 이 때문에 숏츠 형식의 심층 탐사보도 역시 주목 받을 수 있다. 깊이 있고 철저하게 조사된 보도는 언론 매체가 사실에 기반한 정보를 제공하며, 독자들이 더욱 신뢰할 수 있게 만든다.

　중국 이커머스 업체들이 초저가 상품을 앞세워 국내 시장에 빠르게 침투하면서, 국내 수입업체들이 큰 위기에 처했는데, 여기에는 이유가 있었다. 먼저 중국 업체들은 안전 인증을 받지 않은 '미인증' 제품을 저렴하게 판매할 수 있어 가격 경쟁에서 우위를 점하고 있다. 국내 수입업체들은 KC인증을 받아야 하며, 이 과정에서 시간과 비용이 많이 소요된다. 예를 들어, 어린이 용품이나 식품 용기의 경우 인증 비용이 400만 원에 달한다. 이 때문에 중국에서 직구한 제품의 성능이 국내 인증 제품보다 현저히 낮다. 미인증 제품은 안전 문제가 발생할 가능성이 높아, 소비자들이 직접적인 피해를 입을 수 있다. 정부는 가품 방지와 소비자 보호 대책을 내놓았지만, 국내 업체들이 겪는 역차별 문제를 해결하기 위한 방안은 아직 부족한 상황이다. - "이러니까 저렴하지" 알리 싼 이유 있었다(3/18)

　중국 이커머스의 저가 공세로 인해 국내 기업들이 큰 어려움을 겪고 있다. 특히, 알리익스프레스와 같은 중국 직구 플랫폼에서 값싼 제품을 구매해 국내에서 재판매하는 경우가 늘어나면서, 국내 기업들의 매출이 크게 감소하고 있다. 또한, 상표권이나 저작권을 무시한 제품들도 문제를 일으키고 있다. 중소기업 3,200여 곳을 조사한 결과, 320개 사가 중국 이커머스 때문에 피해를 본 것으로 나타났다. 피해 유형으로는 과도한 면세 혜택으로 인한 가격 경쟁력 저하, 직구 제품의 재판매, 지식재산권 침해 등이 있다. 중국은 1인당 연간 480만 원의 누적 면세 한도를 두고 있지만, 우리나라는 건당 150달러 한도만 있어 사실상 무제한 구매가 가능하다. 이에 따라 정부는 해외 직구 종합 대책에 중소기업 보호 방안을 포함할 계획이다. - "이거 알리에서 사면…" 중국 직구에 '생존 위협'(3/26)

중입자 암 치료기는 최근 국내에서 도입된 혁신적인 치료법으로, 기존에는 주로 전립선암 환자에게 사용되었지만 이제는 수술이 어려운 췌장암과 간암 환자에게도 적용되고 있다. 중입자 치료는 탄소 입자를 가속시켜 암세포에 집중적으로 방사선을 조사하는 방식으로, 정상 조직에 대한 손상을 최소화하면서 암세포를 효과적으로 파괴한다. 일본에서는 중입자 치료를 받은 간암 환자의 81%가 5년 동안 재발하지 않았고, 4cm 이상의 큰 간암 환자도 2년 생존율이 68.3%에 달하는 등 높은 치료 성적을 보였다. 연세암병원에서는 췌장암 환자 치료도 시작했으며, 수술이 불가능한 환자들에게 특히 효과적이다. 치료 기간과 비용은 환자마다 다르지만, 췌장암 환자는 3주 동안 12회, 간암 환자는 1주 동안 4회 치료를 받아야 하며, 비용은 5천만 원 이상이다. 그럼에도 불구하고 예약이 꽉 차고 문의가 쇄도하고 있다. 이 치료법은 앞으로 폐암과 두경부암 등 수술이 어려운 암으로도 확대될 예정이다. 다만, 혈액암, 전이된 암, 그리고 20cm 이상 자란 큰 암은 치료가 어렵다. - 발사된 빔에 사라진 암 덩어리… 췌장암 간암도 시작(5/29)

김정은 총비서가 푸틴 러시아 대통령으로부터 선물 받은 최고급 리무진 '아우루스'에 달린 번호판이 주목받고 있다. 이 번호판에는 "7 27 1953"이라는 숫자가 적혀 있는데, 이는 1953년 7월 27일, 즉 6·25 전쟁 정전협정 체결일을 의미한다. 북한에서는 이 날을 미국과 싸워 이긴 날로 기념하며 '전승절'로 부르고 있다. 김정은이 이 번호판을 단 차량을 사용하는 것은 러시아와의 연대를 강조하고, 반미 대결에서 승리하겠다는 의지를 나타내는 것으로 해석된다. 조선중앙TV는 이 차량의 번호판을 모자이크 처리했지만, 일부 장면에서 번호판이 드러났다. -푸틴에 차 선물 받은 김정은, 번호판 숫자가(4/29)

이외에 조회수가 많은 숏폼은 "제주도 진짜 심각해요"… 연예인도 못 견딜 정도(4/22), 찾아간 김정은도 '극대노'… 난리 난 북한 압록강(7/29) 등이 있다.

2) 비디오 머그

SBS 뉴스에서 제공하는 소셜 동영상 미디어인 미디어 머그는 정치, 시사, 사회 이슈 등을 모바일에 적합한 동영상 스타일로 제작하여 흥미롭고 공감 가는 방식으로 전달한다. 비디오머그는 감각적인 영상과 흥미로운 스토리텔링을 통해 뉴스를 정보성과 재미를 동시에 충족시키는 것을 목표로 한다. 예를 들어, 짧고 간결한 뉴스 클립, 인터뷰, 다큐멘터리 형식의 콘텐츠 등을 제공하여 다양한 주제와 이슈를 다룬다.

특히 '교양이를 부탁해' 비디오 머그 프리미엄 콘텐츠로 우리 사회의 핵심 이슈에 대해 전문가들의 통찰과 분석을 담아 설명하는 이슈 해설형 지식 뉴스이다. 뉴스에 지적인 효용감을 담은 '지식뉴스'라는 새로운 저널리즘형 디지털 콘텐츠 장르를 개척하고 타운홀 미팅 형식으로 전문가의 견해와 설명을 듣고 궁금증을 풀어나가는 프로그램이다. 지상파 뉴스에서 깊이 있게 다루지 않았던 뉴스 소재를 발굴하고 다양화하여 깊이 있는 해설형 콘텐츠을 지향한다. - 교양이를 부탁해 [지식뉴스] "활력 잃은 일본 청년들"… 일본 잃어버린 30년이 한국에게 보내는 무서운 경고 ①(1/1)

일본의 세대 간 금융 자산 격차는 큰 문제로 지적되고 있다. 일본의 금융 자산 중 약 70%가 60대 이상 고령자에게 집중되어 있으며, 주식 투자도 80% 이상이 60대 이상에서 이루어지고 있다. 이는 젊은 세대가 금융 자산을 축적하기 어려운 구조이다. 젊은 세대가 금융 자산을 축적하기 어려운 이유는 여러 가지가 있는데, 첫째, 일본의 경제 성장 둔화와 낮은 금리 환경이 젊은 세대의 자산 축적을 어렵게 만든다. 둘째, 고용 불안정과 낮은 임금 상승률도 큰 요인이다. 이러한 상황에서 젊은 세대는 주식 투자나 기타 금융 자산에 접근하기 어려운 환경에 놓여 있다.

그런데 한국은 일본이 가지고 있는 문제보다 하나 또 다른 문제를 또 가지고 있다. 일본에 부유한 노령층이 있다면 한국은 가난한 노령 노인들이 많다는 것이다. 한국의 노인 빈곤율은 OECD 국가 중에서 가장 높다. 2021년 기준으로 한국의 노인 빈곤율은 37.6%로, 여전히 높은 수치를 기록하고 있다. 이는 소득 기준으로 계산된 수치이며, 자산을 고려하면 조금 나아지지만 여전히 높은 수준이다. 그래서 한국은 생활고를 겪는 고령층이 많고 이 부분은 우리 경제나 전체적인 재정 측면에서도 부담이 되고 있다.

일본의 경우 인구 감소와 고령화 문제를 해결하기 위해서는 다양한 방면에서 노동시장 참여를 확대하고 있다. 따라서 여성, 고령자, 외국인 노동자 등 일할 의사와 능력이 있는 사람들을 노동시장으로 끌어들이는 정책이 필요하다. 고령자 노동시장 참여 확대를 위해서 고령자들이 정년 이후에도 계속 일할 수 있도록 정년 연장, 재고용, 정년 폐지 등 다양한 방식으로 이루어질 수 있다. 여성 노동시장 참여 확대를 위해서는 육아와 가사를 병행할 수 있도록 유연근무제를 도입 등이 있다. 외국인 노동자 노동시장 참여 확대를 위해서 특정 분야에서 일할 수 있는 외국인 노동자에게 비자 발급을 용이하게 하여 노동시장에 참여할 수 있도록 지원할 필요가 있다. - 교양이를 부탁해 [지식뉴스] "돈 쓸 사람이 없어요" 일본이 관광객 폭발적 증가에도 웃지 못하는 이유 ②(1/3)

일본의 관광객 수는 아베노믹스가 시작된 2013년 이후 꾸준히 증가해 왔다. 2018년과 2019년에는 약 3천만 명의 관광객이 일본을 방문했다. 그러나 코로나19 팬데믹으로 인해 2021년에는 관광객 수가 급감하여 약 25만 명에 불과했다. 코로나 이후 일본의 관광 산업은 빠르게 회복하고 있다. 2023년 10월 기준으로 약 2천만 명의 관광객이 일본을 방문했으며, 이 중 약 10%가 한국인 관광객이었다. 이는 일본의 입국 제한 완화와 엔저 현상 등이 주요 요인으로 작용한 결과다.

엔저가 되면서 관광객도 많이 늘었지만 외국인 투자가 많이 늘었다. 그래서 기업에 관련된 실적도 많이 개선됐는데, 문제는 엔저가 되면 수입 물가가 많이 오른다. 그렇게 되면 기름값도 오르고 밀가루 가격도 오르기 때문에 서민들의 생활 수준이 하락한다. 물론 임금이 오르면 어느 정도 커버가 되겠지만, 현재 임금이 오르는 속도보다 물가 오르는 속도가 너무 빨라서 서민들이 고통을 겪고 있다. 예를 들어 일본의 빅맥 같은 경우도 30년 동안 한 번도 가격이 오른 적이 없었다. 그런데 2022년에 410엔 되고 2023년에 450엔 됐다. 일본의 젊은이들은 400엔대 빅맥을 처음 보면서 충격을 받았다. 이렇게 물가가 오르고 있기 때문에 사실 엔저가 되면서 서민들은 양극화되고 있다.

일본은 오랜 기간 동안 저금리 환경에 익숙해져 있어, 금리가 상승할 경우 가계와 기업 부채 문제가 심각해질 수 있다. 일본의 가계 부채는 이미 높은 수준이며, 이는 경제의 안정성을 위협할 수 있는 잠재적인 시한폭탄이다. - 교양이를 부탁해 [지식뉴스] 하루아침에 통일될 확률이 더 높다? 김정은 체제 무너뜨리는 방법②(2/3)

북한 김정은이 84년생으로 2024년 만 40세가 됐다. 키 170cm 정도에 몸무게 140kg 정도로 보고 있다. 굉장히 뚱뚱해서 사실 이 정도 체형이면 고혈압, 당뇨 정도는 달고 있다고 봐야 된다. 만약에 김정은이 쓰러졌다 그러면 북한 체제에 바로 위기가 오는 것이다. 당시 11살 남짓 되는 딸 김주애를 데리고 다니면서 4대 세습의 후계자로 내세우려고 하고 있다. 이렇게 많이 보고 있지만 만약에 김주애가 성인이 돼서 통치를 할 수 있는 나이가 되기 전에 김정은이 쓰러지면 어린애가 통치를 할 수가 없을 것이다. 그러면 아마도 김주애의 어머니인 리설주가 소위 수렴청정을 할 가능성이 있을 것이다.

그럴 경우에 그동안 막강한 권력을 행사해 왔던 김여정이 가만히 그 상황을 보고 있을 것인가 소위 리설주와 김여정의 권력 투쟁 이런 가능성도 생각해 볼 수가 있다. 시누이 올케 간의 싸움이다. 그렇게 점점 균열이 심화되면서 북한 체제의 붕괴로 갈 가능성이 있다. 그런 돌발 상황이 아니라 김정은이 상당히 오랫동안 살고 즉 자기 자녀에게 김주애 등 다른 자녀에게 안정적으로 권력을 물려줬다고 하더라도 이 체제가 4대 세습, 5대 세습, 6대 세습 계속 갈 수 있을 것이냐 여기에 대해서는 의문점이 있다. 왜냐하면 이 세습에 의한 권력 승계라는 건 한정된 자녀들의 풀 안에서 후임자를 고르는 것이다. 즉 뭔가 자녀 중에서 후임자를 정해서 권력자로 내세웠는데 국가를 이끌어갈 역량이 안 된다라면 그 자체가 또 위기가 되는 것이다. - 교양이를 부탁해 [지식뉴스] 상하이에도 베이징에도 '텅텅'… 본격화된 중국 경제 침체의 진실 ①(3/9)

어느 나라나 그렇지만 경제가 잘 되면 사람들이 몰려가고 거기가 경제가 안 좋으면 사람들이 떠나간다. 2023년 1월부터 9월까지 멕시코 국경을 통해서 미국으로 불법으로 넘어가서 '우리를 난민으로 받아 주세요' 하고 요청한 중국인의 숫자가 2만 2천 명이 넘었다. 아직 못 넘어가고 멕시코 국경에서 지금 넘어가려고 대기하고 있는 중국인들은 더 많을 것이다. 이 거 하나만 봐도 대표적으로 지금 중국이 예전처럼 많은 사람들한테 기회를 제공할 수 있는 나라는 아니라는 걸 알 수가 있다. 또 중국 부자들은 그들대로 어떻게 하면 지금 중국에서 내 자산을 지키고 밖으로 빼갈 것인가 고민하고 있다. 그래서 싱가포르나 홍콩을 통해서 돈을 다른 데로 투자를 한다든가 일본의 아파트를 산다든가 어떻게 해서든지 돈을 가지고 나가려고 지금 중국 부자들이 애쓰고 있다는 얘기들도 여기저기를 통해서 많이 나오고 있다.

이에 따라 나타난 현상이 중국 증시는 침체돼서 지금 반등을 잘 못하는데 그 경쟁 관계에 있는 인도나 일본 등 이런 나라들은 당시 증시가 활황을 보였다. 물론 증시가 경제 전체를 다 반영하지는 못한다. 그러나 증시가 안 좋은데 그 나라 경제는 좋아 이런 경우는 별로 없다. 결국 이런 현상들이 의미하는 바는 중국 경제를 끌고 가는 힘은 결국은 중국 공산당 그 정점에 있는 시진핑의 권력이고 정책인데, 이에 대해서 중국의 경제 주체들이 신뢰를 하고 희망을 갖고 있지 못하다는 것이다. 지금 당장은 약간 어렵지만 우리가 전에 해 왔듯이 당의 영도를 따라가면 금방 다시 잘 살게 될 거야 이렇게 생각하는 중국인들이 많으면 몇만 명씩 그렇게 남미 통해 가지고 미국으로 넘어가려고 안 할 것이다. 물론 2만 명 또는 3만 명이라는 숫자가 중국 인구에 비하면 얼마 안 된다. 하지만 그런 사람들이 늘고 있다는 거는 전에 볼 수 없었던 현상이다. 중국이 앞으로 잘 될 것 같으면 그 사람들이 당장 힘들게 노동 해서라도 중국 안에 버티지 왜 그 고생을 해서 몇만 킬로를 그렇게 가겠는가? 그 자체가 의미하는 현상이 있는 것이다. 그렇다면 중국 당국 시진핑의 정책이 어떻게 인민들의 신뢰를 잃는 과정을 거쳐왔는가 이걸 한번 조금 되짚어볼 필요가 있다. - 교양이를 부탁해 [지식뉴스] "노르웨이 육군, 전차 속도 줄여달라"… 세계 최강, 독일 레오파드 꺾은 K2 흑표전차의 위력(5/18)

노르웨이 주력 전차 프로젝트에 최강 전차 독일 레오파드와 최종에 남아서 테스트를 했다. 사격 부문에서 우리 K2의 성적은 90% 명중률을 기록했다. 이는 디지털 우리 사통 장치가 그렇게 좋다는 것이다. 다른 나라는 알려지지는 않았는데 우리 K2가 가장 높았다는 거는 이미 그때 정평이 났다. 그리고 주행은 완전히 설원이었다. 우리나라보다 더 추운데 우리 전차가 거기 가서 성능을 발휘했다. 우리의 기술력이 그만큼 뛰어나다는 이야기다. 우리가 이런 겨울에도 잘 달리는 전철을 만들 수가 있는 것은 우리는 사계절을 생각해서 개발하기 때문에 더운 나라 이집트 가서도 잘 달릴 수 있다. 이게 K2가 레오파드를 잡은 에피소드다.

K방산의 인기를 얘기할 수 있는 가장 중요한 지표는 방산 수출액이다. 그런데 2017년부터 2020년까지는 30억 달러 내외, 우리 돈으로 따지면 3~4조 원 정도였다. 그러다가 2021년에 72억 달러 즉 10조 원 가까이 갔다. 2022년 이전까지는 단건으로 한 1조 정도 수출했다면 큰 뉴스가 됐었다. 지금은 적어도 3~4조는 돼야 관심을 끄는 방산 수출이라고 할 정도로 우리 방산이 굉장히 커졌다.

2022년에 우크라이나와 러시아의 전쟁이 벌어졌다. 러시아 옆에 우크라이나, 그 옆에 폴란드가 매우 큰 안보적인 위협을 느껴 그때부터 군비 확충을 하기 시작했다. 그때 우리가 그 시장에 들어가서 K방산 말그대로 잭팟이 터졌다. 그래서 2022년 수출액이 갑자기 뛰어서 173억 달러, 거의 우리 돈으로 20조 원이었다. 2023년에도 150억 달러 이상이 됐고 2024년도 폴란드와 사우디 수출이 성사되면 150억 달러는 돌파할 수 있지 않을까 보고 있다.[201] 지금 방산 수출액만 놓고 보면 우리가 세계 8위 정도가 됐다.

전 세계적으로 안보 불안이 커지면서 각국이 무기를 구하고 있다. 무기를 사고 싶은데 그러면 준비됐던 무기를 누가 와서 파는 게 아니다. 그런데 우리나라는 그게 가능하다. 방산 비리나 천수답 시장에서 탈피하는 노력을 하면서 수출에 굉장히 역점을 둬서 생산 능력을 많이 확충을 해놨기 때문이다. 즉 어떤 나라가 전차 10대 필요하다 그러면 바로 생산해서 보낼 수 있다. 그런 생산 여건을 갖춘 나라가 전 세계적으로 없다.

이외에도 대통령에 등 돌리는 장군들… "항명인 줄 알고도 지시 거부했다" 양심 선언(12/6) 등이 100만 뷰를 기록했다.

3) 모아보는 뉴스

"뉴스를 모으면 맥락이 보인다"는 모토로 SBS의 '모아보는 뉴스'는 정치, 경제, 사회, 국제 등 다양한 주제별로 뉴스를 큐레이션하여 제공함으로써, 사용자가 관심 있는 분야의 뉴스를 쉽게 찾을 수 있다. 최신 뉴스를 업데이트하여, 사용자에게 가장 최신의 정보를 제공한다. 사용자의 관심사와 취향에 적합한 맞춤형 뉴스를 제공함으로써, 개인화된 뉴스 경험을 제공한다. 이러한 특징들은 사용자에게 편리하고 효율적인 뉴스 소비 경험을 제공하며, 다양한 플랫폼을 통해 젊은 세대와 소통하는 데 큰 도움이 된다.

경복궁 담장이 지난달 스프레이 낙서로 훼손된 후, 19일 만에 1단계 복구 작업을 마치고 공개되었다. 복구 작업에는 약 1억 원 이상의 비용이 소

---

201) 2024년 방산 수출액은 95억 달러다.

요되었으며, 문화재청은 범행을 저지른 사람들에게 손해배상을 청구하고 처벌을 강화할 계획이었다. 복구 작업은 국립고궁박물관 쪽문 주변에서 진행되었으며, 스프레이 자국을 제거하기 위해 색을 빼고 표면을 깎아 내는 작업이 이루어졌다. 당시 공정률은 80%로, 4월 이후에 복구 작업이 마무리될 예정이었다. 문화재청은 경복궁 야간 순찰을 최대 8회로 늘리고, 외곽 담장을 비추는 CCTV를 20대 더 설치할 계획이었다. 또한, 문화재 훼손 범죄에 대해서는 3년 이상의 유기징역에 처할 수 있도록 관계 기관과 협력할 방침이다. 경찰은 최초 낙서한 사람에게 돈을 건넨 입금자와 낙서를 지시한 교사범을 추적했다. - 매일 30명이 지웠다… "경복궁 낙서 복구 비용, 범인에게 청구"(1/6)

이와 관련해 「모아보는 뉴스」 기사로는 경복궁 담장 1단계 복구 완료… 낙서 제거 비용 1억 손해배상 청구(1/4), 서울 9호선 국회의사당역 '스프레이 낙서' 70대 남성 검거(1/2), "세종대왕상 낙서… 도망 다녀라" 10대 조종한 배후 추적(23.12/22), "10만 원 받고 경복궁에서 범행"… "예술, 죄송하지 않다"(23.12/20), '영화 공짜' 경복궁 담벼락에 44m 낙서… 용의자 추적 중(23.12/16) 등이다.

이스라엘과 하마스 간의 전쟁이 발발한 이후, 예멘의 후티 반군이 홍해를 지나는 선박들을 공격하면서 세계 물류에 큰 영향을 미치고 있다. 후티 반군은 하마스를 지지한다는 명분으로 홍해를 지나는 선박들을 공격하고 있으며, 이로 인해 주요 해운사들이 홍해를 피하고 아프리카 대륙을 돌아가는 우회로를 선택하고 있다. 이로 인해 운송 시간이 1주일에서 2주일까지 더 걸리게 되었고, 국제 유가와 보험료도 상승했다. 원유 운반선의 예약 요금도 일주일 만에 25%가 올랐다. 이러한 상황은 세계 경제에도 부정적인 영향을 미칠 것으로 예상됐다. 후티 반군은 이란의 지원을 받아 내전에서 우위를 점하고 있으며, 홍해에서의 선박 공격을 통해 자국 내 기반을 다지고 아랍권 전반으로 영향력을 넓히려는 의도를 가지고 있다.

이런 가운데 이란에서 국민 영웅으로 불리는 가셈 솔레이마니의 추모식에서 대형 폭발이 발생해 80명 이상이 사망했다. 현지 언론에 따르면, 가방에 담긴 폭발물이 터졌으며, 이란 정부는 이번 테러를 저지른 세력에게 큰 대가를 치르게 하겠다고 경고했다. 미국과 이스라엘은 이번 폭발과 관련이 없다고 주장했지만, 이란은 이들을 배후 세력으로 의심하고 있어 중동 지역에서 또 다른 무력 충돌 가능성이 커졌다. 이란은 이번 사건을 외부 세력에 의한 테러로 규정하고 있으며, 보복을 다짐했다. 레바논 외무장관은 중동 지역 전쟁에 말려들고 있다는 두려움을 표명했다. - "일 커진다" 두려운 미국… 곳곳 심상치 않은 움직임(1/7)

이와 관련해 「모아보는 뉴스」 기사로는 홍해로 번진 전쟁… '운반선 요금도 껑충' 세계 물류 긴장(23.12/20), 홍해 한복판서 미군-예멘 반군 첫 교전… 10명 사망(24.1/1), '이란 국민 영웅' 솔레이마니 추모식 폭탄 테러… 84명 사망(24.1/4), "우리 아니다" 미국·이스라엘, 다급히 부인… 들끓는 중동(24.1/4) 등이 있다.

중국에서는 최대 명절인 춘제를 앞두고 대규모 이동이 시작되었지만, 강력한 한파와 폭설로 인해 귀성길이 매우 어려워졌다. 중국 중부와 동부 지역에서는 일주일 넘게 폭설과 한파가 이어지면서 교통이 마비되고, 많은 사람들이 고향으로 돌아가는 길에 큰 불편을 겪었다. 특히, 후베이성 등 일부 지역에서는 최대 18cm의 적설량이 기록되었고, 고속도로와 철도, 항공편이 잇따라 취소되거나 지연되었다. 이로 인해 귀성객들은 고속도로에 갇히거나 기차역에서 오도 가도 못하는 상황이 발생했다. 중국 당국은 춘제 기간 동안 연인원 90억 명이 이동할 것으로 예상했으며, 이러한 악천후로 인해 교통 대란이 발생했다. - "방법이 없어" 중국 땅 '마비'… 도로 위에서 얼어 죽고 있다(2/9)

이와 관련해 「모아보는 뉴스」 기사로는 [글로벌D리포트] "15년 만의 최대 폭설"… 90억 춘절 대이동 '비상'(2/1), 폭설에 도로·열차서 발 동동… 코로나 후 첫 '중국 대이동'(2/3), 공작새 꼬리 얼린 한파… 중국 최대 명절 귀성길 '대혼란'(2/7) 등이 있다.

오픈AI와 로봇 스타트업 피규어AI가 협력하여 개발한 휴머노이드 로봇이 주목받았다. 이 로봇은 생성형 인공지능 기술을 탑재하여 사람과 자연스럽게 소통하고, 스스로 추론하여 행동할 수 있다. 예를 들어, "먹을 것을 달라"는 요청에 정확히 사과를 집어 주는 등, 단순히 명령을 이해하는 것을 넘어 상황을 판단하고 적절한 행동을 취할 수 있다. 또한, 과거의 행동을 설명하고 평가하는 능력도 갖추고 있어, 사람처럼 복잡한 상호작용이 가능하다. 이러한 기술은 로봇이 다양한 요구를 수행할 수 있게 하며, 휴머노이드 로봇 개발에 있어 중요한 전환점이 될 것으로 평가받았다. 오픈AI 외에도 마이크로소프트, 아마존, 엔비디아 등이 피규어AI에 투자하고 있으며, 삼성, 현대차, LG 등 한국 기업들도 로봇 기업 인수에 적극 나서고 있다. -이 영상에 "전 세계 패닉"… 진짜 전쟁이 시작됐다(3/17)

이와 관련해 「모아보는 뉴스」 기사로는 사람처럼 판단하고 "나 꽤 잘 했지"… '오픈 AI+로봇' 공개(3/14), [영상] 숨은 뜻 간파하고 말 더듬기까지… 'AI 뇌' 장착한 '논리적 로봇'의 자화자찬에 "충격과 공포"(3/14), [친절한 경제] 인간형 로봇, 취업시켜 보니… 아직은 견학 수준, 내년부터는?(3/7), [친절한 경제] "나 BMW 취직했어"… 휴머노이드, 자동차 생산라인에(1/25) 등이 있다.

백종원 씨가 운영하는 더본코리아의 프랜차이즈 '연돈볼카츠' 가맹점주들이 본사를 상대로 단체 행동에 나섰다. 가맹점주들은 본사가 가맹 계약을 유도할 때 예상 매출액을 부풀려 광고했지만, 실제 매출은 기대에 미치지 못해 손해를 봤다고 주장했다. 가맹점주들은 본사가 하루 최고 매출을 315만 원에서 465만 원으로 광고했으나, 실제 매출은 이보다 훨씬 낮았다고 말했다. 또한, 일부 점주들은 상품 가격을 올리려 했지만 본사가 이를 허용하지 않았다고 주장했다. 이에 대해 더본코리아 측은 허위나 과장된 매출액과 수익률을 약속한 사실이 없으며, 가맹점들과의 상생을 위해 물품 대금을 인하해 왔다고 반박했다. 또한, 코로나 이후 배달 중심 외식 시장의 여건 악화가 매출 감소의 주요 원인이라고 설명했다. -"다 죽었잖아, 망했어 그냥"… '총알받이' 된 백종원 무슨 일?(6/22)

이와 관련해 「모아보는 뉴스」 기사로는 "하루에 465만 원 번다더니"… 백종원 가맹점주들 단체 행동(6/18), [뉴블더] "1억 주면 조용히 있겠다"… '연돈볼카츠' 공방 속 녹취록 공개 파장(6/20), [영상] 신고 당한 백종원 "내가 소스 팔아먹으려 했다고? 엄청난 배신감"… 예산시장 상인들에게 격분한 이유(23.12/19), [뉴블더] "백종원 때문에 망했다"는 상인들… 바가지 상혼(23.10/25) 등이 있다.

미국 라스베이거스는 사상 처음으로 6일 연속 섭씨 46도를 넘는 폭염을 기록했다. 이로 인해 크레용이 녹아내리고, 유리창이 산산조각 나는 등 극심한 피해가 발생했다. 폭염으로 인해 사망자도 속출하고 있는데, 7월초 일주일 동안 미국 전체에서 최소 28명이 폭염으로 목숨을 잃었다. 특히 캘리포니아에서는 65세 이상 노인 8명이 집에서 숨진 채 발견되었고, 노숙자들의 사망 사례도 보고됐다. 또한, 허리케인 베릴의 여파로 텍사스 휴스턴에서는 백만 명 이상이 전기 공급 없이 폭염을 견뎠다. 민간 전력회사는 복구에 어려움을 겪고 있으며, 기온이 섭씨 37도 이상으로 계속되고 있어 상황이 더욱 심각했다. 이러한 폭염은 기후 변화와 관련이 깊으며, 앞으로 더 강해질 가능성이 있어 우려가 커지고 있다. - "집에 있던 사람들도 사망"… '6차 대멸종' 마지막 경고?(7/14)

이와 관련해「모아보는 뉴스」기사는 [글로벌D리포트] 폭염에 일주일 새 28명 사망… 불타는 미국(7/12), [글로벌D리포트] 라스베이거스 5일째 46도… 기록적 폭염에 사망자 속출(7/11), [글로벌D리포트] 6월도 역대 최고 기온… 13개월째 '최고'(7/8), [글로벌D리포트] 펄펄 끓는 일본 열도… 3명 숨져(7/8) 등이 있다.

홍명보 감독의 축구대표팀 사령탑 선임을 둘러싸고 논란이 일었다. 전력강화위원회 멤버인 박주호 위원이 유튜브 영상을 통해 내부 폭로를 하면서 파장이 커졌다. 박주호 위원은 위원회 내부에서 이미 홍명보 감독 쪽으로 분위기가 몰아갔다고 주장했다. 그는 회의 시작 전부터 국내 감독에 무게를 두는 발언이 많았고, 외국 감독에 대한 부정적인 의견이 주를 이뤘다고 밝혔다. 또한, 회의 내용이 실시간으로 외부에 유출되었고, 일부 위원은 사리사욕을 채우려 했다고 폭로했다. 이에 대해 축구협회는 박 위원의 주장이 자의적인 시각에서 왜곡된 것이라며, 절차상 문제는 없었다고 반박했다. 또한, 비밀유지서약 위반으로 법적 대응을 검토 중이라고 밝혔다. 박문성 축구 해설위원은 박주호 대한축구협회 전력강화위원에 법적 대응을 시사한 축구협회를 비판했다. - 클롭급 감독? 이영표도 결국… "싹 다 고소해" 박문성 '분노'(7/10)

이와 관련해「모아보는 뉴스」기사는 [스브스픽] 박주호 '내부폭로' 이어 이영표도 "상당히 문제 있었다"(7/10), '홍명보 선임' 후폭풍… 박주호의 '내부 폭로'(7/10), [영상] "축협 관계자? 이름 까고 얘기하세요!" 폭발… '이해 안 되는' 일 처리에 이영표 "축구인들 이제 손 떼야"(7/10) 등이 있다.

배우 변우석 씨가 사설 경호원들의 과잉 경호로 논란이 됐다. 인천국제공항에서 변 씨의 출국을 위해 고용된 사설 경호원들이 출입문을 임의로 통제하고, 공항 이용객들의 여권과 항공권을 검사하는 등 규정을 무시한 행동을 했다. 이로 인해 공항 이용객들이 불편을 겪었고, 일부 시민들은 인권 침해를 주장하며 국가인권위원회에 제소했다. 경찰은 경호업체 직원 6명에 대해 형법상 업무방해죄와 강요죄 적용 여부를 조사했다. 변우석 씨의 소속사는 도의적 책임을 언급하며 사과했지만, 변 씨는 별도의 입장을 내놓지 않았다. - '공항이 지꺼야?" 뿔난 시민들… 국회까지 퍼진 '황제 경호 논란'(7/20)

이와 관련해「모아보는 뉴스」기사는 "배우님 들어가요" 과잉 경호 논란… 승객 여권 검사까지(7/16), [영상] '변우석 경호'가 황당한 인천공항 사장 "말도 안 돼, 이런 엉뚱한 행위는 처음"… "뻔히 예측 못 했나" 문자(7/18), 변우석 '반쪽 경호' 속 귀국… '과잉 경호' 처음이 아니었다(7/18) 등이 있다.

로또 복권 1등 당첨되는 건 흔히들 벼락 맞을 확률이라고 하는데, 놀랍게도 7월 13일 추첨한 로또 복권 1등 당첨자가 63명이나 나왔다. 이렇게 1등이 많이 나온 건, 로또 복권 사상 처음 있는 일이었다. 당첨금도 크게 줄어들었다. 1등 당첨금은 4억 원 정도인데, 세금을 떼고 받는 실수령액은 3억 1천만 원 정도로 추정됐다. 1등 당첨자가 놀라울 정도로 많이 나오면서 SNS 등 온라인을 중심으로 조작 의혹이나 오류의 가능성이 제기되는 등 논란이 일었다. 다만 동행복권 측은 "한 명이 여러 개 당첨된 것도 아니고, 우연의 일치일 뿐"이고 설명했다. 또 "로또를 사는 사람들이 늘고 있기 때문에 당첨자 숫자가 늘어나는 건 당연한 일"이라며 해당 논란을 일축했다. 이와 비슷한 논란은 앞서 불거진 적이 있었다. 2년 전 로또 1등에 50명이 무더기 당첨되는 일이 있었고, 2023년 3월엔 로또 2등이 전국에서 664

명이나 나오면서 조작 의혹이 불거졌다. 논란이 거세지면서 기획재정부가 서울대학교 통계연구소와 한국정보통신 기술협회에 관련 연구용역을 의뢰하기까지 했다. 이후 "로또복권 시스템은 당첨 번호를 조작하는 건 불가능하며, 이처럼 당첨자가 많이 나오는 것은 확률상 충분히 가능하다"는 연구 결과가 나왔다고 기재부는 발표했다. - "왜 생방송 안 합니까?" 홍분… 곳곳 '기이한 상황'까지 속출(7/20)

이와 관련해 「모아보는 뉴스」 기사는 [뉴블더] 63명이나 나왔다… 로또 1등 당첨자 '속출'(7/15), [뉴스딱] 대구에서 로또 '1등 3건', 심지어 '수동'… 당첨금 51억?(23.9/4), [실시간 e뉴스] 한 곳에서 로또 2등만 103장… 당첨금 7억 원→690만 원(23.3/6), "전국서 로또 2등 664장 당첨은 우연… 번호 조작 불가"(23.7/13) 등이 있다.

2024년 7월말 폭우로 인해 압록강이 흘러넘쳐 큰 피해가 발생했다. 김정은 총비서는 수해 책임자를 엄벌하라 지시했으며, 실제 지역간부 여러 명이 한꺼번에 총살된 것으로 알려졌다. 자강도 당 책임비서와 사회안전상이 경질되었다. 리일규 전 쿠바 주재 북한대사관 참사는 북한 간부들이 평소 불안감에 떨고 있다고 전했다. - 군부 1인자의 추락, 그리고 집단 총살… 김정은의 공포 정치(9/17)

이와 관련해 「모아보는 뉴스」 기사로는 "원수님 사무실…" 말실수로 졸지에 마당 쓴 군부 1인자(9/16), "책임자 엄벌" 북한서 집단 총살… 불안에 떠는 간부들(9/4), 96세도 '차렷', 김정은에는 90도 인사… 북한식 생존법(7/13) 등이 있다.

샤인머스캣의 품질 저하로 가격이 하락했다. 몇 년 전까지 20브릭스 이상의 높은 당도를 자랑했지만, 현재는 15브릭스 안팎으로 판매되고 있다. 수확량을 늘리기 위해 너무 빽빽하게 심고 충분히 익지 않은 상태에서 수확하다 보니 품질이 떨어졌다. 이로 인해 도매가는 생산 비용을 건지기 어려운 수준이며, 악순환이 반복되고 있다. - 유난히 '밍밍한' 샤인머스캣… 이유가 다 있었네(10/13)

이와 관련해 「모아보는 뉴스」 기사로는 [친절한 경제] '보라색 포도'보다 싸진 샤인머스캣… '예전 그 맛' 아닌 것도 기분 탓 아냐(10/7), [친절한 경제] 과일 너무 비싸 '수입 냉동'으로… '우리 과일' 점점 더 귀해진다(2/19) 등이 있다.

4) 현장 영상

SBS 현장 영상은 SBS 뉴스에서 제공하는 생생한 현장 취재 영상을 의미한다. 이 영상들은 기자들이 직접 현장에서 취재한 내용을 바탕으로 제작되며, 사건이나 이슈의 현장을 생동감 있게 전달한다. 텍스트 뉴스보다 시각적 요소가 강조되어, 시청자들이 더 쉽게 이해하고 몰입할 수 있다. 이러한 현장 영상은 SBS 뉴스 웹사이트나 유튜브 채널을 통해 쉽게 시청할 수 있다.

서울 명동 입구 광역 버스 정류소의 혼잡 상황에 시민들이 분통을 터뜨렸다. 서울시는 혼잡을 완화하기 위해 노선 표시 안내판을 설치했지만, 오히려 퇴근길 대란을 초래했다. 시민들은 지정된 곳에서만 승차할 수 있게 되자 극심한 정체와 긴 대기 시간에 불만을 표했다. 서울시는 노선별 대기판 시행을 유예하고, 현장 계도 요원을 투입해 혼잡을 완화하기로 했다. 또한, 29개 노선 중 6개 노선의 정차 위치를 변경하는 방안도 추진하기로 했다. -"완전히 탁상행정이지! 당장 다 뽑아 버려야 해"… '명동 퇴근길 지옥' 갇힌 시민(1/5)

한국 축구 국가대표팀 내분이 알려지면서 이강인, 설영우, 정우영 선수가 경기 전 물병 놀이를 하는 영상이 논란이 됐다. 이 영상은 손흥민 선수가 손가락 골절을 당한 다음 날 촬영된 것으로 알려져, 많은 누리꾼들이 비판의 목소리를 냈다. 특히, 홍준표 대구시장은 이강인 선수를 겨냥한 듯한 글을 올리며 "잠깐 떴다고 싸가지없이 행동하는 사람은 팀워크를 해치게 되어 대표팀의 경기력을 저하시킨다"며 강하게 비판했다. - 손흥민 손다친 날 웃으며 물병 놀이?… "네가 제일 고생했다" 다른 선수들이(2/16)

걸그룹 뉴진스가 속한 어도어의 민희진 대표가 하이브가 제기한 '경영권 탈취 의혹'에 대해 4월 25일 "경영권 찬탈 계획도, 의도도, 실행한 적도 없다"고 강하게 반박했다. 민 대표는 두 시간 넘게 진행된 기자회견 도중 감정에 북받쳐 눈물도 보이기도 했다. 또 "사담을 진지한 것으로 포장해 저를 매도한 의도가 궁금하다"며 "내가 하이브를 배신한 게 아니라 하이브가 날 배신한 것이다. 빨아먹을 만큼 빨아먹고 찍어 누르기 위한 프레임"이라고 강조했다. 민 대표는 기자회견에서 하이브 측이 뉴진스의 홍보를 제한하려 했다고 주장하며, 르세라핌과 뉴진스를 혼동시키려는 의도가 있었다고 밝혔다. 민 대표는 "르세라핌이 나오기 전까지 뉴진스를 홍보하지 말아달라"는 요청을 받았고, 뉴진스가 전원 신인 멤버라는 사실을 밝히지 말라는 부탁도 받았다고 했다. 이러한 요청이 뉴진스와 르세라핌을 헷갈리게 하려는 의도였다고 주장하며, 하이브와의 갈등이 오랜 시간 지속되어 왔다고 설명했다. 이어 민 대표는 뉴진스와의 관계와 자신의 헌신을 강조했고 특히, 뉴진스 멤버들과 그들의 부모님과의 관계를 언급하며 감정적으로 호소했다. 하이브는 민 대표가 경영권 탈취를 시도했다고 주장하며, 이에 대한 감사를 진행했다. - 민희진 "가만히 있어도 천 억 버는데 미쳤다고 내부 고발?"(4/25)

서울 강남구 일대에서 벌어진 '압구정 롤스로이스'와 '람보르기니 주차시비' 사건에 연루된 병원 두 곳에 대한 추가 수사가 진행되었다. 경찰은 이 사건과 관련된 의사와 병원 관계자 등 42명을 마약류관리법 위반 혐의로 검찰에 송치했다. 의사 염 모 씨는 약물에 취해 롤스로이스 차량을 운전하다 행인을 치어 숨지게 한 신 모 씨에게 마약류를 처방한 혐의로 기소되었다. 염 씨는 2022년 8월부터 2023년 11월까지 28명에게 수면 마취제 계열의 마약류 4종을 불법 투약하고, 진료기록을 수정한 혐의를 받고 있다. 의사 A 씨는 람보르기니 차량을 주차하다 시비가 붙은 상대방을 흉기로 위협한 홍 모 씨에게 에토미데이트를 투약한 혐의로 기소되었다. 에토미데이트는 제2의 프로포폴로 불리는 전신마취제로, 이번 사건에서 처음으로 약사법 위반 혐의가 적용되었다. 경찰이 공개한 폐쇄회로(CCTV) 영상에 따르면 이 병원에서 에토미데이트를 투약한 이들은 약 기운에 취한 상태로 추가 투약을 해달라며 의사 등에게 사정하며 빌기도 했다. 투약자 중 1명은 하루 최대 56회 반복 투약을 하기도 했다. - "더 줘 제발" 꽁꽁 싸매고 찾아와 '싹싹' 빌고 '벌벌' 떠는 환자들… 돈다발 세는 병원(7/4)

김여정 북한 노동당 부부장은 북한 매체가 한국군 촬영 영상을 무단 사용했다는 논란에 대해 외신 영상을 사용했다고 밝혔다. 그러나 외신들은 출처를 명시해 사용한 반면, 북한은 출처 없이 사용해 무단 사용을 인정한 셈이 되었다. 통일부는 북한의 주장이 근거 없다고 반박하며, 북한이 베른 협약 가입국으로서 책임 있는 태도를 보여야 한다고 강조했다. - "국제법 적용 안 되는 곳" 합참 발언에 펄쩍 뛴 김여정 "진짜 멍청!"… "구도 좋아서 쓴 것, 한국도 그러지 않나" 불펌 자백?(10/18)

이외에 조회수가 많은 현장 영상은 [풀영상]민희진 긴급 기자회견… 2시간 넘게 '격앙', '눈물', '욕설'(4/25), "민희진 걸그룹인 것처럼 착각시켜야 된대"… 개인 카톡 공개하며 '뉴진스 홍보'(4/25), 민희진 "뉴진스랑 제 관계는요, 여러분 상상 이상이에요"… 멤버를 떠올리며(4/25), 뉴진스에 '눈물 버튼' 회사엔 1초 만에 '폭발'한 민희진… 하이브(4/26), "외계 침공?" "너의 이름은?"… 밤하늘 '번쩍' 머리 위 가로지른 푸른 섬광(5/20), 김일성 기념비 훼손하며 "김정은 숙청하겠다"… '평양에서 보낸 영상' 공개한 '북한 반체제 조직'의 주장(5/24), "아기 살려!!" 전복 차량 속 외침에 시민들 '우르르'… 한치 망설임 없는 '완벽 팀워크'(6/18), 횡단보도 건너던 시민은 가까스로 피했지만… 역주행부터 멈출 때까지 사고 전후(7/2), '내부자' 박주호 격분 "어떤 분은 사리사욕 채우려고" 충격 폭로에… "비밀 유지 어기나?" 축구협회 '발칵'(7/9), "한계 다다른 축협" 문체부 경고에 '즉각 반발'… "정부 마음대로? 그런 나라 전세계에 없다" 펄쩍 뛴 이유(7/17), "오빠 찾아주세요" 지문 등록도 안 된 세 살배기 '오열'… 온 어른들이 나서자(8/20), 말 끊고 격분한 한덕수 총리 "지금이 중요하죠! 자꾸 색깔 칠하지 마세요!"… '뉴라이트 아십니까?'에서 촉발된 '설전'(9/2), '어? 수상한데?' 눈 '딱' 마주치자 슬쩍 다가온 '경찰의 직감'… '펄쩍' 뛰며 "믿어줘!" 우기던 조폭의 '민망 결말'(11/8), "초유 사태, 책임은 개인 각자가 져야 합니다"… 동덕여대 '강경 대응' 인터뷰 "남녀공학 논의 철폐?" 입장 묻자(11/19), [영상] "빨리 열어! 내란 죄야!" 이준석 막은 경찰들 '상당한 동요 있었다?'… "윤 대통령은 대체 왜?" 즉답 나오더니(12/4), [풀영상] 윤석열 대통령 "비상 계엄 선포" 긴급 발표 전체 동영상(12/3), 격분해 '우르르' 돌진한 국민의힘 의원들·꿈쩍 않는 국회의장… '아수라장 국회' 지켜보는 이재명 반응은?(12/29), 동체 바닥에 닿은 채…굉음 내며 그대로 직진(12/29) 등이 있다.

5) 이슈 라이브

이슈 라이브는 SBS 뉴스에서 제공하는 실시간 스트리밍 서비스로 주요 이슈와 사건을 실시간으로 보도한다. 이 서비스는 중요한 사건이나 이슈가 발생할 때, 현장을 실시간으로 중계하여 시청자들이 즉각적으로 정보를 얻을 수 있다. 시청자들이 실시간 채팅을 통해 의견을 나누거나 질문을 할 수 있어서 보다 참여적인 뉴스 소비 경험을 제공한다. SBS 뉴스 웹사이트뿐만 아니라 유튜브와 같은 소셜미디어 플랫폼에서도 실시간 스트리밍을 제공하여, 다양한 경로로 접근할 수 있다. 이러한 특징들은 시청자들에게 신속하고 정확한 정보를 제공하며, 보다 몰입감 있는 뉴스 경험을 제공한다.

북한군이 1월 5일 서해 최북단 서북도서 지역 북방한계선(NLL) 인근에서 해상 사격을 실시했다. 북한이 발사한 포탄은 9·19 남북군사합의에 따라 해상사격이 금지된 해상 완충구역에 낙하했다. 만일의 사태에 대비해 연평도·백령도 주민들은 긴급히 대피했다. 군은 북한의 이번 해상사격을 9·19 합의를 위반한 도발로 규정하고 서북도서에 배치된 해병부대가 참여하는 대응 사격을 실시했다. - "북한 연평도 방향으로 200여발 사격" 합참 긴급브리핑… 연평도 주민 대피령 군 400여발(1/5)

용인 푸씨, 푸공주, 푸질머리 등 많은 애칭을 얻으며 사랑받아 온 '행복을 주는 보물' 푸바오가 우리 곁을 떠나 중국으로 향했다. 중국이 아닌 곳에서 태어난 판다는 만 4세가 되기 전에 중국으로 이동해야 한다는 협약에 따른 조치다. 푸바오가 중국 쓰촨성에 위치한 자이언트판다 보전연구센터로 이동하기까지 첨단 기술이 동원됐다. 푸바오는 반도체 수송에 이용되는 특수 무진동차에 탑승한 뒤, 투명한 판으로 특수 제작된 케이지에 들어가 전세기로 이동했다. '푸바오 할부지' 강철원 사육사가 전세기에 올라타 푸바오의 이동을 도왔다. - [푸바오 LIVE] '뜨거운 이별' 푸바오, 인천국제공항 출국 현장 생중계(4/4)

그룹 방탄소년단(BTS)의 맏형 진이 6월 12일 아미 곁으로 돌아왔다. BTS 진 전역 현장 라이브는 해외에서도 큰 반응을 보였다. 진은 2022년 12월 육군 현역 입대했다. 전역 현장에는 방탄소년단 멤버들도 함께했다. 슈가를 제외한 제이홉, RM, 지민, 뷔, 정국 등 멤버들이 모두 마중 나왔다. 진은 13일 서울 잠실실내체육관에서 열리는 2024 FESTA 오프라인 행사에 참석해 팬들과 만났다. 팬들 앞에서 직접 전역 신고식을 한 뒤, 팬 1000명과 포옹하는 시간을 갖았다. 행사는 아미와 가까운 거리에서 뜻깊은 시간을 보내고 싶다는 진의 제안으로 마련됐다. 오는 10월에는 또다른 멤버인 제이홉이 사회로 돌아왔다. 2025년 6월에는 BTS 멤버 전원이 제대하면서 다시 '완전체'가 된다. 한국에서 젊은 남성은 의무적으로 군 복무를 해야 한다. BTS 멤버들의 병역 이행을 두고 활발한 사회적 논의가 있었고, 멤버 7명은 자진해 군입대를 선택해 대중들로부터 호평을 받았다. - [LIVE] BTS Jin's military discharge/Descarga militar de BTS Jin - BTS 진 전역 현장(6/12)

도널드 트럼프 전 대통령이 유세중 저격을 당한 사건과 관련한 음모론이 쉽게 잦아들지 않았다. 이번 사건을 계기로 트럼프는 물론 바이든 대통령도 자제와 통합을 촉구하고 있지만, 오히려 미국 사회가 더 분열되고 있다는 목소리도 나왔다. 상대를 겨냥한 비난 발언과 함께, 자작극이라는 음모론까지 번지고 있다. 트럼프 전 대통령 피격 사건 이후 바이든 대통령이 3번째 대국민담화에 나섰다. 정치 상황이 과열됐다며 진정할 때라고 호소했다. 트럼프 전 대통령도 통합을 강조했다. 모두 단결해 미국인으로서 진정한 모습을 보여 주자고 말했다. 전·현직 두 대통령은 전화통화에서 짧지만 좋은 대화를 나눴다고 밝혔다. 민주, 공화 모두 폭력 규탄에는 한 목소리를 냈다. 하지만 공화당에서 바이든 책임론이 쏟아졌다. 특히 트럼프를 표적 삼자고 한 바이든의 발언을 문제 삼았다. 음모론도 난무했다. 트럼프 측의 자작극이다, 백악관 지시에 따라 전직 대통령 경호에 소극적이었다는 주장이 퍼졌다. 상대 진영에 대한 적대감은 음모론을 더 확산시켰다. 전·현직 대통령 모두 통합을 외쳤지만 미국 사회의 분열은 이제 봉합이 힘들 전망이라고 뉴스타임스는 분석했다. - 트럼프 자작극? 더 커진 음모론… 미국 사회가 흔들린다(7/16)

65세 이상 지하철 무임승차 제도를 둘러싼 논란이 계속되고 있다. 대구시는 법 개정 없이 70세로 상향할 수 있다고 주장하지만, 서울시는 중앙정부가 판단해야 한다고 반박했다. 보건복지부는 법제처에 유권해석을 요청했다. 노인단체는 즉각 반발하며 현실적인 해법을 제안했다. 젊은 세대는 세대 간 복지 형평성 논란으로 불만을 표출하고 있다. - "우리는 꿈도 못 꾸는 일" 쌓인 청년들 결국 터졌다 - 끊이지 않는 노인 무임승차 논란(9/18)

윤석열 대통령이 2024년 12월 3일 오후 11시를 기해 대한민국 전역에 위헌·위법한 비상계엄을 선포했다. 1979년 이후 45년 만에 선포된 비상계엄으로 관련 뉴스는 국민들의 초미의 관심사였다. 국회 '비상 계엄 해제 요구안 가결'… 국회의장 "계엄령 선포는 무효됐다"(12/3), 윤 대통령 "비상 계엄 선포"… 이재명 민주당 대표 실시간 반응(12/3), 윤석열 대통령 탄핵소추안 표결… 국회 본회의 현장 생중계(12/7), [뉴스특보] 윤 대통령 "국무회의 통해 계엄 해제할 것"(12/3), [뉴스특보] 윤 대통령, 비상계엄 6시간만에 해제… 오전 일정 전면 취소(12/4)

이외의 많이 본 이슈 라이브는 4.10 총선, 개표방송은 역시 SBS - 2024

국민의 선택(4/10), 정확한 해설 톡톡 튀는 CG… 4.10 총선 '길을 열다'(4/10), 어도어 민희진 대표 긴급 기자회견… '경영권 탈취 의혹' 직접 입장 밝힌다(4/25), 먹으려는 순간 "안돼요!" 한국도 '비상' - 국내서도 해외서도 감쪽같이 속인다(9/18), "북한군 격전지로… 90%는 결국", AI가 포착한 북한군… 뜻밖의 실체(10/21), '181명 탑승' 제주항공 여객기 참사… 177명 사망, 2명 구조(12/29) 등이 있다.

6) 자막뉴스

SBS 자막뉴스는 시청자들이 뉴스 내용을 더 쉽게 이해할 수 있도록 자막을 포함한 형식으로 제공된다. 자막 뉴스는 다양한 주제를 다루며, 특히 중요한 사건이나 흥미로운 이야기를 시청자들에게 전달하는 데 초점을 맞추고 있다. 예를 들어, 모로코 강진과 관련된 뉴스, 김밥을 만드는 한인 소녀의 영상 등 다양한 주제를 다루고 있다.

넥슨의 메이플스토리에서 확률형 아이템 '큐브'와 관련된 논란이 일었다. 2010년부터 판매된 이 아이템은 게임 캐릭터의 능력을 강화하는 데 사용되며, 많은 이용자들이 반복 구매를 통해 더 강한 캐릭터를 만들기 위해 큰 돈을 썼다. 그러나 공정거래위원회 조사 결과, 넥슨이 이용자들이 선호하는 아이템의 확률을 낮추거나 아예 0으로 만들고도 이를 알리지 않았다는 사실이 드러났다. 이로 인해 넥슨은 소비자 기만 행위로 116억 원의 과징금을 부과받았다. 넥슨은 이에 대해 사과하면서도, 당시 확률 공개 의무가 없었기 때문에 제재에 대해 이의신청 또는 행정소송을 검토하겠다고 밝혔다. 공정위는 확률 공개 의무 여부와 관계없이 소비자 기만 행위는 제재 대상이라고 반박했다. - '0'에 분노한 메이플 유저들… 게이머 속

인 넥슨 최후(1/4)

　강원 평창군에서 발생한 가스 폭발 사고는 충격적이었다. 사고 당시의 상황을 보면, 가스가 누출된 후 22분 만에 폭발이 일어났고, 이로 인해 많은 피해가 발생했다. 주민들은 가스 누출을 신고했지만, 충전소 측의 대응이 미흡했던 것으로 보였다. 이로 인해 충전소 앞을 지나던 트럭 운전자와 인근 주민이 전신 화상을 입고 위중한 상태에 처했다. 또한, 주택 14채가 화재 피해를 입어 17명의 이재민이 발생했다. 이 사고는 충전소의 안전 관리 부실과 대응 미흡이 큰 원인으로 지적됐다. - "어떡해" 순식간에 아수라장… 뿌옇게 퍼지더니 '확'(1/3)

　장범준의 콘서트가 암표 문제로 인해 우여곡절을 겪었다. 티켓 판매 시작 후 10분도 안 되어 암표가 5배 가격으로 올라왔다. 장범준은 결국 모든 티켓을 취소하고 환불하는 결정을 내렸고, 팬들의 참가 신청을 받아 추첨을 통해 공연을 진행했다. 임영웅의 콘서트에서도 비슷한 문제가 발생했는데, 18만 원짜리 좌석이 550만 원까지 거래되자 소속사가 부정 거래를 걸러냈다. 성시경도 매니저와 함께 온라인 암표 단속에 직접 나섰다. 이러한 문제를 해결하기 위해 매크로 프로그램을 이용한 부정 판매를 금지하는 개정 공연법이 2025년 3월에 시행되지만, 매크로 예매 여부를 확인하기 어렵고 처벌 수위가 낮다는 문제가 있다. 암표 매매 금지 장소를 온라인까지 확대하는 법안들도 국회 문턱을 넘지 못하고 있다. - 싹 다 취소하고 환불… 분노한 가수들 움직인다(1/10)

　북한 당국이 개성 지역의 남한식 말투를 없애기 위해 평안남도 남포시의 초임 교사 30명을 개성의 소학교와 유치원에 파견했다. 개성은 남한과 접경 지역이라 말투와 억양이 남한과 비슷한데, 교사들이 수업 시간에 남한 말투를 사용한다는 비판이 제기되었기 때문이다. 북한은 2023년 1

월 남한식 말투를 사용하는 경우 최대 사형에 처할 수 있는 '평양문화어보호법'을 제정했으며, 이번 조치는 그 법을 더욱 강력히 시행하려는 의도로 보인다. 또한, 외래문화 통제도 강화되어 청진시에서는 반사회주의적 옷차림을 단속하고 있다. 김정은 정권은 남한 문화를 차단하고 사상 통제를 강화함으로써 체제 유지를 도모하고 있다. - 사형마저도 안 통했다… 불안했던 김정은 '강수'(2/14)

김정은 총비서가 최근 평양 김정일 군정대학을 방문해 군 지휘관들의 생활 여건을 점검하고, 직접 준비한 음식을 제공하는 모습을 보였다. 이는 지난달 공수부대 강하 훈련 중 발생한 사고로 인해 군 내부의 불만을 달래기 위한 조치로 보인다. 김정은은 군인들의 식사와 생활 여건을 반복적으로 챙기며, 군심을 안정시키려는 모습을 보였다. 특히, 딸 주애와 함께 시찰하던 것과 달리 이번에는 단독으로 시찰을 진행한 점이 눈에 띄었다. 이러한 조치는 군 내부의 불만을 잠재우고, 체제 유지를 위한 노력의 일환으로 해석됐다. - 김정은, 고기 불판까지 챙겨 왔는데… 전역 군인들 '분노'(4/15)

제주공항에서 발생한 대한항공 여객기 사고는 아찔한 상황이었다. 김포로 출발하려던 항공기가 이륙 직전 엔진 이상 신호로 인해 급정거하면서 타이어가 파손되고, 활주로가 2시간 넘게 폐쇄되었다. 이 사고는 활주로 700m를 남기고 가까스로 멈춰 섰으며, 이륙 중지가 불가능한 속도(V1) 직전까지 속도를 높인 상태였다. 이로 인해 착륙하려던 다른 항공기는 급하게 고도를 올려야 했다. 제주지방항공청은 관제나 대응 체계에는 문제가 없다고 밝혔으며, 국토교통부와 항공사 측은 사고 원인 조사를 진행했다. - "포기해!" 대한항공 기장의 순간적 판단… '불가능 속도' 직전 멈춰 세웠다(8/28)

호텔 엘리베이터 교체 작업 중 30대 남성이 지하 2층으로 추락해 숨지는 사고가 발생했다. 작업 중인 승강기와 함께 추락한 것으로 보고, 경찰은 안전수칙 준수 여부를 조사했다. - 12층서 순식간에 지하로 추락… 인천 5성급 호텔 발칵(10/15)

이외에 많이 본 자막뉴스는 한국도 초강수 맞대응… 육해공서 모두 사라졌다(1/9), "집이다" 귀환하던 중 폭발… 비행기 추락해 "전원 사망"(1/25), 일본서 '치사율 30%' 감염병 확산… "걸린 줄도 모른다"(3/19), 입주했더니 3~4억이 '뚝'… 짜증 폭발 입주민들 결국(5/8), "이젠 안 가도 돼요"… 바뀐 분위기에 점주들은 '난감'(5/20), "멈추려고 목숨 걸라는 거냐"… 발칵 뒤집힌 운전자들 '시끌'(5/23), "가속페달 90% 이상 밟았다" EDR 분석… 블랙박스에 담긴 당시 상황 보니(7/3), 907kg급 벙커버스터 폭발… "다 속았다" 사망 100명 육박(7/15), 유튜브 촬영 중 다쳤는데… '희망적 판단' 처음 나왔다(8/19), "샤워기 틀고 화장실에서 버텼다" 기적적으로 생존한 806호 투숙객(8/23), 어머니 보는 앞에서 딸을 무참히… 구미 살인 피의자는 34살 서동하(11/14), 면허 취소 다시 따더니… 엄마차 몰고 결국 '살인'(11/6), "뚝뚝 떨어져" 스페인 멈추자… 한국 파스타집들도 '비상'(11/12) 닻 내린 채 180km 항해… "해저케이블 끊고, 또 끊었다"(11/29), 수원역 인근 비밀통로들… 한국 속 '작은 베트남' 발칵(12/3), "아들, 내일 오지?"… 애타는 메시지 보냈지만(12/29), "가슴이 먹먹해서… 그냥 뛰쳐나왔어요" 김밥 2백 줄 싸온 '흑백요리사' 안유성 명장(12/30), 왜 이런게 활주로에? 해외 전문가도 지적한 '그 시설'(12/30) 등이 있다.

다양한 콘텐츠 유형은 뉴스 소비 방식에 많은 영향을 미친다. 예를 들어, 소셜 미디어와 스트리밍 서비스는 더 빠르고 쉬운 접근을 가능하게 만들고 뉴스의 소비를 증가시킨다. 팟캐스트와 오디오북 같은 오디오 콘텐츠는 이동 중에도 뉴스를 소비할 수 있게 해서 뉴스 소비의 유연성을 높여 준다. 보았듯이 숏츠, 비디오 머그, 모아보는 뉴스, 현장 영상, 이슈 라이브, 자막뉴스 등 다양한 형태 뉴스를 제공이 텍스트 기사나 리포트 형식의 뉴스의 한계를 넘어 뉴스 이용자에게 더 친밀하게 다가갈 수 있다. 또한, 멀티미디어 콘텐츠는 텍스트뿐만 아니라 영상, 사진, 인터랙티브 요소를 포함해, 독자들이 뉴스에 더 깊이 몰입할 수 있게 만들고 있다. 이런 다양한 콘텐츠 유형들은 사람들의 뉴스 접근 방식을 다양화하고, 뉴스의 접근성을 높여 준다. 결과적으로 뉴스 이용 패턴도 변화하게 된다.

맺음말

　뉴욕타임스 베스트셀러 작가이자 저널리스트인 요한 하리는 『도둑맞은 집중력』에서 전 세계 모든 곳에서 집중하는 우리의 능력은 붕괴하고 있다고 했다. 미국의 10대들은 한 가지 일에 65초 이상 집중하지 못하고 직장인들의 평균 집중 시간은 단 3분에 불과하다고 지적했다. 이에 앞서 '마이크로소프트 캐나다'는 지난 2015년 '주의 지속시간'에 대한 연구 보고서에서 사람들을 대상으로 설문과 뇌파측정 연구를 한 결과, 사람들이 한 사물에 집중하는 평균 시간이 2000년 12초에서 2013년 8초로 줄어들었다고 발표했다. 이는 금붕어의 평균 주의 지속시간 9초보다도 1초가 짧은 수치다. 오히려 금붕어보다도 사람들의 주목을 끌기가 더 어려운 상황이 된 것이다. 보고서는 사람들의 디지털 라이프스타일이 뇌에 영향을 미쳐서 집중을 지속하는 능력을 떨어뜨리고 그 대신 보다 많은 자극을 원하도록 바꾸고 있다고 분석했다. 이렇다 보니 뉴스가 사람들의 관심을 끌리기는 갈수록 힘들어지고 있다.

　오늘날 뉴스는 어디에나 넘쳐나고 아무리 좋은 뉴스라도 대체재가 얼마든지 있다. 인쇄매체인 신문과 잡지로부터 시작해 라디오, 지상파 텔레비전, 지역방송, 케이블 텔레비전, 위성방송, 인터넷, 인터넷 방송, IPTV, OTT, 유튜브, 인터넷 커뮤니티, SNS 등 언제 어디서든 휴대전화와 노트북만 있으면 누구나 뉴스를 보고 만들 수 있고 날마다 접하는 정보의 양도

어마어마하다. 따라서 시간에 쫓기는 현대인들에게 동시에 여러 가지 일을 수행하는 '멀티태스킹'은 일상이 됐다.

　문자, 인쇄술, 방송, 디지털 등 미디어가 새로 등장할 때마다 인류의 역사는 큰 변화를 겪었다. 문자의 발명은 궁극적으로 인류 문명을 낳았고 여기에다 파피루스나 종이의 등장한 이후 정보이동이 쉬워지면서 로마 제국과 같은 대제국이 탄생하게 되었다. 쿠텐베르크의 인쇄술은 종교개혁뿐만 아니라 민족주의와 근대과학, 개인주의를 만들어 냈다. 또 방송 매체의 등장으로 대량생산과 소비 사회가 출현했고 디지털 미디어로 인해 정보사회가 도래했다. 이어 AI(인공지능)로 지능사회로 진입하고 있다. 사람들이 미디어를 통해서 정보를 공유하고 미디어를 통한 커뮤니케이션이 활발해질수록 인간의 지능, 기술, 사회는 더욱 발달하고 다양해지며 복잡해졌다. 기존 미디어에 뉴미디어가 속속 등장하면서 이제 현대인들은 미디어 속에서 숨쉬며 살고 있다.

　뉴미디어가 등장하면서 뉴스 전달에도 변화가 생기기 시작했다. 미디어 이용자들이 단순히 기사를 보고 읽기 보다는 블로그와 X(트위터)와 같은 SNS 등 다양한 미디어를 통해서 기사를 생산해 내고 확산시키게 된 것이다. 이미 20여년 전인 2003년 이라크 전쟁 당시 살람 팍스(Salam Pax)라는 필명의 청년은 CNN 등 세계적인 언론사들이 보도하지 못한 바그다드 지역의 생생한 소식을 전했다. 2004년 수십만 명의 피해를 낸 쓰나미와 2005년 런던 지하철 테러의 현장 모습은 일반 시민들이 가장 먼저 알려왔다. 기존 언론들이 커버하지 못한 소식들을 전한 이들은 전문성을 가진 기자가 아닌 평범한 시민이었지만 훌륭한 뉴스 생산자였다.

　이제 뉴스 생산자는 사람만이 아니다. 2023년 7월 구글이 인공지능(AI) 기술을 이용한 기사 작성 플랫폼 '제네시스'를 개발해 테스트에 돌입했다고 밝혔다. 제네시스는 사용자가 입력한 주제나 키워드를 바탕으로 자동으로 기사를 작성해 주는 기능을 제공한다. 이를 위해서 다양한 소스에서 정보를 수집하고, 이를 바탕으로 자유롭게 단어를 조합하여 기사를 작성한다. 구글은 개발 중인 AI가 기사를 작성할 때 제목이나 다양한 글쓰기 스타일에 대한 옵션을 제공할 수 있을 것이라고 설명했고 AI가 기자의 업무 생산성을 향상시킬 수 있다고 강조했다. 일부 언론사들이 기사 작성 속도를 높이기 위해 구글 AI 기사 작성 플랫폼을 사용하기 시작했고 개인 블로거들이 빠르게 콘텐츠를 생성하기 위해 이 기술을 활용하고 있는 것으로 알려졌다.

뉴스 기사 작성에서 AI는 이미 사용되고 있다. 스포츠 뉴스에서는 경기 결과를 실시간으로 분석하여 기사를 작성하는 AI가 도입되고 있다. 또한, 경제 뉴스에서는 시장 데이터를 분석하여 뉴스를 작성하는 AI도 있다. 이러한 AI 기술은 기자들이 보다 많은 시간을 직접적인 보도와 분석에 집중할 수 있도록 도와준다. AI는 방대한 데이터를 빠르고 정확하게 분석할 수 있기 때문에 이를 통해 신속하게 정보를 수집하고, 중요한 트렌드와 패턴을 파악해 기사 작성에 활용할 수 있다. 또 AI는 시간과 장소에 구애받지 않고 24시간 내내 가동될 수 있다. 이는 긴급 뉴스 보도나 실시간 업데이트가 필요한 상황에서 큰 장점이 된다. 이제 AI가 기자의 생존을 위협하는 수준까지 발전한 것이다.

여기에다 AI가 뉴미디어와 결합하면서 뉴스 콘텐츠에 상당한 변화가 나타나고 있다. 텍스트뿐만 아니라 영상, 사진, 인포그래픽 등이 포함된 뉴스가 많이 생겼다. 이를 통해 정보가 더 생동감 있게 전달된다. 뉴스는 이제 실시간으로 업데이트되면서 빠르게 정보가 전달되는데, 이는 독자들이 즉시 최신 뉴스를 확인할 수 있게 됐다. 인공지능과 알고리즘을 통해 개개인의 관심사에 맞춘 뉴스 제공이 가능해지면서 뉴스의 접근성과 다양성을 높여 주고 있다.

이에 따라 저널리즘에도 많은 변화가 생겼다. 전통적인 인쇄 매체에서 디지털 매체로 전환됨에 따라 뉴스의 접근성과 배포 속도가 엄청나게 향상됐다. 즉 X(트위터), 페이스북, 인스타그램 등 소셜 미디어를 통해 뉴스가 빠르게 확산되면서 사람들의 뉴스 소비 방식이 변했다. 독자들이 뉴스 기사에 댓글을 달고, 자신의 의견을 공유하거나, 뉴스를 직접 생성하는 등 더 참여적이 됐다. 더불어 텍스트뿐만 아니라 영상, 음성, 인포그래픽 등 다양한 미디어 요소가 뉴스에 포함되어 정보 전달이 다양해졌다. 라이브 스트리밍과 실시간 업데이트를 통해 독자들이 즉시 뉴스를 접할 수 있게 됐고 빅데이터와 데이터 분석을 활용한 심층적인 기사 작성이 가능해졌다. 이런 변화들은 저널리즘의 패러다임을 크게 바꿨고, 뉴스 소비자들에게 더 다채로운 경험을 제공하게 됐다.

따라서 AI에 의한 지능시대의 도래는 되돌릴 수 없는 흐름이고 기자와 저널리즘도 이에 적응하고 활용해야할 시대가 온 것이다. 앞서 보았듯이 인간은 생존을 위해 커뮤니케이션을 발전시켰다. 이를 통해 도움을 요청하거나 위험을 경고하며, 자원을 공유할 수 있게 됐다. 이러한 능력은 사회적 유대감을 강화하고 집단의 생존 가능성을 높여 왔다. 또 안정은 인간의 기본적인 욕구 중 하나로, 마음의 평정을 유지하고 균형을 찾는 데 중요한 역할을 한다. 안정이 결여되면 불안감이 증가하며, 이는 커뮤니케이션을 통해 해소하려는 경향이 있다. 우리가 속한 집, 학교, 사회적 그룹 등은 정체성과 안정감을 강화하며 인간은 커뮤니케이션을 통해 평판을 형성하고 사회적 지위를 높인다. 그리고 정보를 공유함으로써 중요한 인물로 인식된다.

사람들은 다양한 이슈를 통해 자신의 의견을 표현하고 토론하고 싶어한다. 이러한 이슈들은 사회적, 정치적, 경제적 영향을 미치기 때문에 대중의 관심을 받는다. 여기에는 중요성과 흥미성이라는 기사 가치가 중요하지만 이외에도 안전성과 공정성, 공공성 등의 가치가 영향을 미친다. 따라서 우리가 믿고 있는 사회적 가치에 미치는 영향이 클수록 뉴스 이용자들의 주목을 받고 소통하는 뉴스되는 것이다. 또한 분노와 슬픔, 공포, 재미, 스토리, 미담, 사연 등 공감하는 뉴스는 사람들의 감정을 자극하는 요소들을 포함하며 공감대를 형성하려는 경향이 있으며 분노와 슬픔 등의 감정을 느끼는 기준에는 사회적 가치가 있다. 즉 불공정한 상황을 접했을 때 우리는 분노를 느끼게 된다.

이런 공감의 바탕에는 우리가 공유하는 가치가 있다. 이 때문에 공감하는 뉴스는 사람들의 관심을 모으고 감성적인 요소를 더해 공유와 확산이 더 잘 이루어진다. 이와 함께 심층과 탐사 등 깊이 있는 보도는 단순한 뉴스 전달을 넘어서, 사회 변화를 촉진하는 힘이 있다. 이렇기 때문에 심층보도는 신뢰 향상에 큰 역할을 한다. 깊이 있고 철저하게 조사된 보도는 사람들이 더욱 신뢰할 수 있게 만든다. 이를 통해 사람들이 언론 매체를 신뢰하고, 그 보도를 진지하게 받아들이게 된다.

결론적으로 AI시대의 전환기를 맞아 저널리즘은 새로운 도전과 기회를 마주하고 있다. 그럼에도 사람들이 소통하려고 하고 진실을 알고 이를 공유하려는 본성은 변하지 않는다. 결국 핵심은 사람이다. 따라서 사회적 가치를 지키고 공감하며 신뢰할 수 있는 뉴스를 다양한 콘텐츠로 전달한다면 뉴스에 대한 관심과 영향력은 지속 가능할 것이다.

참고문헌

강상현·채백 엮음. 『디지털 시대 미디어의 이해와 활용』. 한나래. 2009.
고민정, 김명주. 『유비쿼터스의 이해』. 이한미디어. 2012.
권태환·조형제·한상진 편. 『정보사회의 이해』. 미래 M&B. 2003.
길이만, 시정곤, 최숙희. 『인간 컴퓨터 언어』. 역락. 2006.
김경모 등. 『AI 시대 저널리즘 미리보기』. 한울. 2024.
김선미. 『언어와 언어학이론』. 한국문화사. 2003.
김석호. 『방송영상개론』. 커뮤니케이션북스. 2006.
김영석. 『디지털미디어와 사회』. 나남출판. 2002.
김영석. 『설득 커뮤니케이션』. 나남출판. 2005.
김우룡·장소원. 『비언어적 커뮤니케이션론』. 나남출판. 2004.
김익현. 『인터넷 신문과 온라인 스토리텔링』. 커뮤니케이션. 2003.
김진우. 『언어와 인지, 촘스키의 내재이론 분석』. 한국문화사. 2004.
김형호. 『라디오 탐심』. 틈새책방. 2021.
나은영. 『인간 커뮤니케이션과 미디어』. 한나래. 2002.
네그로폰테(Nicholas Negroponte). 『디지털이다』. 커뮤니케이션북스. 1995.
대니얼 데닛. 『마음의 진화』. 사이언스 북스. 2006.
대니얼 버클리 업다이크. 『서양 활자의 역사』. 국립한글박물관. 2016.
대니얼 J. 치트럼. 『미디어와 시대정신의 탄생』. 컬처룩. 2024.
데이비드 버스. 『진화 심리학』. 웅진 씽크빅. 2012.
로스 벅. 『감성과 커뮤니케이션』. 나남출판. 2000.
E. 로저스. 『현대사회와 뉴미디어』. 나남출판. 1988.

로저 피들러.『미디어 모포시스』. 커뮤니케이션북스. 2014
리처드 도킨스.『눈먼 시계공』. 사이언스 북스. 2004.
마쓰오카 세이코.『정보의 역사를 읽는다』. 넥서스. 1998.
맥루언.『미디어의 이해』. 커뮤니케이션북스. 1997.
맥루언.『구텐베르크 은하계. 커뮤니케이션북스』. 2001.
박금자.『인터넷 미디어 읽기』. 커뮤니케이션북스. 2001.
박선희.『SNS 뉴스 소통 : 다중성과 구술성』. 언론정보연구 제49권 제2호. 2012.
박홍수 편.『디지털시대 방송의 이해』. 나남출판. 2001.
배식한.『인터넷, 하이퍼텍스트 그리고 책의 종말』. 책세상. 2000.
버커 등.『언어 커뮤니케이션』. 한국문화사. 2003.
브라이언트& 톰슨.『미디어 효과의 기초』. 한울아카데미. 2005.
브라이언트·올리버.『미디어 효과이론』. 나남신서. 2010.
빌 브라이슨.『거의 모든 것의 역사』. 까치. 2003.
빌 코바치·톰 로젠스틸.『저널리즘의 기본요소』. 한국언론재단. 2003.
서정우 편.『현대신문학』. 나남출판. 2002.
서정우, 한태열, 차배근, 정진석 공저.『신문학이론』. 박영사. 2001.
성동규.『사이버커뮤니케이션』. 세계사. 2002.
수전 그린필드.『브레인 스토리』. 지호. 2004.
스티븐 핑커.『마음은 어떻게 작동하는가』. 소소. 2007.
스티븐 핑커.『빈 서판』. 사이언스 북스. 2004.
스티븐 핑커.『언어본능(Language instinct)』. 소소. 2004.
앳킨슨 등.『심리학 개론』. 박영사. 1988.
야마모토 다이스케.『3일 만에 읽은 뇌의 신비』. 서울문화사. 2002.
오토 루트비히.『쓰기의 역사』. 연세대학교 대학출판문화원. 2014. p160
유동훈, 최인수, 한우정 편저.『TV드라마·시나리오 창작기법』. 집문당. 1998.
유일상.『취재보도입문』. 지식산업사. 2004.
유제성.『종합유선방송법 개론』. 기다리. 1993
이상일.『컨버전스IT가 미래BUSINESS를 지배한다』. NT미디어. 2010.

이상철. 『문화와 커뮤니케이션』. 일지사. 1988.

이상철. 『언론발달사』. 일지사. 1992.

이제영. 『커뮤니케이션과 미디어』. 시간의 물레. 2011.

이창재. 『힘 있는 뉴스리포트』. 커뮤니케이션북스. 2010.

잭 라일·더글러스 매클로드. 『커뮤니케이션 혁명과 뉴미디어』. 한나래 1996.

조맹기. 『현대 커뮤니케이션 사상사』. 나남. 2009.

존 메이나드 스미스·에올스 스자스마리. 『40억년 간의 시나리오』. 전파과학사. 2001.

진 에이치슨. 『언어학 개론』. 한국문화사. 2003.

찰스 다윈. 『인간과 동물의 감정표현에 대하여』. 서해문집. 1997.

채백 편. 『세계언론사』. 한나래. 1996.

천현진. 『뉴스의 위기와 언론사의 생존 전략』. 〈신문과 방송〉 2023년 11월호

최진순 기자의 온라인저널리즘의 산실 www.onlinejournalism.co.kr

최희준. 『미국 방송기자는 학벌이 나쁘다?』. 에세이. 2006.

크리스토퍼 앤더슨 등. 『뉴스를 묻다』. 한울. 2019.

크리스 호록스. 『텔레비전의 즐거움』. 루아크. 2018.

한규석. 『사회심리학의 이해』. 학지사. 2002.

허버트 알철. 『현대언론사상사』. 나남출판. 1993.

SBS 미래부·이창재. 『더 좋은 사회 더 나은 미래』. 한울. 2017.

SBS 서울디지털포럼 사무국 & IT기자클럽 엮음. 『Being intelligent』. 미래의 창. 2006.

SBS 서울디지털포럼 엮음. 『유비쿼터스의 최전선』. 미래M&B. 2005.

찾아보기

ㄱ

가디언지　114, 115
가제트　303, 304
경쟁　435~438
공간편향 매체　52
교양이를 부탁해　550
교제폭력　250
급발진 사고　180
기의　150
기표　150
기후변화　473

ㄴ

노엘레-노이만　44, 45
네그로폰테　58, 59
노드　60, 61
뉴라이트　219
뉴스틀　404
뉴스 회피　102
뉴닉　535

ㄷ

다윈　153, 156
대조의 원리　268
댓글리케이션　82
더 스킴　530
드러지 리포트　80

ㄹ

라스웰　32
로만체　297
로맨스 스캠　383
로버트 라이트　90
레밍턴　306
리크루트 사건　425

ㅁ

마누티우스(Aldus Manutius)　295
마르코니　23
마부작침　116
마법의 탄환 이론　33
매체풍요 이론　166

맥루언 51, 53
맥퀘일 40
맥클루어즈 410
머큐리 극장 30
머크레이킹 415
먹방 74
목도리녀 262
무적자 493
미네르바 80
미라이 학살 사건 108
미래한국리포트 432, 433
미센(Steven Mithen) 135
밈 50, 278

ㅂ

반려돌 364
밴드 왜건 33
베르니케 147
불법 주차 327
브라운관 24
브로카 132
브이로그 313
비경합재 91
비디오 머그 537, 550
비토크라시 484

ㅅ

사무엘 모스 22

사회의 질 432, 433
사회적 두뇌 가설 135
사회적 맥락단서 부족이론 165
사회적 실재감 이론 165
사회적 자아정체성 모델 171
사회적 정보처리 이론 167
사회책임 이론 421
상징적 상호작용 이론 169
서이초 '연필 사건' 17
설득 35, 36
세대 갈등 204
속임수 272, 276
숏폼 75, 540
수면자 효과 37
스낵 컬처 70
스노우폴 114
스티븐 핑커 151, 264
스포트라이트 109
습관의 원리 267
시간편향 매체 52
신관서체 286
싱크홀 351

ㅇ

아고라 80
아돌프 옥스 412
아랍의 봄 123
아헹가 42

찾아보기 585

RCA 24
알파벳 287
액설로드 275
액시오스 530
앵커맨 25
어피티 536
언론의 4이론 421
언어상대성 가설 70
언어 우위론 149
역 3자 효과 47
역의제 설정 18, 49
FM 방송 24
N번방 사건 16
오마이뉴스 125
오슨 웰스 30
요노(YONO) 389
우울증 갤러리 357
욱일기 234
워터게이트 사건 105
유튜브 저널리즘 79, 521
의정 갈등 206
의제 설정 동기 98, 174
2단계 유통 가설 36
이모티콘 169
이산조합 146
이타주의 273
인간 사냥꾼 이론 272
인구오너스 446

인터넷 59

ㅈ

자스민 혁명 122
잔혹한 세상 신드롬
(mean world syndrome) 48
재부족화 53
재즈 저널리즘 414
전기차 화재 176
전신 22, 56
정치적 후견주의 444
제임스 플랭클린 405
조너선 하이트 92
조셉 클래퍼 34
조정 시장경제 433
주목 경제 100
즈보리킨 516
지구촌 53, 56
진영 논리 228
쯔양 358

ㅊ

철의 삼각형 481
채널 레퍼토리 41
채플힐 연구 38
촘스키 150, 152
취재기자 406

ㅋ

칸트 148
칼 호블랜드 35
코덱스 287
크라이어 282
크림빵 아빠 262

ㅌ

타이딩스 19
타이타닉 23
팀 버너스리 59
트리버스 273

ㅍ

파피루스 285
팟캐스트 68
페니신문 414, 511
펜타곤 페이퍼 104
평등화 현상 171
포토폰 311
폴 라자스펠드 35
폴 로머 91
폴 에크만 157
푸거 뉴스 20
퓰리처 407
프레임 41
프로슈머 64
프로퍼블리카 110

필경사 292

ㅎ

하버마스 421
하이퍼 텍스트 59, 71
해롤드 이니스 52
허스트 407
현실 구성론 403
현실 반영론 403
호모필리 현상 86

AI도 혹하는 뉴스

ⓒ 이창재, 2025

초판 1쇄 발행 2025년 4월 28일

지은이	이창재
펴낸이	이기봉
편집	좋은땅 편집팀
펴낸곳	도서출판 좋은땅
주소	서울특별시 마포구 양화로12길 26 지월드빌딩 (서교동 395-7)
전화	02)374-8616~7
팩스	02)374-8614
이메일	gworldbook@naver.com
홈페이지	www.g-world.co.kr

ISBN 979-11-388-4246-4 (03320)

- 가격은 뒤표지에 있습니다.
- 이 책은 저작권법에 의하여 보호를 받는 저작물이므로 무단 전재와 복제를 금합니다.
- 파본은 구입하신 서점에서 교환해 드립니다.